Eisenberg/Murkoff/Hathaway
Ein Baby kommt

Arlene Eisenberg
Heidi Murkoff
Sandee Hathaway

Ein Baby kommt

Verlag Gesundheit

1984, 1988, 1991, 1996 by Arlene Eisenberg,
Heidi Murkoff und Sandee E. Hathaway

Titel der amerikanischen Originalausgabe:
WHAT TO EXPECT WHEN YOU'RE EXPECTING
Erschienen bei Workman Publishing Company, Inc., New York 1991

Die Deutsche Bibliothek – CIP Einheitsaufnahme

Eisenberg, Arlene:
Ein Baby kommt / Arlene Eisenberg ; Heidi Murkoff ; Sandee
Hathaway. [Aus dem Amerikan. von Bettina Ernst und Christiane
Ernst]. - 2., überarb. Aufl. - Berlin : Verl. Gesundheit, 1999
    Einheitssacht.: What to expect when you're expecting <dt.>
    ISBN 3-333-01056-9

© 1999 by Ullstein Buchverlage GmbH & Co.KG, Berlin
Verlag Gesundheit
2. überarbeitete Auflage

Aus dem Amerikanischen von Bettina Ernst und Christiane Ernst,
Übersetzungen und Bearbeitung zur 2. Auflage Dr. med. Angelika Mauritz

Illustrationen: Carol Donner
Umschlaggestaltung: Klaus Meyer / Costanza Puglisi
Umschlagfoto: Bavaria
Satz: LVD GmbH, Berlin
Druck und Verarbeitung: Media-Print, Paderborn

Printed in Germany 1999

ISBN 3-333-01056-9

Gedruckt auf alterungsbeständigem Papier
mit chlorfrei gebleichtem Zellstoff

Inhalt

Auswirkungen der letzten Schwangerschaft · Kaiserschnitt · Krankheitsgeschichte der Familie · Rasche Schwangerschaftsfolge · Das Schicksal ein zweites Mal herausfordern · Großfamilie schon vorhanden · Alleinstehende Mütter · Über 35 Jahre - noch ein Baby? · Alter und Down-Syndrom (Trisomie 21) · Alter des Vaters · Künstliche Befruchtung · Religiöse Einwände gegen medizinische Behandlung · Unverträglichkeit der Rhesus-Faktoren (Rhesusinkompatibilität) · Übergewicht · Herpes · Andere Geschlechtskrankheiten · Angst vor Aids · Hepatitis B · Schwanger mit Intrauterinpessar (Spirale) · Schwanger trotz Antibabypille · Chemische Verhütungsmittel (Spermizide) · Progesteron · Genetische Probleme · Generell gegen Schwangerschaftsabbruch

Figur · Umstandskleidung · Realität der Schwangerschaft
· Probleme und Ängste · Unerwünschte Ratschläge

mensetzung der Muttermilch · Nach der Kaiserschnitt-
geburt · Sexualität nach der Geburt · Kein Interesse am
Sex · Wieder schwanger werden · Haarausfall · Baden ·
Erschöpfung

Was Sie wissen sollten:

Vorwort

Schwangerschaft und Geburt stellen für jede Frau eine besondere Herausforderung dar. Die körperlichen und seelischen Entwicklungsschritte in dieser Phase werden nämlich individuell sehr unterschiedlich erlebt. Viele Frauen sind durch die sich ändernde Wahrnehmung ihres Körpers und auch ihres Umfeldes betroffen. Nicht nur die auf sie zukommende Mutterrolle, sondern auch Zukunftsperspektiven in bezug auf Partnerschaft und Beruf gewinnnen eine umfassendere Bedeutung. Wie wird die Sache ausgehen? Heidi MURKOFF, eine der drei Autorinnen dieses Schwangerenratgebers, bekennt von sich: „Von drei Tagen in meiner gesamten Schwangerschaft war ich zwei Tage ausgeglichen und am dritten Tag regelmäßig verunsichert und besorgt." Gelingt es hier, durch Wissen Einsichten zu vermitteln, werden Schwierigkeiten und Ängste mit der Schwangerschaft und der Geburt günstig beeinflußt und oft auch weitgehend abgebaut. Informationen durch Gespräche mit Verwandten und Freunden, durch die Lektüre von Zeitschriften und Büchern und durch den Besuch von Schwangerenkursen lassen allmählich ein Gefühl der Sicherheit entstehen. Allerdings können immer wieder neu auftauchende Fragen mit ihren Verängstigungen stören. Nur beherztes Zupacken führt dann weiter.

Hier wird erstmals im deutschsprachigen Raum ein Schwangerenratgeber vorgestellt, den man in den USA als einen „Renner" kennt. Für seine ungewöhnlich weite Verbreitung lassen sich folgende Gründe anführen:

Das Buch ist von „betroffenen Frauen" geschrieben. Seit alters her sieht die Schwangere mit Blick auf das zu erwartende Kind in der erfahrenen älteren Frau die geeignete Beraterin und Helferin (Hebamme). Daher überzeugt dieses Buch mehr, als wenn es von Männern verfaßt wäre.

Weiterhin wurde es als eine Art Tagebuch konzipiert. Somit konnten alle im Verlauf der Schwangerschaft auftauchenden Fragen, Bedenken und Probleme aus eigener Sicht aufgezeichnet werden.

Das Buch macht zudem deutlich, daß es nicht damit getan ist, wenn die Schwangere mit den Segnungen der modernen technischen Geburtsmedizin im Hintergrund sich treiben läßt. Sie sollte nämlich mit ihrem Umfeld (Arzt, Hebamme, Ehemann, Familie) ein Team bilden. Es liegt auf der Hand, daß nur dann „Ergebnisqualität" produziert wird, wenn alle in die Betreuung integrierten Helfer gleichermaßen optimal funktionieren.

Schließlich bietet dieses Buch eine einfühlsame, exakte und medizinisch fundierte Informationsquelle auf aktuellem wissenschaftlichem Standard mit besonderer Betonung von Ernährung, Lebensweise und emotionalen Schwangerschaftsaspekten. Herausgehoben sind die Aufgaben, die dem künftigen Vater zukommen. Den weit ausholenden Antworten auf besonders hohe Risiken (genetische Schäden, Frühgeburtenprobleme und Kaiserschnittentbindung einschließlich Mutter-Kind-Beziehung im Wochenbett) fehlt das Verängstigende.

Dieser leicht lesbare Schwangerenratgeber ist ein hervorragender Reisebegleiter – beginnend bei den Startvorbereitungen einer Schwangerschaft über die einzelnen monatlichen Stationen während der Schwangerschaft bis zur Ankunft des Kindes mit der Geburt. Damit hat die Schwangere für den Aufbau ihrer Mutter-Kind-Vater-Beziehungen einen Leitfaden in der Hand, der sie nicht zu einer „Konsumentin von Mutterschaft" verleitet. Sie steht im Mittelpunkt des Teams, damit sich das Reiseziel einer glücklichen Geburt erfüllt. Darüber hinaus aber ist er auch eine nützliche Lektüre für Ärzte, Schwestern und Hebammen, da sich manche Anregungen aus der Sicht von „Betroffenen" ergeben, die der Teamarbeit mit der Schwangeren dienen.

Professor Dr. med. K. Holzmann

Aus dem Vorwort der amerikanischen Ausgabe

Es schreiben mir häufig Leute, die meinen Namen auf der Titelseite dieses Buches gelesen haben, einfach um mir zu danken, daß ich dieses Buch geschrieben habe. Zwar bedanke ich mich dann für dieses Kompliment, erkläre aber gleichzeitig, daß dieses Buch nicht mein Werk ist. Meine Rolle, so antworte ich, war nicht die des Autors, sondern die eines medizinischen Beraters. Auch ich bin erfreut und begeistert über das, was diese drei Autorinnen geschaffen haben. Die jetzt vorliegende vollständige Überarbeitung ist gegenüber der ersten Ausgabe, welche ich damals schon befürwortet habe, noch wesentlich besser, aktueller und umfassender.

Alle Themen werden mit großem Einfühlungsvermögen klar und konkret behandelt, ohne unnötige Ängste zu wecken. Die Autorinnen vertreten den Standpunkt, daß es auf jeden Fall Dinge gibt, über die man sich Sorgen macht; jeder werdenden Mutter geht das so. Aber dem fügen sie etwas hinzu, was anderswo häufig fehlt: „Hierbei handelt es sich um einige Dinge, die Sie selbst mit gesundem Menschenverstand tun können, um Komplikationen zu vermeiden!" Diese konstruktive Herangehensweise ist vermutlich einer der Gründe, warum dieses Buch, welches nicht von Ärzten geschrieben wurde, so eine weitreichende Anerkennung gewonnen hat. Ärzte und Hebammen empfehlen oder geben dieses Buch nicht nur ihren Patienten, sondern benutzen es auch selbst. Meine Assistenzärzte lesen dieses Buch, um die Fragen und Sorgen der Patienten besser verstehen zu können.

Die drei Autorinnen – jede eine Erfahrene in bezug auf Mutterschaftssorgen – haben sich klugerweise auf die Informationsweitergabe an werdende Eltern konzentriert, so daß diese befähigt werden, eine wichtige Rolle im gesamten Schwangerschaftsprozeß spielen zu können – ohne Ärzten oder Hebammen, mit denen sie eng und kollegial zusammenarbeiten sollten, zu nahe zu treten.

Das Buch ist in einem lebendigen Stil geschrieben, sorgfältig zusammengestellt, zeitgemäß und in jeder Hinsicht ausgewogen.

Darüber hinaus verdienen vier Aspekte eine zusätzlich lobende Erwähnung:

* Das Buch gewinnt durch seinen familienorientierten Ansatz, insbesondere durch das Einbeziehen des Vaters während der gesamten Schwangerschaft. Ihm, d. h. seinen Problemen und Bedürfnissen, ist ein spezielles Kapitel gewidmet.
* Das Buch beantwortet alle mehr oder weniger schwerwiegenden Fragen gleichermaßen, die die werdende Mutter Monat für Monat beschäftigen. Auf Grund des sinnvollen und chronologischen Aufbaus gibt das Buch zeitlich brauchbare Hilfestellungen und eignet sich als gutes Nachschlagewerk – selbst als Bettlektüre!
* Das Hauptgewicht dieses Buches liegt auf den Ratschlägen für richtige Ernährung und Lebensweise während der Schwangerschaft. Die Art und Weise, wie Mütter an den Stillvorgang und die Dimension des „Mutterseins" herangeführt werden, macht dieses Buch besonders wertvoll und einzigartig.
* Die detaillierten und medizinisch-fachlichen Beschreibungen – insbesondere in den Kapiteln über Genetik, Teratologie, frühzeitige Wehen, Entbindung und Kaiserschnitt – sind hervorragend.

Alles in allem bin ich der Meinung, daß dieses Buch nicht nur für werdende Eltern eine Pflichtlektüre sein sollte, sondern auch für fertige und in der Ausbildung befindliche Ärzte und Schwestern. Für einen konservativen Medizinprofessor wie mich bedeutet diese Aussage wirklich sehr viel. Aber ich sage es aus der festen Überzeugung heraus, daß wir nur mit Hilfe gut informierter und instruierter Eltern und Ärzte unserem Ziel näher kommen, nämlich gesunde Babys, Mütter und Familien und damit letztendlich eine gesunde Gesellschaft zu schaffen.

Dr. Richard Aubry
Leiter der geburtshilflichen Abteilung
des Universitätskrankenhauses
der Staatlichen Universität New York in Syracuse

Wie die Idee zu diesem Buch geboren wurde

Ich war schwanger. Diese Tatsache machte mich gleichzeitig glücklich und besorgt. An einem Tag fühlte ich mich als glücklichste Frau der Welt – und am zweiten Tag war ich sehr beunruhigt und voller Sorgen.

Ich dachte an die Gläser Wein, die ich abends zum Essen getrunken und ebenfalls an die Gin-tonics, die ich mir vor dem Abendbrot in den ersten sechs Wochen der Schwangerschaft genehmigt hatte – nachdem ein Bluttest und zwei Frauenärzte mir bestätigt hatten, daß ich nicht schwanger sei!

Ich machte mir Sorgen über die Einnahme von Progesteron, das mir einer meiner Ärzte in dem Glauben verschrieben hatte, bei mir handle es sich lediglich um eine verspätete Periode. Zwei Wochen später stellte sich heraus, daß eine bereits zweimonatige Schwangerschaft besteht.

Ich dachte an die Milch, die ich nicht – und an die vielen Tassen Kaffee, die ich getrunken hatte.

Ich war besorgt über die Krämpfe im dritten Monat und ängstlich, weil ich an vier Tagen im fünften Monat nicht die kleinste fetale Bewegung spüren konnte.

Ich war voller Sorgen, einen „Bauchklatscher" mitten auf der Straße im achten Monat zu machen und über Schleimblutungen im neunten Monat.

Ich war sogar beunruhigt über die Tatsache, daß ich mich eigentlich *gut* fühlte („Ich habe ja sogar keine Verdauungsstörungen, mir ist morgens überhaupt nicht übel, ich muß ja gar nicht häufiger Wasser lassen – bei mir stimmt etwas nicht!")

Ich hatte Angst, daß ich vielleicht den Wehenschmerz nicht ertragen werde, und machte mir Sorgen, daß ich nicht stillen könnte, weil ich im neunten Monat das sonst übliche Tröpfchen Vormilch noch nicht entdeckt hatte.

An wen sollte ich mich wenden, um mich zu beruhigen und mich besser zu fühlen?

Auf meinem Nachttisch türmten sich schon die Schwangerschaftsbücher.

So bekannt und alltäglich die Tatsache auch sein mag, daß man manchmal während des fünften Monats keine fetalen Bewegungen spürt, konnte ich in den Büchern keinen einzigen Hinweis finden. Obwohl schwangere Frauen häufig hinfallen – fast immer ohne Schadensfolge für das Baby –, fand ich auch darüber kein Wort.

Waren meine Symptome, Probleme oder Ängste doch einmal irgendwo erörtert, dann meistens in einem solch alarmierenden Ton, daß ich nur noch mehr beunruhigt war.

Ich konnte auch keinen Trost für meine Sorgen in Zeitschriften, in Radio- oder Fernsehsendungen finden. Den Nachrichten nach lauerten überall Bedrohungen für die Schwangerschaft: in der Luft, die wir atmen; in der Nahrung, die wir essen; im Wasser, welches wir trinken, beim Zahnarzt, in der Drogerie, ja sogar zu Hause.

Natürlich spendete mir meine Ärztin etwas Trost, aber immer nur dann, wenn ich genug Mut gesammelt hatte, um sie anzurufen. (Entweder war ich besorgt, ob meine Sorgen nicht vielleicht überflüssig werden könnten, oder ich machte mir Sorgen über die Antworten.) War ich mit meinem Mann Erik, der sich noch viel mehr sorgte, allein mit meiner Angst? Weit gefehlt! Die Besorgnis soll laut einer Studie eine der häufigsten Beschwerden während der Schwangerschaft sein, häufiger noch als morgendliche Übelkeit und Eßlust zusammen. 94 von 100 Frauen machen sich Sorgen, ob ihr Kind normal wird, und 93 Prozent grübeln darüber nach, ob sie selbst oder das Baby die Geburt sicher überstehen. Frauen sorgen sich um ihre Figur (91 Prozent), und um ihre Gesundheit (81 Prozent) während der Schwangerschaft. Und die meisten machen sich Sorgen, daß sie sich zuviel sorgen!

Obwohl ein wenig Kummer für schwangere Frauen und ihre Partner normal ist, sind viele Sorgen eine unnötige Verschwendung in einer Zeit, die eigentlich unbeschreiblich glücklich sein sollte. Trotz alledem, was wir hören, lesen und uns besorgt, es gab noch nie in der Geschichte der Menschheit eine so sichere Zeit wie heute, um ein Kind zu bekommen – wie Erik und ich nach siebeneinhalb Monaten kummervoller Zeit herausfanden, als ich ein gesundes und so wunderschönes kleines Mädchen zur Welt brachte, wie ich es nie zu träumen gewagt hätte.

Aus all den beschriebenen Sorgen heraus ist „What To Expect When You're Expecting" entstanden.

Wir hatten ein einfaches und aufrichtiges Ziel vor Augen: allen werdenden Eltern eine Beruhigung zu geben.

Vierzehn Jahre später hat sich dieses Ziel nicht geändert. Die erste Ausgabe des Buches war kaum erschienen, als sich schon neues Material häufte. Am Ende der ersten Ausgabe von „What To Expect When You're Expecting" hatten wir die Leser aufgefordert, uns zu schreiben oder wissen zu lassen, worüber sie sich Gedanken oder Sorgen gemacht haben bzw. ob sich etwas während der Schwangerschaft und danach ereignet hat, was wir überhaupt nicht oder nicht ausführlich genug erwähnt haben.

Die neue Auflage haben wir aktualisiert und erweitert. Viele Leser hatten uns geschrieben, und wir haben versucht, ihre Wünsche zu erfüllen.

Zukunftsplanung

Falls Sie noch nicht schwanger sind, aber bald eine Schwangerschaft planen, schlagen Sie zuerst das letzte Kapitel auf. Dort werden Sie alles für einen guten Start ihrer Schwangerschaft und ein gesundes Baby finden.

Auf vielfache Nachfrage hin haben wir mehr über zweite und weitere Schwangerschaften, über medizinische Umstände, mögliche Erkrankungen, mehr über allgemeine Symptome der Schwangerschaft und mehr über Komplikationen geschrieben. (Aber bitte, bitte, lesen Sie diesen Teil nur, wenn bei Ihnen Komplikationen auftreten, damit Sie sich unnötige Sorgen ersparen.) Wichtiger noch als die Änderungen ist aber das, was geblieben ist – nämlich alles, was unsere Leser bisher geschätzt haben: ein praktischer, schrittweiser Ratgeber, die einfühlsame Herangehensweise, die verständlichen medizinischen Erklärungen und natürlich der beruhigende Charakter des Buches. Kein Schwangerschaftsbuch der Welt kann jede mögliche Situation oder Sorge voraussehen oder ganz ausführlich beschreiben, ohne ein ganzes Bücherregal zu sprengen. Schließlich sollte man bedenken, daß sich nicht einmal zwei Schwangerschaften ähneln. Trotzdem hoffen wir, daß diese Ausgabe alle Ihre Fragen soweit als möglich beantworten wird.

Ein großes Dankeschön an alle Leser für ihre Unterstützung und Vorschläge. Bitte schreiben Sie uns auch weiterhin, wir werden unser Bestes tun, um Ihre Briefe zu beantworten.

Heidi Murkoff
New York City

Was beinhaltet ein Monat?

Es gibt verschiedene Möglichkeiten, um die Schwangerschaftsdauer zu bestimmen: man zählt entweder Woche für Woche insgesamt 40 Wochen, Monat für Monat insgesamt zehn Monate zu je vier Wochen (Mondmonate) oder die herkömmlichen neun Monate. Wir gliedern unser Buch „Ein Baby kommt" in die herkömmlichen neun Monate, weil viele Frauen ihre Schwangerschaft danach berechnen, weil sich neun Monate leicht in Trimester unterteilen lassen und weil innerhalb eines Monats mehr Frauen vergleichbare Symptome entwickeln als in der kurzen Zeitspanne von einer Woche.

Denken Sie beim Lesen daran, daß der erste Monat sieben Tage nach dem ersten Tag Ihrer letzten Regelblutung beginnt. Wenn Ihre letzte Menstruation beispielsweise am 5. März anfing, dann beginnt Ihr erster Monat am 12. März. Ihr zweiter Monat beginnt am 12. April, Ihr dritter am 12. Mai usw. Der Geburtstermin ist neun Monate später, am 12. Dezember.

Werden jedoch Wochen angegeben, beispielsweise beim Hören des ersten fetalen Herztons, so meinen wir damit die Anzahl der Wochen seit dem ersten Tag der letzten Regelblutung.

Ganz gleich, nach welcher Methode Sie den Geburtstermin berechnen, denken Sie daran, daß das Buch in neun Monate unterteilt ist, wenn Sie es benutzen, um die Entwicklung Ihrer Schwangerschaft zu verfolgen.

Am Anfang

Sind Sie schwanger?

Bin ich wirklich schwanger? Dies ist die erste Frage, die eine Frau beschäftigt, sobald Anzeichen einer eventuellen Schwangerschaft auftreten: Diese Frage kann schnell mit einem Schwangerschaftstest und einer ärztlichen Untersuchung beantwortet werden.
Manche Anzeichen deuten auf eine mögliche, manche auf eine wahrscheinliche Schwangerschaft hin. Nicht immer müssen sehr frühe Anzeichen zwangsläufig eine Schwangerschaft bedeuten.

Worüber Sie sich vielleicht Gedanken machen ...

Anzeichen einer Schwangerschaft

„Ich habe bis jetzt nur wenige Anzeichen einer Schwangerschaft, könnte ich trotzdem schwanger sein?"

Sie könnten sogar alle Anzeichen oder Symptome für einen Schwangerschaftsbeginn haben, ohne wirklich schwanger zu sein. Umgekehrt könnte es sein, daß Sie nur einige bemerken und trotzdem bestimmt schwanger sind. Die verschiedenen Anzeichen oder Symptome sind lediglich Hinweise, die man zwar beachten, aber auf die man sich nicht als absolut sichere Zeichen verlassen sollte. Das erste wirklich sichere Zeichen für eine Schwangerschaft ist tatsächlich der Herzschlag des Kindes, welcher z. B. durch Ultraschall etwa nach 7 bis 8 Wochen nachweisbar oder mit Hilfe eines Stethoskops etwa nach 18 bis 20 Wochen hörbar ist. Frühere Anzeichen weisen also nur auf die Möglichkeit oder die Wahrscheinlichkeit hin, daß man ein Kind in sich trägt. Durch einen zuverlässigen Schwangerschaftstest und eine ärztliche Untersuchung erhält man eine genaue Diagnose.

Schwangerschaftstests

„Wenn mein Arzt sagt, daß der Schwangerschaftstest und die Untersuchungen keine Schwangerschaft bestätigen, ich mich aber trotzdem schwanger fühle, was dann?"

Die moderne Medizin leistet vieles, wenn es sich aber um eine Schwangerschaftsdiagnose handelt, kommt die weibliche Intuition der Wahrheit manchmal näher. Die Genauigkeit der verschiedenen Schwangerschaftstests kann schwanken, und keiner davon kann mitunter so verläßlich sein wie die Empfindung einiger Frauen, die genau spüren, daß sie schwanger sind – manchmal schon wenige Tage nach der Befruchtung.

Schwangerschaftstests für Zuhause

Diese Tests sind zuverlässig und einfach zu benutzen. Ähnlich dem Urintest im Labor oder in der Arztpraxis wird eine Schwangerschaft durch den Nachweis des Schwangerschaftshormons (HCG)[1] im Urin festgestellt. Einige Tests zeigen Ihnen bereits vor dem ersten Tag der ausbleibenden Periode, ob Sie schwanger sind (etwa 14 Tage nach der Empfängnis). Der Test dauert nur wenige Minuten.

Wenn man den Test richtig durchführt, ist ein häuslicher Schwangerschaftstest inzwischen so zuverlässig wie der Urintest beim Arzt oder im Labor (die Zuverlässigkeit liegt fast bei 100 Prozent), insbesondere, wenn er positiv ausfällt. Schwangerschaftstests, die man zu Hause durchführt, haben den Vorteil der Privatsphäre und des sofortigen Ergebnisses. Der größte Nachteil des häuslichen Schwangerschaftstests liegt darin, daß der Test „falsch negativ" ist (d. h., Sie sind doch schwanger), Sie deshalb den Arztbesuch verzögern und nicht angemessen auf Ihre Gesundheit achten. Selbst bei einem positiven Ergebnis würden Sie wahrscheinlich den Besuch beim Arzt hinauszögern, weil Sie glauben, daß in dieser ersten Phase der Schwangerschaft ein Arztbesuch nur der Feststellung der

---

[1] HCG = Human Choriongonadotropin ist ein Hormon, welches in der Plazenta gebildet und im Urin von schwangeren Frauen ausgeschieden wird.

Zeichen einer möglichen Schwangerschaft

Zeichen	Wann tritt es auf?	Mögliche andere Ursachen
Amenorrhoe (Ausbleiben der Regelblutung)	Während der gesamten Schwangerschaft	Reisen, Übermüdung, Streß, Angst vor einer Schwangerschaft, hormonell bedingte Beschwerden oder Krankheiten, extremer Gewichtsverlust oder -zunahme, Absetzen der Antibabypille, Stillen
„Morgendliche Übelkeit" (Erbrechen auch zu jeder Tageszeit möglich)	2–8 Wochen nach der Befruchtung	Lebensmittelvergiftung, Infektionen und andere Krankheiten
Häufiges Wasserlassen	meistens 6–8 Wochen nach der Befruchtung	Infektion der Harnwege, Medikamente zur Entwässerung, Diabetes
Kribbeln, empfindliche und geschwollene Brüste	bereits ein paar Tage nach der Befruchtung	Einnahme der Antibabypille, kommende Regelblutung
Farbveränderung vom Vagina- und Muttermundgewebe[1]	in den ersten drei Monaten	kommende Regelblutung
Verdunkelung der Haut um die Brustwarze herum (Hof) und Erhöhung der winzigen Drüsen	in den ersten drei Monaten	Hormonschwankungen oder Nachwirkungen früherer Schwangerschaften
Blaue und rote Streifen unter der Haut im Brust- oder Unterleibsbereich	in den ersten drei Monaten	Hormonschwankungen oder Nachwirkungen früherer Schwangerschaften
Eßlust („Freßsucht")	in den ersten drei Monaten	falsche Ernährung, Streß, kommende Regelblutung, psychische Störungen
Pigmentierung der Linie vom Nabel bis zum Schamhaar	im vierten oder fünften Monat	Hormonschwankungen oder Nachwirkungen früherer Schwangerschaften

[1] Zeichen, die vom Arzt festgestellt werden.

Schwangerschaft dient. Falls Sie sich also für einen häuslichen Schwangerschaftstest entscheiden, denken Sie daran, daß ein Test die Konsultation eines Arztes nicht ausschließen darf. Bei einem positiven Ergebnis sollten Sie ihn durch eine ärztliche Untersuchung bestätigen lassen und sich einer vollständigen Vorsorgeuntersuchung unterziehen. Falls Ihr Ergebnis negativ ist und Ihre Regelblutung weiter ausbleibt, sollten Sie gemeinsam mit Ihrem Arzt die Ursachen herausfinden.

Der Urintest im Labor oder in der Arztpraxis
Ähnlich der häuslichen Testvariante stellt dieser Test mit fast hundertprozentiger Sicherheit das HCG-Hormon im Urin fest, und zwar etwa sieben bis zehn Tage nach der Befruchtung. Im Gegensatz zum häuslichen Test wird dieser von einem Fachmann durchgeführt, der den Test korrekter auswerten kann als Sie. Wenn Sie sich für den Urintest entscheiden, erkundigen Sie sich telefonisch einen Tag vorher, ob bestimmte Hinweise zu beachten sind. Sie benötigen keinen Morgenurin; beim Labortest dagegen vermutlich doch (hierbei müssen Sie warten, bis das Ergebnis Ihrem Arzt telefonisch mitgeteilt wurde).

Der Bluttest
Der Serum- oder Bluttest ist noch zuverlässiger und bestätigt mit fast hundertprozentiger Sicherheit die Schwangerschaft etwa eine Woche nach der Befruchtung (abgesehen von Fehlern im Labor). Außerdem kann mit Hilfe dieses Bluttests der zeitliche Beginn der Schwangerschaft festgestellt werden. Manchmal verlangt ein Arzt sowohl einen Urin- als auch einen Bluttest, um wirklich sicher zu sein. Welchen Test Sie nun auch auswählen – die Chancen einer korrekten Schwangerschaftsdiagnose erhöhen sich, wenn auf den Test eine ärztliche Untersuchung folgt. Die physischen (körperlichen) Anzeichen einer Schwangerschaft, wie z. B. die Vergrößerung der Gebärmutter und der veränderte Zustand des Muttermundes, erlauben einem Arzt, nach sechs Wochen die Schwangerschaft deutlich zu diagnostizieren.
Sollten Sie frühe Symptome einer Schwangerschaft (eine oder zwei ausbleibende Regelblutungen, geschwollene oder empfindliche

Zeichen einer wahrscheinlichen Schwangerschaft

Zeichen	Wann tritt es auf?	Mögliche andere Ursachen
Gebärmutter und Muttermund werden weicher[1]	2–8 Wochen nach der Befruchtung	verspätete Regelblutung
Vergrößerung von Gebärmutter und Vorwölbung des Unterleibes[1]	ab 8–12 Wochen	Tumor, Myome, Zyste
Schmerzlose Wehen, die ab und zu auftreten	am Anfang der Schwangerschaft, mit zunehmender Häufigkeit	Darmkontraktionen (Stuhlgang)
Fetale Bewegungen (Kindesbewegungen)	frühestens spürbar nach 16–22 Wochen	Blähungen, Darmkontraktionen

Positive Zeichen einer Schwangerschaft

Zeichen	Wann tritt es auf?	Mögliche andere Ursachen
Embryo und Fruchtblase sind mittels Ultraschall zu erkennen[1]	frühestens 4–6 Wochen nach der Befruchtung	keine
Herzschlag des Kindes[1]	ab 7.–20. Woche[2]	keine
Spürbare Kindesbewegungen im Unterleib	nach 16 Wochen	keine

[1] Zeichen, die vom Arzt festgestellt werden.
[2] Abhängig vom Untersuchungsgerät: Ultraschall 7.–8. Schwangerschaftswoche; Stethoskop 18.–20. Schwangerschaftswoche

Brüste, morgendliche Übelkeit, verstärkten Harndrang oder Müdigkeit) bemerken und genau spüren – mit oder ohne Test, mit oder ohne Untersuchung –, daß Sie schwanger sind, benehmen Sie sich genauso. Beachten Sie alle Vorsichtsmaßnahmen, bis Sie definitiv vom Gegenteil überzeugt sind. Weder Tests noch Ärzte sind unfehlbar! Und Sie kennen Ihren eigenen Körper (zumindest äußerlich) besser als jeder Arzt. Scheuen Sie sich nicht, nach einem Wiederholungstest (besser noch nach einem Bluttest), in jedem Fall auch nach einer zweiten Untersuchung zu fragen (ca. eine Woche später), da manchmal der Zeitpunkt für eine richtige Diagnose zu früh sein kann.

Schon viele Babys kamen nach siebeneinhalb oder acht Monaten zur Welt, obwohl ein Schwangerschaftstest und/oder der Arzt bei diesen Müttern eine Schwangerschaft ausgeschlossen hatten.

Falls die Tests weiterhin ein negatives Ergebnis anzeigen und Ihre Regelblutung trotzdem noch nicht begonnen hat, sollten Sie unbedingt durch eine ärztliche Untersuchung die Möglichkeit einer ektopischen Schwangerschaft (befruchtete Eizelle befindet sich außerhalb der Gebärmutter) ausschließen. (Siehe Seite 147 unter alarmierende Hinweise auf diese Art der Schwangerschaft.)

Natürlich ist es auch möglich, alle Anzeichen einer frühen Schwangerschaft zu spüren, ohne tatsächlich schwanger zu sein. Wenn zwei Tests und zwei ärztliche Untersuchungen keinen positiven Befund zeigen, sollte man psychologische Ursachen in Erwägung ziehen. Vielleicht haben Sie sich besonders intensiv gewünscht, ein (oder im Gegenteil auch kein) Baby zu erwarten. In diesem Fall wäre ein psychologisches Beratungsgespräch bestimmt nicht falsch. Eventuell haben diese Symptome aber auch andere biologische Ursachen, welche von Ihrem Arzt untersucht werden sollten.

So wird der Schwangerschaftstest sicher

Damit sich keine Fehler einschleichen, beachten Sie bitte folgendes bei einem häuslichen Schwangerschaftstest:

* Lesen Sie die Anweisungen der Packungsbeilage gründlich und sorgfältig, bevor Sie den Test durchführen. Befolgen Sie die Anweisungen genau. Egal wie gespannt Sie auf das Ergebnis auch sein mögen: Sollte der Test den ersten Teil Ihres Morgenurins verlangen, gedulden Sie sich mit der Testdurchführung bis zum nächsten Morgen.
* Nehmen Sie eine deutlich und leicht lesbare Uhr zur Hand, damit Sie den Test zeitlich korrekt durchführen können.
* Vergewissern Sie sich, daß die Behälter, Meßstäbe oder anderes Testzubehör vor der Benutzung sauber sind. Benutzen Sie keinen Behälter ein zweites Mal, falls Sie einen Test wiederholen.
* Falls Sie auf das Testergebnis warten müssen, stellen Sie das Teströhrchen nicht in die Nähe einer Heizung.
* Falls Ihr Test einen Wiederholungstest einschließt oder Sie einen zweiten Test probieren wollen, warten Sie damit ein paar Tage.

Der voraussichtliche Geburtstermin

„Ich versuche meinen Mutterschaftsurlaub zu planen! Wie kann ich sicher sein, daß mein Geburtstermin stimmt?"

Laut einiger Studien bekommen nur vier von hundert Frauen ihre Babys pünktlich zum errechneten Geburtstermin. Die anderen Termine schwanken zwischen zwei Wochen vor bzw. zwei Wochen nach dem voraussichtlichen Fälligkeitszeitpunkt, da eine Schwangerschaft normalerweise zwischen 38 und 42 Wochen dauert. Der Tag, den Ihnen der Arzt nennt, ist eine Schätzung und wird normalerweise folgendermaßen errechnet: Man addiert zu dem Datum des ersten Tages der letzten Menstruation sieben Tage. Zu diesem Datum zählen Sie neun Monate hinzu und erhalten so den Geburtstermin. Nehmen wir einmal an, daß Ihre letzte Periode am 11. April begann, dann zählen Sie jetzt sieben Tage dazu und erhalten den 18. April. Addieren Sie neun Monate, so fällt der Geburtstermin auf den 18. Januar des nächsten Jahres. Sie können den Termin auch errechnen, indem Sie 40 Wochen zum ersten Tag der letzten normalen Regelblutung dazurechnen; in diesem Fall ist der 16. Januar der voraussichtliche Geburtstermin.

Kommt Ihre Periode regelmäßig alle 28 Tage, liegen Ihre Chancen für einen richtig geschätzten Geburtstermin höher. Wenn Ihr Zyklus länger als 28 Tage dauert, kommt das Baby vermutlich später, sollte Ihr Zyklus kürzer sein, dann kommt es entsprechend früher, d. h. vor dem errechneten Termin, zur Welt.

Sollten Sie allerdings einen ganz unregelmäßigen Zyklus haben, funktioniert dieses Berechnungsverfahren vermutlich überhaupt nicht. Wenn Sie zum Beispiel seit drei Monaten keine Periode mehr hatten, und Sie stellen plötzlich eine Schwangerschaft fest – wann hat dann die Befruchtung stattgefunden? Da ein zuverlässiger Geburtstermin aber wichtig ist, sollten Sie gemeinsam mit Ihrem Arzt eine Berechnung versuchen.

Selbst wenn Sie nicht den genauen Zeitpunkt der Befruchtung bestimmen können oder unsicher in bezug auf den genauen Termin des Eisprungs sind, gibt es Hinweise, die helfen. Manche Frauen bemerken ihren Eisprung entweder auf Grund krampfartiger oder seitlich ziehender Schmerzen, welche meistens nur einige Stunden dauern, oder durch zähflüssigen, durchsichtigen Ausfluß und durch eine Temperaturabsenkung bzw. -erhöhung nach dem Eisprung. Einen konkreten Hinweis für den richtigen Geburtstermin, nämlich die Größe Ihrer Gebärmutter, kann die erste ärztliche Untersuchung geben.

Später sind mehr „Meilensteine" zu entdecken, die zusammen voraussagen, wie weit die Schwangerschaft fortgeschritten ist: Der Herzschlag des Fetus ist nach etwa der 7.–8. Woche per Ultraschall zu sehen oder nach 18 bis 20 Wochen per Stethoskop zu hören. Das erste Lebenszeichen des Babys fühlt die Mutter etwa nach 20 bis 22 Wochen bei dem ersten – nach 16 bis 18 Wochen bei weiteren Kindern. Auch die Größe und der Stand der Gebärmutter geben Auskunft, wie weit die Schwangerschaft vorangeschritten ist (z. B. steht das obere Ende der Gebärmutter etwa in der 24. Woche am Nabel). Stimmen diese Anzeichen mit dem errechneten Termin überein, kann man ziemlich sicher von einem genauen Geburtstermin ausgehen, d. h. mit einer Variationsbreite von zwei Wochen vor bzw. nach dem Termin. Stimmen diese Anzeichen nicht mit dem

errechneten Termin überein, kann der Arzt eine weitere Ultraschalluntersuchung zwischen der 12. und 20. Woche vornehmen, welche
das Entwicklungsalter des Fetus näher bestimmt. Sobald sich die
Niederkunft nähert, werden noch andere Hinweise auf „den großen
Tag" in Erscheinung treten:
Schmerzlose Wehen könnten sich häufen (möglicherweise auch
schmerzhafte);
das Baby wird sich in das Becken senken (Eintrittseffekt);
die Wand des Muttermundes wird schmaler und kürzer, und zum
Schluß beginnt sich der Muttermund zu weiten.
Diese Hinweise können hilfreich, aber niemals exakt sein – nur Ihr
Baby weiß ganz genau, welcher Termin sein Geburtstag werden
wird. (Weitere Informationen siehe „Senkwehen und Eintrittseffekt" sowie „Zeitpunkt der Entbindung", Seite 326 f.)

Was Sie wissen sollten:
Die Wahl Ihres Arztes und die Zusammenarbeit mit ihm

„Zwei" sind nötig, um ein Baby zu zeugen, aber einen Dritten
braucht man wenigstens – Mutter, Vater und einen Geburtshelfer –,
damit die Entwicklung vom befruchteten Ei bis zur Geburt eines
Kindes sicher und erfolgreich verläuft.

Was für ein Patiententyp sind Sie?

Der erste Schritt, um den richtigen Arzt zu finden, bedeutet, eine
Selbsteinschätzung vorzunehmen: Was für ein Typ Patient sind Sie?
Glauben Sie, daß Ärzte immer alles besser wissen? Schließlich ist er
(oder sie) derjenige, der die Universität besucht hat? Würden Sie es
bevorzugen, wenn Ihr Arzt alles allein entscheidet? Und fühlen Sie
sich sicherer, wenn modernste medizinische Technik für Ihre Vorsorge benutzt wird? Paßt in Ihre Vorstellung von dem Mann im weißen Kittel die Beschreibung von „Prof. Dr. Brinkmann"? Wenn ja,
dann werden Sie sich wohl am besten mit einem Frauenarzt verstehen, der eine traditionelle Praxis führt, eine väterliche Ausstrahlung

besitzt und der mit unerschütterlicher Überzeugung an seiner „Geburtsphilosophie" festhält.

Oder glauben Sie eher, daß Ihr Körper sowie Ihre Gesundheit in erster Linie *Ihre* Angelegenheiten sind und nicht die eines anderen? Haben Sie ganz feste Vorstellungen über Schwangerschaft und Geburt, und wollen Sie dabei alles bestimmen – von der Befruchtung bis zur Entbindung –, möglichst mit wenig ärztlicher Einmischung? Dann lassen Sie Professor Brinkmann aus dem Spiel und suchen besser nach einem Betreuer oder einer Hebamme, die Sie während der Schwangerschaft berät und Ihnen so viele Entscheidungen bei der Geburt läßt, wie medizinisch vertretbar ist.

Wie dem auch sei, Sie sollten aber nicht glauben, daß ein Arzt, der alternativen Geburtshilfemethoden bevorzugt, sich nicht weniger an seine Vorschriften hält als ein traditioneller Arzt.

Oder würden Sie sich vielleicht irgendwo in der Mitte einstufen? Bevorzugen Sie jemanden, der Sie als Partner betrachtet; jemanden, der Vorschläge unterbreitet, die auf seiner Erfahrung und seinem Wissen basieren, der Sie aber immer mit einbezieht. Ist der richtige Arzt für Sie eine Person, die weder stur medizinischen Vorschriften folgt noch weich wie Knete in Ihrer Hand ist; die Ihnen zwar eine natürliche Geburt ermöglicht, aber auch nicht zögern würde, einen Kaiserschnitt vorzunehmen, falls die Sicherheit Ihres Babys oder Ihre eigene dies erfordern sollte. Also jemand, der nicht routinemäßig Medizin verteilt oder ablehnt, der nichts gegen die gleichzeitige Benutzung eines Ultraschallgerätes und eines alternativen Geburtszimmers einzuwenden hat, jemand der Ihre Gesundheit und die Ihres Babys über Ihre und seine persönliche Vorliebe stellt. Ihr Arzt sieht die Arzt-Patient-Beziehung als eine Partnerschaft, in welcher jeder sein Bestes gibt.

Wenn Sie glauben, daß der werdende Vater während des „Schwangerschaft-Geburt-Dramas" eine gleichberechtigte Rolle spielt, sollten Sie Ihren ausgewählten Geburtsbetreuer befragen, ob er das genauso sieht. Die Einstellung eines Arztes wird häufig schon beim ersten Besuch deutlich, meistens sogar schon, wenn Sie Ihren ersten Termin vereinbaren. Diese wichtige Frage sollten Sie bei Beginn der Zusammenarbeit mit Ihrem Arzt klären.

Auswahl des Arztes

Natürlich wollen wir realistisch bleiben. Die Auswahl Ihres betreuenden Arztes und der vorgesehenen Entbindungsklinik hängt auch
von den örtlichen Gegebenheiten ab. Sie sollten sich sehr genau
überlegen, ob Sie eine weit entfernte Klinik favorisieren, ob Sie
einen „namhaften" Frauenarzt wählen, der Ihnen zwar empfohlen
wird, der sich aber vielleicht nicht ausreichend Zeit für Sie nimmt,
ob es nicht günstiger ist, bei ihrem vertrauten Gynäkologen zu bleiben und dergleichen mehr. Das Vertrauen zum betreuenden Arzt
ist viel wichtiger als eine Fülle von wissenschaftlichen Titeln oder
Modetrends.
Für die Betreuung in der Schwangerschaft sollen Sie möglichst
frühzeitig entscheiden:
- Wer wird mich als Hausarzt in dieser Zeit ständig betreuen? Bleiben Sie möglichst bei Ihrer bisherigen Ärztin oder Ihrem Arzt.
  Sie kennen Sie und Ihre Patientengeschichte am besten.
- Welcher Frauenarzt soll die spezielle Betreuung übernehmen?
  Möchte ich mich nur von Ärzten in der vorgesehenen Klinik
  (kurz vor dem Termin) fachärztlich betreuen lassen? Brauche ich
  über die Schwangerschaftsvorsorge-Untersuchungen hinausge-
  hende medizinische Hilfe?
- In welcher Klinik möchte ich entbinden (wenn Sie sich für eine
  Klinikentbindung entschieden haben)?
- Wo kann ich am günstigsten an Vorbereitungskursen teilnehmen?
- Welche Hebamme wähle ich?
Oft werden diese „Sorgen" gegenstandslos sein, da Sie bereits in
fester Betreuung sind oder die Wahlmöglichkeiten an Ihrem Wohn-
ort nicht allzuviel Spielraum lassen.
Sollten Sie noch unsicher sein, können Ihnen sicher die Entschei-
dung erleichtern und entsprechende Informationen geben:
- Ihr Hausarzt;
- Freundinnen, Kolleginnen, Bekannte, die vor kurzem entbun-
  den haben (Doch Vorsicht: Subjektive Eindrücke können auch täu-
  schen!);
- Krankenschwestern oder Hebammen in Ihrem Bekanntenkreis;
- ein Krankenhaus mit Entbindungsstation in Ihrer Nähe. Haben
  Sie durchaus keine Scheu, sich dort zu informieren und Eindrücke

zu sammeln. Aber bedenken Sie auch: Äußerer Glanz läßt nicht immer auf die medizinische Leistungsfähigkeit schließen.

* Ihre Krankenkasse;
* Gesundheitsämter und Sozialdienste;
* und schließlich könnte Ihnen auch ein Blick in das Telefonbuch helfen, Kliniken, Frauenärzte, Hebammen und dergleichen zu finden.

Geburtsalternativen

Niemals zuvor hatten Frauen soviel Möglichkeiten, den Verlauf von Schwangerschaft und Geburt mitzubeeinflussen, mitzubestimmen, die Vorgänge nicht nur der Natur zu überlassen.

Natürlich werden auch heute Ärzte und Hebammen wegen ihrer Fachkenntnis und Erfahrungen stets ein gewichtiges Wort bei der Betreuung mitzureden haben. Die Frauen sind aber keineswegs mehr nur das Objekt der Betreuung und die willenlosen Träger des werdenden Lebens. Mehr und mehr bestimmen sie selbst über Zeitpunkt und Bestand einer Schwangerschaft. Logisch ist, daß sie auch bei der Wahl von Methoden der Entbindung mitreden möchten und sollen.

Aber: Medizinische Erwägungen sollten bei Ihnen nicht unbeachtet verhallen. Wie können Sie entscheiden, und zwischen welchen Alternativen können Sie wählen?

Die Hauptfrage ist, ob Sie in einer Klinik oder daheim entbinden wollen. In Deutschland wird die übergroße Mehrheit der Kinder in Kliniken geboren. Das hat gute Gründe: Passiert etwas, treten Probleme auf, dann kann in der Klinik rasch und sachkundig geholfen werden, denn oft entscheiden Minuten. Bei einer Hausgeburt gibt es andere Vorteile. Man bleibt im vertrauten Milieu, die belastende Krankenhausatmosphäre entfällt, alles ist persönlicher – und schließlich geht man ja davon aus, daß nichts passieren wird.

In einigen Kliniken kann man sich auch für eine ambulante Entbindung entscheiden. Sie entbinden in der Klinik, geht alles glatt, können Sie nach drei bis vier Stunden die Klinik verlassen, um zu Hause weiter betreut zu werden. Für Sie vielleicht ein verlockender Gedanke – aber vergessen Sie nicht, daß viele Probleme der Geburt sich erst nach mehreren Stunden zu erkennen geben, daß daheim auch Unruhe und Belastungen auf Sie zukommen. Sprechen Sie über all diese Fragen mit Ihrem Arzt. Und halten Sie ihn oder auch sich selbst nicht für unmodern, wenn die „klassische" Klinikentbindung als Fazit Ihrer Überlegungen übrigbleibt.

Diese Grundentscheidung kann Ihnen niemand abnehmen. Sie müssen sie treffen, indem Sie alle Für und Wider abwägen, auch die konkreten häuslichen Bedingungen. Bei einer Klinikentbindung müssen Sie entscheiden, ob Sie – falls es das Klinikregime erlaubt – Ihren Partner, Freundin, Angehörige bei der Geburt bei sich haben wollen oder nicht. Die Wahl der Entbindungstechnik (beispielsweise Gebärbett oder Gebärstuhl) und der lokalen Gepflogenheiten (spezielle Vorwehenräume und dergleichen)sollten Sie den professionellen Geburtshelfern den konkret vorhandenen Bedingungen entsprechend überlassen.

Vielleicht haben Sie etwas von Unterwasserentbindungen und anderen alternativen Methoden gehört. Sprechen Sie getrost mit Ihren Betreuern darüber, aber fixieren Sie sich nicht auf bestimmte modische Varianten. Viele Millionen Frauen haben mit „klassischen" Methoden entbunden. Sie selbst und auch Ihr Kind sollten Ihnen für unsichere Experimente zu schade sein.

Sie haben sich entschieden

Sobald Sie den Namen Ihres voraussichtlichen Arztes gefunden haben, rufen Sie ihn an und vereinbaren Sie einen Gesprächstermin. Überlegen Sie sich Fragen, durch welche Sie herausfinden, ob sich seine Einstellung mit der Ihrigen deckt. Aber erwarten Sie nicht, daß Sie in allem übereinstimmen, denn das passiert selbst in den glücklichsten Ehen nicht. Falls für Sie ein guter Arzt auch ein guter Zuhörer sein muß, der ebenfalls sorgfältig erklären kann, überlegen Sie, ob Ihr Arzt diese Voraussetzungen erfüllt. Sollten Sie sich verstärkt Sorgen über die emotionalen Aspekte der Geburt machen, dann sprechen Sie mit Ihrem Arzt darüber, er wird Ihre Bedürfnisse auch wirklich ernst nehmen.

Fragen Sie Ihren Arzt nach all den Dingen, die Sie bewegen, z. B. Vorteile einer natürlichen Geburt gegenüber einer Geburt unter Betäubung; Schmerzmittel bei der Geburt nach Bedarf; Stillen; Geburtseinleitung; Gebrauch von Sichtgeräten; Einlauf; Zangen; Kaiserschnitt; alles, worüber sie sich Gedanken machen. Auf diese Weise verhindern Sie unangenehme Überraschungen in letzter Minute! Das vielleicht Wichtigste, was Sie bei Ihrem Treffen tun können, ist, Ihrem Arzt zu erklären, was Sie für ein Typ als Patient sind. Schon aus seiner Antwort können Sie wahrscheinlich schließen, ob er gut mit Ihnen zurechtkommen würde.

Vermutlich werden Sie auch ein bißchen über das Krankenhaus erfahren wollen. Gibt es dort die für Sie wichtigsten Voraussetzungen wie beispielsweise Geburtszimmer, Gebärstühle, „Rooming-in", eine Intensivstation für Neugeborene oder die modernsten technischen Geräte? Ist man dort flexibel gegenüber manchen Vorgehensweisen, die Sie beunruhigen, wie z. B. Einlauf oder Rasur?

Bevor Sie Ihre endgültige Entscheidung treffen, denken Sie darüber nach, ob dieser Arzt Ihnen Vertrauen gibt. Die Schwangerschaft ist eine der wichtigsten Reisen in Ihrem Leben – dabei wollen Sie sich doch in die Hände eines vertrauenswürdigen Kapitäns begeben?

Aber nicht nur die Wahl des Arztes will überlegt sein. Sie sollten auch eine Hebamme ausfindig machen, die Sie in verschiedener Weise während der Schwangerschaft begleitet. Prüfen Sie, ob es in Ihrer Nähe ein Geburtsvorbereitungshaus gibt oder Hebammen selbständig oder in Arztpraxen tätig sind.

Bei der Geburt muß stets eine Hebamme anwesend sein, das ist durch Gesetz vorgeschrieben. Die Anwesenheit eines Arztes ist übrigens nicht Pflicht, auch wenn er zumeist zur Entbindung hinzugerufen wird. Wenn Sie sich für eine Klinikentbindung entschieden haben, werden Sie in der Klinik ebenfalls von Hebammen betreut.

Ihr Arzt als Partner

Die Auswahl des richtigen Arztes ist nur der erste Schritt. Für eine Vielzahl von Frauen, die weder die gesamte Verantwortung dem Arzt überlassen wollen noch alles ganz allein selbst bestimmen möchten, ist der nächste Schritt, die gute Beziehung zu ihrem Arzt *zu pflegen.* Hierzu einige Tips:

- ◆ Sollten Ihnen einige Fragen oder Sorgen zwischen (nach) Ihren ärztlichen Besuchen einfallen, schreiben Sie diese einfach auf einen Zettel, den Sie das nächste Mal zu Ihrem Arztbesuch mitnehmen. (Es ist sehr nützlich, überall Notizzettel zu deponieren; z. B. an der Kühlschranktür, in der Handtasche, auf dem Schreibtisch oder dem Nachttisch, damit Sie immer etwas aufschreiben können.) Fassen Sie alle Notizen vor dem nächsten Besuch auf einem Blatt zusammen. Dies ist die einzig sichere Möglichkeit, keine Frage zu vergessen und über all Ihre Symptome zu sprechen. So werden Sie weder Ihre noch die Zeit Ihres Arztes verschwenden.

♦ Bringen Sie zu jeder Untersuchung auch immer etwas zum Schreiben mit, damit Sie die Antworten oder Vorschläge Ihres Arztes aufschreiben können. Viele Menschen sind in einer medizinischen Umgebung viel zu nervös, um sich später an Anweisungen erinnern zu können.

♦ Falls Ihr Arzt Sie nicht ausreichend informiert, fragen Sie besser nach, damit keine Zweifel entstehen, sobald Sie zu Hause sind. Erkundigen Sie sich nach Nebenwirkungen von Behandlungen, nach der Dauer der Einnahme von Arzneimitteln – falls verschrieben – oder den günstigen Zeitpunkt für eine Rückfrage, falls Probleme auftreten.

♦ Auch wenn Sie nicht wegen jedes Bauchzwickens Ihren Arzt anrufen wollen, zögern Sie nicht anzurufen, wenn es Fragen sind, die Sie nicht in einem Buch, wie z. B. diesem hier, beantwortet finden oder die keinen Aufschub erlauben. Glauben Sie nicht, daß Ihre Sorgen unsinnig sein könnten. Es gibt nichts, was Ihr Arzt nicht schon einmal gehört hätte, es sei denn, er oder sie ist gerade erst mit der Ausbildung fertig! Seien Sie sehr genau, was Ihre Symptome betrifft. Sollten Sie Schmerzen haben, beschreiben Sie korrekt, wo sich dieser Schmerz befindet, wie lange er schon anhält und wie oft und in welcher Weise er stechend, dumpf, oder krampfartig auftritt. Wenn möglich, beschreiben Sie auch, ob der Schmerz in bestimmten Positionen schlimmer oder besser wird. Bei (vaginalem) Ausfluß nennen Sie am besten die Farbe (hellrot, dunkelrot, bräunlich, rosa, gelblich), den Zeitpunkt des Beginns und die Stärke. Berichten Sie auch über Begleiterscheinungen wie Fieber, Übelkeit, Erbrechen, Schüttelfrost oder Durchfall. (Siehe hierzu auch: Wann Sie den Arzt rufen sollten, Seite 156.)

- Wenn Sie etwas über eine medizinische Neuerung bezüglich Schwangerschaft oder Geburt gelesen haben, dann fragen Sie Ihren Arzt nach seiner Meinung, ob er diese neuen Methoden oder Theorien für sinnvoll hält. Es kommt häufig vor, daß die Medien über medizinische Fortschritte berichten, bevor diese nachweislich für ihre Sicherheit und Wirksamkeit durch Studien überprüft wurden. Sollte es sich tatsächlich um einen nachgewiesenen Fortschritt handeln, hat Ihr Arzt höchstwahrscheinlich schon davon gehört oder wird dieser Sache auf den Grund gehen. Wie auch immer, Sie werden beide etwas aus diesem Gespräch lernen.

- Sollten Sie einmal etwas hören, was nicht den Aussagen Ihres Arztes entspricht, fragen Sie ihn diesbezüglich nach seiner Meinung – und zwar nicht in einer herausfordernden Art, sondern einfach nur, um mehr darüber zu erfahren.

- Sind Sie der Ansicht, daß sich Ihr Arzt irrt (zum Beispiel bezüglich seines Einverständnisses zum Geschlechtsverkehr, obwohl Sie bereits eine oder mehrere Fehlgeburten hatten), äußern Sie dies ganz ruhig. Sie dürfen nicht davon ausgehen, daß sich Ihr Arzt zu jedem Zeitpunkt an jedes Detail Ihrer medizinischen und persönlichen Vergangenheit erinnert, selbst wenn er Ihre Akte zur Hand hat – außerdem teilen Sie sich die Verantwortung, Fehler zu vermeiden! Am besten ist es, wenn Sie Verständnis für diese Situation darlegen und Ihre Bedenken möglichst emotionslos vortragen. Sie werden feststellen, daß Ihr Arzt um Ihre spezielle Situation sehr bemüht und für Ihre Meinung wirklich dankbar ist.

- Hatten Sie Grund zu Ärger (von langen Wartezeiten bis zu unbefriedigenden Antworten auf Ihre Fragen), machen Sie diesem Luft. Ärger still mit sich herumzutragen gefährdet nur das Verhältnis zwischen Arzt und Patient.

- Wenn das Verhältnis zu Ihrem Arzt unwiederbringlich zerstört sein sollte, dann denken Sie besser an einen Arztwechsel. Ihrem Arzt mißfällt das schlechte Verhältnis genauso wie Ihnen. Glauben Sie aber nicht, gute ärztliche Hilfe zu bekommen, wenn Sie sich ständig erneut auf der Suche nach einem Arzt befinden, der nur *Ihre* Anweisungen befolgt. Denken Sie vielmehr einmal daran, ob der Grund für den von Ihnen beklagten Mangel an Fürsorge nicht vielleicht bei Ihnen selbst liegt!

Schützen Sie sich vor medizinischer Fehlbehandlung

- ◆ Erzählen Sie immer die Wahrheit! Geben Sie Ihrem Arzt keine falsche oder unvollständige Anamnese. Seien Sie sich sicher, daß ihr Arzt über alle Medikamente, die Sie zu dieser Zeit einnehmen – mit oder ohne Rezept, legal oder illegal, aus medizinischen oder sonstigen Gründen –, Bescheid weiß, ebenso über alle früheren oder derzeitigen Krankheiten oder Operationen.
- ◆ Verzichten Sie nicht auf die Vorlage nötiger Röntgenaufnahmen, Tests oder Medikamente.
- ◆ Achten Sie auf die Vorschläge Ihres Arztes zu Vorsorgeuntersuchungen, Gewichtszunahme, Bettruhe, Sport, Arzneimitteln, Vitaminen usw., es sei denn, daß ein medizinisch anerkannter Grund für Ihr „Andersverhalten" besteht.
- ◆ Lassen Sie es auf gar keinen Fall zu, daß jemand, der offensichtlich unter dem Einfluß von Drogen oder Alkohol steht, Sie behandelt.
- ◆ Teilen Sie Ihrem Arzt immer mit, wenn Sie auf irgendeine medizinische Behandlung schlecht reagieren, ebenso alle anderen quälenden Symptome, die Sie vielleicht während der Schwangerschaft erleben. Sprechen Sie auch dann mit Ihrem Arzt, wenn Sie glauben, daß seine Anweisungen eventuell nicht stimmen.
- ◆ Achten Sie gut auf Ihre Gesundheit, indem Sie sich optimal ernähren, genügend ruhen, Sport treiben und in jedem Fall auf Alkohol, Zigaretten und andere rezeptfreie Drogen oder Medikamente verzichten, sobald Sie von Ihrer Schwangerschaft erfahren – und am besten schon von dem Zeitpunkt an, wo Sie das „Schwangerwerden" versuchen!

Wenn Sie das Gefühl haben, die Instruktionen des Arztes nicht befolgen zu können, oder Sie nicht mit seiner Behandlung übereinstimmen, dann haben Sie offensichtlich wenig Vertrauen zu der Person Ihrer Wahl, die Sie während der Schwangerschaft, der Wehen und der Geburt betreuen sollte. In einem solchen Fall ist es für alle Beteiligten besser, wenn Sie sich einen anderen Arzt suchen.

Wenn Sie nicht schwanger sind ...

Wenn Ihr Schwangerschaftstest dieses Mal negativ ausgefallen ist und Sie gern bald schwanger werden möchten, nutzen Sie die Tips ab Seite 493 „Vorbereitung auf das nächste Kind".

Sie sind jetzt schwanger!

Worüber Sie sich vielleicht Gedanken machen ...

Jetzt, wo Sie sich keine Sorgen mehr über das Ergebnis des Schwangerschaftstests machen müssen, werden dafür viele neue Sorgen auf Sie zukommen! Welche Auswirkungen werden mein Alter und das meines Mannes auf die Schwangerschaft und das Baby haben? Welche Auswirkungen werden medizinische oder familiäre genetische Probleme haben? Wird unser früherer Lebensstil die Entwicklung des Babys beeinflussen? Können sich Wiederholungen bezüglich meiner letzten Schwangerschaft ergeben? Was könnte ich tun, um die Risiken jetzt zu verringern?

Im Gespräch mit Ihrem behandelnden Arzt können Sie all Ihre Fragen, Sorgen und Ängste klären. Jede Schwangere hat Anspruch auf gute ärztliche Betreuung.

Vom Zeitpunkt an, an dem die Schwangerschaft festgestellt wurde, sind in der Regel alle vier Wochen Untersuchungen vorgesehen. Ab der 32. Woche werden Sie alle zwei Wochen untersucht und in den letzten 14 Tagen jede Woche. Nutzen Sie die Untersuchungen, zum Wohle Ihres Kindes und Ihrer Gesundheit.

Seit 1968 werden alle Ergebnisse der Untersuchung in einem Mutterpaß eingetragen. Er ist ein Dokument, welches Sie sicher aufbewahren und zu jeder Vorsorgeuntersuchung mitbringen sollten. Ausführliche Erläuterungen zum Mutterpaß finden Sie im Anhang.

Ihre gynäkologische Krankheitsgeschichte (Anamnese)

„Ich habe meinem Arzt meine letzte Schwangerschaft verschwiegen, weil ich zu dem damaligen Zeitpunkt noch nicht verheiratet war. Gibt es einen Grund, warum ich es ihm sagen soll?"

Ihre gynäkologische Vorgeschichte kann für Ihren Arzt ebenso wichtig sein wie die Informationen, die er bei den Untersuchungen während Ihrer Schwangerschaft gewinnt. Frühere Schwangerschaften, Fehlgeburten, Abtreibungen, Operationen oder Infektionen könnten eventuell die jetzige Schwangerschaft beeinflussen; in jedem Fall sollten Sie Ihrem Arzt alle Informationen geben. Alles wird vertraulich behandelt werden. Machen Sie sich keine Gedanken über das, was Ihr Arzt denken könnte; es ist die Aufgabe des Arztes, Müttern und ihren Babys zu helfen, nicht Sie zu kritisieren.

Erfolgte Schwangerschaftsabbrüche

„Ich hatte schon zwei Abtreibungen. Werden diese meine jetzige Schwangerschaft beeinflussen?"

Wahrscheinlich nicht, wenn diese in den letzten Jahren und innerhalb der ersten drei Monate vorgenommen wurden. Die Risiken für Verletzungen bei Schwangerschaftsabbruch innerhalb der ersten drei Monate sind deutlich verringert worden.
Nur in Sonderfällen mögliche legale Abtreibungen innerhalb des zweiten Trimesters (zwischen der 14. und 26. Woche) scheinen jedoch das Risiko einer Frühgeburt zu erhöhen. (Falls Sie eine Abtreibung nach dem dritten Monat hatten, siehe Seite 273 ff. unter „Vorzeitige-Wehentätigkeit" zur Vermeidung einer Frühgeburt.) Ihr Arzt sollte auf jeden Fall über Ihre Abtreibungen Bescheid wissen. Je mehr er mit Ihrer gynäkologischen Vorgeschichte vertraut ist, desto besser kann er für Sie sorgen.

Myome[1]

„Ich habe seit einigen Jahren Myome, die mich nie gestortbaben. jetzt, wo ich schwanger bin, Überlege ich, ob diese mir doch Probleme bereiten."

Myome kommen häufig bei Frauen über 35 Jahren vor, und da die Anzahl von schwangeren Frauen in dieser Altersgruppe ständig

---

[1] Myome = Gutartige Geschwülste der Gebärmutter

steigt, sind sie während der Schwangerschaft relativ alltäglich geworden (nach Schätzungen etwa 1 bis 2 Frauen von 100). Die meisten der Schwangeren mit Myomen werden ihre gesamte Schwangerschaftsdauer komplikationslos überstehen. Aber ab und zu machen diese kleinen, nicht bösartigen Geschwülste an der Uterusinnenwand doch Probleme, da sie Risiken erhöhen (ektopische Schwangerschaft, Fehlgeburt, Placenta praevia[1], frühzeitige Wehentätigkeit, vorzeitiger Blasensprung, unterbrochene Wehen, Mißbildung des Fetus, Steißgeburt oder andere geburtserschwerende Positionen des Babys). Um diese Risiken zu verringern, sollten Sie sich immer unter die Obhut eines Arztes begeben und die Angelegenheit mit dem Arzt besprechen. Seien Sie besonders aufmerksam bei Anzeichen, die mögliche Schwierigkeiten signalisieren (siehe Seite 156). Manchmal empfindet eine Frau Schmerz oder Druck im Unterleib. Obwohl sie dies dem Arzt erzählen sollte, ist es meist kein Grund zur Sorge. Bettruhe und nichtschädliche Schmerzmittel versprechen nach vier bis fünf Tagen meist eine Besserung. Manchmal verdrehen oder vergrößern sich die Myome und verursachen Unterleibsschmerzen und Fieber. Selten ist eine Operation zur Entfernung der Myome notwendig. Falls die Myome eine sichere Vaginalgeburt stören, sollte man auch einen Kaiserschnitt erwägen.

„Bei mir sind vor einigen Jahren zwei Myome entfernt worden. Wird es bei meiner Schwangerschaft jetzt deshalb Probleme geben?"

In den meisten Fällen beeinflußt die operative Entfernung kleiner Myome die folgende Schwangerschaft nicht. Langwierige Operationen, die große Myome entfernen, könnten allerdings den Uterus so stark schwächen, daß dieser die Wehen nicht mehr erträgt. In solchen Fällen wird vermutlich ein Kaiserschnitt geplant.

---

[1] Placenta praevia = Mutterkuchen, der sich im Ausgangsbereich der Gebärmutterhöhle entwickelt.

Zervixinsuffizienz (Muttermundschwäche)

„Während des fünften Monats meiner ersten Schwangerschaft hatte ich eine Fehlgeburt, auf Grund einer Zervixinsuffizienz – wie mein Arzt sagte. Jetzt bin ich wieder schwanger und befürchte, daß ich wieder große Probleme haben werde."

Da Ihre Zervixinsuffizenz bereits diagnostiziert wurde, sollte Ihr Arzt in der Lage sein, Schritte zur Verhinderung einer zweiten Fehlgeburt zu unternehmen. Ein geschwächter Muttermund öffnet sich schätzungsweise bei ein bis zwei von hundert Fällen zu früh unter dem Druck des wachsenden Uterus bzw. Babys. Man glaubt, daß bei 20 bis 25 Prozent aller Fehlgeburten innerhalb des vierten bis sechsten Monats eine Zervixinsuffizienz die Ursache ist.

Die Zervixinsuffizienz kann das Resultat extremer Dehnung oder starker Risse des Muttermundes während einer oder mehrerer früherer Geburten, einer Operation am Muttermund, einer Lasertherapie, traumatisch erlebter Ausschabungen oder Abtreibungen sein. Auch eine Mehrlingsschwangerschaft kann zu einer Zervixinsuffizienz führen, die sich aber bei einer späteren Schwangerschaft mit einem Kind nicht wiederholen muß. Möglicherweise ist die Neigung zur Zervixinsuffizienz auch anlagebedingt.

Sollten Sie auf Grund einer Zervixinsuffizienz schon einmal ein Baby während der Schwangerschaft verloren haben, sagen Sie dies unbedingt Ihrem Arzt. Es ist nämlich möglich, im zweiten Trimester operativ die Öffnung des Muttermundes zu vernähen. Dieser leichte Eingriff wird im Krankenhaus – nach Bestätigung einer normalen Schwangerschaft durch Ultraschall – vorgenommen. Nach der Operation und zwölf Stunden Bettruhe kann die Patientin schon wieder auf die Toilette gehen und nach weiteren zwölf Stunden wieder ihr normales Leben führen, allerdings könnte der Geschlechtsverkehr für die restliche Schwangerschaftszeit nicht mehr erlaubt sein. Auch werden häufigere ärztliche Untersuchungen nötig sein.

Seltener werden totale Bettruhe und die Benutzung eines speziellen Pessars anstelle einer Operation verordnet. Diese Behandlung wird manchmal auch dann verschrieben, wenn man per Ultraschall oder durch eine Untersuchung herausfindet, daß sich der Muttermund öffnet, obwohl die Schwangere noch keine Fehlgeburt hatte.

Ob und wann die Fäden gezogen werden, hängt von der Entscheidung des Arztes oder von der Art der Naht ab. Meistens werden die
Fäden ein paar Wochen vor dem voraussichtlichen Geburtstermin
gezogen. In manchen Fällen werden sie aber erst zu Beginn der
Wehen entfernt, es sei denn, es liegen Infektionen, Blutungen oder
frühzeitiger Blasensprung vor. Unabhängig von der Art der Behandlung, sind Ihre Chancen für eine normale Schwangerschaftsdauer
sehr gut. Trotzdem sollten Sie aufmerksam bei drohenden Anzeichen während des zweiten oder Anfang des dritten Trimesters sein:
Druck im Unterleib, vaginaler Ausfluß mit oder ohne Blut, ungewöhnlich starker Harndrang oder das Gefühl, „eine Faust in der
Vagina zu haben". Falls Sie eines dieser Symptome spüren, gehen Sie
sofort zum Arzt.

Auswirkungen der letzten Schwangerschaft

*„Meine erste Schwangerschaft war sehr unangenehm, ich hatte fast
alle Anzeichen, die in diesem Buch beschrieben sind; werde ich diesmal wieder so unglücklich sein?"*

In allgemeinen ist die erste Schwangerschaft eine ziemlich gute Vor-
hersage für künftige Schwangerschaften. Trotzdem besteht immer
die Hoffnung, daß sich das Schicksal zum Guten wendet. Alle
Schwangerschaften und alle Babys sind verschieden. Es gibt auch
Faktoren, die teilweise von Ihnen beeinflußt und die Prognose verändern können. Folgende Faktoren sind es:

Allgemeiner Gesundheitszustand
Je besser Ihr gesamter körperlicher Zustand ist, desto größer sind
die Chancen für eine angenehme Schwangerschaft. Achten Sie auf
chronische Leiden wie Asthma, Allergien, Rückenschmerzen, und
lassen Sie schleichende Infektionen wie Harnweg- oder Scheiden-
entzündungen behandeln, bevor Sie schwanger sind. Sobald Sie
schwanger sind, achten Sie besonders auf Ihre Gesundheit.

Ernährung
Eine gute Ernährung hilft die morgendliche Übelkeit und Verdauungsstörungen zu verringern. Sie bekämpft auch übermäßige Müdigkeit, Verstopfung, Hämorrhoiden, Eisenmangel und Krämpfe.

Gewichtszunahme
Eine gleichmäßige Gewichtszunahme innerhalb der empfohlenen Grenzen (zwischen 10 bis 15 Kilo) hilft bestimmte Schwangerschaftsleiden wie Hämorrhoiden, Krampfadern, Schwangerschaftsstreifen, Rückenschmerzen, Müdigkeit, Verdauungsstörungen und Kurzatmigkeit zu vermeiden.

Fitneß
Die richtige Menge und die richtige Art des Fitneßtrainings können Ihre Gesundheit grundsätzlich verbessern (siehe Seite 245 ff.). Sportliche Aktivitäten sind besonders für die zweite und alle weiteren Schwangerschaften wichtig, weil die Bauchmuskeln schwächer werden und Beschwerden wie z. B. Rückenschmerzen verursachen.

Lebensrhythmus
Das Leben einer modernen Frau ist manchmal sehr hektisch, was sämtliche Schwangerschaftssymptome unangenehm beeinflussen kann. Sorgen Sie für Pausen oder Abstand von allem, was Ihnen auf die Nerven geht (andere Kinder eingeschlossen), schränken sie Ihre berufliche Verantwortung ein, oder lassen Sie die unwichtigen Sachen für einen Moment unerledigt, um sich etwas Entspannung zu gönnen (mehr Tips siehe Seite 140).

Andere Kinder
Manche schwangere Frauen bemerken, während sie sich mit anderen Kindern beschäftigen, kaum etwas von den Schwangerschaftssymptomen. Für andere Frauen wiederum bewirken die vielen Kinder zu Hause eine Verschlimmerung der Symptome, z. B. kann sich die Müdigkeit steigern, weil man nie zur Ruhe kommt; Rückenschmerzen können sich durch das Herumtragen kleinerer Kinder verstärken, und die morgendliche Übelkeit kann sich unter Streß häufen. Der Trick, um die Belastungen (was die Versorgung der Kinder anbetrifft) zu verringern, ist nicht ganz einfach zu realisieren, aber auf jeden Fall einen Versuch wert: Nehmen Sie sich mehr Zeit für sich selbst! Nutzen Sie jede Gelegenheit für Hilfe im Haushalt, die Ihnen Arbeit erspart und ein wenig mehr Freizeit erlaubt.

„Meine erste Schwangerschaft war anstrengend und mit einigen ernsteren Komplikationen verbunden. Jetzt bin ich wieder schwanger und ziemlich beunruhigt."

Eine komplizierte Schwangerschaft bedeutet nicht automatisch, daß die nächste auch wieder schwierig sein muß. Wenn die damaligen Probleme durch eine einmalige Ursache ausgelöst wurden (z. B. Infektion, Unfall), wird vermutlich keine Wiederholung stattfinden. Ebensowenig werden diese Probleme wieder auftreten, wenn Lebensgewohnheiten wie Rauchen, Alkohol, Drogen die Verursacher waren und Sie jetzt alles inzwischen gründlich geändert haben. Wenn der Grund für die Komplikationen chronische Erkrankungen waren, z. B. Diabetes oder Bluthochdruck, kann man diese gesundheitlichen Probleme vor der nächsten Schwangerschaft oder noch im frühen Stadium (2. Monat) der Schwangerschaft beheben oder kontrollieren, so daß in einem solchen Fall das Risiko für wiederholte Komplikationen ziemlich vermindert ist.

„Mit meinem ersten Kind hatte ich eine angenehme und komplikationslose Schwangerschaft, so daß ich dann über die 42 Stunden Wehen plus 5 Stunden Geburtsvorgang sehr schockiert war. Nun bin ich zwar glücklich, wieder schwanger zu sein, aber ich befürchte nochmals so eine schlimme Geburtsprozedur."

Entspannen Sie, genießen Sie Ihre Schwangerschaft, und verscheuchen Sie alle Gedanken an eine zweite unangenehme Entbindung. Die zweiten oder folgenden Geburten sind erfahrungsgemäß fast immer einfacher als die Erstgeburten (abgesehen von unvorhergesehenen Komplikationen), weil Sie nun schon über einen „erfahrenen" Uterus und einen gedehnten Geburtskanal verfügen. Die Wehenphasen und die eigentliche Austreibungsperiode verlaufen kürzer.

Kaiserschnitt

„Als ich mein erstes Kind durch einen Kaiserschnitt zur Welt brachte, wurde mir gesagt, daß ich wegen meiner abnormalen Bekkenknochen nie mehr auf natürlichem Weg gebären könnte. Eigent-

lich wollte ich wie meine Mutter sechs Kinder bekommen, aber ich begreife, daß drei Kaiserschnitte die oberste Grenze sind."

Natürlich ist es manchmal nicht möglich, durch mehrere Kaiserschnitte zu entbinden. Viel hängt davon ab, was für ein Schnitt gemacht wurde und wie die Narbe verheilt ist.

Falls Sie mehrere Kaiserschnitte hatten, ist aufgrund einiger Narben das Risiko für einen Uterusriß während der Wehenkontraktionen erhöht.

Aus diesem Grund sollten Sie besonders bei bevorstehenden Wehen auf Kontraktionen, blutigen Schleim, Blasensprung usw. in den letzten Monaten Ihrer Schwangerschaft achten. Falls Sie etwas bemerken, rufen Sie Ihren Arzt, und begeben Sie sich schnell in ein Krankenhaus, sofern Sie zu irgendeinem Zeitpunkt Ihrer Schwangerschaft unerklärliche und länger andauernde Bauchschmerzen verspüren.

„Ich bekam mein erstes Kind durch einen Kaiserschnitt. Wie hoch sind meine Chancen bei meiner nächsten Schwangerschaft für eine normale Geburt?"

Bis vor kurzem hieß es immer: Einmal ein Kaiserschnitt – immer ein Kaiserschnitt. Die neueste Erkenntnis: Wiederholungen bei Kaiserschnitten sollten nicht als Routine betrachtet werden. Nach einem Kaiserschnitt sollte die normale Geburt die eigentliche Norm sein. Die Erfahrung zeigt, daß 50 bis 60 Prozent aller Frauen, die einmal durch einen Kaiserschnitt entbunden hatten, später „normal" gebären konnten. Auch Frauen, die schon mehrere Kaiserschnitte hatten oder Zwillinge tragen, haben gute Chancen für eine erfolgreiche normale Geburt.

Ob Sie (oder auch nicht) zu einer normalen Geburt bei Ihrer nächsten Schwangerschaft fähig sein werden, hängt von der Art des Uteruseinschnittes (der vielleicht anders als Ihr Bauchschnitt ist) beim letzten Kaiserschnitt ab – und von der Ursache, warum Ihr Kind auf diese Weise zur Welt kommen mußte. Wenn Sie einen tiefen Quereinschnitt haben, wie es bei 95 Prozent aller Frauen heute üblich ist, sind Ihre Chancen für eine erfolgreiche Normalgeburt gut; wenn Sie einen klassischen senkrechten Einschnitt haben, wie es in der Vergangenheit üblich und manchmal auch heute noch nötig ist, dann wird man Ihnen von einer normalen Geburt abraten.

Wenn sich der Grund für Ihren damaligen Kaiserschnitt vermutlich nicht wiederholen wird („Baby in Not", frühzeitiges Ablösen der Plazenta, Placenta praevia, Infektionen, Steißlage), dann ist die Wahrscheinlichkeit für eine normale Geburt sehr groß.

Hatten oder haben Sie ein chronisches Leiden (Diabetes, Bluthochdruck, Herzkrankheit) oder ein enges Becken, dann wird vermutlich wieder ein Kaiserschnitt nötig sein. Verlassen Sie sich bei allem nicht auf Ihre Erinnerungen, sondern fragen Sie Ihren Arzt nach Ihrer medizinischen Akte.

Sollten Sie sich sehr stark nach einer normalen Geburt sehnen, diskutieren Sie mit Ihrem Arzt die Realitäten! Manche Ärzte hängen an der alten Regel und erlauben einem „kaiserschnittgenarbten Bauch" keine normalen Wehen! Um eine normale Geburt zu versuchen, müssen Sie sich einen Arzt und ein Krankenhaus suchen, welches auf alle Fälle für einen „Notkaiserschnitt" vorbereitet ist. Für Sie sind folgende Punkte wichtig:

* Besuchen Sie Schwangerschaftskurse, um sich auf die Wehen gut vorzubereiten.
* Benachrichtigen Sie Ihren Arzt bei den ersten Anzeichen beginnender Wehen.
* Verständigen Sie sich auf schwache oder gar keine Medikamenteneinnahme während der Geburt, weil Medikamente Probleme oder Anzeichen für einen Riß verschleiern können.
* Sagen Sie Ihrem Arzt sofort, wenn Sie zwischen den Wehen einen ungewöhnlichen Schmerz spüren.

Selbst bei Frauen mit den besten Voraussetzungen für eine normale Entbindung liegt die Möglichkeit für einen Kaiserschnitt bei über 20 Prozent. Also grämen Sie sich nicht, falls sich bei Ihnen ein Kaiserschnitt wiederholt. Schließlich ist doch die sicherste Geburt Ihres Babys alles, worum es hier geht.

„Ich hatte beim ersten Mal nach endlosen Wehen einen Kaiserschnitt. Mein Arzt sagt, daß ich jetzt bei diesem Kind ruhig eine normale Geburt versuchen sollte. Ich möchte diesmal aber lieber gleich einen Kaiserschnitt, um die Tortur vom letzten Mal nicht wieder erleben zu müssen."

Die oftmals hohe Rate an Kaiserschnitten basiert nicht nur auf ärztlichen Entscheidungen, sondern auch auf den Wünschen vieler Frauen, die vor einer schmerzhaften und langen Geburt Angst haben. Es ist normal und menschlich, Schmerz vermeiden zu wollen. Aber selbst wenn es so scheint, als ob man mit einem Kaiserschnitt dem Wehenschmerz ausweichen kann, stimmt das nicht, denn Wehen können zwar für den Moment schmerzhaft sein, sie verursachen aber seltener eine richtige Verletzung, wie das bei der Kaiserschnittoperation der Fall ist. Tatsächlich sind die Risiken bei einer operativen Geburt höher, und es ergibt nie einen Sinn, sich grundlos Risiken stärker als nötig auszusetzen.

Bedenken Sie außerdem, daß der Wehenschmerz diesmal bestimmt schwächer sein wird und Sie nach einer erfolgreichen Normalgeburt nicht noch zwei bis drei Tage Schmerzen ertragen müssen, wie es bei einem Kaiserschnitt üblich ist. Sie sind sich einen Versuch schuldig.

Krankheitsgeschichte der Familie

„Ich fand kürzlich heraus, daß meine Mutter und eine ihrer Schwestern ihre Kinder gleich nach der Geburt verloren haben. Niemand weiß warum! Kann mir das auch passieren?"

Früher wurden familiäre Geschichten über Kinderkrankheiten oder sogar Todesfälle verschwiegen, als ob es sündhaft oder schandhaft wäre. Aber heute hat man eingesehen, daß das Offenlegen der Krankheitsgeschichte vergangener Generationen der Gesundheit folgender Generationen hilft.

Obwohl der Tod zweier Babys unter ähnlichen Umständen auch ein Zufall sein kann, wäre es sinnvoll, einen Humangenetiker nach seiner Prognose zu fragen. Ihr Arzt wird Ihnen einen Berater empfehlen.

Jedes Paar, welches nicht über die erblichen Krankheiten seiner Familien informiert ist, sollte darüber etwas in Erfahrung bringen, (befragen Sie vielleicht ältere Familienmitglieder). Man kann durch Pränataldiagnostik viele erbliche Krankheiten erkennen und mit Hilfe dieser Informationen Problemen vorbeugen oder sie behandeln.

„Es gibt einige Geschichten in unserer Familie über Kinder, die scheinbar nach der Geburt gesund waren und dann schwer erkrankten. Am Ende starben sie im Säuglingsalter. Muß ich mir jetzt Sorgen machen?"

Die Hauptgründe für Säuglingskrankheiten oder Tod in den ersten Lebenswochen sind neben Mißbildungen angeborene Stoffwechselstörungen. Kindern, die mit diesem genetischen Defekt geboren werden, fehlen Enzyme oder andere chemische Substanzen, mit deren Hilfe bestimmte Teile der Nahrung abgebaut werden können. Das Leben eines Kindes ist in dem Moment in Gefahr, wenn man mit dem Füttern beginnt.

Glücklicherweise können die meisten dieser Krankheiten vor der Geburt erkannt und behandelt werden. Also schätzen Sie sich glücklich, wenn Sie solche Informationen vorher schon wissen, und reagieren Sie entsprechend darauf. Sprechen Sie mit Ihrem Arzt. Wenn nötig, konsultieren Sie einen Spezialisten für genetische Familienberatung.

Rasche Schwangerschaftsfolge

„Ich wurde zehn Wochen nach der Geburt meines ersten Kindes schon wieder schwanger. Jetzt mache ich mir Sorgen über die Folgen für mich und das Baby, das ich trage."

Die Tatsache strengt Sie genug an – auch ohne Sorgen –, d. h., entspannen Sie sich zuerst einmal! Obwohl eine Befruchtung in den ersten drei Monaten nach der Entbindung selten vorkommt (fast wie ein Wunder, wenn das Baby gestillt wird), ist es bei anderen Frauen auch überraschend geschehen, und die meisten bekamen normale, gesunde Babys, ohne daß es ihnen schlechter als anderen ergangen wäre.

Trotzdem sollten Sie unbedingt beachten, daß zwei rasch aufeinanderfolgende Schwangerschaften Sie stark belasten werden. Versuchen Sie diese Tatsache soweit wie möglich auszugleichen. Eine Befruchtung innerhalb von drei Monaten nach der Geburt stuft Ihre Schwangerschaft in eine risikoreiche Kategorie (Risikoschwangerschaft) ein, was in diesem Fall schlimmer klingt, als es ist. Treffen Sie richtige Vorsorge und Vorsichtsmaßnahmen wie gute Ernährung, angemessene Gewichtszunahme, Abstillen, ausreichende Ruhe (soweit das mit einem anderen Säugling möglich ist), sportliche Aktivitäten zur Entspannung. Vermeiden Sie alle anderen Schwangerschaftsrisiken wie Rauchen und Alkohol (siehe Seite 91 ff.). Gehen Sie zusätzlichem Streß aus dem Weg!

Das Schicksal ein zweites Mal herausfordern

„Weil mein erstes Baby so ‚perfekt' ist, habe ich bei dieser Schwangerschaft Angst, daß ich ein zweites Mal nicht soviel Glück haben werde."

Die Wahrscheinlichkeit für die Geburt eines zweiten „perfekten" Babys ist – im Gegensatz zu einem 1-Millionen-Lotteriegewinn – sehr hoch, weil Sie schon auf eine normale Schwangerschaft und ein gesundes Baby zurückblicken können. Außerdem weiß eine Mutter mit jeder weiteren Schwangerschaft besser über alle negativen bzw. positiven Faktoren, die sie vermeiden oder verstärken kann, Bescheid.

Großfamilie schon vorhanden

„Ich bin jetzt zum sechsten Mal schwanger. Könnte dies irgendwelche zusätzlichen Risiken für mich oder das Baby mit sich bringen?"

In unserer heutigen Zeit hat eine Frau bei guter Schwangerschaftsvorsorge eine ausgezeichnete Chance, ein gesundes Baby zur Welt zu bringen – auch nach fünf oder mehr Schwangerschaften. Also, freuen Sie sich über Ihre Schwangerschaft und Ihre Großfamilie; aber treffen Sie Vorsichtsmaßnahmen:

♦ Wenn Sie (inzwischen) 30 oder über 30 Jahre alt sein sollten, denken Sie rechtzeitig über pränatale Diagnosetests nach, weil chromosomale Defekte nach mehreren Schwangerschaften sich erhöhen können.

♦ Versuchen Sie, möglichst viel Hilfe zu erhalten, selbst wenn Sie dafür Geld ausgeben müssen, und lassen Sie unwesentliche Hausarbeiten für eine Weile ruhen. Lehren Sie Ihre älteren Kinder, sich selbständiger zu versorgen (selbst ganz kleine Kinder können sich oft selbst an- und ausziehen, ihr Spielzeug aufräumen usw.). Übermüdung ist für keine schwangere Frau gut, insbesondere nicht für eine, die sich zusätzlich um eine „große Brut" kümmern muß.

◆ Es ist nicht ungewöhnlich, daß Frauen, die schon mehrmals schwanger waren, mit jedem nächsten Baby ein paar „Kilochen" extra zunehmen. Sollte dies bei Ihnen der Fall sein, achten Sie besonders auf Ihre Ernährung, damit Sie nicht zuviel zunehmen. Übergewicht kann verschiedene Risiken erhöhen, besonders die für schmerzhafte Wehen oder für Komplikationen bei einem Kaiserschnitt.

◆ Minimieren Sie alle Schwangerschaftsrisiken! (siehe Seite 91 ff.)

◆ Achten Sie ganz bewußt auf alle Zeichen, die Ihnen vielleicht andeuten können, daß irgend etwas während Ihrer Schwangerschaft nicht in Ordnung ist (siehe Seite 151).

Alleinstehende Mütter

„Ich bin unverheiratet und alleinstehend; ich bin schwanger und sehr froh darüber, aber manchmal auch ängstlich, alles allein durchstehen zu müssen."

Die Tatsache, daß Sie keinen Ehemann haben, bedeutet noch lange nicht, daß Sie Ihre Schwangerschaftszeit allein überstehen müssen. Die Art der Unterstützung, die Sie benötigen, können Sie auch von anderen erhalten, von guten Freunden oder netten Verwandten (Mutter, Tante, Geschwister, Cousinen). Sie alle können einspringen, um Ihnen die Hand zu halten, d. h., Sie sowohl tatkräftig als auch gefühlsmäßig zu unterstützen. Jede dieser Personen kann während der neun Monate und danach in verschiedener Weise die Rolle des Partners (Vaters) ersetzen, indem er/sie

◆ Sie zu Vorsorgeuntersuchungen und Schwangerschaftskursen begleitet,

◆ Ihnen Gehör schenkt, wenn Sie über Ängste, Sorgen oder auch Ihre Vorfreude sprechen möchten,

♦ Ihnen hilft, Ihre Wohnung und Ihr ganzes Leben auf den Neuankömmling vorzubereiten und

♦ ein Helfer und Fürsprecher während des gesamten Geburtsprozesses ist.

Noch etwas, was Sie beim Lesen des Buches nicht vergessen sollten: Die vielen Hinweise oder Bemerkungen über „Ehemänner" oder „werdende Väter" sollen nicht so gemeint sein, daß Sie sich ausgegrenzt fühlen. Vielmehr ist es einfach so, daß viele Leser traditionellen Familien entstammen. Es ist einfacher, diese Bezeichnungen zu verwenden, als auf alle anderen existierenden Begriffe einzugehen. Wir hoffen, daß Sie dies richtig verstehen und uns glauben, daß das vorliegende Buch genauso für Sie wie für eine verheiratete Frau geschrieben wurde.

Über 35 Jahre - noch ein Baby?

„Ich bin 38 und schwanger mit meinem ersten und wahrscheinlich auch letzten Baby. Es ist mir wichtig, daß es gesund ist, aber ich habe so viel über die Schwangerschaftsrisiken nach 35 gelesen!"

Mit einer Schwangerschaft nach 35 befinden Sie sich in guter – und ständig wachsender – Gesellschaft.

Die Anzahl der schwangeren Frauen im Alter von 20 bis 30 Jahren ist gesunken, während die Anzahl der Schwangeren über 35 Jahre steigt. Heutzutage ist es nicht mehr unnormal, wenn eine Frau ihr erstes Baby mit 40 oder sogar danach bekommt bzw. dann die zweite Familie gründet.

Wenn Sie schon länger als 35 Jahre leben, dann wissen Sie, daß nichts im Leben völlig risikofrei ist – und Schwangerschaften sind es bestimmt auch nicht – egal in welchem Alter. Obwohl heute die Risiken von Anfang an sehr gering sind, erhöhen sie sich doch mit zunehmendem Alter. Manche ältere Mutter meint, daß die Tatsache, sich selbst bereit für ein Baby zu fühlen, jedes andere Risiko aufwiegt. Diese Ansicht bestärken neue medizinische Erkenntnisse. Die größte Gefahr bei älteren Frauen ist, überhaupt nicht mehr schwanger werden zu können – und zwar wegen der abnehmenden Fruchtbarkeit. Ist man erst einmal schwanger, ist die zweite und häufigste Gefahr, daß man ein Baby mit Trisomie 21 (Down-Syn-

drom) bekommt. Diese Krankheit beruht auf einer fehlerhaften Anzahl der Erbanlagen (Chromosomen).
Das Risiko erhöht sich mit zunehmendem Alter:
1 von 10 000 bei Müttern um 20 Jahre
3 von 1000 bei Müttern um 30 Jahre
1 von 100 bei 40jährigen Müttern.
Diese und auch andere chromosonale Abnormitäten treten häufiger bei älteren Frauen auf, weil die Eizellen der Frau dann schon länger Schadstoffen und schädlichen Einwirkungen, z. B. Röntgenstrahlen, Infektionen, Drogen usw., ausgesetzt waren und Veränderungen der Erbsubstanz bewirkt haben. (Erinnert sei daran, daß die Eizellen schon vor der Geburt angelegt werden und jede Frau nur einen bestimmten Vorrat besitzt). Nicht immer ist für Abnormitäten das weibliche Ei verantwortlich, in 25 Prozent der Fälle hängen die Defekte mit dem Samen des Mannes zusammen (siehe Seite 59f.).
Obwohl das Down-Syndrom, ähnlich vielen anderen genetischen Störungen, immer noch nicht medizinisch verhindert werden kann, kann es durch Pränataldiagnostik festgestellt werden (siehe Seite 75 ff.).
Solche Diagnosetests gehören bei Frauen, die über 35 Jahre alt sind, oder bei Frauen einer risikoreichen Gruppe zur Routine einschließlich der Frauen mit niedrigem AFP-Gehalt (siehe Seite 82f.).
Falls das Vorhandensein des Down-Syndroms oder einer anderen Störung festgestellt wird, müssen sich die Eltern mit Hilfe verschiedener spezieller ärztlicher Beratungen entscheiden, ob die Schwangerschaft abgebrochen oder fortgesetzt werden soll. Bei dieser Entscheidung sollten die Eltern bedenken, daß ein Kind mit Down-Syndrom die Möglichkeit für ein erfülltes Leben hat. Diese Kinder sind besonders lieb und liebebedürftig, und die meisten können mit Hilfe einer frühen und gezielten Anleitung (d. h. tägliches Hilfs- und Trainingsprogramm für Kinder und Eltern) lernen, für sich zu sorgen und sogar zu lesen und zu schreiben. Außer dem erhöhten Down-Syndrom-Risiko treten bei Frauen über 35 häufiger Bluthochdruck, Diabetes und Herzkrankheiten (besonders bei Übergewicht) auf, was im allgemeinen bei älteren Menschen auch normalerweise üblich, meistens aber zu kontrollieren ist.
Bei Frauen über 35 Jahren kommt es auch etwas häufiger zu einer Fehlgeburt (oftmals durch Defekte des Embryos), zu vorzeitiger Wehentätigkeit und postpartaler Blutung.

Bei älteren Frauen erschlaffen die Muskeln, und die Beweglichkeit der Gelenke läßt nach. Das könnte eine Begründung für eventuelle Probleme beim Wehenvorgang sein, aber in vielen anderen Fällen ist beides dank guter körperlicher Kondition kein Problem. Eine Frau, die über 35 Jahre alt ist, kann aber selbst viel tun, um sich fit zu halten und ihrem Baby eine gesunde optimale Entwicklung zu „gönnen".

Das Fortpflanzungsalter allein stuft eine Frau nicht automatisch in eine risikoreiche Kategorie, aber die Anhäufung von individuellen Risikofaktoren tut das sehr wohl.

Wenn ältere Frauen sich um die Verringerung der Risiken sehr bemühen, sind ihre Chancen für die Geburt eines gesunden Kindes fast so gut wie die der jüngeren Frauen (siehe Seite 86 f.).

Es gibt noch ein Argument *für* die älteren Mütter, die nämlich theoretisch über mehr Reife und Beständigkeit verfügen und weniger mit ihrem Schicksal, nämlich an ein Baby gefesselt zu sein und dadurch weniger Zeit für sich zu haben, hadern.

Eine Untersuchung hat gezeigt, daß ältere Mütter generell geduldiger und verständnisvoller sind. Obwohl diese zwar über geringere körperliche Ausdauer verfügen, einen großen Altersunterschied zu ihren Kinder haben und die Lebensveränderung als anstrengender empfinden, weil ihre „Wege" schon eingefahrener sind, bedauern die wenigsten ihr Elterndasein, im Gegenteil – sie sind unsagbar glücklich!

Alter und Down-Syndrom (Trisomie 21)

„Ich bin 34, und der Geburtstermin liegt zwei Monate vor meinem 35. Geburtstag. Sollte ich mich einem Down-Syndrom-Test unterziehen?"

Die Möglichkeit, ein Baby mit Down-Syndrom zu bekommen, erhöht sich nicht schlagartig mit dem 35. Geburtstag. Dieses Risiko erhöht sich langsam – beginnend ab 20 – und nimmt erst nach dem 40. Lebensjahr der Frau stark zu (siehe Seite 57). Daher gibt es also keine wissenschaftliche Antwort auf Ihre Frage, ob es für Sie sinnvoll ist, mit 34 Jahren einen Down-Syndrom-Test zu machen. Die „35" ist eigentlich eine willkürliche Zahl, die von vielen Ärzten bei dem Versuch ausgewählt wurde, möglichst viele Feten mit Down-Syndrom zu erkennen. Einige Ärzte empfehlen Frauen, die während der Schwangerschaft 35 Jahre alt werden, eine pränatale Diagnose, andere wiederum tun dies nicht. In vielen Fällen wird der Arzt raten, zuerst einen AFP[1]-Test auswerten zu lassen, bevor sich eine Frau mit 34 Jahren einer Fruchtwasseruntersuchung unterzieht. Niedrige Werte dieses einfachen Bluttests weisen auf die Möglichkeit, aber nicht auf die Wahrscheinlichkeit eines Down-Syndroms beim Fetus hin (siehe Seite 82). Eine weitere Untersuchung in Form der Amniozentese wäre empfehlenswert. Obwohl dieser AFP-Test nicht alle Trisomie-21-Fälle entdeckt, gilt er als hilfreicher Indikator.

Wenn der AFP-Test normal ausfällt, ist eine Fruchtwasseruntersuchung weniger wichtig – vorausgesetzt allerdings, daß außer dem fortgeschrittenen Alter der Mutter keine weiteren Indikationen hierfür vorliegen.

Sprechen Sie über Ihre Bedenken und die medizinischen Möglichkeiten mit Ihrem Arzt oder einem Experten.

Alter des Vaters

„Ich selbst bin erst 31, aber mein Mann ist schon über 50 Jahre alt. Bedeutet das Ältersein des Vaters irgendwelche Risiken für das Baby?"

Früher glaubte man, daß die Verantwortung des Mannes im gesamten Fortpflanzungsprozeß lediglich auf die Befruchtung beschränkt sei. Erst in diesem Jahrhundert (leider zu spät für alle Königinnen, die ihr Haupt verloren haben, weil sie ihrem Land keinen männlichen Thronfolger schenken konnten) fand man heraus, daß die Samen des Vaters das Geschlecht des werdenden Kindes bestimmen. Und erst in den letzten Jahren wurde die These aufgestellt, daß das Sperma eines älteren Mannes mitverantwortlich für Geburtsfehler wie z. B. das Down-Syndrom sein könnte. „Ähnlich den Eizellen einer älteren Frau sind die Keimzellen (Vorstufen der Samenzellen) eines älteren Mannes schon wesentlich länger Umweltgefahren aus-

---

[1] AFP: Alpha-Feto-Protein.

gesetzt gewesen. Obwohl die Samenzellen stets neu gebildet werden, könnten sie veränderte oder beschädigte Chromosome und Gene enthalten. Einige Untersuchungen ergaben, daß in 25 bis 30 Prozent der Down-Syndrom-Fälle die defekten Chromosomen auf den Vater zurückgeführt werden konnten. Vermutlich besteht auch eine Verbindung zwischen dem Auftreten des Down-Syndroms und dem Alter des Mannes über 50 Jahre, wobei dieser Zusammenhang schwächer ist als der zwischen dem Down-Syndrom und dem Alter der Mutter. Aber den Befunden mangelt es an Beweiskraft – hauptsächlich aus Mangel an exakten Forschungsergebnissen. Daher bleibt die Frage nach einem Zusammenhang zwischen dem Down-Syndrom oder anderen Geburtsfehlern und dem Alter des Vaters weitgehend unbeantwortet. Experten glauben, daß sich eine Verbindung herstellen läßt (obwohl die Altersgrenze unklar bleibt), dennoch ist das Risiko bestimmt sehr gering. Gen-Experten empfehlen die Amniozentese (Fruchtwasseruntersuchungen) allein nur wegen des väterlichen Alters nicht. Sprechen Sie über Ihre Sorgen und Ängste diesbezüglich mit Ihrem Arzt.

Künstliche Befruchtung

„Ich bin künstlich befruchtet worden. Sind meine Chancen, ein gesundes Baby zur Welt zu bringen, genausogut wie bei jeder anderen Mutter?"

Die Tatsache, daß Sie in einem Labor anstatt in einem Bett empfangen haben, hat auf die Gesundheit Ihres Babys keinen Einfluß. Neuere Forschungen haben gezeigt, daß unter der Voraussetzung einer allgemeinen Faktorengleichheit (z. B. Alter, Beschaffenheit des Uterus, Anzahl der Feten) Komplikationen wie Frühgeburt, Bluthochdruck, verlängerte Wehen, Geburtsschwierigkeiten oder notwendiger Kaiserschnitt nicht angestiegen sind. Es scheint auch kein erhöhtes Risiko für die Geburt von mißgebildeten Kindern zu geben. Es existiert zwar eine etwas höhere Rate an Fehlgeburten, was vermutlich nur daran liegt, daß künstlich befruchtete Frauen total medizinisch überwacht werden. Jede mögliche Schwangerschaft wird entdeckt und auch jede Fehlgeburt registriert, was sonst generell in der Bevölkerung nicht der Fall ist, wo Fehlgeburten unentdeckt oder unregistriert bleiben.

Es bestehen jedoch einige Unterschiede zwischen Ihrer und anderen Schwangerschaften, wenigstens zu Anfang. Ein positives Testergebnis bedeutet nicht unbedingt auch eine Schwangerschaft. Die vielen Versuche, die Sie vielleicht unternommen haben, um schwanger zu werden, sind emotional belastend. Man weiß nicht genau, wieviel von den Retortenembryonen sich als Fetus entwickeln werden. Deshalb sind die sechs Wochen nach einer künstlichen Befruchtung sehr nervenaufreibend.

Frauen, die nach einer künstlichen Befruchtung bereits Fehlgeburten hatten, müssen Geschlechtsverkehr und andere körperliche Aktivitäten einschränken, manchmal wird sogar vollkommene Bettruhe verordnet werden. Zusätzlich wird eventuell zur Unterstützung der Schwangerschaft in den ersten zwei Monaten Progesteron[1] verschrieben. Aber sobald diese Zeit vorbei ist, können Sie an eine normale Schwangerschaft glauben, es sei denn, Sie tragen mehr als einen Fetus aus, was auf 5 bis 25 Prozent aller künstlich befruchteten Mütter zutrifft.

Und wie bei jeder Mutter verbessern sich Ihre Chancen für ein gesundes Baby deutlich, wenn Sie sich gesund ernähren, nicht zuviel zunehmen, ein harmonisches Verhältnis zwischen Aktivität und Ruhe herstellen und auf Rauchen, Alkohol und andere Drogen verzichten (mehr dazu siehe Seite 86 und 91 ff. – Risikofaktoren in der Schwangerschaft).

Religiöse Einwände gegen medizinische Behandlung

„Auf Grund meines religiösen Glaubens bin ich gegen medizinische Fürsorge. Dies gilt insbesondere für die Schwangerschaft, die ein natürlicher Vorgang ist. Meine Schwiegereltern reden mir ein, daß diese Denkweise gefährlich sei!"

Ihre Schwiegereltern haben recht.
Eine Studie hat ergeben, daß die Wahrscheinlichkeit, bei der Geburt zu sterben, für Frauen, die medizinische Fürsorge aus religiösen

---

[1] Progesteron = Gelbkörperhormon, erhält die Schwangerschaft.

Gründen ablehnen, hundertmal größer ist als für Frauen, die sich für regelmäßige Vorsorgeuntersuchung entschieden haben. Die Wahrscheinlichkeit für eine Totgeburt des Kindes ist dreimal so hoch. Sie müssen sich entscheiden, ob Sie für sich und Ihr Kind diese Risiken eingehen wollen.

Ihre Schwiegereltern wollten bestimmt nicht ausdrücken, daß Ihre religiösen Einstellungen unwichtig sind, aber betonen, daß hier menschliches Leben und nicht religiöse Prinzipien auf dem Spiel stehen – und zwar nicht nur Ihr eigenes Leben, sondern auch das Ihres Kindes.

Letztendlich wird Ihnen vielleicht das Wissen um die vollkommene Vereinbarkeit fast aller religiöser Überzeugungen mit guter und sicherer Geburtshilfe helfen. Reden Sie über Ihren Glauben mit zwei oder drei verschiedenen Ärzten. Sicherlich wird einer von diesen Ihnen behilflich sein können, mit einer Schwangerschaftsvorsorge Ihren religiösen Regeln entgegenzukommen.

Unverträglichkeit der Rhesus-Faktoren (Rhesusinkompatibilität)

„Mein Arzt erklärte, daß ich Rh-negativ bin, mein Mann aber Rh-positiv. Er meinte, es gäbe keinen Grund zur Sorge, aber eine Mutter hat ihr zweites Kind wegen einer solchen Rhesus-Unverträglichkeit verloren!"

Alle Menschen besitzen eine Blutgruppe, die entweder Rh-positiv (d. h. mit einem dominanten Rhesusfaktor) oder Rh-negativ (d. h. ohne den Faktor) ist.

Jede schwangere Frau wird zu Beginn ihrer Schwangerschaft auf den Rhesus-Faktor getestet. Wenn die Frau (wie fast 85 Prozent) Rh-positiv ist oder beide (Mann und Frau) Rh-negativ sind, gibt es überhaupt keinen Grund zur Sorge. Sollte es allerdings so sein, daß Sie als Frau Rh-negativ und Ihr Mann Rh-positiv sind, dann sind Sie ein Kandidat für die Rhesus-Unverträglichkeit, und eventuelle Probleme in der Schwangerschaft müssen gut beobachtet werden. Die Gefahr für Ihr Baby ist sehr gering, wenn es sich um die erste Schwangerschaft handelt. Die Schwierigkeiten beginnen erst dann, wenn mit der Geburt (auch Fehlgeburt oder Abtreibung) der vom

Vater an das Baby vererbte Rh-Faktor in das Gefäßsystem der Rh-negativen Mutter gelangt. Dort wird als natürliche schützende Immunreaktion die Bildung von Antikörpern (gegen „den Fremdkörper") ausgelöst. Diese Antikörperbildung an sich ist harmlos bis zu dem Zeitpunkt, wo die Frau wieder mit einem Rh-positiven Baby schwanger ist. Dann durchdringen diese Antikörper die Plazenta und attackieren die roten Blutkörperchen des Fetus, was wiederum zu einer leichten, aber auch sehr ernsten Blutarmut (Anämie) des Fetus führen kann. Heute ist die Verhinderung der Antikörperbildung der Schlüssel zum Schutz des Fetus, falls Rh-Unverträglichkeit vorliegt. Die meisten Ärzte bekämpfen die Inkompatibilität von zwei Seiten. In der 28. Woche erhält eine schwangere, Rh-negative Frau, in deren Blut keine Antikörperbildung stattgefunden hat, eine Dosis Rh-Immunglobulin. Eine zweite Dosis ist 72 Stunden nach der Entbindung vorgesehen, wenn das Neugeborene Rh-positiv ist (eine solche Impfstoffdosis wird ebenfalls nach einer Fehlgeburt oder Abtreibung, einer Fruchtwasseruntersuchung oder eventuellen Blutungen verabreicht). Die Gabe des Immunglobulin kann ernsthafte Probleme für folgende Schwangerschaften verhindern. Sollten Untersuchungen ergeben, daß eine schwangere Frau früher schon einmal Antikörper gebildet hat, versucht man durch Amnio-Zentese die Blutgruppe des Fetus herauszufinden. Falls ein Rh-positiver Faktor und somit eine Unverträglichkeit mit dem Blut der Mutter festgestellt wird, werden die mütterlichen Antikörperstufen regelmäßig überwacht. Wenn sich die Antikörpermenge einer hohen und somit gefährlichen Stufe nähert, wird der Zustand des Babys per Tests untersucht. Ist zu irgendeinem Zeitpunkt der Fetus gefährdet, wird eine Bluttransfusion beim Kind notwendig. Wenn die Unverträglichkeit des Blutes extrem stark ist, was selten vorkommt, wird die Bluttransfusion, noch während sich der Fetus im Uterus befindet, vorgenommen. Meistens kann man damit aber bis kurz nach der Entbindung warten. In harmloseren Fällen, wenn sich die Antikörperbildung auf einer niedrigeren Stufe befindet, wird die Transfusion wahrscheinlich überhaupt nicht notwendig sein. Aber die Ärzte werden in jedem Fall während der Geburt auf eine Transfusion vorbereitet sein. Durch die Verabreichung von Immunglobulinen konnten Transfusionen stark reduziert werden – auf weniger als ein Prozent.

Übergewicht

„Ich bin fast 30 Kilo übergewichtig. Ergibt sich da ein höheres Risiko für mich und das Baby während der Schwangerschaft?"

Die meisten übergewichtigen Mütter und ihre Babys kommen sicher und gesund durch Schwangerschaft und Geburt. Trotzdem, die Gesundheitsrisiken erhöhen sich mit jedem Kilo mehr – übrigens auch, wenn man nicht schwanger ist. Das Risiko für Bluthochdruck und Diabetes z. B. ist bei Übergewicht erhöht. Beide Erkrankungen können Ihre Schwangerschaft negativ beeinflussen (Präeklampsie und Schwangerschaftsdiabetes). Das Bestimmen des genauen Geburtstermins ist schwieriger, weil der Eisprung bei übergewichtigen Frauen unregelmäßig ist. Außerdem sind die „Meßwerte", die normalerweise von Ärzten zur Schätzung des Geburtstermins benutzt werden (wie die Höhe und Größe des Uterus), nicht richtig lesbar", weil zu viele Fettpolster die Sicht verhindern. Ein überpolsterter Bauch kann es dem Arzt zusätzlich unmöglich machen, den Fetus per Hand bezüglich Größe und Position zu ertasten, so daß technische Hilfsmittel nötig sein können, um Überraschungen während der Geburt vorher auszuschließen. Schwierigkeiten bei der Entbindung können aus der Tatsache resultieren, daß übergewichtige Frauen ein übernormal großes Baby gebären (auch wenn sie während der Schwangerschaft nicht zuviel gegessen haben). Letztlich kann bei einem Kaiserschnitt ein „großer Bauch" die Operation und die folgende Erholung erschweren.
Wie bei anderen risikoreichen Schwangerschaften kann sehr gute medizinische Vorsorge die Chancen für Mutter und Kind um ein Vielfaches erhöhen. Gleich zu Beginn werden Sie wahrscheinlich mehr Tests über sich ergehen lassen müssen als eine Frau mit einer normalen Schwangerschaft:
sehr frühe Ultraschalluntersuchungen zur Ermittlung des genauen Geburtstermins und später zur Erkennung von Größe und Position des Babys; wenigstens einen Glukose-Toleranz-Test oder einen Schwangerschaftsdiabetestest am Ende des zweiten Trimesters – und am Ende Ihrer Schwangerschaft einen „Streßtest" oder andere Diagnosetests zur Überwachung des Zustandes Ihres Kindes. Eigenständige Vorsorge wird auch für Sie wichtig sein. Ihr Arzt wird Sie

vor dem Rauchen warnen und Sie auffordern, alle anderen Risiken zu reduzieren (siehe Seite 86). Eine Diät ist genauso wie zu große Gewichtszunahme für Sie ungünstig. Meistens nehmen übergewichtige Frauen weniger als die vorgeschriebenen 10 bis 15 Kilo „mehr" zu, ohne daß sie die Gesundheit und das Gewicht des Babys beeinträchtigen. Achten Sie auf vitamin- und mineralstoffreiche Ernährung. Regelmäßige sportliche Aktivitäten innerhalb der für Sie ärztlich bestimmten Richtlinien werden Ihnen helfen, Ihre Gewichtszunahme in Grenzen zu halten, ohne daß Sie Ihre Eßportionen drastisch verkleinern müssen. Falls Sie Ihre nächste Schwangerschaft planen, versuchen Sie vorher Ihrem Idealgewicht näher zu kommen, weil dies Ihre Schwangerschaft erleichtern wird.

Herpes[1]

„Ich war gespannt auf ein positives Ergebnis bei dem Schwangerschaftstest. Nun bin ich tatsächlich schwanger und sehr ängstlich, weil ich Genitalherpes habe."

Wenngleich Herpes für Erwachsene eher nur unangenehm ist, kann die Erkrankung für Neugeborene sehr ernst sein, weil deren Immunsystem noch nicht voll entwickelt ist. Trotz aller alarmierender Schlagzeilen sollte man jedoch nicht überängstlich werden. Erstens ist die Infektionsrate bei Neugeborenen ziemlich niedrig. Zweitens ist Herpes für neugeborene Kinder heute wesentlich ungefährlicher geworden. Drittens stecken sich nur zwei bis drei Prozent der Babys an, wenn es sich bei der Mutter um keine Erstinfektion handelt.
Auch in den Fällen, in welchen die Herpesinfektion im letzten Monat vor der Geburt auftritt, infizieren sich 60 bis 75 Prozent der Babys nicht.
Bricht die erste Herpesinfektion während der Schwangerschaft aus, ist das Risiko für eine Fehl- oder Frühgeburt zwar höher, aber relativ selten kommt es dazu. Der beste Weg, möglichst alle Herpesinfektionen für Neugeborene zu verhindern; wäre ein regelmäßiger Test für alle Mütter vor der Geburt. Leider sind solche Untersuchun-

---

[1] Herpes genitalis = Schleimhautinfektion des Genitalbereiches durch Viren

gen oft nur für Frauen bestimmt, die bereits Herpes hatten. Die meisten Ärzte machen erst dann einen Test, wenn sich bei einer Frau kurz vor der Geburt blasenartige Wunden im Genitalbereich zeigen.

Zeichen und Symptome bei Herpes genitalis

Da für den Fetus während einer ersten Herpesinfektion die höchste Ansteckungsgefahr existiert, sollten Sie Ihren Arzt sofort benachrichtigen, wenn folgende Symptome auftreten: Fieber; Kopfschmerz; Unwohlsein (länger als zwei Tage; mit Schmerzen oder Juckreiz im Genitalbereich verbunden); Schmerz beim Wasserlassen; Ausfluß und Empfindlichkeit in der Leistengegend (Drüsenerkrankung) sowie Wunden und Blasen, die dann verkrusten. Normalerweise findet die Heilung innerhalb von zwei bis drei Wochen statt, genau während dieser Zeit wird die Infektion übertragen.

Falls Sie Genitalherpes haben, seien Sie sehr vorsichtig, damit Sie Ihren Partner nicht anstecken – und umgekehrt! Vermeiden Sie Geschlechtsverkehr, wenn einer von Ihnen Bläschen oder Wunden hat; waschen Sie sich gründlich die Hände mit Wasser und Seife, nachdem Sie auf der Toilette waren, oder duschen Sie täglich; halten Sie Ihre Wunden sauber und trocken; tragen Sie Baumwollunterwäsche und vermeiden Sie Kleidung, die im Leistenbereich scheuert.

Wenn der Test positiv ausfällt, wird er wöchentlich wiederholt, damit bei Wehenbeginn klar ist, ob noch eine Infektionsgefahr besteht. Ist der letzte Test vor dem Wehenbeginn oder bevor die Fruchtblase platzt positiv, oder noch wichtiger, sind die Herpesblasen im Genitalbereich noch sichtbar, wird normalerweise mit Kaiserschnitt entbunden.

Weil das (geringe) Risiko besteht, daß sich die Infektion auf den Fetus überträgt, sobald der Schutz der Fruchtblase wegfällt, wird ein Kaiserschnitt innerhalb von vier bis sechs Stunden nach dem Blasensprung durchgeführt. Neugeborene mit einem wahrscheinlichen

Herpesrisiko werden meistens von anderen Neugeborenen wegen der Ansteckungsgefahr getrennt. Für den unwahrscheinlichen Fall, daß bei einem Baby eine Herpesinfektion vorliegt, gibt es die Möglichkeit, lebenslange Schädigung durch die Einnahme eines Antibiotikums, das gegen die Herpesviren wirkt, zu verhindern. Sollte eine Frau eine akute Infektion haben, kann sie immer noch für das Baby sorgen und sogar stillen, wenn sie auf bestimmte Vorsichtsmaßnahmen zur Verhinderung einer Infektionsübertragung achtet.

Andere Geschlechtskrankheiten

„Ich habe gehört, daß Herpes für den Fetus gefährlich sein kann. Trifft das auch für andere Geschlechtskrankheiten zu?"

Die schlechte Nachricht: Ja, es gibt andere Geschlechtskrankheiten, die gefährlich für den Fetus sind. Die gute Nachricht: Die meisten sind leicht festzustellen und zu behandeln.

Gonorrhoe

Genorrhoe ist schon lange als Ursache für Bindehautentzündungen, Blindheit oder ernsthafte generelle Infektionen des Fetus bekannt. Die Ansteckung erfolgt während der Geburt durch den infizierten Geburtskanal. Deshalb werden Frauen routinemäßig diesbezüglich untersucht – meistens schon bei der ersten Vorsorge (s. Seite 136). Manchmal werden Frauen mit einem erhöhten Gonorrhoe-Risiko zu einem späteren Zeitpunkt nochmals untersucht. Wenn eine Infektion festgestellt wird, ist eine sofortige Behandlung mit Antibiotika notwendig. Dieser Behandlung folgt eine zweite Untersuchung, um die Heilung bzw. das Freisein von Infektionen sicherzustellen. Als zusätzliche Vorsichtsmaßnahme werden Silbernitrattropfen oder eine antibiotische Flüssigkeit (Salbe) in die Augen des Neugeborenen geträufelt.

Syphilis

Die Zahn- oder Knochendeformierungen des Fetus, die zunehmenden Schäden am Zentralnervensystem, die eventuellen Hirnschäden und die Totgeburt, die durch Syphilis verursacht wurden, sind ebenfalls längst bekannt. Und ebenso gehören Tests dafür bei der ersten

Vorsorgeuntersuchung zur Routine. Die Einnahme von Antibiotika vor dem vierten Monat (ab viertem Monat durchdringen die Erreger die Plazenta) wird bei infizierten Schwangeren fast immer eine Schädigung des Fetus verhindern können.

Chlamydien (Lymphogranuloma venerum)
Man behauptet, daß in letzter Zeit Chlamydien[1] stärker verbreitet sind als Gonorrhoe. Es ist die bekannteste Infektion, die sich von der Mutter auf das Kind überträgt. Ein Test ist angezeigt, besonders auch dann, wenn Sie häufig wechselnden Geschlechtsverkehr hatten. Weil etwa die Hälfte der Frauen keine Anzeichen für Chlamydien spüren, bleibt die Erkrankung oft unerkannt, falls man keinen Test macht. Sofortige Behandlung von Chlamydien vor oder während der Schwangerschaft kann deren Krankheiten (Lungenentzündungen, die meist ziemlich harmlos, und Augenentzündungen, die meist recht heftig sind) verhindern bzw. deren Übertragung. Die günstigere Zeit für eine Behandlung ist eigentlich vor einer Befruchtung, aber die Behandlung einer schwangeren Frau mit Antibiotika ist auch für den Fetus effektiv. Antibiotische Augensalben, die nach der Geburt verabreicht werden, schützen das Neugeborene vor Augeninfektionen.

Unspezifische Entzündungen der Scheide
Diese Krankheit – auch Gardnerellakrankheit[2] genannt – kann frühzeitigen Blasensprung oder Fruchtwasserinfektionen auslösen, welche zu frühzeitiger Wehentätigkeit führen können. Es liegt im Ermessen Ihres Arztes, ob er Sie diesbezüglich testet oder nicht.

Kondylom oder genitale Warzen
Diese durch Geschlechtsverkehr übertragenen Warzen erscheinen im Genitalbereich und werden vom menschlichen Papillomavirus verursacht. Das Aussehen variiert von fast unsichtbaren Hautveränderungen über weiche, flache Warzen bis hin zu blumenkohlähnlichen Gewächsen. Die Farben der Warzen liegen zwischen hellrosa und dunkellila.

---

[1] Chlamydien = kleine Bakterien, zu denen auch Erreger der Papageienkrankheit gehören.
[2] Gardnerella = spezielle Bakterien.

Genitale Warzen sind sehr ansteckend, und ihre Behandlung ist nicht nur wegen der Ansteckungsgefahr für das Baby wichtig, sondern auch weil die Warzen bei der Geburt Probleme verursachen können. Bei 5 bis 15 Prozent aller Fälle verbreiten sich die Warzen und lösen eine Muttermundentzündung aus, die sich zu einem Zervixkarzinom entwickeln kann.

Meistens schließt eine Behandlung verschiedene örtlich anzuwendende Arzneimittel ein – verwenden Sie aber niemals rezeptfreie Medikamente. Falls nötig, werden Warzen am Ende der Schwangerschaft durch Vereisung, elektrische Verödung oder Lasertherapie entfernt.

Aids (Erworbenes Immun-Defekt-Syndrom)

Eine Aids-Infektion während der Schwangerschaft gefährdet nicht nur die Mutter, sondern auch das Baby. Bei einem hohen Prozentsatz (zwischen 20 bis 65 Prozent) der Babys von HIV[1]-positiven Müttern entwickelt sich die Infektion innerhalb von sechs Monaten. Man nimmt an, daß die Schwangerschaft selbst das Fortschreiten der Krankheit bei der Mutter beschleunigt. Aus diesem Grund entscheiden sich viele infizierte Frauen für einen Abbruch. Bevor man sich entscheidet, sollte eine HIV-positiv getestete Person einen Wiederholungstest durchführen lassen (Testergebnisse stimmen nicht immer und können bei jemandem manchmal positiv ausfallen, der das Virus aber bestimmt nicht hat). Ein falsches HIV-positives Testergebnis erhalten manchmal Frauen, die schon viele Kinder haben. Falls der zweite Test auch positiv ausfällt, sollten Sie über Aids und die Behandlungsmöglichkeiten beraten werden. Durch die Behandlung der HIV-positiven Mutter mit AZT[2] kann die Gefahr einer Übertragung der Krankheit auf das Kind drastisch gesenkt werden. In Kombination mit einem Kaiserschnitt kann die AZT-Therapie das Übertragungsrisiko auf nahezu Null reduzieren. Wenn Sie glauben, daß Sie sich mit einer Geschlechtskrankheit angesteckt haben, kontrollieren Sie mit Ihrem Arzt, ob Sie auf diese hin getestet wurden; falls nicht, fragen Sie nach einem Test. Sollte sich ein Untersuchungsergebnis als positiv herausstellen, bestehen Sie für sich und auch für Ihren Partner (wenn möglich) auf sofortiger Behandlung.

---

[1] HIV = Humanes Immundefizienz-Virus.

[2] AZT = Azidothymidin (ZDV = Zidovudin).

Angst vor Aids

*„Mein Ehemann und ich hatten viele Partner, bevor wir uns ken-
nenlernten. Seit ich hörte, daß Aids manchmal erst nach Jahren auftritt, habe ich Angst, daß ich Aids habe und mein Baby anstecke."*

Die Chance, daß Sie oder Ihr Ehemann sich vor Ihrem Kennenler-
nen angesteckt haben, ist gering, wenn keiner von Ihnen zu einer
Risikogruppe (Hämophilen, Fixer, Menschen die mit bisexuellen,
homosexuellen Männern oder HIV-Infizierten Geschlechtsverkehr hatten) gehört, sogar wenn Sie häufiger wechselnde Partner hatten. Sollte sich Ihre Angst zu einem Fixpunkt in Ihrer Schwangerschaft entwickelt haben, lassen Sie einen Aids-Test durchführen.
Bei einem positiven Testergebnis kann sofort eine Behandlung eingeleitet werden. Dadurch kann Ihnen und dem Baby geholfen werden.

*„Ich war sehr überrascht, als mich mein Arzt fragte, ob ich einen
Aids-Test machen wolle, schließlich zähle ich mich nicht zu einer
risikoreichen Gruppe."*

Es wird immer alltäglicher, daß schwangeren Frauen eine Testmög-
lichkeit für HIV angeboten wird, egal ob ihre Vorgeschichte ein
risikoreiches „Verhalten" enthält oder nicht. Seien Sie also nicht be-
leidigt, sondern beruhigt, daß Ihr Arzt Sie so gut betreut und Ihnen
die Möglichkeit zu einem Test anbietet.

Hepatitis B

*„Ich bin ein Träger von Hepatitis B und habe gerade herausgefun-
den, daß ich schwanger bin. Kann ich als Träger dieser Krankheit
meinem Baby Schaden zufügen?"*

Wenn Sie wissen, daß Sie ein Hepatitis-B-Träger sind, ist der erste
Schritt in Richtung Sicherheit für Ihr Baby getan. Obwohl Babys,
deren Mütter Hepatitis-B-Träger sind, ein hohes Infektionsrisiko
haben, kann eine Behandlung mit Hepatitis-B-Impfstoff und Immunglobulin innerhalb von 12 Stunden nach der Geburt fast immer
eine solche Infektion verhindern. Bei Geburt infizierte Kinder wei-

sen häufig keine echte Hepatitis mit Leberschädigung auf, sondern sind nur Hepatitis-B-Träger. Eine Infektion über die Plazenta ist seltener als die Ansteckung während der Geburt. Hinweise auf Schädigungen während der Embryonalentwicklung durch Hepatitis-B-Viren gibt es nicht. Sagen Sie Ihrem Arzt, daß Sie ein Hepatitis-B-Träger sind. Ein Test kann feststellen, wie ansteckend Sie sind, damit Ihr Baby im Notfall behandelt werden kann.

Schwanger mit Intrauterinpessar (Spirale)

„Ich trage ein IUP schon seit zwei Jahren, bin aber schwanger geworden. Wir wollen das Baby behalten, ist das möglich?"

Schwanger zu werden, während man Verhütungsmittel benutzt, ist immer ein bißchen ungewöhnlich, aber es kommt vor. Die Möglichkeit, trotz IUP schwanger zu werden, liegt bei 1 bis 5 zu 100 Frauenjahren[1] (1 Frauenjahr = 12 Zyklen; 100 Frauenjahre = 1200 Zyklen). Einer Frau, die trotz Spirale schwanger geworden ist und ihre Schwangerschaft nicht abbrechen möchte, bleiben zwei Möglichkeiten: entweder die Spirale entfernen oder dort zu lassen, wo sie ist. Welche Wahl Sie treffen, hängt davon ab, ob man bei einer Untersuchung die Entfernungsschnur des IUP am Ende des Muttermundes sehen kann. Wenn dieser Faden nicht sichtbar ist, kann sich die Schwangerschaft trotz des Vorhandenseins eines IUP unproblematisch entwickeln; denn die Spirale drückt sich mit dem Ausbreiten der Fruchtblase gegen die Uteruswand und wird meistens zusammen mit dem Mutterkuchen „herausgeboren". Wenn aber der IUP-Faden in einem frühen Stadium der Schwangerschaft sichtbar ist, sollte die Spirale so bald als möglich entfernt werden, ansonsten ist das Risiko für einen Spontanabort groß. Wird die Spirale entfernt, liegt ein Risiko von 20 Prozent vor. Zu Ihrer Beruhigung sollten Sie nicht vergessen, daß die Rate für die Fehlgeburt bei **jeder** Schwangerschaft um 15 bis 20 Prozent liegt. Sollten Sie Ihre Schwangerschaft mit der Spirale fortsetzen, achten Sie während der ersten drei Monate auf Blutungen, Krämpfe oder Fieber. Benachrichtigen Sie beim Auftreten der genannten Symptome Ihren Arzt.

---

[1] Pearl-Index zeigt die Anzahl der ungewollten Schwangerschaften in 100 Frauenjahren an.

Schwanger trotz Antibabypille

„Ich bin trotz Pilleneinnahme schwanger geworden und habe noch über einen Monat die Pille eingenommen, weil ich überhaupt keine Ahnung von meiner Schwangerschaft hatte. Jetzt mache ich mir über die Folgen für mein Baby Sorgen!"

Die Antwort ist einfach: Es gibt keinen Grund zur Unruhe. Es existieren keine Beweise für erhöhte Risiken auf Mißbildungen bei Schwangerschaften trotz Pilleneinnahme. Sprechen Sie über Ihre Sorgen mit Ihrem Arzt.

Chemische Verhütungsmittel (Spermizide)

„Ich wurde schwanger während der gleichzeitigen Anwendung eines Scheidenpessars und eines spermatötenden Schaums, welche ich auch noch öfter gebrauchte, bevor mir meine Schwangerschaft bewußt wurde. Könnten diese Chemikalien irgendwann dem Embryo geschadet haben?"

Man schätzt, daß jährlich zwischen 300000 bis 600000 Frauen schwanger werden, die spermatötende Mittel z. Z. der Befruchtung oder in den ersten Wochen ihrer unbewußten Schwangerschaft benutzt haben. Daher ist die Frage nach der Wirkung von spermatötenden Mitteln für viele werdende Eltern oder überhaupt für Paare, die über eine Auswahl der Verhütungsmittel nachdenken, wichtig. Glücklicherweise fallen die Antworten bisher beruhigend aus. Neueste und überzeugende Studien ergaben, daß kein erhöhtes Risiko besteht – selbst bei wiederholtem Gebrauch! Also, laut der besten verfügbaren Informationen gibt es scheinbar nichts, worüber Sie sich Sorgen machen müßten!

Progesteron

„Letzten Monat verschrieb mir mein Arzt Progesteron, damit meine verspätete Periode einsetzen sollte. Es stellte sich aber heraus, daß ich schwanger bin. Die Packungsbeilage warnt eindringlich schwangere Frauen vor der Einnahme. Könnte mein Baby mißgebildet werden? Sollte ich eine Abtreibung in Erwägung ziehen?"

Obwohl es sich nicht empfiehlt, Progesteron während der Schwangerschaft einzunehmen, gibt es noch lange keinen Grund, sofort an einen Abbruch zu denken, wie es Ihnen Ihr Arzt wahrscheinlich auch sagen wird. Es gibt sogar keinen Grund für ernsthafte Sorgen. Das Risiko, daß Ihrem Baby wegen der Einnahme etwas zustößt, liegt bei 1 zu 1000, also minimal höher als das Risiko für irgendwelche Mißbildungen bei jeder normalen Schwangerschaft.

Genetische Probleme

„Ich mache mir ständig Sorgen, daß vielleicht irgendwelche genetischen Probleme bei mir vorliegen, von denen ich aber nichts weiß. Sollte ich eine genetische Beratung in Anspruch nehmen?"

Jeder von uns trägt wahrscheinlich ein oder mehrere veränderte Gene für einen leichteren oder schwereren genetischen Fehler in sich. Glücklicherweise wird für das Entstehen der meisten genetischen Krankheiten, wie z. B. Tay-Sachs-Syndrom, ein passendes Genpaar (eins von der Mutter und eins vom Vater) benötigt, bevor sich wirklich eine Krankheit auf die Kinder überträgt. Ein oder beide Elternteile können bezüglich einiger genetischer Fehler vor oder während der Schwangerschaft untersucht werden. Ein genetischer Test ist aber eigentlich nur dann sinnvoll, wenn eine überdurchschnittlich hohe Wahrscheinlichkeit vorliegt, daß beide Eltern Träger einer bestimmten Krankheit sind. Deshalb sollte man immer wichtige Krankheitsunterlagen der Familie aufheben.

Die meisten werdenden Eltern haben es glücklicherweise nicht nötig, eine genetische Beratung aufzusuchen. Manchmal empfiehlt aber ein Arzt genetische Beratung für Paare,

* deren Bluttests zeigen, daß beide Träger der gleichen genetischen Krankheit sind,
* die schon mehrere Kinder mit genetisch bedingten Schäden haben,
* die von einer erblichen Krankheit in der Familie wissen,
* wo ein Partner eine angeborene Schädigung hat (wie z. B. eine Herzerkrankung),
* bei denen ein Verwandtschaftsverhältnis vorliegt, da dies erhöhtes Risiko für Erbkrankheiten bedeutet (bei Cousins/Cousinen ersten Grades liegt immerhin ein Risikoverhältnis von 1 zu 8 vor).

◆ Eine genetische Beratung ist vielleicht auch angezeigt bei Frauen über 35 Jahren und schwangeren Frauen, bei denen ein positives Testergebnis bezüglich eines fetalen Defektes vorliegt.

Der Berater hilft den Eltern bei der Entscheidung für oder gegen ein Kind. Sollte die Frau bereits schwanger sein, kann der humangenetische Berater entsprechende Pränataldiagnostik empfehlen. Am besten berät man sich natürlich vor der Schwangerschaft. Aber selbstverständlich ist es nie zu spät, selbst wenn die Frau bereits schwanger ist. Sollte sich durch einen Test ein ernster fetaler Defekt herausstellen, müßten sich die Eltern zwischen Schwangerschaftsabbruch oder Fortsetzung der Schwangerschaft entscheiden. Dabei kann eine genetische Familienberatung eine große Hilfe sein.

Generell gegen Schwangerschaftsabbruch

„Mein Mann und ich sind grundsätzlich gegen eine Abtreibung. Warum sollte ich dann überhaupt eine Amniozentese machen lassen?"

Eine Amniozentese ist nicht nur für Paare wichtig, die an einen Abbruch denken, falls sich ein ernster fetaler Defekt herausstellen sollte. Für die meisten werdenden Eltern ist die beste Begründung für eine Amniozentese die Beruhigung, die diese Untersuchung fast immer mit sich bringt.
Bei einer schlechten Nachricht entscheiden sich zwar viele Paare für einen Abbruch. Das Ergebnis der Untersuchung kann aber auch in anderer Richtung wertvoll sein. Wenn der Defekt tödliche Folgen für den Fetus hat, haben die Eltern Zeit, vor der Geburt zu trauern, und können dem Geburtsschock vorbeugen. Handelt es sich um andere Schädigungen, ermöglicht das Wissen den Eltern, sich auf das Leben mit einem kranken oder behinderten Kind vorzubereiten. Sie können beginnen, sich mit den unvermeidlichen Reaktionen (Ablehnung, Wut, Schuldgefühle) auseinanderzusetzen, die entstehen, wenn Sie entdecken, daß Ihr Baby einen Defekt hat, anstatt bis nach der Geburt zu warten, wenn solche Gefühle die Eltern-Kind-Beziehung beeinträchtigen können.
Es ist denkbar, daß eine frühzeitige Defektentdeckung eine Behand-

lung des Babys noch im Uterus ermöglicht oder daß spezielle Vorsichtsmaßnahmen bei oder kurz nach der Geburt die Chancen für die Gesundheit des Babys erhöhen. Wenn Ihnen also Pränataldiagnostik nahegelegt wird, sollten Sie das nicht einfach von der Hand weisen, sondern mit Ihrem Arzt darüber sprechen, damit Ihnen alle Möglichkeiten bewußt sind, bevor Sie eine Entscheidung treffen.

Was Sie wissen sollten:
Vorgeburtliche Diagnostik

Ist es ein Junge oder ein Mädchen? Wird es Großmutters blonde Haare oder Großvaters grüne Augen, Papas Stimme oder Mutters Zahlengedächtnis haben? Die vielen Fragen über die Schwangerschaft übertreffen meist die Zahl der Antworten, was für eine neunmonatige lebhafte Diskussion sorgt. Aber es gibt eine Frage, die nicht das Thema eines gelegentlichen Schwätzchens sein darf, nämlich ob das Baby gesund sein wird. Heutzutage ist es schon sechs Wochen nach der Befruchtung möglich, bis zu einem gewissen Grad diese Frage mit Hilfe der Pränataldiagnostik zu beantworten.

Trotz der geringen Risiken, die mit der Pränataldiagnostik verbunden sind, möchten bei weitem nicht alle Eltern diese Untersuchung in Anspruch nehmen.

Die meisten Eltern halten sich weiterhin an das „Abwarten und Tee trinken" in dem beruhigenden Glauben, daß die Chancen für ein gesundes Baby groß sind! Aber für diejenigen, die sich als werdende Eltern mehr als normal viele Sorgen machen, überwiegen die Vorteile einer solchen Diagnostik bei weitem die Risiken. Eine Pränataldiagnostik ist angezeigt bei Frauen, die

- genetisch bedingte Krankheiten in der Familie haben oder selbst Träger sind;
- eine Infektion (wie z. B. Röteln oder Toxoplasmose, die kongenitale Schäden verursachen können) hatten;
- seit der Befruchtung einer oder mehreren Substanzen ausgesetzt waren, die für das Baby gefährlich sein könnten;
- schon einmal eine Fehlgeburt hatten oder Babys mit kongenitalen Schäden geboren haben.

Bei mehr als 95 Prozent aller Fälle werden bei der Pränataldiagnostik keine Anormalitäten festgestellt. Für den verbleibenden Teil der werdenden Eltern ist die Entdeckung eines Defektes natürlich sehr beunruhigend. Aber gemeinsam mit Experten der genetischen Beratung kann diese Information für wichtige Entscheidungen dieser und zukünftiger Schwangerschaften ausgewertet werden. Die Möglichkeiten können folgende sein:

Fortsetzung der Schwangerschaft
Diese Möglichkeit wird gewählt, wenn die Familie meint, mit dem behinderten Kind leben zu können, oder wenn die Eltern grundsätzlich gegen einen Schwangerschaftsabbruch eingestellt sind. Die Entwicklung einer Vorstellung von dem, was auf die Familie – in emotionaler und in praktischer Hinsicht – zukommt, hilft den Eltern, ein solches Kind in die Familie zu integrieren, mit dem unvermeidlichen Verlust eines nicht lebensfähigen Kindes zurechtzukommen oder es von einer Familie adoptieren zu lassen, die ein Kind mit speziellen Bedürfnissen aufnehmen möchte.

Abbruch der Schwangerschaft
Falls ein Test einen Defekt mit fatalen oder extremen Behinderungen für das Baby andeutet, ein Wiederholungstest und/oder ein Genetik-Berater die Diagnose bestätigen, muß auch an einen Schwangerschaftsabbruch aus medizinischer Indikation gedacht werden.
In einem solchen Fall ist die Untersuchung des Fetus auf Abnormitäten ein MUSS, weil es hilfreich bei der Bestimmung für die Chancen einer zukünftigen Schwangerschaft sein könnte. Die meisten Paare, die diese Information besitzen und unter ärztlicher Betreuung stehen, wagen einen erneuten Versuch in der Hoffnung, daß die pränatalen Testergebnisse und somit das Resultat der Schwangerschaft gut sein werden, was häufig dann auch der Fall ist.

Pränatale Behandlung des Babys
Diese Möglichkeit gibt es bisher nur für wenige Fälle. Die Behandlung besteht eventuell in einem Blutaustausch (wie bei Rh-Unverträglichkeit), einer Operation (um beispielsweise eine blockierte Blase zu entwässern) oder in der Verabreichung von Enzymen oder Arzneimitteln.

Fruchtwasserdiagnostik (Amniozentese)

Fetale Zellen, gelöste Stoffe und Mikroorganismen im Fruchtwasser, das den Fetus umgibt, liefern sehr viele Informationen über den genetischen Typ, den Zustand und den Reifegrad des heranwachsenden Menschen. Deshalb ist die Möglichkeit, etwas Fruchtwasser zu Untersuchungszwecken absaugen zu können, eine der wichtigsten Fortschritte innerhalb der Pränataldiagnostik. Die Entscheidung, ob diese risikoarme Untersuchung vorgenommen werden soll, muß der Arzt fällen. Er muß Risiken (auch wenn sie noch so gering sind) und Nutzen sorgfältig abwägen. Es gibt zwar Empfehlungen, wann diese Untersuchung ratsam ist, die Entscheidung ist aber stets eine individuelle.
Die Fruchtwasserdiagnose wird empfohlen, wenn

- die Mutter über 35 Jahre alt ist; 80 bis 90 Prozent aller Amniozentesen werden wegen des Alters der Mütter durchgeführt, um das Down-Syndrom auszuschließen, welches häufiger bei Kindern auftritt, die von älteren Frauen geboren werden;
- das Paar schon ein Kind oder auch Verwandte mit genetisch bedingten Defekten (z. B. Neuralrohrdefekt) hat (wahrscheinlich wird vorher ein AFP-Test durchgeführt);
- der Verdacht besteht, daß die Mutter Trägerin eines pathologischen Gens ist, das – wie bei der Bluterkrankheit (Hämophilie) – an das weibliche Geschlechtschromosom gekoppelt ist (die Amniozentese ermöglicht allerdings nur die Geschlechtsdiagnose und eine prognostische Einschätzung, ob die geschlechtsgekoppelte Krankheit beim Kind auftreten könnte);
- beide Eltern Träger einer Erbkrankheit sind, die nicht an die Geschlechtschromosomen gebunden (autosomal) und nicht zum Ausbruch gekommen ist (rezessiv), z. B. die Sichelzellenanämie. In diesen Fällen besteht die Gefahr, daß zu 25 Prozent ein krankes Kind geboren wird, da ja ein mütterliches und ein väterliches krankes Gen zusammentreffen können; in den anderen Fällen dominiert das gesunde Gen;
- es notwendig erscheint, die Entwicklung des Fetus festzustellen;
- bekannt wird, daß ein Elternteil unter einer erblichen Krankheit, wie z. B. Chorea Huntington, leidet, welche durch ein autosomal

dominantes Erbgut übertragen wird, und eine fünfzigprozentige Wahrscheinlichkeit der Vererbung dieser Krankheit besteht;
♦ die Ergebnisse eines Tests eine Abnormität vermuten lassen. Die Bewertung des Fruchtwassers hilft herauszufinden, ob es sich tatsächlich um fetale Abnormitäten handelt.

Zeitpunkt der Untersuchung

Eine Fruchtwasseruntersuchung im zweiten Trimester erfolgt normalerweise zwischen der 16. und der 18. Woche, gelegentlich aber auch schon in der 14. oder erst in der 20. Schwangerschaftswoche. Untersuchungen haben gezeigt, daß die Komplikationsrate signifikant steigt, wenn die Amniozentese zu einem früheren Zeitpunkt (zwischen der 11. und 14. Woche) durchgeführt wird. Die meisten Untersuchungen sind erst nach 25 bis 35 Tagen wirklich abgeschlossen, weil die Zellen im Labor gezüchtet (kultiviert) werden müssen. Einige Anzeichen, wie z. B. für das Tay-Sachs-Syndrom, für das Hunter-Syndrom oder für den Neuralrohrdefekt, sind sofort erkennbar. Eine Amniozentese kann auch im letzten Trimester zur Bestimmung des Entwicklungsgrades der Lunge durchgeführt werden.

Wie wird die Untersuchung durchgeführt?

Nachdem Sie auf der Toilette waren und sich ausgezogen haben, legen Sie sich mit dem Rücken auf den Untersuchungstisch und werden so zugedeckt, daß nur der Bauch frei bleibt. Dann werden Fetus und Plazenta durch Ultraschall geortet. Der Bauch wird desinfiziert und örtlich betäubt. (Weil das Einführen der Fruchtwasserdiagnose-Nadel selbst kaum schmerzhafter als die Injektion ist, verzichten manche Ärzte darauf.) Dann wird eine hohle Nadel durch Bauchdecke und Uteruswand geführt und Flüssigkeit (10 bis 20 ml) aus der Fruchtblase entnommen. Das kleine Risiko, nämlich den Fetus versehentlich während dieser Prozedur zu „pieksen", wird durch die Ultraschallkontrolle reduziert. Die Vitalfunktionen der Mutter und die Herztöne des Fetus werden vor und nach dem Eingriff kontrolliert, welcher nicht länger als 30 Minuten dauert. Rhnegative Frauen erhalten im Anschluß an die Untersuchung Immunglobulin. Die Eltern entscheiden selbst, ob sie das Geschlecht ihres Kindes erfahren wollen oder nicht. Es sei denn, das Ergebnis ist für eine medizinische Diagnose wichtig.

Wie gefährlich ist das?

Die meisten Frauen haben nach einer Amniozentese ein paar Stunden leichte Krämpfe, selten läuft ein bißchen Blut oder Fruchtwasser aus. Um es noch einmal zu sagen: Obwohl sehr selten Infektionen oder andere Komplikationen auftreten, die vielleicht zu einer Fehlgeburt führen könnten, wird eine Amniozentese (wie auch andere pränatale Diagnosetests) nur dann durchgeführt, wenn die Vorteile die Risiken überwiegen.

Mögliche Komplikationen bei der Amniozentese

Obwohl Komplikationen bei der Fruchtwasserdiagnostik selten auftreten, schätzt man, daß bei einer von hundert Untersuchungen etwas Fruchtwasser ausläuft. Sollten Sie solch einen Ausfluß bemerken, sagen Sie es sofort Ihrem Arzt. Meist stellt sich dieser Ausfluß nach wenigen Tagen von selbst wieder ein. Bettruhe und genaue Beobachtung sind dennoch ratsam.

Ultraschalldiagnostik

Ultraschall leistet für die Geburtshilfe viel. Durch die Benutzung von Schallwellen, die an inneren Strukturen zurückprallen, erhält man ein Bild des Fetus. Vielleicht können Sie ein Foto bekommen, um es Freunden oder der Familie zu zeigen. Wahrscheinlich benötigen Sie aber einen Experten, um auf diesem verschwommenen Bild einen Kopf, die Arme und Beine oder den Popo erkennen zu können. Eine orientierende Ultraschalluntersuchung ist bereits ab der fünften Schwangerschaftswoche möglich. Mit Fortschreiten der Schwangerschaft werden die Aussagen über Größe, Entwicklungszustand, Lage und Bewegungen des Fetus immer exakter möglich. Gemeinsam mit anderen Methoden kann sogar die Sauerstoffsättigung im Blut des heranwachsenden Kindes ermittelt werden (biophysikalisches Profil).

Ultraschalldiagnostik kann eventuell auch dann empfohlen werden,

wenn die Mutter eine traurige Schwangerschaftsvorgeschichte hat,
z. B. wenn sie schon einmal eine ektopische Schwangerschaft oder
eine Blasenmole (die Plazenta verändert sich zu Zotten, die eine
Entwicklung des Embryos verhindern), einen Kaiserschnitt, ein
Baby mit Mißbildungen oder genetischen Defekten hatte. Ultraschalldiagnostik wird auch angewendet zur

◆ Bestätigung eines Geburtstermins; der errechnete Termin sollte
  im Verhältnis mit der Größe des Fetus übereinstimmen.
◆ Feststellung des fetalen Zustandes, wenn ein höheres Risiko für
  eine Abnormalität vorliegt oder die Eltern sich darüber mehr als
  normal viele Sorgen machen. Dies kann zu einem relativ frühen
  Zeitpunkt und mit größerer Genauigkeit durch intravaginale Ultraschalluntersuchung geschehen.
◆ Ausschluß einer Schwangerschaft nach der siebenten Woche,
  falls man an ein falsches positives Schwangerschaftsergebnis glaubt.
◆ Bestimmung der Ursachen für starke oder schwache Blutungen
  in früher Schwangerschaft, wie bei einer Eileiterschwangerschaft
  oder einer gestörten Schwangerschaft.
◆ Lokalisierung des IUP, welches sich trotz Schwangerschaft noch
  im Unterleib befindet.
◆ Lokalisierung des Fetus vor der Amniozentese und während der
  Chorionzotten-Biopsie.
◆ Bestimmung des fetalen Zustandes, wenn keine kindlichen Herztöne bis zur 14. Woche mit der Doppler-Sonographie registriert
  und keine Kindsbewegungen bis zur 22. Woche festgestellt wurden.
◆ Diagnose einer Mehrlingsschwangerschaft, wenn eine Frau frucht-
  barkeitsanregende Mittel eingenommen hat oder der Uterus größer als erwartet ist.
◆ Zustandsbestimmung der Plazenta (d. h. ob eine Verkalkung
  vielleicht für eine Wachstumsverzögerung oder -verhinderung
  verantwortlich ist); Feststellung von Zervixveränderungen, die
  auf eine vorzeitige Wehentätigkeit hinweisen.
◆ Darstellung der Plazenta, um herauszufinden, ob spätere Blutungen während der Schwangerschaft an einer tiefliegenden oder sich
  frühzeitig lösenden Plazenta liegen könnten; ebenso können Blutgerinnsel hinter der Plazenta erkannt werden.

◆ Bestimmung der fetalen Größe, wenn eine Frühgeburt droht oder das Baby überfällig ist.

◆ Ermittlung von schweren Fehlbildungen.

◆ Bewertung des fetalen Zustandes durch: Beobachtungen der fetalen Aktivitäten, der Atembewegungen und des Fruchtwasservolumens.

◆ Bestätigung einer Steißlage bzw. anderer ungewöhnlicher fetaler Lagen oder Nabelschnurpositionen vor der Entbindung.

Mitunter ist auch das Geschlecht des Kindes erkennbar, beispielsweise wenn sich das Hodensäckchen oder der kleine Penis im Ultraschallbild abzeichnen. Aber Vorsicht: Es gibt viele Fehldeutungsmöglichkeiten.

Zeitpunkt der Untersuchung

Es kommt ganz auf den Grund an, jedenfalls kann Ultraschall zu jedem Zeitpunkt ab der sechsten Schwangerschaftswoche bis zur Geburt angewendet werden. Mittels Ultraschall per Vagina können bereits zu einem früheren Zeitpunkt eine Mehrlingsschwangerschaft oder Mißbildungen (durch die Bauchdecke) erkannt werden. Die Ultraschalluntersuchung ist **die** Methode in der Schwangerenbetreuung geworden: unschädlich, sicher, zuverlässig, schmerzlos.

Wie wird die Untersuchung durchgeführt?

Ultraschalluntersuchungen werden durch den Bauch oder durch die Vagina vorgenommen. Handelt es sich um einen speziellen Fall, führt der Arzt das Verfahren vielleicht auf beiden Wegen durch. Das Verfahren dauert fünf bis zehn Minuten und ist schmerzlos – abgesehen von dem unbehaglichen Gefühl einer vollen Blase, die für diese Untersuchung notwendig ist.

Bei beiden Untersuchungsmöglichkeiten liegt die werdende Mutter auf dem Rücken. Für die Ultraschalluntersuchung wird der nackte Bauch mit einem bestimmten Öl oder Gel eingerieben, damit sich die Tonleitung verbessert. Ein Ultraschallkopf wird dann langsam über den Bauch bewegt. Bei der vaginalen Untersuchung wird eine Ultraschallsonde in die Vagina eingeführt. Diese Instrumente registrieren die Echos der von den Körperteilen des Babys zurückprallenden Schallwellen und stellen diese bildlich dar. Mit Hilfe des Arztes können Sie die Wirbelsäule, Kopf, Arme und Beine Ihres

Babys erkennen. Vielleicht werden Sie sogar Ihr Kind beim Daumenlutschen erwischen. Wie bereits erwähnt, ist manchmal auch
schon das Geschlecht erkennbar, obwohl man sich auf diese Bestimmung nicht hundertprozentig verlassen kann. Sie sollten Ihrem
Arzt vorher Bescheid geben, wenn Sie nicht wissen wollen, ob Sie
einen Jungen oder ein Mädchen bekommen werden.

Wie gefährlich ist es?
Nach 25jähriger klinischer Anwendung und Erforschung spricht
man über keine Risiken, aber dafür über viele Vorteile, die mit der
Ultraschalldiagnostik verbunden sind.

Bestimmung des AFP (Alpha-Feto-Protein)

Erhöhte Werte von Alpha-Feto-Protein – eine vom Fetus produzierte Substanz im Blut der Mutter – können ein Indiz für einen
Neuralrohrdefekt (z. B. Mißbildung der Wirbelsäule) oder Anen-
zephalie (Nichtvorhandensein einiger oder aller Gehirnteile) sein.
Ungewöhnlich niedrige Werte deuten eventuell auf das Down-
Syndrom oder andere chromosomale Defekte hin. Weitere Untersuchungen zur Bestätigung eines Defekts sind allerdings nötig.

Zeitpunkt der Untersuchung
Zwischen der 16. und 18. Woche.

Wie wird die Untersuchung durchgeführt?
Dieser einfache Test erfordert nur etwas mütterliches Blut. Wenn die
AFP-Werte dieser Blutprobe erhöht sind, wird ein zweiter Test
gemacht. Weist der Wiederholungstest gleiche Ergebnisse vor, werden
noch andere Untersuchungen (genetische Beratung; Ultraschall zur
Bestimmung des Geburtstermins, der Mehrlingsschwangerschaften oder anderer eventueller Abnormalitäten; Amniozentese zur
Feststellung der AFP- und Azetylcholin-Werte im Fruchtwasser)
durchgeführt, um einen möglichen Neuralrohrdefekt zu bestätigen
oder auszuschließen. Nur ein bis zwei von 50 Frauen mit hohen
Anfangswerten tragen tatsächlich ein geschädigtes Baby. Bei den
48 Frauen liegt der Grund für die erhöhte AFP-Menge in einer
Mehrlingsschwangerschaft oder in der Tatsache, daß entweder die

Schwangerschaft weiter als angenommen fortgeschritten ist oder die anfänglichen Bewertungen ungenau waren. Fallen die AFP-Werte der Blutprobe besonders niedrig aus, bieten sich, wie schon erwähnt, Ultraschalldiagnostik, genetische Beratung und/oder Amniozentese für die exakte Diagnose eines Down-Syndroms oder eines anderen chromosomalen Defekts an.

Wie gefährlich ist das?

Dieser erste Suchtest selbst ist nicht riskanter als ein anderer Standardbluttest. Das größte Risiko liegt eigentlich in der Angabe eines in Wirklichkeit falschen Positiv-Ergebnisses, welches zunächst zu weiteren risikoreicheren Untersuchungen führt. Seien Sie sich der Ergebnisse also ganz sicher, bevor Sie irgendwelche Schritte in Richtung Pränataldiagnostik unternehmen!

Chorionzotten-Biopsie

Im Gegensatz zur Amniozentese kann eine Chorionzotten-Probe fetale Defekte in einem sehr frühen Schwangerschaftsstadium entdecken, wo ein eventueller Abbruch noch weniger kompliziert und unbelastender ist als später. Obwohl die Chorionzotten-Biopsie kein so gängiges Verfahren wie die Amniozentese ist, wird diese als Testform immer populärer. Man wendet die Chorienzotten-Probe auch versuchsweise im zweiten Trimester anstatt der Amniozentese an, weil man die Ergebnisse schneller erhält. Bei Frauen, die sehr wenig Fruchtwasser haben (Oligohydramnie), ist sie eine sinnvolle Alternative. Man vermutet, daß durch diesen Chorionzotten-Test in naher Zukunft praktisch alle der 3800 möglichen genetischen Defekte entdeckt werden. Und bald wird vermutlich auch die Behandlung oder „Korrektur" mancher dieser Leiden noch im Uterus möglich sein.

Zeitpunkt der Untersuchung

Zur Bestimmung genetischer Defekte normalerweise zwischen der 10. und 13. Woche. Das Verfahren kann auch in einem späteren Schwangerschaftsstadium (wenn keine Zotten mehr vorhanden sind) angewendet werden, um Zellen für eine Plazentabiopsie zu gewinnen.

Wie wird die Untersuchung durchgeführt?

Früher entnahm man eine Zellprobe immer durch die Vagina (transvaginal) oder durch den Muttermund (transzervikal). Heute kann dies auch durch einen kleinen Einschnitt der Bauchdecke hindurch (transabdominal) geschehen. Keiner der beiden Eingriffe ist schmerzfrei, wobei das Unbehagen zwischen sehr milden und sehr starken Schmerzen schwankt.

Bei der transzervikalen „Prozedur" liegt die Mutter mit dem Rücken auf dem Untersuchungstisch, und eine lange dünne Röhre wird durch die Vagina in den Uterus eingeführt. Unter Ultraschall-Bildüberwachung werden einige Gewebestücke der Chorionzotten (fingerförmige Vorsprünge des Chorions[1]) für die Untersuchung abgeschnitten oder abgesaugt.

Bei der transabdominalen Untersuchung liegt die Patientin ebenfalls mit dem Rücken auf dem Untersuchungstisch. Das Ultraschallbild wird zur Lagenbestimmung von Plazenta und Uteruswand benutzt. So kann der Arzt eine sichere Stelle finden, wo er die Nadel einstechen kann. Diese Fläche wird vorher gewaschen, desinfiziert und lokal betäubt.

Mit Hilfe der Ultraschallüberwachung wird eine Rohrnadel durch die Bauchdecke in die Uteruswand bis hin zur Außenwand der Plazenta eingeführt. Danach führt der Arzt eine schmalere Nadel, welche die Zellen absaugen soll, durch die Rohrnadel ein. Die schmalere Nadel wird drehend 15- bis 20mal hinein- und wieder hinausgeschoben, danach erst wird eine Zellprobe zu Untersuchungszwecken entnommen.

Da die Chorionzotten vom Fetus stammen, kann man durch eine genaue Testreihe ein vollständiges Bild des genetischen Codes von dem sich entwickelnden Baby erstellen.

Weil viele Zellen mit Hilfe der Chorionzotten-Untersuchung auf einmal entnommen werden, können diagnostische Untersuchungen fast sofort beginnen.

Die Ergebnisse können nach ein bis zwei Tagen, spätestens nach einer Woche vorliegen.

---

[1] Chorion: fetale Anteile des Mutterkuchens

Wie gefährlich ist das?

Dieses Verfahren ist relativ neu. Bisher ergaben Untersuchungen, daß es ziemlich sicher und zuverlässig ist. Die Chorionzotten, von welchen die Untersuchungszellen entnommen werden, verschwinden wieder, sobald sich der Fetus entwickelt. Eine Entnahme wird deshalb als ungefährlich angesehen. Dieser Test erhöht das Risiko für eine Fehlgeburt etwa um ein Prozent (doppelt so hoch wie bei der Amniozentese); aber dies ist ein Risiko, welches viele Eltern eingehen, um als Gegenleistung frühe diagnostische Informationen über den Fetus zu erhalten. Selten kann es passieren, daß eine Schwangerschaft auf Grund falscher Informationen abgebrochen wird, weil eine Abnormität entdeckt worden ist, die aber in Wirklichkeit beim Fetus gar nicht existiert hat.

Manchmal können nach einer solchen Untersuchung auch Blutungen auftreten. Sie sollten sich zwar nicht beunruhigen, aber Sie sollten es dennoch Ihrem Arzt sagen, vor allem, wenn die Blutungen länger als drei Tage andauern. Da auch ein geringes Infektionsrisiko besteht, berichten Sie über jegliches Fieber in den ersten Tagen nach der Untersuchung.

Weil die Möglichkeit besteht, daß rote Blutkörperchen des Fetus in den Blutkreislauf der Mutter eintreten, Spritzen manche Ärzte Rhnegativen Müttern Anti-D-Immunglobulin vor der Chorionzotten-Biopsie, um einer Antikörperbildung vorzubeugen.

Da sich viele Frauen nach einer Chorionzotten-Untersuchung physisch und emotional ausgelaugt fühlen (nicht selten fallen Mütter danach ins Bett und schlafen einmal rund um die Uhr), empfiehlt es sich, eine Begleitung für den Nachhauseweg zu organisieren.

So wird die Schwangerschaft sicherer

Gute ärztliche Behandlung. Eine Schwangerschaft mit geringem Risiko kann risikoreich werden, wenn keine oder schlechte Vorsorge getroffen wird. Für alle werdenden Mütter ist es sehr wichtig, einen qualifizierten Arzt (regelmäßig) zu besuchen, sobald eine Schwangerschaft auch nur vermutet wird. (Wenn Sie sich zu einer bestimmten Risikogruppe zählen, suchen Sie sich einen Arzt, der sich auf diesem Gebiet besonders gut auskennt). Aber ebenso wichtig ist es, selbst ein guter Patient zu sein. Nehmen Sie an allen Vorsorgeuntersuchungen teil, stellen Sie viele Fragen, beachten Sie sorgfältig alle Symptome, aber versuchen Sie bitte nicht, Ihr eigener Arzt zu sein.

Gute Ernährung. Gute und richtige Ernährung ist für Ihre Schwangerschaft und für die gesunde Entwicklung Ihres Kindes sehr wichtig.

Fitneß. Am besten beginnt man seine Schwangerschaft mit einem bereits gut trainierten Körper. Aber es ist auch nie zu spät, die Vorteile des Sports zu nutzen. Regelmäßiger Sport kann z. B. Verstopfungen verhindern, Atmung, Blutzirkulation, Muskeltonus und Hautelastizität verbessern, was der Schwangerschaft und der Geburt zugute kommt.

Vernünftige Gewichtszunahme. Eine langsame, stetige und gleichmäßige Gewichtszunahme hilft vermutlich, einige Komplikationen wie Diabetes, Bluthochdruck, Krampfadern, Hämorrhoiden, niedriges Geburtsgewicht des Babys oder eine schwierige Geburt wegen eines übergroßen Babys zu vermeiden.

Verzicht auf Alkohol. Wenn man selten oder gar keinen Alkohol trinkt, verringert sich das Risiko für Schädigungen (besonders für das fetale Alkohol-Syndrom).

Nicht Rauchen. So früh wie möglich während der Schwangerschaft mit dem Rauchen aufhören, um die vielen damit verbundenen Risiken für Mutter und Kind (inklusive Frühgeburt oder geringen Geburtsgewichts) zu reduzieren.

Keine Drogen. Alle illegalen Drogen sind für den Fetus gefährlich und sollten während der Schwangerschaft unbedingt vermieden werden. Arzneimittel sollten nur dann eingenommen werden, wenn mögliche Risiken ausgeschaltet werden und wenn diese von einem Arzt verschrieben und befürwortet wurden, der von Ihrer Schwangerschaft Kenntnis besitzt.

Vermeidung von Umwelt- und berufsbedingten Giften. Obwohl zwar alles, was wir essen, trinken, anfassen und einatmen, nicht so gefährlich ist, wie es die Schlagzeilen der Presse vermitteln, wäre es dennoch gut, von bekannten Gefahren (wie z. B. starke oder häufige Röntgenstrahlen oder Blei) Abstand zu wahren.

Vorbeugung und sofortige Behandlung von Infekten. Alle Infekte – von einer gewöhnlichen Erkältung bis zu einer Harnwegs- und Vaginalentzündung – sollten möglichst vermieden werden. Sollten Sie sich dennoch infizieren, ist eine sofortige Behandlung durch einen Arzt nötig, der über Ihre Schwangerschaft informiert ist. Das gilt insbesondere für Virusinfektionen (z. B. Röteln).

Vorsicht vor dem „Super-Frau-Syndrom". Meistens stark in ihrer Karriere etabliert und hochmotiviert in allem, was sie tun, neigen heutzutage Mütter zu Überlastung und Überarbeitung. Ausreichende Ruhe während der Schwangerschaft ist wesentlich wichtiger, als alles erledigt zu haben (besonders gilt dies für Risikoschwangerschaften). Warten Sie nicht erst darauf, daß Ihr Körper förmlich um Erholung bettelt, bevor Sie einen Schritt „langsamer" gehen! Sollte Ihr Arzt Ihnen empfehlen, früher als geplant Mutterschaftsurlaub zu nehmen, dann folgen Sie diesem Rat! Einige Studien weisen darauf hin, daß Frauen, die bis zum neunten Monat arbeiten – vor allem wenn der Job mit körperlicher Arbeit oder „viel Stehen" verbunden ist – ein erhöhtes Frühgeburtsrisiko haben.

Weitere Möglichkeiten der Pränataldiagnostik

Das Gebiet der pränatalen Diagnostik entwickelt sich so schnell, daß neue Methoden ständig erprobt werden. Zusätzlich zu den bereits erwähnten Standardmethoden gibt es andere, die versuchsweise oder nur manchmal angewandt werden, z. B.:

- **Blutserumtest der Mutter auf HCG** (Human Choriongonadotropin, AFP und Östriol). Forscher fanden heraus, daß eine bestimmte Relation dieser drei Werte im Blut einer Schwangeren auf ein höheres Down-Syndrom-Risiko hinweist.
- **Fetale Blutprobe** (oder Cordozentese). Blut wird aus der Nabelschnur oder der Lebervene des Fetus entnommen.
- **Fetale Hautprobe.** Ein kleines Hautstückchen des Fetus wird entnommen und untersucht. Diese Methode ist besonders zur Bestimmung mancher Hautkrankheiten sinnvoll.
- **Kernspintomographie** ist eine Methode, die noch erprobt wird.
- **Radiographie** (Röntgenbild). Diese ehemals am häufigsten zur Erkennung eines Fetus benutzte Methode ist inzwischen fast völlig von der Ultraschallmethode verdrängt worden, da Röntgenstrahlen den wachsenden Organismus schädigen können.
- **Echokardiographie.** Mit deren Hilfe können die Herztöne des Kindes untersucht werden.
- **Bluttest** zur fetalen Geschlechtsbestimmung. Er ist zur Zeit zwar noch in Erprobung, könnte aber eine wertvolle Hilfe bei der Bestimmung mancher erblicher Krankheiten werden, die z. B. nur für Jungen gefährlich sind.

Während der gesamten Schwangerschaft

Worüber Sie sich vielleicht Gedanken machen ...

Schwangere Frauen sind immer in Sorge. Worüber sie sich allerdings sorgen, hat sich seit Generationen unter dem Einfluß neuer Erkenntnisse ziemlich verändert. Unsere Großmütter, einer Vielfalt von Bauernweisheiten ausgesetzt, befürchteten z. B. beim Anblick eines Affen, daß sie behaarte Kinder gebären würden. Wir, die täglich einer Flut von Medienstorys ausgesetzt sind, haben andere Probleme: Ist die Luft, die ich einatme, verschmutzt? Ist das Leitungswasser trinkbar? Sind mein Beruf, die Raucherei meines Mannes oder mein Morgenkaffee schädlich für mein Baby? Was ist mit den Röntgenaufnahmen, die letztens der Zahnarzt bei mir gemacht hat? Diese Sorgen können ziemlich nervenaufreibend sein, sie können aber auch die werdende Mutter veranlassen, ihre Schwangerschaft aufmerksamer zu beobachten und selbst viel für die Entwicklung eines gesunden Kindes beizutragen.

Alkohol

„Ich hatte mir gelegentlich einige Cocktails genehmigt – bevor ich von meiner Schwangerschaft wußte. Ich habe nun Angst, daß der Alkohol meinem Baby geschadet hat.“

Oft weiß man bis zum zweiten Monat nichts von einer Schwangerschaft. Man tut wahrscheinlich Dinge, die man sonst gelassen hätte, z. B. hätte man sich eben einige Drinks gespart. Daher ist Ihre Sorge eines der häufigsten Gesprächsthemen bei der Vorsorgeuntersuchung. Glücklicherweise handelt es sich aber um eine der Sorgen, von der man sich schnell befreien kann. Es gibt keine Beweise, daß ein paar Cocktails in einem frühen Schwangerschaftsstadium für den Embryo gefährlich sein könnten.

Eine neuere Studie zeigt sogar, daß der Embryo einer Frau, die in den ersten Wochen ihrer unbewußten Schwangerschaft zwei- bis dreimal eine ordentliche „Sause" gefeiert hat, nicht stärker gefährdet ist als der Embryo einer Antialkoholikerin. Solche Trinkgewohnheiten aber während der Schwangerschaft beizubehalten wäre für das Baby gefährlich. Kein Wunder, wenn man bedenkt, daß Alkohol etwa in der gleichen Konzentration in den fetalen Blutkreislauf eindringt, wie er im Blut der Mutter vorliegt. Jedes alkoholische Getränk, welches eine schwangere Frau zu sich nimmt, wird mit ihrem Baby geteilt. Der Fetus braucht zweimal solange wie seine Mutter, um den Alkohol wieder aus seinem System zu eliminieren. So könnte das Baby schon einer „Ohnmacht" nahe sein, während die Mutter nur vergnügt und beschwipst ist. Viel Alkohol (etwa 5 bis 6 Gläser Wein, Bier oder Schnaps pro Tag) während der Schwangerschaft kann neben vielen anderen ernsten Geburtskomplikationen zum Fetalen Alkohol-Syndrom (FAS) führen. Beschrieben wird es als ein lebenslänglicher „Kater", der bei dem Fetus ein Untergewicht bedingt, meist auch geistige Behinderung und körperliche Mißbildungen (insbesondere am Kopf, im Gesicht, an Armen und Beinen, am Herzen sowie am ZNS). Häufig ist auch mit hoher Neugeborenensterblichkeit zu rechnen. Kinder mit FAS haben später oft Lern- und Verhaltensprobleme und zeigen mangelnde soziale Kompetenz. Je mehr Sie trinken, desto größer ist die Gefährdung für Ihr Baby. Aber auch gemäßigtes Alkoholtrinken (ein bis zwei Drinks täglich oder ein gelegentliches „Besäufnis") ist während der Schwangerschaft mit einer Vielfalt ernsterer Probleme verbunden, inklusive einem erhöhten Risiko für Fehlgeburten, Frühgeburten, Untergewicht oder Komplikationen während der Wehen bzw. der Geburt.

Die Menge Alkohol, die ungefährlich ist, ist noch nicht bekannt, sofern es überhaupt eine geben kann. Alles, was man über Alkohol und Schwangerschaft weiß, führt zu dem Schluß: Machen Sie sich keine Sorgen über die Drinks, die Sie in Unwissenheit Ihrer Schwangerschaft getrunken haben. Ab jetzt hören Sie sofort mit dem Trinken auf – und zwar für den gesamten Rest der Schwangerschaftszeit –, Ausnahme könnte ein Schlückchen Wein bei einem feierlichen Anlaß (und immer in Verbindung mit einer Mahlzeit, da Essen die Absorption von Alkohol verzögert) sein.

Für einige Frauen wird dies nicht schwierig sein – besonders für jene, die schon bei Beginn ihrer Schwangerschaft eine Alkoholabneigung entwickeln, welche vielleicht bis zur Geburt anhält. Für andere Frauen, besonders für diejenigen, die sich gewöhnlich nach einem langen Tag bei einem Cocktail entspannen oder immer zum Abendessen Wein trinken, wird die Abstinenz schwieriger und größere Bemühungen verlangen. Versuchen Sie doch andere Methoden zur Entspannung: Musik, ein warmes Bad, Massagen, Sport oder Lesen. Sollte das Trinken fast ein Ritual sein, das Sie nicht aufgeben wollen, verwenden Sie alkoholfreie Getränke als Ersatz, aber im selben Glas, zur selben Zeit, alles wie immer ...! Übrigens, wenn Ihr Partner auch nicht trinkt – wenigstens nicht in Ihrem Beisein –, wird es für Sie viel einfacher sein.

Rauchen

„Ich rauche schon seit zehn Jahren. Kann diese Tatsache meinem Baby schaden?"

Es gibt keine eindeutigen Beweise dafür, daß das Rauchen vor der Schwangerschaft (egal ob seit 10 oder 20 Jahren) dem sich entwickelnden Fetus Schaden zufügen kann. Es ist aber erwiesen, daß das Rauchen während der Schwangerschaft – besonders nach dem vierten Monat – Komplikationen auslösen kann. In den USA wird das Rauchen mit jährlich 115 000 Fehlgeburten und 5600 Todesfällen von Säuglingen in Verbindung gebracht. Nikotin ist nachweislich gefährlich und kann die Ursache für pränatale Probleme, Blutungen, Fehlgeburten, Placenta praevia, frühzeitige Plazentaablösungen, Blasensprung und Frühgeburten sein. Bewiesen ist, daß das Rauchen die Entwicklung des Fetus im Uterus stark beeinträchtigt. Ein niedriges Geburtsgewicht ist die Folge, und dies ist wiederum der Hauptgrund für viele Säuglingserkrankungen und perinatales (vor, während oder nach der Geburt) Säuglingssterben. Es kommen aber noch andere Risiken hinzu. „Raucherbabys" leiden stärker unter Atemnot. Die Wahrscheinlichkeit, daß sie durch plötzlichen Atemstillstand sterben, ist im Vergleich zu „Nichtraucherbabys" doppelt so hoch. Im allgemeinen sind die „Nichtraucherbabys" bei der Geburt schon wesentlich gesünder als die Babys von rauchenden Müttern. Es besteht die Gefahr, daß diese Kinder die „Nichtraucherkinder" nie einholen werden, daß sie langfristige körperliche und geistige Defizite aufweisen und zusätzlich hyperaktiv sein können. Eine Untersuchung ergab, daß „Raucherkinder" noch mit vier Jahren stark zu Atemwegserkrankungen neigen, im Verhältnis zu „Nichtraucherkinder" kleinwüchsiger sind und in der Schule Lernschwierigkeiten haben.

Gewöhnen Sie sich das Rauchen ab!

Finden Sie Ihre Motivation für das Rauchen heraus. Rauchen Sie zum Beispiel zum Vergnügen, zu Stimulationszwecken oder zur Entspannung; um Streß und Frustration zu verringern oder nur, um irgend etwas in Ihrer Hand oder zwischen den Lippen zu halten oder um eine heftige Begierde zu stillen? Vielleicht rauchen Sie auch einfach aus Gewohnheit, d. h., Sie zünden sich eine Zigarette an, ohne weiter darüber nachzudenken. Sobald Sie Ihre eigene Motivation gefunden haben, werden Sie auch irgendeinen Ersatz entdecken …!

Finden Sie eine Motivation, auf das Rauchen zu verzichten. Wenn Sie schwanger sind, ist dies eine leichte Sache.

Suchen Sie sich einen bestimmten Weg, wie Sie sich das Rauchen abgewöhnen wollen. Möchten Sie lieber von einem Tag zum anderen absolut mit dem Rauchen aufhören, oder möchten Sie es sich lieber langsam abgewöhnen? Unabhängig von der Art und Weise, sollten Sie einen „letzten Rauchtag" in naher Zukunft festlegen und vieles für diesen bestimmten Tag planen , möglichst Aktivitäten, die nicht direkt mit dem Rauchen in Verbindung stehen. Erfahrungsgemäß ist es günstiger, sofort mit dem Rauchen aufzuhören, sich also nicht „auszuschleichen".

Versuchen Sie Ihren Rauchdrang zu unterdrücken. Verwenden Sie einige oder alle der folgenden Ratschläge:

◆ Wenn Sie hauptsächlich rauchen, damit Ihre Hände beschäftigt sind, versuchen Sie statt dessen mit einem Bleistift, einem Strohhalm oder irgend etwas anderem zu spielen; stricken Sie, putzen Sie Silber, schreiben Sie einen Brief, spielen Sie Klavier, lösen Sie ein Kreuzworträtsel, oder machen Sie irgend etwas, wodurch Sie das Rauchen vergessen.

◆ Wenn Sie hauptsächlich rauchen, um etwas im Mund zu haben, kauen Sie ersatzweise zuckerfreie Kaugummis, rohes Gemüse, Popcorn. Kauen Sie auf einem Zahnstocher oder auf einer leeren Zigarettenspitze herum. Vermeiden Sie aber kleine Snacks mit überflüssigen Kalorien.

◆ Wenn Sie hauptsächlich aus Stimulationszwecken rauchen, versuchen Sie, statt dessen einen erfrischenden Spaziergang zu machen, ein spannendes Buch zu lesen oder eine lebhafte Unterhaltung zu führen. Prüfen Sie, ob Ihre Mahlzeiten alle wichtigen Nährstoffe enthalten. Und essen Sie lieber kleinere Mengen, damit Sie sich wegen eines niedrigen Blutzuckerspiegels nicht schlapp fühlen.

◆ Wenn Sie rauchen, um Streß zu reduzieren, treiben Sie statt dessen besser Sport, oder versuchen Sie andere Entspannungsmethoden wie beruhigende Musik, lange Spaziergänge, Massagen oder ... Liebe!

◆ Wenn Sie aus purer Gewohnheit rauchen, vermeiden Sie die Umgebung, in der Sie oder Ihre Freunde gewöhnlich rauchen. Gehen Sie statt dessen dorthin, wo Rauchen nicht erlaubt ist.

◆ Wenn Sie aus reinem Vergnügen rauchen, probieren Sie doch einmal andere angenehme Beschäftigungen aus. Gehen Sie ins Kino, bummeln Sie in einem netten Babygeschäft, besichtigen Sie eine schöne Ausstellung, besuchen Sie ein Theater oder Konzert, oder laden Sie einfach Freunde zum Abendessen ein, die allergisch gegen Rauch sind.

- Wenn Sie immer in Zusammenhang mit einem bestimmten Nahrungsmittel (oder Getränk) rauchen müssen, verzichten Sie einfach auf dieses bestimmte Essen oder Trinken. (Vielleicht rauchen Sie zwar gern nach dem Frühstück, aber z. B. niemals im Bett. Versuchen Sie also einige Tage im Bett zu frühstücken.)

- Wenn Sie das starke Bedürfnis nach einem Zigarettenzug verspüren, atmen Sie einige Male tief ein (mit einer Pause zwischen den Atemzügen), halten Sie dann die Luft an, und entzünden Sie ein Streichholz. Atmen Sie langsam so wieder aus, daß die Flamme ausgepustet wird. Tun Sie so, als ob es eine Zigarette war, und drücken Sie es aus.

Wenn Sie schwach werden und doch einmal eine Zigarette rauchen, verzweifeln Sie nicht. Setzen Sie Ihr Programm einfach fort in dem Wissen, daß jede Zigarette, die Sie nicht geraucht haben, gut für Ihr Baby war und ist.

Betrachten Sie das Nichtrauchen als eine Sache, die keine Verhandlungen zuläßt. Als Sie noch Raucher waren, durften Sie an manchen Orten (Theater, Kaufhaus, einigen Restaurants) einfach nicht rauchen. Das war eben so. Jetzt müssen Sie sich einfach sagen, daß Sie momentan überhaupt nicht rauchen dürfen. Das ist eben so.

Früher nahm man an, daß der Grund für Komplikationen bei „Raucherkindem" in der schlechten Ernährung der Mutter zu finden sei: Mütter rauchen während der Schwangerschaft, anstatt zu essen! Neuere Untersuchungen widerlegen diese Theorie: Rauchermütter, die ebensoviel gegessen und an Gewicht zugenommen hatten wie Nichtraucherinnen, haben trotzdem Babys mit Untergewicht zur Welt gebracht. Der wahre Grund ist vermutlich eine Kohlenmonoxidvergiftung des Fetus, die mit einem Sauerstoffmangel verbunden ist. Wenn eine rauchende Mutter mehr als 20 Kilo zunimmt, könnte sie dem Risiko, ein untergewichtiges Baby zu bekommen, etwas ertgegenwirken. Eine solche Gewichtszunahme führt aber andererseits zu neuen Risiken für Mutter und Kind (z. B. Bluthochdruck).

Wenn Sie also rauchen, dann liegt Ihr Baby tatsächlich eingesperrt in einer „rauchgefüllten Gebärmutter". Das Herz rast, es hustet, und am schlimmsten ist, daß der Fetus aufgrund des Sauerstoffmangels weder wachsen noch richtig gedeihen kann. Untersuchungen ergaben, daß Rauchen ähnliche Folgen für den Fetus haben kann wie Alkohol: Tabakkonsum verringert das Geburtsgewicht des Babys im direkten Verhältnis zu der Menge Zigaretten, die die Mutter täglich raucht. Raucht man also weniger Zigaretten, wäre dies schon positiv. Diese „scheinbare Hilfe" täuscht aber auch, wenn die Raucherin als Ersatz für „weniger" Zigaretten „mehr" (d. h. öfter) und tiefer inhaliert. Die sogenannten „leichten" Zigaretten helfen auch nicht, die Risiken zu verringern. Dennoch sind nicht alle Nachrichten schlecht. Eine Frau, die rechtzeitig, d. h. vor dem vierten Monat, mit dem Rauchen aufhört, reduziert das Risiko für die Geburt eines geschädigten Kindes fast auf das Niveau einer Nichtraucherin. Und bedenken Sie, daß das Aufhören zu jedem Zeitpunkt den Fetus vor Schädigungen bewahrt; so kann selbst im letzten Monat wenigstens für die Geburt ausreichend Sauerstoff vorhanden sein! Für manche Raucherin wird es nie wieder so leicht sein, sich das Rauchen abzugewöhnen wie in den ersten Monaten der Schwangerschaft, weil sich bei einigen ein plötzlicher Widerwille gegen Zigaretten entwickelt – es ist fast wie ein intuitives, körperliches Warnsignal! Sollten Sie nicht zu diesen „Glückspilzen" zählen, die eine natürliche Abneigung spüren, versuchen Sie, sich das Rauchen in einer Antirauchgruppe abzugewöhnen, oder probieren Sie doch einfach einmal Hypnose aus!

Die meisten Menschen leiden unter Entzugserscheinungen, sobald sie mit dem Rauchen aufhören, aber in unterschiedlicher Intensität. Die häufigsten Symptome sind Reizbarkeit, Ruhelosigkeit, Verlangen nach einer Zigarette, Kribbeln oder Betäubung in Armen und Beinen, Sorgen, Müdigkeit und Schlaf- oder Magen-Darm-Störungen. Manche, die sich das Rauchen abgewöhnen, empfinden zuerst, daß ihre geistige und physische Leistungsfähigkeit geschwächt ist; andere wiederum empfinden plötzlich verstärkten Hustenreiz, weil nun alles in der Lunge Angesammelte frei abgehustet werden kann. Um die durch den Nikotinentzug verbundene Nervosität zu mindern, erhöhen Sie Ihren Konsum an Obst, Obstsäften, Gemüse, Milch. Reduzieren Sie Fleisch, Geflügel und Käse; vermeiden Sie Koffein, welches Ihre Nervosität nur noch steigert. Die Entzugserscheinungen können einige Tage bis zu mehreren Wochen andauern. Die Vorteile des Nichtrauchens jedoch begleiten Sie und Ihr Baby. (Mehr Tips Seite 103 f.)

„Meine Schwägerin rauchte täglich zwei Schachteln Zigaretten – und dies auch während ihrer drei Schwangerschaften. Sie brachte ohne Komplikationen große, gesunde Babys zur Welt. Warum sollte ich also mit dem Rauchen aufhören?"

Jeder hat schon einmal ermutigende Geschichten gehört, z. B. von einem Krebskranken, der trotz einer geringen Heilungschance noch ein hohes Alter erreicht hat, oder z. B. von einem tagelang verschütteten Erdbebenopfer, welches trotz Nahrungsmangel und Verletzungen lebend geborgen werden konnte. Aber die Geschichte einer Mutter, die die Gesundheit ihres Babys in voller Absicht durch Zigarettenkonsum gefährdet und trotzdem ein gesundes Baby zur Welt bringt, sollte eher nachdenklich stimmen. Ihre Schwägerin hatte Glück, aber wollen Sie das Schicksal tatsächlich herausfordern, um zu testen, ob auch Sie Glück haben werden? Es gibt auch Menschen, die Verkehrsunfälle überlebt haben. Niemand wird deshalb einen Unfall als unbedeutend ansehen. Außerdem kann dieses sogenannte Glück Ihrer Schwägerin auch trügerisch sein. Manche körperlichen oder geistigen Defizite sogenannter Raucherbabys werden erst später erkennbar. Ein zunächst scheinbar kerngesundes Baby kann sich zunehmend zu einem kränkelnden, hyperaktiven oder lernschwierigen Kind entwickeln. Die Folgen, die das Rauchen für Ihr Kind haben wird, werden nicht geringer, wenn das Kind aus einer rauchgefüllten Gebärmutter zusätzlich noch in ein rauchgefülltes Zimmer hineingeboren wird.

Es ist erwiesen, daß Kinder von rauchenden Eltern häufiger krank werden und auch häufiger ins Krankenhaus müssen – besonders während der Säuglings- und frühen Kinderzeit.

Wie Sie hoffentlich bemerkt haben, ist das Aufhören mit dem Rauchen immer die bessere Wahl!

Passives Rauchen

„Ich selbst habe mit dem Rauchen aufgehört, aber mein Mann raucht immer noch zwei Schachteln pro Tag, und mehrere meiner beruflichen Mitarbeiter sind Kettenraucher. Nun mache ich mir ständig Sorgen, daß der Qualm der anderen meinem Baby schaden könnte!?"

Rauchen beeinflußt nicht nur die Gesundheit desjenigen, der die Zigarette zwischen den Lippen hält, sondern auch alle anderen, die sich in der Nähe des Rauchers aufhalten – auch einen Fetus, dessen Mutter zufällig in der Nähe ist. Wenn Ihr Mann (oder wer auch immer) also am Arbeitsplatz oder zu Hause rauchen muß, ist das Baby fast genauso stark den Schadstoffen ausgesetzt, als wenn Sie als Mutter direkt selbst rauchen würden. Wenn Ihr Mann nun unter keinen Umständen mit dem Rauchen aufhört, sollte er wenigstens draußen oder nicht in Ihrer Nähe rauchen. Ganz aufzuhören wäre nicht nur für ihn besser, sondern auch für die Gesundheit des Babys. Studien haben gezeigt, daß Rauchen – egal ob mütterlicher- oder väterlicherseits – Atemprobleme bei den Kindern verursacht und die Lungenentwicklung bis ins Erwachsenenalter schwächt. Vermutlich werden Sie nicht Ihre Freunde oder Mitarbeiter zum „Rauchstopp" bewegen können, aber bitten Sie sie doch, weniger in Ihrer Gegenwart zu rauchen.

Marihuana

„Ich bin schon seit ca. zehn Jahren ein gelegentlicher Marihuanaraucher. Könnte diese Tatsache meinem Baby, welches ich jetzt austrage, geschadet haben. Und ist der ‚Genuß' von Marihuana auch während der Schwangerschaft gefährlich?!"

Ähnlich wie es mit dem Rauchen von Zigaretten vor 20 Jahren war, liegen heute noch nicht alle Befunde über die Folgen von Marihuanarauchen vor. Deshalb sind diejenigen, die Marihuana rauchen, fast wie Versuchskaninchen, die eine Substanz ausprobieren, deren Gefahren noch lange nicht vollständig erkannt sind. Da Marihuana auch durch die Plazenta dringt, machen Mütter, die diese Droge rauchen, auch ihre Kinder zu Versuchskaninchen. Bekannt ist, daß Marihuana die Zeugungsfähigkeit einschränkt. Sind Sie allerdings bereits schwanger, sollten Sie sich über Ihre „Marihuana-Vergangenheit" keine Sorgen machen, weil diesbezüglich zur Zeit keine Beweise vorliegen, die eine Gefahr für den Fetus signalisieren. Jetzt, wo Sie nun wissen, daß Sie schwanger sind, würde das Weiterrauchen von Marihuana vermutlich kein Happy-End bedeuten. Manche Untersuchungen (nicht alle!) zeigen, daß selbst Frauen, die selten (weniger als einmal monatlich) Marihuana rauchen, verstärkt zu folgenden Komplikationen neigen:

* geringe Gewichtszunahme,
* übermäßiges Erbrechen, was die pränatale Ernährung ernstlich stören kann,
* gefährlich schnelle Wehen, überlang andauernde Wehen, Wehenstillstand oder Kaiserschnitt,
* Geburt eines untergewichtigen Babys.

Obwohl es keine deutlichen Hinweise auf ein vermehrtes Auftreten von Mißbildungen bei Babys von marihuanarauchenden Müttern gibt, existieren Fälle, die dem Fetus-Alkohol-Syndrom ähneln. Zittern, Sehstörungen und entzugsähnliches Geschrei während des Säuglingsalters sind die Symptome. Man hat ebenfalls herausgefunden, daß Marihuana ebenso die Funktion der Plazenta wie auch das fetale Hormonsystem nachteilig beeinflußt. Betrachten Sie daher Marihuana wie jede andere Droge:

* Nehmen Sie nichts ein, was nicht ärztlich verschrieben wurde.
* Machen Sie sich keine Sorgen, wenn Sie am Anfang Ihrer Schwangerschaft noch Marihuana geraucht haben.
* Jede schwangere Frau, die sich das Marihuanarauchen nicht abgewöhnen kann, sollte mit ihrem Arzt oder einem professionellen Berater sprechen, sobald eine Schwangerschaft bei ihr feststeht.

Kokain und andere Drogen

„Eine Woche bevor ich über meine Schwangerschaft Bescheid wußte, nahm ich Kokain ein. Kann das negative Folgen für mein Baby haben?"

Auch hier gilt: Machen Sie sich keine Sorgen wegen des Kokaingenusses in der Vergangenheit; für die Zukunft sollten Sie es allerdings unbedingt unterlassen. Denn die Einnahme von Kokain während der Schwangerschaft kann katastrophale Folgen haben. Kokain dringt nicht nur in die Plazenta ein, sondern richtet dort auch Schaden an. Der Blutfluß zum Fetus wird reduziert und das fetale Wachstum behindert. Kokain kann eine Vielzahl von Schwangerschaftsproblemen zur Folge haben, z.B.: Fehlgeburt, frühzeitige Wehen, Totgeburt. Für das überlebende Baby bestehen entweder die große Gefahr eines Schlaganfalls kurz nach der Geburt oder längerfristige Probleme, z.B. chronischer Durchfall, Reizbarkeit, Weinkrämpfe und andere Verhaltensstörungen oder abnormale Atemfrequenzen und Gehirnströme. Es erlebt gleichsam ein Entzugssyndrom.
Je mehr Kokain die werdende Mutter einnimmt, desto höher sind die Risiken für das Kind. Aber auch ein gelegentliches „Näschen" Koks ist in einem fortgeschrittenen Schwangerschaftsstadium gefährlich, da z.B. im dritten Trimester vorzeitige Wehen oder abnormale Herzaktivitäten beim Fetus ausgelöst werden können.
Erzählen Sie Ihrem Arzt offen von jeder Kokaineinnahme seit Ihrer Empfängnis. Je mehr Ihr Arzt weiß, desto besser kann er Sie und Ihr Baby betreuen. Wenn Sie Schwierigkeiten haben, auf Kokain völlig zu verzichten, wenden Sie sich an professionelle Hilfe (Drogenberatung).
Jede Droge und jedes Medikament, mit Ausnahme ausdrücklich vom Arzt verordneter Präparate, die eine schwangere Frau einnimmt, gefährdet die Entwicklung des eigenen Babys; dazu zählen auch Beruhigungsmittel, oder Diätpillen. Hören Sie in jedem Fall sofort mit der Einnahme von Drogen auf, bzw. wenden Sie sich sofort an einen Drogenberater, an einen Arzt für Neurologie/Psychiatrie oder an eine spezielle Beratungsstelle.

Die Risiken bestimmen Sie selbst

Schlagen Sie eine Zeitung auf, schalten Sie das Fernsehen oder Radio an – immer lesen und hören Sie Geschichten, wie gefährdet eine Schwangerschaft in unserer modernen Zeit ist. Den Medien nach kann eine Schwangere weder essen, trinken noch arbeiten oder atmen, ohne dem Fetus zu schaden. Die beruhigende Wahrheit lautet aber: Noch nie war eine Schwangerschaft so sicher wie heute, und noch nie in der Geschichte der Menschheit hatten Babys eine so gute Chance, lebendig und gesund zur Welt zu kommen. Ohne die Umweltproblematik bagatellisieren zu wollen: Die meisten Umwelteinflüsse sind potentiell, nur theoretisch gefährlich. Diejenigen, die bewiesenermaßen problematisch sind, verursachen nur einen geringen Teil aller Geburtskrankheiten und Schwangerschaftskomplikationen.

Was sollte eine werdende Mutter also tun? Informieren Sie sich! Schalten Sie Umweltrisiken aus, verringern Sie einige, oder lernen Sie, damit gut umzugehen. Betrachten Sie alles aus einer vernünftigen Perspektive. Tatsache ist, daß alle von Ihnen nicht zu beeinflussenden Umweltfaktoren Ihrem Baby und Ihrer Schwangerschaft weniger schaden können als alle anderen Faktoren, die Sie beeinflussen können, wie z. B. Drogen, Alkohol, Zigaretten, Ernährung oder Vorsorgeuntersuchungen ...!

Koffein

„Mir fällt es schwer, den Tag ohne zwei Tassen Kaffee zu beginnen. Ist Koffein während der Schwangerschaft gefährlich?"

Wahrscheinlich. Koffein (enthalten in Kaffee, Tee, Cola-Getränken und anderen Soft Drinks) durchdringt die Plazenta und gelangt in den fetalen Kreislauf. In Tierstudien zeigte sich, daß Koffein zahlreiche schädliche Wirkungen auf den Fetus ausübt, während die Befunde am Menschen weniger eindeutig sind. Man fand beispielsweise, daß anderthalb Tassen Kaffee pro Tag das Fehlgeburtsrisiko verdoppeln können. In einer anderen Studie führten vier oder mehr Tassen pro Tag zu Entzugssymptomen beim Neugeborenen, einschließlich Herzrhythmusstörungen, Tremor und Atembeschleunigung. Auch wenn andere Studien keine Auswirkungen zeigten, sollten Sie – bevor klarere Ergebnisse vorliegen – vorsichtshalber Koffein vermeiden.

Es gibt triftige Gründe, während der Schwangerschaft wenig oder gar kein Koffein zu konsumieren. Erstens besitzt Koffein einen entwässernden Effekt, d. h. Flüssigkeiten und Kalzium – beides lebenswichtig für die Gesundheit von Mutter und Kind – werden dem Körper entzogen. Zweitens wirken Tee oder Kaffee oft sättigend (besonders mit Milch und Zucker ohne nahrhaft zu sein, und verderben Ihnen den Appetit auf notwendiges und nahrhaftes Essen. Drittens kann Coffein die launischen Schwankungen der Schwangerschaft verstärken und Ihren Schlaf stören. Viertens beeinträchtigt Koffein die für Sie und Ihr Baby notwendige Eisenaufnahme. Fünftens kann Koffeinkonsum möglicherweise während der Schwangerschaft dazu führen, daß das Baby unter Diabetes leidet, weil Koffein in der fetalen Bauchspeicheldrüse eventuell Zellen beschädigen kann, die später Insulin produzieren. Das ist aber noch ungesichert. Und letztens sollte man die Tatsache, daß viele Frauen die Lust am Kaffeegeschmack in den ersten Schwangerschaftsmonaten verlieren, als einen Hinweis der „Mutter Natur" akzeptieren, daß diese Substanz nicht für schwangere Frauen geeignet ist.

Wie gewöhnt man sich den Koffeinkonsum ab? Ganz einfach, denn zunächst liegt ja eine starke Motivation vor, Ihrem Baby von Anfang an den besten Start ins Leben zu ermöglichen. Anschließend sollten Sie feststellen, warum Sie sich Koffein gönnen und welches andere Getränk Sie vielleicht ersatzweise genießen könnten. Wenn Sie den Geschmack von Kaffee oder Tee lieben und ein warmes Getränk zu Ihrer Beruhigung brauchen, versuchen Sie es mit entkoffeiniertem Kaffee oder Früchtetee (Vorsicht vor übermäßigem Kräuterteekonsum).

Falls Sie gern Cola trinken, probieren Sie koffeinfreie, aber nur gelegentlich. Jede Art von Cola gehört eigentlich nicht in eine ausgewogene Schwangerschaftsernährung. Trinken Sie lieber ungesüßte Obstsäfte oder Mineralwasser. Wenn Sie nach der Koffeinstimulanz lechzen, dann gehen Sie davon aus, daß Sie einen natürlicheren und länger anhaltenden „Kick" durch Sport, gutes Essen (vor allem Proteine und Kohlenhydrate) oder durch etwas, das Sie besonders anregt, erhalten, wie z. B. tanzen, joggen oder Sex!

Obwohl Sie sich zweifellos in den ersten koffeinfreien Tagen etwas schlapp fühlen, werden Sie bald ein besseres Lebensgefühl als je zuvor genießen.

Wie Sie die Koffein-Entzugssymptome verringern können
Koffein ist eine Droge, die süchtig macht. Wenn man stark abhängig ist und von einem Tag zum anderen mit dem Kaffeetrinken aufhören will, muß man mit folgenden Entzugserscheinungen rechnen: Kopfschmerzen, Nervosität, Erschöpfung und Lethargie. Deshalb ist es besser, man hört langsam auf und reduziert seinen Konsum vielleicht zunächst auf zwei Tassen pro Tag, dann auf eine nach dem Frühstück, bis man später gar keinen Kaffee mehr benötigt. Oder Sie trinken erst einmal halb/halb, d. h. zur Hälfte entkoffeinierten Kaffee (oder Tee), und mischen sich jeden Tag unter Ihre Portion mehr und mehr koffeinfreies Pulver. Die Entwöhnung wird angenehmer und leichter sein, wenn Sie folgendes beachten:

*   Lassen Sie Ihren Blutzuckerspiegel nicht absinken. Essen Sie lieber öfter kleine (protein- und kohlenhydratreiche) Mahlzeiten.
*   Schlafen Sie genug (ohne Koffein gelingt das sowieso leichter).
*   Machen Sie täglich Gymnastik an der frischen Luft.

Wenn Sie nun aber ohne Koffein überhaupt nicht auskommen sollten, verzweifeln Sie nicht völlig, denn es gibt genügend Beweise, daß ein bis zwei Tassen koffeinhaltiger Getränke meistens keine Probleme verursachen.

Süßstoff

„Ich versuche, nicht sehr viel an Gewicht zuzunehmen. Kann ich während der Schwangerschaft Süßstoff benutzen?!"

Leider gibt es nicht sehr viele Untersuchungen über den Gebrauch und die Auswirkungen von Saccharin oder anderen Süßstoffen während der Schwangerschaft bei Menschen. Tierstudien wiesen aber nach, daß vermehrt Krebs bei Tierbabys auftritt, deren Muttertiere mit Saccharin gefüttert wurden. Es liegen Beweise vor, daß Süßstoffe in die Plazenta gelangen und nur sehr langsam vom fetalen Gewebe wieder abgebaut werden können. Aus diesem Grund ist es einerseits sicher klüger, während der Schwangerschaft auf Süßstoff zu verzichten, andererseits sollten Sie sich keine Sorgen machen, wenn Sie bereits Süßstoff verwendet haben, da (falls überhaupt vorhanden) Risiken sehr gering sind. Und einige Studien konnten eben auch überhaupt keine negativen Effekte durch die Einnahme von Süßstoff nachweisen. Trotzdem sind die besten Süßstoffe die natürlichen, wie Traubenzucker oder Fruchtzucker aus Obst und Fruchtsäften.

Ihr neuer Lebensstil

Während die meisten Ihrer Gewohnheiten bisher nur Ihren eigenen Körper beeinflußt haben, besteht nun auch die Möglichkeit, daß diese den Körper des Babys betreffen. Der bisherige Lebensstil barg vielleicht Gewohnheiten, die nun schlechte Auswirkungen haben und die Sie sich schnell abgewöhnen sollten. Folgende Strategien können Ihnen dabei vielleicht helfen:

* **Verbannen Sie jegliche Versuchung.** Lassen Sie alles Ungesunde außer Sichtweite, d. h. keinen Wein im Kühlschrank, keine Alkoholflaschen auf dem Regal, keinen Kuchen in der Speisekammer, kein Weißbrot im Brotschrank usw.
* **Haben Sie ausreichend Ersatz vorrätig.** Alkoholfreie Getränke für die Cocktailstunde oder für das Abendessen, mit Früchten gesüßte Kekse und leckeres Vollkornbrot im Brotschrank oder in der Tiefkühltruhe.
* **Schaffen Sie sich Hinweise.** Eines der größten Hindernisse bei der Veränderung bestimmter Gewohnheiten ist die eigene Vergeßlichkeit. Kleben Sie also überall Babyfotos fest, z. B. an die Kühlschrank- oder Speisekammertür. Stellen Sie zur Erinnerung ein Bild auf Ihren Schreibtisch …! Wenn Sie nie morgens etwas essen, kleben Sie ein Schild an Ihre Haustür mit der Aufschrift: „Hat Dein Baby heute schon Frühstück bekommen?"

- **Verzeihen Sie sich selbst.** Wenn Sie nun ab und zu „Fehler" machen und irgend etwas Ungesundes gegessen oder sogar Wein bzw. Bier getrunken haben, dann geben Sie bitte nicht auf! Machen Sie sofort weiter mit Ihrem neuen gesunden Lebensstil!
- **Identifizierung der Gefühle, die Ihre Entschlußkraft schwächen.** Viele Leute finden es sehr schwer, eine Diät durchzuhalten, auf Alkohol, Tabak und andere Drogen oder auf andere schlechte Angewohnheiten angesichts bestimmter Empfindungen wie Hunger, Wut, Langeweile, Müdigkeit oder Einsamkeit zu verzichten. Kommen Sie diesen Gefühlen zuvor: Essen Sie häufig kleine Mahlzeiten, damit Sie nie richtig hungrig sind. Zerstreuen Sie Ärger oder Unwillen, bevor Sie davon überwältigt werden. Gönnen Sie sich ausreichend Bettruhe. Wenn Sie sich einsam oder gelangweilt fühlen, werden Sie einfach Mitglied einer Schwangerengruppe, arbeiten Sie freiwillig mehr, oder besuchen Sie interessante Veranstaltungen.
  Machen Sie Ihrem Partner klar, daß Sie im Moment besonders viel Zuneigung und Verständnis benötigen.
- **Bauen Sie auf Entspannung.** Meistens ist es der Streß, der uns unseren guten Willen vergessen läßt. Also entspannen Sie sich soviel wie nur möglich.
- **Lernen Sie „nein" zu sagen.** ... zur zweiten Tasse Kaffee, zur Zigarette aus Gesellschaft, zum Gläschen Champagner oder zu vielen Schokoriegeln.
- **Gewinnen Sie einen Verbündeten.** Der Ehepartner ist dabei die nächstliegende Person, aber ebensogut kann es auch eine gute Freundin oder jemand sein, mit dem Sie viel Zeit verbringen, jemand, der alles mit Ihnen mitmacht (d. h. **nicht** rauchen, trinken usw.)
- **Suchen Sie sich Hilfe, wenn Sie es nicht allein schaffen.** Haben Sie Schwierigkeiten, eine wirklich gefährliche Angewohnheit aufzugeben, sprechen Sie mit einem Arzt oder einem Berater.

Die Hauskatze

„Zu Hause halte ich zwei Katzen. Nun habe ich gehört, daß Katzen Krankheiten übertragen, die meinem Baby schaden könnten. Muß ich mich nun von meinen Katzen trennen?!"

Vermutlich nicht! Wenn Sie schon längere Zeit mit Ihren Katzen leben, dann haben Sie und die Katze die Infektion längst überstanden, und es besteht kein Risiko mehr für Ihr Baby. Zur sicheren Feststellung der Immunität gegen Toxoplasmose sollte der Arzt eine Antikörperbestimmung durchführen. Liegt keine Immunität vor, beachten Sie folgende Maßnahmen:

* Stellen Sie durch eine tierärztliche Untersuchung fest, ob Ihre Katzen unter einer aktiven Infektion leiden. Wenn ja, dann lassen Sie die Katzen wenigstens für sechs Wochen im Tierheim oder bei Bekannten, also für den Zeitraum einer möglichen Krankheitsübertragung. Wenn nein, bemühen Sie sich, daß Ihre Katzen gesund bleiben. Füttern Sie Ihre Katzen nicht mit rohem Fleisch, lassen Sie sie nicht draußen herumstreunen, und vermeiden Sie den Kontakt mit Nachbarkatzen. Versuchen Sie, daß jemand anders das „Katzenklo" säubert. Wenn Sie es doch selbst tun müssen, ziehen Sie dabei Gummihandschuhe an, und waschen Sie sich anschließend gründlich die Hände. Erneuern Sie die Katzenstreu möglichst oft.
* Tragen Sie bei der Gartenarbeit Handschuhe, und vermeiden Sie direkte Berührungen mit Sand und Erde, wo Ihre Katze eventuell das „Geschäft" erledigt haben könnte.
* Essen Sie weder rohes noch ungegartes Fleisch, trinken Sie keine ungekochte Milch. Bestellen Sie sich im Restaurant Ihr Fleischstück immer „durchgebraten".

Heiße Bäder und Sauna

„Wie gefährlich ist es, während der Schwangerschaft heiß zu baden?!"

Sie müssen zwar nicht von heißen Bädern nun auf eiskaltes Duschen umstellen, aber besser wäre es doch, nicht zu heiß zu baden. Alles,

was Ihre Körpertemperatur für eine längere Zeit über 38,9 °C bringt
– egal ob durch ein heißes Bad, langes Saunieren, viel Sport im Sommer oder einen Virusinfekt –, ist für den sich entwickelnden Embryo oder Fetus möglicherweise gefährlich.

Manche Studien haben zwar nachgewiesen, daß ein heißes Bad die Körpertemperatur nicht sofort ansteigen läßt (frühestens nach mehr als zehn Minuten, wenn Arme und Schultern nicht unter Wasser sind). Weil aber jeder Mensch anders reagiert, sollten Sie lieber „auf Nummer Sicher" gehen.

Machen Sie sich aber keine Sorgen, falls Sie sich in letzter Zeit doch ein heißes Bad genehmigt haben! Die meisten Frauen fühlen sich während der Schwangerschaft in einem Badewasser, welches über 38,9 °C heiß ist, nach kurzer Zeit von selbst ohnehin nicht mehr wohl. Ihnen ist es bestimmt genauso ergangen. Sind Sie aber doch besorgt, sprechen Sie zu Ihrer Beruhigung mit Ihrem Arzt.

Abstrahlungen von der Mikrowelle

„Ich habe gelesen, daß eine unmittelbare Nähe zur Mikrowelle für den Fetus gefährlich ist. Sollte ich mein Mikrowellengerät im Moment lieber nicht benutzen?!"

Eine Mikrowelle kann sehr nützlich sein, aber wie bei so vielen unserer modernen Wunder gibt es ebenfalls die Ansicht, daß sie eine Bedrohung sein könnte. Es muß noch sehr viel geforscht werden, bevor man eine definitive Antwort auf diese Frage geben kann. Zwei Arten menschlichen Gewebes – der sich entwickelnde Fetus und das Auge – reagieren sehr empfindlich auf Mikrowellen, da diese schlechte Voraussetzungen haben, die von den Wellen erzeugte Hitze abzuwehren.

Folgende Vorsichtsmaßnahmen sollten Sie beachten: Schauen Sie nach, ob Ihr Mikrowellengerät auch dicht ist, d. h., Sie dürfen das Gerät nur benutzen, wenn die Tür dicht schließt – also unbeschädigt ist.

Wenn Sie sich nicht ganz sicher sind, lassen Sie von einem Fachmann Ihre Mikrowelle überprüfen. Zweitens sollten Sie nie direkt vor dem Gerät stehen, solange es in Gebrauch ist. Drittens sollten Sie immer den Anweisungen des Herstellers folgen.

Elektrische Heizdecken und Heizkissen

„Wir benutzen den ganzen Winter über eine elektrische Heizdecke. Ist das für mein Baby gefährlich?"

Kuscheln Sie sich lieber an Ihren Partner, oder – falls seine Füße genauso kalt wie Ihre sind – kaufen Sie sich eine Daunendecke, stellen Sie die Heizung höher, oder wärmen Sie Ihr Bett mit der elektrischen Decke an, und stellen Sie diese dann vor dem Schlafen aus. Elektrische Heizdecken können die Körpertemperatur übermäßig erhöhen und vielleicht zu einer Schädigung des Fetus führen (eindeutige Beweise gibt es nicht). Sie sollten sich zwar auf Grund des unwahrscheinlichen Risikos über den bisherigen Gebrauch von Heizdecken keine Sorgen machen, für die Zukunft aber andere wärmende Alternativen suchen. Geben Sie im Umgang mit Heizkissen acht. Wenn Ihnen vom Arzt die Benutzung eines Heizkissens empfohlen wurde, wickeln Sie es in ein Tuch ein, um die direkte Hitze etwas zu dämmen, und beschränken Sie dann die Anwendung auf höchstens fünfzehn Minuten; schlafen Sie nicht damit ein! Elektrisch beheizbare Wasserbetten sind während der Schwangerschaft nicht zu empfehlen. Frauen, die darin schlafen, neigen offensichtlich häufiger zu Fehlgeburten. Ursache dafür sind nach Ansicht von Wissenschaftlern die von der Heizung ausgestrahlten elektromagnetischen Felder (EMF). Neue Wasserbettheizungen, die extrem schwache EMF aussenden (vergleichbar der Hintergrundstrahlung), sind wahrscheinlich ungefährlich. Besitzen Sie ein älteres Modell, dann können Sie das Bett anwärmen und die Heizung abstellen, wenn Sie zu Bett gehen.

Röntgenstrahlen

„Beim Zahnarzt ließ ich eine Serie von Röntgenaufnahmen über mich ergeben, bevor ich von meiner Schwangerschaft wußte. Könnten diese Aufnahmen meinem Baby geschadet haben?"

Keine Sorge, denn erstens strahlen zahnärztliche Röntgenaufnahmegeräte weit vom Uterus entfernt, und zweitens schützt eine Bleischürze Ihren Uterus und Ihr Baby vor den Röntgenstrahlen.

Röntgenstrahlen zur Diagnostik stellen selten eine Bedrohung für den Fetus dar. Folgende Faktoren können die Gefährlichkeit von Röntgenstrahlen beeinflussen:

* **Die Dosis.** Starke Schäden am Fetus können nur durch eine sehr hohe Dosis (50 bis 250 Gray[1]) verursacht werden. Keinen Schaden richten Strahlen mit einer Dosis unter zehn Gray an. Da moderne Röntgengeräte für normale Diagnoseaufnahmen selten mehr als 50 Gray verwenden, bedeuten solche Untersuchungen eigentlich keine Probleme für die Schwangerschaft.
* **Der Zeitpunkt.** Sogar bei hohen Dosierungen gibt es offensichtlich vor der Einnistung der befruchteten Eizelle (sechs bis acht Tage nach der Befruchtung) keine teratogenen Risiken. Ein leicht erhöhtes Risiko liegt während der dritten und vierten Schwangerschaftswoche vor, wenn die Organanlagen gebildet werden. Eine ständige, wenn auch geringe Gefahr besteht während der gesamten Schwangerschaftszeit für das Zentralnervensystem des Fetus.
* **Der Schutz des Uterus.** Die heutigen Röntgenanlagen können den zu untersuchenden Bereich sehr präzise lokalisieren, so daß der „restliche Körper" vor Strahlungen geschützt bleibt. Eine Bleischürze schützt Bauch, Becken und Uterus der Mutter. Aber selbst Röntgenaufnahmen des Unterleibes sind wahrscheinlich nicht gefährlich, da dabei fast nie mehr als 10 Gray verwendet werden. Natürlich sollte man möglichst immer unnötigen Risiken aus dem Weg gehen; deshalb wird Müttern meistens empfohlen, die Röntgenaufnahmen bis nach der Geburt zu verschieben. Ist das Röntgen für eine werdende Mutter jedoch dringend notwendig und kann nicht durch Ultraschalluntersuchungen ersetzt werden, sollte sie die wichtigen Röntgenaufnahmen ruhig durchführen lassen, da dies den Fetus vermutlich überhaupt nicht tangiert.

Die schon geringen Risiken können Sie unter Beachtung vorliegender Richtlinien noch weiter einschränken:

* Lassen Sie möglichst während der Schwangerschaft keine Röntgenaufnahme machen, auch nicht beim Zahnarzt, es sei denn, die Vorteile überwiegen die Risiken.

---

[1] Gray: Einheit der Energiedosis.

◆ Lassen Sie nie eine Röntgenaufnahme machen, wenn es statt dessen eine andere sichere Diagnosemöglichkeit gibt (z. B. Ultraschall).

◆ Ist eine Röntgenaufnahme notwendig, versichern Sie sich, daß die Geräte geprüft und in Ordnung sind.

◆ Die Röntgenstrahlen sollten direkt (wie möglich) auf die Untersuchungsstelle ausgerichtet sein. Der Uterus sollte immer mit einer Bleischürze abgedeckt sein.

◆ Folgen Sie den Anweisungen des Röntgenologen, und halten Sie möglichst still, damit keine Wiederholungsaufnahmen gemacht werden müssen.

◆ Wenn eine Röntgenaufnahme gemacht werden muß, verschwenden Sie Ihre Zeit nicht mit Sorgen über mögliche Konsequenzen. Ihr Baby ist mehr in Gefahr, wenn Sie vergessen, Ihren Sicherheitsgurt anzuschnallen!

Gefahren im Haushalt

„Je mehr ich lese, desto mehr gelange ich zu der Überzeugung, daß ich mein Baby heutzutage am besten schützen kann, wenn ich die nächsten neun Monate in einem geschlossenen und sterilen Zimmer verbringe. Sogar mein Zuhause ist unsicher."

Die wachsende Zahl der Umweltgefahren für Sie und Ihr Baby verblassen schnell im Vergleich zu den Gefahren, die Ihre Urgroßmütter erlebt haben, als die moderne Geburtshilfe noch in den Kinderschuhen steckte.

Alle heutigen Umweltgefahren zusammen (mit Ausnahme von Alkohol, Tabak und anderen Drogen) sind viel weniger gefährlich, als es eine ungeübte Hebamme mit schmutzigen Fingern für Ihre Vorfahrinnen gewesen war. Wir wiederholen noch einmal: Schwangerschaften und Geburten waren niemals zuvor so sicher wie heute. Trotzdem, ein bißchen Vorsicht im Haushalt wäre nicht verkehrt.

Putzmittel

Da die meisten Putzmittel schon lange auf dem Markt sind und noch nie ein Zusammenhang zwischen einer sauberen Wohnung und Geburtsfehlern erkannt wurde, ist es unwahrscheinlich, daß

die Desinfizierung Ihrer Toilette oder das Polieren Ihres Eßtisches in irgendeiner Weise die Gesundheit Ihres Kindes gefährdet.
In der Tat ist das Gegenteil wahrscheinlicher. Die Beseitigung von Bakterien und anderen Keimen mit Hilfe von Putzmitteln kann Ihr Baby vor Infektionen schützen. Keine Studie konnte bisher beweisen, daß das gelegentliche (aus Versehen) Einatmen von Putzmitteln irgendeinen negativen Einfluß auf den sich entwickelnden Fetus gehabt hätte; auf der anderen Seite konnten Studien ebenfalls nicht beweisen, daß das gelegentliche Einatmen völlig unschädlich ist. Wenn Sie also bereits schon Putzmitteln „ausgesetzt" waren, machen Sie sich keine Sorgen. Aber putzen Sie mit Vorsicht!

◆ Wenn das Produkt einen starken Geruch oder Dunst ausströmt, atmen Sie es nicht direkt ein. Benutzen Sie diese Mittel nur in einem gut belüftbaren Raum, oder bevorzugen Sie andere.
◆ Benutzen Sie treibgasfreie Mittel.
◆ Vermengen Sie niemals Chlor mit Ammonium – auch wenn Sie nicht schwanger sind –, das Gemisch produziert nämlich tödlich wirkende Gase.
◆ Meiden Sie Produkte (wie Ofenreiniger oder Trockenreinigungsflüssigkeiten), deren Verpackungen mit warnenden Zeichen wegen eines hohen Giftigkeitsgrades versehen sind.
◆ Tragen Sie beim Putzen Gummihandschuhe.

Leitungswasser

Wasser ist wie Luft lebensnotwendig. Menschen können länger als eine Woche ohne Nahrung auskommen, aber nur wenige Tage ohne Wasser. Mit anderen Worten: Es ist immer noch besser, Wasser zu trinken, als gar nichts!
Wahr ist, daß Wasser früher auch gefährliche Krankheitserreger enthielt, z. B. Typhusbakterien.
Aber heutzutage haben moderne Wasserreinigungssysteme diese Gefahren beseitigt (wenigstens außerhalb der Entwicklungsländer), wenngleich manche glauben, daß die Reinigungschemikalien wiederum eine Gefahr für den Fetus darstellen. Dafür gibt es allerdings keine Beweise. Um sicherzugehen, wenn Sie ein Glas Wasser auf Ihre und die Gesundheit Ihres Kindes trinken wollen und übermäßig besorgt sind, sollten Sie folgendes beachten:

◆ Fragen Sie beim Wasserwerk, bei den kommunalen Behörden oder beim Gesundheitsamt nach dem Härtegrad Ihres Leitungswassers. Sollten Sie mit Ihrem Leitungswasser nicht zufrieden sein, benutzen Sie ein eigenes Filtersystem oder Flaschenwasser (zum Trinken und Kochen).

◆ Wenn nachgewiesen wird, daß Blei im Wasser vermehrt vorhanden ist, sollten Sie am besten neue Rohre installieren! Um die Bleimengen zu reduzieren, benutzen Sie immer kaltes Wasser. Lassen Sie morgens oder nach längerem Nichtgebrauch kaltes Wasser für kurze Zeit ablaufen.

Sie können merken, wenn frisches Wasser durch Ihren Wasserhahn läuft: Erst ist das Wasser kalt, dann wärmer, und wenn es dann richtig kalt wird, ist das Wasser frisch.

◆ Wenn Ihr Wasser nach Chlor riecht oder schmeckt, kochen Sie es ab, oder lassen Sie es 24 Stunden stehen, bis sich ein großer Teil dieses Stoffes verflüchtigt hat!

◆ Sollten Sie Ihr Wasser aus Brunnen oder einer eigenen Hauswasserversorgung beziehen, sind Wasseranalysen besonders anzuraten, auch zur Konzentrationsbestimmung von Nitriten. Wenden Sie sich eventuell an das Gesundheitsamt Ihres Wohnortes oder an Umweltschutz-Beratungsstellen.

Insektengifte

Obwohl manche Insekten für Bäume und Pflanzen schädlich sind – und andere Ihr ästhetisches Empfinden stören, stellen sie selten für Menschen – auch nicht für Schwangere – eine Gefahr dar. Es ist grundsätzlich ungefährlicher, mit Insekten zu leben, als diese durch chemische Gifte zu vernichten, weil manche Insektengifte mit Geburtsfehlern in Verbindung gebracht worden sind.

Wenn möglich, versuchen Sie die Insekten auf natürliche Weise zu bekämpfen. Ziehen Sie das Unkraut mit der Hand, anstatt es zu besprühen. Manche Insekten können auch von bestimmten Pflanzen vertrieben werden, wenn man sie mit einem starken Wasserstrahl anspritzt oder mit biologisch abbaubarer Insektenseife abwäscht. Versuchen Sie auch im Haus natürliche Wege zur Insektenvernichtung zu finden. Wenn Sie aus Versehen Insekten- oder Pflanzengiften ausgesetzt waren, machen Sie sich keine Sorgen, vor allem wenn dies nur kurzzeitig oder indirekt geschah. Was aber das Risiko erhöhen

könnte, ist mehrfache oder längerfristige Exponierung (z. B. täglicher, beruflicher Umgang mit Chemikalien).
Wenn Sie unsicher sind: In jedem Bundesland gibt es spezielle toxikologische Auskunftsdienste (s. Telefonbuch). Dort können Sie oder Ihr Arzt genauere Informationen über die Wirkung einzelner Gifte erfragen.

Farbdämpfe

Im gesamten Tierreich ist die Zeit vor der Geburt mit hektischen Vorbereitungen für die Neuankömmlinge ausgefüllt: Vögel polstern ihre Nester, Eichhörnchen füllen ihre Baumhöhlen mit Blättern und Zweigen. Menschliche Mütter und Väter wühlen Berge von Tapeten und Stoffmuster durch! Fast immer gehört das Renovieren des Kinderzimmers auch zur Vorbereitung auf das Baby. Lange Zeit glaubte man, daß Latex-Farbe besonders ungefährlich sei, aber seit neustem gibt es Berichte, daß dem nicht so ist.
Aber weil man nicht weiß, was für Gefahren mit Farben verbunden sein können, ist das Renovieren keine gute Nebenbeschäftigung für eine werdende Mutter – auch nicht für eine, die verzweifelt nach einer Beschäftigung während der letzten Schwangerschaftswoche sucht. Außerdem ist das Balancieren auf Leitersprossen, gelinde gesagt, unsicher und gefährlich. Farbdämpfe können ein starkes Übelkeitsgefühl auslösen. Versuchen Sie statt dessen dem werdenden Vater oder jemand anderem diese Arbeit schmackhaft zu machen. Während der Malerarbeiten sollten Sie besser außer Haus sein. (Aus diesem Grund sind die besten Zeiten für die menschliche „Nestrenovierung" – ähnlich wie im Tierreich – die milden Frühlingstage). Vermeiden Sie in jedem Fall die Dämpfe von Farbreinigern einzuatmen, welche hochgiftig sind, und bleiben Sie dem gesamten Farbentfernungsprozeß fern.

Lassen Sie Ihr Haus atmen

Dichten Sie nicht jeden Spalt ab, und befestigen Sie keine Isolierungsstreifen an jeder Tür. Gönnen Sie sich ein wenig frischen Durchzug. Bei günstiger Witterung lassen Sie einfach die Fenster auf!

Die „grüne" Lösung

Man kann im Haushalt nicht jede mögliche Verschmutzung der Luft ausschließen. Möbel, Teppiche, Wandtäfelungen usw. können unsichtbare Dämpfe abgeben und die Luft, die Sie einatmen, verunreinigen. Obwohl es keine Beweise gibt, daß ein bestimmtes Maß an Verschmutzung für Sie und Ihr Baby schädlich ist, werden Sie sich vielleicht wohler fühlen, wenn Sie dem entgegenwirken können. Und zwar sehr einfach und doch wirkungsvoll, indem Sie in Ihrer Wohnung Pflanzen aufstellen. Vor allem Blattpflanzen besitzen die Fähigkeit, Schadstoffe aus der Luft zu absorbieren, während sie zur selben Zeit Sauerstoff abgeben (außerdem verschönern Pflanzen Ihre Wohnung).

Luftverschmutzung

„Es kommt mir so vor, als ob man als Schwangere nicht einmal gefahrlos atmen könnte. Kann die Großstadtluft meinem Baby schaden?"

Das normale Einatmen der Großstadtluft ist längst nicht so gefährlich, wie man immer meint. Millionen von Frauen leben und atmen in Großstädten jahrzehntelang Luft ein und aus und gebären gesunde Babys. Sogar in den 60er Jahren, als die Luftverschmutzung am stärksten war, konnte man keine den Fetus beeinflussenden Schäden nachweisen. Die Häufung bestimmter Kinderkrankheiten in industriellen Ballungsräumen scheint zwar gesichert; es ist jedoch nicht bewiesen, daß selbst diese stark belasteten Regionen negative Einflüsse auf das wachsende Leben haben. Die Lunge der Mutter wirkt wohl wie ein Filter. Das tägliche Luftholen wird also kaum einen schädlichen Effekt für Ihr Baby haben. Der gesunde Menschenverstand schreibt einem jedoch vor, extreme Schadstoffe zu vermeiden:

◆ Halten Sie sich nicht in rauchgefüllten Räumen auf. Vergessen Sie nie, daß der Qualm von Pfeifen und Zigarren die Luft mehr verpestet als der von Zigaretten, da es sich um nichtinhalierten Rauch handelt. Bitten Sie Ihre Gäste, Ihre Familie oder Mitarbeiter, auf das Rauchen in Ihrer Nähe zu verzichten.

♦ Lassen Sie das Abgassystem Ihres Autos wegen möglichen Austretens schädlicher Gase überprüfen. Starten Sie Ihr Auto nie in einer geschlossenen Garage, und verschließen Sie die Außenbelüftung Ihres Wagens, wenn Sie im Stau stehen.

♦ Bei Smogwarnstufe bleiben Sie im Haus und schließen die Fenster. Schalten Sie (falls vorhanden) nur die Klimaanlage an. Befolgen Sie bei Smogalarm alle Ratschläge für Personen mit speziellen Bedürfnissen.

♦ Rennen, gehen oder radeln Sie nie auf stark befahrenen Straßen, und machen Sie bei Smogalarm keinen Sport, weil Sie unter Aktivität mehr Luft, d. h. mehr Verschmutzung, einatmen.

♦ Überprüfen Sie die gute Belüftung aller Gasherde, Holzöfen oder Feuerplätze in Ihrer Wohnung.

♦ Versuchen Sie die Luft in Ihrer unmittelbaren Umgebung durch viel „Grün" sauber zu halten. Pflanzen verbessern innen und außen die Luftqualität.

Gefahren am Arbeitsplatz

„Wie kann ich erfahren, ob mein Arbeitsplatz für Schwangere ungefährlich ist?"

Die Gefahren des Arbeitsplatzes für die Fortpflanzungsfähigkeit von Männern und Frauen und die Risiken für deren Kinder werden bereits seit einiger Zeit untersucht und identifiziert. Schlüssige Antworten gibt es noch nicht. Erstens ist es schwierig, die Vielzahl aller möglichen schädlichen Einflüsse und deren Auswirkungen auf die Schwangere und das Baby zu beweisen. Es ist ja immer möglich, daß auch ein genetischer Zufall eine Rolle gespielt hat. Zweitens kann man nicht wissen, ob die interessanten Ergebnisse einiger Tierstudien sich auch auf den Menschen übertragen lassen!

Nach unserem heutigen Erkenntnisstand zu urteilen, sind manche Arbeitsplätze für eine schwangere Frau tatsächlich gefährlich, während sich andere Tätigkeitsfelder eher in einer Grauzone befinden. Auf diesem Gebiet ist noch viel zu erforschen, um eine Sicherheit oder eben auch den Mangel an Sicherheit für schwangere Arbeitnehmerinnen exakter zu bestimmen. Für die meisten Arbeitsplätze sind Sorgen über berufsbedingte Risiken für das Baby jedoch unberechtigt. Ansonsten gilt: Selbst bei geringstem Verdacht sollten Konsequenzen gezogen werden: Wechsel des Arbeitsplatzes oder ein Beschäftigungsverbot während der Zeit der Schwangerschaft. Das Mutterschutzgesetz gibt dem Arzt diese Möglichkeit.

Im folgenden wird kurz zusammengefaßt, was bisher über die Sicherheit bestimmter Jobs während der Schwangerschaft bekannt – oder eben nicht bekannt – ist:

Anwendung des Mutterschutzgesetzes

Viele Frauen sind in Berufen mit körperlicher Schwerarbeit tätig, die bei Schwangerschaft das ungeborene Kind und die Mutter gefährden kann.

Der betreuende Arzt wird je nach Schwere des Risikos ein Attest über ein „begrenztes" oder „absolutes Beschäftigungsverbot" der betroffenen Frau erstellen.

Das Ziel dieser Schutzbestimmung ist es, im voraus einen möglichen arbeitsbedingten Schaden abzuwenden. Es genügt, daß ein gesundheitliches Risiko oder Gefährdung besteht. Die Bestimmungen des Paragraphen 3 Absatz 1 des Mutterschutzgesetzes geben dem Arzt die Möglichkeit, jede gesundheitliche Bedrohung von Mutter und Kind fernzuhalten.

Der betreuende Arzt und der Arbeitgeber sollten die Regelungen und die Anwendungsmöglichkeiten genau kennen.

Informieren Sie sich genau über Ihre Rechte und die Bestimmungen des Mutterschutzgesetzes.

Beschäftigungsverbot

- Im ärztlichen Attest muß das Ausmaß der Freistellung präzise formuliert werden.
- Wird ein „totales Beschäftigungsverbot" ausgesprochen, hat der Arbeitgeber nicht das Recht, die Schwangere einen seiner Meinung nach leichteren Arbeitsplatz setzen.
- Bei einem „teilweisen Beschäftigungsverbot" muß der Arzt konkret die Tätigkeiten angeben, die nicht verrichtet werden dürfen, z. B. Heben von Lasten, längeres Stehen von 15 Minuten etc. Auch die Arbeitszeit kann eingeschränkt werden.
- Wird ein Beschäftigungsverbot ausgesprochen, hat die Aufsichtsbehörde eine Überwachungspflicht. Arbeitgeber und Krankenkasse werden gesondert informiert.
- Bei einem angeordneten Beschäftigungsverbot nach dem Mutterschutzgesetz ist der Anspruch auf Lohnfortzahlung unbegrenzt!

Bürotätigkeit

Der umstrittenste Gegenstand bezüglich eines Risikos steht auf dem Schreibtisch von Millionen Frauen, die im befruchtungsfähigen Alter sind: der Computer. Seit den frühen achtziger Jahren gibt es Berichte, die Zusammenhänge zwischen Computerbildschirmen und Schwangerschaftsproblemen andeuten. Einige Untersuchungen wurden diesbezüglich durchgeführt, aber nur wenige der Anschuldigungen endeten in echten Beweisen. Aber keine der Untersuchungen konnte einen deutlichen Zusammenhang zwischen den niedrigen Bildschirmstrahlungen und angeborenen Schäden feststellen. Wenn Sie sich trotzdem Sorgen darüber machen, daß Sie zu lange vor dem Computer sitzen, unternehmen Sie einige konkrete Schritte, um mögliche Risiken zu verringern. Überlegen Sie folgendes:

- Schwangere Frauen, die ca. 20 Stunden/Woche am Computer gearbeitet haben, zeigen keine Schäden. Deshalb sollten Sie vorübergehend nicht mehr als 20 Stunden in der Woche am Computer arbeiten, um sogar ein minimales theoretisches Risiko auszuschließen.

* Sollten Strahlungen tatsächlich für irgendwelche negativen Effekte verantwortlich sein, ist es gefährlicher, hinter dem Computer einer anderen Person zu sitzen (von der Rückseite des Gerätes wird mehr abgestrahlt als vor dem eigenen Bildschirm). Steht Ihr Schreibtisch demnach ungünstig, versuchen Sie den Arbeitsplatz mit einem Kollegen kurzzeitig zu tauschen oder eine Barriere aufzubauen.

* Obwohl ein Computer vermutlich nicht für das sich entwikkelnde Baby gefährlich ist, treten eine Menge anderer körperlicher Beschwerden auf: Hals-, Augen-, Gelenk-, Arm- und Rückenschmerzen auf Grund von Überanstrengung, Schwindelgefühle und Kopfschmerzen; alles Umstände, die Schwangerschaftsbeschwerden verkomplizieren. Um dieses Unwohlsein zu verhindern, versuchen Sie sich häufig die Beine zu vertreten, diese zu strecken und Sitzpausen einzulegen; verschiedene Übungen zur Muskelentspannung beim Sitzen anzuwenden; auf einem verstellbaren Stuhl mit Rückenlehne zu sitzen; die richtige Brille für die Arbeit am Computer zu tragen.

Ansonsten bedenken Sie: Auch der liebgewordene Fernsehapparat hat einen „strahlenden" Bildschirm. Und kein ernst zu nehmender Arzt käme wohl auf die Idee, Schwangeren das Fernsehen zu verbieten.

Krankenpflege

Obwohl manche Risiken in diesem Beruf unvermeidlich sind, kann man sich gegen einige Gefahren – insbesondere als Schwangere – schützen.

Mögliche Gefahren sind z. B. Narkosegas, welches im Operationssaal ausgeströmt ist oder vom aufwachenden Patienten ausgeatmet wird; Chemikalien, welche zur Desinfektion oder Sterilisation von Bestecken und Instrumenten benötigt werden. Auch Strahlungen bei der Krebstherapie und mögliche Infektionen mit Hepatitis B und Aids sind gefährlich.

Fragen Sie nach, wie Sie sich schützen können.

Das Gesetz schützt

Das Mutterschutzgesetz schafft eindeutige Regelungen für zumutbare Belastungen einer Schwangeren im Berufsleben: (Auszüge aus dem Mutterschutzgesetz)

Schwangere Frauen dürfen generell nicht mit schweren körperlichen Arbeiten und nicht mit Arbeiten beschäftigt werden, bei denen sie schädlichen Einflüssen von gesundheitsgefährdenden Stoffen und Strahlen, von Staub, Gasen oder Dämpfen, von Hitze, Kälte oder Nässe, von Erschütterungen oder Lärm ausgesetzt werden (§ 4 Abs. 1 MuSchG[1]). Der Gesetzgeber zählt kataloghaft auf, was im einzelnen unter den Beschäftigungsverboten zu verstehen ist (§ 4 Abs. 2 MuSchG[1]). Die Aufzählung soll jedoch nur Anhaltspunkte liefern und ist deshalb nicht abschließend. Danach darf eine werdende Mutter nicht beschäftigt werden mit

1. Arbeiten, bei denen regelmäßig Lasten von mehr als 5 kg Gewicht oder gelegentlich Lasten von mehr als 10 kg Gewicht ohne mechanische Hilfsmittel von Hand gehoben, bewegt oder befördert werden. Sollen größere Lasten mit mechanischen Hilfsmitteln von Hand gehoben, bewegt oder befördert werden, so darf die körperliche Beanspruchung der Frau nicht größer sein als im ersten Fall,
2. nach Ablauf des 5. Monats der Schwangerschaft mit Arbeiten, bei denen sie ständig stehen muß, soweit diese Beschäftigung täglich 4 Stunden überschreitet,
3. mit Arbeiten, bei denen sie sich häufig erheblich strecken oder beugen oder bei denen sie dauernd hocken oder sich gebückt halten muß,
4. mit der Bedienung von Geräten und Maschinen aller Art, mit hoher Fußbeanspruchung, insbesondere von solchen mit Fußbetrieb,
5. mit dem Schälen von Holz,

6. mit Arbeiten, bei denen gewisse Berufserkrankungen entstehen können, sofern werdende Mütter infolge ihrer Schwangerschaft bei diesen Arbeiten in besonderem Maß der Gefahr einer Berufserkrankung ausgesetzt sind,
7. nach Ablauf des 3. Monats auf Beförderungsmitteln,
8. mit Arbeiten, bei denen sie erhöhten Unfallgefahren, insbesondere der Gefahr auszugleiten, zu fallen oder abzustürzen, ausgesetzt ist,
9. mit Akkordarbeiten und sonstigen Arbeiten, bei denen durch ein gesteigertes Arbeitstempo ein höheres Entgelt erzielt werden kann und
10. mit Fließarbeiten mit vorgeschriebenem Arbeitstempo (§ 4 Abs. 2 und Abs. 3 MuSchG[1]).

Nicht nur die Arbeitsart, auch die Arbeitszeit für Schwangere unterliegt besonderen Beschränkungen. Schwangere Frauen dürfen nicht mit Mehrarbeit (siehe dazu unten), nicht in der Nacht zwischen 20.00 und 6.00 Uhr sowie nicht an Sonn- und Feiertagen beschäftigt werden (§ 8 Abs. 1 MuSchG[1]).

Das Verbot der Sonn- und Feiertagsarbeit gilt allerdings nicht für werdende Mütter, die im Familienhaushalt mit hauswirtschaftlichen Arbeiten beschäftigt sind.

Das Gesetz sieht als Mehrarbeit jede Arbeit an, die
1. von Frauen unter 18 Jahren
   über 8 Stunden täglich oder 80 Stunden in der Doppelwoche hinaus geleistet wird,
2. von sonstigen Frauen
   über 8½ Stunden täglich oder 90 Stunden in der Doppelwoche hinaus geleistet wird. In die Doppelwoche werden die Sonntage eingerechnet. (§ 8 Abs. 2 MuSchG[1])

Bei Risikoschwangerschaften sind die Einschränkungen noch drastischer.

[1] (MuSchG = Mutterschutzgesetz)

Fabrikarbeit

Wie sicher die Gegebenheiten in Fabriken sind, hängt davon ab, was dort produziert wird und wie verantwortungsvoll das Unternehmen geleitet wird. Allgemeingültige Hinweise sind nicht möglich.

Flugpersonal

Seit neuestem hat man herausgefunden, daß Stewardessen und Piloten (vielleicht auch Menschen, die viel fliegen) einer zu hohen Dosis an Sonnenstrahlen ausgesetzt sein könnten – besonders, wenn in großer Höhe geflogen wird. Auch wenn das Risiko momentan noch gering zu sein scheint, sollten Sie sich vielleicht für die nächsten neun Monate zum Bodenpersonal versetzen lassen oder nur kürzere Strecken und Flüge in geringerer Höhe begleiten.

Körperliche Schwerarbeit

Arbeit, die schweres Heben, körperliche Anstrengungen, viele Arbeitsstunden, Tages- und Nachtschichten im Wechsel oder ständiges Stehen beinhaltet, kann für eine schwangere Frau ein erhöhtes Risiko für eine Fehlgeburt oder auch für eine Totgeburt bedeuten. Für derartige Arbeiten gibt es nach dem deutschen Mutterschutzgesetz eindeutige Festlegungen (z. B. keine Lasten über 10 kg anheben. Siehe Seite 118).

Andere Berufe

Lehrerinnen, Sozialarbeiterinnen, Erzieherinnen oder Frauen, die mit kleinen Kindern arbeiten, können mit für die Schwangerschaft gefährlichen Krankheiten wie z. B. Röteln in Berührungen kommen. Alle Frauen, die bei der Arbeit mit Tieren in Berührung kommen, sind vermutlich stärker für die Toxoplasmose anfällig, während Wäscherinnen oder Reinigungsfrauen z. B. mit Erregern von Infekten in Kontakt kommen. Wenn Sie also irgendwo arbeiten, wo Sie verstärkt Infekten ausgesetzt sind, lassen Sie sich impfen und/oder treffen Sie entsprechende Vorsichtsmaßnahmen, z. B. Gebrauch entsprechender Schutzkleidung.

Fahrerinnen von Traktoren und anderen Großmaschinen können durch Vibrationen die Schwangerschaft gefährden. Sie sollten Wege finden, in dieser Zeit nicht längerdauernd Ihr sonst gewohntes Arbeitsmittel zu benutzen.

Malerinnen, Fotografinnen, Kosmetikerinnen, Gartenarchitektinnen, Landwirtinnen und andere Frauen haben während der Arbeit eventuell mit vielen gefährlichen Chemikalien zu tun. Sie sollten sich unbedingt beraten lassen.

Bitte Ruhe!

Lärm ist vermutlich das am weitesten verbreitete Berufsrisiko und längst als Gefährdung der menschlichen Hörfähigkeit bekannt. Inwieweit sich aber Geräusche auf das ungeborene Baby auswirken können, steht noch nicht fest. Man weiß, daß Lärm bei Tieren die Gefahr einer Fehlgeburt erhöht; ob es sich beim Menschen ähnlich verhält, ist noch ungeklärt. Es gibt Untersuchungen , die einen eventuellen Zusammenhang zwischen ständigem Lärm und kongenitalen Schädigungen aufzeigen. Doch leider waren die Ergebnisse bisher für eine Aussage zu widersprüchlich. Bis man tatsächlich mehr über die Geräuschbeeinflussung herausgefunden hat, sollten Mütter, die innerhalb eines lauten Umfeldes arbeiten, sich möglichst umsetzen lassen und auch selbst Lärmquellen meiden.

Was Sie wissen sollten:
Teratogene Schäden
Auswirkungen von Teratogenen[1]

Nur wenige Mittel sind starke Teratogene, wie zum Beispiel Thalidomide. Diese Substanz wurde als Schlafmittel (Contergan) von schwangeren Frauen in den frühen 60er Jahren eingenommen und verursachte schwere Mißbildungen. Dazu gehört auch Accutane, ein Aknemittel, welches bei einem von fünf Babys kongenitale Schäden hervorrief. Andererseits gibt es Medikamente – wie das Hormon Progesteron –, von denen man glaubt, daß sie nur sehr selten

---

[1] Teratogene = Substanzen, die Mißbildungen hervorrufen

zu Mißbildungen führen (nur eins von 1000 Feten zeigte Reaktionen auf Progesteron). Die meisten Medikamente besitzen eine mittlere Wahrscheinlichkeit, Mißbildungen zu verursachen, und glücklicherweise sind nur wenige so gefährlich wie Thalidomide und Accutane (sowie deren Derivate). Das Bundesgesundheitsamt wacht darüber, daß verdächtige Mittel umgehend aus dem Verkehr gezogen werden. Auf vielen Packungsbeilagen ist auch der Hinweis vermerkt, daß Schwangere dieses Präparat meiden sollten, auch wenn keine sicheren Hinweise auf schädigende Nebeneffekte vorliegen. Oft ist es sehr schwierig, zu bestimmen, ob ein Medikament überhaupt Mißbildungen hervorruft, auch wenn sein Gebrauch mit dem Auftreten von bestimmten Geburtsdefekten scheinbar zusammenhängt. Ein Beispiel: Babys, deren Mütter während der Schwangerschaft Antibiotika gegen fiebrige Infektionen einnahmen, waren mißgebildet; die Ursache für diese Mißbildungen könnte das Fieber oder die Infektion sein, nicht die medikamentöse Behandlung.

Gibt es eine genetisch bedingte Empfindlichkeit des Fetus gegenüber Teratogenen?
Sowie nicht jeder Mensch, der Grippeerregern ausgesetzt ist, erkrankt, wird nicht jeder Fetus durch Teratogene belastet.

In welcher Zeit belasten Teratogene den Fetus?
Der Zeitraum der fetalen Entwicklung, in welchem die meisten Teratogene größeren Schaden anrichten können, ist sehr kurz. Thalidomide zum Beispiel verursachen überhaupt keine Schäden, wenn Sie nach dem 52. Schwangerschaftstag eingenommen werden. Rötelnerreger, die z. B. nach dem dritten Monat auf den Fetus einwirken, verursachen kaum noch Schäden (weniger als ein Prozent der Feten sind betroffen). Sechs bis acht Tage nach der Befruchtung entwickelt sich die befruchtete Eizelle zur sogenannten Morula und wandert durch den Eileiter bis zur Gebärmutter; in dieser Zeit ist das Risiko für Mißbildungen durch Teratogene ziemlich gering.
In dem Zeitraum, in welchem sich die Organe ausbilden (von der Einnistung der befruchteten Eizelle in den Uterus bis zum Ende des ersten Trimesters), ist die Gefahr für Mißbildungen am größten. Nach dem dritten Monat sind die Risiken für Organschädigungen sehr verringert.

Wie hoch war die Dosis?
Die meisten teratogenen Effekte hängen von der Dosis des Teratogens ab. Ein wenig Zigarettenrauch täglich wird in den ersten Schwangerschaftsmonaten dem Fetus vermutlich nicht schaden, aber ständiges Rauchen erhöht dagegen das Risiko beträchtlich. So verhält es sich auch mit der Teratogendosis.

Wie ist der mütterliche Ernährungszustand generell?
Ebenso wie Sie einen Virusinfekt besser abwehren können, wenn Sie sich gesund ernähren und nicht abgespannt sind, wird sich auch der fetale Körper besser gegen den schädigenden Einfluß von Teratogen widersetzen können, wenn er gesund ernährt ist – durch Sie natürlich.

Wurde die Mutter durch Teratogene ebenfalls negativ beeinflußt?
Chemische Substanzen, die der Mutter nicht schaden, schädigen wahrscheinlich auch nicht den Fetus!

Gibt es eine Faktorenkombination, die das Risiko erhöht?
Das Trio (bestehend aus schlechter Ernährung, Rauchen und viel Alkohol), das Duo (bestehend aus Rauchen und Beruhigungsmittel) und andere Kombinationen können die Risiken stark erhöhen.

Könnte ein unbekannter Schutzfaktor mit im Spiel sein?
Selbst wenn alle Faktoren scheinbar identisch sind, werden nicht alle Babys gleichermaßen beeinflußt. Niemand weiß genau warum, aber vielleicht wird die Medizin eines Tages auch dieses Rätsel lösen.

Vorteile und Risiken abwägen

Sollte heutzutage eine schwangere Frau um das Leben und das Wohlsein ihres Babys besorgt sein, weil er oder sie in einer Welt voller Umweltgefahren aufwachsen wird? Mit Sicherheit nein – und zwar aus mehreren Gründen! Erstens: Medikamente und andere Umweltfaktoren verursachen nur weniger als ein Prozent aller Geburtsfehler. Geburtsfehler kommen nur bei drei bis vier Prozent aller Neugeborenen vor. Das generelle Risiko ist also sehr gering. Zweitens können Sie selbst viel tun, um Risiken zu vermeiden.

Drittens sind trotz aller beängstigender Warnungen die Chancen niemals besser, ein gesundes und normales Baby zu bekommen. Natürlich ist keine Entscheidung ganz ohne Risiko. Aber immer wenn man eine Entscheidung treffen muß, sollte man lernen, Gefahren gegen Vorteile abzuwägen. Nie kann das wichtiger sein als während der Schwangerschaftszeit, in welcher jede Entscheidung möglicherweise die Sicherheit oder Gesundheit von nicht nur einem, sondern von zwei Menschen beeinflußt. Sind die Genußvorteile von Rauchen, Alkoholkonsum und ungesunder Ernährung Ihnen die Risiken für Ihr Kind wert? In den meisten Fällen wird die Antwort „nein" lauten.

Aber dann und wann werden Sie doch einmal entscheiden, daß Ihnen eine kleine Sünde auch ein kleines Risiko wert ist: ein Glas Wein, welches Sie zum Anstoßen auf ein Jubiläum trinken, bedeutet für Ihr Baby fast kein Risiko, während der Vorteil für Sie ist, daß Sie ein festliches Gefühl, Freude und Entspannung erleben. Manche Risiko-Vorteil-Entscheidungen sind einfach. Zum Beispiel wird regelmäßiger Konsum stark alkoholischer Getränke Ihrem Kind lebenslängliche Behinderungen zufügen. Es wird zwar nicht leicht sein, diesem Trinkvergnügen (oder dieser Sucht) zu entsagen, dennoch steht auf Grund der Risiken fest, daß Sie mit dem Alkoholtrinken sofort aufhören werden. Oder nehmen wir an, Sie hätten eine schwere Grippe mit hohem Fieber, welches eine Gefahr für Ihr Baby bedeuten könnte. Dann würde die Einnahme eines leichten und vom Arzt verschriebenen Medikamentes (d. h. die Vorteile der Fiebersenkung) die eventuellen Risiken des Arzneimittels überwiegen. Andererseits stellt eine nur leicht erhöhte Körpertemperatur keine Gefahr für Ihr Baby dar, sondern hilft Ihrem Körper bei der Bekämpfung des Infekts. Deshalb wird Ihr Arzt Ihnen nicht sofort ein Medikament verschreiben, sondern Ihrem Körper die Chance lassen, sich selbst zu heilen. In diesem Fall würden die Risiken jedes Arzneimittels die Vorteile der Wirkung überwiegen. Aber nicht alle Entscheidungen sind so deutlich und leicht. Der beste Weg, eine solche Entscheidung zu treffen, lautet:

◆ Stellen Sie fest, ob es Alternativen mit geringerem Risiko gibt (s. Anhang).

◆ Fragen Sie Ihren Arzt nach bestimmten Vor- und Nachteilen. Denken Sie daran, daß nicht alle Medikamente kongenitale Schä-

den verursachen. Viele können während der Schwangerschaft eingenommen werden, ohne Probleme zu erzeugen.

◆ Stellen Sie fest, ob es einen Weg gibt, die Vorteile zu verbessern
bzw. die Risiken zu verringern.

Während der Schwangerschaft werden Sie vermutlich oft herausge-
fordert, unter vielen verschiedenen Umständen kluge und richtige
Entscheidungen zu treffen – Risiken gegen Vorteile abzuwägen. Fast
jede Entscheidung wird für eine gesunde Entwicklung Ihres Babys
beitragen. Aber eine gelegentliche Fehlentscheidung ist noch keine
Katastrophe. Wenn Sie schon einige schlechte Entscheidungen
getroffen haben und diese nicht mehr rückgängig zu machen sind,
vergessen Sie es einfach! Versuchen Sie lieber, zukünftig bessere Entscheidungen zu treffen!

Die optimale Ernährung

Ein neuer, winziger Mensch wächst in Ihrem Bauch. Die Chancen stehen recht gut, daß er oder sie gesund geboren wird. Sie haben aber die Möglichkeit, diese Chancen noch erheblich zu verbessern – mit jedem Bissen, den Sie sich in den Mund stecken.
Und dies ist nicht nur eine Theorie!
Studien haben bewiesen, daß Ernährung weitreichende Effekte erzielen kann. Was eine schwangere Frau ißt – bzw. was sie nicht ißt –, wirkt sich auf die Entwicklung der Organe ihres Babys aus.
Eiweiß- und Kalorienmangel stören z. B. im letzten Trimester erheblich die Ausbildung des Gehirns. Folsäuremangel vor der Empfängnis und in der frühen Schwangerschaft kann zu einem erhöhten Auftreten von Spaltbildungen der Wirbelsäule (Spina bifida) und möglicherweise zu Lippen- und Gaumenspalten führen. Nahrungsmittel beeinflussen ganz generell die Gesundheit Ihres Babys. Falsche Lebensmittel oder zuwenig Nahrung hemmen grundsätzlich das Wachstum im Uterus. Untersuchungen haben ebenfalls gezeigt, daß die Eßgewohnheiten einer Frau den Verlauf ihrer Schwangerschaft, die Wehen, die Geburt, den gesamten Zustand und die postpartale Genesung mitbestimmen.
Waren Ihre Eßgewohnheiten bisher nicht sehr gesundheitsbewußt, wird diese optimale Ernährung für Sie eine ziemliche Herausforderung sein. Bedenken Sie aber das „Ergebnis" Ihrer Bemühungen: Sie erhöhen die Chancen für Ihr Baby, gesund auf die Welt zu kommen, und Sie verbessern die Möglichkeiten, sich schnell von der Schwangerschaft und der Geburt zu erholen. Diese Tatsachen sind doch eine lohnenswerte Herausforderung.

Prinzipien einer gesunden Ernährung

Jeder Bissen zählt
Sie haben nur neun Monate Zeit, durch Ihre Ernährung Ihrem Baby einen optimalen Start zu geben. Vor dem Essen sollten Sie überlegen: „Ist dies das optimale Essen für mein Baby?" Können Sie mit „Ja" antworten, dann dürfen Sie munter kauen – stillt es aber nur Ihre Eßgier nach etwas Bestimmtem, lassen Sie die Speise auf dem Teller.

Kalorie ist nicht gleich Kalorie
Die 150 Kalorien, die ein Pfannkuchen enthält, entsprechen in keiner Weise vom Nährwertgehalt den 150 Kalorien eines Vollkornbrötchens. Wählen Sie daher Ihre täglichen Kalorien sorgfältig aus, und denken Sie zuerst immer an die Qualität – nicht an die Quantität.

Hungern Sie – hungert Ihr Kind
So wie Sie Ihr Baby nach der Geburt nicht verhungern lassen, sollten Sie auch jetzt darauf achten, daß Ihr Kind im Uterus nicht hungert. Der Fetus braucht zu bestimmten Zeiten regelmäßige Ernährung. Lassen Sie keine der täglichen Mahlzeiten aus; selbst wenn Sie überhaupt nicht hungrig sind – Ihr Baby ist es sehr wohl. Sollte ständiges Sodbrennen oder ein anhaltendes Völlegefühl (aufgeblähter Bauch) Ihren Appetit zügeln, verteilen Sie den täglichen Nahrungsbedarf auf sechs kleinere Mahlzeiten.

Wirksame Ernährung
Ernähren Sie sich so wirksam wie möglich. Zum Beispiel: Mit zwei Kugeln Eis (ca. 450 Kalorien) werden weitaus weniger günstig 300 mg Calciummengen aufgenommen, als wenn Sie ein Glas fettarme Milch (90 Kalorien) trinken oder einen Becher Magermilchjoghurt (100 Kalorien) essen. Fett ist eine besonders „uneffektive Kalorienquelle" – jedes Gramm Fett enthält mehr als doppelt so viele Kalorien, wie in einem Gramm Kohlenhydrate oder Eiweiß vorhanden sind.
Wählen Sie lieber fettarme Milch – statt Vollmilch, entscheiden Sie sich besser für mageres und gegrilltes Fleisch anstatt für fettes oder frittiertes Fleisch, und gehen Sie sparsam mit Butter um.

Um eine gesunde Gewichtszunahme zu gewährleisten, wählen Sie Lebensmittel, die viele Nährstoffe enthalten und einen hohen Kaloriengehalt besitzen, wie z. B. Avocados, Nüsse und Trockenfrüchte. Sie und Ihr Baby werden zwar „angefüllt", aber nicht übermäßig „ausgefüllt". Vermeiden Sie solche „Sonderangebotskalorien" wie z. B. Popcorn. Diese bewirken nämlich das genaue Gegenteil. Wählen Sie unabhängig von Ihrem Appetit möglichst immer solche Lebensmittel aus, die mehreren Erfordernissen gerecht werden, d. h., Vitamine, Eiweiß, Ballaststoffe und Mineralstoffe sind in einem ausgewogenen Verhältnis enthalten.

Kohlenhydrate – ein komplexes Thema

Manche Frauen, die über eine zu starke Gewichtszunahme während der Schwangerschaft sehr besorgt sind, streichen fälschlicherweise die Kohlenhydrate aus ihrem Ernährungsplan.
Es ist wahr, daß einfache oder raffinierte Kohlenhydrate (wie z. B. Weißbrot, weißer Reis, Toast, Kuchen, Kekse, Zucker oder Sirup) im Verhältnis zu ihrer Kalorienzahl sehr wenig nahrhaft sind. Aber unraffinierte und/oder komplexe Kohlenhydrate (Vollkornbrot, Naturreis, Gemüse, trockene Bohnen oder Erbsen und natürlich Kartoffeln – am besten mit Schale sowie frisches Obst) liefern wichtiges Vitamin B, Spurenelemente, Eiweiß und Ballaststoffe, welche für Sie und für Ihr Baby gesund sind. Ballaststoffe verhindern Übelkeit und Verstopfung und helfen, das Gewicht besser unter Kontrolle zu halten. Neuere Studien deuten noch einen zusätzlichen Pluspunkt an: Kohlenhydrate (Ballaststoffe) verringern das Risiko für Gestationsdiabetes.
Anmerkung: Gehen Sie von einer ballaststoffarmen zu einer ballaststoffreichen Ernährung über.

Süßigkeiten – nichts als Kummer

Zucker ist ernährungsphysiologisch wertlos, er schadet den Zähnen und kann Diabetes, Herzkrankheit, Depression und in manchen Fällen sogar Hyperaktivit verursachen. Er befindet sich fast immer in Lebensmitteln, die „ernährungsschwach" sind, z. B. in Süßigkeiten. Sie sollten für eine wohlschmeckende und nahrhafte Süße besser Obst oder Obstsaftkonzentrat benutzen. Sie erhalten die gleiche Süße wie bei Zucker, aber wesentlich mehr Vitamine und Spurenelemente. Wir empfehlen Ihnen überhaupt, raffinierten Zucker – ob weiß, braun, Honig, Sirup oder Fruktose – nur in geringem Maße einzunehmen. Jede Zuckerkalorie, die von einem nahrhaften Lebensmittel stammt, ist für Ihr Baby ein Gewinn.

Gute Lebensmittel haben einen bekannten Ursprungsort

Wenn Ihre grünen Bohnen vor Monaten geerntet, gekocht, verarbeitet, eingemacht, konserviert und in Dosen verpackt wurden, ist von der natürlichen Güte, die Sie sich und Ihrem Baby anbieten möchten, vermutlich nicht mehr viel übrig. Wählen Sie lieber frisches Obst und Gemüse der Saison oder kaufen Sie frisch eingefrorene Sachen. Versuchen Sie jeden Tag, etwas rohes Gemüse oder frisches Obst zu essen. Wenn Sie Gemüse kochen wollen, dann dünsten Sie es besser oder rühren es kurz in der Pfanne, damit die wichtigen Vitamine und Mineralstoffe nicht verlorengehen. Essen Sie keine Fertiggerichte, bei denen die Nahrung mit Konservierungsmitteln, Salz und Zucker versetzt ist.

Gesundes Essen sollte eine Familienangelegenheit sein

Sie sollten Ihre anderen Familienmitglieder zu Verbündeten machen, indem alle auf Ihren gesunden Ernährungsplan (wenigstens teilweise) umsteigen. Es wird auch Ihrem Mann guttun, und Ihre älteren Kinder werden sich an gesunde Kost schnell gewöhnen.

Schlechte Gewohnheiten können gute Ernährungsvorsitze sabotieren

Der beste Schwangerschafts-Ernährungsplan wird untergraben, wenn die werdende Mutter auf Tabak, Drogen und Alkohol nicht verzichten möchte. Lesen Sie darüber Seite 91 ff.), und verändern Sie sofort dementsprechend eventuell vorhandene Angewohnheiten.

Was Sie täglich brauchen

Kalorien

Das alte Sprichwort: Schwangere essen für zwei – ist wahr. Trotzdem sollte man unbedingt bedenken, daß einer von den beiden ein winziger Fetus ist, dessen Kalorienbedarf bedeutend niedriger (ca. 300 Kalorien täglich) als der Ihre ist. Wenn sie ein durchschnittliches Gewicht vor der Schwangerschaft hatten, werden Sie nur ca. 300 Kalorien mehr pro Tag benötigen. Falls Sie versuchen, ein zu Beginn der Schwangerschaft vorhandenes Untergewicht zu kompensieren, brauchen Sie natürlich mehr.

Da sich Ihr Stoffwechsel in der weiteren Schwangerschaft erhöht, werden Sie etwas mehr als 300 Kalorien zusätzlich pro Tag benötigen. Weniger zu konsumieren ist nicht nur unklug, sondern gefährlich. Frauen, die während der Schwangerschaft zuwenig Kalorien zu sich nehmen – besonders im zweiten und dritten Trimester –, können die Entwicklung ihres Babys nachhaltig negativ beeinflussen. Vier Ausnahmen von dieser Basisregel gibt es. In jedem dieser Fälle sollte die werdende Mutter ihren Kalorienbedarf mit ihrem Arzt absprechen:

- die übergewichtige Frau, die möglicherweise bei richtiger Ernährung mit weniger Kalorien auskommt;
- die wirklich untergewichtige Frau, die selbstverständlich einen höheren Kalorienbedarf hat;
- die jugendliche Frau, die selbst noch im Wachstumsprozeß steht und daher speziellen Ernährungsbedarf hat, und
- die Frau, die mehrere Feten trägt.

Bedenken Sie, daß 300 Kalorien schnell erreicht sind, z. B. vier Gläser Milch (380 Kalorien). Suchen Sie die besten Nahrungsmittel aus, und das eventuell unter Verzicht auf liebgewordene Gewohnheiten, um Ihre Gewichtszunahme in vernünftigen Grenzen zu halten. Obwohl Kalorien während der Schwangerschaft zählen, müssen sie nicht gezählt werden. Auf keinen Fall beschäftigen Sie sich nach jeder Mahlzeit mit komplizierten Rechnungen. Einmal pro Woche kontrollieren Sie Ihre Gewichtszunahme. Wiegen Sie sich zur selben Zeit, am besten ohne Kleidung, um zu verhindern, daß eine schwere Mahlzeit oder ein schwerer Pullover Ihre Berechnungen durcheinanderbringt. Wenn Ihre Gewichtszunahme nach Plan verläuft (etwa ½ Kilo pro Woche im zweiten und dritten Trimester, siehe Seite 192 ff.), dann nehmen Sie die richtige Menge an Kalorien zu sich.

Regulieren Sie Ihre Nahrungsaufnahme so, wie Sie es für nötig halten, aber vermeiden Sie, durch eine Kalorienreduktion auch gleichzeitig wichtige Nährstoffaufnahmen für Ihr Baby zu reduzieren.

Eiweiß (in vier Mahlzeiten täglich)
Eiweiß besteht aus chemischen Substanzen – Aminosäuren –, welche Bausteine menschlicher Zellen sind. Diese werden zum Aufbau von Zellen bei dem wachsenden Fetus benötigt. Forschungsergebnisse haben gezeigt, daß Eiweißmangel während der Schwangerschaft zu untergewichtigen Babys führt. Daher sollten schwangere Frauen täglich mindestens 60 bis 75 Gramm Eiweiß zu sich nehmen. Es ist sogar möglich, daß 100 Gramm – empfohlen werden, z. B. bei einer Risikoschwangerschaft.

Vitamin C (in zwei Mahlzeiten täglich)
Sie und Ihr Baby brauchen beide Vitamin C – und zwar zur körpereigenen Abwehr, zur Wundheilung und für viele andere Stoffwechselvorgänge. Außerdem benötigt das Baby Vitamin C für ein angemessenes Wachstum, für den Aufbau starker Knochen und für die Entwicklung der Zähne.
Vitamin C kann im Körper nicht gespeichert werden, die tägliche Frischzufuhr ist notwendig. Nahrungsmittel, die reich an Vitamin C sind, sollten Sie am besten frisch und roh (also ungekocht) essen, weil Hitze, Licht und Luft das Vitamin C zerstören.

Kalziumreiche Lebensmittel
Als Kind haben Sie es sicher oft gehört; Kalzium ist wichtig für den Aufbau starker Knochen und gesunder Zähne. Diese Regel gilt auch für den Fetus. Kalzium ist außerdem lebenswichtig für Muskeln, Herz, Entwicklung der Nerven, Blutgerinnung und für die Enzymaktivitäten.
Aber nicht nur Ihrem Baby kann der Mangel an Kalzium schaden, sondern auch Ihnen: Wenn der Körper nicht genügend Kalzium von außen bekommt, zieht der Körper sich den notwendigen Anteil aus Ihren Knochen, was später zu Osteoperose führen kann.
Ein weiterer Grund, der das viele Milchtrinken befürwortet: Kalzium hilft, Schwangerschaftshochdruck zu vermeiden!
Achten Sie daher ganz sorgfältig darauf, täglich kalziumreiche Nahrungsmittel zu konsumieren. Machen Sie sich keine Sorgen, wenn Ihnen der Gedanke an vier Gläser Milch pro Tag nicht behagt. Kalzium steckt nicht ausschließlich nur in Milch. Sie können sich selbst auch Joghurt, Käse, Hüttenkäse etc. servieren. Kalzium kann auch

im Frühstück, in der Suppe, im Brot enthalten – ja sogar im Nachtisch versteckt sein. Für diejenigen, die fürchten, nicht genügend Kalzium zu erhalten, empfehlen wir nach ärztlicher Absprache ein kalziumergänzendes Präparat.

Grünes oder gelbes Gemüse und gelbe Früchte (in drei Mahlzeiten)

Diese Lebensmittel spenden Vitamin A in Form von Betakarotin, welches für das Wachstum der Zellen (die Zellen des Fetus multiplizieren sich um ein phantastisches Vielfaches in kürzester Zeit), für gesunde Haut, Knochen, Augen verantwortlich ist und das Risiko einiger Krebsarten deutlich vermindert. Gleichzeitig liefern sie Vitamin E, Vitamin B_2 und B_6, Folsäure, mehrere Mineralstoffe und Ballaststoffe. Für diejenigen, die keine Gemüsefans sind, hier ein Tip: Vitamin A befindet sich auch in verführerischen Süßigkeiten aus der Natur, z. B. in getrockneten Aprikosen, Pfirsichen, Zuckermelonen und Mangos.

Andere Früchte und Gemüse (in zwei Mahlzeiten täglich)

Zusätzlich zu den betakarotinreichen Nahrungsmitteln benötigen Sie mindestens zwei andere Obst- oder Gemüsesorten pro Tag, um andere Ballaststoffe, Vitamine und Mineralien zu erhalten. Viele Nahrungsmittel enthalten auch Kalium und/oder Magnesium – beide sind wichtige Stoffe, damit Sie während der Schwangerschaft gesund bleiben.

Vollkornlebensmittel und Schoten

Vollkornlebensmittel und Schotengemüse enthalten viele Nährstoffe, vor allem Vitamin B, welches für fast jedes Körperteil Ihres Babys wichtig ist. Diese komplexen Kohlenhydrate sind reich an Spurenelementen wie Zink, Selen und Magnesium. Kohlenhydratreiche Lebensmittel könnten Ihnen helfen, die morgendliche Übelkeit zu überwinden.

Eisenhaltige Lebensmittel

Die größere Blutmenge Ihres wachsenden Babys bedeutet, daß zum Aufbau der roten Blutzellen zusätzliches Eisen gebraucht wird. Da sich auch Ihr Blutvorrat ständig vergrößert, werden Sie mehr Eisen in der Schwangerschaft brauchen als jemals wieder im Leben. Aus dem, was Sie essen, wird sich Ihr Körper soviel an Eisen wie irgend möglich herausziehen. (Wenn Sie gleichzeitig auch auf eine Vitamin-C-reiche Ernährung achten, wird Ihr Körper diesen Mineralstoff leicht aufnehmen.)

Leiden schwangere Frauen an Eisenmangel, wird der Arzt ihnen eventuell ein Ergänzungspräparat empfehlen, um eine Anämie zu verhindern.

Um die Eisenaufnahme zu verstärken, sollten Sie die Eisentabletten zwischen den Mahlzeiten in Verbindung mit einem Vitamin-C-reichen Obstsaft einnehmen.

Fettreiche Lebensmittel

Laut generell akzeptierter Ernährungsrichtlinien sollten nicht mehr als 30 Prozent der täglichen Kalorien, die ein Erwachsener zu sich nimmt, aus Fetten stammen. Wenngleich Sie zwar Ihre Fetteinnahme beschränken sollen, wäre es möglicherweise gefährlich, Fett total aus Ihrem Essenplan zu streichen. Fett ist für Ihr Baby lebenswichtig. Einige Vitamine können erst durch Fettsäuren aufgeschlossen und vom Organismus aufgenommen werden. Im neunten Monat sind Omega-3-Fettsäuren von entscheidender Bedeutung. Achten Sie daher sorgfältig auf die fettreichen Nahrungsmittel, Sie täglich konsumieren. Erfüllen Sie regelmäßig das notwendige Quantum, aber hören Sie rechtzeitig auf, bevor Sie die angemessene Menge überschreiten. Vergessen Sie nie, daß das Fett (Öl, Butter), welches Sie für das Zubereiten Ihrer Mahlzeiten benötigen, natürlich mitzählt.

Salziges: In Maßen!

Früher empfahlen Ärzte, Salz während der Schwangerschaft einzuschränken, da Salz das Wasser im Körper staut und zu Blähungen führen kann. Inzwischen sind viele Ärzte zu der Überzeugung gelangt, daß eine kleine Erhöhung der Körperflüssigkeit während der Schwangerschaft normal und notwendig ist. Schwangere können nun doch maßvoll Salz zu sich nehmen. Trotzdem, sehr salzhaltige Lebensmittel (Chips, Soja-Soße etc.) sind nicht besonders effektiv für die Ernährung eines Menschen – schwanger oder auch nicht schwanger! Als Faustregel: Fügen Sie den Gerichten beim Kochen nur kleine Mengen Salz zu. Salzen Sie später nach!

Flüssigkeiten: Mindestens 1,5 bis 2 Liter täglich!
Sie essen nicht nur für zwei – Sie trinken auch für zwei!
Wenn Sie bisher zu den Menschen zählten, die tagsüber vergaßen, überhaupt zu trinken, ist nun die Zeit gekommen, diese Gewohnheit umgehend zu ändern. Sobald sich die Menge an Flüssigkeiten in Ihrem Körper erhöht, erhöht sich auch das Bedürfnis der Flüssigkeitseinnahme! Und – Ihr Baby braucht viel Flüssigkeit. Der größte Teil des fetalen Körpers – ähnlich dem Ihren – besteht aus Wasser! Zusätzliche Flüssigkeiten machen Ihre Haut geschmeidiger, reduzieren die Gefahr der Darmverstopfung, entgiften Ihren Körper, vermindern Schwellungen und senken die Risiken einer Harnwegsentzündung. Bemühen Sie sich, täglich mindestens 2 Liter (8 Tassen) zu trinken – mehr, wenn Sie viel Wasser speichern (paradoxerweise kann eine hohe Flüssigkeitsaufnahme überflüssiges Wasser ausschwemmen) oder wenn es sehr heiß ist (Austrocknung kann das Risiko einer Frühgeburt erhöhen). Natürlich muß diese Flüssigkeitsmenge pro Tag nicht ausschließlich aus Wasser bestehen. Sie können auch Milch, Obstsäfte, Gemüsesäfte, entkoffeinierten Tee oder Kaffee, Suppen und Mineralwasser trinken! Bedenken Sie aber, daß Sie mit der Flüssigkeit nicht zuviel Kalorien zu sich nehmen.

Vitamintablette zusätzlich
Die meisten Frauen haben entweder keine Zeit oder keine Möglichkeit, sich jeden Tag ausgewogen zu ernähren. Hinzu kommt, daß sie auf Grund morgendlicher Übelkeit (oder sogar Erbrechens) keinen Appetit haben. Zur Sicherheit nehmen viele Schwangere zusätzlich eine Vitamintablette ein. Experten sind sich über die Vor- und/oder Nachteile noch nicht ganz einig, denn eine Ergänzung bleibt eine Ergänzung! Keine Tablette – egal wieviel sie auch enthält – kann einen ausgewogenen Ernährungsplan ersetzen. Es ist wichtig, daß Sie fast alle Vitamine und Mineralstoffe aus Lebensmitteln erhalten. Diese Nahrungsmittel liefern gleichzeitig auch Ballaststoffe, Wasser, Eiweiß und Kalorien, welche alle in einer Tablette nicht enthalten sind! Außerdem sollten Sie nicht dem Trugschluß erliegen, daß „viel" in jedem Fall besser ist, nur weil „wenig" für gut befunden wird. Gerade zuviel Vitamine oder hohe Mengen an Mineralstoffen können zu drogenähnlichen Wirkungen im Körper einer Schwangeren führen!

Neun Monate – der Countdown läuft

Von der Empfängnis bis zur Geburt

Der erste Monat

Ihre erste Vorsorgeuntersuchung

Die erste Untersuchung ist die umfassendste (siehe Mutterpaß, Seite 498): Ihre vollständige Krankengeschichte wird erkundet, und bestimmte Tests und Verfahren werden durchgeführt. Die erste Untersuchung umfaßt folgendes:

Bestätigung Ihrer Schwangerschaft

Ihr Arzt wird Sie nach dem ersten Tag der letzten Menstruation fragen, um den voraussichtlichen Geburtstermin zu errechnen (siehe Seite 32f.). Er wird Gebärmuttermund und Gebärmutter untersuchen, um das ungefähre Stadium Ihrer Schwangerschaft festzustellen. Wenn es irgendwelche Unklarheiten gibt, werden Sie vermutlich einen Schwangerschaftstest machen müssen.

Krankheitsgeschichte

Um Ihnen eine optimale Vorsorge gewährleisten zu können, wird Ihr Arzt zunächst sehr viel über Sie wissen wollen. Bereiten Sie sich auf dieses Gespräch gut vor, indem Sie in Ihren persönlichen Unterlagen nachblättern und Ihr Gedächtnis über folgende Fakten auffrischen: Aus ihrer persönlichen Krankengeschichte sollten chronische Leiden, bekannte Allergien, bereits erlittene Krankheiten oder Operationen und alle Arzneimittel, die Sie jetzt noch einnehmen oder zur Zeit der Befruchtung eingenommen haben, bedacht werden. Sie sollten auch darüber nachdenken, ob in Ihrer Familie Erbkrankheiten aufgetreten sind. Außerdem spielen Ihre soziale Geschichte (Alter, Beruf und Gewohnheiten wie Rauchen, Trinken und Ernährung) sowie Ihre gynäkologische Geschichte (Dauer Ihres Zyklus, Fehlgeburten, Spontanabort, besondere Befunde vorausgegangener Schwangerschaftsverläufe, Entbindungen) eine große Rolle.

Körperliche Untersuchung
Ihr Gesundheitszustand wird generell eingeschätzt. Untersucht werden Lungen, Brust und Bauch, anschließend werden Blutdruck, Größe und Gewicht gemessen. Danach werden Ihre Extremitäten auf Krampfadern oder Ödeme überprüft und als Basiszustand für den Vergleich mit späteren Untersuchungsergebnissen festgehalten. Im Anschluß werden die äußeren Geschlechtsorgane untersucht, danach folgt die innere Untersuchung Ihrer Vagina und Ihres Muttermundes mit Hilfe eines „Spiegels" (Speculum), das gleichzeitige innere (durch die Scheide) und äußere Tasten (mit beiden Händen) Ihrer Organe und Ihres Beckens – inklusive einer Einschätzung der Größe und Form Ihres Beckens. Alle Daten werden im Mutterpaß eingetragen.

Eine ganze Testbatterie: Die Routinetests sind:

* Blutdruckmessung zum Ausschluß einer Hochdruckkrankheit.
* Blutuntersuchung (Blutgruppe; Anämieausschluß).

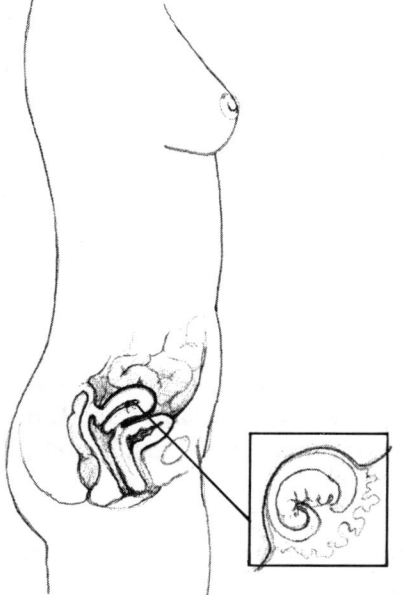

Bis zum Ende des ersten Monats ähnelt Ihr Baby eher einer winzigen Kaulquappe und ist kleiner als ein Reiskorn. In den nächsten zwei Wochen beginnen sich das Neuralrohr (welches später zu Gehirn und Rückgrat wird), das Herz, der Verdauungstrakt, die Sinnesorgane und Arm- und Beinknospen zu formen.

- Urinprobe zur Kontrolle von Zucker, Eiweiß, Blut, weißen Blutkörperchen und Bakterien (Ausschluß von Diabetes und Nierenleiden).
- Bluttest zur Feststellung Ihrer Immunität gegen Krankheiten wie Röteln (Rötelntest) – siehe Mutterpaß.
- Test bezüglich Geschlechtskrankheiten, Hepatitis, Chlamydien und in einigen Fällen auch auf Aids.
- Genetische Untersuchungen auf Sichelzellenanämie oder Tay-Sachs-Syndrom (in Europa weniger bedeutsam, daher nur in Sonderfällen).
- Abstrich zur Entdeckung eines Zervixkarzinoms.
- Suchtest zur Feststellung von Schwangerschaftsdiabetes, insbesondere bei Frauen, die bereits große Babys geboren haben oder in früheren Schwangerschaften viel zugenommen hatten.
- Spezielle Untersuchungen, wenn in der Krankheitsgeschichte bestimmte Hinweise vorliegen (z. B. chronische Infektionen).

Fragen Sie Ihren Arzt
Bereiten Sie sich auf Ihren Arztbesuch gedanklich gut auf alle Fragen, Probleme und Symptome vor, über die Sie vielleicht sprechen wollen. Nutzen Sie jede Möglichkeit, Fragen zu stellen.

Was Sie vielleicht empfinden

Die folgenden Symptome werden nicht immer und nicht gleichzeitig auftreten:

Körperliche Symptome
- Ausbleibende Regelblutung (obwohl Sie zum erwarteten Menstruationszeitpunkt oder zum Zeitpunkt der Implantation, Einnistung der befruchteten Eizelle, Blutflecken bemerken könnten);
- Müdigkeit;
- häufiges Wasserlassen;
- Übelkeit (mit oder ohne Erbrechen) und/oder übermäßig starker Speichelfluß;

◆ Sodbrennen, Blähungen, aufgeblähter Bauch;
◆ Verdauungsstörungen oder Abneigungen gegen bzw. Heißhunger nach bestimmten Lebensmitteln;
◆ Veränderungen der Brust (meistens bei Frauen, die sowieso kurz vor Einsetzen der Menstruation Brustveränderungen verspürt haben): Anschwellen, Schwere, Empfindlichkeit, Kribbeln, Verdunklung des Hofes um die Brustwarzen herum. Ein Netz blauer Linien wird unter der Haut sichtbar, sobald sich die Blutzufuhr zur Brust erhöht.

Gefühlsmäßige Symptome
◆ Unausgeglichenheit, die mit Gefühlen oder Verhaltensweisen vor der Regelblutung vergleichbar ist und Reizbarkeit, Launenhaftigkeit, Unvernunft und einen verstärkten Hang zum Weinen einschließt;
◆ Angst, Sorgen, Freude, Hochstimmung – entweder begleitet Sie nur ein Gefühl davon oder alle abwechselnd.

Worüber Sie sich vielleicht Gedanken machen ...

Müdigkeit

„Ich bin jetzt die ganze Zeit über müde, und das beunruhigt mich, weil ich vermutlich nicht fähig sein werde, weiter zu arbeiten."

Es wäre erstaunlich, wenn Sie nicht müde wären. In mancher Hinsicht muß Ihr schwangerer Körper schwerer arbeiten als ein nichtschwangerer Körper beim Bergsteigen; nur können Sie diese Bemühungen nicht sehen. Erstens wird das Versorgungssystem für Ihr Baby geschaffen, die Plazenta- und diese Arbeit ist bis zum Ende des ersten Trimesters noch nicht abgeschlossen. Zweitens muß sich Ihr Körper an viele andere physische und emotionale Anforderungen der Schwangerschaft gewöhnen.
Sobald sich Ihr Körper den beträchtlichen Neuerungen angepaßt hat und die Plazenta „vollkommen" ist (im vierten Monat), werden

Sie wieder mehr Energie verspüren. Bis dahin könnten Sie vielleicht weniger Stunden pro Woche arbeiten oder Sich etwas Urlaub nehmen. Wenn sich Ihre Schwangerschaft normal entwickelt, gibt es aber überhaupt keinen Grund, daß Sie Ihren Job aufgeben. Die meisten schwangeren Frauen, die weiterarbeiten, sind fröhlicher und weniger besorgt. Da Ihre Müdigkeit berechtigt ist, kämpfen Sie nicht dagegen an. Betrachten Sie die Müdigkeit vielmehr als ein Signal, daß Ihr Körper mehr Ruhe braucht.

Verwöhnen Sie sich

Wenn Sie zum ersten Mal schwanger sind, genießen Sie Ihre vermutlich vorerst letzte Chance, sich ohne Schuldgefühle intensiv um sich selbst kümmern zu können. Haben Sie schon ein oder mehrere Kinder, werden Sie Ihre „Eigenpflege" etwas einschränken müssen. Bedenken Sie, die Schwangerschaftszeit ist nicht eine Zeit, um die perfekte Frau zu spielen. Ausreichende Ruhe ist jetzt wichtiger, als den Haushalt „picobello" in Ordnung zu haben oder ein viergängiges Topabendessen zu zaubern. Halten Sie sich Ihre Abende von überflüssigen Verpflichtungen frei. Legen Sie statt dessen lieber Ihre Füße hoch. Probieren Sie mit Ihren älteren Kindern ruhigere Spiele aus, und toben Sie nicht ständig auf dem Spielplatz herum. Warten Sie nicht bis zum Einbruch der Dunkelheit, um es sich bequem zu machen. Wenn möglich, halten Sie einen Mittagsschlaf! Wenn Sie nicht schlafen können, ruhen Sie sich trotzdem aus, und lesen Sie dabei ein gutes Buch. Sollten Sie noch berufstätig sein, versuchen Sie während der Mittagspause Ihre Beine hochzulegen – vergessen Sie während der Mittagsruhe aber keine Mahlzeit!

Lassen Sie sich von anderen verwöhnen

Nehmen Sie das Angebot Ihrer Mutter/Schwiegermutter, Staub zu saugen, an. Lassen Sie Ihre Kinder von ihrem Vater sonntags in den Zoo bringen. Bitten Sie Ihren Partner, daß er sich um Wäsche und Einkäufe kümmert.

Schlafen Sie jede Nacht ein bis zwei Stunden mehr als üblich

Verzichten Sie auf Spätnachrichten, und gehen Sie statt dessen früher ins Bett; fragen Sie Ihren Partner, ob er das Frühstück bereiten kann, damit Sie länger schlafen können. Verzichten Sie auf Schlafmittel!

Achten Sie auf gute Ernährung
Ihre Müdigkeit kann durch einen Mangel an Eisen, Eiweiß oder
überhaupt an zuwenig Kalorien verstärkt werden.

Kontrollieren Sie Ihre Umgebung
Schlechte Beleuchtung, verbrauchte Luft oder übermäßiger Lärm
zu Hause und/oder am Arbeitsplatz können Ihre Müdigkeit verschlimmern.

Treiben Sie Sport
So paradox es klingen mag, aber zuviel Ruhe und zuwenig Bewegung verstärken Ihre Müdigkeit. Aber übertreiben Sie es nicht mit
den sportlichen Aktivitäten. Obwohl sich dieses Müdigkeitsgefühl
im vierten Monat wieder verringert, kann es im letzten Trimester
wieder auftauchen, vermutlich auch eine Maßnahme der Natur, um
Sie auf die vielen schlaflosen Nächte mit Ihrem Neugeborenen vorzubereiten. Sollte Ihr Müdigkeitsgefühl allerdings sehr stark und
mit Ohnmachtsanfällen, Blässe, Atemlosigkeit oder Herzklopfen
verbunden sein, wäre es ratsam, Ihren Arzt zu verständigen (siehe
Seite 200 „Anämie").

Depressionen

*„Ich weiß, daß ich mich über meine Schwangerschaft freuen sollte,
aber offensichtlich leide ich schon jetzt unter Wochenbettdepres-
sionen."*

Könnten Sie vielleicht diese Depressionen mit ganz normalen Stimmungsschwankungen einer Schwangerschaft verwechseln? Diese
Launenhaftigkeit tritt besonders zu Beginn einer Schwangerschaft
auf – insbesondere bei Frauen, die sowieso kurz vor Ihrer Periode
zu emotionaler Instabilität neigen. Ambivalente Gefühle über die
Schwangerschaft (welche selbst bei gewollten Schwangerschaften
nicht selten vorkommen) verstärken die Schwankungen vermutlich
noch mehr.
Obwohl es kein Heilmittel gegen diese Gefühlsschwankungen gibt,
vermeiden Sie Zucker, Schokolade und Koffein, und gönnen Sie sich
genug Sport und Entspannung. Sollten Ihre „Tiefpunkte" aber

regelmäßig oder häufig auftreten, gehören Sie vielleicht zu den zehn Prozent aller Frauen, die gegen leichte bis mittlere Depressionen während der Schwangerschaft kämpfen müssen. Einige Faktoren, die bei Frauen Depressionen auslösen könnten, sind:

♦ Depressionen, die familiär bedingt sind;
♦ Mangel an emotionaler Unterstützung seitens des Vaters;
♦ Krankenhausaufenthalt oder Bettruhe wegen Schwangerschaftskomplikationen;
♦ Sorgen über die eigene Gesundheit, besonders wenn Probleme oder Krankheiten während der Schwangerschaft erlebt werden;
♦ Sorgen über die Gesundheit des Babys;
♦ soziale Unsicherheit und Zukunftsängste.

Die häufigsten Zeichen von Depressionen sind: Schlafstörungen, veränderte Eßgewohnheiten (von Appetitlosigkeit bis Eßlust), ständige oder ungewöhnliche Müdigkeit, Lustlosigkeit bei Arbeit, Sport und Spiel ... und übertriebene Gefühlsschwankungen. Wenn Ihre Gefühle so sind, sollten Sie alle Tips gegen postpartale Depression beachten (siehe Seite 461 ff.).
Dauern die Symptome länger als zwei Wochen, sprechen Sie mit Ihrem Arzt. Nur in extremen Fällen werden dann antidepressive Mittel verabreicht, da man den Einfluß solcher Medikamente auf den Fetus noch nicht ausreichend erkannt hat. Hilfe zu bekommen ist aber in jedem Fall wichtig. Unter dem Depressionsleiden können Sie sonst nicht ausreichend auf sich selbst und Ihr Baby achten.

Morgendliche Übelkeit

„Meine morgendliche Übelkeit dauert leider den ganzen Tag. Ich habe Angst, daß ich nicht genügend Essen bei mir behalte, um mein Baby ausreichend ernähren zu können!"

Glücklicherweise verhindert morgendliche Übelkeit (eine falsche Bezeichnung, weil die Übelkeit morgens, mittags, abends und manchmal sogar den ganzen Tag über auftreten kann) in den seltensten Fällen die angemessene Nahrungszufuhr so stark, daß die normale Entwicklung des Babys gestört wird. Und bei den meisten

Frauen hält dieser Zustand nicht länger als bis zum Ende des dritten Monats an. Was sind die Ursachen der morgendlichen Übelkeit? Die Signale für Übelkeit und Erbrechen werden vom Stammhirn ausgesendet. Möglicher Verursacher der Übelkeit könnte der hohe HCG-Gehalt im Blut während des ersten Trimesters sein, der eine Überreizung im Gehirn auslöst.

Auch der wachsende Uterus und eine Übersäuerung des Magens könnten verantwortlich sein. Aber diese möglichen Verursacher können nicht allein die morgendliche Übelkeit verursachen, denn die körperlichen Veränderungen treten bei fast allen Frauen auf – und nicht jede Frau verspürt während der Schwangerschaft die morgendliche Übelkeit. Es gibt wahrscheinlich verschiedene Gründe für diese unterschiedlichen Reaktionen: *Hormonspiegel.* Extrem hohe Spiegel (wie z.B. bei Mehrlingsschwangerschaften) können zu verstärkter morgendlicher Übelkeit führen. *Die Reaktion des Übelkeits- und Brechzentrums im Gehirn.* Besitzt eine Frau ein sehr empfindliches Kontrollzentrum (ihr wird z.B. beim Bootfahren übel), dann neigt sie wahrscheinlich zu stärkerer Übelkeit. *Streß.* Unterschiedliche Arten von Streß können bekanntermaßen zu Magenverstimmungen führen. Deshalb ist es nicht verwunderlich, daß *Streß* gastrointestinale Symptome in der Schwangerschaft verstärken kann. *Erschöpfung.* Bei körperlicher und seelischer Erschöpfung erhöht sich ebenfalls das Risiko für morgendliche Übelkeit (morgendliche Übelkeit kann ihrerseits zu verstärkter Müdigkeit führen).

Die Tatsache, daß morgendliche Übelkeit häufiger bei den ersten Schwangerschaften auftritt, unterstützt die Vermutung, daß physische und psychologische Faktoren eine Rolle spielen. Physisch ist der Körper bei einer ersten Schwangerschaft noch nicht so gut auf die Hormonflut und andere Veränderungen vorbereitet wie bei allen späteren Schwangerschaften. Gefühlsmäßig neigen Erstgebärende vermutlich zu größeren Sorgen und Ängsten, die „auf den Magen schlagen" – mehrere Kinder lenken offensichtlich stärker von dieser Besorgnis ab. So gilt es heute als sicher, daß es eine Kombination mehrerer Ursachen ist, die das Schwangerschaftsunwohlsein auslöst. Was auch immer die Ursachen für die morgendliche Übelkeit sein mögen, sie ist sehr belastend für die Frau, und die Betroffene braucht möglichst viel Unterstützung – von ihrem Partner, ihrer Familie und ihrem Arzt.

Leider sind sich die Experten über ein Heilmittel noch weniger im klaren als über die Ursachen. Einigkeit herrscht allerdings über die Möglichkeit, die Symptome zu verringern:

- Essen Sie eiweißhaltige und kohlenhydratreiche Nahrung.
- Achten Sie auf reichlich Flüssigkeitszufuhr (keine alkoholhaltigen Getränke) – besonders bei starkem Erbrechen. Kohlensäurehaltige Mineralwasser sind nicht zu empfehlen, sie können die Übelkeit verstärken.
- Trinken Sie Obst- und Gemüsesäfte, Suppen, Brühe, oder verzehren Sie wasserhaltige Lebensmittel.
- Nehmen Sie die für Schwangere bestimmten Vitamine zu sich.
- Vermeiden Sie den Anblick, Geruch oder Geschmack von Lebensmitteln, die Sie momentan ekelhaft finden.
- Vermeiden Sie Zigarettenqualm; er scheint morgendliche Übelkeit zu verstärken.
- Essen Sie häufiger viele kleine Mahlzeiten und vor allem schon, bevor Sie ein Hungergefühl (flaues Gefühl) verspüren. Essen Sie ernährungsbewußt!
- Um einen leeren Bauch zu vermeiden und den Blutzuckerspiegel gleichmäßig zu halten, essen Sie ruhig auch im Bett; kurz vor dem Einschlafen, und bevor Sie morgens aufstehen. Legen Sie sich ein paar Vollkorncracker auf den Nachttisch.
- Gönnen Sie sich Extraportionen Schlaf und Entspannung.
- Vermindern Sie jegliche Art von Streß.

Nur 35 bis 50 Prozent aller schwangeren Frauen durchleiden die Folgen morgendlicher Übelkeit. Sollten Sie nicht dazugehören, können Sie sich als glückliche Schwangere bezeichnen!

Starker Speichelfluß

„Ich leide unter ständiger Speichelansammlung im Mund. Hängt dies mit der Schwangerschaft zusammen, oder gibt es andere Ursachen?"

Vermehrter Speichelfluß gehört zu den normalen Nebenerscheinungen einer Schwangerschaft. Er ist zwar unangenehm, aber völlig harmlos und verschwindet zum Glück nach den ersten Monaten. Das Ursachengefüge ist vermutlich das gleiche wie bei der dargestellten Übelkeit.

Häufiges Wasserlassen

„Ich muß fast halbstündlich auf die Toilette. Ist das normal?"

Die meisten schwangeren Frauen müssen im ersten und dritten Trimester häufiger als normal Wasser lassen.
Gründe für die anfängliche Verstärkung des Harndrangs könnten ein größeres Volumen an Körperflüssigkeiten und eine erhöhte Leistungsfähigkeit der Nieren sein. Weiterhin drückt der im Becken wachsende Uterus auf die ebenfalls dort befindliche Blase. Dieser Druck läßt meistens nach, wenn sich der Uterus in Richtung Bauchraum ausdehnt – etwa im vierten Monat. Spürbar wird dieser Druck erst dann wieder, wenn sich das Baby gegen Ende der Schwangerschaft in das Becken absenkt. Wenn Sie sich während des Urinierens nach vom beugen, können Sie Ihre Blase vollkommen entleeren und so häufigen Toilettengängen etwas entgegenwirken.
Müssen Sie auch nachts oft aufstehen, versuchen Sie nach 16 Uhr weniger zu trinken, aber reduzieren Sie ansonsten nicht die Flüssigkeitsmenge. Sie sollten wenigstens täglich acht Gläser Flüssigkeit trinken.

Veränderungen der Brüste

„Ich erkenne meinen Busen kaum wieder – so groß ist er geworden und dazu sehr empfindlich. Werden meine Brüste so bleiben und nach der Geburt schlaff werden?"

Gewöhnen Sie sich an den Anblick Ihrer Brüste. Diese sind wegen der erhöhten östrogen- und Progesteronmenge, die Ihr Körper produziert, geschwollen. Diese Veränderungen sind nicht sinnlos oder zufällig, sondern bezwecken eine Vorbereitung auf den Stillvorgang.
Neben der Brustvergrößerung werden Sie vermutlich noch andere Veränderungen bemerken. Der Brustwarzenhof wird sich ebenfalls vergößern und verdunkeln, wobei diese Verdunklung nach der Geburt fast wieder verschwindet. Die kleinen Talgdrüsen am „Hof" erhöhen sich während der Schwangerschaft, werden später aber wieder ganz normal.

Die blauen Venen, die über ihre Brüste verlaufen, zeigen das „Mutter-zu-Kind-Liefersystem" für Flüssigkeiten und Nährstoffe an. Nach der Geburt bzw. Stillzeit verschwinden diese Venen wieder, und Ihre Haut sieht wieder ganz normal aus. Zum Glück müssen Sie sich nicht an die manchmal qualvolle Empfindlichkeit Ihrer Brüste gewöhnen. Obwohl Ihre Brüste während der Schwangerschaft weiter wachsen – vielleicht werden sie sich bis zu drei Körbchengrößen verändern –, werden Sie vermutlich nach dem dritten und vierten Monat nicht mehr unter berührungsempfindlichen Brüsten leiden müssen.

Ob Ihre Brüste nach der Geburt schlaff werden, liegt zum großen Teil an Ihnen. Egal wie straff Ihr Busen im Moment ist, schützen Sie ihn. Tragen Sie einen guten Büstenhalter (tagsüber – und vielleicht sogar nachts). Wenn sich Ihre Brüste schon sehr früh innerhalb Ihrer Schwangerschaftszeit vergrößert haben und nun wieder kleiner werden, dann sollten Sie mit Ihrem Arzt sprechen.

Vitaminzusätze

„Sollte ich Vitamine schlucken?"

Fast niemand konsumiert täglich ein vollkommen ernährungsbewußtes Menü und besonders nicht in den ersten Schwangerschaftsmonaten, wenn die morgendliche Übelkeit ein regelmäßiger Appetitzügler ist und das mühsam hineingezwungene Essen sowieso häufig wieder hochkommt. Ein täglicher Vitaminzusatz kann ein wichtiger Lieferant für fehlende Vitamine und Mineralstoffe, insbesondere für Ihr Baby, sein; diese Vitaminzusätze dürfen aber nicht als Ersatz für eine gute Ernährung gelten!

Es gibt sehr gute Multivitamin- und Mineralpräparate, die auch speziell für werdende Mütter gut geeignet sind – mit oder ohne Rezept. Nehmen Sie aber keine Präparate, die Ihr Arzt nicht vorher genehmigt hat. Bei manchen Frauen verursacht Eisen, welches in Zusatzvitaminen oft mit enthalten ist, Verstopfung oder Durchfall.

Nehmen Sie in diesem Fall nichteisenhaltige Vitamintabletten ein und bei Bedarf ab und zu eine Eisentablette. Fragen Sie am besten Ihren Arzt nach seinem Rat. Übrigens: Auch bei Vitaminen hilft viel nicht immer viel!

Ektopische Schwangerschaft (Bauchhöhlen-schwangerschaft)

„Ich leide hin und wieder unter Unterleibskrämpfen. Könnte das auf eine ektopische Schwangerschaft hindeuten, ohne daß ich es weiß?"

Nur bei zwei von hundert Schwangerschaften handelt es sich um eine ektopische, d. h. eine außerhalb des Uterus (meist in den Eileitern oder auch in der Bauchhöhle) befindliche Schwangerschaft. Dies geschieht oft nur dann, wenn Unregelmäßigkeiten im Eileiter den Weg für das Ei zum Uterus blockieren. Sehr viele solcher Schwangerschaften werden in bereits frühen Phasen nach der Befruchtung diagnostiziert, bevor eine Frau überhaupt weiß, daß sie schwanger ist, und bevor überhaupt Schwangerschaftszeichen auftreten. Also, wenn Ihr Arzt mit Hilfe eines Bluttests die Schwangerschaft zweifelsfrei festgestellt und durch eine Ultraschalluntersuchung ihre Schwangerschaft im Uterus bereits bestätigt hat, können Sie diese Sorge streichen! Es gibt einige Faktoren, die Frauen für ektopische Schwangerschaften empfänglicher machen könnten:

- eine bereits vorherige ektopische Schwangerschaft
- Beckenentzündungen
- frühere Bauch- oder Unterleibsoperationen mit Vernarbung
- Sterilisation (Tubenligatur), erfolglose Sterilisation oder der Versuch, die Sterilisation wieder rückgängig zu machen
- eine während der Empfängnis noch liegende Spirale
- möglicherweise mehrere Fehlgeburten.

Auch wenn keine Schwangerschaft vermutet wird: Wenn Sie einige oder alle der folgenden Symptome verspüren, gehen Sie zum Arzt:

- krampfartige einseitige Schmerzen im Unterleib (die Schmerzen können sich aber auch über den ganzen Bauch verteilen). Eventuell verstärkt sich das Schmerzgefühl beim Stuhlgang, Husten oder bei Bewegungen
- braune Schmierblutung oder
- leichte Blutungen (intervallartig oder ständig)
- starke Blutungen (verursacht durch das wachsende Ei, welches den Eileiter sprengen kann; meist in den Bauchraum, nach außen nicht sichtbar)

- Übelkeit und Erbrechen (ohne sonstige Schwangerschaftszeichen)
- Schwindel- oder Schwächeanfälle
- Schulterschmerzen (in manchen Fällen)
- das Gefühl von Stuhldrang (in manchen Fällen).

Wird tatsächlich eine ektopische Schwangerschaft festgestellt, können durch einen schnellen Eingriff (Laparoskopie) sowohl die Eileiter als auch die gesamte Fruchtbarkeit der Frau erhalten werden.

Zustand des Embryos

„Ich bin nervös, weil ich mein Baby nicht spüren kann; könnte es sterben, ohne daß ich etwas davon weiß?"

Zu einer Zeit, wo sich weder der Bauch sichtbar vergrößert, noch Kindesbewegungen spürbar sind, ist es nicht leicht, sich vorzustellen, daß in Ihrem Bauch ein Kind wächst.
Es kommt aber selten vor, daß ein toter Fetus oder Embryo keine Fehlgeburt auslöst. Wenn es aber doch passiert, dann verschwinden alle Anzeichen einer Schwangerschaft wie Empfindlichkeit und Vergrößerung der Brust, und ein bräunlicher Ausfluß (kein echtes Bluten) wird sichtbar. Bei einer Untersuchung wird der Arzt dann feststellen, daß der Uterus wieder kleiner geworden ist. Wenn alle Ihre bisherigen Zeichen einer Schwangerschaft scheinbar verschwunden sind, stellen Sie sich bei Ihrem Arzt vor.

Fehlgeburt

„Nach allem, was ich gelesen und von meiner Mutter gehört habe, bin ich nun ängstlich, daß alles, was ich tue, getan habe und tun will, eine Fehlgeburt verursacht."

Das ist das Schlimmste, was Sie tun können. Und es gibt keinen Grund dafür. Eine Fehlgeburt, auch Spontanabort genannt, ist die plötzliche Ausstoßung des Fetus aus der Gebärmutter, bevor dieser außerhalb des Uterus lebensfähig ist. Eine Fehlgeburt im ersten Trimester gilt als frühe Fehlgeburt und kommt sehr häufig (in 40 Prozent aller „Empfängnisfälle") vor. Die meisten dieser Fehlgeburten ereignen sich so früh, daß eine Frau von der Schwangerschaft noch gar keine Notiz genommen hat; d. h. viele dieser Fehlgeburten geschehen völlig unbemerkt, da die Frau eher an eine ungewöhnlich starke und krampfartige Periode denkt als an eine frühe Fehlgeburt. Frühe Fehlgeburten sind normalerweise mit chromosomalen oder genetischen Abnormalitäten des Embryos, mit der Unfähigkeit des weiblichen Körpers, Schwangerschaftshormone produzieren zu können, oder mit einer Immunreaktion der Mutter gegen den Fetus verbunden.

Für viele schwangere Frauen ist die Angst vor einer Fehlgeburt im ersten Trimester eine echte Behinderung ihrer eigentlichen Freude auf das Kind. Manche verbreiten die frohe Nachricht ihrer Schwangerschaft erst nach dem dritten Monat, wenn sie sich von der tatsächlichen Entwicklung ihres Babys überzeugt fühlen – und in 90 Prozent der Fälle wächst das Baby dann auch wirklich heran. Noch immer sind nicht alle Ursachen früher Fehlgeburten bekannt. Von folgenden Faktoren glaubt man, daß sie nicht für eine Fehlgeburt verantwortlich sind:

- mehrere Aborte
- emotionaler Streß
- Hinfallen oder andere kleinere Verletzungen
- normale oder gewöhnliche körperliche Aktivitäten wie z. B.: Putzen, Einkaufen, Tragen oder Heben anderer Kinder
- Geschlechtsverkehr (außer es existiert bereits eine Reihe von vorangegangenen Fehlgeburten, oder die Frau gehört aus irgendwelchen Gründen in irgendeine risikoreiche Kategorie).

Andere Faktoren erhöhen jedoch das Risiko für eine Fehlgeburt. Manche davon werden sich vermutlich nicht wiederholen und können deshalb spätere Schwangerschaften nicht beeinflussen. Zum Beispiel: Röteln, Infektionen, Strahlungen oder Medikamente, die den Fetus gefährden; hohes Fieber oder eine Spirale, die sich während der Empfängnis noch im Körper befindet.

Wann Sie sich keine Sorgen machen müssen

Nicht jeder Krampf, Schmerz oder Blutfleck deutet unbedingt auf eine Fehlgeburt hin. Fast bei jeder normalen Schwangerschaft kann wenigstens eines dieser Symptome irgendwann auftreten:

◆ Milde Krämpfe, Schmerzen im Unterleib oder ein ziehendes Gefühl auf einer oder beiden Seiten des Bauches. Diese Schmerzen
kommen wahrscheinlich von der Ausdehnung der Beckenbänder,
die den Uterus fixieren. Auch wenn die Krämpfe sehr stark und
anhaltend auftreten oder mit Blutungen verbunden sind, gibt es
noch keinen Grund zur Sorge.

◆ Etwas Blut um den Zeitpunkt herum, an dem Sie normalerweise
Ihre Periode erwartet hätten; ca. 7 bis 10 Tage nach der Empfängnis.

Sie sollten aber routinemäßig Ihren Arzt über alle Schmerzen oder
Vorkommnisse informieren. In den meisten Fällen wird er Sie von
Ihren Sorgen befreien.

Verdacht auf eine Fehlgeburt

Verspüren Sie irgendein Zeichen, welches auf eine Fehlgeburt hin-
deutet (siehe Seite 151), rufen Sie sofort Ihren Arzt an. Sollte Ihr
Arzt im Moment nicht erreichbar sein, rufan Sie unbedingt einen
Krankenwagen, oder begeben Sie sich zu einem Notfalldienst. Während Sie auf Hilfe warten, sollten Sie sich (falls möglich) hinlegen
oder wenigstens die Beine hochlegen. Diese Stellung wird eine Fehlgeburt vielleicht nicht mehr verhindern, aber wenigstens entspannend wirken. Wenn bei der ärztlichen Untersuchung festgestellt
wird, daß der Muttermund erweitert ist, nimmt man an, daß die Fehlgeburt bereits geschehen oder noch im Gang ist. In solchen Fällen
kann nichts mehr unternommen werden, was den Verlust verhindern
könnte. Oft ist der Fetus schon vor Beginn der Fehlgeburt gestorben
und hat durch seinen Tod erst den Spontanabort ausgelöst. Wird
durch Ultraschalluntersuchung festgestellt, daß der Fetus noch lebt
und der Muttermund nicht erweitert ist, bestehen gute Chancen, die
Fehlgeburt zu verhindern. Im allgemeinen rät man in solchen Fällen
zur Bettruhe und zur Einschränkung aller normalen Tätigkeiten.
Manchmal kommt es vor, daß die Fehlgeburt unvollständig ist,
d. h., nur Teile der Plazenta, der Fruchtblase oder des Embryos sind
ausgestoßen. Rufen Sie daher stets Ihren Arzt an, wenn Sie entweder
den Verdacht einer Fehlgeburt hegen oder Blutungen mit starken
Schmerzen hatten.
Denken Sie immer daran, daß die meisten Frauen, die im ersten
Trimester Blutungen hatten, die Schwangerschaft erfolgreich fortgesetzt und gesunde, normale Kinder zur Welt gebracht haben.

Anzeichen einer möglichen Fehlgeburt

Rufen Sie Ihren Arzt vorsichtshalber an:
* Sie haben Blutungen und Krämpfe mit Schmerzen, die Sie in der Mitte Ihres Unterleibes verspüren.
* Der Schmerz ist sehr stark und ununterbrochen, hält mehr als 24 Stunden an (auch ohne Blutungen).
* Die Blutungen sind menstruationsähnlich; leichtere Blutungen dauern mehr als drei Tage an.

Sie benötigen sofort ärztliche Behandlung:
* Wenn sich in Ihrer Vergangenheit bereits Fehlgeburten ereignet haben und Sie jetzt wieder Blutungen, Krämpfe oder beides erleben.
* Wenn die Blutungen so stark sind, daß mehrere Binden innerhalb einer Stunde durchnäßt sind oder die Krämpfe (Schmerzen) nicht mehr zum Aushalten sind.
* Wenn Sie ein Blutkoagel oder gräulich-rosafarbene „Stückchen" entdecken. Das bedeutet eventuell, daß eine Fehlgeburt bereits begonnen hat. Rufen Sie unbedingt den Notfalldienst, falls Ihr Arzt nicht erreichbar ist. Ihr Arzt möchte vielleicht die von Ihnen zwischen dem Blut entdeckten „Stückchen" sehen, so daß Sie die Gewebestückchen in einem Glas, einer Plastiktüte oder in einem sauberen Behälter aufbewahren. Damit kann festgestellt werden, ob eine Fehlgeburt erst droht, bereits passiert ist oder unvollständige stattgefunden hat und nun zur vollständigen Beendigung eine Dilatation und/oder Kürettage angezeigt ist. Beides wäre nötig, um die Blutungen zu stoppen. Es handelt sich dabei um eine einfache, aber wichtige Prozedur, bei welcher der Muttermund erweitert wird und alle zurückgebliebenen Teile des Fetus oder der Plazenta entfernt (ausgeschabt oder abgesaugt) werden. Ihr Arzt wird das entfernte Gewebe untersuchen lassen, um Hinweise auf die Ursache der Fehlgeburt entdecken zu können.

Streß

„Mein Beruf ist sehr stressig; meine jetzige Schwangerschaft war nicht geplant. Soll ich nun besser mit meiner Berufstätigkeit aufhören?"

Streß ist in den letzten Jahrzehnten wegen seiner Auswirkungen auf unser Leben zu einem wichtigen Untersuchungsbereich geworden. Abhängig davon, wie man auf den Streß reagiert, kann er positiv oder negativ sein. Wenn der Streß bei der Arbeit Ihnen zu besseren Leistungen verhilft, Sie anregt und herausfordert, dann stellt er für Ihre Schwangerschaft keine Gefahr dar. Werden Sie durch Streß aber nervös, haben Schlafstörungen oder Depressionen und verursacht er körperliche Beschwerden wie Kopf-, Rückenschmerzen oder Appetitlosigkeit, könnte er Schaden anrichten.

Negative Streßauswirkungen können durch die normalen Stimmungsschwankungen einer Schwangerschaft noch verstärkt werden. Sie sollten jetzt lernen, wie man konstruktiv mit Streß umgeht. Folgendes könnte Ihnen dabei vielleicht behilflich sein:

*   **Sprechen Sie darüber,** sonst bedrückt Sie der Streß noch mehr (wenn nicht mit Ihrem Partner, dann mit irgendeiner anderen Person).
*   **Tun Sie etwas dagegen,** d. h., stellen Sie fest, was Ihnen bei der Arbeit oder im Alltag soviel Streß bereitet, und versuchen Sie, dies dann zu verändern, um den Streß zu reduzieren.
*   **Schlafen Sie viel,** denn Schlaf ist der beste Weg zur Regeneration – für Körper, Geist und Seele. (Aber ohne Schlafmittel.)
*   **Essen Sie gut und regelmäßig,** da zu großer Streß zu hektischer Ernährung führen kann. Und das ist während der Schwangerschaft doppelt schlimm, weil es einmal Ihre Fähigkeit vermindert, Streß zu ertragen, und zum anderen die Gesundheit und Entwicklung Ihres Babys beeinflußt.
*   **„Waschen" Sie den Streß ab.** Ein warmes Bad (aber nicht zu heiß!) ist eine wunderbare Art, sich von Streß zu befreien.
*   **Versuchen Sie es mit Ablenkung,** z. B. treiben Sie ein bißchen Sport, lesen Sie Bücher, sehen Sie sich einen Film an, hören Sie Musik, machen Sie lange Spaziergänge, oder meditieren Sie. Üben

Sie Entspannungsmethoden – diese werden Ihnen auch später die Geburt erleichtern.

Denken Sie daran, daß sich der Streß nach der Ankunft Ihres Babys noch verstärken wird. Sie tun also gut daran, jetzt schon zu lernen, wie man mit Streß am besten umgeht.

Wie Sie sich entspannen können

Im folgenden sind einige Entspannungsübungen beschrieben. Diese sind einfach erlernbar und jederzeit und überall anwendbar:

1. Setzen Sie sich aufrecht mit geschlossenen Augen hin, entspannen Sie alle Muskeln, fangen Sie bei den Zehen an und „arbeiten" Sie sich langsam über die Beine hoch zum Hals und Gesicht. Atmen Sie nur durch die Nase (es sei denn, Sie haben Schnupfen). Während Sie ausatmen, wiederholen Sie immer wieder irgendein Wort wie z.B. „Ruhe", „eins", ... üben Sie ca. 10 bis 20 Minuten.
2. Atmen Sie langsam und tief durch die Nase ein und strecken Sie dabei Ihren Bauch ganz weit raus. Zählen Sie bis vier, dann entspannen Sie Ihre Hals- und Schultermuskeln, während Sie langsam mit halboffenem Mund ausatmen und bis sechs zählen. Wiederholen Sie diese Übung vier- bis fünfmal.

Angst um die Gesundheit des Babys

„Ich weiß, daß ich mich bestimmt unvernünftig verhalte, aber ich bin wegen der Sorge um die Gesundheit meines Babys wie gelähmt."

Jede schwangere Frau ist besorgt, ob ihr Kind sich auch normal entwickelt. Aber eine Sorge, die so lähmend ist, daß Sie sich nicht mehr normal verhalten können, benötigt professionelle Hilfe. Sprechen Sie mit Ihrem Arzt. Vielleicht beruhigt Sie eine Ultraschalluntersuchung. Per Ultraschall kann man sehr viel erkennen. Der verschwommene Umriß eines normalen Babys mit allen Extremitäten und Organen an den richtigen Stellen wirkt sehr beruhigend. Diese Tatsache, zusammen mit den versichernden Worten des Arztes, kann der werdenden Mutter helfen, sich weiter aktiv mit dem Wichtigsten zu beschäftigen, nämlich auf sich und das Baby aufzupassen. Wenn dies nicht funktioniert, ist psychologische Behandlung nötig.

Andere Kinder heben

„Ich habe Angst, meine zweijährige, recht schwere Tochter hochzuheben, weil ich gehört habe, daß eine solche körperliche Anstrengung eine Fehlgeburt verursachen kann."

Sie müssen schon eine bessere Ausrede finden, um Ihre Tochter auf eigenen Beinen gehen zu lassen. Wenn Ihr Arzt Ihnen nichts anderes verordnet hat, dann ist es völlig in Ordnung, leichte bis mittelschwere Sachen zu tragen. Sie sollten es natürlich vermeiden, sich bis zur totalen Erschöpfung anzustrengen (siehe Seite 227 f. „Tips, wie man Rückenschmerzen vermeiden kann").
Sobald aber Ihr Geburtstermin näher rückt, wird Ihr Rücken vielleicht den großen Anforderungen, einen Fetus und ein Kleinkind tragen zu müssen, nicht mehr gewachsen sein. Geben Sie dann immer Ihrem Rücken die Schuld und nie Ihrer Tochter. Versuchen Sie das „Nichtragenkönnen" auszugleichen. Umarmen, streicheln und liebkosen Sie viel Ihre Tochter im Sitzen.

Was Sie wissen sollten:
Regelmäßige medizinische Vorsorge- untersuchungen

Wir alle sind für einen großen Teil unserer Gesundheit selbst verantwortlich. Bezüglich der Schwangerschaft gibt es zahlreiche Möglichkeiten (Sie finden sie überall in diesem Buch), um die neun Monate sicherer und angenehmer, Ihre Wehen und die Geburt leichter und Ihr erwartetes Baby gesünder zu „gestalten". Aber der Versuch, allein auf sich – selbst nur für wenige Monate – aufpassen zu wollen, stellt eine Mißachtung des Prinzips von Eigenfürsorge dar, welches auf einer kooperativen Partnerschaft zwischen Patient und Arzt basiert. Regelmäßige und professionelle Kontrolle ist in einer Schwangerschaft entscheidend und wichtig.

Zeitplan für die Vorsorgeuntersuchungen

Idealerweise sollten Sie Ihren ersten Arztbesuch innerhalb der „Babyplanungsphase" planen. Auf jeden Fall ist aber ein Arztbesuch wichtig, wenn Sie glauben, schwanger geworden zu sein. Eine erste Untersuchung wird zunächst Ihre Schwangerschaft bestätigen und eine weitere Untersuchung dann feststellen, ob möglicherweise Probleme auftreten, die man beobachten sollte. Der Zeitplan für alle weiteren Vorsorgeuntersuchungen wird von Ihrem Arzt und Ihrer Schwangerschaft abhängen. (Falls Sie zu einer Risikogruppe gehören, müssen Sie öfter zum Arzt gehen.) Was Sie beim Arzt erwartet, lesen Sie in den jeweiligen Monatskapiteln! Der Arzt wird Ihnen Ihren Mutterpaß (siehe Anlage) aushändigen, in dem alle Daten der Untersuchungen eingetragen werden.

Um allen Frauen die gleichen ärztlichen Zuwendungen zu sichern, sind Art und Anzahl der Untersuchungen vorgeschrieben (siehe Mutterpaß).

Wann Sie den Arzt rufen sollten

Es ist gut, wenn Sie mit Ihrem Arzt ein Notrufprotokoll erstellen, bevor ein Notfall wirklich eintritt. Wenn Sie dies nicht getan haben und nun dringend Hilfe benötigen, versuchen Sie folgendes: Rufen Sie bei Ihrem Arzt an; sollte dieser nicht erreichbar sein oder nicht innerhalb weniger Minuten zurückgerufen haben, hinterlassen Sie ihm eine Nachricht, was Sie haben und wohin Sie sich jetzt wenden. Anschließend sollten Sie sich sofort zu einer Notfallstelle begeben oder einen Krankenwagen rufen. Wenn Sie über eines der folgenden Symptome klagen, dann berichten Sie so genau wie nur möglich darüber, und sprechen Sie auch über alles, was scheinbar nichts mit Ihrem Problem zu tun hat. Erklären Sie, wie lange Sie schon die Symptome verspüren, wie oft sich z. B. der Schmerz wiederholt hat, ob irgend etwas dagegen Linderung gebracht hat und/oder wie stark die Schmerzen sind. Rufen Sie bei folgenden Symptomen sofort an:

* Starke, andauernde Unterleibsschmerzen auf einer oder beiden Seiten: Benachrichtigung des Arztes am selben Tag. Sind die Schmerzen mit Blutungen, Erbrechen oder Übelkeit verbunden: Sofortige Benachrichtigung des Arztes.
* Leichte vaginale Blutungen: Benachrichtigung des Arztes am selben Tag.
* Schwere vaginale Blutungen, die mit Bauch- oder Rückenschmerzen verbunden sind: Rufen Sie sofort Ihren Arzt an.
* Blutungen aus Brustwarzen, Blase oder After: Rufen Sie sofort Ihren Arzt an.
* Blut husten: Sofortige Arztbenachrichtigung.
* Plötzlich eintretender starker Durst, der mit wenig oder keinem Wasserlassen über einen Tag verbunden ist: Rufen Sie Ihren Arzt an.
* Schwellungen der Hände, Augen oder des Gesichts: Rufen Sie Ihren Arzt am selben Tag an. Sind die Schwellungen

mit starken Kopfschmerzen oder Sehstörungen verbunden: Sofortige Arztbenachrichtigung.

* Bei starken Kopfschmerzen, die mit Schwellungen einhergehen: Rufen Sie sofort den Arzt an.
* Schmerzen oder Brennen beim Wasserlassen: Benachrichtigung des Arztes am selben Tag. Ist das schmerzhafte Urinieren mit Schüttelfrost und Fieber oder Rückenschmerzen verbunden: Rufen Sie sofort den Arzt an.
* Ohnmachtsanfälle oder Schwindelgefühle. Benachrichtigung des Arztes am selben Tag.
* Schüttelfrost und Fieber 37,7°C ohne Erkältungs- oder Grippesymptome: Rufen Sie Ihren Arzt am selben Tag an. Bei Fieber über 39°C: Rufen Sie Ihren Arzt sofort an.
* Starke Übelkeit oder Erbrechen, zwei- bis dreimal täglich Erbrechen im ersten Trimester, Erbrechen zu einem späteren Zeitpunkt der Schwangerschaft (insbesondere wenn Sie vorher nicht unter Erbrechen gelitten haben): Rufen Sie den Arzt am selben Tag an. Ist das Erbrechen mit Schmerzen und/oder Fieber verbunden: Sofortige Arztbenachrichtigung.
* Plötzliche Gewichtszunahme von mehr als einem Kilo, welche nicht mit „mehr essen" in Verbindung gebracht werden kann: Arzt anrufen am selben Tag. Wenn die Gewichtszunahme mit geschwollenen Händen oder Gesicht und/oder mit Kopf- bzw. Sehstörungen verbunden ist: Sofortige Arztbenachrichtigung.
* Keine Kindsbewegungen für mehr als 24 Stunden nach der 20. Woche: Am selben Tag den Arzt anrufen. Bei weniger als zehn Bewegungen pro Stunde nach der 28. Woche: Sofortige Arztbenachrichtigung.

Im Zweifel sein

Manchmal sind die Zeichen, daß etwas mit Ihrem Körper nicht stimmt, etwas undeutlich. Sie fühlen sich ungewöhnlich erschöpft, krank, irgendwie nicht richtig gut. Aber es gibt keine deutlichen Symptome (wie solche, die auf den vorangegangenen Seiten aufgelistet waren). Wenn ausreichender Schlaf und Entspannung nach zwei Tagen keine Besserung Ihres Zustandes bringen, sollten Sie sich nicht scheuen, Ihren Arzt um Rat zu fragen. Vermutlich handelt es sich um nichts Schlimmes, aber Vorsicht ist immer besser.

Beachtung Ihrer gesamten Gesundheit

Selbstverständlich beschäftigen Sie sich während der Schwangerschaft mit pränatalen Dingen. Obwohl Ihre Fürsorge mit dem Bauch beginnen sollte, sollte sie dort aber nicht enden. Warten Sie nicht, bis Ihnen verschiedene gesundheitliche Probleme in den Schoß fallen. Besuchen Sie den Zahnarzt, Ihren Hausarzt, der Sie vielleicht wegen eines chronischen Leidens beobachtet. Kümmern Sie sich um Ihren ganzen Körper, denn Ihr Baby braucht eine vollkommen gesunde Mutter.

Der zweite Monat

Die Untersuchung in diesem Monat

Wenn dies Ihre erste Untersuchung ist, siehe Seite 136 unter „Ihre erste Vorsorgeuntersuchung". Wenn es Ihre zweite Untersuchung ist, wird Ihr Arzt folgendes kontrollieren:

- Gewicht und Blutdruck
- Urin (auf Zucker und Eiweiß)
- Hände und Füße auf Schwellungen (Ödeme), Beine wegen Krampfadern
- Symptome, die Sie als besonders ungewöhnlich empfinden.

Ihr Arzt muß und wird Zeit haben, sich Ihren Fragen und Problemen zu widmen – halten Sie Ihre Liste bereit.

Was Sie vielleicht empfinden

Die folgenden Symptome werden bei Ihnen vielleicht alle gleichzeitig – vielleicht aber auch nur ein oder zwei davon auftreten. Manche kennen Sie noch vom letzten Monat, andere tauchen neu auf. Seien Sie nicht überrascht, wenn Sie sich, unabhängig von Ihren Symptomen, immer noch nicht schwanger fühlen.

Körperliche Symptome
- Ermüdung, Schläfrigkeit;
- Übelkeit mit oder ohne Erbrechen und/oder verstärkter Speichelfluß;
- Verdauungsstörungen (Verstopfung);
- Sodbrennen, Blähungen, geschwollener Bauch;
- Veränderungen der Brust: Fülle, zunehmende Vergrößerung, Empfindlichkeit, Kribbeln, Verdunklung des Brustwarzen-

hofs, Schweißdrüsen um die Brustwarzen herum treten deutlich hervor;

- Netz blauer Linien unter der Haut (sobald sich die Blutzufuhr im Brustbereich erhöht);
- Kopfschmerzen;
- leichte Schwäche- oder Schwindelanfälle;
- Kleidung spannt etwas um die Taille und um die Brust herum, der Bauch erscheint eventuell etwas größer (eher wegen der Blähungen im Darmtrakt als wegen des Uteruswachstums).

Gefühlsmäßige Symptome
- Unausgeglichenheit, die den Symptomen vor der monatlichen Periode ähneln: Reizbarkeit, Launenhaftigkeit, Unvernunft, weinerliches Gefühl;
- Sorge, Angst, Freude, Hoch-, Tiefstimmung ...

Worüber Sie sich vielleicht Gedanken machen ...

Veränderungen der Venen

„Ich habe viele unansehnliche blaue Linien unter der Haut im Brust- und Bauchbereich. Ist das normal?"

Ja, ganz normal. Was Sie sehen, ist der erweiterte Teil eines Venennetzes, um der stärkeren Blutversorgung während der Schwangerschaft gerecht werden zu können. Sie müssen sich überhaupt keine Sorgen machen, denn diese Linien sind deutliche Zeichen, daß Ihr Körper das tut, was er auch eigentlich tun soll!

„Seit ich schwanger bin, habe ich fürchterliche, spinnenähnliche rote Venen auf meinen Oberschenkeln. Sollten das Krampfadern sein?"

Hübsch ist das nicht, aber es handelt sich nicht um Krampfadern! Diese roten Streifen sind vermutlich durch eine Hormonveränderung verursacht worden und werden nach der Geburt verblassen oder auch völlig verschwinden.

„Beide, meine Mutter und meine Großmutter, bekamen während der Schwangerschaft Krampfadern, die auch nach der Geburt ihrer Kinder nicht weggegangen sind. Gibt es eine Möglichkeit für mich, dieses Problem zu verhindern?"

Da Krampfadern oft familiär bedingt sind, ist es klug, rechtzeitig über Vorsorgemaßnahmen nachzudenken, besonders weil Krampfadern dazu neigen, bei weiteren Schwangerschaften immer schlimmer zu werden. Krampfadern lassen sich relativ leicht erkennen. Wie schlimm oder schwer die Krampfadern sind, variiert dagegen sehr. Sie sind möglicherweise mit starken Schmerzen, leichten, anhaltenden Schmerzen, mit einem Schweregefühl oder gar keinen Beschwerden in den Beinen verbunden. Die Venen können fast unsichtbar oder dick und serpentinenähnlich sein – vom Fußknöchel bis zum Oberschenkel sichtbar. In schlimmeren Fällen ist die Haut über diesen Venen geschwollen, trocken oder entzündet.

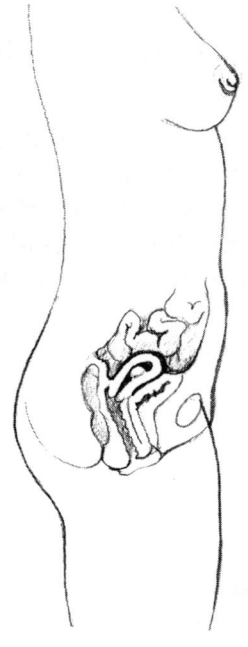

Am Ende des zweiten Monats sieht der Embryo bereits wie ein kleiner Mensch aus. Er ist ungefähr 3,2 cm vom Kopf bis zum Gesäß lang (¹/₃ ist der Kopf) und wiegt etwa 8–9 Gramm. Sein Herz schlägt;, Arme und Beine haben Finger – bzw,. Zehenansätze. Knochenwachstum setzt ein, und Knochen beginnen die Knorpel zu ersetzen.

Glücklicherweise kann die Bildung von Krampfadern während der Schwangerschaft häufig durch bestimmte Maßnahmen verringert oder verhindert werden.

- Vermeiden Sie übermäßige Gewichtszunahme.
- Vermeiden Sie langes Stehen oder Sitzen. Im Sitzen sollten Sie, wenn möglich, Ihre Beine höher als Ihre Hüften legen. Beim Liegen sollten Sie sich ein Kissen unter die Beine legen oder auf der Seite liegen.
- Vermeiden Sie das Anheben schwerer Dinge.
- Vermeiden Sie Verstopfung und zu kräftiges Pressen beim Stuhlgang.
Tragen Sie Stützstrümpfe oder Gummistrümpfe. Ziehen Sie diese morgens sofort nach dem Aufstehen an, bevor das Blut in Ihre Beine schießt (sie sind heutzutage durchaus modisch und unauffällig).
- Tragen Sie keine enge Kleidung. Verzichten Sie auf enge Gürtel oder Hüfthalter, auf Strümpfe oder Strumpfhosen oder Socken mit engen Gummibändern und auf enge Schuhe.
- Verzichten Sie auf das Rauchen.
- Versuchen Sie, täglich Sport (Fitneß) zu treiben.
- Nehmen Sie ausreichend Vitamin C zu sich. Vitamin C wirkt sich günstig auf die Elastizität Ihrer Venen aus.

Eine chirurgische Entfernung von Krampfadern ist während der Schwangerschaft nicht empfehlenswert. Einige Monate nach der Geburt kann diese Operation vorgenommen werden. In den meisten Fällen aber verschwinden oder verbessern sich die Krampfadern spontan nach der Entbindung (meistens bis Sie Ihr normales Gewicht wieder erreicht haben).

Hautprobleme – speziell im Gesicht

„Jetzt habe ich wieder solche Pickel bekommen, wie ich sie als Teenager hatte."

Während der Schwangerschaft kommt eine erhöhte Talgsekretion auf Grund hormoneller Veränderungen vor. Bei manchen Frauen erzeugt das den schönen Schwangerschaftsschimmer auf den Wangen, bei anderen viele Pickel!

Um Hautprobleme zu verringen, sollten Sie

- auf richtige Ernährung achten;
- ausreichend Wasser trinken, weil Wasser der effektivste Porenreiniger ist;
- Ihr Gesicht zwei- bis dreimal täglich mit einer sanften Reinigungsmilch waschen und dickes Make-up vermeiden;
- mit Einverständnis Ihres Arztes Vitamin B_6 (25–50 mg) einnehmen.

Wenn Ihre Hautprobleme sehr schlimm sind, beraten Sie sich mit einem Hautarzt. Dieser muß aber unbedingt über Ihre Schwangerschaft informiert sein, da einige Hautmedikamente während einer Schwangerschaft nicht benutzt werden sollten.

Erweiterung des Taillenumfangs

„Warum erweitert sich denn meine Taille jetzt schon? Ich dachte, man könnte ‚es' erst nach dem dritten Monat sehen?"

Ihr vergrößerter Taillenumfang ist vermutlich eine Nebenerscheinung Ihrer Schwangerschaft, besonders wenn Sie vorher sehr schlank waren. Vielleicht handelt es sich aber nur um die sogenannte Darmauftreibung (Blähung), welche häufig in den ersten Schwangerschaftsmonaten vorkommt. Andererseits ist Ihr Umfang vielleicht ein Hinweis auf eine zu schnelle Gewichtszunahme. Wenn Sie bisher schon über ein Kilo zugenommen haben, sollten Sie Ihre Ernährung analysieren. Vielleicht nehmen Sie zu viele (überflüssige) Kalorien zu sich.

Figurveränderung

„Ich bin besorgt, daß meine Figur nach der Geburt nie wieder so sein wird wie vorher."

Gewichtszunahme während der Schwangerschaft besitzt zwei legitime Zwecke: Der sich entwickelnde Fetus muß momentan mit ernährt werden. Für das spätere Stillen wird eine Vorratskammer angelegt.

Wenn eine Frau nur so viel zunimmt, daß sie diese beiden Zwecke erfüllen kann und dabei noch fit bleibt, wird sie normalerweise einige Monate nach der Geburt wieder ihre „alte" Figur haben (besonders wenn durch das Stillen Fettreserven aufgebraucht werden). Also, nicht klagen, sondern handeln! Unternehmen Sie etwas!

Wenn Sie ab sofort auf Ernährung und Sport achten, werden Sie nach der Schwangerschaft besser als je zuvor aussehen, da Sie nun gelernt haben, Ihren Körper optimal zu pflegen. Wenn sich Ihr Partner Ihnen anschließt, wird auch er nach der Geburt besser als vorher aussehen!

Sodbrennen und Verdauungsstörungen

„Ich habe andauernd Sodbrennen und Verdauungsstörungen. Kann das mein Baby beeinflussen?"

Während Sie Ihre Verdauungsprobleme schmerzhaft spüren, ist Ihr Baby glücklich und davon unberührt, solange davon Ihre gute Ernährung nicht beeinflußt wird.

Es ist fast ausgeschlossen, diese neun Monate ohne Verdauungsstörungen zu überstehen; es handelt sich eben um eine der weniger angenehmen Erscheinungen der Schwangerschaft. Es gibt aber einige effektive Wege, diese Beschwerden zu verringern:

- ◆ Vermeiden Sie eine übermäßige Gewichtszunahme; zuviel Gewicht belastet Ihren Bauch nur zusätzlich.
- ◆ Tragen Sie keine Kleidung, die Ihnen um die Taille herum zu eng ist.
- ◆ Essen Sie öfter und mehrere kleine Mahlzeiten anstatt wenige große!
- ◆ Essen Sie langsam, nehmen Sie kleine Bissen in den Mund, und kauen Sie ganz gründlich.
- ◆ Streichen Sie alle Nahrungsmittel von Ihrem Speiseplan, die Ihnen vielleicht Verdauungsprobleme bereiten könnten. Die Missetäter sind meistens scharfe oder sehr gewürzte Speisen, frittiertes oder fettiges Essen, Würstchen, Wurst, Speck, Schokolade, Kaffee, Alkohol, kohlensäurehaltige Getränke, Pfefferminz.

- Rauchen Sie nicht.
- Schlafen Sie mit Ihrem Kopf ungefähr 15 cm erhöht.
- Entspannen Sie sich.
- Wenn dies alles nichts hilft, fragen Sie Ihren Arzt nach einem Medikament gegen diese Verdauungsbeschwerden.

Eßabneigungen oder -gelüste

„Bestimmte Lebensmittel – besonders grünes Gemüse –, die ich bisher sehr mochte, schmecken mir jetzt überhaupt nicht mehr. Statt dessen habe ich auf weniger gesunde Sachen Appetit."

Viele Frauen finden, daß sich ihr Geschmack während der Schwangerschaft verändert. Gewissermaßen sind hormonelle Veränderungen an diesen neuen kulinarischen Genüssen oder Abneigungen schuld. Daher kommen Eßabneigungen oder Gelüste besonders im ersten Trimester vor, wenn die hormonellen Veränderungen am stärksten sind.

Aber die Hormone sind nicht der einzige Grund. Die Theorie, daß Abneigungen oder Gelüste Signale unseres Körpers sind (Widerwille gegen ein Nahrungsmittel bedeutet, daß es für uns nicht gut sein könnte, während die Lust nach bestimmten Essen anzeigen könnte, daß unser Körper dieses Nahrungsmittel benötigt), hat etwas für sich. Solch ein Signal taucht zum Beispiel in Form einer plötzlichen Kaffeeabneigung auf, obwohl Sie sonst Ihre tägliche Tasse Kaffee genossen haben. Oder Sie können plötzlich gar nicht genug von allen möglichen Zitrusfrüchten bekommen. Vielleicht schmeckt Ihnen plötzlich der für Ihre Schwangerschaft ungesunde Cocktail von selbst nicht mehr. Wenn Sie allerdings weder Fisch noch frisches Gemüse essen wollen, sondern nur Eis in sich hineinstopfen, dann können Sie den Signalen Ihres Körpers nicht unbedingt trauen.

Sie können Ihre Eßabweichungen und Gelüste zwar nicht ganz ignorieren, aber Sie können so darauf reagieren, daß die Ernährungsbedürfnisse Ihres Babys nicht gestört werden.

Wenn Sie sich nach etwas Gesundem sehnen, essen Sie davon viel und genußvoll! Wenn Sie Appetit auf Ungesundes verspüren, versuchen Sie einen Ersatz zu finden. Falls Sie Kaffee, Alkohol oder

Schokolade plötzlich nicht mehr ausstehen können – um so besser. Können Sie allerdings Fisch, Milch, Gemüse usw. nicht mehr ertragen, müssen Sie unbedingt eine andere Quelle für die wichtigen Nährstoffe finden. Die Eßabneigungen oder Gelüste werden nach dem vierten Monat schwächer oder verschwinden völlig.

Milchabneigung und -unverträglichkeit

„Ich kann keine Milch sehen. Wenn ich Milch trinke, werde ich ganz krank. Kann es meinem Baby schaden, daß ich keine Milch trinke?"

Erstens ist es nicht unbedingt die Milch, die Ihr Baby braucht, sondern das Kalzium; und zweitens gibt es genügend andere Nahrungsmittel außer Milch, die Kalzium enthalten.
Viele Menschen, die eine Laktoseintoleranz haben, also den Milchzucker nicht vertragen, können trotzdem einige Milchprodukte wie z. B. Käse oder Joghurt essen. Wenn Sie überhaupt keine Milchprodukte ertragen, müssen Sie andere, sehr kalziumreiche Lebensmittel wie Bohnen, Brokkoli, Feigen, Soja, Sardinen oder Lachs konsumieren. Fragen Sie notfalls Ihren Arzt oder Apotheker nach Kalziumtabletten.

Cholesterin

„Ich bin sehr vorsichtig bezüglich meiner Ernährung und schränke die Einnahme von Cholesterin und Fett ein. Sollte ich dieses Ernährungsprogramm beibehalten?"

Schwangere Frauen sind in der beneidenswerten Lage, ihre Cholesterineinnahme nicht so sehr einschränken zu müssen wie beispielsweise Männer oder ältere Frauen – tatsächlich ist Cholesterin für die fetale Entwicklung notwendig. Der mütterliche Cholesterinspiegel erhöht sich automatisch (25 bis 40 Prozent).
Sie können sich daher einige Lebensmittel „mehr" ohne Schuldgefühle gönnen, wie z. B. ein tägliches Frühstücksei (natürlich nicht roh), Käse oder ein Steak. Natürlich sollten Sie es nicht übertreiben, denn viel cholesterinhaltige Nahrung enthält auch viel Fett und Kalorien – und Sie wollen doch auf Ihr Gewicht achten.

Fleischlose Ernährung

„Ich esse zwar Huhn und Fisch, aber kein rotes Fleisch. Kann ich mein Baby mit allen wichtigen Nährstoffen versorgen, auch wenn ich kein Fleisch esse?"

Ihr Baby kann sich genauso gesund entwickeln wie das einer fleischessenden Mutter. Fisch und Geflügel geben Ihnen sogar mehr Eiweiß und weniger Fett als Rind, Schwein, Lamm oder Innereien. Eine Ernährung ohne rotes Fleisch ist in jedem Fall cholesterinärmer, was Sie momentan natürlich nicht so stark berührt; aber für Ihren Partner oder andere Familienmitglieder ist es ja auf jeden Fall auch gesünder.

Vegetarische Ernährung

„Ich bin Vegetarierin und bei bester Gesundheit. Aber leider reden mir alle Leute – auch mein Arzt – ein, daß ich Fleisch, Fisch, Eier und Milchprodukte essen muß, um ein gesundes Baby zu gebären. Stimmt das wirklich?"

Vegetarierinnen können kerngesunde Kinder bekommen, ohne ihre Ernährungsprinzipien verändern zu müssen. Sie müssen nur etwas aufmerksamer sein, daß Sie folgendes in Ihr Ernährungsprogramm mit einbeziehen:

* genügend Eiweiß (z. B. durch Milch)
* genügend Kalzium
* Vitamin B_{12}, welches sich meistens in tierischen Lebensmitteln befindet. Sie werden vielleicht Vitaminzusätze einnehmen müssen.
* Vitamin D, auch dafür werden Sie vermutlich Vitaminzusätze benötigen.

Sucht nach ungesundem Essen

„Ich bin süchtig nach ungesunder Nahrung: Pfannkuchen zum Frühstück; Hamburger; Pommes und Cola zum Mittagessen ... Ich

habe Angst, daß mein Baby nicht genügend gute Nährstoffe be-kommt, wenn ich diese Eßgewohnheiten nicht unterbreche!"

Es ist schon richtig, daß Sie sich Sorgen machen; denn bevor Sie schwanger wurden, schadeten Ihre schlechten Eßgewohnheiten nur Ihnen selbst. Jetzt allerdings gefährden Sie auch Ihr Baby. Falls Sie sich ausschließlich von „Fast food" ernähren, verwehren Sie Ihrem Kind in den wichtigsten neun Monaten seines Lebens eine gesunde Nahrung. Sollten Sie sich auch noch reichlich viel von diesem Essen genehmigen, wird Ihr Baby nicht die einzige Person sein, die ständig zunimmt! Im folgenden sind einige Hinweise aufgelistet, die Ihnen vielleicht helfen, von dieser Ernährungsweise wieder wegzukommen:

- **Verändern Sie den Ort Ihrer Mahlzeiteneinnahme**
  Frühstücken Sie zu Hause anstatt an Ihrem Schreibtisch. Essen Sie mittags in einem Restaurant, in dem bestimmt keine Hamburger angeboten werden.
- Denken Sie nicht an das Essen, welches Sie am schnellsten bekommen, sondern was am gesündesten ist. Planen Sie Ihr Tagesmenü im voraus, damit Sie täglich alle wichtigen Nährstoffe auf dem Essensplan haben.
- **Gehen Sie der Versuchung aus dem Weg**
  Kaufen Sie weder Kekse, Süßigkeiten noch Cola usw. ein. Bringen Sie sich gesunde Imbisse zur Arbeit mit.
- **Benutzen Sie nicht Zeitmangel als Entschuldigung für Ihre schlechte Ernährung**
  Es dauert nämlich bestimmt nicht länger, sich zu Hause ein Vollkornbrot zu bestreichen, als für einen Hamburger bei McDonalds Schlange zu stehen. Wenn Sie nicht ausreichend Zeit oder Lust haben, jeden Abend zu kochen, kochen Sie für ein paar Tage vor, und bewahren Sie das Essen portionsweise auf.
- **Geld ist ebenfalls keine Entschuldigung**, denn ein selbstgekochtes Essen kostet fast immer weniger als „Fast food".
- **Hören Sie einfach auf**
  Sagen Sie nicht „ach, noch **eine** Cola oder noch **ein** BigMac" – das funktioniert niemals. Schreiben Sie sich selbst vor, daß ungesundes Essen ab sofort „out" ist – wenigstens bis nach der Geburt.

Vielleicht werden Sie nach neunmonatiger, gesunder Ernährung überrascht feststellen, daß es nun wiederum schwierig ist, sich von diesen guten Eßgewohnheiten zu lösen?! Und diese Feststellung wird Ihnen helfen, Ihre gesunde Ernährungsweise beizubehalten.

„Fast food"

„Einmal monatlich gehe ich mit meinen Freunden ins Kino. Anschließend essen wir in einem ‚Fast-food-Restaurant'. Muß ich diesen Besuch für die Schwangerschaftsdauer aufgeben?"

Viele der Schnell-Restaurant-Ketten haben in den letzten Monaten versucht, die Qualität der Eßwaren zu verbessern. Es werden jetzt häufiger dort auch fettarme Alternativen angeboten, wie z. B. gegrilltes Huhn oder Fisch, gebackene Kartoffeln und Salate. Seien Sie einfach viel wählerischer als sonst, und vermeiden Sie Lebensmittel, die entweder viel Fett oder Zucker enthalten.

Ein bißchen schummeln – gezielte Ernährungsfehler

Auch während der Schwangerschaft muß kein Nahrungsmittel vollkommen vermieden werden – es sei denn, Sie haben eine Lebensmittelallergie.
Wir alle machen manchmal Ernährungsfehler!
Also geben Sie einmal in der Woche einem Ihrer Eßgelüste nach, und gönnen Sie sich etwas Ungesundes (aber bitte nichts Schädliches!). Einmal im Monat dürfen Sie sich auch eine größere Sünde erlauben, wie z. B. ein großes Stück Kuchen, Bonbons oder Eis. Versuchen Sie aber, beim Schummeln wählerisch zu sein. Wählen Sie lieber ein Stück Quarkkuchen als Buttertorte oder besser Kekse mit Nüssen als mit Schokolade. Machen Sie Ihre Ernährungsfehler aber ganz gezielt mit Sachen, die Sie wirklich unbedingt essen wollen. Betrügen Sie sich selbst und Ihren gesunden Plan, aber bitte nicht wiederholt mit der Einnahme ungesunder Dinge, von denen Sie dann nicht mehr lassen können.

Chemikalien in der Nahrung

„Lebenmittelzusätze in verpackten Eßwaren, Insektengifte auf verschiedenen Gemüsen, gespritztes Obst usw. ... – gibt es denn überhaupt etwas, was ich gefahrlos während der Schwangerschaft essen kann?"

Alles, was wir essen, besteht mehr oder weniger aus Chemikalien – manche davon sind gefährlich, manche nicht – und einige sind sogar sehr nützlich.

Trotz allem, was Sie vielleicht gehört oder gelesen haben, sind keine Lebensmittelzusätze im Handel, die als Verursacher von Geburtsdefekten erkannt oder nachgewiesen wurden. Alle Zusätze werden sorgfältig geprüft.

Sollte eine Gefahr von chemischen Zusätzen ausgehen, ist sie verschwindend gering. Möchten Sie nun aber doch Ihr Bestes tun, um ein eventuelles Minimal-Risiko zu vermeiden, versuchen Sie folgendes:

* Benutzen Sie Süßstoff (z. B. Zyclamat) in vemünftiger Menge. Saccharin sollten Sie komplett vermeiden (obwohl kein sicherer Beweis für schädigende Wirkung beim Menschen vorliegt).
* Bereiten Sie Ihre Mahlzeiten mit möglichst frischen Zutaten zu.
* Gehen Sie mit Fisch vorsichtig um. Ganz generell sind Meeresfische vermutlich weniger kontaminiert als Fische aus Flüssen, Seen und stehenden Gewässern. Da sich unerwünschte Chemikalien im Fettgewebe ansammeln, ist es am sichersten, wenn Sie mageren Fisch verwenden, wie z. B. Seezunge, Flunder, Schellfisch (Fisch sollte prinzipiell immer gut gegart werden).
* Grundsätzlich sollten Sie mit Nitrat konservierte Lebensmittel wie Salami, Aufschnitt, Würstchen, geräucherten Fisch oder Fleisch vermeiden.
* Kaufen Sie mageres Fleisch und Geflügel. Entfernen Sie sichtbare Haut- oder Fettstreifen von den Knochen. Chemikalien, die den Tieren zugeführt wurden, lagern sich vermehrt in den Innereien (z. B. Leber) ab. Essen Sie daher keine Innereien. Kaufen Sie Fleisch von biologisch gehaltenen Tieren, die ohne Hormone oder Antibiotika aufgezogen wurden.
* Waschen Sie Obst und Gemüse immer gründlich ab. Lassen Sie

sich von bildschönem Obst nicht täuschen, da es mit Sicherheit chemisch behandelt ist; kaufen Sie lieber natürlich gereiftes Obst und Gemüse (echte Bio-Produkte).

◆ Bevorzugen Sie Naturprodukte, die aus Deutschland oder den EU-Nachbarländern stammen. (Sie sind frischer und werden meist strenger kontrolliert.)

Sorgfältiger Umgang mit Nahrungsmitteln

Eine viel größere Gefahr als Chemikalien sind Mikroorganismen, die Lebensmittel verunreinigen. Diese kleinen „Bösewichte" verursachen vieles – von leichten Bauchschmerzen bis zu schweren Erkrankungen. Hüten Sie sich vor Speisen wie Fleisch, Fisch, Geflügel oder Eiern, die unhygienisch zubereitet wurden; ebenso vor Speisen, die mehrere Stunden nicht im Kühlschrank gestanden haben; vor Lebensmitteln aus einer undichten Konserve oder vor nicht hart gekochten bzw. rohen Eiern, rohem Fleisch, Fisch oder Geflügel (Salmonellengefahr!). Seien Sie auch vorsichtig, daß Sie nicht selbst das Essen verunreinigen; waschen Sie sich daher vor dem Kochen oder Essen immer gründlich die Hände.

Was Sie wissen sollten:
Verringern Sie die Risiken

Unfälle erscheinen zwar häufig als Zufälle, die meisten sind jedoch direkte Folge einer Nachlässigkeit – und viele davon können daher auch durch ein wenig Vorsicht und Vernunft vermieden werden. Man kann vieles tun, um Unfällen oder einer Verletzungsgefahr aus dem Weg zu gehen:

◆ Erkennen Sie an, daß Sie momentan nicht so grazil sind wie vor Ihrer Schwangerschaft. Sobald Ihr Bauch größer wird, verändert sich auch Ihr Schwerpunkt, und Sie verlieren leichter Ihr Gleichgewicht. Es wird auch immer schwerer werden, die eigenen Füße zu sehen. Diese Veränderungen können dazu führen, daß Sie unfallgefährdeter sind.

- Schnallen Sie sich im Auto (oder im Flugzeug) immer an.
- Klettern Sie nicht auf wackelige Stühle oder eine brüchige Leiter – am besten Sie verzichten auf jegliche Kletteraktionen.
- Tragen Sie flache Absätze, laufen Sie nicht über rutschige Böden oder in Schuhen mit glatten Sohlen.
- Vorsicht beim Aus- und Einsteigen in die Badewanne wegen der großen Rutschgefahr.
- Überprüfen Sie Wohnung und Garten bezüglich rutschfester Teppichunterlagen, herumliegender Spielsachen oder sonstiger Stolpermöglichkeiten wie Fußbodenschnüre, schlechte Flur- und Treppenbeleuchtungen oder glatter Treppen und rutschiger Gehwege.
- Vorsicht bei Sport und Fitneß (Tips siehe Seite 245 ff.)
- Vermeiden Sie Übertreibungen, denn Müdigkeit ist ein Hauptunfallverursacher.

Der dritte Monat

Die Untersuchung in diesem Monat

Ihr Arzt wird folgendes kontrollieren:

- Gewicht und Blutdruck;
- Urin (auf Eiweiß und Zucker);
- fetale Herzschläge;
- Größe des Uterus (zum Vergleich mit dem errechneten Geburtstermin);
- Höhe der Gebärmutter;
- Hände und Füße (auf Schwellungen); Beine (auf Krampfadern);
- alles, was Ihnen Sorgen verursacht oder Fragen bereitet (auch worüber Sie sprechen wollen).

Was Sie vielleicht empfinden

Folgende Symptome werden Sie vielleicht alle gleichzeitig verspüren – vielleicht aber auch ein oder zwei! Manche kennen Sie noch aus den letzten beiden Monaten, andere tauchen vielleicht neu auf.

Körperliche Symptome
- Ermüdung und Schläfrigkeit;
- verstärkter Harndrang;
- Übelkeit (mit oder ohne Erbrechen) und/oder übermäßiger Speichelfluß;
- Verstopfung (Verdauungsprobleme);
- Sodbrennen, Blähungen;
- Eßabneigungen oder Eßgelüste;
- Brustveränderungen: Fülle, Schwere, Empfindlichkeit, Kribbeln;
- Verdunkelung des Brustwarzenhofs;

- Schweißdrüsen am Brustwarzenhof treten deutlich hervor, das Netz blauer Linien unter der Haut breitet sich weiter aus;
- weitere Venen werden sichtbar, da sie die Blutzufuhr zum Bauch, und zu den Beinen verstärkt;
- gelegentliches Schwäche-Schwindelgefühl;
- Kleidung wird in Taillen- und Brustbereich zunehmend enger; der Bauch ist am Monatsende wahrscheinlich sichtbar größer;
- zunehmender Appetit.

Gefühlsmäßige Symptome:

- Unausgeglichenheit (vergleichbar mit den Stimmungsschwankungen vor der normalen Periode), welche Reizbarkeit, launische Schwankungen, Unvernunft und weinerliches Verhalten einschließt;
- Furcht, Freude, Angst, Hochstimmung (alle oder auch nur eins);
- ein neues Gefühl von plötzlicher Gemütsruhe.

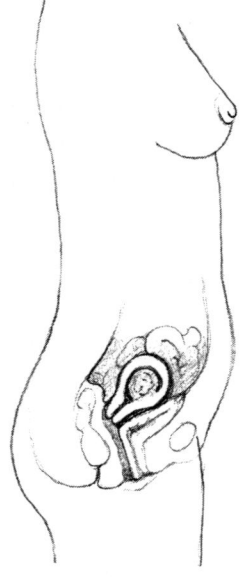

Bis zum Ende des dritten Monats ist dieser winzige Mensch, jetzt Fetus genannt, etwa 7 bis 8 cm lang und wiegt ca. 14 bis 18 Gramm. Mehrere Organe entwickeln sich; der Kreislauf und das Harnsystem funktionieren; die Leber produziert Gallensaft. Die Geschlechtsorgane sind zwar schon entwickelt, aber noch schlecht erkennbar.

Worüber Sie sich vielleicht Gedanken machen ...

Verstopfung

„Ich leide seit Wochen unter Verstopfung. Ist das noch normal?"

Ganz normal – und zwar aus einsichtigen Gründen. Einerseits wird der Ausscheidungsvorgang immer träger wegen der zunehmenden Lockerung der Darmmuskulatur, andererseits wird die normale Darmtätigkeit durch den Druck des wachsenden Uterus gehemmt. Es gibt trotzdem keinen echten Grund, Verstopfung als einen unvermeidlichen Zustand der Schwangerschaft zu akzeptieren. Unregelmäßigkeiten beim Verdauungsvorgang können durch folgende Maßnahmen, die übrigens auch Hämorrhoiden verhindern, behoben werden:

◆ **Verwöhnen Sie Ihren Darm mit Ballaststoffen**
Konzentrieren Sie sich verstärkt auf die Einnahme ballaststoffreicher Lebensmittel wie frisches Obst, Gemüse, Vollkorn-Frühstück (mit Cerialien), Vollkornbrot, Hülsenfrüchte und getrocknete Früchte. Falls Sie sich normalerweise eher ballaststoffarm ernähren, steigern Sie jetzt den Genuß von Ballaststoffen besser langsam, weil sich sonst Ihr Bauch wehren könnte – in Form starker Blähungen. Diese sind aber sowieso nur eine vorläufige Nebenerscheinung ballaststoffreicher Ernährung und eine relativ gewöhnliche Begleiterscheinung einer Schwangerschaft.
◆ **Ertränken Sie den Feind**
Ihr verstopfter Darm hat keine Chance, gegen hohe Flüssigkeitszufuhr zu gewinnen. Wasser, Obst- und Gemüsesäfte eignen sich besonders gut, den Stuhl weicher zu machen, und das Essen im Verdauungstrakt weiterzuleiten.
◆ **Beginnen Sie mit einem Fitneßprogramm**
Siehe Seite 241 ff. unter „Sport während der Schwangerschaft".
◆ **Bemühen Sie sich um Regelmäßigkeit beim Stuhlgang**
Versuchen Sie, Ihren Darm zu trainieren.
Als normaler Entleerungsrhythmus gelten zwei Stühle pro Tag bis drei Stühle pro Woche.

Blähungen

„Ich habe einen stark aufgeblähten Bauch und stelle mir die Frage, ob der für mich unangenehme Druck auch meinem Baby weh tut?"

Gemütlich und sicher wie in einem Kokon und von allen Seiten gegen äußerlichen Druck geschützt, bleibt Ihr Baby von Ihren Qualen verschont. Die einzige Gefahr liegt in der Möglichkeit, daß diese Blähungen Sie von regelmäßiger und guter Ernährung abhalten. Um dieser Gefahr und Ihrem eigenen Unwohlsein vorzubeugen, ergreifen Sie folgende Maßnahmen:

* **Behalten Sie Ihren normalen Ernährungsrhythmus bei.**
  Verstopfung ist eine ganz normale Ursache für Blähungen.
* **Essen Sie nicht übermäßig viel.**
  Große Mahlzeiten verschlimmern nur noch das aufgeblähte Völlegefühl. Essen Sie besser mehrere kleine Mahlzeiten.
* **Essen Sie langsam.**
  Wenn Sie Ihr Essen schnell hinunterschlingen, schlucken Sie dabei auch viel Luft.
* **Entspannen Sie sich während der Mahlzeiten.**
* **Vermeiden Sie Lebensmittel, die Blähungen verursachen.**
  Zum Beispiel Zwiebeln, Knoblauch, Bohnen, Kohl, Brokkoli, Frittiertes und Süßigkeiten (die Sie sowieso nicht essen sollten).
* **Bewegung reduziert auch die Blähungen.**

Gewichtszunahme

„Ich mache mir Sorgen, weil ich in den ersten drei Monaten meiner Schwangerschaft nicht zugenommen habe."

Viele Frauen haben zu Beginn Schwierigkeiten mit der Gewichtszunahme – manche nehmen infolge ihrer morgendlichen Übelkeit sogar noch ab. Glücklicherweise benötigt der Fetus am Anfang weniger Kalorien und Nährstoffe als später und bleibt deshalb im frühen Schwangerschaftsstadium von keiner oder nur geringer Gewichtszunahme relativ unbeeinflußt. Wenn Sie aber ab dem vierten Monat auch noch keine Gewichtszunahme verzeichnen können, wird es für Ihr Baby dann doch Nebeneffekte geben. Je mehr sich das Kind entwickelt, desto mehr Kalorien und Nährstoffe sind gefragt. Machen Sie sich keine Sorgen, sondern essen Sie dafür lieber mehr! Achten Sie dabei genau auf Ihr Gewicht, um feststellen zu können, daß die Waage regelmäßig ansteigt (ein halbes Kilo pro Woche bis zum achten Monat). Versuchen Sie aber bitte nicht mit Hilfe vieler ungesunder Nahrungsmittel schnell zuzunehmen – eine solche Gewichtszunahme wird Ihre Hüften und Oberschenkel dicker machen, nicht aber Ihr Baby.

„Ich bin entsetzt, ich habe schon sechs Kilo in den ersten drei Monaten zugenommen. Was soll ich jetzt bloß tun?"

Momentan können Sie Ihre Waage nicht zurückstellen. Sie dürfen diese extra Kilos nicht als bereits vorhandene Gewichtszunahme für die nächsten drei Monate ansehen, da Ihr Baby eine stetige Kalorienzufuhr und Nährstoffversorgung braucht, d. h., Sie können Ihren Kalorienbedarf jetzt nicht einfach wieder einschränken in dem guten Glauben, daß sich Ihr Baby ausreichend ernährt, indem es von Ihrem derzeitigen Übergewicht zehrt. Eine Diät zur Gewichtsabnahme oder zumindest zur Erhaltung des momentanen Gewichts ist während der Schwangerschaft unangebracht, ja während des zweiten und dritten Trimesters gefährlich, wenn das Baby schnell wächst.

Da Sie also gegen das derzeitige Gewicht nichts unternehmen sollten, konzentrieren Sie sich jetzt auf Ihre Ernährung, um in den nächsten Wochen nicht mehr als nötig zuzunehmen. Wenn Sie sich ab jetzt gesund ernähren und in Grenzen zunehmen, werden Sie nach der Geburt auch leicht wieder abnehmen.

Ausgeschlossen werden muß allerdings, daß es sich bei dieser Gewichtszunahme um Flüssigkeitseinlagerungen (Ödeme) handelt. Das kann der Arzt bei seiner Untersuchung meist ausschließen.

Kopfschmerzen

„Ich leide jetzt immer häufiger unter Kopfschmerzen. Muß ich diese Kopfschmerzen einfach ertragen, weil ich nichts dagegen einnehmen kann?"

Es ist natürlich richtig, daß Sie nicht sofort zur Hausapotheke greifen sollten, aber vorbeugende Maßnahmen zusammen mit Selbsthilfe können auch ein wenig Linderung bzw. Erleichterung bei wiederkehrenden Kopfschmerzen verschaffen. Der beste Weg, Kopfschmerzen zu vermeiden und zu behandeln, hängt zunächst von der Kenntnis über die Ursachen ab. Schwangerschaftskopfschmerzen sind meistens eine Folge hormoneller Veränderungen, kombiniert mit Müdigkeit, Streß, Hunger, Anspannung.

Versuchen Sie folgendes:

- **Entspannen Sie sich**
  (Tips zur Entspannung siehe Seite 153).
- **Vermeiden Sie laute Umgebungen.**
- **Halten Sie sich nicht in „muffigen" Räumen auf.**
  Bekleiden Sie sich mit mehreren „Schichten", damit Sie sich an stickigen Orten immer ein wenig ausziehen können.
- **Legen Sie sich abwechselnd heiße und kalte Kompressen auf.**
- **Achten Sie immer auf Ihre Körperhaltung.**
  Schlaffe oder gebeugte Haltung beim Lesen, Nähen oder Schreiben kann über einen längeren Zeitraum Kopfschmerzen verursachen.

Wenn Sie von unerklärlichen Kopfschmerzen länger als drei Stunden oder von häufigen Kopfschmerzanfällen, von Kopfschmerzen als Folge von Fieber oder solchen, die mit Sehstörungen, geschwollenen Händen oder Füßen verbunden sind, geplagt werden, dann müssen Sie sofort Ihren Arzt benachrichtigen. Greifen Sie nicht zur Schmerztablette, ohne vom Arzt beraten zu sein.

Schlafstörungen

„Bisher hatte ich noch nie Schlafstörungen – jetzt aber kann ich nachts überhaupt nicht mehr zur Ruhe kommen!"

Sie haben viel auf dem Herzen, und Ihr Bauch wird immer größer – kein Wunder also, daß Sie nachts unruhig sind. Sie können diese derzeitigen Schlafstörungen unter guter Vorbereitung auf die vielen schlaflosen Nächte nach der Geburt verbuchen. Sie können natürlich auch folgende Tips versuchen:

- Treiben Sie Sport. Ein Körper, der am Tag arbeitet, kann nachts besser schlafen.
- Bestimmen Sie ein gemächliches Tempo beim Abendbrot. Verschlingen Sie Ihre Mahlzeit nicht vor dem Fernseher, sondern setzen Sie sich mit Ihrem Partner gemütlich für ein ruhiges Essen zusammen und entspannen Sie sich bei einer netten Unterhaltung.
- Entwickeln Sie ein Gutenacht-Ritual, an das Sie sich halten. Konzentrieren Sie sich nach dem Abendessen auf Aktivitäten, die für Sie entspannend sind. Versuchen Sie es mit einer leichten Lektüre, die Sie jederzeit aus der Hand legen könnten, mit einem netten Fernsehfilm, mit beruhigender Musik, mit Entspannungsübungen, mit einem warmen Bad, mit Massage oder Streicheleinheiten.
- Nehmen Sie einen leichten Imbiß zu sich, um Ihren Blutzuckerspiegel etwas anzuheben. Zuviel Essen oder auch gar kein Essen vor dem Zubettgehen kann Ihren Schlaf stören.
- Machen Sie es sich bequem. Prüfen Sie, daß erstens die Temperatur in Ihrem Schlafzimmer (nicht zu warm – nicht zu kalt) angenehm ist, daß zweitens Ihre Matratze fest genug und drittens Ihr Kopfkissen nicht zu weich ist. Je früher Sie lernen, bequem auf der Seite zu schlafen, desto leichter wird es für Sie später werden, wenn Ihr dicker Bauch Ihnen nur noch die Seitenlage ermöglicht (siehe Seite 225 „Schlafpositionen").
- Schlafen Sie möglichst bei offenem Fenster.
- Benutzen Sie Ihr Schlafzimmer wirklich nur zum Schlafen.
- Wenn Sie nachts ständig auf die Toilette müssen, schränken Sie Ihre Flüssigkeitseinnahme ab 16 Uhr ein.
- Befreien Sie sich gedanklich von möglichst vielen Sorgen, bevor Sie ins Bett gehen.
- Vermeiden Sie Koffein oder viel Schokolade – auf jeden Fall nach der Mittagszeit.
- Bleiben Sie länger auf, und machen Sie keinen Mittagsschlaf – vielleicht benötigen Sie weniger Schlaf, als Sie glauben.
- Bedenken Sie, daß viele Leute mit Schlafstörungen mehr Schlaf bekommen, als sie denken. Also beurteilen Sie die Qualität Ihres

Schlafes nach Ihrem eigenen Zustand und nicht nach Stunden. Wenn Sie nicht schlafen können, stehen Sie einfach auf, lesen Sie ein Buch, sehen Sie fern usw., bis Sie müde werden.

Schwangerschaftsstreifen

Die charakteristischen Dehnungsstreifen der Haut gehören zu jenen Folgen der Schwangerschaft, die wohl von den meisten Frauen gefürchtet werden. Sie galten schon im Altertum als untrügliche Zeichen einer stattgefundenen Schwangerschaft. Damals war das jedoch kein Problem: Der Körper der Frau blieb züchtig bedeckt, und meist bekam nur der Ehemann die silbrig schimmernden Streifen zu Gesicht. Heute ist es anders: Frauen, die knappe Bikinis bevorzugen, müssen damit rechnen, daß diese Folgen ihrer Mutterschaft deutlich zu sehen sein werden. Die Schwangerschaftsstreifen (medizinisch „Striae gravidarum" genannt) bilden sich zwar nach der Entbindung zurück, man kann sie jedoch auch weiterhin deutlich als weißliche, narbenähnliche Gebilde erkennen.

„Ich habe gelesen, daß fast alle Schwangeren irgendwann die typischen Streifen bekommen. Das kann aber irgendwie nicht stimmen: Ich kenne selbst mehrere Frauen, deren Haut nichts anzusehen ist. Was ist nun richtig?"

Die Häufigkeit der Dehnungsstreifen bei Schwangeren wird auch in den heutigen Lehrbüchern der Frauenärzte mit rund neunzig Prozent angegeben. Nach neueren Untersuchungen stimmt jedoch diese Angabe nicht mehr. Nach den Erfahrungen der Gynäkologen geht die Zahl der davon betroffenen Frauen deutlich zurück. Offenbar wissen heute mehr Frauen als früher, worauf sie in der Schwangerschaft achten sollten und wie sie durch intensive Hautpflege der Bildung von Dehnungsstreifen vorbeugen können. Nach den aktuellen Untersuchungen sieht die Situation folgendermaßen aus:

◆ Deutliche Schwangerschaftsstreifen bilden sich nur bei jeder zehnten Frau, die ihr erstes Kind erwartet.
◆ Leichtere Formen gibt es bei weiteren zwanzig Prozent.

- Bei einer weiteren Schwangerschaft treten bei sieben Prozent der Frauen neue Streifen auf.
- Die Mehrzahl der Frauen behält jedoch bei rechtzeitiger Pflege keine Streifen nach ihrer Schwangerschaft zurück.

„Ich bin jetzt im dritten Monat schwanger, man kann mir aber noch überhaupt nichts ansehen. Muß ich trotzdem mit Vorbeugungsmaßnahmen gegen die Schwangerschaftsstreifen beginnen?"

Die hormonelle Umstellung beginnt bereits in den ersten Tagen und Wochen der Schwangerschaft. Haut und Haare sind davon besonders betroffen. Bei manchen Frauen wird die Haut glatt, prall und rosig, bei anderen jedoch trockener und empfindlicher. Die Schwangerschaftsstreifen treten vorwiegend im vierten bis fünften Schwangerschaftsmonat auf und bilden sich im letzten Drittel der Schwangerschaft besonders intensiv aus. Mit der vorbeugenden Hautpflege sollte man deshalb unbedingt bereits beginnen, bevor die ersten Streifen aufgetreten sind, also schon zu einem Zeitpunkt, wenn der Bauch sich noch nicht rundet.

„Es ist mir unverständlich, weshalb immer von Dehnungsstreifen die Rede ist. Dabei gibt es doch solche Streifen auch an Stellen, zum Beispiel an den Oberschenkeln, wo die Haut auch während einer Schwangerschaft nicht besonders gedehnt wird."

Die passive Dehnung der Haut ist in der Tat nicht die einzige Ursache für die Entstehung der Schwangerschaftsstreifen. Es gibt ja eine Reihe von Krankheiten (zum Beispiel Tumore oder Bauchwassersucht), bei denen die Haut ebenfalls stark gedehnt wird und es dennoch nicht zur Bildung von Streifen kommt. Die wichtigste Rolle bei der Entstehung der Schwangerschaftsstreifen spielen die Hormone. Unter dem Einfluß der hormonellen Umstellung machen die elastischen Fasern der Haut eine regelrechte Umwandlung durch. Sie weichen auseinander und reißen zuweilen sogar ein. Das ist auch der Grund für den typisch rotvioletten Farbton von frisch entstandenen Streifen: Durch die entstandenen Lücken in der Lederhaut („Kutis") sieht man die blutreiche Unterhaut („Subkutis") durchschimmern.

Es ist nach wie vor ungeklärt, warum manche Frauen trotz einer gewaltigen Überdehnung ihrer Bauchhaut nicht einmal die Andeutung eines Streifens bekommen, andere dagegen schon bei geringer Belastung unter massiver Streifenbildung leiden. Vermutlich hängt die Entstehung der Streifen mit den individuellen Eigenschaften des Bindegewebes zusammen. Welche Art Bindegewebe die einzelne Frau hat, ist jedoch Sache der Veranlagung, etwas also, was man kaum beeinflussen kann.

Das Kortison, ein Hormon, das in der Nebennierenrinde gebildet wird, spielt vermutlich die wichtigste Rolle. Auch bei männlichen Patienten, die mit größeren Mengen dieses Hormons behandelt werden müssen, kommt es nämlich häufig zur Ausbildung von Hautstreifen. Streifen können auch in der Pubertät auftreten. Bei bis zu siebzig Prozent der Mädchen und etwa vierzig Prozent der Jungen werden solche Veränderungen registriert, wobei die Pubertätsstreifen vorwiegend im Bereich der Pobacken, der Hüftknochen und der Oberschenkel zu finden sind. Die bevorzugten Stellen der Streifenbildung in der Schwangerschaft sind dagegen die seitlichen Bauchpartien, die Hüften, die Oberschenkel und die Brusthaut, besonders oberhalb der Brustwarze.

„Ich bin das erste Mal schwanger und bin besorgt, daß ich solche Schwangerschaftsstreifen bekomme. Welche Maßnahmen können verhindern, daß meine Haut unansehnlich wird?"

Mit der Vorbeugung gegen die Bildung von Schwangerschaftsstreifen sollte man, wie bereits gesagt, möglichst schon am Anfang, auf jeden Fall jedoch in der ersten Hälfte der Schwangerschaft beginnen, wenn die Haut noch nicht sehr stark beansprucht ist. Für die aktive Haut- und Gewebepflege ist es allerdings niemals „zu spät". Vorbeugen bedeutet vor allem, die Haut elastisch zu erhalten und ihre Durchblutung zu fördern. Dazu gibt es eine Reihe von nützlichen Maßnahmen:

- Sorgen Sie dafür, daß Ihr Kreislauf gut funktioniert. Tragen Sie keine allzu engen Kleider, sitzen und stehen Sie nicht zu lange, und bewegen Sie sich möglichst viel an der frischen Luft.

◆ Wenn Ihre Schwangerschaft in die Sommermonate fällt, gönnen Sie sich immer wieder ein Sonnenbad, allerdings nicht zu lange. Ein Sonnenbrand würde Ihrer Haut mehr schaden als nützen.

◆ Entspannen Sie sich immer wieder in der Badewanne. Wärme lockert auch die Gelenke und wirkt sich positiv auf die Blutversorgung des Babys aus. Die Temperatur des Badewassers sollte allerdings nicht zu hoch sein, sonst wird es dem Baby zu heiß in Ihrem Bauch.

◆ Wenn Sie bereits über Saunaerfahrung verfügen, dürfen Sie auch weiterhin in die heiße Kabine. Die einzelnen Saunagänge sollten allerdings nicht länger als zehn Minuten dauern. Nehmen Sie sich hinterher ausreichend Zeit für die notwendige Ruhephase. Das eiskalte Tauchbecken sollten Sie allerdings meiden: Der Kälteschock belastet den Kreislauf sehr stark.

◆ Ihre Haut braucht jetzt besonders viel Fett und Feuchtigkeit, um elastisch zu bleiben. Gewöhnen Sie sich frühzeitig an, zu bestimmten Stunden des Tages die von Schwangerschaftsstreifen besonders bedrohten Hautpartien intensiv und ausgiebig mit einem Spezialpräparat einzuölen und zu massieren. Ein besonders mildes Pflegeprodukt ist „frei öl", das bereits seit fast 25 Jahren erfolgreich zur Vorbeugung eingesetzt wird. Es enthält die für die Haut wichtigen Vitamine A und E, natürliche Inhaltsstoffe der Kamille und essentielle Fettsäuren, die die Haut geschmeidig erhalten. Das Spezialöl ist offenbar auch in der Lage, bereits bestehende Schwangerschaftsstreifen zum Verblassen zu bringen, und schützt zudem während der zweiten Schwangerschaft vor der Entstehung neuer Streifen.
Eine wichtige Einschränkung: In den letzten zwei Schwangerschaftswochen sollte „frei öl" nicht einmassiert werden. Durch eine zu kräftige Massage könnten nämlich zu diesem Zeitpunkt bereits Wehen ausgelöst werden.

„Mein Frauenarzt hat mir zur Vorbeugung gegen Dehnungsstreifen eine Zupfmassage empfohlen, hat jedoch kaum erklärt, wie man das richtig macht. Was muß ich bei der Massage besonders beachten?"

Es ist medizinisch erwiesen: Durch sanftes Zupfen, Kneten und Streichen kann die Durchblutung und damit die Stabilität des Bindegewebes verbessert werden. Das gleichzeitige Einreiben eines Haut-öls verhindert außerdem, daß die stark gedehnte Haut trocken wird. Die Massage sollte am besten zweimal täglich erfolgen. Dabei hat sich folgendes Vorgehen bewährt:

- Entkleiden Sie Bauch, Beine und Brüste, und reiben Sie die Haut mit einem Spezialöl vorbeugend gegen diese Schwangerschafts-streifen (z. B. „frei öl") großflächig ein.
- Ergreifen Sie die Haut Stück für Stück mit Daumen und Zeige-fingern, heben Sie sie von der Unterlage ab und walken Sie sie leicht durch. Lassen Sie sie anschließend los.
- Gehen Sie dabei systematisch vor: Beginnen Sie um den Nabel herum, und machen Sie dann größere, konzentrische Kreise. Anschließend wird die Haut der Oberschenkel und der Brüste bearbeitet (Brustwarzen bitte auslassen).
- Die Massage können Sie im Stehen vornehmen, wenn der Bauch jedoch bereits sehr groß ist, geht es besser im Liegen.
  Die vorbeugende Massage sollte jedesmal fünf bis zehn Minuten dauern. Anfangs schonend, später durchaus kräftig. Die Haut darf sich dabei ruhig etwas röten und sich zum Schluß warm an-fühlen.

Im Anschluß an die Massage empfiehlt es sich, sich abwechselnd warm und kalt abzuduschen (zum Schluß bitte immer kaltes Was-ser!). Durch Trockenbürsten und auch durch die Schwangerschafts-gymnastik wird der Massageeffekt optimiert.

„Bei meiner ersten Schwangerschaft habe ich leider nicht aufge-paßt. Ich habe deshalb eine Unmenge von Streifen unterhalb des Nabels und an den Oberschenkeln und wage mich gar nicht an den Strand. Gibt es wirklich nichts, was dagegen hilft?"

Sind die unwillkommenen Streifen erst einmal da, wird man sie auch mit den besten Spezialmitteln nicht mehr gänzlich zum Ver-schwinden bringen können. Sie verblassen jedoch mit der Zeit und bleiben lediglich als silbrige, zarte Linien zurück.
Gleichwohl sollten Sie nicht den Mut verlieren: Durch regelmäßiges Einmassieren eines geeigneten Öls (das bereits erwähnte „frei öl" ist auch in solchen Fällen empfehlenswert) bekommt man die Haut

genauso straff wie vor der Schwangerschaft, und in vielen Fällen bessert sich auch der Zustand der alten Streifen deutlich. Eine hundertprozentige Hilfe gibt es jedoch nicht. Bei besonders hartnäckigen Streifen hilft oft nur wasserfeste Hautschminke. Mit solchen Hautpräparaten (z. B. „Covermark" oder „Dermacolor") kann man Dehnungsstreifen an unbekleideten Körperstellen recht erfolgreich wegschminken. Das Auftragen dieser Präparate nimmt zwar eine gewisse Zeit in Anspruch, außerdem sind sie nicht gerade billig, dafür kann man sie sogar am Strand verwenden, weil sie absolut wasserfest sind.

„Es heißt immer, die Haut muß von innen ernährt werden. Kann man denn durch die richtige Auswahl der Nahrungsmittel auch Schwangerschaftsstreifen vorbeugen?"

Wunderdiäten existieren nicht, doch die richtige Ernährung hat durchaus einen vorbeugenden Effekt. Vitamin C macht die Haut elastisch, Vitamin A und Eiweiß sind nötig für die ständige Erneuerung der Haut. Auch Folsäure scheint eine wichtige Rolle zu spielen. Bei einem Mangel an diesem Vitamin treten Flecken auf Gesicht und Hals häufiger auf. Folsäure ist in grünem Gemüse, Hefe, Niere und Leber enthalten. Sie findet sich außerdem reichlich in fast allen Kohlsorten, besonders im Grünkohl, Brokkoli und Kohlrabi, in Kartoffeln, Hülsenfrüchten, in verschiedenen Nüssen, in Bananen und auch in Zitrusfrüchten. Wenn Sie solche Gerichte bevorzugen und täglich ein Glas frischgepreßten Orangensaft trinken, müßten die durch Folsäuremangel bedingten Flecken allmählich verblassen. Bei den normalen Pigmentstörungen und auch bei bereits bestehenden Dehnungsstreifen sollten Sie sich allerdings keine allzu großen Hoffnungen auf ihr Verschwinden machen.

Herztöne des Babys

„Meine Freundin hat die Herztöne ihres Kindes nach zweieinhalb Monaten gehört. Obwohl ich eine Woche länger als sie schwanger bin, konnte mein Arzt noch keine Herztöne bemerken!"

Bereits nach zehn bis zwölf Wochen ist es möglich, die kindlichen Herztöne mit Hilfe sehr sensibler Geräte (Doppler-Sonographie, ein mikrofonähnliches Instrument, welches Töne verstärkt) zu hören. Ein normales Stethoskop allerdings ist nicht stark genug, um diese Töne vor der 17. oder 18. Woche ausfindig zu machen. Selbst mit ganz raffinierten Instrumenten könnte man die Herztöne wegen einer bestimmten Lageposition des Kindes oder anderer Störfaktoren, wie zu viele mütterliche Fettschichten, wahrscheinlich noch nicht hören. Vielleicht liegt Ihr Problem (was den Zeitpunkt anbetrifft) auch in einem falsch kalkulierten Geburtstermin. Warten Sie noch einen Monat. Wenn Sie dann immer noch nicht den wundersamen Klang des Herzschlages Ihres Kindes vernehmen oder Sie diesbezüglich sehr beunruhigt sind, dann wird Ihr Arzt vermutlich eine Ultraschalluntersuchung durchführen.

Sexuelle Wünsche

„Alle meine bereits schwangeren Freundinnen sagen, daß sie während des frühen Schwangerschaftsstadiums verstärkt sexuelle Lust verspürten – manche hatten zum ersten Mal einen Orgasmus. Warum verspüre ich sowenig Lustgefühle?"

Die Schwangerschaft ist eine Zeit voller Veränderungen innerhalb vieler Lebensaspekte – und nicht zuletzt auch im sexuellen Bereich. Manche Frauen, die noch nie einen Orgasmus oder überhaupt Lust auf Sex hatten, erleben nun als Schwangere plötzlich beides zum ersten Mal. Andere Frauen, die normalerweise sexuell sehr leidenschaftlich sind und leicht zum Höhepunkt kommen, erleben plötzlich eine nie gekannte Lustlosigkeit und sind nur noch schwer zu erregen. Diese Veränderung innerhalb der eigenen Sexualität kann Sie natürlich aus der Fassung bringen, Schuldgefühle bei Ihnen wecken, für Sie ganz wunderbar sein oder Ihnen eine verwirrende Kombination aus allen drei Gefühlen bereiten.
Jedenfalls bedeutet das alles nichts Unnormales. Und – wie Sie erkennen werden, wenn Sie das Kapitel über „Geschlechtsverkehr während der Schwangerschaft" (siehe Seite 213 ff.) gelesen haben – es gibt viele logische Erklärungen für diese veränderten Gefühle. Am wichtigsten ist die Erkenntnis, daß Ihre sexuellen Wünsche –

natürlich auch die Ihres Partners – während der Schwangerschaft eher unberechenbar als erotisch sind. An einem Tag fühlen Sie sich sehr lustvoll – am anderen Tag sehr lustlos. Gegenseitiges Verständnis und offene Aussprachen werden Sie alles gemeinsam durchstehen und erleben lassen.

Oralsex

„Ich habe gehört, daß Oralsex während der Schwangerschaft gefährlich sein kann. Stimmt das?"

Oralsex ist absolut ungefährlich, solange Ihr Partner keine Luft in ihre Vagina bläst. Diese Luft kann in Ihren Blutkreislauf dringen und eine Luftembolie verursachen, die wiederum für Mutter und Kind tödlich sein könnte.

Die orale Befriedigung des Mannes, die mit den weiblichen Geschlechtsorganen direkt ja nichts zu tun hat, ist natürlich völlig ungefährlich und bietet vielen Paaren einen kleinen Ersatz für den fehlenden (nicht erlaubten) Geschlechtsverkehr.

Krämpfe nach dem Orgasmus

„Ich habe nach dem Orgasmus immer Bauchkrämpfe. Heißt das nun, daß Sex meinem Baby schadet oder eine Fehlgeburt verursachen kann?"

Krämpfe – während oder nach dem Orgasmus (eventuell auch mit Rückenschmerzen verbunden) – treten zwar häufiger auf, sind aber bei einer normalen und risikoarmen Schwangerschaft harmlos. Die Ursache kann physischer Natur sein: Nämlich eine Kombination aus einem normalen venösen Blutandrang im Becken und der ebenso normalen Blutstauung im Bereich der Geschlechtsorgane während der Erregung. Die Ursache kann auch psychologisch sein: Nämlich eine ganz normale Angst, dem Baby während des Geschlechtsverkehrs weh zu tun.

Die Krämpfe sind kein Zeichen dafür, daß Sex Ihrem Baby schaden könnte. Viele Experten sind sich einig, daß Geschlechtsverkehr und

Orgasmus während einer normalen Schwangerschaft vollkommen ungefährlich sind und sicher keine Fehlgeburt verursachen. (Siehe Seite 213 ff. „Geschlechtsverkehr während der Schwangerschaft".)

Zwillings- oder Mehrlingsschwangerschaft

„Ich bin schon sehr umfangreich. Könnte ich Zwillinge tragen?"

Es ist wahrscheinlicher, daß Sie einfach ein wenig mehr Gewicht mit sich herumtragen, weil Sie im ersten Trimester mehr als normal zugenommen haben. Ein relativ großer Bauch ist nicht unbedingt ein Zeichen dafür, daß Sie mehrere Babys tragen.
Bei einer Diagnose hinsichtlich einer Mehrlingsschwangerschaft sieht der Arzt nach folgenden Faktoren:

* **Ein übergroßer Uterus**
  Denn nur die Größe des Uterus – nicht die des Bauches – deutet eine Mehrlingsschwangerschaft an. Andere mögliche Erklärungen für einen übergroßen Uterus könnten z. B. ein falsch errechneter Geburtstermin oder eine übermäßig große Menge Fruchtwasser sein.
* **Verstärkte Schwangerschaftssymptome**
  Wenn Zwillinge ausgetragen werden, können die typischen Schwangerschaftsprobleme (morgendliche Übelkeit, Verdauungsstörungen, Ödeme usw.) möglicherweise in doppelter Stärke auftreten.
* **Unterschiedliche Herztöne**
  Je nach Lage der Babys ist es dem Arzt vielleicht möglich, zwei deutlich voneinander zu unterscheidende Herztöne zu entdecken. Diese Art der Zwillingsfeststellung ist aber nur dann möglich, wenn die Herztöne in ihrer jeweiligen Frequenz zu unterscheiden sind.
* **Familiäre Voraussetzungen**
  Obwohl es keine eindeutigen Faktoren gibt, welche die Chancen auf eine Zwillingsgeburt erhöhen, gibt es zumindestens eine erhöhte Wahrscheinlichkeit, daß eine Frau zweieiige Zwillinge gebären wird, wenn es in der Familie der Mutter bereits schon einmal

zweieiige Zwillinge gab oder die Mutter schon etwas älter ist (bei Frauen über 35 reifen häufiger mehr Eizellen) oder die Frau „sogenannte Fruchtbarkeitspillen" eingenommen bzw. eine künstliche Befruchtung stattgefunden hat.

Wenn nun einer oder mehrere dieser Faktoren zutreffen, wird eine Ultraschalluntersuchung durchgeführt. In fast allen Fällen kann mit dieser Methode eine Mehrlingsschwangerschaft erkannt werden (ganz selten bleibt ein „kamerascheuer" Fetus unentdeckt, weil er sich hinter seinem Zwilling versteckt hält).

„Wir hatten uns gerade darauf eingestellt, daß ich überhaupt schwanger bin, als wir erfuhren, daß ich sogar Zwillinge erwarte. Jetzt mache ich mir große Sorgen über die erhöhten Risiken für die Babys und mich."

Mütter „von heute" haben eine größere Chance, Zwillinge zu bekommen als früher (2 zu 100 im Vergleich zur letzten Generation mit 1 zu 100) – zum Glück aber auch eine größere Wahrscheinlichkeit, diese Zwillinge gesund zur Welt zu bringen. Mehr als 90 Prozent aller Zwillingsgeburten enden sehr glücklich. Den größten Teil dieses Erfolges muß man der frühzeitigen Entdeckung der Zwillingsschwangerschaft durch Ultraschall zuschreiben. Heutzutage passiert es nämlich nur noch sehr selten, daß Eltern im Kreißsaal von Zwillingen überrascht werden. Die werdende Mutter und der Arzt können viele Vorsichtsmaßnahmen treffen, die typischen Risiken verringern und die Chancen einer erfolgreichen Doppel- oder Mehrfachgeburt erhöhen:

+ **Zusätzliche medizinische Vorsorge**
  Viele Risiken einer Mehrlingsschwangerschaft können durch gute, erfahrene ärztliche Betreuung reduziert werden. Die Vorsorgeuntersuchungen finden häufiger statt. Man beobachtet sehr genau, ob es bei beiden Babys irgendwelche Anzeichen auf Komplikationen zu entdecken gibt.
+ **Besondere Ernährung**
  Gute, richtige Ernährung kann eines der typischen Probleme einer Mehrlingsschwangerschaft beeinflussen – das Geburtsgewicht. Früher betrug das Standardgewicht bei Mehrlingen je 2200

Gramm. Versorgt sich die Mutter richtig, können Zwillinge 2700 Gamm und mehr wiegen.

Nehmen Sie öfter kleine Mengen nahrhafter Speisen ein, damit der „Raum in Ihrem Bauch" nicht durch zuviel Essen begrenzt wird.

◆ **Extra Gewichtszunahme**
Ein zweiter Fetus bedeutet natürlich auch mehr Kilos für die Mutter. Die Fruchtwassermenge ist größer, und manchmal ist auch eine zweite Plazenta vorhanden. Ihr Arzt wird Ihnen wahrscheinlich eine Gewichtszunahme von etwa 50 Prozent mehr als bei einer normalen Einkindschwangerschaft zubilligen.

◆ **Zusätzliche Vitamine und Mineralien**
Ein zweiter Fetus bedeutet auch einen erhöhten Bedarf an Nährstoffen wie Eisen, Folsäure (gegen Anämie, siehe Seite 200), Zink, Kalzium und sämtliche Vitamine. Sprechen Sie mit Ihrem Arzt darüber.

◆ **Mehr Ruhe**
Versuchen Sie auch tagsüber ein bißchen zu schlafen oder wenigstens Ihre Beine hochzulegen. Verlassen Sie sich auf andere hilfsbereite Personen, wenn es um Haushalt oder Einkäufe geht. Wenn möglich, reduzieren Sie Ihre Arbeitsstunden, oder hören Sie sogar ganz mit Ihrer Berufstätigkeit auf, wenn Ihre Ermüdungserscheinungen zu schlimm werden.

◆ **Besondere Symptome einer Mehrlingsschwangerschaft**
Da die gewöhnlichen Beschwerden einer Schwangerschaft bei Mehrlingen häufig in verstärkter Form auftreten, sollten Sie sich mit verschiedenen Entlastungsmethoden vertraut machen. Die Methoden, Vorschläge und Ratschläge, die in diesem Buch stehen, gelten alle auch für Mehrlingsschwangerschaften. Sollten Ihre Symptome besonders stark oder schmerzhaft sein, dann fragen Sie Ihren Arzt um Rat.

„Alle Leute finden es wunderbar, daß wir Zwillinge erwarten – nur wir selbst nicht. Warum sind wir so enttäuscht und ängstlich?"

Das ist ganz normal. Unsere Vorstellungen und Träume enthalten selten zwei Kinderbetten, zwei Windeleimer, zwei Kinderstühle, zwei Kinderwagen oder zwei Babys. Wenn man erfährt, daß plötzlich zwei Kinder auf die Welt kommen sollen, sind weder Enttäuschung noch Angst ungewöhnlich, weil man sich eben seelisch nur auf ein Kind eingestellt hat. Die auf uns zukommende Verantwortung entmutigt viele schon beim Gedanken an nur **ein** Kind! Akzeptieren Sie einfach die Tatsache, daß Sie beide zwiespältige Gefühle über die Neuankömmlinge hegen, und belasten Sie sich nicht mit Schuldgefühlen. Statt dessen sollten Sie die Zeit vor der Geburt nutzen, sich an Ihre Zwillinge zu gewöhnen. Reden Sie viel mit Ihrem Partner und mit Eltern von Zwillingen. Der Gedankenaustausch mit anderen und das Wissen, daß Sie nicht die ersten werdenden Eltern mit derartigen ambivalenten Gefühlen sind, werden Ihnen bestimmt helfen, toleranter und mit der Zeit auch freudiger über diese Schwangerschaft zu denken.

Gelbkörperzyste

„Mein Arzt erklärte mir, daß ich an einem Eierstock eine Gelbkörperzyste habe. Obwohl das laut ärztlicher Aussage unproblematisch sei, mache ich mir jetzt doch Sorgen."

Jeden Monat formt sich während des fruchtbaren Lebensabschnittes einer Frau nach dem Eisprung ein kleiner Gelbkörper, Corpus luteum genannt (wörtlich: gelber Körper). Es besetzt den Platz, den vorher das Ei eingenommen hatte. Das Corpus luteum produziert Progesteron und Östrogene und ist von der Natur so programmiert, sich nach 14 Tagen von selbst aufzulösen. Danach folgt auf Grund der abnehmenden Hormonspiegel die Menstruation. Bei einer Schwangerschaft löst sich der „Gelbkörper" – unterstützt vom HCG-Hormon – zunächst nicht auf, sondern produziert Progesteron und Östrogene weiter, um die „junge Schwangerschaft" zu erhalten, bis die Plazenta dann diese Aufgabe übernimmt. In den meisten Fällen geschieht dies ca. sechs bis sieben Wochen nach der letzten Periode, der Gelbkörper schrumpft und hört ab der zehnten Schwangerschaftswoche völlig auf zu funktionieren, wenn nämlich „die Arbeit erledigt ist".
Bei schätzungsweise einer von zehn Schwangerschaften findet die Rückbildung des Corpus luteum nicht statt; dafür entwickelt sich eine Gelbkörper-Zyste. Wie Ihr Arzt bereits sagte, stellt diese Zyste

normalerweise kein Problem dar. Wahrscheinlich wird Ihr Arzt aber Größe und Zustand vorsichtshalber regelmäßig per Ultraschall beobachten. Sollte die Zyste tatsächlich größer werden oder aufzubrechen drohen, müßte diese durch eine Operation entfernt werden.

Was Sie wissen sollten:
Gewichtszunahme während der Schwangerschaft

Treffen irgendwo zwei schwangere Frauen zusammen – sei es im Wartezimmer, im Bus oder bei einer geschäftlichen Veranstaltung –, dann werden sofort Fragen gestellt wie: „Wann ist es denn soweit?", „Spüren Sie Ihr Baby schon?", „Wie fühlen Sie sich?" … Auch die beliebteste Frage – nach dem zugenommenen Gewicht – wird nicht fehlen.
Diese Vergleiche scheinen unvermeidlich, stiften aber oft mehr Verwirrung. Die Frauen, die im ersten Trimester begeistert fünf Kilo zugenommen haben, fragen sich plötzlich: Wieviel ist zuviel? Andere, die auf Grund morgendlicher Übelkeit und der damit verbundenen Appetitlosigkeit kaum zugenommen oder gar abgenommen haben, fragen sich wiederum: Wieviel ist zuwenig? Und alle möchten wissen, wieviel denn nun genau richtig ist!

Gesamte Zunahme
Früher beschränkte man die gesamte Gewichtszunahme auf sieben Kilo. Heute weiß man, daß diese Zunahme nicht ausreichend ist. Babys, deren Mütter weniger als neun Kilo während der Schwangerschaft zunehmen, werden häufig früher geboren, sind im Vergleich zum Gestationsalter relativ klein und leiden unter intrauterinen Wachstumsverzögerungen.
Fast genauso problematisch war dann der neue Trend, der Schwangere ermunterte, unendlich viel zu essen und somit auch immens an Gewicht zuzunehmen. Eine übermäßige Gewichtszunahme hat ernst zu nehmende Folgen: Zunächst ist die Untersuchung schwieriger, dann belastet übermäßiges Gewicht die Muskulatur und führt zu Rückenschmerzen, Beinschmerzen, Krampfadern und stärkerer

Müdigkeit; außerdem könnte das Baby auch viel zugenommen haben, d. h. so groß sein, daß eine vaginale Geburt äußerst schwierig wird (obwohl die Gewichtszunahme der Mutter und die des Kindes nicht automatisch im Zusammenhang stehen); auch Operationen wie z. B. Kaiserschnitt o. ä. sind bei großem Umfang der Frau wesentlich schwieriger durchzuführen. Und schließlich wird es nach der Geburt sehr schwer sein, die vielen Pfunde wieder loszuwerden!

Eine vernünftige Gewichtszunahme liegt etwa zwischen 11 bis 16 Kilo. Diese Zunahme sieht im Idealdurchschnitt 2,7 bis 3,6 Kilo für das Baby und den Rest für Plazenta, Brüste und Flüssigkeit (siehe Seite 194) vor. Diese Richtwerte ändern sich natürlich für Frauen mit besonderen Bedürfnissen:

Frauen, die mit extremem Untergewicht die Schwangerschaft beginnen, sollten im ersten Trimester versuchen, ausreichend zuzunehmen, damit sie dann das zweite Trimester nah am Idealgewicht orientiert beginnen, um die besagten 11 bis 16 Kilo noch „obendrauf" zunehmen zu können. Frauen, die mit 10 bis 20 Prozent Übergewicht ihre Schwangerschaft beginnen, können gefahrlos ein bißchen weniger zunehmen. Während der Schwangerschaft sollte man aber nicht abnehmen oder versuchen das Gewicht beizubehalten, weil sich ein Fetus nicht von den Fettreserven (die zwar Kalorien, aber keine Nährstoffe enthalten) ernähren kann. Frauen, mit einer Mehrlingsschwangerschaft, müssen ihre ideale Gewichtszunahme mit ihrem Arzt besprechen. Die genannten Richtwerte werden sich zwar bei Zwillingen nicht verdoppeln oder bei Drillingen gar verdreifachen, dennoch beachtlich erhöhen (16 bis 20 Kilo Gewichtszunahme bei Zwillingen und noch mehr bei Drillingen).

Wie soll die Gewichtszunahme erfolgen?

Die Gewichtszunahme sollte so gleichmäßig wie möglich erfolgen. Große Sprünge nach oben oder unten sind unbedingt zu vermeiden. Schwankt Ihre Gewichtszunahme sehr, sollten Sie mit Ihrem Arzt sprechen. Das gilt besonders, wenn Gewichtsschwankungen weder auf übermäßiges Essen noch auf übermäßige Zufuhr von Salz zurückzuführen sind. Sie sollten sich auch untersuchen lassen, wenn Sie mehr als zwei Wochen lang nicht zunehmen.

Sollten Sie der Meinung sein, daß Ihre Gewichtszunahme überhaupt nicht planmäßig verläuft (z. B. haben Sie 14 Pfund statt drei

Schwangerschafts-Woche	Gewichtszunahme/Woche	Gesamtzunahme in diesem Zeitraum
1. bis 12.	keine	keine
13. bis 15.	250 g	750 g
16. bis 22.	350 g	2 450 g
23. bis 24.	400 g	800 g
25. bis 26.	450 g	900 g
27. bis 35.	500 g	4 500 g
36. bis 38.	400 g	1 200 g
39. bis 40.	300 g	600 g

bis vier Pfund im ersten Trimester zugenommen oder 20 Pfund statt 12 Pfund im zweiten Trimester), dann müssen Sie etwas unternehmen, um ein gewisses Gleichgewicht wiederherzustellen.

Sie müssen gemeinsam mit Ihrem Arzt ein neues Ziel festlegen, sowohl bezüglich des „Übergewichts" (wovon Ihr Baby nicht zehren kann) als auch bezüglich des Gewichts, das Sie noch zunehmen müssen. Denken Sie immer daran, daß Ihr Baby einen regelmäßigen und täglichen Zufluß von lebenswichtigen Stoffen während der gesamten Schwangerschaft benötigt. Achten Sie auf Ihre Ernährung, aber fasten Sie nicht! Beobachten Sie Ihr Gewicht von Anfang an, so daß Sie Ihr Baby niemals auf „Diät" setzen müssen, um selbst nicht dick zu werden.

Wie verteilt sich die Gewichtszunahme?
(Alle Gewichte sind Annäherungswerte)

Baby	3,4 Kilogramm
Plazenta	0,7 Kilogramm
Fruchtwasser	0,9 Kilogramm
Vergrößerung des Uterus	0,9 Kilogramm
Brustgewebe	0,9 Kilogramm
mütterliches Blutvolumen	1,8 Kilogramm
Flüssigkeiten im Gewebe	1,8 Kilogramm
Fett der Mutter	3,2 Kilogramm
Durchschnitt (gesamte Gewichtszunahme)	13,6 Kilogramm

Der vierte Monat

Die Untersuchung in diesem Monat

In diesem Monat können Sie damit rechnen, daß Ihr Arzt folgendes kontrolliert[1]:

* Gewicht und Blutdruck
* Urin (auf Zucker und Eiweiß)
* fetaler Herzschlag
* Größe des Uterus durch äußerliches Abtasten
* Stand der Gebärmutter
* Hände und Füße auf Schwellungen; Beine auf Krampfadern
* Fragen und Probleme, die Sie persönlich erlebt haben
* Fragen und Probleme, die Sie vielleicht besprechen wollen – halten Sie Ihre Notizliste bereit!

Was Sie vielleicht empfinden

Sie können zu irgendeinem Zeitpunkt alle der folgenden oder auch nur einige Symptome spüren. Manche davon kennen Sie noch aus dem letzten Monat, andere sind vielleicht ganz neu für Sie. Es kann auch sein, daß Sie einige ungewöhnlichere Symptome verspüren.

Körperliche Symptome
* Ermüdungserscheinungen;
* verminderter Harndrang;
* Verringerung Ihrer Übelkeit und/oder kein Erbrechen mehr. (Einige Frauen verspüren die morgendliche Übelkeit auch noch im vierten Monat; bei einigen Frauen fängt diese jetzt erst an!);
* Verstopfung;

- Sodbrennen, Verdauungsstörungen, Blähungen, geschwollener Bauch;
- weitere Brustvergrößerungen, aber meistens mit schwächerer Empfindlichkeit verbunden;
- gelegentliche Kopfschmerzen;
- Schwäche- und Schwindelanfälle;
- verstopfte Nase und gelegentliches Nasenbluten;
- Zahnfleischbluten;
- verstärkter Appetit;
- leichte Schwellungen an Fesseln und Füßen – manchmal auch an Händen und im Gesicht;
- Krampfadern an den Beinen (eventuell auch Hämorrhoiden);
- wenig weißer Ausfluß;
- Kindesbewegungen könnten am Ende dieses Monats spürbar werden, allerdings nur, wenn Sie entweder sehr schlank sind oder dies nicht Ihr erstes Kind ist.

Gefühlsmäßige Symptome

- Seelische Instabilität, die – vergleichbar mit den Gefühlen vor der Menstruation – Reizbarkeit, launische Schwankungen, Unvernunft und schnelles Weinen einschließt;

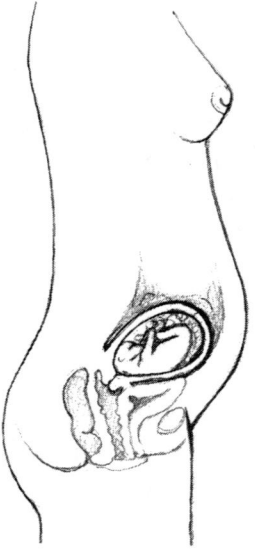

Bis zum Ende des vierten Monats haben sich beim Fetus, welcher jetzt ca. 10 cm lang ist und über die Plazenta ernährt wird, Reflexe wie Daumenlutschen und Schlucken entwickelt. Der Körper wächst und holt jetzt den Kopf an Länge ein. Zahnknospen entstehen, Finger und Zehen sind bereits recht gut ausgebildet. Obwohl der Fetus jetzt schon sehr menschlich aussieht, könnte er außerhalb des Uterus noch nicht überleben.

- Freude und/oder Angst, weil Sie sich jetzt tatsächlich bezüglich Ihrer Schwangerschaft sicher und bestätigt fühlen;
- Frustration, weil Sie sich immer noch nicht richtig schwanger fühlen, aber trotzdem nicht mehr in Ihre normale Kleidung passen, während die Umstandsmode für Sie noch zu weit ist;
- Verwirrung: Sie werden vergeßlicher oder lassen Sachen fallen; Sie können sich nicht mehr richtig konzentrieren.

Worüber Sie sich vielleicht Gedanken machen ...

Erhöhter Blutdruck

„Ich mache mir Sorgen, weil bei meinem letzten Arztbesuch mein Blutdruck etwas erhöht war."

Ein erhöhter Blutdruck, der bei einem Arztbesuch einmalig gemessen wurde, muß noch überhaupt nichts bedeuten. Vielleicht waren Sie einfach ein wenig aufgeregt oder nervös; vielleicht waren Sie auch sehr spät „dran" und sind den ganzen Weg vorher sehr schnell gegangen, oder Sie haben berufliche Sorgen ... Eine Stunde später wäre Ihr Blutdruck wahrscheinlich normal gewesen. Weil es schwierig ist, die Ursache eines Einzelwertes zu beurteilen, empfiehlt Ihnen Ihr Arzt vielleicht, die Salzzufuhr einzuschränken, mehr frisches Obst und Gemüse zu essen (täglich acht bis zehn Portionen) und Kalziumtabletten einzunehmen.

Was als normaler Blutdruck überhaupt angesehen wird, variiert während der Schwangerschaft. Der für Sie normale Grund- bzw. Orientierungswert wird bei Ihrer ersten Untersuchung gemessen und festgelegt. Ganz generell wird Ihr Blutdruck vermutlich in den ersten Schwangerschaftsmonaten ein wenig absinken, aber etwa ab dem siebenten Monat wird er wieder ansteigen. Sollte sich der systolische Blutwert (Oberwert) um 30 mmHg oder der diastolische Blutwert um 15 mmHg während des ersten oder zweiten Trimesters über Ihren Grundwert erhöhen und bei zwei weiteren Messungen, die ca. sechs Stunden auseinanderliegen, erhöht bleiben, ist eine gründliche Beobachtung und eventuell auch Behandlung berechtigt.

Im dritten Trimester wird man nur dann eine Behandlung beginnen, wenn Ihre Werte die genannten Blutdruckerhöhungen wesentlich überschreiten. Wenn ein Bluthochdruck mit plötzlicher Gewichtszunahme, starken Hand- oder Gesichtsschwellungen und/oder Eiweiß im Urin verbunden ist, wird es sich vermutlich um Präklampsie (Schwangerschaftsbluthochdruck) handeln. Bei Frauen, die regelmäßig zu den Vorsorgeuntersuchungen gehen, kann dies normalerweise diagnostiziert werden, bevor ernsthafte Symptome auftreten wie z. B. Kopfschmerz, verschwommenes Sehen, Reizbarkeit oder Magenschmerzen. Sollten Sie bei sich Symptome erkennen, die auf Präklampsie hindeuten, benachrichtigen Sie Ihren Arzt.

Zucker im Urin

„Als ich das letzte Mal beim Arzt war, erfuhr ich, daß ich Zucker im Urin habe. Obwohl ich mir laut ärztlicher Aussage keine Sorgen machen sollte, glaube ich ganz fest an Diabetes!"

Nehmen Sie den Rat Ihres Arztes an, und machen Sie sich keine Sorgen. Eine kleine Menge Zucker im Urin zu irgendeinem Zeitpunkt der Schwangerschaft bedeutet noch lange nicht, daß Sie Diabetikerin sind. Ihr Körper tut wahrscheinlich nur das, was er auch tun soll, nämlich den Fetus mit ausreichend Glukose zu versorgen. Insulin reguliert Ihren Blutzuckerspiegel. Die Schwangerschaft löst einen Anti-Insulin-Mechanismus aus, welcher verantwortlich dafür ist, daß ausreichend Zucker durch Ihr Blut zirkuliert, damit auch der Fetus ausreichend ernährt wird. Es ist von der Idee her ein perfektes System, welches nicht immer perfekt funktioniert. Manchmal wirkt der Anti-Insulin-Effekt so stark, daß mehr Zucker im Blut bleibt, als Mutter und Kind verlangen. Dieser Überschuß wird im Urin „ausgeschüttet". Daher ist Ihr Zucker im Urin nicht ungewöhnlich – besonders nicht während des zweiten Trimesters, wenn sich der Anti-Insulin-Effekt verstärkt. Fast 50 Prozent aller Schwangeren haben irgendwann einmal Zucker im Urin. Bei den meisten Frauen reagiert der Körper auf die Zunahme von Blutzucker mit einer verstärkten Insulinproduktion, welche vermutlich bereits vor der nächsten Untersuchung den Zuckerüberschuß ausgeglichen haben wird. Wahrscheinlich wird das auch bei Ihnen der Fall sein. Bei manchen Frauen aber, die zu Diabetes neigen oder sogar Diabetikerinnen sind, funktioniert die Insulinproduktion nicht so gut oder so schnell, um dem Zuckerüberschuß entgegenwirken zu können, bzw. das produzierte Insulin kann vom Körper nicht wirksam benutzt werden. Diese Frauen haben weiterhin einen erhöhten Zuckerspiegel in Blut und Urin. Bei den Frauen, die vor der Schwangerschaft nicht zu Diabetes neigten, nennt man diese Erscheinung Gestationsdiabetes. Sollte also bei Ihrer nächsten Untersuchung immer noch Zucker im Urin entdeckt werden, wird Ihr Arzt auch Ihr Blut auf den Zuckergehalt testen und einen Glukosetoleranztest durchführen lassen. Diese Untersuchung zeigt genau, wie Ihr Körper auf Zucker reagiert. Symptome, die auf Gestationsdiabetes hinweisen, sind neben starkem Durst oder Hunger häufiges Wasserlassen (auch noch im zweiten Trimester), wiederholt auftretende Vaginalinfektionen (Candida-Infektion) und erhöhter Blutdruck.

Ungefähr zwei Prozent (nach neueren Schätzungen sogar zehn Prozent) aller schwangeren Frauen bekommen diesen Gestationsdiabetes, der zu den gewöhnlicheren Schwangerschaftskomplikationen zählt. Frauen, die in eine Risikokategorie fallen, werden früher und häufiger getestet. Zu den werdenden Müttern, die ein erhöhtes Risiko tragen, zählen:

Ältere Frauen, da sich die Tendenz zu Diabetes mit zunehmendem Alter erhöht;

Frauen, die aufgrund ihrer Familiengeschichte erblich belastet sein könnten;

Frauen, die während anderer Schwangerschaften schon Zucker im Urin oder auch außerhalb der Schwangerschaft eine Glukoseintoleranz hatten (gestörte Glukosetoleranz – früher: latenter oder potentieller Diabetes);

Frauen, die adipös sind, d. h. selbst große Babys waren und/oder schon mehrere große Babys geboren haben;

Frauen, die bisher keine gute Schwangerschaftsanamnese hatten (inklusive früheren Gestationsdiabetes und Toxämie), d. h. unter wiederholter Harnwegsentzündung, übermäßig viel Fruchtwasser, wiederholten Fehlgeburten und unerklärlichen Totgeburten (oder der Geburt eines Babys mit kongenitalen Anomalien) leiden oder litten.

Obwohl diese Mütter früher zu Risikoschwangeren zählten, ist das heute dank moderner Medizin und bei umfassender Betreuung nicht mehr der Fall. Wenn der Blutzucker durch bestimmte Ernährung unter Kontrolle bleibt und medizinisch behandelt wird, können Diabetikerinnen sowohl eine normale Schwangerschaft als auch gesunde Babys haben! Eventuell muß die Entbindung vorzeitig eingeleitet, und die Mutter länger stationär betreut werden.

Bei 97 Prozent aller Frauen mit Gestationsdiabetes verschwinden diese Blutzuckerabnormalitäten nach der Geburt, wobei einige dieser Frauen – insbesondere sehr übergewichtige – im späteren Leben Diabetes bekommen können. Um diese Gefahr zu verhindern, sollten Sie folgende Maßnahmen ergreifen:

Regelmäßige ärztliche Untersuchungen; gute Ernährungs- und Sportgewohnheiten beibehalten; sich am Idealgewicht orientieren und auf die Symptome für Diabetes achten, um rechtzeitig den Arzt informieren zu können.

Blutarmut (Anämie)

„Eine meiner Freundinnen litt während der Schwangerschaft plötzlich unter Blutarmut. Kann ich das auch bekommen oder überhaupt verhindern?"

Sobald sich das Blutvolumen während der Schwangerschaft vergrößert, erhöht sich auch langsam der Bedarf an Eisen zur Produktion von roten Blutkörperchen. Da nicht alle schwangeren Frauen von außen ausreichend Eisenzufuhr erhalten, haben fast 20 Prozent der Frauen zuwenig Eisen. Glücklicherweise kann man diesen Eisenmangel leicht durch bestimmte abwechslungsreiche Kost- und Eisenzusätze beheben. Einen Anämietest führt der Arzt normalerweise schon bei Ihrer ersten Vorsorgeuntersuchung durch, allerdings haben nur sehr wenige Frauen zu diesem Zeitpunkt Eisenmangel. Manche Frauen haben lange vor Ihrer Schwangerschaft Anämie (insbesondere während der fruchtbaren Jahre, da wegen der monatlichen Menstruation ein ständiger Blutverlust (und somit auch

Eisenmangel) entsteht. Nach der Befruchtung hört ja die Regelblutung auf, und somit steigt der Eisengehalt wieder an; entsprechende Ernährung eingeschlossen. Ab der 20. Woche (ab da entsteht aufgrund des wachsenden mütterlichen Blutvolumens und des sich entwickelnden Fetus ein erhöhter Eisenbedarf) entwickelt sich erneut ein Eisenmangel.

Wenn es sich dabei um einen harmloseren Eisenmangel handelt, wird die Frau vielleicht keinerlei Symptome verspüren. Ist der Eisenmangel größer, treten bei der Mutter Symptome wie Blässe, übermäßige Müdigkeit, Schwäche, Herzklopfen, Atemlosigkeit und sogar Ohnmachtsanfälle auf.

Dies ist einer der seltenen Fälle, wo die fetalen Ernährungsbedürfnisse vor denen der Mutter gestellt werden, denn der Fetus einer anämischen Mutter leidet in den seltensten Fällen unter Eisenmangel.

Es existierten jedoch einige Beweise, daß es einen Zusammenhang zwischen Müttern (die Anämie haben und keine Eisenzusätze einnehmen) und ihren frühgeborenen oder untergewichtigen Kindern geben könnte.

Obwohl alle schwangeren Frauen leicht zu Eisenmangel neigen, sind einige „Gruppen" besonders prädestiniert:

* Frauen, die schnell mehrere Kinder hintereinander bekommen haben;
* Frauen, die mehr als einen Fetus tragen;
* Frauen, die viel erbrechen müssen oder wegen der morgendlichen Übelkeit wenig essen können;
* Frauen, die von vornherein unterernährt waren und/oder sich seit der Empfängnis ungesund ernähren.

Um Anämie zu vermeiden, wird werdenden Müttern eine eisenhaltige Ernährung vorgeschlagen. Da es aber schwierig bis fast unmöglich ist, genügend Eisen allein nur aus dem Essen (Spinat z. B. gilt fälschlich als Eisenspender) zu ziehen, sollte normalerweise täglich ein Eisenpräparat (30 mg) eingenommen werden. Falls dann eine Anämie diagnostiziert wird, sollten weitere 30 mg zusätzlich eingenommen werden, eventuell auch in Kombination. Bei schweren Anämien können Eisenpräparate auch intravenös injiziert werden. Wenn Eisenmangel nicht der Grund für die Anämie ist, werden weitere Tests durchgeführt, um herauszufinden, ob es sich um Folsäure-

mangel und – vor allem bei Ausländerinnen – Sichelzellenanämie
oder Thalassämie handeln könnte.

Atembeschwerden

*„Manchmal habe ich Schwierigkeiten zu atmen. Hat das etwas mit
der Schwangerschaft zu tun?"*

Wahrscheinlich. Viele Schwangere erleben ab dem zweiten Trimester
leichte Kurzatmigkeit, denn die stetig steigenden Schwangerschaftshormone sollen die Kapillaren des Atmungstraktes erweitern und
die Muskulatur der Lungen und Bronchien entspannen. Im fortgeschrittenen Schwangerschaftsstadium fällt es immer schwerer, tief
einzuatmen, weil der wachsende Uterus gegen das Zwerchfell
drückt. Dadurch können sich die Lungen schlechter ausdehnen.
Diese Art der Atemlosigkeit ist ganz normal.
Andererseits kann starke Atemlosigkeit auch Gefahr bedeuten,
besonders wenn der Atem sehr schnell ist, die Lippen und Fingerspitzen blau gefärbt sind und/oder die Atembeschwerden mit Brust-
schmerzen und schnellem Puls verbunden sind. Dann rufen Sie
sofort bei Ihrem Arzt oder den Notfalldienst an.

Vergeßlichkeit

*„Letzte Woche ließ ich meine Brieftasche zu Hause liegen; heute
vergaß ich einen geschäftlichen Termin, und konzentrieren kann
ich mich überhaupt nicht mehr. Verliere ich langsam den Verstand?"*

Damit wären Sie dann nicht allein! Vielen schwangeren Frauen
drängt sich der Verdacht auf, daß im gleichen Maße, wie Pfunde
wachsen, Gehirnzellen schwinden. Glücklicherweise geht dieses
„Wirrkopfsyndrom" wieder vorbei. Die Vergeßlichkeit wird – wie
viele andere Erscheinungen in der Schwangerschaft auch – durch
Hormonveränderungen verursacht. Sich über diesen kurzfristigen
„geistigen Nebel" zu sorgen, verschlimmert nur den Zustand, versuchen Sie es zu akzeptieren und mit Humor zu ertragen. Vielleicht

hilft es, wenn Sie den Streß in Ihrem täglichen Leben etwas verringern!? Sicher ist es nicht möglich, vieles so effizient zu tun, wie Sie es vor ihrem neuen Job, „dem Kinderkriegen", tun konnten. Lose Bestandsaufnahmen oder geschriebene Checklisten zu Hause oder bei der Arbeit könnten Ihnen helfen, sowohl das mentale Chaos zu beherrschen als auch möglicherweise gefährliche Fehler (wie z. B.: die Haustür vergessen abzuschließen oder den Herd auszuschalten, bevor Sie das Haus verlassen) zu vermeiden. Außerdem sollten Sie sich damit abfinden, daß dieser Nebel noch nach der Geburt (aufgrund anhaltender Müdigkeit) anhält und sich eventuell erst dann auflöst, wenn das Baby eine Nacht durchgeschlafen hat.

Haare färben und Dauerwelle

„Kann man sich während der Schwangerschaft eine Dauerwelle machen lassen? Meine Haare haben plötzlich an Fülle verloren!"

Normalerweise ist eine Dauerwelle eine gute Maßnahme gegen Haare mit wenig Volumen und Spannkraft, aber nicht während der Schwangerschaft! Erstens reagiert Ihr Haar ganz anders unter dem Einfluß der Schwangerschaftshormone; entweder zeigt die Dauerwelle diesmal gar keine Effekte, oder Ihr Haar wird zum Afro-Look anstelle leichter Wellen. Zweitens werden diese Chemikalien durch die Kopfhaut in den Blutkreislauf absorbiert, was zwangsläufig zu der Frage nach deren Einfluß auf die Schwangerschaft führt. Bisher sind die Ergebnisse solcher Studien sehr beruhigend ausgefallen. Man konnte keinen Zusammenhang zwischen der Anwendung von Dauerwellenprodukten und dem Auftreten kongenitaler Schäden feststellen. Dennoch sollten Sie als Übervorsichtige Ihre Haare die neun Monate glatt tragen. Sollten Sie sich jedoch bereits eine Dauerwelle zugelegt haben, machen Sie sich bloß keine Sorgen, denn das eben erwähnte Risiko ist mehr theoretischer Natur!

„Nachdem ich letzte Woche meine Haare gefärbt habe, erzählte mir meine Freundin, daß Färbemittel kongenitale Schädigungen verursachen können!"

Vergessen Sie das! Wie bei der Dauerwelle gibt es auch für diese Behauptung keine Beweise. Es hat überhaupt keinen Sinn, sich über ein lediglich theoretisches Risiko aufzuregen. Natürlich ist es andererseits immer richtig, während der Schwangerschaft „auf Nummer Sicher zu gehen". Wenn Sie sich also unbedingt die grauen Haare färben wollen, dann fragen Sie doch einfach Ihren Friseur nach pflanzlichen Färbestoffen.

Nasenbluten und Schnupfen

„Meine Nase ist jetzt oft verstopft, und manchmal bekomme ich grundlos Nasenbluten. Nun mache ich mir Sorgen, daß das Bluten ein Zeichen für irgendeine Krankheit ist!"

Eine verstopfte Nase, verbunden mit Nasenbluten, ist ein sehr gewöhnliches Beschwerdebild während der Schwangerschaft. Der Grund dafür liegt in den erhöhten Mengen an Östrogenen und Progesteron im Kreislauf, welche mehr Blut in die Nasenschleimhäute bringen und diese anschwellen lassen. Vermutlich wird dieser „Verschnupfungszustand" noch schlimmer. Besserung tritt vielleicht sogar erst nach der Geburt ein. Benutzen Sie keine Arzneimittel oder Nasensprays, um dieses Problem zu bekämpfen, es sei denn, Ihr Arzt hat es Ihnen verschrieben!
Eine verstopfte Nase plus Nasenbluten gibt es häufiger in den Wintermonaten, wenn durch Heizungen die Luft im Haus sehr trocken ist. Ein Luftbefeuchter könnte in diesen Fällen hilfreich sein. Sie könnten sich auch etwas Vaseline in jede Nasenseite tupfen. Manchmal kann Nasenbluten auch durch zu starkes Nasenputzen auftreten, daher sollten Sie sanft erst das eine und dann das andere Nasenloch putzen.
Um das Nasenbluten zu stoppen, beugen Sie sich am besten im Stehen oder Sitzen ein wenig nach vorn. Drücken Sie mit Daumen und Zeigefinger beide Nasenlöcher für eine Weile zusammen; wiederholen Sie diesen Vorgang, bis die Blutung aufgehört hat. Hilfreich sind auch kalte Umschläge in der Nackenregion. Blutet die Nase sehr stark, kann eine Tamponade aus Zellstoff oder Papiertaschentüchern akut helfen; allerdings kann beim Entfernen die Blutung erneut auftreten. Sollten Sie das Nasenbluten allerdings nicht unter

Kontrolle bekommen oder sich das Nasenbluten sehr häufig und stark wiederholen, rufen Sie Ihren Arzt an.

Allergien

„Meine Allergien scheinen während der Schwangerschaft schlimmer zu werden; meine Nase läuft, und meine Augen tränen ständig."

Vielleicht verwechseln Sie die relativ gewöhnliche Verschnupfung der Schwangerschaft mit Allergie – oder ist es tatsächlich die Allergie, die sich verschlimmert hat? Sollte dies der Fall sein, dann fragen Sie Ihren Arzt nach Arzneimitteln, die Sie gegen die schlimmsten Symptome einnehmen können. Behandeln Sie sich nie selbst mit den Ihnen bekannten Antiallergetika! Wie immer sollten aber nur dann Arzneimittel eingenommen werden, wenn wirklich nichts mehr hilft. Generell sind bei Allergien vorbeugende Maßnahmen die beste Hilfe und – falls Sie Ihre allergieauslösenden Substanzen kennen – ihnen aus dem Weg zu gehen.

◆ Wenn Blütenstaub oder andere Pollen Sie reizen, halten Sie sich am besten in der Wohnung auf oder (wenn möglich) in klimatisierten Räumen. Waschen Sie sich immer Hände und Gesicht, nachdem Sie draußen waren, und tragen Sie draußen eine Sonnenbrille, damit Ihre Augen vor den Pollen geschützt bleiben.
◆ Wenn Staub der Übeltäter ist, lassen Sie möglichst eine andere Person bei Ihnen Staub saugen oder fegen. Ein Staubsauger oder ein feuchter Mop wirbelt weniger Staub auf als ein normaler Besen – ein Staubtuch ist besser als ein Staubwedel!
◆ Wenn Sie auf bestimmte Lebensmittel allergisch reagieren, lassen Sie die Finger davon!
◆ Wenn Ihr Haustier allergische Reaktionen bei Ihnen verursacht, dann versuchen Sie, einige Räume, in denen Sie sich gern aufhalten (insbesondere Ihr Schlafzimmer), „haustierfrei" zu halten.
◆ Vermeiden Sie Zigarettenrauch (nicht nur wegen der Allergien, sondern natürlich auch um der Gesundheit Ihres Babys willen). Es sollte Ihnen nie peinlich sein, zu sagen: „Ja, es stört mich sehr, wenn Sie rauchen!"

Scheidenausfluß

„Ich habe bei mir sehr dünnen und weißen Ausfluß bemerkt. Ich bin jetzt ängstlich, daß ich eine Infektion habe."

Ein dünnflüssiger, milchiger, nicht ganz geruchloser Ausfluß ist während der Schwangerschaft ganz normal. Er ist dem Ausfluß sehr ähnlich, den viele Frauen vor der Menstruation haben. Da sich dieser Ausfluß bis zur Geburt noch verstärken wird, tragen viele Frauen Binden bzw. Slipeinlagen. Benutzen Sie aber keine Tampons. Diese könnten unerwünschte Keime in Ihre Vagina einschleppen. Außer der Tatsache, daß dieser Ausfluß Ihr ästhetisches Empfinden stört, gibt es keinen Grund für irgendwelche Sorgen. Natürlich ist es wichtig, daß Sie Ihren Genitalbereich sehr sauber- und trockenhalten; dabei können auch Baumwollslips recht hilfreich sein. Wenn Sie unter der Dusche oder im Bad Seife benutzt haben, reinigen Sie Ihren Vaginalbereich gründlich mit Wasser. Benutzen Sie aber keine Vaginalspülung, es sei denn, Ihr Arzt hat es Ihnen empfohlen mit genauer und gefahrloser Anwendungsbeschreibung.

Wenn Sie einen Scheidenausfluß bemerken, der gelblich, gräulich, dickflüssig oder zäh aussieht, stark riecht und mit Brennen, Jucken, Rötungen im Scheidenbereich oder Schmerz verbunden ist, liegt vermutlich eine Infektion vor. Informieren Sie Ihren Arzt, damit er Sie behandeln kann. Obwohl Arzneimittel die Infektion vorübergehend beseitigen, können bestimmte Infektionen leider manchmal wiederkommen! Auch wenn Sie sich von einem Arzt behandeln lassen müssen, ist eine einfache Vaginitis kein Grund zur Sorge, denn Ihr Baby ist nicht in Gefahr. Die Keime dringen nicht in den Uterus ein.

Fetale Bewegungen

„Ich konnte noch keine Kindsbewegungen spüren. Deutet dies auf irgendwelche Probleme hin, oder konnte ich die Bewegungen einfach noch nicht identifizieren?"

Kindesbewegungen sind vielleicht die stärkste Quelle für freudige Gefühle während der Schwangerschaft; fehlende Bewegungen bereiten große Sorgen. Mehr noch als der positive Befund eines Schwangerschaftstests, ein wachsender Bauch oder sogar der Klang des fetalen Herzschlages bestätigen fetale Bewegungen, daß ein neues Leben in Ihnen wächst. Fehlen die Kindsbewegungen, wächst die Furcht, daß das Baby nicht gedeihen könnte.

Obwohl der Embryo schon mit sieben Wochen beginnt, sich spontan zu bewegen, spürt dies die Mutter noch nicht. Die erste aufregende Sensation, daß sich etwas in Ihnen bewegt, kann sich irgendwann zwischen der 14. und 26. Woche ereignen, durchschnittlich zwischen der 18. bis 22. Woche. Eine Frau, die bereits schon ein Baby zur Welt gebracht hat, wird diese Kindsbewegungen vermutlich eher spüren (da sie schon weiß, was zu erwarten ist) als eine Frau, die zum ersten Mal Mutter wird. Eine sehr schlanke Frau wird die schwachen Kindsbewegungen wahrscheinlich eher bemerken als eine übergewichtige Frau, die sich gedulden muß, bis die Bewegungen deutlicher, d. h. stärker werden. Manchmal verzögert sich die Wahrnehmung der Kindsbewegungen ja auch nur aufgrund eines falsch errechneten Geburtstermins! Und manchmal erkennt eine Frau eben einfach noch nicht die Kindsbewegungen als solche, selbst wenn diese schon spürbar sind. Niemand kann einer Frau, die zum ersten Mal schwanger ist, erklären, worauf sie achten soll. Hundert schwangere Frauen würden die ersten erlebten Kindsbewegungen auf hundert verschiedene Weisen beschreiben. Die meisten Beschreibungen lauten ähnlich wie: „Ein Flattern im Unterleib" oder „Schmetterlinge im Bauch", aber es gibt eben noch viele andere. Oft handelt es sich bei den ersten vermeintlichen Kindsbewegungen um Blähungen oder Hungergefühle!

Eine Frau erinnert sich: „Ich dachte, ein Käfer krabbelt unter meinem Hemd. Als ich ihn mit der Hand wegfegen wollte, merkte ich plötzlich die Kindsbewegungen!" Wenn Sie bis zur 22. Woche noch keine Bewegungen spüren, wird Ihr Arzt per Ultraschall den Zustand Ihres Babys überprüfen.

„Letzte Woche spürte ich jeden Tag kleine Bewegungen, seit gestern bemerke ich gar nichts mehr. Was ist bloß los?"

Die Sorgen nach dem „Wann" der ersten spürbaren Kindsbewegungen wird häufig von der Sorge über das „Warum Kindsbewegungen nicht häufiger auftreten" oder über das „Wieso Kindsbewegungen eine Weile aussetzen" abgelöst. In diesem Schwangerschaftsstadium sind diese Sorgen zwar verständlich – in den meisten Fällen aber völlig unnötig. Obwohl der Fetus zwar ständig in Bewegung ist, sind nur einige Bewegungen so stark, daß Sie diese fühlen können. Zum Beispiel bleiben einige Bewegungen unbemerkt, weil Ihr Baby in einer bestimmten Lageposition verweilt und sich seine Tritte nach innen und nicht nach außen richten. Oder Sie sind selbst sehr aktiv und schaukeln Ihr Baby dadurch in den Schlaf. Nachts, wenn Ihr Baby dann seine aktive Phase hat, schlafen Sie, oder Sie sind vielleicht tagsüber so sehr beschäftigt und abgelenkt, daß Sie die vorsichtigen Bewegungsanzeichen übersehen haben.

Eine Methode, um Kindsbewegungen „hervorzuzaubern" (wenn Sie den ganzen Tag nichts verspürt haben), lautet: Legen Sie sich am frühen Abend ein bis zwei Stunden hin, nach einem kleinen Imbiß oder einem Glas Milch. Die Kombination aus Ihrer körperlichen Untätigkeit und dem Nahrungsschub wird den Fetus vielleicht zu Bewegungen anregen. Sie können diesen Versuch auch nach einiger Zeit wiederholen. Machen Sie sich aber bitte keine Sorgen, wenn es nicht funktioniert. Viele Frauen stellen fest, daß sie zu irgendeinem Zeitpunkt vor der 20. Woche plötzlich für ein paar Tage fetale Bewegungen vermissen. Nach der 20. Woche – obwohl immer noch kein Grund zur Panik besteht – sollten Sie zu Ihrer eigenen Beruhigung den Arzt verständigen, wenn Sie weitere 24 Stunden lang keine Kindesbewegungen bemerken können – immer vorausgesetzt, daß Sie vorher schon einige Zeit lang Bewegungen gefühlt hatten. Nach der 28. Woche werden dann Kindesbewegungen intensiver. Studien haben gezeigt, daß sich Mütter daran gewöhnen sollten, die fetalen Aktivitäten täglich zu kontrollieren (siehe auch Seite 255).

Veränderung der Figur

„Ich werde immer deprimiert, sobald ich in den Spiegel oder auf die Waage schaue – ich bin ja so dick!"

In unserer Gesellschaft, die vom Schlankheitswahn fast besessen ist, kann eine starke Gewichtszunahme sehr leicht zu Depressionen führen. Dies sollte aber eigentlich nicht der Fall sein. Es besteht nämlich ein großer Unterschied zwischen Pfunden, die man sich einfach aus Mangel an Willenskraft und Eßgelüsten „anfuttert" und den Kilos, die Sie aus den schönsten und besten Gründen zunehmen. Sie müssen nämlich ein Baby ernähren, welches in Ihnen wächst. Solange Sie sich gut und an vorgeschlagenen Richtlinien orientiert ernähren und zunehmen (siehe Seite 126 ff.), sollten Sie sich nicht als dick, sondern als schwanger ansehen. Die zusätzlichen Rundungen und Zentimeter, die Sie jetzt sehen, sind ganz normale Nebenerscheinungen einer Schwangerschaft, die bald nach der Geburt verschwinden werden. Wenn Sie die Grenzen einer angemessenen Gewichtszunahme überschritten haben, werden Depressionen gegen noch stärkere Zunahme kaum helfen – mehr Vorsicht bezüglich Ihrer Eßgewohnheiten aber sehr wohl! Denken Sie aber immer daran, daß eine Diät während der Schwangerschaft zum „Abnehmen oder Gewichthalten" für Ihr Baby sehr gefährlich ist.

Ab jetzt besser auf das Gewicht zu achten ist nicht der einzige Weg, sein Aussehen zu verbessern. Tragen Sie Kleider, die Ihrer neuen Figur schmeicheln; lassen Sie sich eine pfiffige lockere Haarfrisur schneiden, tun Sie etwas für eine gesunde Gesichtsfarbe, und nehmen Sie sich Zeit, um sich ein wenig zu schminken!

Umstandskleidung

„Ich kann einfach nicht mehr meine weiten und ausgebeulten Hosen tragen. Aber Umstandskleider möchte ich mir auch nicht kaufen!"

Heutzutage gibt es für schwangere Frauen viele Möglichkeiten, sich bequem und nett zu kleiden. Bedenken Sie folgendes, wenn Sie sich Gedanken um Ihre Schwangerschaftskleidung machen:

♦ Sie werden in den nächsten Monaten noch mehr an Umfang zunehmen. Lassen Sie sich nicht beim Anblick eines Umstandsmodegeschäfts auf einen Kaufrausch ein, sobald Sie in Ihre Jeans nicht mehr passen. Umstandskleidung kann sehr teuer werden, vor allem wenn man bedenkt, daß man sie nur kurze Zeit tragen kann. Sobald Sie umfangreicher geworden sind, kaufen Sie sich einige Sachen, die Sie wirklich dringend brauchen (meistens ist das nämlich wesentlich weniger, als man denkt, weil noch viel Tragbares in Ihrem Kleiderschrank hängt).

♦ Sie sind nicht ausschließlich auf Umstandsmode angewiesen. Wenn Ihnen etwas gefällt bzw. paßt, was nicht aus der Umstandsmode-Abteilung kommt, tragen Sie es einfach. Viele modische Sachen sind heute so weit geschnitten, daß sie auch Schwangeren passen.

♦ Ihren persönlichen Modestil sollten sie auch beibehalten, während Sie schwanger sind!

♦ Accessoires verdienen besondere Bedeutung. Solange Sie nicht schwanger sind, ist verschiedenes Zubehör wie Ketten, Gürtel oder Ohrringe eine nette Beigabe. Sind Sie jedoch schwanger, gleichen Accessoires wesentlich die unvermeidlichen Kompromisse aus, die werdende Mütter in ihrer Bekleidung nun einmal eingehen müssen.

♦ Zum wichtigen Zubehör zählen unter anderem auch Sachen, die andere Leute nie zu Gesicht bekommen; z. B. ist ein gut passender und stützender Büstenhalter ein echtes Muß. Kaufen Sie sich zunächst erst einmal zwei neue Büstenhalter (einen zum Tragen, während der andere in der Wäsche ist), da sich Ihre Brüste im Laufe der Schwangerschaft vermutlich noch weiter vergrößern und Sie deshalb noch größere BHs kaufen müssen. Spezielle Umstandsunterhöschen sind allerdings meistens nicht notwendig.

♦ Schauen Sie doch einmal in dem Kleiderschrank Ihres Mannes nach. Vielleicht passen Ihnen einige seiner Hemden, T-Shirts oder Trainingshosen, die Sie vorübergehend tragen können.

♦ Nutzen Sie Angebote bezüglich gebrauchter Umstandskleidung. Sie können doch die geliehenen Kleider – selbst wenn diese nicht ganz Ihren Geschmack treffen – mehr nach Ihrem Stil durch verschiedene Accessoires gestalten.

Ihre Stoffwechselfrequenz ist höher als normal, und Ihnen wird während der Schwangerschaft immer wärmer sein als sonst. Deshalb werden Sie sich in Baumwollkleidung wohler fühlen. Wenn es draußen kühler wird, ziehen Sie mehrere Sachen übereinander an, damit Sie nach Bedarf etwas ausziehen können.

Realität der Schwangerschaft – Probleme und Ängste

„Jetzt, wo mein Bauch unübersehbar ist, wird mir erst richtig bewußt, daß ich wirklich schwanger bin. Obwohl wir diese Schwangerschaft so sehr wollten, fühle ich mich plötzlich ängstlich, von dem zukünftigen Baby jetzt schon eingeengt und habe fast feindliche Gedanken."

Selbst die Paare, die sich sehnlichst ein Baby gewünscht haben, sind oft erstaunt und von Schuldgefühlen geplagt, wenn sich plötzlich bei einer tatsächlichen Schwangerschaft andere Gedanken einstellen. Ein unsichtbarer Eindringling ist plötzlich in Ihr gemeinsames Leben getreten, hat Ihr bisheriges Leben auf den Kopf gestellt, hat Ihnen Freiheiten geraubt, die Sie bisher ganz selbstverständlich hatten, und stellt körperliche und emotionale Anforderungen – wie das noch keiner je gewagt hat.

Jeder Aspekt Ihres Lebens, an den Sie sich gewöhnt haben, wie Sie z. B. Ihre Abende bisher verbracht haben, was Sie gern getrunken haben, wie oft Sie sich geliebt haben usw., wird durch dieses Kind verändert, bevor es überhaupt das Licht der Welt erblickt hat.

Und die Vorahnung, daß die Veränderungen nach der Geburt noch umfassender werden können, löst die Verwirrung Ihrer Gefühle kaum, sondern vertieft Ihre Ängste.

Untersuchungen haben ergeben, daß ein wenig Zwiespalt, ein wenig Angst, ja sogar ein wenig feindliche Gefühle nicht nur ganz normal, sondern auch gesund sind, solange Sie sich mit diesen Gefühlen auseinandersetzen. Jetzt ist die beste Zeit dafür! Kämpfen Sie **jetzt** den Kampf gegen innerliche Verstimmung, damit Sie nicht nach der Geburt auf Ihr Baby zornig sind. Tragen Sie Ihre inneren Konflikte am besten so aus, daß Sie mit Ihrem Partner darüber sprechen. Fordern Sie ihn auf, ebenfalls seine Gedanken auszusprechen.

Natürlich wird das Maß der Veränderungen von Paar zu Paar variieren, abhängig von den Prioritäten, die die jeweiligen Eltern setzen. In jedem Fall wird das Leben nie wieder dasselbe sein, wenn Sie nicht zu zweit, sondern zu dritt sind!

Auch wenn Sie sich auf einigen Gebieten einschränken müssen, werden sich Ihnen ganz neue Gebiete eröffnen.

Sie werden sich vielleicht bei der Geburt Ihres Kindes selbst wie neugeboren fühlen. Und Ihr neuer Lebensabschnitt wird sich wahrscheinlich als absolut besser herausstellen als alles, was Sie jemals vorher durchlebt haben.

Übrigens: Bei vielen Schwangerschaftsvorbereitungskursen wird auch dieses psychische Phänomen besprochen. Sie werden sehen, daß Sie nicht allein solche Gefühle haben.

Unerwünschte Ratschläge

„Jetzt, wo es so offensichtlich ist, daß ich ein Baby erwarte, versuchen mich alle (von meiner Schwiegermutter bis zu fremden Personen aus dem Aufzug) mit irgendwelchen guten Ratschlägen zu beglücken. Das macht mich völlig verrückt."

Nur das Auswandern auf eine einsame Insel würde einer Schwangeren helfen, unerwünschten Ratschlägen aus dem Weg zu gehen. Der Bauch einer Schwangeren muß irgend etwas an sich haben, was in uns allen den selbsternannten Experten wachruft.

Wie soll sich eine werdende Mutter unter dem Druck der vielen guten Ratschläge und Prophezeiungen z. B. über das Geschlecht ihres Kindes verhalten?

Erstens: Vergessen Sie nie, daß vieles von dem Gesagten einfach Unsinn ist. Ammenmärchen, die auf Wahrheiten basieren, haben längst Eingang in die medizinische Praxis gefunden.

Und die Geschichten, die keinen wissenschaftlichen Hintergrund haben, können Sie getrost vergessen. Sollten sich doch nagende Zweifel einstellen, ob an dem einen oder anderen Ratschlag nicht vielleicht doch ein Quentchen Wahrheit sei, fragen Sie Ihren Arzt.

Zweitens: Ob nun glaubwürdig oder offensichtlich lächerlich – lassen Sie sich von diesen Ratschlägen nicht auf die Palme bringen!

Statt dessen sollten Sie sich Ihren Humor bewahren und vielleicht folgendes versuchen:

Sie erklären den Freunden oder Fremden ganz höflich, daß Sie einen sehr vertrauenswürdigen Arzt haben, auf den Sie sich verlassen, und deshalb mit Ratschlägen gut versorgt sind.

Sie bedanken sich lächelnd für die Kommentare, die in Ihr Ohr hinein und ohne Aufenthalt aus dem anderen Ohr wieder hinausströmen.

Was Sie wissen sollten:
Geschlechtsverkehr
während der Schwangerschaft

Abgesehen von religiösen Wundern oder medizinischem hightec, beginnt jede Schwangerschaft mit dem sexuellen Akt.

Warum sollte nun dieser Vorgang, durch den Sie schwanger wurden, jetzt zu einem Ihrer größten Probleme werden? Jedes Paar wird zugeben, daß sich das Sexualleben während der Schwangerschaft verändert. Die Bandbreite sexueller Gewohnheiten ist vor der Empfängnis sowieso recht groß. Ein Paar empfindet den „Einmal pro Woche"-Geschlechtsverkehr" als sehr befriedigend, während andere Paare täglich Sex brauchen. Nach der Empfängnis sind die Variationsmöglichkeiten noch vielfältiger.

Obwohl die sexuelle Beziehung von Paar zu Paar verschieden ist, gilt das generelle Muster von Höhen und Tiefen bezüglich des Sexuallebens auch während der Schwangerschaft. Nicht selten tritt während des ersten Trimesters eine sexuelle Unlust auf. Schließlich machen Übelkeit, Erbrechen, Müdigkeit und empfindliche Brüste viele Frauen nicht zum idealen Beischlafpartner! Bei anderen, die nicht unter den typischen Schwangerschaftssymptomen leiden, bleiben sexuelle Gefühle ganz wie gehabt. Einige verspüren einen deutlichen sexuellen Lustgewinn. Unter diesen Frauen könnten sich wiederum einige befinden, die zum ersten Mal einen Orgasmus erleben.

Im zweiten Trimester nimmt das sexuelle Interesse in den meisten Fällen wieder zu, da sich das Paar körperlich und seelisch besser der Schwangerschaft angepaßt hat.

Je näher der Geburtstermin rückt, desto seltener wird der Geschlechtsverkehr werden; teilweise noch seltener als im ersten Trimester – und zwar aus folgenden Gründen: Erstens ist meist ein großer Bauch im Wege; zweitens werden typische Leiden und unbehagliche Gefühle im fortgeschrittenen Schwangerschaftsstadium selbst die heißeste Leidenschaft etwas abkühlen, und drittens ist das Paar kurz vor der Geburt kaum fähig, sich auf etwas anderes als das bevorstehende Ereignis zu konzentrieren.

Sexuelles Interesse scheint sich bei vielen, sicher nicht bei allen Paaren zu verändern.

Sie könnten also feststellen, daß Sie noch nie so schönen Sex wie jetzt in der Schwangerschaft erlebt haben; oder Sex wird zu einer Sache, die Sie zwar genießen möchten – aber nicht können; oder Sie empfinden Sex plötzlich als eine unangenehme Pflichtübung; vielleicht würden Sie sogar am liebsten völlig darauf verzichten ...! Normal ist das (wie vieles andere in der Schwangerschaft auch), was für Sie richtig ist!

Sexualität während der Schwangerschaft

Leider sind viele Ärzte genauso gehemmt wie wir alle, wenn es um die Sexualität geht. Oft verschweigen Ärzte den Paaren, was diese innerhalb der Intimsphäre erwartet. Das macht viele Paare unsicher. Die Kenntnis, warum Sexualität während der Schwangerschaft anders als sonst ist, hilft einerseits, Sorgen und Ängste zu beseitigen, und andererseits, vorhandene sexuelle Wünsche angenehmer und vergnüglicher zu gestalten.
Es gibt viele körperliche Veränderungen, die positiv wie negativ das sexuelle Vergnügen beeinflussen. Manche negativen Faktoren können behandelt werden, so daß deren Einfluß auf Ihr Sexualleben vermindert wird; andere müssen Sie akzeptieren und lieben lernen.

Übelkeit und Erbrechen
Wenn Ihre morgendliche Übelkeit Tag und Nacht andauert, akzeptieren Sie es einfach. Zwingen Sie sich nicht, sich sexy zu fühlen, wenn Ihnen überhaupt nicht danach ist und Sie sich in Wirklichkeit schlecht fühlen. Emotionaler Streß macht alles nur noch schlimmer.

Ermüdung
Müdigkeit wird nach dem dritten Monat vorbeigehen. Bis dahin sollten Sie sich einfach nur dann lieben, wenn die Gelegenheit günstig ist. Halten Sie sich nicht mühsam für eine „späte Romanze" wach.

Figurveränderungen
Sex kann sich sehr unbeholfen oder unbequem gestalten, wenn ein hervorstehender Bauch (scheinbar) im Wege ist. Vielen Paaren machen die Turnübungen zur Besteigung des wachsenden „Bauchberges" scheinbar keinen Spaß.
(Es gibt aber Wege, den „Berg" zu umschiffen, siehe Seite 219f.)

Die Stauung innerhalb des Genitalbereichs
Verstärkte Blutzufuhr zum Beckenbereich kann bei Frauen sexuelles
Lustempfinden steigern. Diese Blutzufuhr kann aber auch ein unbe-
friedigendes Gefühl verursachen, wenn nämlich nach dem Orgasmus nicht ein befreites, sondern ein gestautes Gefühl übrigbleibt
bzw. anhält und die Frau es so empfindet, als hätte sie den Höhepunkt gar nicht erst erreicht. Für den Mann können die Schwellungen im Vaginalbereich ebenfalls zweierlei bedeuten: Entweder Lustgewinn, wenn er sich in der Frau angenehm und fest geborgen fühlt,
oder sexueller Verlust, wenn nämlich die Scheidenöffnung so eng ist,
daß die Erektion abnimmt.

Kolostrum
In der Schwangerschaft beginnt bei vielen Frauen die Produktion
der Vormilch – auch Kolostrum genannt. Während sexueller Erregung kann etwas Kolostrum aus der Brust treten, was viele Paare
mitten im Vorspiel völlig aus der Fassung bringt. Natürlich ist das
kein Grund zur Sorge, aber wenn es Sie beide stört, vermeiden Sie
das Streicheln und Spielen mit den Brüsten!

Empfindlichkeit der Brüste
Viele Frauen haben während der ersten Schwangerschaftswochen
sehr empfindliche Brüste. Machen Sie Ihren Partner auf diese (eventuelle) Überempfindlichkeit aufmerksam, anstatt daß Sie seine
Berührungen leidend ertragen! Sobald jedoch die schmerzhafte
Empfindlichkeit abnimmt (gegen Ende des dritten Monats), steigert
die extreme Zartheit der Brüste für viele Paare die sexuelle Freude
und Lust.

Veränderungen der Scheidensekretion
Die vaginale Feuchtigkeit verändert sich während der Schwangerschaft. Die erhöhte Sekretion kann den Geschlechtsverkehr für
einige Paare angenehmer machen, besonders wenn die Vagina vorher immer besonders trocken gewesen war; aber auch der umge-
kehrte Fall ist möglich, daß die Vagina der Frau so gleitfähig und
naß wird, daß der Mann seine Erektion nicht halten kann. Oraler
Sex kann für manche Männer wegen des starken Geruchs bzw. Ge-
schmacks unangenehm sein. (Dieses Problem könnte man vielleicht

etwas vertuschen, indem sich die Frau wohlduftende Öle auf die Oberschenkel reibt!)

Blutungen aufgrund der Zervix-Empfindlichkeit

Auch der Muttermund schwillt während der Schwangerschaft an und wird viel weicher, d. h., starke durch den Penis verübte „Reibungen" verursachen gelegentlich Blutungen (meist in der späteren Schwangerschaft, wenn sich der Muttermund auf die Geburt vorbereitet).

Sollten Sie beim Geschlechtsverkehr bluten, verzichten Sie für die nächsten Wochen einfach auf zu tiefes Eindringen – vorausgesetzt, daß Ihr Arzt Ihnen keine Abstinenz wegen drohender Fehlgeburt oder anderer Komplikationen verordnet hat!

Auch psychische Hemmungen können das sexuelle Vergnügen während der Schwangerschaft stören. Diese können aber abgebaut werden.

Angst, dem Fetus „weh" zu tun oder eine Fehlgeburt zu verschulden

Bei einer normalen Schwangerschaft wird Geschlechtsverkehr weder das eine noch das andere tun! Der Fetus liegt weich verpackt und gut geschützt in Fruchtblase und Uterus. Der Uterus wiederum ist vor äußeren Gefahren durch einen Schleimpfropfen am Muttermund geschützt und abgeschlossen.

Angst, daß der Orgasmus eine Fehl- oder Frühgeburt auslöst

Obwohl sich der Uterus bei einem Orgasmus zusammenzieht und diese Kontraktionen sehr stark und lang anhaltend sein können, sind sie keine Anzeichen für Wehen und auch keine Gefahr während einer normalen Schwangerschaft. Der besonders intensive Orgasmus, der durch Selbstbefriedigung ausgelöst wird, könnte eventuell Schwangeren verboten werden, die in eine Risikogruppe bezüglich Fehl- oder Frühgeburt eingestuft sind.

Angst, daß Ihr Baby zuschaut

Ein Fetus kann nicht sehen, „was da vor sich geht". Ihr Baby wird sich auch ganz bestimmt an nichts erinnern!

Angst, daß der Penis eine Infektion verursacht
Solange der Mann an keiner Geschlechtskrankheit leidet, birgt der Geschlechtsverkehr für Mutter und Fetus eigentlich keine Infektionsgefahr – zumindestens nicht bis zum siebenten und achten Monat, denn die Fruchtblase schützt das Baby. Viele Ärzte halten die Infektionsgefahr auch im neunten Monat für ausgeschlossen, solange die Fruchtblase intakt ist, d. h. noch kein Blasensprung stattgefunden hat. Weil im neunten Monat die Fruchtblase durchaus plötzlich reißen kann, empfehlen Ärzte als zusätzlichen Schutz die Benutzung eines Kondoms in den letzten vier bis acht Wochen vor der Geburt.

Zukunftsängste
Werdende Mütter und Väter haben häufig sehr gemischte Gefühle bezüglich des bevorstehenden Ereignisses. Es sind Sorgen über die große Verantwortung, die Lebensveränderungen, die finanziellen und emotionalen Seiten, die ein Baby beansprucht, usw. – und diese Gedanken können schon stören. Solche zwiespältigen Gefühle und Gedanken sollten offen ausgesprochen und nicht mit unter die Bettdecke genommen werden.

Beziehungsveränderung zwischen Mann und Frau
Manche Paare empfinden die Vorstellung, jetzt nicht mehr nur ein Liebespaar, also Mann und Frau, sondern auch Vater und Mutter zu sein, als sehr schwierig. Schließlich verdrängen auch viele von uns den Gedanken an die Verbindung von Sexualität und den eigenen Eltern, obwohl wir lebende Beweise dafür sind, daß eine solche Verbindung existiert. Andere Paare werden feststellen, daß diese neue Dimension eine neue Intimität in die Beziehung bringt und somit vielleicht auch eine ganz neue Auf- und Erregung!

Unterbewußte Feindseligkeiten
Oft verspüren Männer gegenüber den werdenden Müttern feindselige Gefühle, weil diese dauernd im Mittelpunkt stehen. Oder die werdende Mutter fühlt sich mit all ihren Problemen und Leiden allein gelassen und hegt unfreundliche Gedanken gegenüber dem Mann, der ja auch das Baby wollte und später genießen wird! Es ist sehr wichtig, über solche Gefühle zu sprechen – aber nicht im Bett!

**Angst, daß Geschlechtsverkehr in den letzten Wochen
der Schwangerschaft wehenauslösend wirkt**
Die uterinen Kontraktionen werden während und nach dem Orgasmus mit zunehmender Schwangerschaftsdauer stärker. Solche Kontraktionen lösen jedoch keine Wehen aus – wie viele Eltern bestätigen, die auf den Geburtstermin warten.

**Angst, das Baby beim Geschlechtsverkehr zu stoßen, wenn
der Kopf bereits ins Becken eingetreten ist**
Obwohl man dem Baby direkt nichts antun kann, raten viele Ärzte von tiefem geschlechtlichem Eindringen ab, weil es einfach unangenehm sein könnte.

Psychische Faktoren können die sexuelle Befriedigung auch positiv beeinflussen:

Vom Zeugungsakt zum Vergnügen
Manche Paare, die Schwierigkeiten hatten, ein Kind zu zeugen, werden den Geschlechtsverkehr ohne Thermometer, Tabellen, Kalender und den Erfolgsdruck (nach Wochen und Monaten) endlich richtig genießen.
In den meisten Fällen ist der Geschlechtsverkehr ungefährlich. Tatsächlich wird Ihnen Sex körperlich guttun. Erstens fördert die sexuelle Beziehung die Nähe zu Ihrem Partner; zweitens trainiert der Liebesakt eventuell Ihre Beckenmuskeln, und drittens ist Geschlechtsverkehr entspannend – und das ist für alle Beteiligten (auch für Ihr Baby) sehr gut!

Wenn Sie Ihr sexuelles Leben etwas einschränken müssen

Bei risikoreichen Schwangerschaften wird häufig empfohlen, zu bestimmten Zeiten (oder während der gesamten Schwangerschaft) den Geschlechtsverkehr einzuschränken. Vielleicht ist Geschlechtsverkehr erlaubt, wenn die Frau auf den Orgasmus verzichtet, oder Sie nutzen andere Methoden, Petting, Streicheleinheiten usw., ohne Geschlechtsverkehr.
Es ist sehr wichtig, daß Sie genau wissen, *was wann* erlaubt ist, wenn Ihr Arzt Ihnen grundsätzlich zu sexueller Enthaltsamkeit

geraten hat! Erkundigen Sie sich genau, ob die Einschränkungen nur vorübergehend gelten sollten oder für die gesamten neun Monate.

Eingeschränkter Geschlechtsverkehr ist unter folgenden Umständen ratsam:

◆ Auftreten unerklärlicher Blutungen.
◆ Während des ersten Trimesters, wenn die Frau bereits Fehlgeburten hatte oder sich Symptome einer drohenden Fehlgeburt zeigen.
◆ Während der letzten acht bis zwölf Wochen, wenn ein Frühgeburtsrisiko besteht.
◆ Die Fruchtblase ist geplatzt.
◆ Es existiert eine „Placenta praevia" (d. h., die Plazenta befindet sich schon sehr nah am Muttermund, so daß Geschlechtsverkehr leichte Blutungen auslösen und Mutter und Kind gefährden könnte).
◆ Im letzten Trimester, falls es sich um eine Mehrlingsschwangerschaft handelt.

Weniger kann mehr sein

Gute, dauerhafte sexuelle Beziehungen entwickeln sich nicht über Nacht. Sie wachsen vielmehr durch Übung, Geduld, Verständnis und Liebe.

Dies gilt auch für sexuell sehr eingespielte Paare, die ebenfalls die emotionalen und körperlichen Veränderungen einer Schwangerschaft erfahren müssen. Im folgenden sind einige Tips aufgelistet, wie man immer „obenauf" bleibt!

◆ Denken Sie immer daran, daß die Qualität Ihrer Liebe entscheidender ist als die Quantität – und während der Schwangerschaft gilt das allemal!
◆ Legen Sie Wert auf *die* Liebe, nicht auf *das* Lieben. Wenn Sie oder auch Ihr Partner keine Lust auf Geschlechtsverkehr verspüren oder Sex unbefriedigend und frustrierend ist, suchen Sie sich gemeinsam intime Alternativen, z. B.: Händchenhalten, Fußmassage, gemeinsames Bad, zusammen Liebesgedichte lesen, Fern-

sehen und dabei unter der Decke kuscheln, ein romantisches Abendessen bei Kerzenschein zu Hause bzw. im Restaurant, oder andere Dinge, die bei Ihnen liebevolle, zärtliche Gefühle wachrufen.

- Denken Sie immer positiv: Sich zu lieben ist auch eine gute körperliche Vorbereitung auf die Wehen und die Geburt. (Welcher Athlet hat schon soviel Spaß beim Training?!)
- Betrachten Sie die Notwendigkeit, neue Positionen ausprobieren zu müssen, als ein Abenteuer.
- Bleiben Sie in Ihren Erwartungen immer realistisch. Manche Frauen, die kurz nach der Empfängnis Ihren ersten Orgasmus erlebten, erwarten fälschlicherweise während der Schwangerschaft nun regelmäßig einen Orgasmus.
- Sollte der Arzt Ihnen für die ganzen neun Monate den Geschlechtsverkehr untersagt haben, fragen Sie, ob Ihnen ein Orgasmus erlaubt ist, den Sie sich auch durch gegenseitige Masturbation verschaffen können. Wenn das für Sie auch ein Tabu ist, macht's Ihnen vielleicht trotzdem Spaß, Ihren Mann auf diese Weise zu befriedigen.
- Falls umgekehrt zwar Geschlechtsverkehr erlaubt, aber Orgasmus verboten ist, genießen Sie trotzdem den Geschlechtsverkehr.

Sexualität während der Schwangerschaft kann die Beziehung festigen – sogar wenn kein aufregender oder häufiger Geschlechtsverkehr stattfindet.

Der fünfte Monat

Die Untersuchung in diesem Monat

In diesem Monat wird Ihr Arzt vermutlich folgendes kontrollieren. (Abweichungen sind möglich. Diese sind von speziellen Bedürfnissen der jeweiligen Patientin abhängig.)

- Gewicht und Blutdruck;
- Urin (auf Zucker und Eiweiß);
- fetaler Herzschlag;
- Größe und Form des Uterus (durch äußerliches Abtasten);
- Höhenstand der Gebärmutter;
- Hände und Füße auf Schwellungen, Beine auf Krampfadern;
- ungewöhnliche Symptome.

Ihr Arzt wird sich Ihren Fragen und Problemen widmen (halten Sie Ihre Liste bereit).

Was Sie vielleicht empfinden

Sie können alle der folgenden oder auch nur einige Symptome verspüren. Manche davon kennen Sie noch aus dem letzten Monat, andere sind vielleicht ganz neu für Sie. An einige Dinge werden Sie sich wahrscheinlich auch schon gewöhnt haben.

Körperliche Symptome

- Kindsbewegungen;
- zunehmender Ausfluß;
- Unterleibsschmerzen (Bänder, die den Uterus stützen, dehnen sich aus);
- Verstopfung;
- Sodbrennen, Verdauungsstörungen, Blähungen;

- gelegentliche Kopfschmerzen, Schwindel- oder Schwächege-
fühle;
- verstopfte Nase und Nasenbluten, verstopfte Ohren;
- Zahnfleischbluten;
- starken Appetit;
- Beinkrämpfe;
- leicht geschwollene Fußknöchel oder Füße (gelegentlich auch
Schwellungen an Händen oder im Gesicht);
- Krampfadern an den Beinen (eventuell auch Hämorrhoiden);
- erhöhter Puls;
- Rückenschmerzen;
- Veränderung der Hautpigmentierung am Bauch oder im Gesicht.

Gefühlsmäßige Symptome

- Realität der Schwangerschaft wird akzeptiert;
- seltenere launische Schwankungen (aber: noch vorhandene Reizbarkeit);
- geistige Abwesenheit.

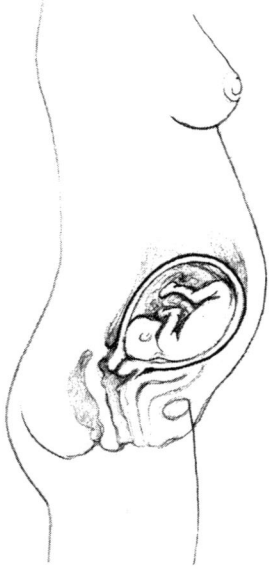

*Bis zum Ende des fünften Monats sind die
Aktivitäten des 20 bis 25 Zentimeter großen Fetus
schon stark genug, daß die Mutter die Bewegung
spüren kann. Weicher Flaum bedeckt den Körper
des Fetus; Haare beginnen auf seinem Kopf zu
wachsen; Augenbrauen und helle Wimpern werden
sichtbar. Ein schmieriger Schutzfilm bedeckt den
Fetus.*

Worüber Sie sich vielleicht Gedanken machen ...

Müdigkeit

„Ich ermüde sehr leicht beim Sport oder bei schwerer Hausarbeit; sollte ich damit lieber aufhören?"

Sie sollten nicht erst aufhören, wenn Sie schon erschöpft sind, sondern bevor Sie Ihren müden Punkt erreicht haben. Sich bis zur Erschöpfung anstrengen ist nie gut – und während der Schwangerschaft schon gar nicht, weil die Überanstrengung nicht nur Sie, sondern auch Ihr Baby beeinflußt.

Beachten Sie sehr sorgfältig die Signale Ihres Körpers! Sollten Sie während Ihres Trainingsprogramms atemlos werden oder meinen, daß Ihr Staubsauger plötzlich tonnenschwer geworden sei, dann legen Sie unbedingt eine Pause ein.

Legen Sie bei Ihrem Fitneßprogramm oder Ihrer Hausarbeit immer Pausen ein. Sie werden auf diese Weise nicht so sehr erschöpft sein (siehe Seite 139 f. Tips bei Ermüdungserscheinungen).

Schwächegefühl und Schwindelanfälle

„Mir wird ganz schwindlig, wenn ich aus einer liegenden oder sitzenden Position aufstehe. Und gestern bin ich sogar beim Einkauf fast in Ohnmacht gefallen. Ist das denn normal?"

Obwohl Schwindelgefühle während der Schwangerschaft nicht ungewöhnlich sind, ist ein kurzer Ohnmachtsanfall (auch Synkope genannt) weniger alltäglich. Es gibt einige Gründe, warum schwangere Frauen sich schwindlig fühlen.

Die Ursache für die beschriebenen Symptome ist ein genereller Blutdruckabfall oder die zeitweilige Minderdurchblutung des Gehirns. Im ersten Trimester können hormonelle Faktoren die Ursache sein, aber auch die zusätzlichen Anforderungen an das Kreislaufsystem, die durch die Blutversorgung des Uterus und der sich entwickelnden Plazenta entstehen.

Schwindel kann auch auftreten, wenn Sie sich aus einer sitzenden oder liegenden Position aufrichten. Dieser „Lageschwindel" ist die Folge einer vorübergehenden Minderdurchblutung des Gehirns, da das Blut gleichsam in die Körperperipherie abfließt. Das einfachste Rezept dagegen lautet: Stehen Sie immer ganz langsam auf.
Sie können ebenfalls Schwindelgefühle erleben, wenn Ihr Blutzuckerspiegel absinkt. Das passiert häufig, wenn Sie längere Zeit nichts gegessen haben. Das einfache Hilfsmittel lautet: Essen Sie viele kleine Mahlzeiten!
Schwindelgefühle können auch ausgelöst werden, wenn Ihnen zu warm ist. In diesem Fall sollten Sie unbedingt an die frische Luft gehen, sich den Mantel ausziehen und Ihre Kleidung (besonders um Hals und Taille) lockern!
Sollten Sie sich schwindlig fühlen oder eine nahende Ohnmacht verspüren (kalter Schweißausbruch, Übelkeit, Schwarzwerden vor den Augen), versuchen Sie die Blutzufuhr zum Gehirn zu erhöhen, indem Sie sich entweder hinlegen, die Füße hochlegen oder im Sitzen den Kopf nach vorn zwischen die Knie legen, bis der Schwindel vergeht. Es kommt selten vor, daß eine schwangere Frau wirklich richtig in Ohnmacht fällt. Sollte es Ihnen aber trotzdem passieren, machen Sie sich keine Sorgen, denn obwohl die Durchblutung kurzzeitig reduziert ist, wird Ihr Baby davon nicht beeinflußt.
Über Schwindelanfälle sollten Sie mit Ihrem Arzt bei der nächsten Untersuchung sprechen; über einen Ohnmachtsanfall sofort!

Hepatitis-Test

„Ich bin im fünften Monat schwanger, und mein Arzt hat jetzt bei mir einen Hepatitis-Test durchführen lassen, warum?"

Es wird empfohlen, Frauen während der Schwangerschaft wenigstens einmal routinemäßig auf Hepatitis B zu testen, und zwar meistens am Ende des zweiten Trimesters. Hepatitis B kann – im Gegensatz zu Hepatitis A – auf den Fetus übertragen werden (meist während der Geburt, manchmal aber auch schon während der Schwangerschaft). Neun von zehn infizierten Babys können chronische Hepatitis-B-Träger werden oder ein erhöhtes Risiko für die Erkrankung tragen, wenn Sie nicht behandelt werden. Diese routinemäßige Testuntersuchung ermöglicht den Ärzten, infizierte Mütter zu erkennen, so daß die Babys während und sofort nach der Geburt behandelt werden können (was in den meisten Fällen eine Ansteckung des Babys verhindert).

Schlafpositionen

„Bisher schlief ich immer auf dem Bauch, was ich jetzt lieber nicht mehr tun möchte. Leider habe ich Schwierigkeiten, in einer anderen Position bequem einzuschlafen!"

Eine Lieblingsschlafstellung während der Schwangerschaft aufgeben zu müssen ist sicher nicht so einfach. Sie werden bestimmt einige schlaflose Nächte verbringen, ehe Sie sich an die neue Stellung gewöhnt haben. Die beste Eingewöhnungszeit ist jetzt, solange Ihnen noch kein sehr dicker Bauch die Schlafsituation noch unbequemer macht. Die beiden gewöhnlichsten Schlafstellungen – nämlich auf dem Bauch oder auf dem Rücken – sind während der Schwangerschaft nicht besonders günstig. Bei der Bauchlage ist es sehr verständlich, denn auf einem wachsenden Bauch zu liegen wird etwa so angenehm sein, wie auf einer Wassermelone zu schlafen.

Schlafen Sie auf Ihrer linken Seite

Die Rückenlage ist nicht empfehlenswert, weil das ganze Gewicht des Uterus auf Ihren Rücken, auf Ihre Eingeweide (Dünn- und Dickdarm) und auf die Hohlvene drückt, in welcher das Blut der unteren Körperteile wieder zum Herzen gelangt. Daher kann die Rückenlage erstens zu Verschlechterungen bei Rückenschmerzen, Hämorrhoiden oder Verdauungsstörungen beitragen, zweitens Atmung oder Kreislauf stören und drittens möglicherweise auch niedrigen Blutdruck verschulden.

Das alles heißt nun aber nicht, daß Sie im Stehen schlafen müssen. Legen Sie sich am besten auf die linke Seite, winkeln Sie das obere Bein an, und legen Sie sich ein Kissen zwischen die Knie. Das ist für Sie und Ihr Baby die beste Schlafposition. Die Plazenta wird optimal durchblutet, und die Nieren arbeiten besser, was wiederum zu gutem Flüssigkeitsabbau (und weniger Ödemen) führt.

Nur einige Menschen verbringen die ganze Nacht in einer Schlafstellung. Wachen Sie also mitten in der Nacht z. B. auf dem Bauch auf, machen Sie sich keine Sorgen, sondern drehen Sie sich einfach wieder auf die Seite. Nach anfänglich etwas unbequemen Nächten wird sich Ihr Körper recht schnell an die neue Stellung gewöhnen.

Rückenschmerzen

„Meine Rückenschmerzen sind so schlimm, daß ich im neunten Monat bestimmt nicht mehr aufstehen kann!"

Schmerzen während der Schwangerschaft sind nicht dazu da, Sie unglücklich zu machen, sondern sie sind Nebenerscheinungen der körperlichen Geburtsvorbereitung. Rückenschmerzen sind keine Ausnahme!

Während der Schwangerschaft lockern sich Ihre sonst stabilen Beckenknocken, um dem Baby bei der Geburt den Weg zu erleichtern. Dieser Vorgang, verbunden mit einem übergroßen Bauch, bringt Ihren Körper aus dem Gleichgewicht. Als Ausgleich neigt man dazu, die Schultern nach hinten zu ziehen und den Hals zu krümmen. Beim Stehen streckt man häufig den Bauch noch besonders nach vorn (alle anderen sollen ja auch bestimmt erkennen, daß Sie schwanger sind) und verschlimmert dadurch nur noch das Haltungsproblem. Die Folge ist ein sehr gebeugtes Kreuz – verbunden mit überanstrengter Rückenmuskulatur –, also Schmerzen!

Aber auch Schmerzen, deren Ursachen und Gründe bekannt sind, quälen. Beugen Sie diesen Beschwerden vor: Beginnen Sie Ihre Schwangerschaft mit trainierten Bauchmuskeln, guter Haltung und körperlicher Beweglichkeit. Es ist aber nie zu spät, Bewegungen zu lernen, die die Rückenschmerzen wenigstens verringern können. Um Ihre Körperhaltung zu verbessern, machen Sie die Übungen von Seite 242 ff.

Folgendes könnte Ihnen ebenfalls helfen:

- Halten Sie Ihr Gewicht innerhalb der vorgeschlagenen Werte (siehe Seite 192 ff.).
- Tragen Sie weder sehr hohe Absätze noch sehr flache Schuhe ohne richtigen Halt. Es gibt spezielle Schuhe oder Einlagen als Hilfe gegen Rückenschmerzen. Fragen Sie einen Schuhverkäufer in einem guten Schuh- oder Fachgeschäft.
- Heben Sie nie etwas abrupt an oder hoch! Stabilisieren Sie zuerst Ihren Körper, indem Sie sich breitbeinig (Füße ca. schulterbreit auseinander) hinstellen und Ihren Po einziehen. Beugen Sie die Knie, nicht die Taille, und heben Sie den Gegenstand dann mit Armen und Beinen, nicht mit Ihrem Rücken an.
- Stehen Sie nicht allzulange ununterbrochen. Wenn es aber doch notwendig ist, stellen Sie ein leicht gebeugtes Bein auf einen Schemel, um übermäßige Rückenanstrengung zu vermeiden.

Beugen Sie die Knie.

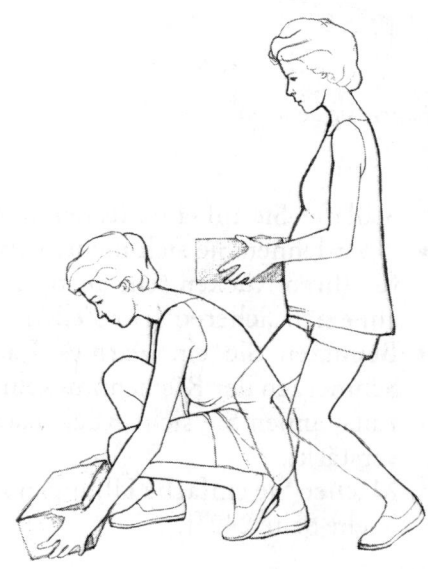

Nehmen Sie eine Position ein, die den Rücken entlastet.

◆ Sitzen Sie richtig, d. h. am besten auf einem Stuhl mit gerader Lehne, Armlehnen und fester Polsterung, so daß Sie nicht einsinken können. Schlagen Sie beim Sitzen nie die Beine übereinander. Sitzen Sie möglichst mit etwas erhöhten Beinen, und bleiben Sie nicht zu lange ohne Pausen sitzen. Vertreten Sie sich zwischendurch immer wieder die Beine.

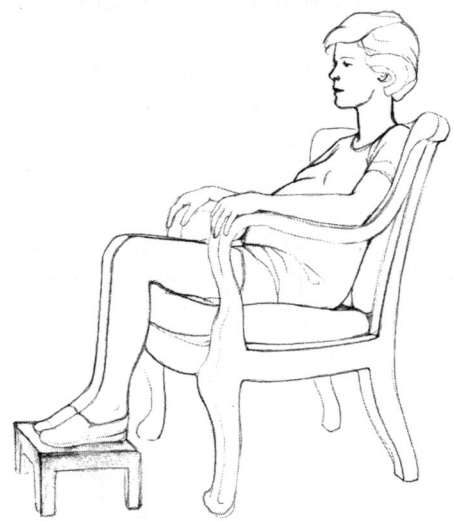

Sitzen Sie bequem.

◆ Schlafen Sie auf einer festen (harten) Matratze.
◆ Überdehnen Sie sich nicht. Etwas von oben herunterzuholen ist für Ihren Rücken sehr anstrengend, daher sollten Sie sich besser auf einen sicheren Tritt stellen.
◆ Benutzen Sie ein warmes Bad oder ein Heizkissen, um die Schmerzen der Rückenmuskeln zu lindern.
◆ Entspannen Sie sich. Rückenschmerzen werden oft durch Streß verstärkt.
◆ Machen Sie einfache Übungen zur Stärkung Ihrer Bauchmuskeln (siehe Seite 242 ff.).

Tragen älterer Kinder

„Ich habe eine dreieinhalbjährige Tochter, welche immer die Treppen hinaufgetragen werden will. Mein Rücken bricht jetzt unter dem vielen Gewicht fast zusammen!"

Versuchen Sie, sich und dem Kind diese Angewohnheit abzugewöhnen, anstatt Ihren Rücken weiterhin so zu belasten! Seien Sie dabei behutsam, und geben Sie für diese Veränderungen nicht dem erwarteten Fetus die Schuld, sondern Ihrem Rücken. Spenden Sie Ihrem älteren Kind viel Lob, sobald es gewillt ist, die Treppen allein hochzulaufen. Manchmal allerdings werden Sie Ihr Kind in irgendeiner Situation hochheben müssen; also lernen Sie das richtige Anheben (siehe Seite 227) und glauben Sie, daß es Ihr „Ungeborenes" nicht gefährdet.

Probleme mit den Füßen

„Meine Schuhe beginnen alle unangenehm zu drücken. Wachsen meine Füße gleichzeitig mit meinem Bauch?"

Ihre Füße wachsen nicht im eigentlichen Sinn, aber sie werden tatsächlich größer.
Erstens auf Grund der Schwellungen (Ödeme), die durch einen ganz normalen Flüssigkeitsstau verursacht werden. Zweitens sind Ihre Füße vielleicht durch eine starke Gewichtszunahme auch etwas dikker geworden. Drittens lockern sich alle Gelenke (auch die Ihrer Füße) durch hormonelle Einflüsse, wodurch sich natürlich eigentlich nur das Becken für die Geburt erweitern soll. Die Schwellungen und vermutlich auch das Übergewicht werden nach der Geburt schnell verschwinden. Ihre Gelenke, die sich zwar ebenfalls wieder zusammenziehen, können trotzdem etwas erweitert bleiben und Ihre Füße etwas größer.

Schneller Haar- und Nagelwuchs

„Ich glaube, daß meine Haare und Nägel noch nie so schnell gewachsen sind wie jetzt!"

Die verstärkte Blutzirkulation und der erhöhte Stoffwechsel – verursacht durch die Schwangerschaftshormone – ernähren auch Ihre Hautzellen während der Schwangerschaft gut. Erfreuliche Nebenwirkungen dieser guten Versorgung sind schnell wachsende Haare und Nägel. Diese zusätzliche Ernährung kann jedoch auch weniger erfreuliche Effekte haben. Es kann nämlich sein, daß auch dort Haare wachsen, wo es die meisten Frauen wohl eher nicht so schön, finden: Im Gesichtsbereich (über der Oberlippe, auf Kinn oder Wangen) oder an Armen, Beinen, auf dem Rücken oder sogar auf dem Bauch. Vieles von diesem Haarwuchs verschwindet innerhalb der nächsten sechs Monate nach der Geburt, an einigen Stellen können die Haare aber noch eine Weile wachsen.

Späte Fehlgeburt

„Ich weiß zwar, daß man sich nach dem dritten Monat keine allzu großen Sorgen über eine Fehlgeburt machen sollte, aber eine Bekannte von mir verlor ihr Baby im fünften Monat."

Obwohl es stimmt, daß kein großer Anlaß zu Sorge bezüglich einer Fehlgeburt nach dem ersten Trimester besteht, passiert es gelegentlich doch, daß man zwischen der 12. und 20. Woche den Fetus verlieren kann. Man spricht dann von späten Fehlgeburten, die aber weniger als 25 Prozent aller Fehlgeburtsfälle ausmachen! In einer normalen und risikoarmen Schwangerschaft kommt eine späte Fehlgeburt wirklich sehr selten vor. Nach der 25.–26. Woche wiegt der Fetus bereits mehr als ein Pfund. Mit Hilfe intensiver ärztlicher Fürsorge könnte er auch in seltenen Fällen außerhalb des Mutterleibes überleben – man spricht dann von einer sehr kleinen Frühgeburt.
Die Gründe für Fehlgeburten im zweiten Trimester sind normalerweise durch Störungen der Plazenta-Funktion oder mütterliche Erkrankungen bedingt. Die Ursachen liegen also viel seltener beim Fetus. Symptome einer späten Fehlgeburt können rosafarbener Scheidenfluß (mehrere Tage lang) oder brauner Ausfluß (mehrere Wochen lang) sein. Sollten Sie diese Symptome bei sich entdecken, brechen Sie nicht sofort in Panik aus, da es auch etwas Harmloses bedeuten kann. Rufen Sie aber in jedem Fall bei Ihrem Arzt an, sobald Sie etwas bemerken. Haben Sie starke Blutungen (mit oder

ohne Krämpfe), informieren Sie sofort Ihren Arzt, oder rufen Sie
im Krankenhaus an, denn möglicherweise kündigt sich eine Fehlgeburt an.
Bei einer drohenden späten Fehlgeburt wird meistens Bettruhe verordnet. Hören die Blutungen auf und der Arzt ist der Meinung, daß
keine Gefahr mehr besteht, können Sie Ihre normalen Aktivitäten
wahrscheinlich wiederaufnehmen.
Beginnt sich der Muttermund zu verkürzen und eventuell zu öffnen,
droht eine Zervixinsuffizienz. Eine operative Naht am Muttermund
kann dann die Fehlgeburt vielleicht verhindern.
Haben allerdings die starken Blutungen und Krämpfe, die eine Fehlgeburt signalisieren, schon begonnen, wird sich die ärztliche Behandlung gezielt auf den Schutz der mütterlichen Gesundheit konzentrieren. Die Einweisung ins Krankenhaus wird zur Vermeidung
von sehr starken, bedrohlichen Blutungen erfolgen. Sollten die
Krämpfe und Blutungen nach der Fehlgeburt anhalten, wird eine
Dilatation und Kürettage nötig sein, um „die Reste" (Plazenta usw.)
der Schwangerschaft vollständig zu entfernen.
Läßt sich die Ursache für die späte Fehlgeburt feststellen, besteht
die berechtigte Hoffnung, daß eine solche Tragödie bei der nächsten
Schwangerschaft vermieden werden kann.
Sprechen Sie ausführlich mit Ihrem Arzt über alles, was geschehen
ist, über Ihre Möglichkeiten einer nächsten Schwangerschaft und
über die Vorsichtsmaßnahmen, die Sie künftig zur Vermeidung einer
weiteren Fehlgeburt treffen können.

Schmerzen im Unterleib

*„Ich bin über die Schmerzen in der linken und rechten Beckenseite
sehr beunruhigt."*

Sie spüren vermutlich die Ausdehnung der Muskeln und Bänder, die
Ihre Gebärmutter halten. Das erleben fast alle schwangeren Frauen.
Die Schmerzen können krampfartig oder stechend sein, Sie bemerken diese stärker beim Aufstehen oder Husten, sie können kurz
dauern oder länger anhalten. Solange der Schmerz nur gelegentlich
auftritt und Sie nicht permanent quält und/oder mit Fieber, Schüttelfrost, Blutungen, verstärktem Ausfluß, Schwächeanfällen oder

anderen ungewöhnlichen Symptomen verbunden ist, gibt es keinen Grund zur Sorge. Sie werden ein wenig Linderung erfahren, wenn Sie sich ausruhen und dabei die Beine hochlegen. Natürlich sollten Sie beim nächsten Arztbesuch darüber berichten.

Schwangerschaftspigmentierung

„Ich habe eine dunkle Linie auf der Haut entdeckt, die von der Mitte meines Bauches abwärts führt, und ebenfalls dunkle Flecken im Gesicht. Sind das normale Verfärbungen, die nach der Geburt wieder verschwinden?"

Schon wieder sind die Schwangerschaftshormone schuld! Genau wie bei der Verdunklung des Brustwarzenhofes sind die Hormone auch für die Verdunklung der Linea alba (eine weiße Linie, die Sie vorher vermutlich nie bemerkt haben), die von der Bauchmitte bis zum Schambein verläuft, verantwortlich. Während der Schwangerschaft wird diese zur Linea nigra, der dunklen Linie. Manche Frauen, normalerweise diejenigen mit einem dunkleren Teint, bekommen dunkle Flecken auf Stirn, Nase und Wangen. Diese Schwangerschaftsmaskierung (Chloasma) wird nach der Geburt langsam wieder verblassen. Sonnenstrahlen können diese Verfärbungen übrigens verstärken; also schützen Sie Ihre Haut mit Sonnencreme oder einem Hut.

Merkwürdige Hautveränderungen

„Meine Handflächen sehen immer so rot aus, warum?"

Erhöhte Mengen an Schwangerschaftshormonen verursachen bei zwei Dritteln aller schwangeren Frauen manchmal rote, rauhe Handflächen oder auch Fußsohlen, wobei diese Erscheinungen nach der Geburt wieder verschwinden.
Es kann auch vorkommen, daß Ihre Nägel entweder sehr weich oder sehr spröde werden und sich Risse entwickeln. Wenn Sie Anzeichen für Entzündungen entdecken, fragen Sie Ihren Arzt um Rat.

„Meine Beine und Füße werden manchmal bläulich und fleckig.
Habe ich ein Kreislaufproblem?"

Wegen der zunehmenden Östrogenproduktion erleben viele Frauen
diese vorübergehende Verfärbung, wenn ihnen kalt ist. Sie ist aber
völlig harmlos und kommt nach der Geburt nicht mehr vor.

„Ich glaube, daß ich einen „Frieselausschlag" habe. Meines Wissens
bekommen doch nur Kinder so etwas, oder?"

Nein, eigentlich kann das jeder bekommen. Besonders häufig passiert es aber bei schwangeren Frauen auf Grund erhöhter Transpi-
ration, und zwar am ganzen Körper. Benutzen Sie ein wenig Puder,
duschen Sie sich, und halten Sie sich danach so kühl wie irgend
möglich! Diese Maßnahmen müßten Ihren Ausschlag lindern und
für die Zukunft vermeiden. Positiv ist, daß Sie während der Schwangerschaft unter den Achselhöhlen und im Genitalbereich weniger
schwitzen und weniger unter Körpergeruch leiden. Wenn Sie am
ganzen Körper Juckreiz ohne Hautausschlag bekommen, rufen Sie
Ihren Arzt an.

Zahnprobleme

„Mein Mund hat sich plötzlich zu einer Problemzone entwickelt.
Mein Zahnfleisch blutet immer beim Zähneputzen, und außerdem
vermute ich, daß Löcher in den Zähnen sind. Aus Angst vor den
Spritzen möchte ich aber nicht zum Zahnarzt gehen."

Da sich die ganze Aufmerksamkeit auf den Bauch richtet, übersieht
man seinen Mund – bis er sich bemerkbar macht. Und das kommt
auch häufig vor, denn die Schwangerschaft kann Schäden im Den-
talbereich anrichten. Wieder sind es die Schwangerschaftshormone, die das Zahnfleisch anschwellen lassen, es entzünden und
zum Bluten bringen. Warten Sie nicht, bis Ihr Mund um Hilfe
schreit, sondern gehen Sie in jedem Fall regelmäßig zum Zahnarzt –
insbesondere wenn Sie Verdacht auf Karies haben. Manchmal birgt
das Zahnarztversäumnis ein höheres Risiko als die Behandlung.

Ein sehr angegriffener und nicht behandelter Zahn kann eine Infektionsquelle sein.

Sagen Sie Ihrem Zahnarzt, daß Sie schwanger sind, damit er entsprechende Vorsichtsmaßnahmen ergreifen kann. Für alle Zahnprobleme ist Vorbeugung die beste Behandlung. Wenn Sie sich während der Schwangerschaft an ein vorbeugendes Zahnpflegeprogramm halten, werden sich Ihre Zahnprobleme in Grenzen halten:

* Gehen Sie unbedingt einmal während der neun Monate zum Zahnarzt (Vorsorge + Zahnreinigung), ein Zahnarztbesuch in jedem Trimester wäre natürlich noch besser.
* Essen Sie möglichst wenig Raffineriezucker, dafür aber Vitamin C und kalziumreiche Nahrungsmittel, die Zähne und Zahnfleisch stärken.
* Putzen Sie regelmäßig Ihre Zähne, und reinigen Sie die Zwischenräume zusätzlich mit Zahnseide.
* Wenn Sie sich nach dem Essen nicht die Zähne putzen können, kauen Sie einen zuckerfreien Kaugummi (möglichst gesüßt mit Xylitol), essen Sie ein Stück Hartkäse oder ein paar Erdnüsse (sie alle besitzen antibakterielle reinigende Eigenschaften).

Reisen

„Mein Mann und ich hatten für diesen Monat eine Reise geplant. Kann ich risikolos verreisen?"

Für die meisten Frauen ist eine Reise im zweiten Trimester nicht nur ungefährlich, sondern wunderschön, weil es vermutlich die vorerst letzte Möglichkeit ist, mit dem Partner eine Zweisamkeit zu genießen. Keine Windeln, Fläschchen, Reisebetten usw., woran Sie denken müssen. Es wird in nächster Zeit nicht so unkompliziert sein, eine Reise zu unternehmen, wie jetzt!

Natürlich sollten Sie mit Ihrem Arzt über Ihre Reisepläne sprechen. Wenn Sie Bluthochdruck, Diabetes oder andere Gesundheitsprobleme haben, werden Sie eventuell kein grünes Licht für Ihr Vorhaben erhalten. Haben Sie jedoch die ärztliche Erlaubnis, müssen Sie ein bißchen planen und verschiedene Vorsichtsmaßnahmen beachten, um für sich selbst und das Baby eine „bon voyage" ohne Gefahren zu garantieren:

- **Planen Sie eine erholsame Reise**
  Reisen Sie ohne Hektik, d. h. keine Bustour durch neun Städte in sechs Tagen!
- **Vergessen Sie nie, auf Ihre gute Ernährung zu achten!**
- **Halten Sie vorsichtshalber die Adresse eines an Ihrem Urlaubsort ansässigen Arztes immer bereit.**
- **Trinken Sie kein Leitungswasser**
  Das gilt besonders im Ausland, es sei denn, Sie sind ganz sicher, daß es sauber und keimfrei ist! Informationen über Gesundheitsrisiken bei Reisen ins Ausland erhalten Sie von: CDC, 1600 Clifton Road NE, Atlanta, GA 30333, USA, (404) 232-3299 oder online über http://www.edc.gov/travel/travel/html.
- **Nehmen Sie Ihren Mutterpaß mit**
  Falls Sie unterwegs ärztliche Hilfe benötigen, stehen dort alle wichtigen Informationen.
- **Wenn Sie auf die Toilette müssen, dann gehen Sie auch!**
  Sie fördern sonst Harnwegsentzündungen und Verstopfung, weil Sie die Toilettengänge immer hinauszögern. Gehen Sie, sobald Sie den geringsten Drang verspüren.
- **Tragen Sie Stützstrümpfe**
  Das ist besonders wichtig, wenn Sie schon Krampfadern haben oder dazu neigen.
- **Sitzen Sie nicht lange still, während Sie unterwegs sind**
  Wenn Sie in Flugzeug, Bahn oder Auto sitzen müssen, stehen Sie in Abständen auf, um Ihre Beine zu vertreten. Beim Sitzen können Sie verschiedene Übungen machen (siehe Seite 246).
- **Wenn Sie fliegen**
  Fragen Sie vorher bei der Fluggesellschaft nach, ob für Schwangere bestimmte Vorschriften bestehen. Wählen Sie einen Gangplatz, damit Sie Ihre Beine ausstrecken und/oder problemlos auf die Toilette gehen können. Fliegen Sie nie in einer Kabine ohne Druckausgleich. Alle kommerziellen Fluglinien haben druckausgleichende Kabinen, aber kleine Privatmaschinen vielleicht nicht. Trinken Sie viel, z. B. Wasser, Fruchtsäfte oder Milch. Schnallen Sie sich unbedingt an!
- **Reisen mit dem Zug**
  Besorgen Sie sich bei Nachtfahrten ein Schlafwagenabteil, denn Sie wollen Ihren Urlaub nicht schon erschöpft beginnen.

Im Restaurant essen

„Ich versuche wirklich, auf gute Ernährung zu achten, aber da ich geschäftlich häufig essen gehe, ist das schwierig für mich!"

Für viele Frauen ist es tatsächlich einfacher, den Martini durch Mineralwasser zu ersetzen, als ein gesundes Menü zu bestellen.

Hier einige Tips:

- Gehen Sie davon aus, daß Ihre Geschäftspartner Verständnis für Ihre Situation haben.
- Schieben Sie den Brotkorb beiseite, außer Sie entdecken Vollkornbrot (vielleicht sollten Sie auch auf die Butter verzichten!).
- Bestellen Sie sich Salat, Tomaten und Morzarella, Krabben oder gegrilltes Gemüse als Vorspeise.
- Wenn Sie Suppen bevorzugen, wählen Sie klare Brühe oder Gemüsesuppe.
- Nehmen Sie einen eiweißreichen, fettarmen Hauptgang, z. B. gegrillten Fisch, Huhn oder Kalbfleisch; aber nichts Frittiertes.
- Nachtische sollten – bis auf besondere Anlässe – auf Obst (ohne Likör oder Zucker) beschränkt bleiben.

Sicherheitsgurt anschnallen

„Ist es ungefährlich, den Gurt im Auto oder Flugzeug anzuschnallen?"

Welches ist die Haupttodesursache bei Frauen in gebärfähigem Alter? Toxamie, Geburtsprobleme, Infektionen? Nichts von alldem! Tatsächlich ist der häufigste Grund ein Autounfall! Um ernste Verletzungen für sich und das Baby zu vermeiden, ist das Anschnallen unumgänglich. Für optimale Sicherheit und Bequemlichkeit ziehen Sie den Gurt unterhalb Ihres Bauches fest, d. h. über Ihrem Becken; den anderen Teil des Gurtes lassen Sie über die Schulter und quer über Ihren Busen verlaufen. Machen Sie sich keine Sorgen, daß der Druck des Gurtes, falls man plötzlich stoppen muß, Ihrem Baby schadet; er oder sie liegt geschützt in Ihrem Bauch!

Sport

„Ich spiele gern Tennis und gehe oft schwimmen. Kann ich beides weitermachen?"

Fit bleiben, das empfiehlt sich für jeden – auch schwangere Frauen bilden keine Ausnahme. In den meisten Fällen sollte man während der Schwangerschaft seine Sportarten nicht aufgeben, sondern nur ein wenig vorsichtiger sein und an das zweite Leben, welches man in sich trägt, denken. Bevorzugen Sie Ausdauersportarten. Dämpfen Sie Ihren sportlichen Ehrgeiz. Treiben Sie nie Sport bis zur Erschöpfung (siehe Seite 241 ff. „Sport während der Schwangerschaft"). Sprechen Sie mit Ihrem Arzt über Ihre sportlichen Aktivitäten.

Sehfähigkeit

„Meine Sehkraft verschlechtert sich. Außerdem passen meine Kontaktlinsen nicht mehr richtig. Bilde ich mir das alles nur ein?"

Nein, es ist durchaus möglich, daß Sie während der Schwangerschaft schlechter als vorher sehen. Ihre Augen gehören auch zu diesen von Schwangerschaftshormonen „geplagten" Körperteilen. Nicht nur Ihre Sehfähigkeit kann an Schärfe verlieren, sondern auch harte Kontaktlinsen werden Sie eventuell als quälend empfinden. Der gesamte Flüssigkeitshaushalt bei einer Schwangeren ist verändert – und das betrifft auch den Augeninnendruck, die Tränensekretion und die Durchblutung der Bindehaut. Die Augen werden „trocken" – tröstlicherweise aber nur vorübergehend.
Ihre Sehkraft wird sich nach der Geburt wieder normalisieren, und die Trockenheit der Augen verschwindet ebenfalls. In finanzieller Hinsicht lohnt es sich kaum, nur für die Schwangerschaft andere Kontaktlinsen zu kaufen. Vielleicht steigen Sie auf eine Brille um? Eine kleine Verschlechterung bezüglich Ihrer Sehschärfe ist während der Schwangerschaft also nicht ungewöhnlich; andere Symptome könnten Schwierigkeiten signalisieren. Wenn Sie Verschwommenheit, Verdunklungen, Flecken vor Ihren Augen, Doppelbilder für mehrere Stunden erleben, konsultieren Sie unbedingt Ihren Arzt!

Tiefliegende Plazenta

„Mein Arzt hat mir gesagt, daß mein Sonogramm eine tiefliegende Plazenta zeigt. Er meint zwar, daß es viel zu früh sei, sich Sorgen zu machen, aber wann soll ich denn mit dem ‚Sorgenmachen' beginnen?"

Nicht nur der Fetus, auch die Plazenta bewegt sich während der Schwangerschaft. Sofern sie im unteren Teil des Uterus sich ausdehnt und wächst, wandert sie aufwärts. Bei ca. 20 bis 30 Prozent der Schwangeren befindet sich die Plazenta im zweiten Trimester noch im unteren Teil. Sobald sich der Geburtstermin nähert, rückt in den meisten Fällen die Plazenta in den oberen Uterusteil. Sollte die Plazenta nicht „hochwandern", wird die Diagnose einer Placenta praevia (also eine Plazenta, die den regulären Geburtsweg verschließt) gestellt. Diese Komplikation ist selten. (Weniger als ein Prozent aller Schwangerschaften mit termingerechten Geburten). In nur einem von vier solchen Fällen liegt die Plazenta so tief, daß der Muttermund teilweise oder ganz bedeckt wird. Dann kann es zu ernsthaften Problemen (schweren Blutungen) kommen.
Sie sehen also, daß Ihr Arzt recht hat. Noch ist es nicht Zeit, sich Sorgen zu machen. Statistisch gesehen brauchen Sie sich überhaupt keine Sorgen zu machen. Sollte das Sonogramm beim nächsten Mal wieder eine tiefliegende Plazenta zeigen und sollten Sie bereits im achten Monat sein, dann lesen Sie im Kapitel „Der achte Monat" über die Placenta praevia und im Kapitel „Spezielle Probleme" Seite 420f.

Äußerliche Einflüsse auf das Kind in der Gebärmutter

„Ich habe eine Freundin, die überzeugt ist, daß die ständigen Konzertbesuche ihr Baby später zu einem Musikliebhaber machen, und eine Bekannte, deren Ehemann jeden Abend ihrem Bauch etwas vorliest, damit das Baby später ein Literaturfreund wird. Ist das denn nun alles Blödsinn?"

Der Versuch, ungeborenes Leben zu bewerten, ist ebenso schwierig wie zwischen Tatsachen und Vermutungen zu unterscheiden.
Am Ende des zweiten Trimesters oder zu Beginn des dritten Trime-

sters entwickelt sich beim Fetus die Hörfähigkeit. Es stimmt, daß die Babys Ihrer Freundinnen Musik oder Vorträge hören können. Was das am Ende nun für Auswirkungen hat, ist nicht bewiesen. Manche glauben, auf diese Weise gebildete Babys zu gebären, die mit sechs Monaten bereits lesen und spätestens mit einem Jahr schreiben können! Jemand, der allerdings ein wenig über normale Kindesentwicklung Bescheid weiß, wird sich davor hüten, ein Superbaby kreieren zu wollen, ob vor oder nach der Geburt.

Es ist für ein Baby wesentlich wichtiger zu lernen, daß es gewünscht und geliebt wird, als mit ihm frühzeitig zu sprechen oder ihm vorzulesen! Das heißt nun nicht, daß es Zeitverschwendung oder gar gefährlich ist, wenn Sie in irgendeiner Weise (sei es durch Musik oder Worte) mit Ihrem Baby auch vor der Geburt in Kontakt treten wollen. Jede Art pränataler Kommunikation zwischen Eltern und Baby gibt allen einen Vorsprung in dem langen Prozeß der Eltern-Kind-Bindung. Wenn es Ihnen töricht erscheint, Ihren dicken Bauch zu besprechen oder ihm Musik vorzuspielen, dann lassen Sie es sein. Ihr Baby wird nichts entbehren. Er oder sie gewöhnt sich vermutlich von ganz allein an den Klang Ihrer Stimme (und die Ihres Partners), wenn Sie nämlich im Alltag miteinander und mit anderen sprechen. Deshalb erkennen eben offensichtlich Neugeborene die Stimmen ihrer Eltern. Vielleicht wird Ihr Baby auch andere Geräusche erkennen, die in der Schwangerschaftszeit Teil Ihrer Umgebung waren.

Ein neugeborenes Baby, welches vorher (noch im Bauch der Mutter) keinem Hundegebell ausgesetzt war, wird nach der Geburt bei diesem Geräusch mehr erschrecken als ein Baby, dem dieses Geräusch bereits bekannt ist und das deshalb nicht einmal mehr blinzelt.

Es besteht ebenfalls die Meinung, daß sich der „Gefühlssinn" schon im Uterus entwickelt, d. h., die Bindung zum Baby festigt sich mehr, wenn man über den Bauch streichelt oder mit einem kleinen boxenden Fuß „spielt". Ob das nun der Wahrheit entspricht oder nicht – schaden können Streicheleinheiten auf keinen Fall. Mit der Kontaktaufnahme werden Sie wohl kaum Mühe haben, da Sie selbst – ebenso auch andere Menschen – selten die Hände von Ihrem Bauch lassen können.

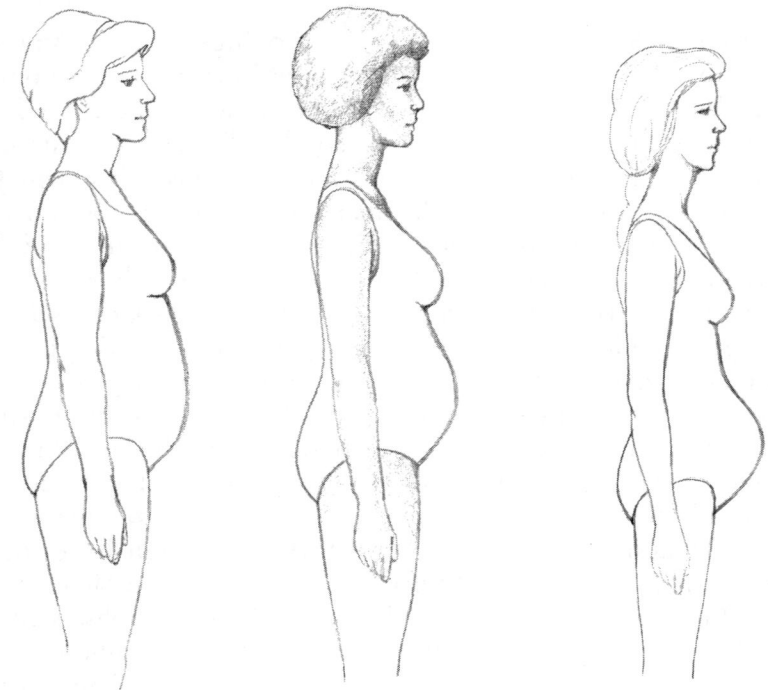

Die Lage des Babys im fünften Monat

Drei von vielen verschiedenen Möglichkeiten, wie eine Frau am Ende des fünften Monats ihr Baby tragen könnte. Die Variationen sind endlos. Abhängig von Ihrer Größe, Ihrer Figur, der Gewichtszunahme und der Lage des Uterus, kann die Auswölbung Ihres Bauches höher oder tiefer liegen, größer, kleiner, breiter oder vorstehender sein.

Mutterschaft

„Werde ich mich wirklich über das Baby freuen, sobald es da ist?"

Die meisten Menschen nähern sich großen Ereignissen ihres Lebens wie Ehe, Arbeitswechsel oder Geburt mit bangen Fragen, ob sie sich über die bestimmten Veränderungen auch wirklich freuen können. Und wenn Sie die neue Situation mit unrealistischen Erwartungen beginnen, könnte es tatsächlich mit Enttäuschungen enden. Handeln Ihre Vorstellungen über das Mutterdasein hauptsächlich von geruhsamen Spaziergängen, sonnigen Zoobesuchen oder niedlichen Stapeln sauberer Kinderwäsche, dann sollten Sie auf einen harten Realitätsschock vorbereitet sein. Es wird nämlich viele Tage geben, an denen Sie nicht einmal bemerken, daß draußen schönes Wetter ist, an denen Sie bekleckert sind und den Unterschied zwischen Morgen und Abend nicht mitbekommen. Falls Sie meinen, ein strahlendes und bezauberndes Bilderbuch-Baby aus dem Krankenhaus mit nach Hause nehmen zu können, irren Sie sich. Ihr Neugeborenes wird in den nächsten Wochen weder lächeln noch wohlig grunzen oder irgendwie mit Ihnen kommunizieren; es sei, es weint gerade dann, wenn Sie endlich etwas essen oder auf die Toilette wollen oder so erschöpft sind, daß Sie sich eigentlich keinen Zentimeter mehr bewegen können.

Was Sie aber tatsächlich erwarten können, sind auf der anderen Seite die wunderbarsten und erstaunlichsten Erlebnisse Ihres ganzen Lebens. Die Erfüllung, die Sie erleben werden, wenn Sie Ihr warmes schlafendes Bündel an Ihr Herz drücken (selbst wenn dieser süße Engel vor kurzem noch ein brüllender Teufel war), ist unbeschreiblich schön. Das erste zahnlose Lächeln, das nur Ihnen gelten soll, wird Sie für die vielen schlaflosen Nächte, verspäteten Abendessen, Wäscheberge und gestörten Liebesnächte entschädigen.

Sie werden also mit Ihrem Baby glücklich sein, sofern Sie sich geistig auf ein Kind und nicht auf eine Seifenblase der Phantasie vorbereiten.

Was Sie wissen sollten:

Sport während der Schwangerschaft

Viele Frauen fragen sich, ob sie während der Schwangerschaft Sport machen dürfen, sollen oder können. In den meisten Fällen wird die Antwort „ja, ja, ja" lauten. Die Vorstellung, daß die Schwangerschaft eine Behinderung bedeutet oder daß schwangere Frauen Kranken ähneln, die keine Treppen mehr allein hochsteigen dürfen, ist so altmodisch wie die Verwendung einer Vollnarkose bei der Geburt. Gemäßigte körperliche Aktivitäten sind nicht nur ungefährlich, sondern auch sehr wohltuend für die meisten Mütter und ihre Babys. Sprechen Sie trotzdem erst mit Ihrem Arzt. Frauen, die in eine Risikogruppe gehören, müssen vielleicht bestimmte sportliche Aktivitäten einschränken oder für eine Weile gar unterlassen. Gehören Sie aber zu der Mehrheit der Schwangeren, denen der Arzt „Sport-Erlaubnis" erteilt hat, dann lesen Sie aufmerksam weiter:

Vorteile durch sportliche Aktivitäten

Schwangere Frauen, die keinen Sport treiben, sind offensichtlich körperlich weniger fit. Es gibt vier verschiedene Arten von Gesundheitssport, die während der Schwangerschaft nützlich sein können: Aerobic, Gymnastik, Entspannungsmethoden und Kegelübungen.

Aerobic

Die rhythmischen, sich ständig wiederholenden Übungen sind so anstrengend, daß die Muskeln größere Mengen an Sauerstoff benötigen, aber auch nicht so anstrengend, daß der Bedarf nicht gedeckt werden kann. Man zählt zu dieser Gruppe nicht nur die eigentlichen

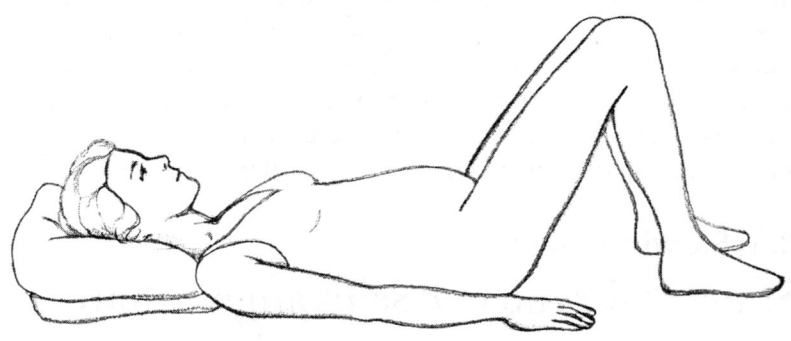

Grundposition und Kegel-Beckenübungen
Sie liegen auf dem Rücken, ziehen die Beine leicht an, stellen die Füße ca. 30 cm auseinander, stützen Ihren Kopf und die Schultern mit einem Kissen ab und legen Ihre Arme ausgestreckt neben den Körper. Für Kegelübungen müssen Sie nun Ihre Po- und Schließmuskeln für 8 bis 10 Sekunden fest zusammenziehen (anspannen). Anschließend die Muskeln wieder entspannen und langsam dabei ausatmen. Das sollten Sie täglich – auch nach dem vierten Monat – im Stehen oder Sitzen etwa 25mal wiederholen.
Beachte: *Die Rückenlage für die Kegelübung soll nur bis zum Ende des 4. Monats eingenommen werden. Danach ist die Rückenlage fürs Üben nicht mehr geeignet, weil der vergrößerte Uterus stark auf die Hauptblutgefäße drücken könnte.*

Aerobics, sondern Spaziergänge, Jogging, Fahrradfahren, Schwimmen oder Tennis. Herz- und Lungen- sowie Muskel- und Gelenktätigkeiten werden dabei angeregt – die Fähigkeit, zunehmend mehr Sauerstoff verarbeiten zu können, steigt, was für Sie und Ihr Baby von großem Vorteil ist. Nur sportliche Aktivitäten, die Sie länger als 20 Minuten hintereinander ausüben, führen zu diesem Trainingseffekt. Die Entbindung wird dadurch erleichtert. Sie können Ihren Blutzucker leichter kontrollieren, und Sie verbrennen Kalorien. Aerobic verbessert die Kondition, verringert die Müdigkeit, verbessert den Schlaf. Generell erhöht sich die Fähigkeit, körperliche und emotionale Herausforderungen zu verkraften.

Schwangerschaftsgymnastik

Diese gleichmäßigen leichten Bewegungen, die Muskeln aufbauen und Körperhaltungen verbessern können, sind sehr nützlich gegen Rückenschmerzen und bei der Geburtsvorbereitung sehr hilfreich.

Entspannungsmethoden

Atem- und Konzentrationsübungen entspannen Geist und Körper, unterstützen die Fähigkeit, sich auf **eine** Sache zu konzentrieren. Das Körperbewußtsein steigt; dies hilft Ihnen bei der Geburt. Entspannungsmethoden sind sehr wertvoll in Kombination mit anderen sportlichen Aktivitäten bzw. gelten in mancher Hinsicht als Ausgleich für Frauen, denen Sport während der Schwangerschaft untersagt wurde.

Beckenübungen

Diese sollten Sie absolvieren, um die Muskeln des Beckenbodens zu stärken, die unter anderem die Gebärmutter stützen und die Vagina schließen (Geburtsvorbereitung). Übungen dieser Art werden aber auch die postpartale bzw. die Nachgeburtserholung fördern.

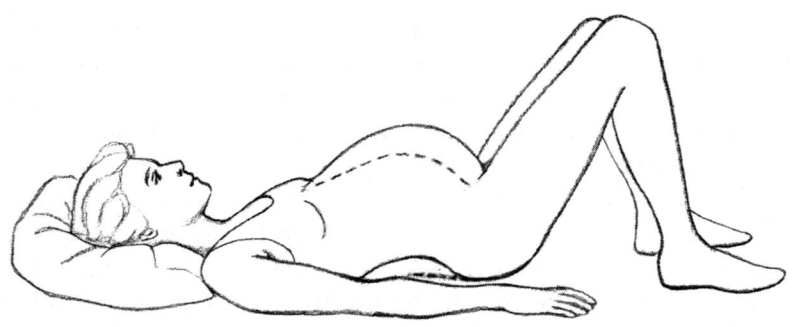

Beckenübung
Nehmen Sie die Grundposition ein. Während Sie Ihr Kreuz gegen den Boden drücken, atmen Sie aus. Danach entspannen Sie den Rücken wieder, während Sie einatmen. Wiederholen Sie dieses mehrmals. Diese Übung können Sie auch im Stehen durchführen, indem Sie sich mit dem Rücken gegen eine Wand pressen; anschließend lockern. Im Stehen verbessern Sie zudem Ihre Körperhaltung. Nach dem vierten Monat sollten Sie nur noch im Stehen üben.

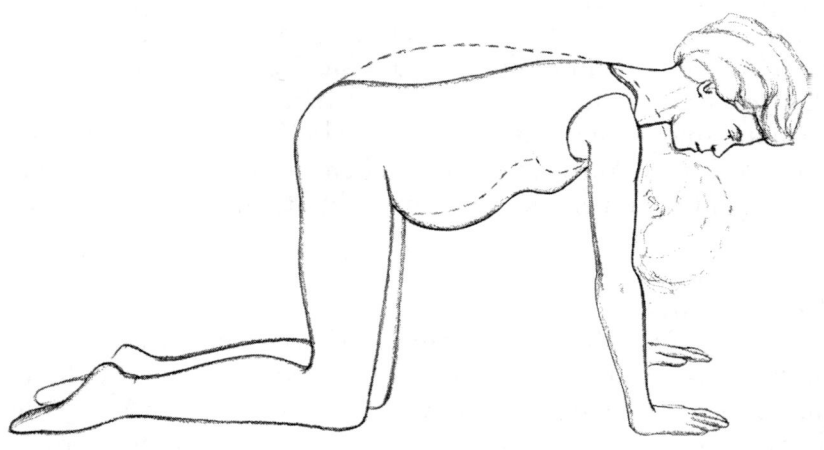

Katzenbuckelübung
Diese Übung ist während der gesamten Schwangerschaft sehr nützlich, lindert beim Wehenschmerz den Druck des vergrößerten Uterus auf die Wirbelaule. Begeben Sie sich in die Bankstellung – Hände und Knie etwas auseinander, Kopf und Rücken bilden eine Waagerechte. Senken Sie nun den Kopf, und wölben Sie den Rücken nach oben, während Sie gleichzeitig Po und Bauch einziehen. Anschließend heben Sie Ihren Kopf, wobei Sie den Rücken entspannen. Wiederholen Sie diese Übung mehrmals.

Ein gutes Sportprogramm

Fangen Sie immer an
Der beste Zeitpunkt, sich körperlich fit zu machen, ist vor der Empfängnis. Es ist aber nie zu spät, mit einem Trainingsprogramm zu beginnen – selbst nicht im neunten Monat!

Fangen Sie langsam an
Falls Sie schon vor der Schwangerschaft Sport getrieben haben, können Sie Ihr Programm vermutlich fortsetzen – allerdings in einer etwas modifizierten Form (siehe „Sport ohne Risiko" Seite 247ff.). Wenn Sie allerdings ein athletischer Neuling sind, müssen Sie langsam anfangen. Beginnen Sie zunächst mit einem 10minütigen Warmlaufen, trainieren Sie dann 5 Minuten ganz angestrengt, und enden Sie mit einer 5minütigen („Cool-down") weniger belastenden Phase. Hören Sie mit anstrengenden Übungen auf, bevor Sie müde werden. Nach einigen Tagen können Sie die Trainingszeiten um einige Minuten verlängern, sobald sich Ihr Körper an die stärkere Belastung gewöhnt hat, maximal 20 bis 30 Minuten (Haupttrainingsphase), wenn Sie sich wohl dabei fühlen.

Lassen Sie Ihr Programm langsam enden
Wenn Sie ganz abrupt mit dem Training aufhören, kann das Blut in den Muskeln (wie gefangen) steckenbleiben und sich die Blutversorgung anderer Körperteile (einschließlich Ihres Babys) reduzieren. Die Folgen können Schwindel, Schwäche, Herzrasen oder Übelkeit sein. Also beenden Sie Ihr Programm mit sanften Bewegungen und Dehnungsübungen.

Achten Sie auf die Zeit
Ihr gesamtes Übungsprogramm – vom Aufwärmen bis zum Entspannen – sollte ca. 25 Minuten bis zu 60 Minuten dauern, wobei der anstrengendste Teil nicht länger als 15 Minuten dauern darf. Falls Sie vor der Schwangerschaft nicht regelmäßig Sport getrieben haben, ist es realistisch und unbedenklich, wenn Sie dreimal pro Woche etwa 30 Minuten (einschließlich Aufwärmen und Abkühlen) trainieren. Ist Ihnen das zu zeitaufwendig, versuchen Sie es mit „Walking" (dreimal täglich jeweils 10 Minuten flott gehen).

Halten Sie durch

Sport hat nur einen Sinn, wenn Sie ihn regelmäßig durchführen.

Halsentspannung
Ihr Hals ist häufig der zen-
trale Spannungspunkt bei
Streß. Diese Übung soll Ih-
nen helfen, den Hals und
Ihren ganzen Körper zu ent-
spannen: Setzen Sie sich be-
quem hin („Schneidersitz",
siehe Seite 249), und schlie-
ßen Sie dabei die Augen.
Drehen Sie vorsichtig Ihren
Kopf, indem Sie ihn von
vorn über die eine Seite lang-
sam nach hinten und über
die andere Seite wieder nach
vorn rollen und dabei einatmen. Dann atmen Sie ganz langsam aus, entspannen
sich und lassen Ihren Kopf nach vorn hängen – ganz bequem! Wiederholen Sie
diese Übungsfolge vier- bis fünfmal, und zwar täglich. Wechseln Sie die Kopf-
richtung, und entspannen Sie sich nach jedem Rollen.

Sitzen Sie nicht nur einfach herum

Ohne Unterbrechung auf den vier Buchstaben zu sitzen ist
für niemanden ideal, insbesondere nicht für Schwangere. Das
Blut staut sich in den Venen Ihrer Beine und verursacht geschwollene Füße. Sollten Sie Ihre sitzende Tätigkeit nicht
aufgeben können, versuchen Sie zumindest für jede „gesesse-
ne" Stunde fünf bis zehn Minuten „Bewegungspause" einzuräumen. Auch im Sitzen sollten Sie ab und zu Ihren Kreislauf anregen, indem Sie tief einatmen, Ihre Beine strecken, die
Füße kreisen, mit den Zehen wackeln oder Bauch- und Ge-
säßmuskeln zwischendurch kräftig anspannen. Neigen auch
Ihre Hände zu Schwellungen, dann strecken Sie die Arme
über dem Kopf aus und greifen mit Ihren Händen in die Luft.
d. h., schließen Sie die Finger zu Fäusten, und öffnen Sie sie
wieder in schnellem Wechsel.

Nehmen Sie sich Zeit für Ihr Sportprogramm

Um wirklich regelmäßig Sport zu treiben, sollten Sie sich täglich eine bestimmte Zeit für das Training freihalten. Sie können Ihr Übungsprogramm natürlich in Ihren normalen Tagesablauf einbauen: Erledigen Sie möglichst viel zu Fuß, d. h., laufen Sie zur Arbeit, bringen Sie ein älteres Kind nicht mit dem Auto zur Schule, machen Sie einen gemeinsamen Abendspaziergang, anstatt mit Ihrem Partner vor dem Fernsehapparat zu sitzen. Egal, wieviel Sie zu tun haben, es gibt immer einen Weg, etwas für Ihre Kondition zu tun, wenn Sie den Willen dafür haben.

Ersetzen Sie die verbrauchte Energie

Sie werden 100 bis 200 Kalorien zusätzlich für jede halbe Stunde anstrengender Sportübungen zu sich nehmen müssen. Wenn Sie glauben, daß Sie sich ausreichend ernähren und trotzdem nicht zunehmen, essen Sie entweder doch nicht genug, oder Sie treiben zuviel Sport!

Ersetzen Sie die verbrauchte Flüssigkeit

Für jede halbe Stunde Sport werden Sie mindestens ein volles Glas Wasser trinken müssen, um den durch das Schwitzen verursachten Flüssigkeitsverlust auszugleichen.

Wenn Sie lieber in einer Gruppe Sport treiben,

dann sollten Sie sich einer ausschließlich für Schwangere bestimmten Gruppe anschließen. Manchen Frauen fehlt die Disziplin, allein Fitneß zu betreiben. Der regelmäßige (3mal pro Woche) Besuch einer Gruppe motiviert, und viele „zwingen" sich durch den Gruppendruck zur Gymnastik – aber im positiven Sinn. Sie sollten sich nie zu anstrengenderen Übungen bei schneller Musik (bzw. längerer Übungsdauer) verführen lassen, als Sie es für Ihren Körper für richtig befinden.

Sport ohne Risiko

* **Üben Sie nicht mit leerem Magen**
Wenn Sie seit mehreren Stunden nichts gegessen haben, sollten Sie ca. eine halbe Stunde vorher einen leichten – kaliumreichen – Snack (z. B. eine Banane) und ein Getränk zu sich nehmen.
* **Kleiden Sie sich vernünftig**
Tragen Sie keine eng sitzende Kleidung, sondern Sachen, die sich entweder dehnen oder in denen Sie sich locker bewegen können. Ziehen Sie sich nicht zu warm an.
* **Wählen Sie den richtigen Boden für Ihre Sportart aus**
Wenn Sie z. B. draußen aktiv sein wollen, dann gehen Sie zu einem richtigen Sportplatz. Laufen sollten Sie auf weichem Waldboden, nicht auf Asphalt. Vermeiden Sie unebene Flächen.
* **Tun Sie alles in Maßen**
Achten Sie immer darauf, daß Sie Ihren Körper nicht überfordern.
* **Hören Sie rechtzeitig auf**
Da eine Schwangerschaft Ihren Körper ohnehin belastet, sollten Sie sich genügend Ruhepausen gönnen und wissen, wann Sie aufhören müssen. Zeichen dafür sind: Schmerzen (egal an welcher Stelle), Krämpfe oder Stiche, Schwindelgefühle, Atemlosigkeit, Zittern der Muskeln oder Kopfschmerzen. Verständigen Sie Ihren Arzt, wenn auch nur eines dieser Symptome nach einer Pause nicht wieder weggeht. Im zweiten und dritten Trimester werden Sie vielleicht einen Leistungsabfall bemerken; dann sollten Sie einfach ein wenig langsamer trainieren.
* **Halten Sie sich kühl**
Trainieren Sie nicht in stickigen heißen Räumen oder draußen, wenn es sehr heiß ist. Gehen Sie nicht in die Sauna oder in ein Dampfbad. Körperliche Übungen oder eine Umgebung, die die Körpertemperatur einer schwangeren Frau um mehr als ein halbes Grad steigern, werden als gefährlich angesehen (das Blut wird vom Uterus weg zur Hautoberfläche geleitet, da der Körper versucht, auf die Weise Abkühlung zu erreichen). Warten Sie nicht ab, bis Ihr Körper Ihnen anzeigt, daß er überhitzt ist. Hören Sie vorher auf.
* **Bedenken Sie, daß sich durch Ihre Schwangerschaft Ihr natürlicher Körperschwerpunkt mehr und mehr nach vorn verlagert**

Sportarten, die abrupte Bewegungen oder einen ausgeprägten Gleichgewichtssinn verlangen, können zu plötzlicher Instabilität und somit zu Gefahren führen.

- **Seien Sie sich der erhöhten Verletzungsgefahr bewußt**
Aus einer Reihe von Gründen (verändertes Gleichgewicht, lockere Gelenke, Geistesabwesenheit) neigen schwangere Frauen eher zu Verletzungen.

- **Liegen Sie nicht auf dem Rücken, strecken Sie nicht die Zehen**
Nach Ende des vierten Monats sollten Sie keine Übungen mehr machen, bei denen Sie flach auf dem Rücken liegen müssen. Diese Lage ist für Ihren Blutkreislauf ungünstig. (Siehe auch Seite 225f. „Schlafpositionen".) Das Zehenspitzenstrecken kann zu Beinkrämpfen führen.

- **Lassen Sie im dritten Trimester (vor allem im 9. Monat) etwas nach**
Rückt der Geburtstermin näher, sollten Sie nur noch leichte Übungen machen. Ernsthafte sportliche Betätigungen können Sie etwa sechs Wochen nach der Geburt wieder aufnehmen.

Schneidersitz
Der Schneidersitz ist eine besonders bequeme Stellung während der Schwangerschaft. Setzen Sie sich einfach öfter in den Schneidersitz, und strecken Sie dabei die Arme über den Kopf aus. Recken Sie den einen Arm höher als den anderen, und entspannen Sie dann wieder. Anschließend wiederholen Sie die Übung mit dem anderen Arm usw. (zwölf Wiederholungen pro Seite!)

Die richtige Sportart während der Schwangerschaft

Wählen Sie den Sport, der für Sie richtig ist. Vermutlich können Sie die sportlichen Aktivitäten fortführen, die Sie auch vor der Schwangerschaft ausgeübt haben, an die Sie also gewöhnt sind. Körperliche Bewegungen, die sogar ein Anfänger während der Schwangerschaftszeit ausführen kann, sind:

- Spazierengehen in flottem Tempo (Walking)
- Schwimmen (in nicht zu tiefem, zu kaltem, zu heißem Wasser)
- Radfahren auf einem „Hometrainer" (mit mäßiger Geschwindigkeit)
- Schwangerschaftsgymnastik und Wassergymnastik (Aquarobic)
- Kegelübungen und Entspannungsmethoden

Sport für gut trainierte Frauen:
- Jogging
- Tennis (Doppelspiel)
- Skilaufen, Fahrradfahren.

Sportliche Aktivitäten, die sogar Athletinnen während der Schwangerschaft auf Grund der hohen Risiken vermeiden sollten:
- Jogging (mehr als 3 Kilometer)
- Reiten
- Wasserski
- Tauchen oder Springen (im Schwimmbad), Sporttauchen
- Kurzstreckenläufe (Sprints)
- Skiabfahrtslauf, Skilanglauf (über 3000 Meter Höhe)
- „Kontaktsportarten" (d. h., mit hohem Risiko einen Mannschaftskameraden anzurempeln)
- Gymnastik, die nicht für Schwangere geeignet ist, wie z. B. Übungen, die die Bauchdecke übermäßig beanspruchen (Sit-ups oder andere Bauchmuskelübungen); Übungen, durch die Luft in die Vagina gelangen könnte („Radfahren" in Rückenlage, Schulterstand, Kniestand und das Knie zur Brust bewegen); Übungen, die die innere Hüftmuskulatur dehnen (auf dem Boden sitzen mit sich berührenden Fußsohlen und dabei die Knie zum Boden drücken), sowie alle Übungen, die sowohl starke Dehnungen/Bewegungen als auch plötzliche Bewegungen wie Springen, Hüpfen oder ähnliches mit sich bringen.
- Jede Art von Kraft- oder Leistungssport.

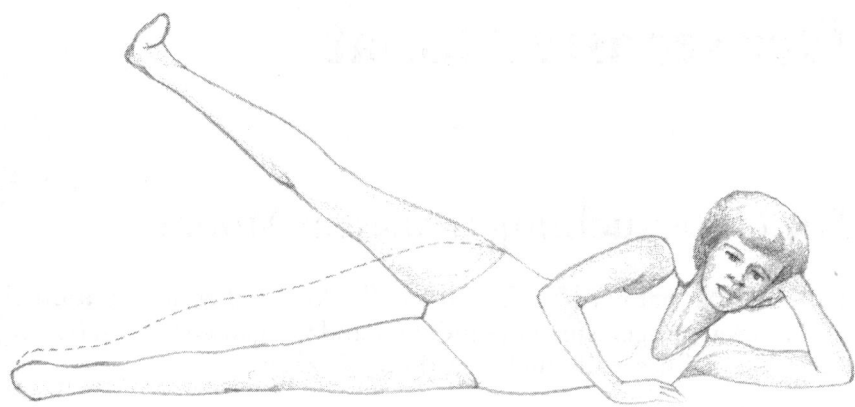

Beinübungen

Legen Sie sich ausgestreckt auf Ihre linke Seite, Schulter, Hüfte und Knie bilden eine gerade Linie. Heben Sie den Oberkörper etwas vom Boden ab. Stützen Sie Ihren Kopf mit der linken Hand, während sich die rechte Hand auf dem Boden (etwa in Brusthöhe) abstützt. Entspannen Sie sich, atmen Sie tief ein. Während Sie langsam ausatmen, heben Sie dann langsam das rechte Bein so hoch wie möglich an. Den Fuß sollten Sie dabei anziehen (nicht strecken). Wenn Sie Ihr Bein langsam wieder absenken, atmen Sie wieder tief ein. Wiederholen Sie diese Übung etwa 10mal pro Serie. Diese Übung können Sie mit gestrecktem oder aber auch mit gebeugtem Bein ausführen.

Wenn Sie sich nicht sportlich betätigen

Sportliche Betätigung tut Ihnen während der Schwangerschaft prinzipiell gut. Rückenschmerzen können gelindert und Krampfadern sowie Verstopfungen vermieden werden; außerdem unterstützen Sie durch Ihren trainierten Körper den Geburtsvorgang und regenerieren sich nach der Geburt wesentlich schneller. Haben Sie nun überhaupt keine Motivation oder ist Ihnen der Sport vom Arzt untersagt worden, kann diese Unterlassung Ihnen und Ihrem Baby jedenfalls keinen Schaden zufügen. Im Fall des ärztlichen Sportverbotes helfen Sie sich und Ihrem Baby sogar mehr, wenn Sie sich an die Anweisung halten und keinen Sport betreiben. Vermutlich schränkt Ihr Arzt die sportlichen Aktivitäten nur dann ein, wenn Sie keine (rückblickend) gute Schwangerschaftsanamnese haben oder unter einer chronischen Krankheit leiden, wie z. B. Bluthochdruck oder Diabetes (oder wenn Sie bisher ein ausschließlich seßhaftes Leben geführt haben).

Der sechste Monat

Die Untersuchung in diesem Monat

In diesem Monat wird Ihr Arzt folgendes kontrollieren; Variationen und Abweichungen sind aber möglich und hängen von Ihren besonderen Bedürfnissen als auch von Ihrem Arzt ab:

- Gewicht und Blutdruck;
- Urin (auf Zucker und Eiweiß);
- fetaler Herzschlag;
- Höhenstand der Gebärmutter;
- Größe des Uterus und Kindslage (durch äußeres Abtasten);
- Füße und Hände (auf Schwellungen);
- Beine auf Krampfadern;
- ungewöhnliche Symptome, die Sie vielleicht erlebt haben;
- Fragen und Probleme, die Sie unbedingt mit Ihrem Arzt besprechen möchten, denken Sie an Ihre Liste!

Was Sie vielleicht empfinden

Folgende Symptome werden Sie vielleicht zu einem bestimmten Zeitpunkt alle gleichzeitig verspüren – eventuell aber auch nur ein oder zwei. Manche werden Ihnen noch von den letzten Monaten bekannt vorkommen, andere Symptome hingegen werden für Sie ganz neu sein.

Körperliche Symptome

- Spürbare Kindsbewegungen;
- Leukorrhoe (Ausfluß oder Weißfluß);
- Unterleibsschmerzen;
- Verstopfung;
- Sodbrennen, Verdauungsstörungen, Blähungen

* Kopfschmerzen, die gelegentlich auftreten, Schwäche- oder Schwindelgefühle;
* verstopfte Nase mit gelegentlichem Nasenbluten; Ohr „verstopfung"
* Zahnfleischbluten;
* zunehmender Appetit;
* Beinkrämpfe;
* leichte Schwellungen an den Fußknöcheln, Händen und manchmal auch im Gesicht;
* Krampfadern und/oder Hämorrhoiden;
* Juckreiz am Bauch;
* Rückenschmerzen;
* Veränderung der Hautpigmentierung am Bauch und im Gesicht
* vergrößerter Busen.

Gefühlsmäßige Symptome

* Weniger Gefühlsschwankungen;
* Konzentrationsschwäche;
* Überdruß bezüglich der Schwangerschaft;
* Sorgen über die Zukunft.

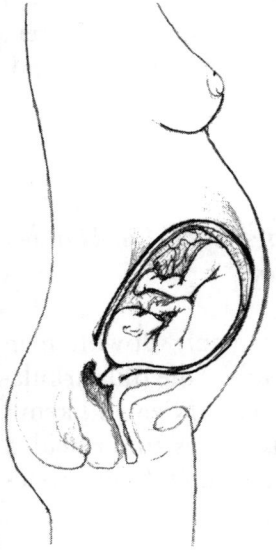

Am Ende des sechsten Monats ist der Fetus ca. 33 cm lang und wiegt etwa 800 Gramm; seine Haut ist dünn und glänzend und ohne Fettschicht; Finger und Zehen werden deutlich; die Augen öffnen sich. Theoretisch könnte der Fetus auf einer Frühgeborenenstation außerhalb der Gebärmutter überleben, falls jetzt eine Frühgeburt erfolgen würde.

Worüber Sie sich vielleicht Gedanken machen ...

Schmerzen und Gefühllosigkeit in den Händen

„Ich wache nachts oft auf, weil einige Finger ganz gefühllos sind und manchmal auch schmerzen. Hat das mit der Schwangerschaft zu tun?"

Wenn Sie diese Gefühllosigkeit bzw. Schmerzen nur im Daumen und den anderen Fingern verspüren, leiden Sie vermutlich unter dem Karpaltunnel-Syndrom, welches häufig bei Menschen auftritt, die ständig Ihre Hände in Bewegung haben, wie z. B. Klavierspieler. Manchmal tritt es aber auch während der Schwangerschaft in Form von Gefühllosigkeit auf, aber auch Druck, Kribbeln oder Schmerz. Teilweise können sich diese unangenehmen Gefühle über die Hand hinaus bis zum Arm ausbreiten. Tagsüber staut sich Flüssigkeit in Ihren Händen und verursacht Schwellungen, die die Symptome in der Nacht verschlimmern. Um dem Abhilfe zu schaffen, lassen Sie die betroffene Hand über Ihre Bettseite hinaushängen, und schütteln Sie sie kräftig. Wenn das nichts hilft und die Gefühllosigkeit (mit oder ohne Schmerz) Ihren Schlaf stört, sollten Sie mit Ihrem Arzt sprechen. Vielleicht können zusätzliche Vitamin-B$_6$-Tabletten und eine Handschiene Ihre Schmerzen lindern.

Stechendes und kribbelndes Gefühl

„Häufig bekomme ich plötzlich ein kribbelndes Gefühl in Händen und Füßen. Deutet das Zirkulationsprobleme an?"

Was Sie spüren, tritt bei Schwangeren nicht selten auf. Obwohl man das Gefühl hat, daß dort (also in Händen und Füßen) die Blutzirkulation nicht mehr funktioniert; ist dies nicht der Fall. Niemand kennt genau die Ursache dieses Phänomens oder weiß, wie es zu vermeiden wäre. Sicher ist aber, daß es nichts Ernsthaftes bedeutet. Sollte dieses Kribbeln sehr stören, informieren Sie Ihren Arzt.

Stöße des Babys

„An einigen Tagen tritt mich mein Baby ständig, während es an anderen Tagen ganz ruhig ist. Kann das normal sein?"

Ihr Baby benimmt sich eben menschlich! Genau wie wir hat es aktive und weniger aktive Tage. Meistens hängt die fetale Aktivität von der mütterlichen ab. Ähnlich den Neugeborenen, beruhigen sich auch Babys im Bauch durch schaukelnde Bewegungen. Wenn Sie also den ganzen Tag unterwegs sind und Ihren Bauch durch die Gegend schaukeln, wird Ihr Fötus ganz friedlich sein, d. h., Sie bemerken weniger Bewegungen, weil Sie einerseits den Fetus durch Ihre Aktivitäten beruhigt haben, und andererseits werden Sie gerade aufgrund Ihrer eigenen Betriebsamkeit eventuelle Bewegungen gar nicht bemerken. Sobald Sie Ihr Tempo etwas verlangsamen, wird Ihr Baby sicher wieder spürbar aktiv. Aus den eben genannten Gründen verspüren Mütter die Kindsbewegungen deutlicher oder häufiger nachts oder morgens vor dem Aufstehen. Die Aktivität des Fetus kann sich verstärken, sobald die Mutter etwas gegessen hat. Der möglicherweise erhöhte Blutzuckerspiegel aktiviert auch das Baby. Einige Frauen sagen, daß sie verstärkt die Bewegungen ihres Kindes spürten, wenn sie nervös oder aufgeregt waren, d. h., das Baby war vielleicht vom erhöhten Adrenalinspiegel beeinflußt. Babys sind sehr aktiv zwischen der 24. und der 28. Woche, aber die Bewegungen sind unregelmäßig und sehr flüchtig spürbar.

Die fetalen Aktivitäten werden normalerweise zwischen der 28. und 32. Woche regelmäßiger, mit deutlicheren Ruhe- und Aktivitätsphasen. Vergleichen Sie aber nie die Kindsbewegungen, die Sie verspüren, mit den Erzählungen anderer Mütter, denn jedes Baby hat seine eigene Entwicklung und seinen individuellen Rhythmus. Manche Babys sind weniger, manche mehr aktiv. Alle Varianten sind normal, solange sich die Bewegungen nicht radikal vermindern oder gar aufhören.

Manche Ärzte schlagen vor, daß Frauen ab der 28. Woche jeden Tag selbst einen Kindsbewegungstest machen, und zwar so: Schauen Sie auf die Uhr zu Beginn der Zählung; d. h., Sie zählen ab einem bestimmten Zeitpunkt jede Art der Bewegung (treten, rollen, flattern, stupsen). Stoppen Sie, sobald Sie bei zehn sind, und notieren Sie die Zeit. Manchmal werden Sie innerhalb von zehn Minuten auch zehn Bewegungen spüren, an anderen Tagen dauert es länger. Wenn Sie nach einer Stunde noch nicht zehn Bewegungen zusammenzählen konnten, trinken Sie ein Glas Milch, oder essen Sie etwas und legen sich dann hin. Nun wiederholen Sie den kleinen Zeitzähltest. Wenn Sie nach einer Stunde wieder nicht zehn Bewegungen verspüren, sollten Sie Ihren Arzt sofort anrufen. Obwohl das Ausbleiben der fetalen Bewegungen nicht unbedingt ein Problem andeuten muß, kann es sich gelegentlich doch um einen fetalen Notstand handeln. In einem solchen Fall kann schnelles ärztliches Eingreifen sehr wichtig sein. Je näher der Geburtstermin rückt, desto wichtiger ist die regelmäßige, aufmerksame Beobachtung der Kindsbewegungen.

„Manchmal drückt das Baby so stark, daß es weh tut."

Während sich das Baby im Uterus entwickelt, wird es auch kräftiger, und die ehemals flatterhaften Bewegungen gewinnen mehr und mehr an Kraft. Seien Sie nicht überrascht, wenn Sie plötzlich einen kräftigen Rippenstoß oder einen Bauchtritt „kassieren", der Ihnen weh tut. Wenn Sie meinen, daß Ihr Fetus gerade besonders kräftige Angriffe startet, ändern Sie einfach ganz schnell Ihre Position; vielleicht bringt das Ihren kleinen Boxer etwas aus der Fassung, und Sie wehren so die Angriffe wenigstens vorübergehend ab.

„Die Tritte sind überall spürbar, vielleicht trage ich ja auch Zwillinge aus?"

Ab einem bestimmten Zeitpunkt der Schwangerschaft denkt jede Frau, daß sie entweder Zwillinge haben muß oder einen menschlichen Kraken in ihrem Bauch trägt! Bis der Fetus so groß ist, daß seine Bewegungen von den Wänden der Gebärmutter eingeschränkt werden (ca. ab der 34. Woche), ist er zu vielen akrobatischen Leistungen fähig. Sie haben zwar das Gefühl, von vielen Fäusten gleich-

zeitig geschlagen zu werden, aber es sind in Wirklichkeit „nur"
zwei Fäuste plus zwei Füße plus zwei Knie und zwei Ellbogen!
(Mehr Informationen über Zwillinge und die Diagnose einer Mehrlingsgeburt siehe Seite 188 ff.)

Beinkrämpfe

„Ich habe nachts Beinkrämpfe, die meinen Schlaf stören!"

Leider sind solche Beinkrämpfe nicht ungewöhnlich bei Schwangeren im zweiten und dritten Trimester. Glücklicherweise gibt es aber
einige Methoden, die Abhilfe schaffen.
Da behauptet wird, daß Beinkrämpfe durch eine Übermenge an
Phosphor und einen Mangel an Kalzium im Blut verursacht werden, könnten Kalziumtabletten (natürlich phosphatfreie) das Problem vielleicht beseitigen. Der Druck des wachsenden Uterus auf
bestimmte Nerven kann ebenfalls der Grund für Beinkrämpfe sein,
so daß Stützstrumpfhosen oder häufiges Hochlegen der Beine Linderung verschaffen können. Sollten Sie plötzlich einen Krampf bekommen, strecken Sie das betroffene Bein, und winkeln Sie dabei
langsam sowohl den ganzen Fuß als auch die Zehen nach oben an.
Dabei müßte der Schmerz nachlassen. Manchmal kann es auch helfen, wenn Sie sich auf einen kalten Boden stellen. Wenn Ihnen wenigstens eins von beiden hilft, können Sie Ihr Bein anschließend massieren oder auch Wärme anwenden, um sich zusätzlich Erleichterung
zu verschaffen. Wenn zunächst keine der oben genannten Methoden
hilft, dürfen Sie Ihr Bein weder massieren noch wärmen. Benachrichtigen Sie bei anhaltendem Krampf Ihren Arzt, da eine – wenn auch
geringe – Möglichkeit besteht, daß sich bei Ihnen ein Blutgerinnsel
entwickelt hat, welches ärztliche Behandlung erfordert.

Rektale Blutungen und Hämorrhoiden

„Ich bin sehr bekümmert über die rektalen Blutungen!"

Blutungen sind grundsätzlich ein furchterregendes Symptom –
speziell während der Schwangerschaft und besonders in einem Be-

reich, der sehr nah am Geburtskanal liegt. Aber anders als vaginale Blutungen sind rektale Blutungen kein Zeichen für mögliche Gefahren.

Während der Schwangerschaft werden solche Blutungen durch äußere (selten auch durch innere) Hämorrhoiden verursacht. Hämorrhoiden, Krampfadern des Mastdarms, quälen ca. 20 bis 50 Prozent aller Schwangeren. Verstopfung verursacht oder verschlimmert häufig das Problem. Hämorrhoiden können Juckreiz, Schmerz oder Blutungen verschulden. Die rektalen Blutungen könnten auch durch Fissuren verursacht werden, d. h. Risse im After auf Grund von Verstopfungen. Fissuren sind schmerzhaft.

Versuchen Sie aber nicht selbst, Hämorrhoiden als solche zu diagnostizieren. Rektale Blutungen können nämlich auch ein Zeichen für ernsthaftere Krankheiten sein und sollten daher immer von einem Arzt untersucht werden. Ihre Aufgabe besteht darin, sich gut zu behandeln. Zusätzliche ärztliche Behandlung ist dann meist nicht mehr notwendig:

- Vermeiden Sie Verstopfung (siehe Seite 175).
- Üben Sie keinen Druck auf die rektalen Venen aus.
- Schlafen Sie auf der Seite, und vermeiden Sie langes Sitzen oder Stehen.
- Strengen Sie sich nicht beim Stuhlgang an (nicht pressen).
- Machen Sie regelmäßig Kegelübungen (siehe Seite 242).
- Nehmen Sie zweimal täglich ein Sitzbad.
- Legen Sie Kompressen oder Eisbeutel auf die Hämorrhoiden.
- Benutzen Sie äußerlich anwendbare Arzneimittel, Abführmittel oder Zäpfchen nur, wenn sie von einem Arzt verschrieben wurden, der weiß, daß Sie schwanger sind.
- Halten Sie den perianalen Bereich peinlich sauber.
- Wenn das Sitzen sehr schmerzhaft wird, kaufen Sie sich ein Sitzkissen in Form eines aufblasbaren Ringes.
- Legen Sie sich auch tagsüber häufiger auf die Seite, und ruhen Sie sich im Liegen aus.

Mit guter Pflege kann man verhindern, daß Hämorrhoiden chronisch werden. Zunächst können sich die Hämorrhoiden während der Geburt und besonders während einer langen Austreibungsphase noch verschlimmern; später aber werden sie wieder verschwinden, wenn Sie sich an oben erwähnte Maßnahmen halten.

Juckreiz in der Bauchgegend

„Es macht mich ganz verrückt, daß mein Bauch ständig juckt!"

Willkommen im Club! Schwangere Bäuche sind juckende Bäuche, und in den kommenden Monaten wird sich das noch verstärken. Die Haut aller schwangeren Frauen dehnt sich aus, wird trocken und juckt! Versuchen Sie nicht zu kratzen – oder nur ganz sanft. Vielleicht lindert Creme den Juckreiz ein wenig – er verschwindet nicht, solange Ihr Bauch noch „wächst". Konsultieren Sie Ihren Arzt, wenn Sie Juckreiz am ganzen Körper entwickeln.

Schwangerschaftstoxikose

„Neulich mußte eine meiner Freundinnen wegen Schwangerschaftstoxikose ins Krankenhaus. Kann ich das auch bekommen?"

Glücklicherweise ist die Schwangerschaftstoxikose (auch Eklampsie oder Schwangerschaftshochdruck genannt) nicht sehr häufig.
In nur fünf bis zehn Prozent aller Schwangerschaften tritt dieses Problem in milder Form auf, wobei in fast allen dieser Fälle die Frauen vor ihren Schwangerschaften bereits Bluthochdruck hatten. Schwangerschaftstoxikose tritt am häufigsten bei ersten Schwangerschaften, und zwar nach der 20. Gestationswoche, auf. Bei Frauen, die regelmäßig zu Vorsorgeuntersuchungen gehen, kann dieser Hochdruck frühzeitig diagnostiziert, behandelt, und somit können unnötige Komplikationen vermieden werden. Notfalls muß eine vorzeitige Entbindung erwogen werden.
Wenn Sie eine plötzliche Gewichtszunahme nicht mit übermäßigem Nahrungskonsum in Verbindung bringen können und Schwellungen an Händen und Gesicht, starke Kopfschmerzen und/oder Sehstörungen erleben, dann sollten Sie Ihren Arzt aufsuchen. Wenn Sie allerdings regelmäßig zu den Vorsorgeuntersuchungen gehen, müs-

sen Sie sich keine Sorgen über Schwangerschaftstoxikose machen.
Siehe Seite 414 ff. „Tips zur Vermeidung von Bluthochdruck" und
Seite 416 f. „Nähere Informationen über Eklampsie".

Weiterhin berufstätig

*„Ich muß bei der Arbeit viel stehen. Eigentlich wollte ich bis kurz
vor der Geburt arbeiten, aber vielleicht ist das zu anstrengend oder
gefährlich?"*

Die Frage, ob der Beruf einer werdenden Mutter den Fetus negativ
beeinflussen kann, ist heutzutage besonders wichtig, zumal sehr
viele schwangere Frauen berufstätig sind.
Es gibt leider bisher keine sehr eindeutigen Aussagen. Wesentlich
mehr Untersuchungen müßten dafür durchgeführt werden, um eindeutige Antworten zu erhalten.
Dennoch gilt: Auch hier ist übermäßige Vorsicht besser als gutgläu-
bige Leichtfertigkeit. In Deutschland sind einige wesentliche
Aspekte der Berufstätigkeit von Schwangeren im Mutterschutzgesetz geklärt (siehe Seite 118). Selbstverständlich kann das Gesetz
nicht alle Bedingungen im jeweiligen Arbeitsgebiet regeln, so daß
immer Ermessensspielraum bleibt.
Unabhängig von allen gesetzlichen Regelungen: Sie sollten auf einen
Beruf relativ früh verzichten, der irgendwelche Probleme verursacht
oder verschlimmert, z.B. Kopf- oder Rückenschmerzen, und der
hohe Unfallrisiken birgt.
Auf der anderen Seite können Sie bei einem Schreibtischjob gefahrlos so lange arbeiten, bis Ihre Wehen einsetzen. Eine weniger stres-
sige und sitzende Tätigkeit im Büro wird sogar Sie und das Baby
weniger belasten, als wenn Sie zu Hause, mit Putzlappen und Staubsauger bewaffnet, herumwirbeln.
Unabhängig von der Art Ihres Berufes und der Dauer gibt es einige
Methoden, um körperliche Belastung am Arbeitsplatz zu reduzieren:

- ◆ Tragen Sie Stützstrümpfe.
- ◆ Wenn Sie länger stehen müssen, stellen Sie immer ein Bein auf
  einen kleinen Hocker oder ähnliches (Bücherstapel); siehe Skizze
  Seite 227.

- Legen Sie öfter eine Pause ein. Machen Sie zwischendurch immer Dehnungsübungen für Rücken und Beine!
- Ruhen Sie sich in Ihrer Freizeit aus! Je anstrengender Ihre Arbeit ist, desto mehr müssen Sie zu Hause ruhen und andere Aktivitäten einschränken.
- Schlafen Sie nachts auf Ihrer linken Seite.
- Wenn Sie am Schreibtisch sitzen, legen Sie möglichst zwischenzeitlich Ihre Beine hoch (d. h. auf einen anderen Stuhl oder Karton).
- Vermeiden Sie extreme Temperaturveränderungen.
- Halten Sie sich von rauchgefüllten Räumen fern.
- Heben Sie richtig (siehe Seite 227), um Ihren Rücken zu entlasten. Beachten Sie die empfohlenen Grenzen für Lasten (s. Mutterschutzgesetz; 10 kg maximal für einmaliges Heben, 5 kg für mehrfache Hebeaktionen).
- Gehen Sie auf die Toilette, wenn Sie müssen.
- Achten Sie auf die Warnsignale Ihres Körpers.

Unbeholfenheit

„Ich lasse seit kurzem alles fallen, was ich anfasse. Warum bin ich denn so ungeschickt?"

Wie einige andere Nebenerscheinungen der Schwangerschaft wird diese vorübergehende Unbeholfenheit durch die Auflockerung Ihrer Gelenke und die Flüssigkeitsansammlung im Gewebe verursacht; beides verhindert einen kräftigen Griff oder festes Zupacken. Ein anderer Faktor könnte der momentane Mangel an Konzentration sein (siehe sogenanntes „Wirrkopf-Syndrom" Seite 202). Bemühen Sie sich ganz bewußt, vorsichtig und konzentriert Sachen festzuhalten oder zu tragen. Mehr können Sie nicht tun. Das „gute" Porzellan sollte in diesen Wochen entweder gar nicht oder nur von Ihrem Partner aufgedeckt und abgewaschen werden.

Schmerzen bei der Geburt

„Jetzt, da die Schwangerschaft zu einer unwiderruflichen Realität geworden ist, mache ich mir große Sorgen, ob ich wohl die Schmerzen bei der Geburt ertragen werde!"

Obwohl fast alle werdenden Mütter der Geburt freudig entgegensehen, freuen sich die allerwenigsten auf die unvermeidlichen Wehen und die Entbindung. Besonders Frauen, die bisher keine stärkeren Schmerzen erleiden mußten, haben Angst vor diesem großen unbekannten Ereignis, das auf sie zukommt.

Diese Furcht ist zwar normal, aber überhaupt nicht sinnvoll; die Schmerzen könnten entweder wesentlich stärker sein, als Sie glauben, oder viel harmloser, als Sie erwarten. Besser ist eine realistische Einschätzung. Frauen, die sich entweder sehr fürchten oder die Geburt ganz auf die leichte Schulter nehmen, sind erfahrungsgemäß diejenigen, die es während der Wehen wesentlich schwerer haben als solche Frauen, die sich realistisch auf verschiedene Möglichkeiten während der Geburt vorbereitet haben.

Wenn Sie sich geistig und körperlich auf die Geburt vorbereiten, werden sich Ihre Ängste schon vorher reduzieren, und Sie können dann Ihre wirklichen Wehen erträglicher gestalten:

• **Informieren Sie sich umfassend**
  Möglichst durch den Besuch eines Schwangerschaftskurses (gemeinsam mit Ihrem Partner) oder mit Hilfe von Büchern. Diese Kurse werden von den Krankenkassen bezahlt.

• **Tun Sie etwas**
  Es würde Ihnen nicht im Traum einfallen, einen Marathonlauf zu starten ohne vorangegangenes Training, oder? Daher sollten Sie auch auf Ihre Wehen gut vorbereitet sein. Machen Sie alle Atem- und Kräftigungsübungen zuverlässig, die Ihr Arzt oder Betreuer Ihnen vorgeschlagen hat.

• **Geben Sie sich eine Schmerzperspektive**
  Mit Sicherheit gibt es zwei Aussagen zum Wehenschmerz. Erstens: Es gibt einen Endpunkt; Ihre Wehen werden nicht ewig andauern. Zweitens hat dieser Schmerz einen positiven Zweck; die Kontraktionen dienen der Muttermunderweiterung. Und jede schmerzvolle Kontraktion bringt Sie der Geburt ihres Kindes näher.

• **Stehen Sie es nicht allein durch**
  Selbst wenn Ihnen während der Wehen nicht direkt nach Händchenhalten zumute ist, wird es Sie trotzdem sehr beruhigen, wenn Ihr Mann (Partner, Freund, Freundin, Mutter etc.) bei Ihnen ist.

♦ **Weigern Sie sich nicht gegen Schmerzmittel, wenn es nötig ist**
Nach Schmerzmitteln zu fragen oder diese zu akzeptieren ist weder eine Schande noch ein Zeichen von Schwäche. Niemand verlangt, daß eine Mutter eine Märtyrerin sein muß! Manchmal kann durch ein bestimmtes Mittel die Mutter wesentlich effektiver beim Geburtsvorgang mitarbeiten als vorher. Die Entscheidung darüber trifft aber nur der Arzt.

Wehen und Entbindung

„Ich werde jetzt schon ganz nervös wegen der Wehen und der Entbindung."

Leiter/innen von geburtsvorbereitenden Kursen wissen, daß es nicht nur einen Weg gibt, eine Geburt zu erleben. Das Ziel ist, ein gesundes Kind zur Welt zu bringen (und natürlich auch die Gesundheit der Mutter zu bewahren). Den werdenden Eltern wird mitgeteilt, daß Wehen und Geburt keine Prüfungen sind, die man dank regelmäßiger Atemübungen ohne Einnahme von Arzneimitteln per Vaginalgeburt entweder bestehen kann oder dann nicht bestanden hat, wenn ein Kaiserschnitt notwendig sein sollte, man die Atemübungen vernachlässigt oder gar Schmerzmittel einnimmt!
Auch Sie sollten wissen, daß es keine Schande ist, wenn Sie vor Schmerz oder Aufregung alles Gelernte vergessen. Ein Versager sind Sie deswegen noch lange nicht. Lernen Sie zwar soviel wie möglich über den Geburtsvorgang, werden Sie dabei aber bitte nicht nervös. Vergessen Sie nicht, daß eine Geburt ein ganz natürlicher Prozeß ist, den unzählige Frauen seit Tausenden von Jahren überstanden haben.

„Ich habe Angst, daß mir während der Geburt etwas ‚Peinliches' passiert!"

Im Augenblick erscheint Ihnen die Vorstellung, während der Geburt entweder laut zu schreien oder Ihre Blase bzw. Ihren Darm unfreiwillig entleeren zu müssen, als sehr unangenehm: Während der Wehen werden Ihnen diese Gedanken völlig egal, und mit Sicherheit wird das auch das Letzte sein, worüber Sie nachdenken! Außerdem wird nichts von dem, was Sie von sich geben, irgend jemanden im Kreißsaal schockieren oder stören. Alles ist schon häufiger vor Ihnen vorgekommen. Das Entscheidende ist, daß Sie einfach Sie selbst sind und sich ganz natürlich verhalten. Sind Sie eine impulsive Frau, dann versuchen Sie bloß nicht, Ihr Stöhnen in ein leises Seufzen zu verwandeln, sondern schreien Sie so laut Sie möchten! Sind Sie normalerweise eine stillere, in sich gekehrte Frau, darn wimmern Sie besser leise in Ihre Kissen, anstatt sich verpflichtet zu fühlen, das Geschrei der Frau nebenan noch übertönen zu müssen.

„Ich fürchte mich davor, während der Wehen die Kontrolle zu verlieren!"

Wenn Sie regelmäßig Ihre Schwangerschaftsgymnastik ausüben, sich mit dem Geburtsprozeß vertraut machen und ein gutes Verhältnis zu Ihrem Arzt aufbauen, werden Sie während der Geburt stärker die Kontrolle behalten. Es kann aber auch sein, daß Sie trotz aller Vorbereitungen zwischenzeitlich die Kontrolle verlieren und einiges anders verlaufen wird. Daran sollten Sie auch denken, denn es gibt immer unvorhergesehene Umstände! Daher ist es vernünftig, sich mit verschiedenen normalen Geburtsverläufen seelisch vertraut zu machen. Während der Geburt können Sie dann leichter akzeptieren, wenn eine von Ihnen abgelehnte Prozedur notwendig geworden ist, wie z. B. der Dammschnitt.

Was Sie wissen sollten:
Kurse zur Geburtsvorbereitung

Als Ihre Eltern Sie erwarteten, war Geburtsvorbereitung:
Das Kinderzimmer frisch streichen; die Babyausstattung besorgen und einen Koffer mit hübschen Nachthemden, fertig gepackt, neben die Haustür stellen. Es war die Ankunft des Babys – nicht das Geburtserlebnis –, die man erwartete und plante. Frauen wußten damals sehr wenig über das, was sie während der Wehen und Geburt erwarten würde – und Ehemänner wußten noch viel weniger. Da werdende Mütter während der Geburt damals eher bewußtlos waren und die Väter im Wartesaal verwirrt in einer Zeitung blätterten,

war die Unwissenheit auch von keinerlei Bedeutung. Jetzt, da Vollnarkosen hauptsächlich nur noch bei Kaiserschnitten angewendet
werden, die Wartezimmer für nervöse Großeltern reserviert sind
und Paare die Geburt gemeinsam erleben, ist Unwissenheit nicht
mehr zu akzeptieren. Geburtsvorbereitung heißt jetzt, sowohl auf
Wehen und Geburt als auch auf das Baby vorbereitet zu sein.
Werdende Eltern verschlingen Stapel von Zeitschriften, Büchern
und Magazinen; sie nehmen aktiv an Vorsorgeuntersuchungen teil;
sie suchen nach Antworten auf alle Fragen und nach Beruhigung für
all ihre Sorgen. Immer mehr Eltern besuchen Schwangerschaftskurse.

Die ursprünglichen „Pionier-Klassen" waren eigentlich dazu da,
eine neue Herangehensweise an die Geburt zu vermitteln, ohne
Medikamente, ohne Angst, und wurden dann „natürliche Geburtsvorbereitung" genannt. Seitdem hat aber wieder eine Veränderung
bezüglich der Betonung stattgefunden: Neben der ganz natürlichen
Geburt (die zwar immer noch als Ideal gilt) werden in den Kursen
viele andere mögliche Geburtsverläufe mit einbezogen und verschiedene Möglichkeiten gelehrt, d. h. mit oder ohne Medikamente, mit
oder ohne Dammschnitt usw. Damit sind die Eltern auf alles, was
passieren könnte, eingestellt. Die meisten Kurse beinhalten folgendes:

* Vermittlung von genauen Informationen, um Ängste zu reduzieren, die Fähigkeit, mit Schmerz, dessen Ursache bekannt ist, besser umzugehen und Entscheidungen schneller und leichter fällen
  zu können.
* Üben spezieller Methoden zur Entspannung, Muskelkontrolle
  und Atmung, welche alle helfen, die Wehen auszuhalten und die
  Schmerzwahrnehmung zu reduzieren.
* Förderung der Beziehung zwischen der Gebärenden und dem
  Partner. Der Partner muß bei der Geburt genau wissen, wie er die
  werdende Mutter aktiv unterstützen und ihre Ängste abbauen
  kann, damit sie sich auf das Wichtige konzentriert und wirksam
  mitarbeitet.

Vorteile des Besuchs von Schwangerschaftskursen

Inwieweit der Besuch von Schwangerschaftskursen einem Paar hilft und den Geburtsvorgang begünstigt, hängt von dem Kurs, dem Lehrer und Ihren eigenen Einstellungen ab. Doch wird fast jedes Paar etwas aus diesen Besuchen für sich gewinnen können.

- Sie werden mit anderen zusammen sein, die sich in derselben Situation befinden wie Sie beide. Schwangerschaftserlebnisse können verglichen und Sorgen und Ängste besprochen werden. Finden Sie eine Freundin, mit der Sie dann später gemeinsam auf dem Spielplatz die Zeit verbringen.
- Der Partner wird mehr in die Schwangerschaft einbezogen, und er kann die werdende Mutter besser unterstützen. Außerdem lernt der Partner auf diese Weise ebenfalls Gleichgesinnte kennen.
- Die Kurse bieten Ihnen die Möglichkeit, Fragen zu stellen über Vorkommnisse, die sich nach Ihrer letzten Vorsorgeuntersuchung ereignet haben oder die Sie nicht an Ihren Arzt richten wollten
- Atem- und Entspannungsübungen werden mit Hilfe eines Experten trainiert.
- Das Wissen über den Geburtsablauf hilft, lähmende Ängste abzubauen.
- Sie erlernen Strategien, die Ihre Schmerzwahrnehmung verringern und gleichzeitig die Fähigkeit, Schmerz zu ertragen, steigern, so daß Sie weniger Schmerzmittel benötigen.
- Sie lernen, den Wehenvorgang zu verkürzen, da Sie dank der Geburtsvorbereitung besser mit den Wehen umgehen können.

Informationen über Schwangerschaftskurse

Fragen Sie Ihren Arzt oder Ihre Krankenkasse nach Informationsmaterial über Geburtsvorbereitungskurse, oder wenden Sie sich an das Krankenhaus, in dem Sie entbinden wollen!
Erkundigen Sie sich auch bei Verwandten und Freundinnen, welche Erfahrungen diese bei Vorbereitungskursen gemacht haben. Angewandt werden verschiedene Methoden, deren Wahl stets der jeweiligen Hebamme oder dem Geburtshelfer obliegt. Seien Sie aber vorsichtig bei nicht „zugelassenen", nicht ärztlich akzeptierten Institu-

tionen, die weniger auf Ihr Wohlbefinden, sondern mehr auf Ihr Geld bedacht sind.

Bei den meisten Geburtsvorbereitungskursen werden psychologische Methoden mit Informationen und Übungen verbunden. Nach Möglichkeit sollte Ihr Partner mit einbezogen werden.

Die bekanntesten Methoden der Geburtsvorbereitung

Es gibt drei Hauptphilosophien über die Geburtsvorbereitung, obwohl viele Kurse eine Kombination aus allen drei Richtungen anbieten.

Dick-Read-Methode

Entspannungsübungen und geburtsvorbereitende Informationen werden kombiniert, um den Teufelskreis: Angst–Verkrampfung–Schmerz–Angst zu unterbrechen. Dieser Kurs war der erste, welcher Väter mit einbezogen hat und dem Partner die Tür zum Kreißsaal öffnete. Dieser Kurs beginnt im vierten Monat.

Lamaze-Methode (psycho-prophylaktische Methode)

Hauptwaffen gegen Schmerzen sind Wissen und Entspannungstechnik. Die Frau muß während der Schwangerschaft ihren Körper auf besondere Übungen vorbereiten. Sie muß ihren Geist trainieren, so daß sie während der Geburt auf verschiedene Wehen automatisch reagieren kann.

Brandly-Methode

Diese Methode beteiligte als erste den Vater (Partner) an der Geburtsvorbereitung. Schwerpunkte liegen auf guter Ernährung und Übungen zur Geburtserleichterung.

Neben den hier genannten gibt es weitere Methoden, die sich teilweise aus diesen unter Einbeziehung neuester Erkenntnisse zusammensetzen.

Der siebente Monat

Die Untersuchung in diesem Monat

In diesem Monat wird Ihr Arzt vermutlich folgendes kontrollieren (Abweichungen sind möglich. Diese sind von speziellen Bedürfnissen der jeweiligen Patientin abhängig oder von den Methoden des praktizierenden Arztes):

- Gewicht und Blutdruck;
- Urin (auf Zucker und Eiweiß);
- Herzschlag des Kindes;
- Höhenstand der Gebärmutter;
- Hände und Füße auf Schwellungen;
- Beine auf Krampfadern;
- Größe und Lage des Fetus (durch äußerliches Abtasten);
- ungewöhnliche Symptome, die Sie erlebt haben;
- Fragen und Probleme (halten Sie Ihre Liste bereit).

Was Sie vielleicht empfinden

Sie könnten zu irgendeinem Zeitpunkt alle der folgenden oder auch nur einige Symptome verspüren. Manche davon kennen Sie noch aus dem letzten Monat, andere sind vielleicht ganz neu für Sie. An einige Dinge werden Sie sich wahrscheinlich schon gewöhnt haben; neue ungewöhnlichere Symptome könnten allerdings auch neu in Erscheinung treten:

Körperliche Symptome:

- Stärkere und häufiger auftretende Kindsbewegungen;
- zunehmender Ausfluß (Leukorrhoe);

* Unterleibsschmerzen (Bänder, die den Uterus stützen, dehnen sich aus);
* Verstopfung;
* Sodbrennen, Verdauungsstörungen, Blähungen;
* gelegentliche Kopfschmerzen, Schwindel- oder Schwächegefühle;
* verstopfte Nase und Nasenbluten, verstopfte Ohren;
* Zahnfleischbluten;
* juckender Bauch;
* Schlafstörungen;
* Beinkrämpfe;
* leicht geschwollene Fußknöchel oder Füße (gelegentlich auch Hände oder Gesicht);
* Krampfadern an den Beinen (eventuell auch Hämorrhoiden);
* erhöhter Puls;
* Rückenschmerzen;
* Vorwehen, meistens schmerzlos (d. h., der Uterus erhärtet sich für einen Moment);
* Kolostrum (Vormilch).

Gefühlsmäßige Symptome:

* Zunehmende Besorgnis über die Mutterschaft, die Gesundheit des Babys, die Wehen und die Geburt;
* Geistesabwesenheit;
* Träume und Fantasien über das Baby;
* Langeweile über den Zustand der Schwangerschaft und Ungeduld.

Worüber Sie sich vielleicht Gedanken machen ...

Zunehmende Ermüdung

„Mir erzählte man, daß sich Mütter im letzten Trimester ganz toll fühlen ..., ich hingegen bin nur müde!"

Obwohl sich einige Frauen im Vergleich zum ersten und zweiten Trimester in den letzten Monaten tatsächlich frischer fühlen, kann es durchaus auch vorkommen, daß man weiterhin sehr müde ist oder jetzt erst müde wird. Es sind auch wesentlich mehr Gründe vorhanden, sich eher müde als toll zu fühlen. Erstens tragen Sie nun wesentlich mehr Gewicht mit sich herum; zweitens werden Sie wegen der Unbequemlichkeiten, bedingt durch Ihren Umfang, schlechter schlafen, und drittens schlafen Sie vermutlich auch weniger, weil in Ihrem Kopf lauter Gedanken über das Baby herumspuken.

Nur weil die Ermüdung grundsätzlich nichts Ungewöhnliches während der Schwangerschaft ist, sollten Sie diesen Zustand nicht ignorieren, denn Ihr Körper signalisiert Ihnen, daß Sie „einen Gang" herunter schalten sollten. Hören Sie auf diesen Hinweis, und ruhen Sie sich oft aus, bzw. entspannen Sie sich. Sie sollten sich viel Energie für die Geburt und die danach folgende Zeit aufsparen. Extreme Müdigkeit, die selbst dann nicht nachläßt, wenn Sie sich viel Ruhe und Entspannung gönnen, sollten Sie mit Ihrem Arzt besprechen. Vielleicht testet Ihr Arzt Sie erneut auf Anämie, da Anämie (siehe Seite 200) manchmal im dritten Trimester entsteht.

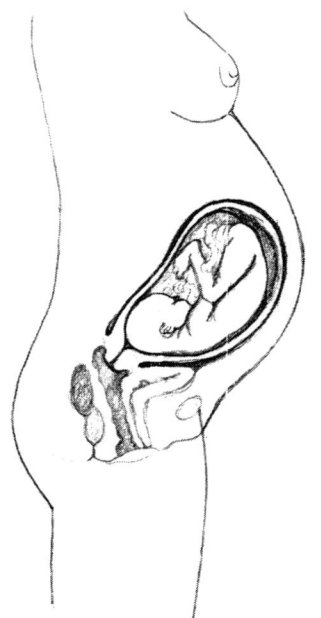

Am Ende des 7. Monats haben sich Fettschichten um das Baby gebildet, es wird am Daumen lutschen, Schluckauf haben oder vielleicht sogar weinen. Es kann süß bzw. sauer schmecken und auf Reize wie Schmerz, Licht oder Töne reagieren. Die Menge des Fruchtwassers wird geringer, sobald das etwa 1350 Gramm schwere Baby den Uterus ausfüllt. Das Baby hätte jetzt im Fall einer Frühgeburt gute Überlebenschancen.

Sorgen über die Gesundheit des Kindes

„Ich sorge mich ständig, daß mit meinem Baby irgend etwas nicht ganz in Ordnung sein könnte!"

Es gibt kaum werdende Mütter (oder Väter), die nicht solche Ängste haben. Aber die Chancen, ein normales, gesundes Baby zu gebären, waren noch nie so gut wie heute. Selbst bei risikoreichen Schwangerschaften sind dank verbesserter Vorsorge und genauer medizinischer Überwachung die Aussichten, gesunde Kinder zu gebären, recht gut. Viele leichte und auch einige schwerwiegende Defekte sind teilweise schon im Uterus oder kurz vor der Geburt korrigierbar. In Deutschland verzeichnet die Geburtsmedizin beachtliche Erfolge. Denken Sie immer daran, daß Sie und Ihr Baby hervorragend medizinisch betreut werden.

Also, wenn die Sorgen Sie richtig angreifen, schlagen Sie mit der Waffe des Wissens zurück. Ihr Baby hätte sich keine sicherere Zeit aussuchen können, um gesund geboren zu werden und aufzuwachsen.

Natürlich sollten Sie weiterhin alles tun, um diese guten Chancen zu sichern.

Schwellungen an den Fußknöcheln und der Füße

„Meine Fußknöchel schwellen besonders bei warmem Wetter stark an. Ist das ein schlechtes Zeichen,"

Früher galt jede Schwellung als Anzeichen einer drohenden Gefahr innerhalb der Schwangerschaft. Heute wissen Ärzte, daß leichte Schwellungen mit der normalen Flüssigkeitszunahme des Körpers in Verbindung stehen.

Das Anschwellen der Fußknöchel, der Füße oder der Beine wird ohne das Auftreten zusätzlicher Symptome, die eventuell auf eine Entwicklung von Eklampsie (siehe Seite 416) hindeuten, als völlig normal betrachtet. Fast 75 Prozent aller Schwangeren leiden unter Ödemen, meistens am Abend, bei warmem Wetter oder nach langem Stehen oder Sitzen. Bei vielen Frauen geht die Schwellung über Nacht zurück. Eigentlich sind diese Schwellungen lediglich unangenehm.

Um dieses Unbehagen zu lindern, legen Sie am besten Ihre Beine hoch, oder Sie legen sich flach auf Ihre linke Seite; tragen Sie bequeme Schuhe und vermeiden Sie Strümpfe mit engem Gummi.
Empfinden Sie die Schwellungen als besonders lästig, tragen Sie Stützstrümpfe oder Stützstrumpfhosen. Ziehen Sie diese Stützstrümpfe morgens an – als vorbeugende Maßnahme!
Helfen Sie Ihrem Körper, Abbauprodukte auszuschwemmen, indem Sie täglich mindestens acht bis zehn Gläser Wasser trinken. Obwohl das widersinnig klingen mag – viel trinken hilft übermäßige Wasserstauungen zu vermeiden: Nehmen Sie nicht zuviel Salz zu sich, denn Salz hält Wasser im Körper. Wenn Schwellungen auch an den Händen oder im Gesicht auftreten und/oder Ödeme länger als 24 Stunden unverändert bleiben, benachrichtigen Sie Ihren Arzt! Solche Schwellungen können trotzdem unbedeutend sein, sie können aber zusammen mit schneller Gewichtszunahme, einer Blutdruckerhöhung und Eiweiß im Urin auf Eklampsie hindeuten (Schwangerschaftshochdruck, siehe Seite 414 ff.).

Hitzewallungen

„Mir ist ständig heiß, und ich schwitze stark. Ist das normal?"

Während der Schwangerschaft haben Sie erhöhten Stoffwechsel und Energieumsatz. Sie produzieren also mehr Wärme.
Nachts werden Sie besonders stark schwitzen. Dies ist ein sehr zweifelhafter Segen: Das Schwitzen hilft Ihnen, Abbauprodukte aus Ihrem Körper zu entfernen und Ihren Körper abzukühlen – zugegebenermaßen ist es aber recht unangenehm. Um diese Unannehmlichkeit etwas auszugleichen, sollten Sie öfter baden oder duschen, ein gutes Deodorant benutzen und mehrere Kleidungsstücke übereinander anziehen, damit Sie sich Stück für Stück, Ihrem Wärmegefühl entsprechend, entkleiden können.
Vergessen Sie nicht, die durch das Schwitzen ausgeschiedene Flüssigkeit durch reichlich „Nachtrinken" zu ersetzen (mindestens ein Liter zusätzlich).

Orgasmus und Baby

„Nach einem Orgasmus hört mein Baby normalerweise für eine halbe Stunde mit Bewegungen und Tritten auf! Ist ein Orgasmus so spät in der Schwangerschaft für ein Baby vielleicht doch gefährlich?"

Babys sind Persönlichkeiten – sogar schon in der Gebärmutter. Und auch die Reaktionen auf Geschlechtsverkehr der Eltern variieren. Manche Babys werden durch rhythmische Bewegungen und uterine Kontraktionen, die durch den Orgasmus ausgelöst werden, in den Schlaf geschaukelt – so wie Ihr Kind! Andere wiederum werden durch sexuelle Aktivitäten eher selbst angeregt und wesentlich lebendiger. Beide beschriebenen Reaktionen sind für einen Fetus bzw. ein Baby normal und deuten keinesfalls an, daß das Kind irgendwie weiß, was da passiert, oder gefährdet sein könnte. Ob Geschlechtsverkehr in den letzten acht Wochen selbst bei ganz normalen Schwangerschaftsverläufen völlig ungefährlich ist, ist bei den Ärzten ein umstrittenes Thema. Lesen Sie darüber in dem Kapitel „Geschlechtsverkehr während der Schwangerschaft", Seite 213 ff.

Vorzeitige Wehentätigkeit

„Kann ich selbst irgend etwas tun, um eine frühzeitige Geburt zu verhindern?"

Wesentlich mehr Babys werden zu spät als zu früh geboren. Bessere medizinische Vorsorge und Fortschritte zur Prävention frühzeitiger Wehentätigkeit haben es ermöglicht, die Zahl der Frühgeburten zu reduzieren.

Wenn Sie selbst etwas zur Verbesserung einer normalen Schwangerschaft beitragen wollen, eliminieren Sie folgende Risikofaktoren:

- **Rauchen**
  Hören Sie noch vor der Empfängnis auf – spätestens sobald Sie über Ihre Schwangerschaft Bescheid wissen.
- **Alkohol**
  Vermeiden Sie den Konsum von Alkohol möglichst ganz, da niemand weiß, wieviel schon zuviel ist!
- **Medikamente**
  Nehmen Sie weder Medikamente ohne ärztliche Empfehlung ein noch irgendwelche anderen Drogen!

◆ **Falsche Gewichtszunahme**
Wenn Sie vor der Schwangerschaft ein normales Gewicht hatten, sollten Sie etwa 11 Kilo zunehmen; waren Sie vorher untergewichtig, dann ca. 15 Kilo; übergewichtige Frauen können mit Erlaubnis des Arztes weniger zunehmen.

◆ **Falsche Ernährung**
Ernähren Sie sich nach einem gesunden und ausgewogenen Plan. Prüfen Sie, ob Ihre Vitaminzusätze auch Zink enthalten, da man einen Zusammenhang zwischen Frühgeburten und Zinkmangel annimmt.

◆ **Schwere körperliche Arbeit**
Wenn Sie in Ihrem Beruf schwere körperliche Arbeiten verrichten oder lange stehen müssen, dann sprechen Sie darüber mit Ihrem Arzt. Das Mutterschutzgesetz gibt ihm die Möglichkeit, ein begrenztes oder absolutes Beschäftigungsverbot zu erstellen, um Mutter und Kind zu schützen. Und wenn Sie Ihr eigener Arbeitgeber sind, dann hören Sie mit der Arbeit auf, oder schränken Sie die Arbeitsstunden ein.

◆ **Geschlechtsverkehr (betrifft nur einige Frauen)**
Schwangere, die in eine Risikokategorie bezüglich drohender Frühgeburten eingestuft sind, wird von Geschlechtsverkehr während der letzten drei Monate abgeraten, weil ein Orgasmus uterine Kontraktionen auslöst, die eventuell zu vorzeitigen Wehen führen könnten.

◆ **Hormonelle Schwankungen**
Sie können sowohl eine späte Fehlgeburt als auch eine Frühgeburt bedingen. Hormonersatz kann beides verhindern. Das ist jedoch vom Arzt anzuordnen.

Andere Risikofaktoren, die Sie nicht so einfach ausschließen, dennoch aber manchmal beeinflussen können, sind:

◆ **Infektionen**
Röteln, bestimmte Geschlechtskrankheiten, Harnwegs-, Vaginal- oder andere Entzündungen können den Fetus gefährden. Die Reaktion des Körpers heißt häufig: Frühgeburt. Das Baby wird aus der nun gefährlich gewordenen Umgebung „entlassen". Um das Infektionsrisiko zu reduzieren, sollten Sie sich von kranken Menschen fernhalten und auf Ruhe, Fitneß, gesunde Ernährung und

regelmäßige Vorsorge achten. Manche Ärzte empfehlen, in der letzten Schwangerschaftszeit ein Kondom beim Geschlechtsverkehr zu benutzen, um eine Fruchtwasserinfektion, die vermutlich dann der Hauptgrund für eine Frühgeburt ist, zu verhindern.

◆ **Zervixinsuffizienz**
Dieser Umstand bedeutet, daß sich der Muttermund frühzeitig öffnet. Sie wird manchmal nicht erkannt, bis eine Fehl- oder Frühgeburt droht. Wenn die Zervixinsuffizienz allerdings rechtzeitig diagnostiziert wird, kann eine Fehlgeburt fast immer durch eine Naht bzw. das Anlegen eines Kunststoffbandes verhindert werden (Cerclage).
Manchmal kann sich der Muttermund aber auch aus unbekannten Gründen, die scheinbar nicht mit einer Zervixinsuffizienz zusammenhängen, frühzeitig öffnen, was dann zu einer Frühgeburt führen kann. Regelmäßige ärztliche Kontrolluntersuchungen der Zervix in den letzten Schwangerschaftswochen sind normal und sinnvoll – insbesondere bei Frauen mit erhöhtem Risiko!

◆ **Hohe uterine Reizbarkeit**
Studien haben nachgewiesen, daß Frauen, die besonders empfindlich im uterinen Bereich reagieren, leicht zu vorzeitigen Kontraktionen neigen. Wenn diese Reizbarkeit diagnostiziert und beobachtet wird, können Bettruhe während des dritten Trimesters und Medikamente die frühzeitige Wehentätigkeit vermeiden bzw. Kontraktionen wieder zum Stillstand bringen.

◆ **Placenta praevia (Plazenta liegt teilweise am oder völlig vor dem Muttermund)**
Dies stellt man durch Ultraschall fest bzw. auch erst nachträglich, wenn plötzlich Blutungen im zweiten oder dritten Trimester auftreten. Auch in diesem Fall kann vollkommene Bettruhe eine Frühgeburt vielleicht verhindern.

◆ **Chronische Krankheiten der Mutter** (Bluthochdruck, Herz-, Leber-, Nierenkrankheiten oder Diabetes)
Durch gute ärztliche Betreuung wird meistens eine drohende Fehlgeburt aufgrund einer chronischen Krankheit vermieden.

◆ **Streß**
Manchmal kann man den Streßauslöser eliminieren, manchmal wird das situationsbedingt schwieriger sein. Grundsätzlich kann Streß durch Aufklärung, Entspannungsmethoden, gute Ernäh-

rung, ein ausgeglichenes Verhältnis zwischen Ruhe und Aktivität und den Mut, über Probleme zu sprechen, abgebaut werden.

♦ **Alter unter 17**
Optimale Ernährung und gute Vorsorge können sehr hilfreich sein, insbesondere dann, wenn nicht nur der Fetus, sondern die Mutter auch noch wächst.

♦ **Alter über 35**
Optimale Ernährung, gute Vorsorge, Streßreduzierung und Pränataldiagnostik (wegen genetischer oder anderer Probleme, die für ältere Frauen spezifisch sind) können das Frühgeburtsrisiko reduzieren.

♦ **Abnormitäten des Uterus**
Sofern dieses Problem rechtzeitig diagnostiziert wird, kann ein operativer Eingriff vor einer Schwangerschaft den Uterus so weit normalisieren, daß fast nie mehr Frühgeburten ausgelöst werden.

♦ **Mehrlingsschwangerschaft**
Frauen, die mehr als einen Fetus tragen, gebären in der Regel drei Wochen zu früh. Genaue Vorsorge, optimale Ernährung, Eliminierung aller anderen Risikofaktoren und viel Bettruhe können eine frühzeitige Mehrlingsgeburt vielleicht hinauszögern.

♦ **Fetale Abnormität**
In manchen Fällen kann durch Pränataldiagnostik ein Defekt beim Fetus erkannt werden, der noch im Uterus behandelt werden kann, so daß eine normale Schwangerschaftsdauer ermöglicht wird.

♦ **Vorgeschichte bezüglich Frühgeburten**
Wenn rückblickend der Grund für die Frühgeburt erkannt wurde, kann dieser „Verursacher" beseitigt werden. Gute Vorsorge, Reduzierung von anderen Risikofaktoren und viel Ruhe können ebenfalls das Bemühen, eine Frühgeburt diesmal zu vermeiden, unterstützen. Das Frühgeburtsrisiko läßt sich beispielsweise reduzieren, wenn die Schwangere im zweiten Trimester auf Scheideninfektionen untersucht und gegebenenfalls behandelt wird. Gelegentlich sind auch keine Risikofaktoren vorhanden, und trotzdem hat eine gesunde Frau mit einer normalen Schwangerschaft plötzlich grundlos frühzeitige Wehen. Vielleicht wird für dieses rätselhafte Phänomen eines Tages die Ursache gefunden; momentan lautet sie „unbekannt". Auch wenn die Wehen frühzeitiger als erwartet einsetzen, ist es möglich, die Kontraktionen wieder zu stoppen, bis

das Baby weiter gereift ist. Jede noch so kurze Hinauszögerung kann von Vorteil sein, denn jeder Tag, den das Baby länger im Uterus bleibt, erhöht seine Überlebenschancen.

Machen Sie sich mit den Anzeichen für frühe Wehentätigkeit vertraut. Beim kleinsten Verdacht benachrichtigen Sie Ihren Arzt (oder den Diensthabenden in der gewählten Entbindungsklinik). In diesem Fall sollten Sie sich keine Sorgen machen, daß Sie Ihren Arzt – egal zu welcher Tages- oder Nachtzeit – stören!

Wie kann eine vorzeitige Wehentätigkeit aussehen?

* Menstruationsähnliche Krämpfe mit oder ohne Durchfall bzw. Übelkeit oder Verdauungsstörungen.
* Kreuzschmerzen oder Druck; plötzliche Veränderungen in der Beschaffenheit des Kreuzschmerzes.
* Schmerz oder Druck im Beckenbereich, in den Oberschenkeln oder in der Leistengegend.
* Veränderungen des Scheidenausflusses, d. h. blutige oder bräunlich-rosa Verfärbungen oder plötzliche Wäßrigkeit. Der Abgang des Schleimpfropfens könnte dem „Zeichen" vorausgehen!
* Fruchtwasserverlust (wenige Tropfen bis sintflutartiger Wasserschwall durch die Vagina).

Allerdings könnten Sie alle diese Symptome entdecken, ohne frühzeitige Wehen zu haben; dies kann aber nur Ihr Arzt herausfinden. Falls Ihr Arzt vermutet, daß tatsächlich die Wehen begonnen haben, werden Sie sofort untersucht.

Sollten die Kontraktionen trotz aller Bemühungen bestehenbleiben, haben Sie gute Chancen, ein zwar frühgeborenes, aber trotzdem gesundes Baby mit nach Hause zu nehmen. Ihr Krankenhausaufenthalt wird sich allerdings verlängern.

Keine Zurückhaltung

Die Angewohnheit, nicht zu urinieren, obwohl man den deutlichen Drang dazu verspürt, ist leider weit verbreitet. Die gefüllte Blase kann den Uterus so reizen, daß Wehen ausgelöst werden. Gehen Sie also häufig auf die Toilette. Halten Sie nichts unnötig zurück!

Eine neue Verantwortung

„Ich beginne mich sehr zu sorgen, daß ich mit meinem Beruf, dem Haushalt, der Ehe und dem Baby nicht fertig werde!"

Sie werden es vermutlich tatsächlich nicht schaffen, wenn Sie versuchen, Karrierefrau, Hausfrau, Ehefrau und Mutter in einer Person zu sein – und natürlich noch perfekt in jeder Rolle! Viele werdende Mütter versuchten, eine echte „Superfrau" zu sein; die wenigsten haben das geschafft, ohne daß die Gesundheit oder die Familie darunter gelitten haben.

Sie werden hingegen alles schaffen, was Sie realistisch betrachten und angehen, denn zu Anfang werden Sie mit Sicherheit nicht alles allein bewältigen können. Hinter jeder erfolgreichen Mutter steht zumeist ein kooperativer Partner, der ihr einen Teil ihrer Arbeit abnimmt.

Sollte Ihnen kein Vater, Mann oder Partner zur Verfügung stehen, müssen Sie sich anderweitig Hilfe beschaffen. Denken Sie z. B. an Ihre Eltern, vielleicht Großeltern, Verwandte, Tagesmütter, Babysitter, Spielgruppen oder (später) Kinderkrippen.

Unfälle

„Ich fiel heute auf dem Bürgersteig direkt auf meinen Bauch. Nun habe ich solche Angst, daß ich mein Baby verletzt haben könnte."

Eine hochschwangere Frau ist keine besonders graziöse Figur. Ein beeinträchtigter Gleichgewichtssinn und lockere, unstabile Gelenke verschlimmern grundsätzlich die Unsicherheit. Für Hinfallen, Stolpern oder Ausrutschen sind Sie anfällig. Die Tendenz, ständig müde zu sein bzw. durch Wachträume und viele Gedanken abgelenkt zu werden, verstärkt die Unfallgefahr ebenso wie die Tatsache, daß Sie nicht mehr Ihre Füße sehen können!

Sie sehen, daß Ihr „Bauchklatscher" an sich nicht besonders ungewöhnlich ist, und außer einigen Kratzern oder ein paar blauen Flekken ist bestimmt nichts passiert. Sehr selten hat die Ungeschicklichkeit der Mutter irgendwelche Konsequenzen für den Fetus, denn dieser liegt, umgeben von Fruchtwasser, durch eine starke Membran und den Uterus geschützt, in Ihrer Bauchhöhle, die wiederum von Knochen und Muskeln umgeben ist.

Trotzdem sollten Sie Ihrem Arzt von dem Unfall berichten, denn er kann Sie dann zu Ihrer eigenen Beruhigung untersuchen. In seltenen Fällen kann durch einen Sturz die Plazenta von der Uteruswand (ganz oder nur teilweise) abgelöst werden. Dieser Vorgang benötigt dann schnelles ärztliches Eingreifen. Wenn Sie vaginale Blutungen, Ausfluß von Fruchtwasser, Bauchschmerzen oder uterine Kontraktionen bemerken und/oder sich Ihr Baby unnormal aktiv verhält, dann sollten Sie umgehend Ihren Arzt anrufen oder ein Krankenhaus aufsuchen.

Rücken- und Beinschmerzen (Ischiassyndrom)

„Ich habe hinten rechts so starke Rückenschmerzen, die sich über die Hüfte bis in meine Beine ausbreiten – was ist denn nur los?"

Der Druck des wachsenden Uterus, der für so viele Leiden verantwortlich ist, kann auch den Ischiasnerv beeinflussen und Kreuz-, Gesäß- und Beinschmerzen auslösen. Ruhe, Entspannung, bequeme Lage und ein Heizkissen im Rücken können lindern. Sobald sich die Lage Ihres Babys verändert, könnte der Schmerz nachlassen – eventuell hält dieser Schmerz aber auch bis zur Geburt an. Bei starken Schmerzen sind Bettruhe oder spezielle Übungen hilfreich. Vorsicht mit Schmerzmitteln!

Pickel

„Es ist doch nun schon schlimm genug, daß sich bei mir Schwangerschaftsstreifen zeigen, jetzt sitzen dort aber auch noch juckende Pickelchen!"

Kopf hoch! Es sind nur noch drei Monate bis zur Geburt. Dann können Sie den meisten unangenehmen Nebenerscheinungen „Lebewohl" sagen! Bis dahin wird Sie vielleicht die Information etwas beruhigen, daß diese Hautveränderungen zwar unangenehm, aber auch ungefährlich sind! Außerdem werden diese Pickelchen bald nach der Geburt wieder verschwinden und in Ihrer nächsten Schwangerschaft auch nicht wieder auftauchen. Zeigen Sie diesen Ausschlag Ihrem Arzt, vielleicht wird er Ihnen eine juckreizstillende Salbe verschreiben.

Es gibt viele Hautveränderungen und Ausschläge, die sich plötzlich während der Schwangerschaft entwickeln. In den seltensten Fällen sind sie aber ernsthafterer Natur und müssen behandelt werden. Trotzdem sollten Sie die Hautveränderungen Ihrem Arzt zeigen.

Das Baby hat einen Schluckauf

„Manchmal spüre ich regelmäßige, schwache Zuckungen im Bauch. Was soll das denn sein, Tritte oder Stöße?"

Ob Sie es glauben oder nicht – Ihr Kind hat vermutlich einen Schluckauf! Dies ist im letzten Drittel der Schwangerschaft kein seltenes Phänomen. Manche Babys haben mehrmals täglich einen Schlucken, andere nie. Ähnliches könnte sich auch nach der Geburt ereignen. Sie sollten aber bedenken, daß dieser Schluckauf dem Fetus nicht annähernd dasselbe Unbehagen wie uns Erwachsenen bereitet, selbst wenn er länger als 20 Minuten dauert. Entspannen Sie sich also, und verfolgen Sie amüsiert diese kleinen Hickerchen.

Träume und Phantasien

Ich habe so viele Träume und Phantasien über das Baby, daß ich meine, langsam den Verstand zu verlieren …!"

Ganz im Gegenteil – Träume und Phantasien sind völlig normal und gesund, sie helfen, Ängste und Sorgen in unbedrohlicher Form auszuleben und zu sortieren. Jedes der Traumthemen, von denen schwangere Frauen berichten, ist Ausdruck oft tiefliegender Sorgen und Gefühle, die sonst wahrscheinlich unterdrückt würden. Solche Sorgen sind beispielsweise:

* **Nicht richtig vorbereitet sein** – Sachen zu verlieren, vergessen, das Baby zu füttern, eine Untersuchung zu verpassen, das Baby beim Einkauf stehenzulassen, Autoschlüssel oder sogar das Baby zu verlieren – alle diese Gedanken bringen die Angst zum Ausdruck, keine richtige Mutter werden zu können.
* **Angriff oder Verletzung** – durch Einbrecher, Räuber, Tiere oder durch einen Treppensturz – kann ein Gefühl von Verwundbarkeit signalisieren.

◆ **Gefangen sein ohne Ausweg** – im Tunnel, im Auto; in einem engen Raum; im Meer ertrinken usw. könnte bedeuten, daß man sich durch das Baby gebunden und seiner Freiheit beraubt fühlt.

◆ **Figurprobleme** – dick werden, über Nacht plötzlich viele Kilos mehr wiegen, Freßsucht, falsche Ernährung – sind gewöhnliche Traumthemen und Visionen bei Frauen, die sich an einen eingeschränkteren Speiseplan gewöhnen wollen.

◆ **Reizlosigkeit** – die Anziehungskraft verlieren; in den Augen des Partners uninteressant oder gar abstoßend sein, andere Frauen im Leben des Partners sehen – ist die tiefe Angst jeder Frau, daß durch die Schwangerschaft für immer die Figur ruiniert und dadurch der Partner verloren wird.

◆ **Sexuelle Traumbegegnungen** – positiv oder negativ mit Vergnügen oder Schuld verbunden – spiegeln die verwirrenden sexuellen Veränderungen und Zwiespältigkeiten innerhalb der Schwangerschaft wider.

◆ **Tod und Wiederauferstehung** – Wiederbegegnungen mit verlorenen Eltern oder anderen Personen – sind Versuche des Unterbewußtseins, alte und junge Generationen zu vereinen.

◆ **Visionen vom Leben mit Kind** – Vorbereitungen, mit dem Baby spielen, das Baby liebkosen, sich mit dem Baby sehen – sind die unterbewußten Bindungsversuche an das Baby schon vor der Geburt.

◆ **Fragen, wie das Baby sein wird** – können viele Sorgen reflektieren. Träume über ein mißgestaltetes, krankes, übergroßes oder winziges Baby drücken die Sorge über den Gesundheitszustand des Kindes aus.

◆ **Phantasien, daß das Baby als Neugeborenes schon sprechen und laufen kann** – spiegeln die Gedanken über die Intelligenz bzw. das Bestreben wider, daß das Kind eine gute Zukunft haben soll. Vorahnungen bezüglich des Geschlechts sind meistens von tiefen Wünschen geprägt. Alpträume, in welchen Babys als Erwachsene geboren werden, drücken Ängste aus, kleine Kinder aufzuziehen.

Obwohl die Träume und Phantasien während der Schwangerschaft oft intensiver und anstrengender sind als sonst, können sie sehr hilfreich sein. Wenn Sie nämlich auf Ihre „Mutterschaftsträume" achten und überlegen, was diese Ihnen über Ihre eigenen Gefühle sagen können, werden Sie die Sorgen vermutlich klarer erkennen und damit in der Wirklichkeit besser umgehen können. Hüten Sie sich aber auch, Traumbotschaften allzu ernst zu nehmen, im positiven wie negativen Falle.

Untergewichtiges Baby

„Ich habe kürzlich viel über die zahlreichen Geburten von untergewichtigen Babys gelesen. Kann ich selbst etwas tun, damit mein Baby nicht mit Untergewicht zur Welt kommt?"

Die häufigsten Ursachen für Untergewicht, wie Rauchen, Alkohol, Drogen, schlechte Ernährung oder unzureichende Vorsorge, sind in jedem Fall vermeidbar. Andere Gründe, wie chronische Krankheiten der Mutter, können durch sorgfältige Vorsorgeuntersuchungen gut kontrolliert werden.

Ein weiterer Grund – nämlich die frühzeitige Wehentätigkeit – kann unter Umständen auch vermieden werden (siehe Seite 273 ff.). Natürlich sind manche Neugeborenen aus unverständlichen Gründen, wie genetischen Störungen, Plazentaproblemen sehr klein (siehe Seite 417 „Ursachen für fetale Wachstumshemmungen"). Aber auch in solchen Fällen kann eine optimale Ernährung und Vorsorge ein Defizit ausgleichen. Selbst wenn ein Baby untergewichtig zur Welt kommt, ist die medizinische Fürsorge heute so hervorragend, daß ein magerer Winzling eine sehr gute Überlebens- und Wachstumschance hat.

Wenn Sie einen Grund zur Sorge haben, sprechen Sie mit Ihrem Arzt darüber. Mit Hilfe von Ultraschall kann man feststellen, ob Ihr Baby angemessen wächst. Sollte dem nicht so sein, werden wahrscheinlich verschiedene Schritte unternommen, um die Gründe für das zu geringe Wachstum herauszufinden, die anschließend bestmöglich behoben werden. Sie würden übrigens überrascht sein, wie viele „Riesen" in Ihrer Bekanntschaft als Kinder eher untergewichtig waren.

Geburtsplan

„Meine Freundin, die kürzlich entbunden hat, erzählte mir von einem Geburtsplan, den sie gemeinsam mit ihrem Arzt vor der Geburt aufgestellt hat. Wird das überall so gehandhabt?"

Nein, überall ist das nicht so. Aber es ist sinnvoll. Je mehr Ärzte erkennen, daß die Mütter mit ihren Partnern Einfluß auf die Geburt und die Entbindung nehmen möchten, desto häufiger werden auch Geburtspläne erstellt. Ein idealer Plan kombiniert Wünsche der Eltern mit dem, was der Arzt für richtig bzw. das Krankenhaus für annehmbar hält. Es ist kein bindender Vertrag, sondern mündliche oder schriftliche Verständigung zwischen Patient und Arzt mit dem Zweck, daß die Geburt verläuft, wie es sich die Eltern vorstellen. Das wird nicht immer möglich sein. Ziel des Planes ist es, Wünsche zu berücksichtigen, gleichzeitig aber unrealistische Erwartungen auszuschließen, Enttäuschungen zu verringern und große Konflikte später im Kreißsaal zu vermeiden. Zu einigen Themen lesen Sie die entsprechenden. Kapitel gründlich durch, bevor Sie eine Entscheidung treffen. Überlegungen, zu denen Sie sich vor der Geburt äußern sollten, lauten:

- Wie lange wollen oder sollen Sie nach ärztlichem Vorschlag während der Wehen zu Hause bleiben (Seite 340).
- Essen und trinken während der Wehen (Seite 368).
- Laufen oder sitzen während der Wehen (Seite 365).
- Kontaktlinsen während der Geburt tragen.
- Ort der Entbindung (Seite 328).
- Können Sie die Umgebung persönlicher gestalten – mit Musik, Beleuchtung, Bildern oder anderen Sachen?
- Benutzung eines Fotoapparates oder einer Videokamera durch den Partner.
- Anwendung von Darmeinläufen (Seite 351).
- Schamhaarrasur (Seite 352).
- Zustimmung zum Einsatz von intravenösen Spritzen (Seite 353 ff.).
- Katheter (Seite 439).
- Einnahme von Medikamenten (Seite 285 ff.).
- Externe fetale Überwachung, interne fetale Überwachung (Seite 354 ff.).

* Einnahme von Oxytocin, um die Wehen auszulösen oder zu verstärken (Seite 285 f.).
* Entbindungspositionen (Seite 381 f.)
* Dammschnitt (Seite 359).
* Geburtszange (Seite 361).
* Kaiserschnitt(Seite 306 ff.)
* Säubern des Neugeborenen.
* Anwesenheit anderer Personen (außer Ihrem Partner) während der Geburt.
* Werden Sie stillen?
* Soll und kann das Baby bei Ihnen im Zimmer bleiben (Rooming in)?

Vielleicht sollten Sie auch einige nachgeburtliche Überlegungen in Ihren Geburtsplan einbeziehen:

* Ihre Anwesenheit während der ersten Untersuchung des Kindes.
* Fütterung des Kindes im Krankenhaus (zusätzlich Fertigmilch oder Tee).
* Behandlungsmöglichkeiten von Bruststauungen bei Nichtstillen (Seite 444).
* Beschneidung.
* Rooming-in.
* Besuch anderer Kinder.
* Medikamente für Sie oder das Baby.
* Dauer des normalen Krankenhausaufenthaltes nach der Geburt.

Denken Sie immer daran, daß auch ein idealer Plan manchmal nicht so ausgeführt werden kann, wie Sie es sich gewünscht hätten. Da niemand genau voraussehen kann, wie Wehen und Geburt verlaufen, entspricht der Plan, den Sie vorher entworfen haben, am Ende nicht Ihren momentanen Interessen oder denen Ihres Babys. Deshalb kann der Plan in letzter Minute geändert werden. Sollte dies bei Ihnen auftreten, denken Sie ganz bewußt daran, daß Ihre Sicherheit und Gesundheit sowie die Ihres Babys am wichtigsten sind.
Wenn Sie die Klärung dieser Fragen mit Ihrem Arzt und der Hebamme als „Plan" betrachten, dann werden Sie die Zweckmäßigkeit dieser Anregung verstehen und hinter diesem Begriff kein großartiges Dokument vermuten.

Was Sie wissen sollten:

Geburtsschmerzmittel

Ärzte und Patientinnen finden heute die Erleichterung von qualvollen Schmerzen als normal. Schmerzlindernde Medikamente können bei der Geburt eine Rolle spielen. Obwohl eine schmerzmittelfreie Geburt ideal ist, gibt es Situationen, in denen Schmerzmittel eingesetzt werden.

Schmerzmittel werden empfohlen, wenn

- die Wehen lang andauernd und mit Komplikationen verbunden sind; Streß, der durch Schmerz ausgelöst wird, kann zu „chemischer" Unausgewogenheit führen und den Ablauf der Kontraktionen oder den Blutzufluß zum Fetus stören, was wiederum zu einer Erschöpfung der Mutter beiträgt und die Fähigkeit, stark zu pressen, reduziert;
- die Schmerzgrenze der Frau überschritten ist und sie deshalb zum Pressen unfähig ist;
- Geburtshilfen nötig sind, um den sichtbaren Kopf des Babys durch Saugglocke oder Zange zu entwickeln;
- eine gefährlich schnelle Wehentätigkeit verlangsamt werden muß;
- eine Frau so aufgeregt ist, daß sie dadurch das normale Fortschreiten der Wehen aufhält.

Der kluge und verantwortungsvolle Einsatz von Medikamenten bedeutet immer das vorsichtige Abwägen von Risiken gegenüber Vorteilen. Bei Wehen und Geburt müssen sich die Überlegungen auf zwei Menschen – nämlich Mutter und Kind beziehen – was die Entscheidung natürlich erschwert.

In manchen Fällen überwiegen die Risiken einer Schmerzmitteleinnahme stark die Vorteile, wenn z.B. ein frühgeborenes Baby zu schwach erscheint, um Geburtsstreß und Medikamente aushalten zu können. Die meisten Experten sind sich darüber einig, daß bei der Anwendung von Geburtsschmerzmitteln die Vorteile erhöht und die Risiken reduziert werden können, wenn

- ein Mittel mit minimalen Nebenwirkungen und geringem Risiko für Mutter und Kind ausgewählt wird, welches dennoch den Schmerz bekämpft und Erleichterung schafft; dieses Mittel in geringer, aber effektiver Dosierung zum richtigen Zeitpunkt verabreicht wird. Zum Beispiel sollte eine Vollnarkose verabreicht werden, kurz bevor das Baby durch Kaiserschnitt geholt wird, damit die Narkosemittel nicht mehr die Plazenta durchdringen und somit auch dem Baby nicht mehr schaden können.

♦ Narkose oder Spritze nur von einem Anästhesisten verabreicht werden.

Die Hauptsorgen bei der Verabreichung von Medikamenten beziehen sich sowohl auf die direkte Empfängerin (Mutter) als auch auf den unschuldigen Mitleidenden (Baby). Babys könnten etwas schläfriger, träger, reaktionsschwächer, manchmal auch mit Atem- und Saugbeschwerden, selten mit unregelmäßigem Herzschlag geboren werden. Studien haben jedoch gezeigt, daß alle diese Effekte bei richtiger Medikamentenverabreichung kurz nach der Geburt wieder verschwinden.

Ein Baby kann normalerweise die Folgen der Medikamenteneinnahme während des Geburtsprozesses gut verkraften; nur eine extreme Schwäche ist gefährlich. Sollte ein Neugeborenes so narkotisiert sein, daß es nicht mehr atmet, wird eine einfache und schnelle Wiederbelebungsprozedur langfristige Schäden verhindern.

Eine andere Sorge bei der Einnahme von Schmerzmitteln bezieht sich auf den Verlauf der Wehen. Werden Schmerzmittel zum falschen Zeitpunkt verabreicht, können die Wehen verlangsamt bzw. gestoppt werden. Auch hier ist also Präzision geboten! Generell gilt: Risiken vermeiden ist stets besser, als Folgen zu korrigieren.

Welche Methoden der Schmerzbekämpfung werden am häufigsten angewendet?

Schmerzmittel, Betäubungsmittel und Beruhigungsmittel können nach ärztlicher Anweisung während der Wehen und unter der Geburt eingenommen werden. Welche Medikamente nun tatsächlich verabreicht werden, ist abhängig vom Geburtsverlauf, von dem derzeitigen Zustand von Mutter und Kind und von Erfahrungen und Überlegungen des Arztes bzw. des Anästhesisten. Die Wirksamkeit ist von der Mutter, der Dosierung, von der Kombination mit anderen Präparaten und von anderen Faktoren abhängig. In sehr seltenen

Fällen erzielt ein Medikament nicht den gewünschten Effekt und verschafft der Mutter kaum oder keine Schmerzlinderung. Der Geburtsschmerz wird meistens durch folgende Medikamente bekämpft:

Schmerz- und Betäubungsmittel

Sie wirken am besten, wenn sie intravenös verabreicht werden (langsam durch eine Infusionspumpe injiziert, damit Effekte besser kontrollierbar sind) oder durch eine meist einmalige intramuskuläre Injektion in den Po (wobei die Injektion alle 2–4 Stunden – wenn nötig – wiederholt verabreicht werden kann). Das Schmerzmittel stört normalerweise weder Ihre „Arbeit" noch die Kontraktionen, obwohl starke Dosierungen die Wehentätigkeit schwächen oder verzögern könnten.
Analgetika werden generell nicht vor dem regelmäßigen Auftreten der Wehen (und erst wenn Scheinwehen ausgeschlossen wurden), aber mindestens 2–3 Stunden vor der Geburt verabreicht. Die Reaktionen variieren von wenig bis deutlicher Schmerzlinderung. Manche Frauen empfinden eine angenehme Entspannung, die ihnen erlaubt, mit den Kontraktionen besser umzugehen. Andere fühlen sich unangenehm schläfrig und werden unfähiger, Wehen zu verarbeiten. Nebenwirkungen könnten, abhängig von der Empfindlichkeit der Frau, Übelkeit, Brechreiz, Depression und Blutdruckabsenkungen sein. Die Wirkungen auf das Baby sind von der Gesamtdosierung und dem Verabreichungszeitpunkt abhängig. Wenn das Medikament kurz vor der eigentlichen Geburt verabreicht wurde, könnte das Baby müde und saugunfähig sein, in selteneren Fällen zeigt sich Atemnot, die zusätzliche Sauerstoffverabreichungen notwendig werden läßt. Diese Wirkungen auf das Baby sind generell von kurzer Dauer. Ein Schmerzmittel kann auch postpartal gegeben werden, um die Schmerzen durch einen Dammschnitt oder die Kaiserschnittnähte zu lindern.

Beruhigungsmittel

Diese Medikamente werden verabreicht, um eine sehr nervöse und ängstliche Frau zu beruhigen, damit sie sich entspannen und wirksamer bei der Geburt mitarbeiten kann. Beruhigungsmittel können auch die Wirkung eines Schmerzmittels steigern. Wie bei den Schmerzmitteln werden auch Beruhigungsmittel erst im Verlauf der wirklichen und beständigen Wehen verabreicht, aber dennoch rechtzeitig vor der eigentlichen Geburt. Manchmal können die Beruhigungsmittel aber auch schon zu Wehenbeginn eingenommen werden, wenn die Kreißende, vor allem als Erstgebärende, extrem nervös ist. Die Reaktionen der Frauen auf Beruhigungsmittel sind sehr unterschiedlich. Manche empfinden die sanfte Schläfrigkeit als angenehm, andere haben das Gefühl, die Kontrolle zu verlieren. Schon eine relativ kleine Dosis von Beruhigungsmitteln kann die Sprache verschleiern und dösende Momente während der Wehenhöhepunkte verursachen, was die Anwendung normaler Geburtsmethoden erschwert. Obwohl Beruhigungsmittel sehr selten auch Wirkungen auf das Baby haben (außer in Notsituationen), sollten vor der Einnahme von Medikamenten zunächst Entspannungsübungen angewendet werden. Auch homöopathische Mittel, die kaum Nebenwirkungen haben, können bei der Vorbereitung der Geburt eingesetzt werden. Voraussetzung ist aber auch hierbei, daß der entsprechende Arzt ausreichende Erfahrung auf diesem Gebiet besitzt.

Narkosemittel oder andere kurzwirkende Narkosegase
Lachgas benutzt man nur noch selten; wenn überhaupt, dann nur in Kombination mit anderen Medikamenten, um eine Vollnarkose (Kaiserschnitt) herbeizuführen.

Örtliche Betäubungen
Ein Anästhetikum, welches entlang einem bestimmten Nerv injiziert wird, kann Schmerz in bestimmten Bereichen ausschalten. Bei der Geburt könnte eine solche Betäubung z. B. das Schmerzgefühl in der gesamten unteren Körperhälfte (für operative Geburtseingriffe) auslöschen oder auch kleinere Bereiche teilweise oder ganz (für vaginale Geburten) betäuben. Örtlich begrenzte Betäubungen haben gegenüber Vollnarkosen den Vorteil, daß die Mutter während der Geburt wach bleiben kann.
Bei einer Vaginalgeburt haben solche Betäubungen den Nachteil, daß der Drang der Mutter zum Mitpressen gehemmt wird. Gelegentlich wird dann Oxytocin verabreicht, welches wiederum die träge gewordenen Kontraktionen beleben soll. Manchmal wird ein Katheter in die Blase eingeführt, um diese zu entleeren, weil auch der natürliche Harndrang „gelähmt" ist. Es gibt verschiedene Mög-

lichkeiten für eine örtlich begrenzte Betäubung.

Pudendusblock (Betäubung des Nervus pudendus)
Er wird üblicherweise bei der Vaginalgeburt angewendet. Der Arzt
spritzt das Betäubungsmittel an einem bestimmten Punkt neben der
Scheide, damit der Dehnungsschmerz beim Austritt des Köpfchens
soweit wie möglich ausgeschaltet wird – nicht aber der uterine
Schmerz. Ebenfalls kann diese Art der Betäubung bei der Saug-
glocke und Geburtszange hilfreich sein und einen schmerzfreien
Dammschnitt ermöglichen. Er wird häufiger in Kombination mit
Schmerz- oder Beruhigungsmitteln angewendet, um optimale
Schmerzlinderung zu erzielen.

Epiduralanästhesie bzw. Peridualanästhesie
gewinnt an Popularität bei Vaginal- und Kaiserschnittgeburten,
ebenso bei der Wehenschmerzbekämpfung. Der Hauptgrund dafür
liegt in der hohen Sicherheit und der einfachen Praktikabilität der
Verabreichung. Dieses Schmerzmittel wird je nach Bedarf während
des Geburtsvorganges verabreicht. Eine feine Hohlnadel wird in
den Rückenbereich (der wiederum vorher betäubt wurde) eingeführt. In den Liquorraum um das Rückenmark injiziert man ein
Lokalanästhetikum. Das Betäubungsmittel gelangt in den Körper
der Frau, während die Frau auf der Seite liegt oder aufrecht sitzt.
Das örtlich wirkende Betäubungsmittel (Lokalanästhetikum) wird
also direkt an den Nervenbahnen wirksam und kann so verabreicht
werden, daß die Frau kleinere Dosierungen erhält, um volle Kontrolle über die Wehen zu behalten, und kann dann wieder verstärkt
werden, wenn ein Dammriß z. B. genäht werden muß. Dabei wird
der Blutdruck häufiger kontrolliert, weil dieser während der erwähnten Prozedur absinken kann. Intravenös können Mittel gespritzt oder Medikamente verabreicht werden, um den Blutdruck
zu normalisieren. Wegen des erhöhten Risikos eines Blutdruckab-
falls wird von Epiduralanästhesie normalerweise abgeraten, wenn
vermutlich Komplikationen, die zu Blutungen führen können, vorliegen, z. B. bei Placenta praevia, Präklampsie oder bei fetalen Not-
zuständen. Die ständige Überwachung des Fetus ist bei der Epiduralanästhesie deshalb notwendig, weil durch diese mütterliche
Betäubung der fetale Herzschlag beeinflußt werden kann.

Außer dieser Art der örtlichen Betäubung kann auch eine **Spinal-** bzw. **Lumbalanästhesie** angewandt werden, wobei das Betäubungsmittel in den Durasack, der das Rückenmark umgibt, in einer einzigen Dosis verabreicht wird. Nebenwirkungen wie Übelkeit, Kopfschmerzen und Blutdruckabfall können hierbei auftreten, auch ist diese Art der Betäubung weniger gut zu steuern. Der Vorteil gegenüber der Vollnarkose ist allerdings, daß die werdende Mutter voll bei Bewußtsein ist und nur die untere Körperregion völlig gefühllos wird.

Vollnarkose

Eine Vollnarkose, welche die Patientin total einschläfert, wird heutzutage nur bei operativen Geburten angewendet; gelegentlich auch bei vaginalen Steißgeburten. Wegen der schnellen Wirkung benutzt man die Vollnarkose bei plötzlichen Notfalloperationen (Kaiserschnitt), wenn keine Zeit mehr für andere ärztliche Methoden bleibt.

Inhalationsmittel

Eine Inhalationsnarkose (besser: Inhalationsanalgesie) ist praktisch eine kurze, unvollständige Vollnarkose. Man nutzt gleichsam die bei Beginn einer Narkose (1. Stadium) einsetzende Schmerzdämpfung und den „Rauschzustand" aus. Der Anästhesist führt diese Betäubungsart im Kreißsaal durch. Die Mutter ist so lange bewußtlos, wie der operative Eingriff dauert (meist nur wenige Minuten). Beim Aufwachen kann sich die Patientin benommen, unruhig und orientierungslos fühlen, Halsschmerzen oder Husten (wegen des Endotrachealtubus) können auftreten, ebenso Übelkeit oder Erbrechen bzw. Darm- oder Blasenträgheit. Vorübergehend kann der Blutdruck sinken – ebenfalls eine mögliche Nebenwirkung. Das Hauptproblem bei einer Vollnarkose ist, daß nicht nur die Mutter, sondern auch der Fetus narkotisiert wird. Um diesen schläfrigen Zustand für das Baby zu vermeiden, sollte die Anästhesie ganz kurz vor der eigentlichen Geburt des Babys starten, so daß das Kind den Mutterleib verlassen hat, bevor die Wirkstoffe die Plazenta erreichen konnten. Ein anderes Risiko liegt in der Möglichkeit, daß die Mutter Erbrochenes inhaliert und Erstickungsprobleme auftreten können. Deshalb wird jede werdende Mutter gebeten, während der aktiven

Wehenphase nichts mehr zu essen oder zu trinken. Aus diesem erwähnten Grund wird bei einer notwendigen Vollnarkose ein Tubus
durch den Mund in die Luftröhre der Mutter geführt, um Atemnot
zu verhindern.

Hypnose

Qualifiziert durchgeführt, ist Hypnose eine legitime und medizinisch akzeptable Methode zur Schmerzbekämpfung. Abgesehen
von irgendwelchen Shows oder Zirkushokuspokus, ist an einer medizinischen Hypnose nichts Mysteriöses vorhanden. Autosugge-
stion und geistige Willensstärke werden in guten Schwangerschaftskursen gelehrt.
Durch Hypnose kann ein hoher Grad an Entspannung erreicht werden; sinkende Schmerzwahrnehmung bis völlige Schmerzausschal-
tung ist möglich. Aber: Nur jeder vierte Erwachsene ist hypnotisier-
bar. Das Training für die Geburtshypnose sollte einige Wochen und
Monate vor dem Geburtstermin begonnen und nur von einem speziell dafür ausgebildeten Arzt angewendet werden. (Achtung – Sie
sollten trotzdem immer vorsichtig sein, denn Hypnose könnte auch
mißbraucht werden!)

Andere Methoden der Schmerzbekämpfung

Es gibt noch einige andere Methoden, die die Reduzierung der
Schmerzwahrnehmung zum Ziel haben, aber keine Medikamente
verwenden. Diese Art ist mit Sicherheit für drogenabhängige Frauen
oder für Mütter, die aus unterschiedlichen Gründen keine Medikamente wollen, eine gute Alternative.

Epidurale Elektrostimulation, Elektronische Nerv-Stimulation (ENS)

Hierbei werden Elektroden benutzt, die die Nervenwege zu Uterus
und Zervix reizen. Man glaubt, daß diese Reizung andere sensori-
sche Gefühle wie Schmerz blockiert. Die Intensität dieser Nerven-
anregung kann von der Patientin selbst reguliert werden (d. h. eine
Reizverstärkung während der Kontraktionen – und eine Reizredu-
zierung zwischendurch).

Akupunktur

Diese Methode beruht vermutlich auf dem gleichen Prinzip wie die ENS, wobei feine Nadeln, die an bestimmten Hautpunkten angesetzt werden, die Schmerzempfindung beeinflussen. Die physiologischen Mechanismen der Akupunktur sind noch immer umstritten. Sicher ist aber zweifellos, daß diese jahrtausende alte Methode Hervorragendes bei der Schmerzlinderung zu leisten vermag. Es muß allerdings eine große Erfahrung bei dem Praktiker vorliegen, der die Akupunktur durchführt. Auch die Vergütung durch die Kassen wird unterschiedlich gehandhabt. Erkundigen Sie sich darüber bei Ihrem Arzt.

Änderung der Schmerzwahrnehmung

Es gibt einige Faktoren (emotional und körperlich), die Einfluß auf die Schmerzwahrnehmung der Mutter während des Geburtsvorganges haben. Eine Veränderung derselben (siehe Seite 379) kann das Wohlbefinden während der Wehen erhöhen.

Physiotherapie

Massagen, Wärme, Druck oder Gegendruck durch den Arzt, liebevollen Partner oder Freund können oft die Wahrnehmung von Schmerz schwächen.

Ablenkung

Alles, was Sie vom Schmerz ablenkt, wird auch die schmerzhafte Wahrnehmung reduzieren; das können Atemübungen, Meditationen, Fernsehen oder Musik hören usw. sein.

Entscheidung über Geburtsschmerzmittel

Frauen haben heute eine weitaus größere Wahlmöglichkeit bzw. Entscheidungsfreiheit bezüglich des Geburtsvorganges als früher. Abgesehen von bestimmten Notfällen, liegt die Entscheidung für oder gegen Medikamente größtenteils bei ihnen!
Folgendes sollte Ihnen helfen, die beste Entscheidung zu treffen:

◆ Besprechen Sie lange vor dem Geburtstermin mit Ihrem Arzt alle Möglichkeiten der Schmerzmittelverabreichung und deren Folgen für Sie und das Baby. Sie sollten genau wissen, welche Medikamente oder Methoden Ihr Arzt bevorzugt. Stellen Sie vorher fest, ob Ihr Arzt irgendwelche Medikamente für absolut erforderlich hält und wann er Ihnen die Entscheidung überläßt.

◆ Bedenken Sie, daß Gebären zwar eine natürliche Sache, die viele Frauen ohne Medizin durchgestanden haben oder durchstehen müssen, aber wiederum keine Probe Ihres Durchhaltevermögens ist! Der Geburtsschmerz wird als der intensivste Schmerz menschlicher Erfahrung beschrieben. Dank des medizinischen Fortschritts können Frauen heute wählen, diesen Schmerz durch Medikamente zu lindern. Denken Sie beim Wunsch nach Einnahme von Schmerzmitteln vorher über die Folgen nach. Wägen Sie Vorteile gegen Risiken ab. Vertrauen Sie Ihrem Arzt, wenn er die Medikamente nur verordnet, wenn die Vorteile die Risiken überwiegen!

◆ Entschließen Sie sich nicht absolut endgültig im voraus für oder gegen Medikamente, sondern bleiben Sie für situationsabhängige Entscheidungen offen. Natürlich ist es gut, sich vorher zu überlegen, was für Sie wohl am besten ist. Niemand kann aber vorhersehen, wie die Wehen und die Geburt verlaufen, wie Sie die Kontraktionen empfinden und ob Sie tatsächlich Schmerzmittel wollen oder brauchen. Selbst bei einem voraussehbaren Kaiserschnitt können Sie zwar die Epiduralanästhesie planen, doch Komplikationen in letzter Minute werden vielleicht eine Vollnarkose erforderlich machen.

◆ Überlegen Sie folgendes: Wenn Sie während der Wehen plötzlich meinen, daß Sie Schmerzmittel benötigen, sagen Sie es Ihrem Partner oder dem Arzt. Bestehen Sie aber nicht sofort darauf. Warten Sie etwa noch 15 Minuten. Vielleicht werden Sie den Schmerz mit ein wenig mehr persönlicher Zuwendung doch aushalten können; vielleicht geben Ihnen auch die Fortschritte im Geburtsverlauf, die Sie innerhalb der 15 Minuten gemacht haben, Mut und den Willen, auch den letzten Teil der Geburt ohne Medikamente durchzustehen. Sollten Sie aber nach den 15 Minuten immer noch dringend eine Schmerzlinderung benötigen, bestehen Sie darauf – ohne Schuldgefühle!

◆ Vergessen Sie nie, daß Ihre Gesundheit und die Ihres Kindes unbedingt Vorrang besitzen (wie das auch für die gesamte Schwangerschaft galt), nicht Ihr vorgefaßter idealer Plan! Alle Entscheidungen sollten in diesem Sinne getroffen werden!

Der achte Monat

Die Untersuchung in diesem Monat

Nach der 32. Woche wird Ihr Arzt Sie eventuell alle zwei Wochen sehen wollen, damit er Sie und Ihr Baby regelmäßig beobachten kann. Folgendes wird kontrolliert:

* Gewicht und Blutdruck;
* Urin auf Zucker und Eiweiß;
* fetaler Herzschlag;
* Höhenstand der Gebärmutter;
* Größe und Lage des Fetus (durch äußeres Befühlen);
* Füße und Hände auf Schwellungen (Ödeme);
* Beine auf Krampfadern;
* Symptome, die Sie als ungewöhnlich empfunden haben.

Sprechen Sie über alle Fragen und Probleme mit Ihrem Arzt – denken Sie an Ihre Notizliste!

Was Sie vielleicht empfinden

Sie könnten zu irgendeinem Zeitpunkt alle der folgenden oder auch nur einige Symptome verspüren. Manche davon kennen Sie noch aus dem letzten Monat, andere sind vielleicht ganz neu für Sie. An einige Dinge werden Sie sich wahrscheinlich schon gewöhnt haben; andere Symptome könnten allerdings auch neu in Erscheinung treten.

Körperliche Symptome:

* Starke, regelmäßige Kindsbewegungen;
* zunehmend starker weißlicher Ausfluß (Leukorrhoe);
* zunehmende Verstopfungserscheinungen;

- Sodbrennen, Verdauungsstörungen, Blähungen;
- gelegentliche Kopfschmerzen oder Schwindel- bzw. Schwäche-anfälle;
- Schnupfen, gelegentliches Nasenbluten, verstopfte Ohren;
- Zahnfleischbluten;
- Beinkrämpfe;
- Rückenschmerzen;
- leichte Schwellungen der Fußgelenke und Füße, gelegentlich auch an den Händen oder im Gesicht;
- Krampfadern an den Beinen;
- Hämorrhoiden;
- Jucken am Bauch, hervortretender Nabel;
- zunehmende Kurzatmigkeit, solange der größer werdende Uterus die Lungen abdrängt. (Diese Atemnot wird gemildert, sobald das Baby „absinkt", d. h. der Kopf des Babys in das Becken eintritt.);
- Schlafstörungen;
- häufige Vorwehen (Senkwehen);

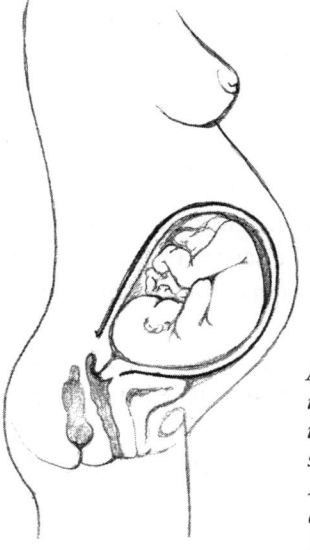

Am Ende des 8. Monats ist das Baby ca. 45 cm lang und wiegt etwa 2250 Gramm. Das Wachstum – insbesondere des Gehirns – ist in diesem Monat stark ausgeprägt; der Fetus kann sehen und hören. Die meisten Organe sind gut entwickelt, bis auf die Lungen. Das Baby hätte jetzt im Falle einer Frühgeburt eine gute Überlebenschance.

- Unbeholfenheit;
- Kolostrum (Vormilch) – allerdings kann die Vormilch auch erst nach der Geburt kommen.

Gefühlsmäßige Symptome:

- Das Ende der Schwangerschaft herbeisehnen;
- orgen über die Gesundheit des Babys, über die Wehen und über die Geburt;
- zunehmende Geistesabwesenheit;
- Aufregung über das bevorstehende Geburtsereignis.

Worüber Sie sich vielleicht Gedanken machen ...

Kurzatmigkeit

„Manchmal bekomme ich einfach nicht genug Luft. Heißt das vielleicht auch, daß mein Baby nicht genug Sauerstoff erhält?"

Kurzatmigkeit bedeutet nicht, daß Sie oder Ihr Baby nicht genügend Sauerstoff erhalten. Veränderungen im Atmungsbereich ermöglichen den Frauen im Gegenteil sogar, mehr Sauerstoff aufzunehmen und ihn wirksamer zu verwenden. Trotzdem empfinden fast alle Frauen irgendwelche Atemprobleme (manche sagen, daß es wie ein bewußter Zwang ist, tiefer einatmen zu müssen) – besonders während des dritten Trimesters, wenn der wachsende Uterus gegen das Zwerchfell drückt und die Lungenbeweglichkeit behindert. Erleichterung ergibt sich etwa zwei bis drei Wochen vor der Geburt, wenn mit den Senkwehen das Baby in das Becken eintritt. Bis dahin wird Ihnen das Einatmen leichterfallen, wenn Sie aufrecht sitzen, beim Liegen den Oberkörper etwas höher gestützt lagern und Überanstrengungen vermeiden.

Frauen, deren Babys niedrig liegen, werden vielleicht während der gesamten Schwangerschaft keine Atemprobleme haben. Kurzatmigkeit, die allerdings mit fast hechelndem Atem, blauen Lippen oder Fingerspitzen, Brustkorbschmerzen und/oder schnellem Puls verbunden ist, gilt nicht mehr als normal und erfordert den Arzt- oder Notfallruf!

Kein lustiges Kitzeln in der Rippengegend

„Ich glaube, mein Sohn hat seine Füße zwischen meine Brustkorbrippen eingeklemmt. Das tut wirklich weh!"

In den späteren Monaten, wenn die zunehmend enger werdende Unterkunft Ihrem Baby nicht immer bequem ist, findet der Fetus manchmal eine Nische, in die er dann genüßlich die Füße steckt, und zwar unter die mütterlichen Rippen. Leider ist diese Berührung für Sie kein angenehmes Kitzeln. Wenn Sie Ihre Position verändern (siehe Seite 244, Katzenbuckelübung), können Sie Ihr Kind vielleicht dazu bewegen, sich ebenfalls etwas umzuquartieren. Oder Sie atmen tief ein. Während Sie einen Arm über den Kopf strecken, atmen Sie aus und lassen dabei den Arm fallen; wiederholen Sie diese Übung mehrmals.

Sollte keine der erwähnten Taktiken helfen, bleiben Sie einfach tapfer. Wenn Ihr kleiner „Rippenkitzler" in das Becken eintritt, was etwa zwei bis drei Wochen vor der Geburt passiert, kann er von dort seine Zehen nur noch schwerlich bis zu Ihren Rippen strecken! (Dies gilt allerdings bei erstmaligen Schwangerschaften – bei weiteren Schwangerschaften kann sich das Baby auch erst zu Wehenbeginn senken.)

Streßinkontinenz

„In letzter Zeit kann ich manchmal das Wasser nicht halten. Was ist bloß los?"

Im letzten Trimester passiert es manchen Frauen, daß ab und zu ein paar Tropfen Urin ungewollt „abgehen", aber meistens nur beim Lachen, Husten oder Niesen. Man nennt dieses Vorkommnis Streßinkontinenz. Die Ursache ist der zunehmende Druck des Uterus auf die Blase. Beckenübungen können Ihnen helfen, der Inkontinenz entgegenzuwirken. Diese Übungen (siehe Seite 244) werden Ihnen auch helfen, die nachgeburtliche Inkontinenz zu verhindern.

Ihre Gewichtszunahme und die Größe des Babys

„Ich habe soviel zugenommen und glaube, daß auch mein Baby riesig ist. Nun habe ich Angst vor Geburtsschwierigkeiten!"

Wenn Sie sehr viel zugenommen haben, bedeutet es nicht unbedingt, daß Sie ein „Riesenbaby" tragen. Bei 15 bis 18 Kilo Gewichtszunahme kann ein Baby ganz normal zwischen 2700 bis 3400 Gramm wiegen oder sogar leichter sein. Im Durchschnitt jedoch wird bei einer stärkeren Gewichtszunahme der Frau auch das Baby größer und schwerer. Durch Abtasten Ihres Bauches und Abmessungen des Fundusstandes wird Ihr Arzt Ihnen in etwa sagen können, wie schwer Ihr Baby sein wird, wobei diese Schätzungen *um etwa ein halbes Kilo mehr oder weniger differieren.* Eine Ultraschalluntersuchung kann Ihnen exaktere Auskünfte geben. Selbst wenn Ihr Baby besonders groß sein sollte, bedeutet das nicht automatisch, daß Sie eine schwierige Geburt vor sich haben. Viele Frauen können ein großes Baby ganz komplikationslos vaginal gebären. Der entscheidende Faktor ist nämlich die Frage, ob der Kopf des Babys, der das größte Körperteil ist, durch das Becken passen wird. Früher wurden Röntgenaufnahmen gemacht, um ein Becken-Kopf-Größenmißverhältnis vor der Geburt auszuschließen. Wenn heute der Verdacht auf ein solches Mißverhältnis besteht, kann die Frau zunächst ihre Wehen ganz normal beginnen, wobei die Wehen genau beobachtet werden. Wenn sich das Köpfchen richtig senkt und der Muttermund sich normal erweitert, darf der Wehenprozeß fortgesetzt werden. Sollte die Wehentätigkeit keine Fortschritte machen, wird vielleicht Oxytocin verabreicht. Wenn nach einer bestimmten Zeit die Geburt nicht bemerkenswert vorangeschritten ist, wird sich der Arzt vermutlich für einen Kaiserschnitt entscheiden. Bei Diabetikerinnen sind die Kinder, bedingt durch das „Überangebot" an Blutzucker, oft besonders groß. Der Arzt wird in diesen Fällen eventuell vorzeitig die Geburt einleiten.

Ein „kleiner" Bauch

„Alle Leuten sagen, daß ich einen sehr kleinen und niedrig sitzen-den Bauch habe – für den achten Monat. Wächst mein Baby nicht genug oder nicht richtig?"

Wie eine Frau ihr Kind austrägt, wie es liegt usw., ist davon abhän-gig, wie Sie vor der Schwangerschaft ausgesehen haben. Waren Sie sehr schlank oder eher dick, sind Sie groß oder klein, zierlich oder voller ...?! Selten kann man von der Figur Rückschlüsse auf die Größe des Kindes ziehen. Eine zierliche Frau, deren „Rundung" tief und klein ist, kann im Endeffekt ein wesentlich größeres Baby zur Welt bringen als eine Frau mit großem und ausladendem Schwangerschaftsbauch. Die einzig genaue Einschätzung über Ent-wicklung und Gesundheit Ihres Babys erhalten Sie von Ihrem Arzt – und auf niemand anderen sollten Sie auch hören!

Lage und Position des Babys

„Mein Arzt hat mir erklärt, daß mein Baby eine Steißlage hat. In welcher Weise werden nun Wehen und Geburt beeinflußt?"

Ein Baby in Steißlage kommt mit dem Gesäß zuerst zur Welt. Auch eine Steißgeburt kann völlig normal verlaufen. Sie ist aber immer ris-kanter als die reguläre Geburt aus Schädellage, da hierbei der Kopf des Kindes, der dickste Körperteil, erst am Schluß aus dem Geburts-kanal tritt. Bis dahin kann bereits die mütterliche Blutversorgung des Feten unterbrochen sein, die Atmung müßte bereits einsetzen und die Geburt sehr rasch zu Ende gehen.
Es ist nie zu früh, sich auf eine Steißgeburt vorzubereiten, aber be-stimmt noch zu früh, ganz fest damit zu rechnen. Die meisten Babys drehen sich zwischen der 32. und 36. Woche in die Schädellage; wäh-rend andere ihre Eltern und Ärzte bis zum Tag vor der Geburt warten lassen. Sollte sich der Fetus am Ende der 37. Woche immer noch in der Steißlage (oder Beckenendlage) befinden, kann der Arzt von außen mit den Händen durch leichten Druck auf den Bauch der Mutter und gleichzeitiger Ultraschall- und Herztonüberwachung versuchen, das Baby zu wenden. Der Zustand des Kindes wird

ständig kontrolliert. Damit wird sichergestellt, daß sich die Nabelschnur nicht um den Fetus wickelt oder die Plazenta verletzt wird. Dieser Versuch, den Fetus durch eine sog. äußere Wendung im Uterus umzudrehen, sollte nur am wehenlosen Uterus und niemals bei beginnenden Wehen in einem frühen Wehenstadium unternommen werden. Die meisten – nun mit dem Kopf nach unten gedrehten Babys – verharren dann auch bis zur Geburt in dieser Position, die wenigsten wenden sich erneut wieder in die Steißlage. Ein erfolgreicher Wendeversuch reduziert die Wahrscheinlichkeit für eine Kaiserschnittgeburt erheblich. Diese Prozedur ist noch nicht sehr populär, da auch Komplikationen möglich sein können. Nur ein Arzt, der diese „Wendemanöver" gut beherrscht und auch auf eine operative Notgeburt vorbereitet ist, sollte die Drehung von der Steiß- in die Kopflage versuchen. Steißlagen kommen häufiger vor bei:

♦ kleineren Babys, die sich im Uterus nicht so beengt fühlen;
♦ einem anormal geformten Uterus;
♦ einer Übermenge an Fruchtwasser;
♦ einer Mehrlingsschwangerschaft;
♦ einem bereits durch vorangegangene Schwangerschaften überdehnten und daher sehr entspannten Uterus.

Sollte Ihr Kind nun zu den drei bis vier Prozent der Babys zählen, die sich direkt vor dem Geburtstermin noch immer in der Steißlage befinden, werden Sie die Geburtsmöglichkeiten mit Ihrem Arzt besprechen. Vielleicht erleben Sie eine normale Vaginalgeburt. Es kann aber sein, daß ein Kaiserschnitt notwendig wird. Jede Schwangere sollte sich grundsätzlich darauf einstellen! Er bedeutet **nicht** das Ende der Welt!
Manche Ärzte plädieren bei Steißlagen immer für einen Kaiserschnitt, weil sie diese Geburt für die sicherste halten, andere glauben wiederum, daß auch im Falle einer Steißlage eine sichere Vaginalgeburt durchaus möglich ist. Sie erlauben der Mutter einen normalen Wehenbeginn, wenn folgende Voraussetzungen vorliegen:

♦ Das Baby liegt in einer einfachen Steißlage, d. h., die Beinchen zeigen nach oben; sind gekreuzt und gebeugt in beiden Knien, während die gekreuzten Arme darüber liegen. Vorsicht: Ausgestreckte Beine mit flach gegen das Gesicht gedrückten Knien müssen durch Kaiserschnitt entbunden werden.

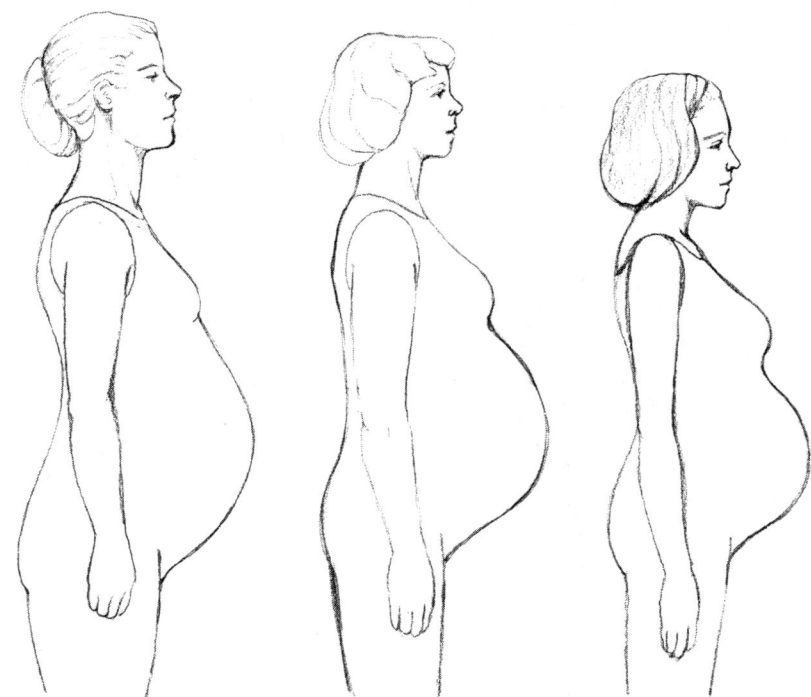

Mögliche Trage-/Lagepositionen des Babys im achten Monat

Drei verschiedene Möglichkeiten, wie eine Frau ihr Baby am Ende des achten Monats austragen kann. Abhängig von der Größe und Lage Ihres Kindes, von Ihrer eigenen Figur, Größe und Gewichtszunahme könnte Ihr Bauch höher oder tiefer sitzen, größer, kleiner, breiter, runder oder vorstehender sein!

- Das Baby ist zwar klein genug für einen einfachen Durchgang, aber wiederum nicht so klein, so daß die Vaginalgeburt doch zu riskant ist. Babys, die vor der 34. Woche geboren werden und sich noch in Steißlage befinden, kommen meistens alle per Kaiserschnitt zur Welt.
- Es liegen keine Befunde oder Anzeichen auf Placenta praevia, Nabelschnurvorfall oder fetale Notzustände vor.
- Die Mutter hat keine medizinischen Probleme, die eine Vaginalgeburt erschweren könnten, hat eine ausreichende Beckengröße und ist nicht durch eine traumatische schwierige Geburtsgeschichte vorbelastet.

- Der Körper des Babys hat sich ins Becken gesenkt.
- Das Köpfchen ist nicht gestreckt, sondern nach vorn gebeugt, und das Kinn ruht dabei auf der Brust.
- Alles (und alle) ist (sind) auf eine operative Geburt vorbereitet, falls plötzliche Probleme einen sofortigen Kaiserschnitt erfordern.

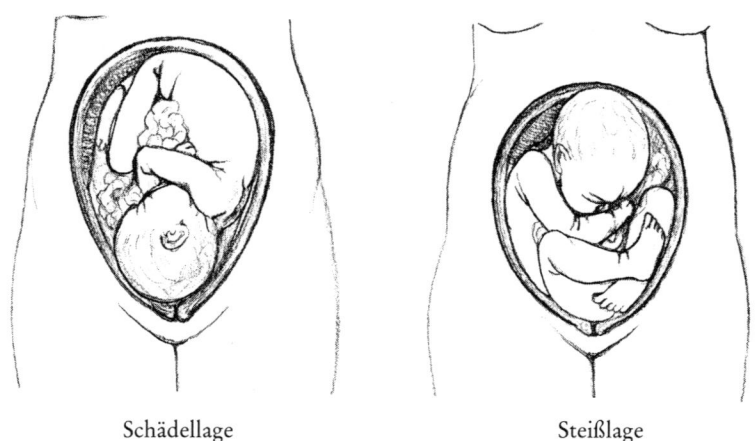

Schädellage   Steißlage

Ungefähr 96 von 100 Babys drehen sich im Laufe der Schwangerschaft mit dem Kopf nach unten. Die anderen liegen in einer Steißlage bzw. Beckenendlage, d. h. mit dem Gesäß nach unten. Die Steiß-Fußlage zeigt die rechte Abbildung. Die einfache Steißlage, bei der die Beinchen nach oben zeigend abgeknickt sind, verspricht trotzdem eine relativ leichte Vaginalgeburt.

Bei der Steißlagen-Vaginalgeburt werden die Geburtswehen in einem chirurgisch ausgestatteten Kreißsaal genau überwacht. Solange alles gut verläuft, kann der normale Geburtsvorgang fortgesetzt werden. Wenn sich der Muttermund aber zu langsam erweitert, die Fruchtblase zu früh springt oder andere Probleme auftauchen, kann sich der Arzt innerhalb weniger Minuten für einen Kaiserschnitt entscheiden.

Es soll Sie nicht irritieren, aber dem Arzt stehen im Verlaufe einer Steißgeburt verschiedene Entscheidungsmöglichkeiten offen – stets dem jeweiligen konkreten Befund angemessen. Er muß entscheiden, er trägt die Verantwortung. Nur orientierend für Sie, werden einige der möglichen Varianten aufgeführt:

Manchmal wird die Mutter durch Epiduralanästhesie (siehe Seite 289) örtlich betäubt, damit sie nicht preßt, bevor sich der Muttermund vollständig geöffnet hat, und die Nabelschnur nicht zwischen Becken und Baby gedrückt wird. Manchmal erhält die Mutter eine Vollnarkose, wenn das Baby zur Hälfte geboren ist, damit der Arzt die Geburt schnell beenden kann. Vielleicht werden Geburtszangen benutzt. Oft wird vorher ein breiter Dammschnitt angelegt, um den Verlauf der Geburt zu erleichtern.

Ganz selten einmal wird der im voraus geplante Kaiserschnitt durch vorzeitig einsetzende heftige Wehen unterlaufen, so daß bei tief in das kleine Becken eingetretenem Steiß doch eine vaginale Entbindung erfolgen muß. Sollte in solchen Fällen bei der Ankunft in der Klinik der Steiß des Kindes noch nicht geboren sein, wäre quasi in letzter Minute noch ein Kaiserschnitt möglich.

„Wie kann man denn wissen, ob das Baby für die Geburt richtig liegt?"

Ihr Arzt wird Ihnen eine gute Skizze von der Lage Ihres Kindes machen, die er durch geübtes Befühlen des Bauches und durch das Ertasten einiger Körperteile, insbesondere des Köpfchens, erkennt. Im achten Monat hat sich der Kopf in der Regel ins Becken eingesenkt; er ist rund, fest und springt – wenn er heruntergedrückt wird – zurück, ohne daß sich der Rest des Körpers bewegt. Der Po ist nicht so gleichmäßig geformt und weicher als der Kopf. Die Ortung des Herzschlages ist auch ein Hinweis auf die gesamte Kindeslage: bei Schädellage hört man den Herzschlag im unteren Teil des Bauches; am deutlichsten kann man den Herzschlag ausmachen, wenn der Rücken Ihres Kindes vorn an Ihrer Bauchdecke liegt.

Wenn Zweifel über die Lage des Kindes bestehen, wird mittels Ultraschall die Babyposition genauer bestimmt. Das vorgeburtliche „Paßbild" Ihres Kindes durch Ultraschall-Bilder wird immer selbstverständlicher.

Ihre Sicherheit während der Geburt

„Ich weiß zwar, daß die medizinischen Fortschritte die Risiken der Geburt größtenteils eliminiert haben, trotzdem habe ich große Angst, bei der Geburt zu sterben."

Es gab wirklich einmal eine Zeit, in der die Frauen regelmäßig ihr Leben riskierten, um Kinder zu gebären – und in einigen Ländern unserer Erde ist das auch heute noch so. In Deutschland lag in den letzten Jahren die durch die Geburt bedingte Sterblichkeit der Mütter zwischen 1,2 bis 1,5 je 10 000 Geburten. Ihre Überlebenschancen bei der Geburt sind selbst im Fall einer risikoreichen Schwangerschaft wesentlich höher, als wenn Sie mit Ihrem Auto zum Einkaufen fahren oder zu Fuß eine befahrene Straße überqueren.

Beckengröße und Geburt

„Ich bin nur 1,52 cm groß und sehr zierlich. Meine Sorge ist nun, daß ich bei einer normalen Geburt auf Grund meiner Größe Schwierigkeiten haben werde."

Glücklicherweise zählt bei der Geburt nur das, was sich innen befindet. Das Verhältnis von Größe/Form Ihres Beckens zu der Kopfgröße Ihres Kindes ist für die Geburt wichtiger. Ihr Arzt wird relativ gesicherte Daten über die Größe Ihres Beckens haben, da Messungen von Ihrer Erstuntersuchung vorliegen. Falls der begründete Verdacht besteht, daß der Kopf Ihres Babys zu groß ist, um durch das Becken zu passen, wird mit einer Ultraschalluntersuchung das Kopfmaß recht genau ermittelt. Meistens passen die Babys in Relation aber recht gut zu den Größenverhältnissen ihrer Mütter! Anderenfalls bleibt der Kaiserschnitt als Geburtsvariante.

Zwillinge, Wehen und Entbindung

„Ich erwarte Zwillinge. Wie werden sich meine Wehen und die Geburt von denen anderer Frauen unterscheiden?"

Vielleicht gibt es kaum Unterschiede – außer der Tatsache, daß Sie doppelte Belohnung für die Mühen der Schwangerschaft ernten. Viele Zwillingsgeburten erfolgen vaginal, normal und unkompliziert. Mit jedem Fetus mehr erhöht sich jedoch die Wahrscheinlichkeit für eine operative Geburt!
Es ist aber auch nicht überraschend, daß bei der Geburt von Zwillingen mehr Komplikationen auftreten können. Meistens treten in der

Eröffnungsphase, die bei Zwillingsgeburten durchschnittlich kürzer ist, keine Probleme auf. Obwohl viele Zwillinge problemlos vaginal geboren werden, empfiehlt sich die Anwesenheit eines Anästhesisten, falls plötzlich ein Kaiserschnitt nötig wird. Ein Kinderarzt sollte anwesend sein, der sofort eventuelle gesundheitliche Probleme der Neugeborenen behandelt.

Immer werden bei beiden Babys die Herztöne überwacht. Bei Zwillingen kann – wie Sie bald herausfinden werden – immer etwas Unerwartetes eintreffen, und meistens beginnt es schon bei der Geburt. Weil es nun mal zwei Babys gibt, gibt es vielleicht auch die doppelte Ration an „Umständen" und verschiedene Geburtsvarianten. Nachdem das erste Kind beispielsweise sehr unkompliziert zur Welt gekommen ist, könnte das zweite Baby nur operativ geboren werden, weil im zweiten Fall eine nicht mehr zu wendende Steißlage eine Vaginalgeburt verhindert.

Beim ersten Baby könnte z. B. auch die Fruchtblase von selbst ganz spontan platzen, während zur Geburt des anderen Zwillings die Fruchtblase künstlich gesprengt werden muß. In den meisten Fällen folgt das zweite Baby seinem Geschwister spätestens nach 20 Minuten auf die Welt. Sollte „Nummer 2" allerdings ein wenig trödeln, wird der Arzt entweder ein Wehenmittel anwenden oder bei Geburtsstillstand zur Saugglocke greifen, im äußersten Fall auch einen Kaiserschnitt veranlassen. Sobald die Zwillinge geboren sind, löst sich die Plazenta (bzw. beide Mutterkuchen) recht rasch von der Gebärmutterwand; manchmal muß der Arzt bei der Nachgeburt etwas helfen. Trotzdem: Auch eine Mehrlingsgeburt ist kein Grund für übertriebene Ängste. Die moderne Geburtsmedizin ist darauf eingestellt.

Eine eigene Blutbank anlegen

„Ich mache mir Gedanken darüber, daß ich während der Geburt eine Bluttransfusion benötige und dabei infiziertes Blut erhalte. Kann ich nicht etwas von meinem Blut vorher konservieren lassen?"

Prinzipiell sind Eigenblutspenden vor Operationen möglich. Aber: Es ist erstens nicht sehr wahrscheinlich, daß Sie Blut benötigen, da nur in einem Prozent aller Vaginalgeburten und in zwei Prozent der Kaiserschnitte Bluttransfusionen nötig sind. Das Risiko zur Übertragung von Aids und/oder Hepatitis B durch Blutkonserven ist trotz der Ende 1993 vieldiskutierten Zwischenfälle in der jetzigen Zeit sehr gering. Blutkonserven werden genau und zuverlässig überprüft. Frauen, die ein Kind erwarten, sollten kein Blut spenden, da eine Anämie entstehen würde. Falls Sie befürchten, bei der Geburt viel Blut zu verlieren, sprechen Sie mit Ihrem Arzt darüber. (Wenn Sie fremden Blutkonserven mißtrauen, können Sie vielleicht die Blutspenden von Freunden und Verwandten mit derselben Blutgruppe in Erwägung ziehen!)

Kaiserschnitt

„Mein Arzt hat mir bereits gesagt, daß ein Kaiserschnitt unumgänglich sein wird. Jetzt habe ich Angst, daß diese operative Geburt gefährlich sein könnte."

Über die Kaiserschnitt-Entbindung werden Ihnen vielleicht von verschiedenen Ärzten unterschiedliche Auskünfte erteilt. Wir vertreten folgende Positionen:
In unserer heutigen Zeit ist ein Kaiserschnitt für die Mutter fast so sicher wie eine Vaginalgeburt und bei Komplikationen sogar der sicherste Weg für das Baby, heil das Licht der Welt zu erblicken.
Obwohl ein Kaiserschnitt von der „technischen" Seite her als ein großer chirurgischer Eingriff gilt, birgt er heutzutage relativ wenig Risiken. Eignen Sie sich viel Wissen über Kaiserschnitte durch Lesen, durch Gespräche mit Ihrem Arzt oder anderen erfahrenen Personen an. Das wird Ihnen helfen, sich auf die Geburt richtig vorzubereiten und Ihre Ängste abzubauen. Vielleicht sind Sie sogar überrascht, wie viele Mütter in Ihrem Bekanntenkreis durch Kaiserschnitt entbunden wurden.

„Mein Arzt bereitet mich auf einen eventuellen Kaiserschnitt vor. Ist das für mein Baby gefährlich?"

Sollten Sie tatsächlich einen Kaiserschnitt brauchen, sind die Chancen für die Geburt eines gesunden Babys mindestens so sicher wie bei einer Vaginalgeburt. Jedes Jahr werden Tausende Kinder unversehrt und gesund aus den Bäuchen ihrer Mütter geholt, die sonst die

„Reise" durch den Geburtskanal wahrscheinlich nicht überlebt hätten.

Natürlich hat eine höhere Prozentzahl der durch Kaiserschnitt geborenen Babys medizinische Probleme. Diese Probleme sind in den seltensten Fällen ein Resultat der Operation selbst, sondern meistens der Grund für den operativen Noteingriff. Viele von diesen Babys hätten eine normale Geburt nicht geschafft. Kinder, die via Kaiserschnitt zur Welt kommen, sehen besser aus, weil deren Köpfchen nicht durch den engen Geburtskanal gepreßt und verformt werden.

Befürchtungen, daß die rasche „Befreiung" des Kindes aus der Enge des Uterus Blutungen und ähnliche Dehnungsfolgen verursachen könne, lassen sich nicht bestätigen.

Die größte „Gefahr", unter der ein „Kaiserschnitt-Baby" leidet, liegt im psychologischen Bereich. Gelegentlich entwickelt eine Frau einen unbewußten Groll gegen das Kind, das ihr das schönste Erlebnis geraubt und den Körper mit einer Narbe, die man später aber kaum sieht, „verunstaltet" hat. Andererseits sind auch Mütter, die ihre Babys normal gebären, vorübergehend wütend auf ihre Kinder wegen des Geburtsschmerzes.

Manche Frauen nehmen fälschlicherweise an, daß ihre durch Kaiserschnitt geborenen Kinder besonders empfindlich sind und entwickeln sich zu gluckenartigen Beschützerinnen. Falls sich solche Denkweisen bei Ihnen einstellen sollten, wenden Sie sich professioneller Beratung zu. Aber eigentlich können solche destruktiven Gefühle von Anbeginn vermieden werden, wenn man weiß, daß die Geburtsmethode im Grunde in keiner Weise Einfluß auf das Verhalten von Mutter und Kind nehmen kann. Eine Frau ist nicht weniger eine Mutter und ihr Baby nicht weniger die Frucht des Lebens, wenn die Geburt durch einen Kaiserschnitt erfolgt.

„Ich wünsche mir so sehr eine normale Geburt, aber anscheinend sind Kaiserschnitte jetzt an der Tagesordnung – ich fürchte mich aber davor!"

Nein, Ihre Sorge ist nicht gerechtfertigt; keinesfalls jede Frau bekommt ihr Kind mit Kaiserschnitt, aber mehr Frauen denn je! Entgegen 3- 5 % vor 50 Jahren erfolgen heute 15–20 % der Entbindungen,

durch Kaiserschnitte. Warum? In der Hauptsache bedingen heute nicht mütterliche, sondern kindliche Ursachen die erhöhte Kaiserschnittfrequenz. Es handelt sich also um Babys, für die der Stress einer vaginalen Entbindung ein unzumutbar hohes Risiko bedeuten würde. Der Arzt entscheidet sich für die operative Geburt nicht aus Bequemlichkeit oder wegen des Geldes, sondern weil er weiß, daß unter bestimmten Umständen dieser Geburtsweg in diesem konkreten Fall der sicherere für Mutter und Kind ist!
Die meisten Frauen werden bis zum Wehenbeginn nicht wissen, ob eine normale oder operative Geburt erfolgt. Im voraus gibt es jedoch einige Hinweise, die auf einen möglichen Kaiserschnitt deuten:

- Es besteht ein Mißverhältnis zwischen den Kopf- und den Beckenmaßen (siehe Seite 298) – per Ultraschall entdeckt oder auf Grund vorausgegangener Geburten erwiesen.
- Das Baby hat einen Defekt. Die Wehen oder die Vaginalgeburt können dadurch riskant oder traumatisch verlaufen.
- Ein früherer Kaiserschnitt (siehe Seite 49 f.) bzw. der noch existierende Grund für den damaligen Eingriff (z. B. abnorme Beckengröße). Es ist aber durchaus möglich, daß nach einem Kaiserschnitt eine spätere Schwangerschaft vaginal entbunden werden kann.
- Bluthochdruck der Mutter (siehe Seite 414) oder nervliche Überbelastung, die so stark ist, daß die Mutter den Wehenschmerz nicht ertragen wird.
- Ungewöhnliche Kindeslage (Steiß- oder Querlage), die eine Spontangeburt ausschließt (siehe Seite 299 ff.).

Ein Kaiserschnitt könnte aus folgenden Gründen auch schon vor Wehenbeginn geplant werden:

- Mütterlicher Diabetes; eine vorzeitige Geburt wird notwendig, der Muttermund ist aber noch nicht reif für eine vorzeitige Geburtseinleitung.
- Aktive Herpes-Infektion der Mutter (siehe Seite 65 ff.), d. h. die Übertragung auf das Baby soll vermieden werden.
- Placenta praevia (siehe Seite 420 ff.).

Kaiserschnitte müssen auch oft dann schon vor Wehenbeginn erfolgen, wenn eine schnelle Entbindung nötig ist und keine Zeit für eine

**Fragen zum Kaiserschnitt,
die Sie mit Ihrem Arzt besprechen sollten!**

◆ Ist es möglich – abgesehen von einem plötzlichen Notfall –,
erst andere Alternativen zu versuchen, bevor man auf die
operative Geburt zurückgreift? (Verabreichung von Oxytocin zur Wehenanregung oder Hockstellung zum wirksamen
Pressen)?

◆ Kann erst eine Drehung (Wendung) des Kindes durch äußeren Einfluß versucht werden, wenn eine Steißlage des Kindes der Grund für den Kaiserschnitt sein wird?

◆ Welche Art der Anästhesie ist vorgesehen?
Eine Vollnarkose wird meistens dann verabreicht, wenn ein
ganz schneller Eingriff erforderlich ist; aber die Epiduralanästhesie erlaubt Ihnen, während der Kaiserschnittentbindung wach zu bleiben (siehe Geburtsschmerzmittel
Seite 285 ff.).

◆ Darf Ihr Partner der operativen Geburt zuschauen – egal ob
Sie bewußtlos oder wach sind?

◆ Ist eine Hebamme dabei?

◆ Werden Sie, sobald Sie aus der Narkose aufgewacht sind,
Ihr Baby halten und auch stillen können?

◆ Ist – abgesehen von irgendwelchen Komplikationen – nach
einem Kaiserschnitt „Rooming in" erlaubt? Darf Ihr Partner über Nacht bei Ihnen bleiben?

◆ Wie lange dauert die Regenerationszeit im Krankenhaus
und wie lange zu Hause, wenn der Kaiserschnitt komplikationslos verlaufen ist? Welche körperlichen Einschränkungen kommen auf Sie zu?

◆ Wenn die fetale Überwachung „Baby in Not" anzeigt –
wird dann sofort ein Kaiserschnitt angeordnet, oder erfolgen erst noch weitere Untersuchungen zur Bestätigung des
Befundes?

Krankenhäuser und die Häufigkeit von Kaiserschnitten

Die Kaiserschnittrate variiert von Klinik zu Klinik. Viele große oder bekannte Krankenhäuser weisen deshalb höhere „Kaiserschnittzahlen" auf, da dort viele Mütter mit risikoreichen Geburten eingeliefert werden. Wir nannten schon die Zahl von 15 bis 20 Prozent in größeren Geburtskliniken. Meist werden bei drohenden Schwierigkeiten Anästhesist und Kinderarzt im voraus gerufen, um einen Kaiserschnitt im Ernstfall sofort durchzuführen. Die „Abwarten und erst versuchen …"-Einstellung ist in größeren Kliniken leichter zu realisieren.
Besprechen Sie diese Themen mit Ihrem Arzt, der ja auch die Entbindungsklinik und deren Gepflogenheiten kennt.

Geburtseinleitung bleibt. Einer von folgenden Gründen könnte eine operative Geburt erfordern:

* Präklampsie oder Eklampsie (siehe Seite 414 ff.), wenn Behandlungsversuche, den Blutdruck zu senken, erfolglos bleiben.
* Ein zwei- oder mehrwöchig überfälliges Baby (siehe Seite 329 f.) und beginnende Funktionsstörungen der Plazenta (alternder Mutterkuchen).
* Fetale oder mütterliche Not – aus verschiedenen Gründen. In solchen Fällen wird aber erst bei zunehmender Wehentätigkeit offensichtlich, ob ein Kaiserschnitt notwendig ist oder nicht.

Die häufigsten Vorkommnisse sind dann:

* Geburtsstillstand nach 16 bis 18 Stunden (die Zervix hat sich nicht normal und schnell genug erweitert).
* Fetale Notsituationen, die ein CTG-Gerät (Herzton-Wehen-Schreiber) oder andere Tests signalisieren (siehe Seite 331 f.)
* Probleme mit der Nabelschnur (Nabelschnurvorfall, siehe Seite 422 f.), die zu Sauerstoffmangel des Fetus führen.
* Es kommt plötzlich aus einer Placenta praevia zu bedrohlichen Blutungen.

Wenn nun die operative Geburt so sicher und oft lebensrettend ist, warum fürchten wir uns so davor?

Größere chirurgische Eingriffe, der Kaiserschnitt gehört dazu, sind immer ein wenig erschreckend, auch wenn diese zur Routine eines Krankenhauses gehören und die Risiken relativ gering sind. Aber die Tatsache ist ausschlaggebender: Monatelang haben wir uns auf eine natürliche Geburt eingestellt und sind meistens dann völlig überrascht und schockiert, wenn die durchaus nicht seltene Kaiserschnittgeburt auf („ausgerechnet") uns zukommt!

Fast neun Monate vermeiden wir unangenehme Gedanken an operative Geburten. Wir lesen viel über Wehen und Geburt, überschlagen aber geflissentlich die Kapitel mit der Überschrift „Kaiserschnitt". Wir stellen viele Fragen über die normale Geburt, aber selten über die operative. Wir freuen uns darauf, das Baby auf natürliche Weise auf die Welt zu bringen – unter Stöhnen und Pressen vielleicht, während wir die Hand des Partners halten. Nie sind wir in unseren Vorstellungen passiv oder bewußtlos, während unser Kind mit Hilfe steriler Instrumente aus einem aufgeschnittenen Bauch herausgeholt wird. Wenn wir nun doch mit der Tatsache eines Kaiserschnittes konfrontiert werden, fühlen wir uns dem eigentlichen Geburtserlebnis beraubt. Wir sind enttäuscht, ärgerlich und schuldig!

Soweit muß es aber nicht kommen. Bereiten Sie sich auch auf eine operative Geburt vor. Beide Geburtsmöglichkeiten sind aufregende Erlebnisse. Sie sollten sich auf das „endgültige Produkt" konzentrieren, anstatt auf den Vorgang, denn Ihr gesundes Baby ist das, was zählt!

Natürlich würden die meisten Frauen sich nicht freiwillig für eine operative Geburt entscheiden, und vier von fünf Müttern werden auch vaginal gebären. Aber für die Frauen, die durch einen Kaiserschnitt entbinden, gibt es keinen Grund zu Enttäuschungen oder Schuldgefühlen. Jede Geburt (ob vaginal oder operativ, ob mit oder ohne Schmerzmittel), deren Ergebnis eine gesunde Mutter mit einem gesunden Kind ist, bedeutet einen Erfolg!

Sicher reisen

„Ich habe für diesen Monat eine wichtige Geschäftsreise geplant. Kann ich bedenkenlos fahren, oder sollte ich lieber absagen?"

Wenn Sie Reisen im letzten Trimester vermeiden können, dann sollten Sie das auch tun!
Es wäre nicht nur für Sie sehr unangenehm, wenn Ihre Wehen plötzlich beginnen, sondern auch etwas gewagt – vielleicht 100 bis 1000 Kilometer von Ihrem Arzt entfernt entbinden zu müssen. Die Gefahr, daß in tausend Meter Höhe (und mehrere Stunden von der Landung entfernt) plötzlich Wehen bei einer schwangeren Passagierin einsetzen, scheint doch so groß zu sein, daß einige Fluglinien hochschwangeren Frauen nicht ohne ärztliche Erlaubnis das Fliegen erlauben. Und viele Ärzte erteilen eine solche Flugerlaubnis nicht mehr ohne weiteres im achten oder gar im neunten Monat. Wenn Sie nun unbedingt verreisen müssen, lesen Sie alles über Reisetips auf Seite 234 nach.

Autofahren

„Kann ich noch Auto fahren?"

Längere Autoreisen sind im späten Stadium der Schwangerschaft ziemlich anstrengend – egal wer fährt! Wenn eine lange Autofahrt aber unumgänglich ist und Sie eine ärztliche Erlaubnis haben, pausieren Sie in jedem Fall alle zwei Stunden.
Kurze Strecken dagegen können Sie bis zum Geburtstermin sorglos mit dem Auto zurücklegen, sofern Sie keine Schwindel- oder Schwächeanfälle haben und noch bequem hinter das Steuer passen! Versuchen Sie aber bitte nicht, sich selbst ins Krankenhaus zu fahren, wenn die Wehen beginnen.
Und vergessen Sie niemals, sich als Fahrer oder Beifahrer im Auto anzuschnallen.

Vorwehen

„Ab und zu zieht sich mein Bauch plötzlich zusammen und wird dabei ganz hart. Was soll denn das bedeuten?"

Das sind wahrscheinlich Vorwehen, welche normalerweise nach der 20. Woche beginnen, um den Uterus schon auf die Wehen einzustimmen. Diese Kontraktionen werden intensiver und früher von Frauen erlebt, die schon ein Baby geboren haben. Diese „Übungswehen" werden Sie vermutlich als schmerzlose (wenngleich vielleicht trotzdem unangenehme) Kontraktionen des Uterus erleben, welche im oberen Bauch beginnen, sich nach unten ausbreiten und dann langsam abklingen. Das dauert normalerweise ca. 30 Sekunden, manchmal aber auch bis zu zwei Minuten und länger. Sie haben also genug Zeit, Atemübungen zu praktizieren.

Je näher der Geburtstermin rückt, desto intensiver und häufiger werden die Vorwehen auftreten und manchmal so schmerzhaft sein, daß unerfahrenere Frauen sie als Geburtswehen deuten (siehe Vorwehen, Senkwehen und Geburtswehen Seite 337 ff.).

Um das Unbehagen solcher Vorwehen zu lindern, sollten Sie Ihre Position ändern, d. h., Sie können sich hinlegen und entspannen oder spazierengehen. Obwohl Vorwehen keine Geburtswehen sind, könnte es Ihnen Schwierigkeiten bereiten, diese von solchen frühzeitigen uterinen Aktivitäten zu unterscheiden, die eine Frühgeburt einleiten. Beschreiben Sie Ihrem Arzt beim nächsten Besuch genau die Art und Weise der erlebten Kontraktionen. Rufen Sie Ihren Arzt sofort an, wenn diese Kontraktionen erstens sehr oft (mehr als vier pro Stunde), zweitens mit Schmerz verbunden auftreten, drittens ungewöhnlicher Vaginalausfluß hinzukommt oder viertens Sie ein erhöhtes Frühgeburtsrisiko haben (siehe Seite 273 ff.).

Baden

„Meine Mutter warnt mich vor einem Bad nach der 34. Woche, mein Arzt dagegen hat es mir erlaubt. Wer hat denn nun recht?"

In diesem Fall sollten Sie nicht auf Ihre Mutter hören. Vermutlich basiert die Warnung Ihrer Mutter auf dem Rat, den damals ihr der Arzt gegeben hatte, als sie selbst schwanger war. Vor 20 bis 30 Jahren glaubten viele Ärzte, daß schmutziges Wasser durch die Vagina eindringen und Infektionen verursachen könnte. Heutzutage wissen Ärzte, daß das Wasser nicht einfach so durch die Scheide vordringen kann, es sei denn, man benutzt eine Vaginaldusche. Selbst wenn Wasser durch die Scheide eintritt, ist Ihre Sorge unbegründet, da eine Membran und das Fruchtwasser den Fetus schützend umgeben und sich außerdem noch ein Schleimpfropf in der Zervix befindet,

der den Uterus wirksam verschließt. Sie können also unbesorgt baden. Ärzte erlauben vielen Schwangeren das Baden bis zum Blasensprung oder bis sich der Schleimpfropf abgelöst hat. Duschen ist normalerweise bis zur Geburt erlaubt.
Neuere Untersuchungen warnen allerdings vor heißen Bädern. Sie können eventuell Fehlgeburten begünstigen.

Die Beziehung zu Ihrem Partner

„Das Baby ist noch nicht einmal geboren, und trotzdem verändert sich schon die Beziehung zu meinem Mann. Wir sind nur auf die Geburt und das Baby konzentriert – anstatt auf uns!“

Aus zwei werden plötzlich drei. Diese Tatsache verändert schon das Leben von Ehepaaren. Studien haben allerdings gezeigt, daß der Umstellungsschock nicht so einschneidend ist, wenn sich die Paare schon während der Schwangerschaft mit den neuen Bedingungen auseinandersetzen. Paare, die in romantischen Vorstellungen von einem ungestörten und friedlichen Trio schwelgen und die keinerlei Vorahnungen über Veränderungen oder Zwiespälte haben, werden den Alltag mit einem anspruchsvollen Neugeborenen doppelt schwer ertragen. Veränderungen und Konzentration auf das Baby sind normal und hilfreich. Aber diese neuen Aspekte sollten in Ihrem Leben nicht alle anderen verdrängen und schon gar nicht Ihre Beziehung stören. Verstärken Sie die Romantik in Ihrer Zweisamkeit. Unternehmen Sie mindestens einmal in der Woche gemeinsam etwas Schönes (Kino, Restaurant, Kultur . . .), was nichts mit dem Baby zu tun hat. Wenn Sie wieder etwas für die Babyausstattung kaufen, schauen Sie auch in der Männerabteilung nach, und besorgen Sie eine Kleinigkeit für Ihren Partner! Versuchen Sie z. B. beim Abendessen von Ihrem Tag, seinem Tag, einfach von Neuigkeiten zu sprechen, ohne das Baby oder die Geburt zu erwähnen. Auf diese Weise schmälern Sie nicht die Erwartung auf ein wundervolles Ereignis, sondern Sie beide werden sich erinnern, daß es noch mehr im Leben, außer Hebammen oder toller Kinderkleidung, gibt.

Jetzt noch Geschlechtsverkehr?

„Ich bin ganz durcheinander, da ich viele widersprüchliche Informationen über Geschlechtsverkehr während der letzten Schwangerschaftswochen erhalten habe!"

Ihre Irritationen sind durchaus verständlich. Das Problem liegt in medizinischen Befunden, deren Aussagen nicht übereinstimmen. Allgemein gilt die Auffassung, daß weder Geschlechtsverkehr noch Orgasmus allein wehenauslösend sein kann, es sei denn, die Geburt ist sowieso fällig!

Aus diesem Grund erlauben viele Ärzte ihren Patientinnen bei normalen Schwangerschaften auch Geschlechtsverkehr bis zum Tag der Geburt – sofern diese Geschlechtsverkehr auch möchten. Bei vielen Paaren scheint er auch problemlos zu funktionieren.

Allerdings existiert ein gewisses Risiko bezüglich frühzeitig einsetzender Wehen bei Frauen, die ein erhöhtes Frühgeburtsrisiko haben (z. B. bei einer Mehrlingsschwangerschaft oder einer Vorgeschichte bezüglich stattgefundener Frühgeburten). Um Infektionen vorzubeugen, empfiehlt es sich, beim Geschlechtsverkehr während der letzten acht Wochen ein Kondom zu benutzen. Fragen Sie Ihren Arzt um Rat. Bei „grünem Licht" sollten Sie sich (sooft Sie möchten) lieben!

Es mag in unserer oft hektischen Zeit veraltet erscheinen, aber dennoch: Wenn Ihr Arzt Ihnen aus bestimmten Gründen kein „grünes Licht" erteilt hat, können Sie Ihre Liebe auf andere Weise pflegen. Verabreden Sie sich mit Ihrem Partner an einem romantischen Ort, essen Sie zusammen bei Kerzenschein, spazieren Sie händchenhaltend im Mondschein, kuscheln Sie im Bett, küssen und streicheln Sie sich, vielleicht gefällt Ihnen auch ein gemeinsames Duschbad oder eine Massage?!

Was Sie wissen sollten:
Über das Stillen

Zu Beginn unseres Jahrhunderts wurden fast alle Babys gestillt – es gab keine andere Wahl! Aber nach 1900 begannen die Frauen, sich Rechte zu erkämpfen, die sie zuvor nicht besessen hatten – wählen, arbeiten, rauchen, die Haare offen tragen und über Küche und Kinderzimmer hinausschauen ... Auch das Stillen galt als altmodisch, schränkte es doch die gewonnene Freiheit ein. In den 50er Jahren stillten nur wenige Frauen, die diesen Emanzipationsbestrebungen widerstanden.

Ironischerweise war es gerade die Frauenbewegung der 60er und 70er Jahre, die das Stillen wieder in Mode brachte. Man stillte sogar ohne falsche Scham in der Öffentlichkeit. Frauen wollten nicht nur Freiheit, sondern auch Kontrolle über ihr Leben und ihren Körper. Und sie wußten, daß man mehr Kontrolle durch Wissen erreichen konnte; ein bestimmtes Wissen sagte ihnen, daß das Stillen das beste für sie selbst und ihre Kinder ist. Bis heute hat sich die eindeutige „Zurück-an-die-Brust-Tendenz" durchgesetzt.

Muttermilch – die beste Ernährung

Unter normalen Umständen ist das Stillen ein perfektes Nahrungsmittel-Liefersystem für Säuglinge:

* Muttermilch enthält ungefähr 100 „Zutaten", die nicht in der Kuhmilch vorhanden sind und die für Flaschennahrung nicht künstlich hergestellt werden können.
  Die Muttermilch ist für jedes Baby individuell zusammengesetzt, da die von der Mutter konsumierten Nahrungsmittel nach Bedarf aus dem Blut der Mutter entnommen werden können. Die Zusammensetzung der Milch kann sich Tag für Tag und Stillzeit für Stillzeit verändern – angepaßt an die veränderten Bedürfnisse des wachsenden Säuglings.
* Muttermilch ist verträglicher und verdaulicher als Kuhmilch: Der Eiweißanteil in der Brustmilch ist geringer (1,5 Prozent) als in Kuhmilch (3,5 Prozent), was dem Baby besser bekommt. Der Fettgehalt ist in beiden „Milchsorten" ähnlich, wobei das Fett der Brustmilch für Kinder auch wieder besser verdaulich ist.
* Mit Brustmilch gestillte Säuglinge werden seltener übergewichtig.
* Kaum ein Säugling ist gegen Muttermilch allergisch, obwohl manche Neugeborenen ab und zu empfindlich auf etwas Bestimmtes reagieren, was die Mutter gegessen hat (z. B. Südfrüchte).

- Da Brustmilch leicht verdaulich ist, leiden Stillbabys fast nie unter Verstopfung oder Durchfall. Der Stuhl von Stillbabys riecht angenehmer und verursacht seltener Windelausschläge.
- Muttermilch enthält etwa ein Drittel weniger Mineralstoffe als Kuhmilch. Das viele Natrium in der Kuhmilch ist für die Nieren eines Säuglings schwer zu verarbeiten.
- Muttermilch enthält auch weniger Phosphor. Die höheren Phosphormengen in der Kuhmilch bewirken bei den Flaschenbabys niedrigere Kalziummengen im Blut.
- Stillbabys erkranken im ersten Lebensjahr wesentlich seltener als Babys, die nicht gestillt werden. Der Schutz gegen Krankheiten entsteht durch die direkte Mutter-Kind-Übertragung der Immunfaktoren, die sich in der Vormilch und in der Brustmilch befinden (Leih-Immunität!).
- Das Stillen fördert optimal die Entwicklung von Kiefer, Gaumen und Zähnen.
- Muttermilch ist ganz „sauber" – es gibt keine Gefahren für Verunreinigungen oder Verderblichkeit. In der letzten Zeit tauchen in den Medien immer wieder Horrormeldungen über die Verunreinigung von Muttermilch durch Umweltgifte auf. Diese sind zweifellos einseitig dargestellt. Derartige Schadstoffe wären auch in der Kuhmilch vorhanden. Sie sollten sich nicht verunsichern lassen.
- Stillen ist sehr bequem: Keine Utensilien wie Nuckel, Fläschchen, Pulver etc. werden benötigt; außerdem ist die Brustmilch jederzeit an jedem Ort verfügbar und immer richtig temperiert.
  Die Brustmilch kann sogar abgepumpt und in einer Flasche im Kühlschrank aufbewahrt werden, wenn die Mutter aus irgendeinem Grund zur Stillzeit nicht bei ihrem Kind sein kann.
- Muttermilch fördert durch den sogenannten Bifidus-Faktor das Wachstum wichtiger Darmbakterien beim Säugling und verringert auch dadurch Vitaminmangel und Infektionsrisiken.
- Stillen ist sparsam: Weder Flaschen noch Flaschennahrung oder Sterilisationsgeräte müssen gekauft werden.
- Stillen senkt das Risiko einer Frau, vor der Menopause Brustkrebs zu entwickeln (es scheint keinen Einfluß auf das Brustkrebsrisiko in späteren Jahren zu haben).
- Stillen unterstützt die schnelle Rückbildung des Uterus und verringert den postnatalen Vaginaausfluß.

- Stillen zögert den Menstruationsbeginn (die Eireifung) hinaus, obwohl man sich darauf in perfekter Geburtskontrolle **nicht** verlassen sollte.
- Stillen hilft beim Abbau der „Pfunde", die die Mutter während der Schwangerschaft zugenommen hat.
- Stillen gibt (gezwungenermaßen) der Mutter wichtige Ruhepausen – besonders in den ersten sechs Wochen nach der Entbindung.
- Stillen festigt die Mutter-Kind-Bindung. Sechs- bis achtmal am Tag bringt dieser Hautkontakt emotionale Befriedigung, Intimität, Liebe und Erfüllung.
- Und es stimmt auch keinesfalls, daß Stillen die Brustform „verderben" würde.
- Eine Anmerkung für Mütter mit Zwillingen: Alle genannten Vorteile treffen für Sie doppelt zu. Siehe auch Seite 448 ff. „Tips fürs Stillen").

Warum manche Frauen die Flasche bevorzugen

So wie vor 30 Jahren einige Frauen die Flasche ablehnten, gibt es heute Mütter, die **gegen** das Stillen sind. Obwohl die Vorteile der Flaschennahrung gegenüber der Brustmilch sehr gering sind, gibt es für manche Frauen doch Argumente für die Flasche, zumal die modernen Säuglingsnahrungen die Zusammensetzung der Muttermilch stark nachahmen:

- Fläschchengeben erfordert nicht die ständige Anwesenheit der Mutter, die ausgehen, arbeiten, einkaufen usw. kann, während eine andere Person das Baby füttert.
- Bei Flaschennahrung kann der Vater auch füttern. Obwohl natürlich auch ein Stillkind abgepumpte Milch per Flasche vom Vater erhalten kann, wird ein gestilltes Kind doch in der Regel vor der Mutter im Arm gehalten.
- Fläschchen stören weniger das Sexualleben, es sei denn, das Baby hat zur „falschen Zeit" gerade Hunger.
  Stillen kann das Sexualleben aus zweierlei Gründen etwas nachteilig beeinflussen. Erstens sind die Laktationshormone für eine Trockenheit im Scheidenbereich verantwortlich. Zweitens wirkt eine tropfende Brustwarze auch nicht immer sehr erotisch.

◆ Flaschenmilch ist unabhängig von der Ernährung der Mutter. Daher kann die Frau problemlos Knoblauch, Zwiebeln, gewürzte Speisen oder Kohlgemüse essen und muß kein einziges Glas Milch trinken.

◆ Manche Frauen möchten einen sehr intimen Kontakt mit dem Kind lieber vermeiden, oder es ist ihnen peinlich, sich vor anderen Leuten zu entblößen, um dem Kind die Brust zu geben.

Entscheidung für oder gegen das Stillen

Viele Frauen entscheiden sich heutzutage eindeutig für das Stillen. Für die unentschiedenen Mütter unter ihnen haben wir einen Vorschlag:

Versuchen Sie doch erst einmal zu stillen, und entscheiden Sie dann, ob Sie es mögen. Sie können ja jederzeit abstillen und auf die Flasche umsteigen. Ihr Baby hat dann wenigstens für eine kurze Zeit die wichtigen Vorteile des Stillens genossen.

Geben Sie der „Stillprobe" aber auch eine reelle Chance. Bedenken Sie, daß die ersten Stillwochen selbst für stillwütige Brustfanatikerinnen schwierig sind. Experten behaupten sogar, daß mindestens ein Monat vergeht, bevor sich eine erfolgreiche Stillbeziehung gefestigt hat. Jede zweifelnde Mutter sollte diese Zeit abwarten, bevor sie eine Entscheidung trifft.

Wenn Sie nicht stillen können oder dürfen

Leider hat nicht jede werdende Mutter die Wahlmöglichkeit! Manchen Frauen wird die Entscheidung abgenommen, da sie nicht stillen können oder dürfen. Die Gründe sind psychisch oder körperlich bedingt. Stillen sollte bei folgenden Erkrankungen oder Gründen vermieden werden:

◆ Schwere, schwächende Krankheiten (z. B. Herz- oder Nierenstörungen, Anämie) oder extremes Untergewicht.

◆ Zustände, die die Einnahme von Medikamenten erfordern, deren Wirkstoffe durch die Milch in den kindlichen Körper gelangen und dort Schäden anrichten. Wenn Sie Medikamente einnehmen, sprechen Sie vor Beginn des Stillens mit Ihrem Arzt darüber!

- Ernste Infektionen wie z. B. Tuberkulose.
- Aids, da diese Immunschwäche durch Körperflüssigkeiten übertragen wird, also auch durch Muttermilch.
- Drogenmißbrauch – inklusive Beruhigungsmitteln, Kokain, Heroin, LSD, Marihuana, Koffein oder Alkohol.
  Rauchende Mütter geben über die Muttermilch Nikotin an ihre Kinder weiter und sollten unbedingt mit dem Rauchen aufhören! Eine ganz tief verwurzelte Abneigung gegen das Stillen.

Probleme bei Neugeborenen, die das Stillen unmöglich machen, sind:
- Krankheiten wie Laktoseintoleranz oder Phenylketonurie (weder Brust- noch Kuhmilch wird vertragen);
- Gaumenspalte und andere orale Abnormitäten, die das Saugen an der Brustwarze verhindern oder schwierig gestalten.

Liebe geht auch durch das Fläschchen

Obwohl das Stillen natürlich ein schönes Erlebnis für Mutter und Kind ist, kann das Fläschchengeben ebenso befriedigend sein. Wenn Sie nicht stillen können oder wollen, trägt die Schuld an einem weniger erhebenden Gefühl nicht die Flasche, sondern Sie, sofern Sie nämlich unbewußt Schuldgefühle hegen und Ihr Kind die Frustration spüren lassen. Sie müssen wissen, daß mit ein wenig Mühe Ihrerseits die Liebe der Mutter zum Kind auch beim Fläschchengeben übertragen werden kann. Bei jeder Mahlzeit sollten Sie sich genug Zeit nehmen, um mit Ihrem Kind zu schmusen – so wie Sie es beim Stillen auch machen würden. Versuchen Sie den Hautkontakt herzustellen, indem Sie Ihr Kind an Ihre nackte Brust legen und ihm dann das Fläschchen geben.

Aufbewahrung von Nabelschnurblut

Einige Eltern lassen Nabelschnurblut ihrer Neugeborenen sammeln und aufbewahren – eine noch experimentelle und recht teure Methode – für den Fall, daß Blutstammzellen später für das Kind oder andere Familienmitglieder zur Behandlung von schweren Erkrankungen (Blutkrebs, Sichelzelenämie und andere Krankheiten) benötigt werden. Die Gewinnung von Nabelschnurblut ist vollkommen ungefährlich für Mutter und Kind und eine vielversprechende Methode. Reden Sie mit Ihrem Arzt, wenn Sie sich dafür interessieren. Achten Sie darauf, daß das Blut in einer zuverlässigen Blutbank aufbewahrt wird.

Der neunte Monat

Die Untersuchung in diesem Monat

Nach der 36. Woche werden Sie Ihren Arzt wöchentlich aufsuchen. Die Art der Untersuchungen erinnert Sie daran, daß sich der Geburtstermin nähert. Grundsätzlich wird Ihr Arzt folgendes kontrollieren, wenngleich immer Variationen, bedingt durch Ihre speziellen persönlichen Bedürfnisse, auftreten können:

* Gewicht (die Zunahme hört in diesem Monat auf oder geht sogar zurück) und Blutdruck (vielleicht ist der Blutdruck höher als im 2. Trimester);
* Urin (auf Zucker und Eiweiß);
* fetaler Herzschlag;
* Höhenstand der Gebärmutter (Fundusstand);
* fetale Größe (Sie erhalten vielleicht eine Information über das Geburtsgewicht des Kindes);
* fetale Lage;
* Füße und Hände auf Schwellungen;
* Beine auf Krampfadern;
* Gebärmuttermund (nach der 38. Woche wird die Erweiterung des Muttermundes durch innere Untersuchung beobachtet);
* Symptome, die Sie als besonders ungewöhnlich erlebt haben;
* Häufigkeit und Dauer der von Ihnen beschriebenen und erlebten Vorwehen.

Ihr Arzt wird alle Fragen und Probleme besprechen, die Sie interessieren (insbesondere über die Wehen und die bevorstehende Geburt); schreiben Sie ruhig mit! Vielleicht erhalten Sie auch Anweisungen, wann Sie ihn anrufen sollen, wie Sie sich verhalten sollen oder woran Sie die Wehen erkennen usw. Wenn nicht, fragen Sie Ihren Arzt einfach danach.

Was Sie vielleicht empfinden

Es könnten alle der folgenden Symptome zur gleichen Zeit, nacheinander oder auch nur einige der genannten auftreten. Manche davon kennen Sie noch aus dem letzten Monat, andere dagegen sind neu. Einige bemerken Sie vielleicht nicht mehr so stark, weil Sie sich entweder daran gewöhnt haben oder diese von den Zeichen der bevorstehenden Geburt überlagert werden.

Körperliche Symptome

- Veränderte Kindesbewegungen (eher drehende als tretende Bewegungen, da der Fetus zunehmend weniger Platz hat);
- zunehmend starker Weißausfluß (Leukorrhoe);
- der Vaginalausfluß wird zähflüssiger und schleimiger, vielleicht tritt nach Geschlechtsverkehr oder nach einer Untersuchung rötlich-blutig oder bräunlich bzw. rosa verfärbter Ausfluß aus;
- Verstopfung;
- Sodbrennen, Verdauungsstörungen, Blähungen;
- Kopfschmerzen, gelegentlich Schwindel- bzw. Schwächeanfälle;
- Verschnupfung; manchmal Nasenbluten oder Gehörgangverstopfung;
- Zahnfleischbluten;
- Beinkrämpfe während des Schlafes;
- Rückenschmerzen und zunehmendes Schweregefühl;
- Schmerzen und Unbehagen in der Becken- und Gesäßgegend;
- starke Schwellungen der Füße und Fußknöchel (auch an den Händen und im Gesicht);
- Krampfadern;
- Hämorrhoiden;
- Jucken am Bauch, hervortretender Nabel;
- Erleichterungen beim Atmen, sobald sich der Fetus langsam ins Becken einsenkt;
- Schlafstörungen;
- häufige und intensive Vorwehen;
- zunehmende Unbeholfenheit und eingeschränkte Bewegungsfreiheit;
- Kolostrum (Vormilch, die aus den Brustwarzen austritt);

- entweder Müdigkeit oder voller Energie
  (im Wechsel);
- wenig oder viel Appetit.

Gefühlsmäßige Symptome

- Mehr Kummer, Aufregung, Angst und stärkere Geistesabwesenheit;
- Erleichterung, daß das Ende der Schwangerschaft naht;
- Reizbarkeit und Überempfindlichkeit;
- Ungeduld und Ratlosigkeit;
- Träume und Phantasien über das Baby.

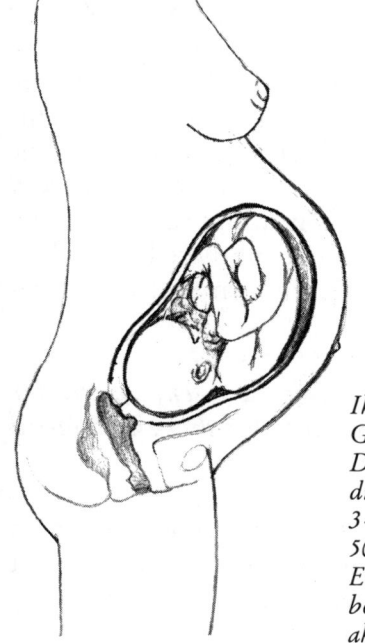

Ihr Körper bereitet sich jetzt endgültig auf die Geburt vor, die jeden Tag nun beginnen kann. Die Lungen des Babys sind ausgebildet. Das durchschnittliche Geburtsgewicht beträgt ca. 3 400 Gramm bei einer Länge von etwa 50 Zentimetern. Wegen der zunehmenden Enge im Uterus und möglichem Eintrittsbeginn in das Becken scheint das Baby weniger aktiv zu sein.

Worüber sie sich vielleicht Gedanken machen ...

Veränderungen der fetalen Bewegungen

„Mein Baby, welches mich vorher sehr stark getreten hat, knufft mich jetzt überhaupt nicht mehr, sondern dreht und windet sich nur noch!"

Als Sie im fünften Monat zum ersten Mal ein unsanftes „Hallo" Ihres Kindes verspürten, war für den Fetus im Uterus noch viel Platz für Drehungen, Tritte und Faustknuffe! Der inzwischen stark eingeengte Raum läßt keinen Platz mehr für solche Bewegungen, sondern ermöglicht dem Baby nur noch drehende oder wackelnde Bewegungen. Sobald der Kopf ins Becken eintritt, ist das Baby sogar noch unbeweglicher. Es ist auch gar nicht entscheidend, welche Art der Kindsbewegungen Sie verspüren, sondern nur, daß Sie überhaupt irgendwelche fetalen Aktivitäten bemerken. Wenn Sie besorgt sind, machen Sie zu Ihrer Beruhigung den Bewegungstest – siehe Seite 255! Es ist überhaupt gut, diese Überprüfung täglich (sogar mehrmals) während des letzten Trimesters zu absolvieren. Zehn Bewegungen innerhalb der Testzeit sind ein sicheres Zeichen dafür, daß der Aktivzustand des Babys normal ist. Wenn Sie bei diesem Test ständig weniger Bewegungen bemerken, könnte eine ärztliche Untersuchung nötig werden, um die Ursache für diese Untätigkeit des Kindes herauszufinden – also benachrichtigen Sie ruhig Ihren Arzt!

„Ich las, daß die Kindsbewegungen weniger werden, sobald der Geburtstermin näher rückt. Mein Baby wird nun aber zunehmend aktiver. Ist es vielleicht hyperaktiv?"

Es ist noch zu früh, sich schon vor der Geburt darüber Sorgen zu machen. Studien haben gezeigt, daß „uterusaktive" Babys nicht zwangsläufig hyperaktive Kinder werden, wenngleich diese Babys recht aktive Kinder bleiben oder werden.

Angst vor langen Wehen

„Bei meinem ersten Kind hatte ich 48 Stunden lang Wehen, und nach weiteren viereinhalb Stunden Preßwehen habe ich endlich entbunden. Obwohl mein erstes Kind und ich alles gut überstanden haben, fürchte ich mich jetzt vor einer ähnlichen Tortur. "

Jeder, der mutig genug ist, sich noch einmal dem „Geburtskampf" zu unterziehen, nachdem die erste Runde so anstrengend war, verdient jetzt eine leichtere Geburt. Und die Chancen sind gut, daß es beim zweiten Mal besser wird. Zweite und spätere Geburten, inklusive Wehen, verlaufen in der Regel wesentlich leichter und kürzer als Erstgeburten. Der Geburtskanal ist gedehnter, und die Muskeln sind schlaffer. Den größten Unterschied zur letzten Geburt werden Sie vielleicht in der Zeit des Pressens empfinden. Zweitgeborene Kinder „flutschen" oft ohne große Anstrengung hinaus.

Blutung oder Schmierblutung

„Nachdem ich heute morgen mit meinem Mann geschlafen hatte, begann ich plötzlich zu bluten. Haben die Wehen jetzt eingesetzt, oder ist mein Baby in Gefahr?"

Blutungen oder Blutflecken sind zwar gefürchtete Erlebnisse, was diese nun aber bedeuten, ist von der Art der Blutung und den gegebenen Umständen abhängig:

* Rosa verfärbter oder mit roten Fäden durchzogener schleimiger Ausfluß oder bräunlicher Ausfluß, der entweder direkt nach dem Geschlechtsverkehr bzw. auch nach einer Vaginaluntersuchung oder bis zu 48 Stunden danach austritt, ist vermutlich nur das Resultat einer empfindlichen Zervix, die etwas gereizt wurde, aber kein Zeichen für drohende Gefahr – obwohl Sie es Ihrem Arzt berichten sollten. Vielleicht empfiehlt er Ihnen bis zur Geburt sexuelle Abstinenz.
* Wenn Sie hellrote Blutungen oder ständig Blutflecken entdecken, könnten diese von der Plazenta stammen und eine sofortige ärztliche Maßnahme erfordern. Rufen Sie daher schnell Ihren Arzt an, oder lassen Sie sich umgehend in ein Krankenhaus bringen.

◆ Rosa-braun verfärbter Schleim, Kontraktionen oder andere Zeichen nahender Wehen (siehe Vorwehen, Scheinwehen, Geburtswehen, Seite 337 ff.) könnten ein Zeichen für einen Geburtsbeginn sein. Rufen Sie Ihren Arzt an oder die Hebamme!

Senkwehen und Eintrittseffekt

„Wenn sich mein Bauch am Ende der 38. Woche noch nicht gesenkt hat, ist es dann ein Zeichen für kommendes Übertragen?"

Senkwehen treten auf, wenn der Fetus in die Beckenhöhle sinkt. Bei ersten Schwangerschaften geschieht dies zwei bis drei Wochen vor der Geburt. Bei Frauen, die schon einmal entbunden haben, senkt sich das Baby meist erst kurz vor Wehenbeginn. Aber wie bei fast jedem Aspekt der Schwangerschaft bestätigen natürlich Ausnahmen die Regel!

Oftmals sind Senkwehen nicht ganz deutlich zu erkennen. Der Bauch rutscht ein wenig nach vorn und nach unten. Die erfreulichen Folgen sind leichteres Einatmen, weil sich der Uterusdruck auf das Zwerchfell reduziert. Auch Essen wird angenehmer – der Bauch ist nicht mehr so eingeengt.

Diese willkommenen Veränderungen bringen leider neues „Leiden" mit sich. Nun wird der Druck auf die Blase, die Beckengelenke und den perianalen Bereich verstärkt, was zu häufigerem Wasserlassen, Unbeweglichkeit, Schmerzen und Druckgefühlen führt. Sie werden vielleicht kleine Stiche oder Zwicken verspüren, weil das Köpfchen Ihres Kindes auf den Beckenboden stößt.

Senkwehen können aber auch ablaufen, ohne daß Sie es bemerken, weil z. B. das Absinken des Bauches nicht auffällt. Senkwehen sind also eine Voraussetzung, daß der vorangehende Teil des Fetus – meist ist es das Köpfchen – in den oberen Teil des Beckens eintreten kann. Ihr Arzt wird zur Feststellung des Eintritts sich auf zwei Indizien konzentrieren:

1. Durch innere Untersuchung kann er den abgesenkten Teil des fetalen Körpers im Becken ertasten.
2. Durch äußeres Tasten des Köpfchens spürt er, ob der Kopf noch recht gut beweglich oder bereits fest im Beckeneingang fixiert ist.

"Selbst ein fest im Becken stehendes Köpfchen ist keine Garantie dafür, daß das Kind ohne Schwierigkeiten auf die Welt kommt. Ein Fetus, der zu Wehenbeginn immer noch mit dem Köpfchen beweglich über dem Becken liegt, kann andererseits durchaus auch keine Schwierigkeiten haben. Tatsächlich gelangen die meisten Babys, die zu Wehenbeginn sich noch nicht fest im Becken befinden, problemlos auf die Welt – insbesondere bei Zweitgebärenden!

Zeitpunkt der Entbindung

„Kann ein Arzt ganz genau voraussagen, wie nah ich vor der Entbindung bzw. vor dem Wehenbeginn stehe?"

Nein! Und Sie sollten nichts glauben, wenn Ihr Arzt etwas anderes behauptet. Natürlich gibt es Hinweise auf den bevorstehenden Wehenbeginn, die Ihr Arzt im neunten Monat auch untersuchen wird: Gab es Senkwehen, und ist das Baby in das Becken eingetreten? Wie tief ist der Kopf schon eingetreten? Hat sich der Muttermund schon geöffnet?

Aber die zeitliche Voraussage – „bald ist es soweit" – umfaßt einen Abschnitt zwischen einer Stunde bis zu drei Wochen. Manche Frauen glaubten an die Prophezeiung ihres Arztes, daß die Geburt noch am selben Abend stattfindet – und mußten noch drei Wochen warten.

Andere Frauen, die nach den Erklärungen ihres Arztes glaubten, noch einen Monat Schwangerschaft vor sich zu haben, befanden sich am folgenden Tag mit entbundenem Kind im Krankenhaus. Fragen Sie einmal diese Frauen, was sie von ärztlichen Prophezeiungen halten! Niemand – selbst nicht der erfahrenste Arzt – kann den Wehenbeginn exakt festlegen. Die wahren Ursachen für das eigentliche Auslösen der Wehen sind nicht bekannt. Sehr wahrscheinlich ist es das Baby selbst. Sie müssen also – wie übrigens jede andere schwangere Frau auch – abwarten. Gewiß ist nur, daß das Baby auf jeden Fall geboren wird.

Eigenständige Geburtseinleitung?

Eine Studie hat ergeben, daß Frauen, die nach der 39. Woche ständig und täglich ihre Brustwarzen stimulieren, selten ihre Babys übertragen. Diese empfehlenswerte Behandlungsmethode lautet:
Streicheln und massieren Sie Ihre Brustwarze, den Brustwarzenhof und die Brust mit den Fingerspitzen ca. eine Stunde, d. h., alle Viertelstunde wechseln Sie dabei die Brustseite. Tun Sie dies dreimal täglich. Sie können auch Creme benutzen oder sich Unterstützung durch Ihren Partner holen, wenn es ihm gefällt. Es ist zwar zeitraubend und mühevoll, aber manche Frauen meinen, daß es sich lohnt. Es können aber dadurch auch sehr starke Kontraktionen ausgelöst werden. Sprechen Sie deshalb vorher mit Ihrem Arzt.

Vorwehenzimmer und Kreißsaal

„Ich habe große Angst davor, ins Krankenhaus zu gehen und mein Baby in unbekannter Umgebung zu gebären."

Eine Entbindungsstation ist die fröhlichste im ganzen Krankenhaus. Schließlich beherbergt sie Gesunde und Hoffnungsvolle. Trotzdem können Sie natürlich Ängste entwickeln, wenn Sie nicht wissen, was auf Sie zukommt!
In den meisten Krankenhäusern ist es erlaubt bzw. wird es gefördert, daß werdende Eltern den Kreißsaal besichtigen. Fragen Sie Ihren Arzt, bei dem (oder das Krankenhaus, in dem) Sie entbinden, nach den Besichtigungsmöglichkeiten. Vorwehenzimmer und Kreißsäle variieren von Krankenhaus zu Krankenhaus. Einige sind steril und sachlich-nüchtern, andere sind gemütlicher und wohnlicher (immer mit Betonung der hygienischen Aspekte) eingerichtet. Aber denken Sie daran, daß eine gemütliche Atmosphäre zwar sehr schön ist, dennoch ist es nicht die künstlerische Leistung des Innenarchitekten, sondern die fachliche Kompetenz (Fürsorge des medi-

zinischen Personals), die am Ende für eine erfolgreiche und gesunde Geburt sorgen.

Baby ist überfällig

„Ich bin jetzt eine Woche überfällig. Mein Arzt möchte einen Test machen, ob es dem Kind noch gutgeht. Ist es möglich, daß meine Wehen nie von allein einsetzen?"

Der Geburtstermin ist in Ihrem Kalender mit einem Rotstift dick unterstrichen. Sie streichen die Tage davor sorgfältig durch, bis dann endlich der große Tag kommt und – wie bei 50 Prozent aller Schwangeren ereignet sich nichts! Sie werden ganz mutlos und fragen: Wird denn die Schwangerschaft nie enden?

Frauen, die die 42. Woche mit dicken Bäuchen überschritten haben, können es zwar kaum mehr glauben ..., aber keine Schwangerschaft besteht für immer! Aber ernsthaft: Studien ergaben, daß ca. 70 Prozent aller vermeintlich überfälligen Babys gar nicht zu spät auf die Welt kommen. Die Geburtsterminberechnung stimmte aus verschiedenen Gründen nicht; meistens konnte sich die Mutter nicht mehr genau an das Datum ihrer letzten Periode erinnern. Durch die Ultraschalluntersuchung wird der Termin konkretisiert. Die Übertragungsdiagnosen verringern sich dann drastisch von zehn auf zwei Prozent.

Ist die Geburt bei einer Frau nun deutlich überfällig (42 Wochen oder mehr), werden zwei Faktoren hauptsächlich bedacht:

* Ist der errechnete Geburtstermin tatsächlich richtig?
  Mit ziemlicher Sicherheit stimmt der Termin, wenn alle vorherigen Befunde richtig waren (Größe des Uterus, Fundusstand, der Zeitpunkt der ersten spürbaren Kindsbewegungen, die ersten fetalen Herzschläge). Frühere Ultraschalluntersuchungen oder Bluttests auf HCG-Mengen (siehe Seite 32) können zur Bestätigung des korrekten Gestationsalters erneut zu Rate gezogen werden.
* Geht es dem Kind im Mutterleib noch gut?
  Einige Babys wachsen und gedeihen noch bis zum zehnten Monat ganz prächtig, wenngleich damit ein Problem verbunden ist. Das

Kind könnte zu groß werden, um noch durch das Becken zu passen. In manchen Fällen verschlechtert sich die einst so ideale Umgebung: Die inzwischen überalterte Plazenta liefert nicht mehr ausreichende Mengen an Nahrung und Sauerstoff; die Fruchtwasserproduktion läßt nach, und die Flüssigkeitsmenge im Uterus sinkt gefährlich ab. Unter solchen Umständen wird es für den Fetus schwierig, seinen bisher gesunden Zustand zu erhalten. Babys, die einige Zeit in einer solchen Umgebung verbracht haben und dann erst zur Welt kommen, nehmen etwas ab und bekommen eine trockene, faltige (waschfrauenartige) Haut. Da diese überreifen Kinder älter geboren werden, sind Haare und Fingernägel länger, die Augen sind offen und sehr wachsam. Längere Zeit übertragene Babys haben entweder grüne Verfärbungen auf der Haut und Nabelschnur (Mekonium) oder gelbliche Flecken und sind vor und während der Wehen in Gefahr. Überreife Kinder werden fast immer durch einen Kaiserschnitt entbunden. Diese Babys werden vermutlich noch ein paar Tage auf der Intensivstation bleiben müssen. Trotzdem sind 42-Wochen-Kinder später nicht empfindlicher als die Kinder, die pünktlich zur Welt kommen. Wenn feststeht, daß die 41. Woche der Schwangerschaft überschritten ist und durch eine Untersuchung festgestellt wird, daß die Zervix weich und reif ist, dann werden viele Ärzte sich sicher für eine Geburtseinleitung entscheiden (siehe Seite 344).

Geburtseinleitung oder Kaiserschnitt werden in jedem Fall durchgeführt, wenn sich Komplikationen wie steigender Bluthochdruck oder Diabetes ankündigen, das Fruchtwasser durch Mekonium verfärbt wird (Überreife oder Sauerstoffmangel), übermäßiges Wachstum oder andere Probleme den Fetus gefährden. In den allerwenigsten Fällen darf eine Schwangerschaft bei sicheren Terminen über die 42. Woche hinaus fortgesetzt werden.

Blasensprung – unterwegs

„Ich lebe jetzt ständig in der Angst, daß mir unterwegs ein Blasensprung passiert!"

Da sind Sie mit dieser Angst wohl nicht allein. Die Vorstellung, daß Fruchtwasser in einem überfüllten Bus oder Kaufhaus „ausläuft",

Wie geht es Ihrem Baby?

Mediziner finden ständig neue Möglichkeiten, um den Zustand des Ungeborenen im Uterus zu erkunden. Einige Methoden werden hier erwähnt – aber das ist lediglich zu Ihrer Grundinformation oder auch Beruhigung gedacht. Folgende Tests können jederzeit durchgeführt werden, wenn es irgendeinen Grund zur Sorge gibt:

◆ **Auffälliges Stehenbleiben/Kleinerwerden des Uterus.**
◆ **Einschätzung der Kindsbewegungen zu Hause.** Der häusliche Zähltest der Mutter gibt einen wichtigen Überblick bezüglich der Kindsbewegungen (siehe Seite 255). Obwohl dieser Test nicht absolut sicher ist, kann er Hinweise auf den Zustand des Babys geben und dient allen weiteren Untersuchungen als Grundlage.
◆ **Der „Non-Streß-Test".** Auf dem Bauch der Mutter werden – ähnlich wie bei den Wehen – zwei kleine Empfänger befestigt, mit deren Hilfe man „die Antworten" fetaler Bewegungen auf den fetalen Herzschlag oder andere Geräusche kontrolliert. Sollten während dieses Tests keine fetalen Bewegungen als Reaktion auf den Herzschlag erfolgen oder das Baby sich überhaupt nicht bewegen bzw. noch andere Absonderlichkeiten entdeckt werden, dann ist das Baby vielleicht in Not.
◆ Ähnlich funktioniert der **akustische Test,** der Reaktionen des Kindes auf Töne und Vibrationen auswertet. Man hat festgestellt, daß diese Untersuchungsart genauere Ergebnisse als der traditionelle Non-Streß-Test erzielt.
◆ **Oxytocin-Belastungs-Test.** Hierbei wird die Reaktion des fetalen Herzschlages auf uterine Kontraktionen bewertet. Bei diesem etwas komplizierten und langwierigen (oft über Stunden dauernden) Test wird die Mutter an ein Überwachungsgerät angeschlossen. Wenn die Kontraktionen zu selten auftreten, wird durch eine Tropfinfusion mit Oxytocin oder durch Brustwarzenstimulation nachgeholfen. Die

fetalen Reaktionen auf die Wehen verdeutlichen den Zustand von Baby und Plazenta; oft kann dann vorhergesagt werden, ob der Fetus gefahrlos noch im Mutterleib bleiben kann oder nicht und ob das Kind die Belastungen durch die Wehen bewältigen wird.

◆ **Das biophysikalische Profil (Score)** bewertet mehrere Ergebnisse und Werte, beispielsweise per Ultraschall registrierte Kindsbewegungen, die Atmung des Babys und die Fruchtwassermenge. Ist alles normal, gilt dies als relativ sicheres Zeichen für die Gesundheit des Babys. Verbunden mit der Messung des fetalen Herzschlages, ergibt das biophysikalische Profil ein klares Bild über den Zustand des Kindes.

◆ Wenn die Ergebnisse des biophysikalischen Profils mit einem „Non-Streß-Test" kombiniert werden, bekommt der Arzt eine sehr genaue Aussage über den Zustand des Fetus.

◆ **Andere Tests, um den Zustand des Babys zu überprüfen.** Dazu zählen: Serienultraschall, um das fetale Wachstum zu dokumentieren; Messung des Fruchtwasservolumens per Ultraschall; Amniozentese (siehe Seite 77) mit Untersuchungen des Fruchtwassers (Farbe!); Blutflußmessung der Nabelschnur mit Ultraschall-Doppler-Messung; fetale Elektrokardiographie, welche den fetalen Herzschlag über eine Elektrode an der Kopfhaut prüft[1]; fetale Kopfhautstimulation, die die fetalen Reaktionen auf das Stupsen und Drücken seiner Kopfhaut beobachtet, Mikroblutuntersuchung[1] und anderes mehr.

Diese Untersuchungsvarianten werden aufgeführt, um Ihnen zu zeigen, wie groß die Möglichkeiten der modernen Medizin sind. Es ist keine „Angebotsliste", aus der Sie möglichst viele Tests gegenüber Ihrem Arzt abfordern können oder sollten. Der Arzt muß entscheiden, was notwendig ist.

---

[1] Diese Tests sind nur bei gesprungener Fruchtblase möglich, also unter der Geburt.

Checkliste für das Krankenhaus

Für den Geburtsraum:

- Ausweispapiere (Mutterpaß, Personalausweis, Stammbuch), Versicherungsunterlagen.
- Das Buch „Ein Baby kommt".
- Eine Armband- oder Stoppuhr, um die Zeit zwischen den Kontraktionen zu bestimmen.
- Ein Radio oder einen Kassettenrecorder (plus Lieblingskassetten), falls Musik auf Sie beruhigend oder entspannend wirkt.
- Puder, Lotionen, Öle oder irgend etwas, mit dem Sie gern massiert werden möchten.
- Eine kleine Papiertüte, in die Sie hineinatmen können, falls Sie bei den Atemübungen hyperventilieren.
- Eine Kamera, Video- oder Fotoapparat, falls Sie Ihrem Erinnerungsvermögen nicht trauen und gern später Aufnahmen hätten (sofern das Krankenhaus dies erlaubt).
- Zuckerfreie Bonbons oder Lutscher, die Ihren Mund feucht halten.
- Warme dicke Strümpfe, falls Ihre Füße kalt werden.
- Eine Haarbürste, falls es eine beruhigende Wirkung auf Sie ausübt, wenn jemand Ihnen die Haare kämmt.
- Medikamente, die Sie brauchen (am besten vorher mit der Klinik absprechen).
- Einen Waschlappen, damit Ihr Gesicht abgetupft werden kann.
- Ein Imbiß für den werdenden Vater (bzw. für die Ihnen beistehende Person), denn ein hungriger Helfer ist oft eben nicht sehr hilfreich.

Für das Wochenbettzimmer

◆ Einen Bademantel und/oder Nachthemden, falls Sie die Krankenhauswäsche nur ungern tragen. Bedenken Sie jedoch, daß ein hübsches Nachthemd zwar Ihre Stimmung hebt, aber die eventuell auftretenden Blutflecken nachher vielleicht nicht wieder völlig entfernt werden können. Das gleiche gilt auch für Ihren Bademantel.

◆ Parfum, Puder – alles, was Ihnen ein erfrischendes Gefühl gibt.

◆ Ihren Kulturbeutel, inklusive Shampoo, Zahnpasta, Zahnbürste, Creme, Deodorant, Bürste, Schminkutensilien und alle Artikel, die Sie auch sonst gern benutzen oder brauchen.

◆ Binden (allerdings werden diese fast immer vom Krankenhaus gestellt).

◆ Bücher, Karten und andere Beschäftigungsmaterialien.

◆ Rosinen, Nüsse, Vollkornkekse sowie weitere gesunde Snacks, die das Krankenhausmenü ergänzen.

◆ Kleidung für Ihren Nachhauseweg (vermutlich werden Sie immer noch relativ umfangreich sein).

◆ Kleidung für den Nachhauseweg Ihres Kindes: Strampelhöschen, Hemdchen, Oberteil und Wollschuhe, eine Decke und Windeln (wobei es Windeln auch im Krankenhaus gibt).

ist für viele Frauen entsetzlich. Dabei sollten Sie aber zwei Dinge bedenken. Erstens ist ein Blasensprung vor Wehenbeginn gar nicht so selten – die Wahrscheinlichkeit dafür liegt unter 15 Prozent. Passiert es Ihnen jedoch, ist die auslaufende Fruchtwassermenge wesentlich weniger, als Sie es sich jetzt vorstellen, es sei denn, Sie liegen flach am Boden (was in der Öffentlichkeit ja keine alltägliche Stellung ist). Wenn Sie gehen, stehen oder sitzen, blockiert das fetale Köpfchen nämlich die Uterusöffnung – ähnlich wie ein Korken auf einer Weinflasche.

Zweitens können Sie ganz sicher sein, daß umstehende Passanten oder Leute nicht mit dem Finger auf Sie zeigen, nicht die Köpfe mißbilligend schütteln oder gar über Sie lachen, falls Ihre Fruchtblase unterwegs ganz spontan reißt und Fruchtwasser hinausschießt. Im Gegenteil – entweder wird Ihnen Hilfe angeboten, oder der Vorfall diskret übersehen, denn schließlich kann jeder sehen, daß Sie schwanger sind.

Manche Frauen, deren Fruchtblase vor Wehenbeginn ruptiert, erleben überhaupt keinen Fruchtwasserschwall. Das kann entweder an dem Korkeneffekt des Babyköpfchens liegen oder an den fehlenden Kontraktionen, die sonst das Wasser heftiger herauspressen. Was diese Frauen bemerken, ist eher ein leichtes Tröpfeln – konstant oder mit Unterbrechungen. Eine Binde wird Ihnen in den letzten Wochen ein sicheres und auch sauberes Gefühl (bezogen auf den zunehmenden Vaginalausfluß) geben.

Stillen

„Meine Brüste sind sehr klein und meine Brustwarzen sehr flach. Werde ich trotzdem stillen können?"

Solange hungrige Babys interessiert sind, so lange erhalten sie ihre Befriedigung aus jedem Brustformat! Ihre Brüste müssen nicht dem Topmodel eines Sexmagazins gleichen und können – mit fast jeder Sorte von Brustwarzen ausgestattet (klein, flach, groß, spitz, hart, weich – sogar nach innen gerichtet) – Milch produzieren und Milch abgeben. Die Menge und die Qualität sind nicht im geringsten vom äußeren Ansehen abhängig. Hohlwarzen, die nicht durch sexuelle Erregung aufgerichtet werden können, brauchen spezielle Vorbereitung. Mittels Brustschalen können Hohlwarzen nach außen „gelockt werden". Zuerst sollten diese Schalen nur einige Stunden morgens und abends getragen werden, nach und nach immer öfter, bis sie dann den ganzen Tag lang benutzt werden. Eine Handpumpe, die mehrmals am Tag angewendet wird, kann auch schon vor der Geburt helfen, Hohlwarzen zu korrigieren. Diese Pumpe darf nicht angewendet werden, wenn dadurch uterine Kontraktionen ausgelöst werden oder ein erhöhtes Risiko einer Frühgeburt vorliegt. Einige Experten schlagen vor, daß alle Frauen, die gern stillen möchten, ihre Brüste vorbereiten sollten, indem sie die Brustwarzen vorsichtig zwischen Daumen und Zeigefinger halten, drücken, massieren oder rollen. Dadurch werden die Brustwarzen etwas abgehärtet. Andere sagen wiederum, daß Stillen ein natürlicher Vorgang ist, der keine besondere Vorbereitung benötigt. Allgemeine Körperpflege sollte ohnehin selbstverständlich sein.

„Meine Mutter sagte mir, daß sie im neunten Monat schon ein bißchen Vormilch hatte. Bei mir ist das nicht so. Werde ich keine Milch haben?"

Die dünne gelbliche Milch, die bei einigen schwangeren Frauen austritt, ist die Vormilch, auch Kolostrum genannt. Sie enthält mehr Eiweiß, aber weniger Fett und Milchzucker als die Muttermilch, die drei bis vier Tage nach der Geburt einschießt. Die Vormilch enthält Antikörper, die das Baby vor Infektionen schützen. Viele Frauen haben keine Vormilch vor der Geburt. Das bedeutet aber nicht, daß sie keine Milch oder irgendwelche Schwierigkeiten beim Stillen haben werden.

Vormilch – Kolostrum

In den ersten Tagen nach der Geburt produzieren die Milchdrüsen die helle, gelbe Vormilch. Sie ist die ideale Nahrung für das Baby. Wasser, Eiweiß, Fett, Zucker und Mineralien sind in der richtigen Zusammensetzung vorhanden. Besonders wichtig und wertvoll sind die Antikörper, die das Baby mit der Vormilch erhält. Nach ca. 72 Stunden wird die Vormilch durch die Muttermilch ersetzt.

Mutter werden

„Je näher der Geburtstermin rückt, desto mehr Sorgen mache ich mir über die Pflege meines Kindes. Schließlich habe ich noch nie ein Baby gehalten."

Frauen werden nicht als Mütter geboren, die instinktiv wissen, wie man ein Kind wickelt, ein schreiendes Baby zum Schlafen bringt oder es badet. Mutterschaft und Elterndasein sind zu erlernen. Viel Übung ist nötig, bevor Sie perfekt oder gut sind. In unserer heutigen Zeit haben viele Frauen noch nie einen Brotteig geknetet oder Sokken gestopft, geschweige denn gelernt, wie man einen Säugling pflegt.

Ihr Wissen über die Mutterschaft schöpfen die meisten Frauen lediglich aus Büchern oder Zeitschriften. Viele nehmen auch schon in ihrem Krankenhaus an einem Babypflegekurs teil.

Die ersten ein bis zwei Wochen, wenn das Baby mehr schreit als schläft, die Windeln voll sind usw., werden schwierig sein. Langsam, aber sicher wird sich die frischgebackene Mutter jedoch wie ein „alter Hase" fühlen. Das Baby, welches sie vorher beim Halten zu zerbrechen glaubte, wird jetzt ganz lässig in ihrer linken Armbeuge ruhen, während die Mutter mit der rechten Hand den Tisch deckt oder den Staubsauger führt.

Die täglichen Aufgaben werden zunehmend von Ihnen besser bewältigt.

Sie sind eine Mutter, und bald werden Sie sich auch wie eine fühlen, selbst wenn Sie sich das jetzt noch nicht vorstellen können.

Der erste Tag mit Ihrem Baby zu Hause wird sicher total anstrengend für Sie werden. Bereiten Sie sich darauf vor. Einige der folgenden Hinweise können vielleicht hilfreich sein:

Besuchen Sie eine Neugeborenenstation; halten, beruhigen und/ oder wickeln Sie den Säugling einer Freundin; nehmen Sie an einem Vorbereitungskurs teil!

Was Sie wissen sollten:
Vorwehen, Scheinwehen und die richtigen Geburtswehen

Im Fernsehen sieht das alles ja immer so einfach aus: Gegen drei Uhr morgens setzt sich die schwangere Frau im Bett auf, legt mit wissendem Blick ihre Hand auf den Bauch und weckt dann den friedlich schlafenden Ehemann mit den Worten: „Schatz, es ist soweit!"

Aber wie – so wundern wir uns als faszinierte Zuschauer – weiß diese Frau denn bloß, daß es wirklich Zeit ist? Woran erkennt sie denn mit solcher Sicherheit, daß es die richtigen Wehen sind, wenn sie vorher noch nie Kontraktionen erlebt hat?

Sie werden es aber eher so erleben: Sie wachen gegen drei Uhr morgens auf und sind vollkommen unsicher: Haben die Geburtswehen angefangen oder sind das nur starke Vorwehen? Sollte ich die Zeit stoppen? Soll ich meinen Mann wecken?

Rufe ich jetzt schon den Arzt an, obwohl ich ja gar nicht sicher bin? Ob ich wohl die einzige Frau bin, die die Wehen nicht erkennt? Vielleicht fahre ich zu spät zum Krankenhaus los und bekomme das Baby auf dem Weg im Taxi?!

Fragen dieser Art schwirren Ihnen schneller durch den Kopf, als sich Kontraktionen verstärken oder häufen können. Tatsache ist, daß die meisten Frauen den Zeitpunkt des Wehenbeginns **nicht** falsch einschätzen, sondern dank Instinkt oder Glück rechtzeitig (d. h. weder zu früh noch zu spät) im Krankenhaus erscheinen. Trotzdem sollten Sie natürlich nicht alles einfach dem Schicksal überlassen. Wenn Sie sich rechtzeitig mit den Zeichen von Senkwehen, Vorwehen und Geburtswehen vertraut machen, werden Sie sich sicherer fühlen.

Symptome der Vorwehen

Senkwehen und damit verbundene körperliche Veränderungen können den echten Wehen bis zu einem ganzen Monat oder mehr vorangehen – oder auch nur eine Stunde. Senkwehen sind deutlich durch den Beginn der Zervixerweiterung und das allmähliche Abflachen der erhabenen Zervixwände charakterisiert, welche der Arzt bestätigen kann; aber auch von vielen anderen Zeichen, die Sie selbst bemerken können:

Stellwehen bzw. Senkwehen und Beckeneintritt
Zwei bis vier Wochen vor dem Geburtstermin beginnt sich bei Erstgebärenden der Fetus in das Becken zu senken. Dieser Vorgang ereignet sich bei Frauen, die schon schwanger waren, meistens erst kurz vor dem Geburtsbeginn.

Zunehmender Druck im Becken- und Rektalbereich
Krämpfe und Leistenschmerz sind oft in späteren Schwangerschaften sichere Anzeichen für den Eintritt ins Becken; starke und anhaltende Kreuzschmerzen sind ebenfalls vorhanden.

Gewichtsabnahme oder -konstanz
Im neunten Monat nehmen die meisten Frauen nicht mehr zu; manche Frauen nehmen sogar ein bis zwei Kilo ab!

Veränderungen Ihrer Leistungsfähigkeit
Manche Mütter finden, daß Sie plötzlich im neunten Monat wieder sehr müde werden, andere erleben regelrechte Energieschübe.

Veränderungen des Scheidenausflusses
Ihr Ausfluß wird stärker und zähflüssiger.

Verlust des Schleimpfropfens
Sobald die Zervix sich öffnet, löst sich der „Korken" von der Schleimhaut ab, der die Öffnung des Uterus bisher verriegelt hatte. Dieser Schleimpfropf passiert die Vagina entweder ein bis zwei Wochen vor den Wehen oder direkt vor dem Wehenbeginn.

Rosafarbene oder blutige Zeichen
Wenn sich die Zervix öffnet, platzen manchmal Kapillaren, die den Schleim rosa verfärben oder mit Blutfäden durchziehen. Dies deutet in den meisten Fällen an, daß die Wehen in den nächsten 24 Stunden – spätestens nach wenigen Tagen – einsetzen werden.

Verstärkung der Vorwehen
Die „Übungskontraktionen" können zunehmend stärker und manchmal auch schmerzhaft werden.

Durchfall
Manche Frauen erleben kurz vor Wehenbeginn (starken) Durchfall.

Symptome der Scheinwehen

Es handelt sich wahrscheinlich noch nicht um echte Wehen, wenn

◆ Kontraktionen nicht regelmäßig auftreten und auch nicht stärker und häufiger werden;

◆ Schmerzen im unteren Teil des Bauches anstatt im Kreuz auftreten;

* Kontraktionen wieder nachlassen und verschwinden, wenn Sie Ihre Position ändern;
* der Schleim bräunlich (hellrotes Blut bedarf einer sofortigen Arztkonsultation!) ist (dies wird oft durch eine Vaginaluntersuchung oder Geschlechtsverkehr verursacht);
* sich die Kindsbewegungen kurzzeitig mit den Kontraktionen verstärken.

Symptome der Geburtswehen

Es handelt sich wahrscheinlich um die echten Wehen, wenn

* die Kontraktionen sich zunehmend verstärken; auch bei einem Positionswechsel verändert sich die Wehenstärke nicht;
* der Schmerz sich, vom Kreuz ausgehend, im Unterleib ausbreitet und sogar bis zu den Beinen strahlt. Kontraktionen können sich auch wie Magen-Darm-Störungen bemerkbar machen und mit Durchfall verbunden sein;
* Kontraktionen regelmäßiger, häufiger und schmerzvoller werden;
* Schleim austritt, der rosa oder blutigrot verfärbt ist;
* die Fruchtblase platzt. Bei 15 Prozent der Frauen läuft das Fruchtwasser vor Wehenbeginn tröpfchenweise oder auch schwallartig aus.

Wann Sie den Arzt anrufen sollten

Haben Sie Zweifel – rufen Sie an! Selbst wenn Sie alle Punkte mehrfach durchgegangen sind, könnten Sie noch unsicher sein. Warten Sie nicht ab, bis sich Ihre Ahnungen bestätigen, es sei denn, Sie planen eine Hausgeburt.

* Rufen Sie Ihren Arzt oder die Klinik zu jeder Tages- oder Nachtzeit an, wenn Ihrer Meinung nach die Zeichen darauf hindeuten, daß es jetzt soweit ist. Lassen Sie sich weder durch Höflichkeit noch durch „Schuldgefühle" davon abhalten, den Arzt zu wecken oder in die Klinik gefahren zu werden – auch am Wochenende oder in der Nacht. Menschen, die berufsmäßig Kinder zur Welt bringen, wissen genau, daß ihre Arbeitszeiten „rund um die Uhr" liegen.

◆ Sicher hat Ihr Arzt oder die Hebamme Ihnen gesagt, daß Sie anrufen sollen, wenn die Kontraktionen in einem bestimmten zeit-
lichen Rhythmus auftreten, z. B.: alle 5, 8, 10 Minuten. Rufen Sie
Ihren Arzt schon an, bzw. bereiten Sie die Fahrt in die Klinik vor,
wenn sogar nur eine Wehe nach dem bestimmten Zeitabstand der
anderen folgt. Warten Sie nicht auf regelmäßig gleiche Abstände.
Diese bleiben manchmal nämlich aus.

◆ Ihr Arzt wird Ihnen sicher auch ans Herz gelegt haben, zum Telefonhörer zu greifen, wenn die Fruchtblase geplatzt ist, die Wehen
aber noch nicht begonnen haben.

Man könnte viele Sonderfälle und Ausnahmesituationen konstru-
ieren. Es würde Ihnen nichts helfen. Machen Sie es sich zum Grundsatz: Tritt am Geburtstermin etwas ein, was Sie irritiert, wo Sie
unsicher sind oder Hilfe suchen, dann melden Sie sich in der Klinik,
beim Arzt, bei Ihrer Hebamme. Sie haben die Erfahrung und den
emotionalen Abstand, um die Befunde bewerten zu können.

Wehen und Entbindung

Es dauert neun Monate, bis sich ein Baby entwickelt, nur einige Stunden aber, um es zur Welt zu bringen. Und doch sind es diese letzten Stunden, mit denen sich schwangere Frauen am meisten beschäftigen. Wesentlich mehr Fragen, Sorgen, Ängste sind mit dem Verlauf der Wehen und der Geburt verbunden als mit jedem anderen Aspekt der Schwangerschaft: Wann fangen die Wehen an, und – wichtiger noch – wann ist alles vorbei? Werde ich den Schmerz aushalten können? Werde ich einen Einlauf benötigen, ein Überwachungsgerät, einen Dammschnitt oder etwas anderes? Was passiert, wenn der Geburtsverlauf nicht voranschreitet? Was ist, wenn die Wehen so schnell kommen, daß ich es nicht mehr bis zum Krankenhaus schaffe?

Im folgenden Kapitel finden Sie Antworten auf Ihre Fragen und vielleicht werden dadurch auch Ihre Ängste gemildert!

Denken Sie immer daran, daß die medizinischen Möglichkeiten für eine sichere Geburt groß sind. Ihre Partner und Ihr Wissen werden Ihnen helfen, alles gut zu überstehen.

Worüber Sie sich vielleicht Gedanken machen ...

Blutiger Schleim

„Ich habe einen rosafarbenen Schleimausfluß entdeckt. Beginnen nun die Wehen?"

Schleimabgänge, die rosa oder braun verfärbt sind, können oft ein Zeichen sein, daß sich der Muttermund erweitert und die Geburt begonnen hat. Leider ist das Tempo unberechenbar. Die Wehen können nämlich erst in ein, zwei oder drei Wochen auftreten. Während dieser Zeit öffnet sich die Zervix allmählich immer weiter. Sollte der Ausfluß sich plötzlich sehr verstärken oder seine Farbe hellrot werden, dann müssen Sie sofort Ihren Arzt oder den Notdienst verständigen. Diese Blutungen können auf eine vorzeitige Loslösung der Plazenta oder auf eine Placenta praevia hinweisen; beides erfordert sofort ärztlichen Beistand.

Blasensprung

„Ich wachte nachts in einem total nassen Bett auf. Kann ich jetzt meine Blase nicht mehr unter Kontrolle halten, oder handelt es sich vielleicht um ausgelaufenes Fruchtwasser?"

Riechen Sie an der Bettwäsche: Wenn der Fleck süßlich und nicht nach Urin riecht, ist es wahrscheinlich Fruchtwasser. Noch ein Hinweis: Wahrscheinlich wird weiter hellgelbe Flüssigkeit austreten, da laufend bis zur Geburt diese Flüssigkeit nachproduziert wird. Wenn Sie aufstehen oder sich aufsetzen, könnte jedoch das fetale Köpfchen wie ein Korken funktionieren, d. h. den Ausfluß vorübergehend stoppen. Unabhängig von der Tatsache, ob Sie weiterhin das Austreten von Flüssigkeit bemerken oder nicht, sollten Sie Ihrem Arzt Bescheid geben. Bis Sie ihn erreicht haben, verhalten Sie sich so, als ob tatsächlich die Fruchtblase geplatzt ist.

„Meine Fruchtblase ist eben geplatzt, aber ich spüre noch keine Kontraktionen. Wann beginnen denn nun die Wehen, und wie muß ich mich bis dahin verhalten?"

Viele schwangere Frauen, deren Fruchtblase vor Wehenbeginn ruptiert ist, spüren die ersten Kontraktionen innerhalb der folgenden 12 bis spätestens nach 24 Stunden. In einem von zehn Fällen jedoch dauert es bis zum Wehenbeginn länger. Da sich in dieser „Wartezeit" das Infektionsrisiko für Mutter und Kind auf Grund der geplatzten Fruchtblase erhöht, werden viele Ärzte mit Oxytocin, spätestens nach 24 Stunden, die Geburt einleiten, sofern der errechnete Geburtstermin nicht mehr fern ist.
Wenn Sie tröpfchenweisen oder auch schwallartigen Flüssigkeitsaustritt aus Ihrer Scheide bemerken, rufen Sie Ihren Arzt an. In der

Zwischenzeit sollten Sie Ihren Vaginalbereich sehr sauber halten, um Infektionen zu vermeiden. Vermeiden Sie sowohl Wannenbäder als auch Sex; benutzen Sie Binden (keine Tampons), um den Ausfluß aufzufangen. Versuchen Sie bloß keine eigene Untersuchung, und wischen Sie sich nach der Toilettenbenutzung immer von vorn nach hinten ab. Manchmal wird bei vorzeitigem Blasensprung die Nabelschnur durch den Schub des Fruchtwasserschwalls nach unten in den Gebärmutterhals oder in die Vagina gespült. Wenn Sie eine nabelschnurähnliche Schlinge oder etwas Ungewöhnliches an Ihrer Scheide entdecken, müssen Sie sofort (!) ärztliche Hilfe holen!

Verfärbtes Fruchtwasser (Mekoniumfärbung[1])

„Meine Fruchtblase ist geplatzt, und das ausgelaufene Fruchtwasser ist grünlich-schwarz. Was kann das bedeuten?"

Ihr Fruchtwasser ist vermutlich durch Mekonium (Kindspech) verfärbt. Das ist eine grünlich-schwarze Substanz, aus dem Verdauungstrakt Ihres Babys. Normalerweise wird das Mekonium nach der Geburt als des Babys ersten Stuhlgang ausgeschieden. Manchmal aber, wenn der Fetus gestreßt worden ist, Sauerstoffmangel besteht oder das Baby übertragen ist, wird dieses Kindspech vorher in das Fruchtwasser ausgeschieden, was dann zur Verfärbung des Fruchtwassers führt. Mekoniumfärbung allein ist noch kein sicherer Hinweis auf einen fetalen Notzustand, dennoch sollten Sie sofort Ihren Arzt benachrichtigen, der weitere Untersuchungen veranlassen wird.

Geburtseinleitung

„Mein Arzt möchte die Geburt einleiten. Ich aber ärgere mich darüber, weil ich eine natürliche Geburt wollte!"

Zunächst einmal: Eine künstliche Geburtseinleitung ist keine „unnatürliche" Geburt, sondern eine Nachhilfe. Heutzutage trifft man wohl kaum auf einen Arzt, der eine Geburt grundlos einleitet. Es gibt aber genügend Gründe, die diese Maßnahme notwendig machen.

---

[1] Mekonium = erster Stuhlgang des Kindes, welcher aufgrund des hohen Gallenanteils grünlich-schwarz ist.

In manchen Fällen ist ein Kaiserschnitt der beste Weg. Meistens wird aber zunächst eine Geburtseinleitung versucht, sofern Mutter und Kind für fähig befunden werden, die Geburts- und Wehenanstrengungen durchzuhalten. Eine Geburtseinleitung wird dann vorgenommen, wenn

* die Wehen schwach und nicht regelmäßig sind oder der Wehenvorgang nicht richtig vorankommt;
* der Fetus im Mutterleib nicht mehr richtig gedeiht (auf Grund unangemessener Ernährung der Mutter, mangelnder Plazentafunktion, Übertragungsprobleme), aber reif genug ist, um außerhalb des Uterus überleben zu können;
* Tests andeuten, daß die Plazenta nicht mehr optimal funktioniert und der Fetus schlecht versorgt wird;
* es zu einem vorzeitigen Blasensprung kurz vor dem Geburtstermin kommt;
* eine Schwangerschaft inzwischen ein bis zwei Wochen übertragen ist und der errechnete Geburtstermin als sicher gilt (siehe Seite 32);
* die Mutter Diabetes hat, die Plazentafunktion sich vorzeitig verschlechtert oder wenn das Baby sehr groß ist und das weitere Austragen eine Vaginalgeburt mehr und mehr gefährden würde;
* die Mutter unter Präklampsie leidet, die weder durch Bettruhe noch durch Medikamente behoben werden konnte;
* die Mutter unter einer akuten oder chronischen Krankheit wie Bluthochdruck oder Funktionsstörungen der Nieren leidet, welche Ihre oder die Gesundheit des Kindes gefährdet, wenn die Schwangerschaft fortgesetzt werden würde;
* der Fetus stark unter einer Rhesus-Faktor-Unverträglichkeit leidet.

Oft muß der Arzt zur Geburtseinleitung nur die Fruchtblase sprengen. Häufig müssen aber auch Oxytocin oder Prostaglandine verabreicht werden, um Wehen auszulösen.

Oxytocin ist ein Hormon, welches während der gesamten Schwangerschaft im Zwischenhirn gebildet und in der Hirnanhangdrüse gespeichert wird. Mit fortschreitender Schwangerschaft reagiert der Uterus zunehmend empfindlicher auf dieses Hormon, wobei noch immer nicht ganz klar ist, welche Rolle es beim natürlichen Wehenbeginn spielt. Wenn die Zervix reif ist, kann synthetisches Oxytocin

Wehen auslösen, die den natürlichen Wehen sehr ähnlich sind. Wenn die Zervix noch nicht ganz reif ist, können heute Prostaglandine auch über mehrere Tage hinweg verabreicht werden, damit sich zuerst der Muttermund für die Geburt „vorbereitet". Um die Wehen dann anzuregen, wird dann Oxytocin durch eine Tropfinfusion verabreicht, da es schneller abgebaut wird. Die Kontraktionen beginnen normalerweise bei Frauen, die nah vor dem eigentlichen Geburtstermin stehen, nach ca. 30 Minuten. Generell treten die Wehen von Anfang an regelmäßiger und häufiger auf als die natürlich einsetzenden Kontraktionen. Wenn aber auch nach 6 bis 8 Stunden Oxytocininfusion die Wehentätigkeit immer noch nicht begonnen hat, wird dieses Verfahren eventuell zugunsten eines Kaiserschnittes aufgegeben.

Die Infusion wird auch dann abgebrochen, wenn sich die Kontraktionen gut „eingespielt" haben und sich von selbst fortsetzen! Prostaglandine sind ebenfalls Hormone, die die Eröffnung des Muttermundes begünstigen und Wehen auslösen.

Geburtseinleitung ist nicht angebracht, wenn

◆ eine sofortige Entbindung notwendig ist oder Zweifel bestehen, ob der Kopf des Fetus durch das Becken der Mutter paßt;
◆ die Plazenta vor dem Muttermund (Placenta praevia) liegt;
◆ Frauen fünf oder mehr Frühgeburten hatten;
◆ eine senkrechte Kaiserschnittnarbe vorliegt, weil die Gefahr eines Gebärmutterrisses zu groß ist.

Manche Ärzte werden auch auf die Geburtseinleitung verzichten, wenn eine Mehrlingsschwangerschaft vorliegt oder sich ein Fetus in Steißlage befindet. Wenn die Wehen durch Oxytocin eingeleitet werden, sollten trotzdem alle Vorbereitungen für einen Kaiserschnitt getroffen werden, falls ein Notfall eintritt.

Schnelle Geburt

„Kann eine kurze Wehentätigkeit für das Baby gefährlich sein?"

Kurze Wehentätigkeit muß gar nicht so kurz sein, wie es den Anschein hat. Oft hatte eine werdende Mutter schon wochenlang Kontraktionen, die ihre Zervix allmählich geöffnet haben, ohne daß sie es deutlich bemerkt hat. Bis dann die angeblich erste Kontraktion für diese Frau spürbar ist, befindet sie sich schon längst in der Übergangsphase zu den Wehen (siehe „einzelne Stadien bis zur Geburt", Seite 364 ff.). Diese zunächst langsame Vorbereitung und dann die schnelle Wehenphase bedeuten für den Fetus aber keinen zusätzlichen Streß – im Gegenteil, denn kurze Wehen sind sicher weniger anstrengend als Wehen, die durchschnittlich 12 Stunden andauern. Es existieren überhaupt keine Beweise dafür, daß ein Fetus ein bestimmtes Minimum an Wehen erleben muß. In seltenen Fällen beeinträchtigt sehr schnelle Wehentätigkeit die Sauerstoffversorgung des Fetus. Zervix und Vagina können verletzt werden. Also, wenn Sie das Gefühl haben, daß Ihre Wehen mit „einem Knall" beginnen und die Kontraktionen stark und schnell aufeinanderfolgen, begeben Sie sich schnellstens in ein Krankenhaus. Dort lassen sich die Wehen eventuell durch Medikamente bremsen.

Arztruf während der Wehen

„Eben begannen meine Kontraktionen, und sie folgen etwa einem 3- bis 4-Minuten-Takt. Irgendwie fühle ich mich albern, jetzt meinen Arzt anzurufen, denn dieser hat gesagt, daß ich das erste Wehenstadium ruhig noch zu Hause verbringen sollte!"

Die meisten Erstgebärenden, deren Wehen langsam beginnen und allmählich zunehmen, können die ersten Stunden ziemlich sicher zu Hause verbringen. Wenn aber die Kontraktionen schon stark beginnen, d. h. 45 Sekunden dauern und häufiger als alle fünf Minuten auftreten und/oder Sie bereits ein oder mehrere Kinder zur Welt gebracht haben, könnte Ihr angeblich erstes Wehenstadium auch schon das Endstadium sein. Wahrscheinlich deshalb, weil die erste Wehenphase unbemerkt vorübergegangen ist und sich der Muttermund während dieser Zeit schon geöffnet hat. Dies wiederum bedeutet, daß es wesentlich alberner wäre, das Risiko einer dramatischen Fahrt zum Krankenhaus in letzter Minute einzugehen, als jetzt vorsichtshalber Ihren Arzt anzurufen.
Bevor Sie aber anrufen, sollten Sie die Zeit einiger aufeinanderfolgender Kontraktionen genau bestimmen, damit Sie Ihrem Arzt Dauer, Frequenz und Stärke der Wehen genau beschreiben können. Versuchen Sie beim Telefonieren bloß nicht, Ihren Schmerz zu ver-

bergen, indem Sie Ihre Stimme betont ruhig klingen lassen. Ihr Arzt ist nämlich darin geübt, die Phase der Wehen in etwa durch den Klang Ihrer Stimme einzuschätzen. Wenn Sie tatsächlich der Meinung sind, daß es jetzt Zeit ist – Ihr Arzt Ihnen aber noch zum Abwarten rät –, fragen Sie ihn, ob Sie nicht doch schon ins Krankenhaus fahren können, um sich dort untersuchen zu lassen (siehe „Wann man den Arzt rufen sollte, Seite 340). Vielleicht sollten Sie vorsichtshalber Ihr „Köfferchen" mitnehmen, falls man Sie tatsächlich gleich dortbehält. Es kann aber sein, daß man Sie wieder nach Haus schickt, weil sich der Muttermund erst sehr wenig geöffnet hat.

Rückenwehen

„Seit Wehenbeginn ist der Schmerz in meinem Rücken so schlimm, daß ich wirklich nicht weiß, wie ich diesen Schmerz aushalten soll!"

Rückenwehen ereignen sich dann, wenn der Fetus mit dem Kopf gegen das Kreuzbein der Mutter drückt. Rückenwehen können aber auch erlebt werden, wenn das Baby nicht in der beschriebenen Position liegt oder sich schon von der „Hinterlage" in eine „Vorderlage" gedreht hat.

Sollten Sie solche Rückenschmerzen haben, die während der Kontraktionen nicht nachlassen, sondern qualvoll sind, dann können Sie sich am besten helfen:

◆ Mildern Sie den Druck in Ihrem Rücken, indem Sie versuchen, Ihre Lage zu ändern. Laufen Sie ein wenig umher (obwohl das nicht möglich ist, wenn die Kontraktionen schnell und heftig aufeinanderfolgen), begeben Sie sich in die Hockstellung, krabbeln Sie auf allen vieren umher oder machen Sie irgendetwas, das Ihnen weniger Schmerz bereitet. Wenn Sie sich gar nicht bewegen können oder wollen und Sie sich lieber hinlegen möchten, ruhen Sie liegend mit gekrümmtem Rücken auf der Seite.

◆ Wenden Sie Kälte oder Wärme an. Versuchen Sie es entweder mit einer Wärmflasche, heißen Kompressen, einem Heizkissen, Eisbeuteln oder kalten Kompressen.

◆ Bitten Sie Ihren Partner, den Schmerzpunkt und den umliegenden Bereich mit Gegendruck zu behandeln; er kann mit den Fingerknöcheln oder dem Handballen direkt gegen den Schmerzpunkt drücken und Sie dort mit kreisförmigen Bewegungen massieren. Die Erleichterung, die Sie hoffentlich dadurch erhalten, wird die blauen Flecken vom starken Drücken aufwiegen.

* Akupressur ist sicherlich die älteste Art der Schmerzbekämpfung – und Sie müssen nicht aus China stammen, um sie auszuprobieren. Bei den Rückenwehen müssen Sie unter den Füßen, in der Mitte der Ballen, fest drücken.

* Starke Massagen per Rollnoppengerät oder mit Hilfe eines Tennisballs können vielleicht Erleichterung schaffen. Um starke Hautreizungen zu vermeiden, kann Öl oder Puder aufgetragen werden.

Unregelmäßige Kontraktionen

„Im Schwangerschaftskurs wurde uns erklärt, man solle erst ins Krankenhaus geben, wenn die Kontraktionen regelmäßig und ca. alle fünf Minuten auftreten. Meine Kontraktionen kommen schneller, aber völlig unregelmäßig. Jetzt weiß ich überhaupt nicht, was ich tun soll?!"

So wie zwei Frauen niemals den selben Fingerabdruck haben, werden sie auch nicht die gleichen Wehen haben. Die Wehen, die von Ärzten oder in Büchern beschrieben werden, sind **die typischen** Verläufe und ähneln dem, was durchschnittlich viele Frauen etwa erwarten können. Jeder Wehenvorgang ist aber nicht vorhersehbar, nicht regelmäßig oder gar kontinuierlich fortschreitend.

Wenn Sie starke, lang andauernde (40 bis 60 Sekunden) und häufige (weniger als alle fünf Minuten) Kontraktionen haben, selbst wenn bezüglich Dauer, Zeit oder Folge die Kontinuität zwischendurch fehlt, sollten Sie nicht warten, bis die Wehen so regelmäßig werden, wie Sie es gelernt haben. Es ist möglich, daß Ihre Wehen nicht mehr regelmäßiger werden und Sie schon die Aktivphase erreicht haben. Zögern Sie jetzt nicht mehr. Rufen Sie bei Ihrem Arzt an, oder begeben Sie sich in ein Krankenhaus, denn sonst könnten Sie eine ungewollte Hausgeburt erleben.

Nicht rechtzeitig ins Krankenhaus gelangen

„Ich habe große Angst, nicht rechtzeitig mehr ins Krankenhaus zu kommen."

Glücklicherweise kommen die meisten dieser Überraschungsgeburten nur im Kino oder im Fernsehen vor.

In Wirklichkeit passieren Geburten, insbesondere bei erstmalig werdenden Müttern, fast nie ohne ausreichende Ankündigungen. Ganz selten nur spürt eine Frau, die den vorangegangenen Wehenschmerz offensichtlich überhaupt nicht empfunden hat, plötzlich einen überwältigenden Drang zu pressen. Fälschlicherweise wird er als Druck, die Toilette aufsuchen zu müssen, empfunden.

Wenn Sie meinen, zu diesen Ausnahmefällen zu gehören, sollten Sie sich gemeinsam mit Ihrem Partner vorher mit den Grundregeln einer Hausgeburt (siehe Seite 357) vertraut machen; aber verwenden Sie nicht zuviel Zeit, sich auf dieses doch recht ungewöhnliche Vorkommnis vorzubereiten.

Plötzlicher Geburtsbeginn (Notfall) auf dem Weg ins Krankenhaus

Tips für den Partner:

- Wenn Sie sich zu Geburtsbeginn noch in Ihrem eigenen Auto befinden, fahren Sie zur Seite. Mit einem Autotelefon könnten Sie natürlich leicht nach Hilfe rufen, ansonsten schalten Sie zunächst die Warnblinkanlage ein. Kommt jemand zu Hilfe, schicken Sie diejenige Person zum nächsten Telefon mit der Bitte, die Notrufnummer zu wählen. Befinden Sie sich in dieser prekären Situation in einem Taxi, bitten Sie den Fahrer, über Funk Hilfe zu holen.
- Wenn möglich, sollte der werdenden Mutter unbedingt auf den Rücksitz geholfen werden. Legen Sie dort eine Decke, eine Jacke oder einen Mantel unter sie und verfahren Sie so, wie auf Seite 353 „Notentbindung" beschrieben. Begeben Sie sich nach der Geburt umgehend mit Mutter und Kind in ein nahe gelegenes Krankenhaus.

Einlauf

„Ich habe gehört, daß Einläufe im frühen Wehenstadium eigentlich noch nicht unbedingt nötig sind und oft einen natürlichen Geburtsvorgang stören?!"

Einläufe wurden bis vor kurzem immer im frühen Wehenstadium verabreicht – sozusagen als ein routinemäßiger Teil der Krankenhausaufnahme. Die Überlegung dabei ist:
Eine Darmentleerung vor der Geburt vermeidet die Möglichkeit, daß im Mastdarm vorhandener Stuhl den Durchgang des Babys durch den Geburtskanal erschwert, blockiert oder verhindert und daß sterile Instrumente durch ungewollten Stuhlgang verunreinigt werden. Außerdem wird diese Vorsichtsmaßnahme der Mutter die Angst vor eventuellen Peinlichkeiten ersparen und die Hemmungen, richtig und kräftig zu pressen, abbauen.
Neuerdings gibt es in den verschiedenen Kliniken unterschiedliche Vorgehensweisen. In den USA verzichtet man in letzter Zeit mehr und mehr auf den Reinigungseinlauf. Man geht davon aus, daß der Stuhl für die Geburt nicht problematisch wird, wenn eine Frau entweder innerhalb der letzten 24 Stunden auf der Toilette war oder bei einer rektalen Untersuchung kein harter Stuhl gefühlt wird. Und die Verwendung von sterilen Einwegmullbinden zur Beseitigung des Stuhlganges schließt fast jede Gefahr von Verunreinigung aus. Aus den genannten Gründen haben manche Krankenhäuser die Anordnung routinemäßiger Einläufe aufgehoben.
Wenn Ihr Krankenhaus Einläufe immer noch für notwendig hält, der Gedanke daran Ihnen aber großes Unbehagen bereitet, sollten Sie dieses Thema mit Ihrem Arzt besprechen. Ist Ihre Abneigung gegen Einläufe tatsächlich so groß, wird man darauf vielleicht verzichten. Aber sichern Sie sich vorher ab, daß auch das Personal über diese Abmachung informiert ist. Wenn Ihnen aber der Gedanke, auf dem Geburtstisch ein „Häufchen" zu hinterlassen, wirklich unangenehm ist, dann lassen Sie sich von niemandem einreden, daß ein Einlauf unnatürlich oder unnötig ist.
Vielleicht ist es Ihnen angenehmer, den Einlauf zu Hause selbst durchzuführen, solange Sie sich während der frühen Wehen noch in Ihrer gewohnten Umgebung aufhalten. Egal, ob Sie nun den Einlauf

zu Hause oder im Krankenhaus erhalten, in jedem Fall kann diese Warmwasserspülung den zusätzlichen Vorteil bringen, träge Kontraktionen zu aktivieren und die Wehen anzutreiben.

Die ganze Sache könnte jedoch überflüssig werden, wenn Sie Ihre Wehen mit weichem und häufigem Stuhlgang begonnen haben und Ihr Darm deshalb schon reichlich entleert wurde; oder Sie treffen im Krankenhaus in der Aktivphase ein mit so schnell aufeinanderfolgenden Wehen, daß man Ihnen kaum noch den „Kreißsaalkittel" anziehen kann, geschweige denn einen Einlauf verabreichen! Viele Frauen bekommen sowieso Durchfall, wenn die Wehen beginnen.

Teilrasur der Schamhaare

„Ich möchte nicht, daß meine Schamhaare rasiert werden. Ist das denn wirklich notwendig?"

Auch hierbei gibt es unterschiedliche Vorgehensweisen. Obwohl auch die Teilrasur der Schamhaare zu der routinemäßigen Vorbereitungsprozedur zählt, machen es zunehmend mehr Krankenhäuser nicht mehr. Man glaubte, daß die Schamhaare ein bevorzugter Sitz für verschiedene Bakterien sei, die das Baby infizieren können, wenn es durch die Scheide austritt. Da aber der gesamte Bereich dort mit einem Antiseptikum gewaschen wird, ist eine Infektion unwahrscheinlich. Einige Studien haben sogar gezeigt, daß die Infektionsrate bei Neugeborenen von rasierten Müttern höher ist!

Bedenkt man das postnatale Brennen oder Jucken, wenn die Schamhaare wieder nachwachsen, besteht ein weiterer Grund, die Rasur abzulehnen. Manche Ärzte behaupten, daß ein Dammschnitt leichter anzulegen und wieder zu nähen ist, wenn in diesem Bereich keine Haare sind. Wahrscheinlich ist diese ärztliche Ansicht aber auch eher eine Sache der Gewohnheit als tatsächliche Überzeugung.

Viele Ärzte machen nämlich inzwischen den Dammschnitt ohne Rasur, indem sie störende Haare mit der Schere etwas stutzen, oder die Haare zur Seite schieben.

Ob man Sie nun rasiert, wird größtenteils von der Meinung Ihres Arztes und den Gepflogenheiten des Krankenhauses abhängen.

Sprechen Sie mit Ihrem Arzt darüber, und vermerken Sie Ihren diesbezüglichen Wunsch im Geburtsplan. Sollte Ihr Arzt auf einer Rasur bestehen, bitten Sie ihn, wirklich nur die störenden Haare wegzurasieren. Eine „Minirasur" im Dammschnittbereich sollte eigentlich genügen. Die Alternative könnte lauten, daß Ihr Partner Sie zu Hause vorsichtig rasiert oder die Haare kürzer schneidet.

Notentbindung – wenn Sie allein sind

1. Versuchen Sie ruhig zu bleiben.
2. Wählen Sie den Notdienst 112 und bitten Sie, daß Ihr Arzt verständigt wird.
3. Bitten Sie einen Nachbarn oder eine Person in Ihrer Nähe um Hilfe.
4. Versuchen Sie durch keuchendes Atmen das Pressen zu verhindern.
5. Waschen Sie Ihre Hände und den Vaginalbereich gründlich.
6. Breiten Sie saubere Handtücher, Bettlaken über das Sofa, Bett oder den Fußboden und legen Sie sich dann dort hin, bis Hilfe kommt. (Sie sollten die Türen vorher öffnen!)
7. Wenn trotz der keuchenden Atemübungen mit den Preßwehen das Baby kommt, dann müssen Sie versuchen, es langsam zu gebären, indem Sie jedesmal pressen, wenn Sie den Drang dazu verspüren, und fangen Sie das Baby mit Ihren Händen auf.
8. Verfahren Sie dann gemäß den Schritten 10 bis 14 auf Seite 357!

Versorgung per Tropfinfusion

„Ist eine Tropfinfusion bei normalen Wehen überhaupt notwendig?"

Für viele Krankenhäuser ist zur Routine geworden, die Tropfinfusion (sie besteht aus einer einfachen Nährlösung) während der

Wehen einer Frau zu verabreichen, um zu verhindern, daß diese infolge Flüssigkeits- oder Nährstoffmangels während der Wehen plötzlich einen Schwächeanfall erleidet. Auch Medikamente werden per Tropfinfusion verabreicht, damit sie schneller wirksam werden. Manche Ärzte warten mit einer Tropfinfusion allerdings so lange, bis diese auf Grund eines klaren Mangel- oder Notzustandes erforderlich wird. Sollte Sie das wirklich belasten, fragen Sie vorher Ihren Arzt nach seiner Einstellung. Sagen Sie Ihrem Arzt ganz deutlich, wenn Sie keine Tropfinfusion möchten. Falls er trotzdem darauf besteht oder Sie während der Geburt plötzlich doch eine Infusion benötigen, verzweifeln Sie nicht. Die intravenöse Injektion ist nur ein wenig unangenehm, wenn die Nadel eingeführt wird, danach werden Sie kaum etwas spüren.

Fetale Überwachung

„Mein Arzt bevorzugt grundsätzlich die fetale Überwachung bei allen Geburten. Ich habe aber gehört, daß diese Überwachung oft zu unnötigen Kaiserschnitten führt und die Wehen dadurch unangenehmer sind."

Ihr Baby wird bei jeder Wehe gepreßt, gedrückt, gequetscht und geschoben. Die fetale Überwachung hat an Popularität gewonnen, weil ein mögliches Risiko, welches sich hinter dieser streßvollen Geburtsreise verbirgt, frühzeitig entdeckt werden kann, nicht um der Mutter Unbehagen zuzufügen oder einen Kaiserschnitt vorzubereiten! In manchen Krankenhäusern werden alle Wehen und Entbindungen elektronisch überwacht. In fast jedem Krankenhaus erfolgt die elektronische Kontrolle bei mindestens der Hälfte aller schwangeren Patientinnen – besonders wenn diese in eine risikoreiche Kategorie gehören, verfärbtes Fruchtwasser aufweisen, Oxytocin verabreicht bekommen und/oder Schwierigkeiten mit den Wehen haben. Ein Monitor zeigt die meßbaren Reaktionen des kindlichen Herzschlages auf die uterinen Kontraktionen. Zeichen fetaler Not oder kindlicher Streßzustände können durch Abweichungen von den normalen Reaktionen auf die Wehen festgestellt werden. Diese fetale Überwachung kann intern oder extern erfolgen:

Externe Überwachung

Diese Monitorüberwachung wird sehr häufig angewendet. Zwei Vorrichtungen werden auf dem Bauch der Mutter befestigt: Ein Ultraschallmeßkopf empfängt die Herztöne des Kindes. Ein druckempfindlicher Meßstab mißt Intensivität und Dauer der uterinen Kontraktionen. Beide sind mit einem Monitor verbunden, welcher die Meßwerte bildlich darstellt oder ausdruckt. Das heißt nicht, daß die Mutter an das Krankenbett gefesselt ist, da diese Monitorkontrolle in Abständen durchgeführt wird und die Mutter zwischendurch herumspazieren kann.

Manche Krankenhäuser verfügen über tragbare Monitore, welche an der Kleidung der Patientin befestigt werden können. Wenn im zweiten Stadium der Geburt die Wehen sehr stark und schnell aufeinanderfolgen, können die Aufzeichnungen des Monitors die Mutter unterstützen. Da der Monitor Beginn und Ende einer Wehe registriert, weiß die Mutter, wann sie pressen soll. Aber es kann auch sein, daß man in diesem Stadium auf den Monitor vollständig verzichtet, damit sich die Frau völlig auf die Wehen konzentrieren kann; dabei wird dann der Herzschlag des Kindes in Abständen mit Hilfe eines Stethoskops kontrolliert.

Interne Überwachung

Wenn genauere Daten nötig sind, um z. B. den Verdacht auf eine fetale Notsituation zu checken, wird ein internes Signalgerät benutzt. Da zu diesem Zweck die Elektrode, welche den fetalen Herzschlag mißt, direkt an der Kopfhaut befestigt wird, muß sich der Muttermund wenigstens 1 bis 2 cm geöffnet haben und die Fruchtblase geplatzt sein. Die Wehen können dann entweder mit Hilfe des äußeren Druckmeßstabs, der außen am Bauch befestigt wird, gemessen werden oder durch ein mit Flüssigkeit gefülltes Katheterröhrchen, welches in den Uterus eingeführt wird. Die Überwachung birgt einige Gefahren – insbesondere die eines erhöhten Infektionsrisikos. In manchen Fällen hat das Baby später Ausschlag oder gelegentlich auch einen Abszeß an der Stelle, wo die Elektrode saß. Möglicherweise bereitet das Einführen der Elektrode dem Baby vorübergehendes Unbehagen. Wegen der wenn auch geringen Risiken sollte die interne Überwachung nur angewendet werden, wenn die eher störanfällige externe Überwachung für klare Daten nicht ausreicht.

**Notgeburt zu Hause oder unterwegs
Ratschläge für den „Geburtshelfer"**

1. Versuchen Sie unbedingt, die Ruhe zu bewahren. Denken Sie daran, daß selbst der Körper einer völlig unwissenden Frau in den meisten Fällen in der Lage ist, für Mutter und Baby das Beste für die Geburt von allein zu erledigen.
2. Wählen Sie den Notruf 112, und bitten Sie den Teilnehmer am anderen Ende, einen Arzt oder das Krankenhaus zu verständigen.
3. Die Mutter sollte keuchend atmen, um das Pressen hinauszuzögern.
4. Anwesende sollten während der Vorbereitungen die Mutter trösten und beruhigen.
5. Der Vaginalbereich der Mutter und Ihre Hände sowie die Hände der anderen helfenden Personen sollten gewaschen werden.
6. Wenn keine Zeit mehr vorhanden ist, die Mutter auf ein Bett oder einen Tisch zu legen, betten Sie sie auf den Boden und schieben ihr eine Decke unter den Po, damit das Becken etwas höher liegt.
7. Wenn noch Zeit ist, legen Sie die Mutter auf das Bett oder einen Schreibtisch, wobei der Po etwas über die Kante ragen sollte. Die Füße sollten auf zwei Stühle gestellt werden. Einige Kissen unter Kopf und Schultern bringen die Mutter in eine halbsitzende Position, wodurch die Entbindung begünstigt wird. Wenn Sie auf Hilfe warten und der Kopf des Babys noch nicht sichtbar ist, kann die Geburt durch eine flache Lagerung verlangsamt werden.
8. Schützen Sie die Geburtsfläche (wenn möglich) mit einer Plastikdecke, Folie, einem Duschvorhang oder mit Tüchern. Sie sollten einen großen Eimer oder eine Schüssel bereithalten, um das Fruchtwasser aufzufangen.

9. Wenn das Köpfchen sichtbar wird, befehlen Sie der Mutter, nicht mehr zu pressen, sondern flach zu atmen (keuchen, hecheln), damit das Kind nicht plötzlich wie ein Sektkorken herausgeschossen kommt. Lassen Sie den Kopf allmählich kommen, und ziehen Sie das Kind niemals am Kopf heraus. Sollte sich die Nabelschnur um den Kopf oder Hals gewickelt haben, haken Sie vorsichtig einen Finger unter die Nabelschnur und ziehen Sie diese langsam über den Kopf, so daß die verheddarte Schnur nicht mehr den Hals oder die Schulter bremsen kann.

10. Wenn der Kopf schon entbunden ist, streifen Sie vorsichtig von beiden Seiten der Nase abwärts über Kinn und Hals, danach wieder aufwärts, um mit der Hand ganz sanft den Schleim oder etwas Fruchtwasser aus Nase, Mund und Gesicht zu entfernen.

11. Zunächst sollten Sie das bereits geborene Köpfchen vorsichtig in beide Hände nehmen, dann den Kopf ein wenig nach unten drücken (bitte keinesfalls ziehen!), während die Mutter gleichzeitig mitpressen soll, damit die vordere Schulter herauskommen kann. Sobald eine Schulter frei ist, wird der restliche Körper vermutlich ganz leicht herausgleiten.

12. Wickeln Sie das Baby in eine Decke oder ein Tuch ein (möglichst in etwas Saubereres!), und legen Sie das Baby dann auf den Bauch der Mutter oder an die Brust, sofern die Nabelschnur lang genug ist (aber zerren Sie nicht an der Nabelschnur).

13. Versuchen Sie nicht, die Plazenta zu entfernen, indem Sie sie herausziehen; kommt die Nachgeburt doch von selbst, bevor der Krankenwagen eingetroffen ist, fangen Sie alles in Handtüchern oder Zeitungen auf und halten Sie es hoch – höher als das Kind. Es ist nicht notwendig, daß Sie die Nabelschnur abtrennen.

14. Halten Sie Mutter und Kind warm und bequem, bis Hilfe kommt.

Es ist noch nicht bewiesen, ob diese Art der fetalen Überwachung das Leben von mehr Neugeborenen rettet als die altmodische Stethoskopmethode. Neueste Untersuchungen sprechen eher dagegen. Allerdings scheint diese Methode das Risiko von Neugeborenenkrämpfen leicht zu senken. Viele Ärzte sind aber der Meinung, daß einige Formen fetaler Notfälle nur durch diese Monitorüberwachung entdeckt werden können. Die Überwachung dient der Sicherheit von Mutter und Kind. Da Sie die Herztöne Ihres Kindes mithören und die geschriebene Kurve sehen können, hier noch einige Tips, die Sie vor unnötiger Aufregung bewahren sollen:

- Einen plötzlich nicht mehr hörbaren Herzton verursacht das Kind selbst, wenn es sich bewegt. Der äußere Ultraschallempfänger liegt dann nicht mehr über dem Herzen des Kindes und muß neu plaziert werden.
- Nicht jede Herzfrequenzveränderung weist auf eine Notsituation des Kindes hin. Der Arzt und die Hebamme werden diese Veränderung bezüglich ihrer Bedeutung interpretieren.
- Zeigen Herzfrequenzveränderungen Schwierigkeiten des Babys an, bedeutet dies nicht unbedingt, daß ein Kaiserschnitt gemacht werden muß. Dem Baby kann vielleicht auch intrauterin geholfen werden (z. B. können Lageveränderungen der Mutter die Plazentadurchblutung verbessern).
- Der Zustand des Babys kann noch genauer mit Hilfe der Mikroblutuntersuchung geklärt werden. Aus einem kleinen Ritz in der Kopfhaut wird dem Baby Blut entnommen. Der Säuregrad zeigt an, ob es schnelle Hilfe braucht. Die Überwachung dient der Sicherheit des Kindes.

Der Anblick von Blut

„Wenn ich Blut sehe, werde ich ganz schwach. Was ist denn, wenn ich in Ohnmacht falle, während ich bei der Geburt meines Kindes zuschaue?"

Beim Anblick von Blut werden viele Leute schwach. Erstaunlicherweise überstehen fast alle Frauen den Geburtsprozeß, ohne daß sie ohnmächtig werden, obwohl einige vorher beim Anschauen eines Filmes über den Geburtsvorgang einer Ohnmacht nahe waren.

Erstens ist da gar nicht soviel Blut – kaum mehr, als Sie von Ihrer normalen Periode gewohnt sind (beim Dammriß wird etwas mehr Blut zu sehen sein).

Zweitens sind Sie bei der Geburt kein Zuschauer, sondern ein aktiver Teilnehmer, der jedes bißchen Konzentration und Energie zum Pressen verwendet, um dem Baby Zentimeter für Zentimeter auf die Welt zu helfen. Gebannt, erwartungsvoll und aufgeregt (mit Schmerz- und Erschöpfungszuständen), wie Sie sein werden, erscheint es höchst unwahrscheinlich, daß Sie irgendwelches Blut genau bemerken, geschweige denn, daß Sie sich davon stören lassen. Sollten Sie sich trotzdem Sorgen machen, gibt es einen guten Rat: Schauen Sie einfach nicht hin! Sie müssen ja schließlich nicht in den Spiegel blicken, während ein Dammschnitt gemacht wird oder die Geburt erfolgt. Gucken Sie über Ihren Bauch hinweg auf das Köpfchen des Kindes, sobald es sich zeigt. Von Ihrer Stellung aus wird fast kein Blut zu sehen sein.

Dammschnitt

„Mein Lehrer im Vorbereitungskurs erklärte, daß wir keinen Dammschnitt brauchen – er wäre unnatürlich. Mein Arzt dagegen findet diese Meinung lächerlich. Ich weiß nun überhaupt nicht, ob ich einen Dammschnitt möchte oder nicht!"

Die Frage nach einem Dammschnitt ist tatsächlich sehr umstritten. Die Entscheidung zu diesem kleinen Eingriff (Einschnitt zwischen Scheide und After) wird zumeist erst während der Geburt gefällt, wenn erkennbar ist, daß das Köpfchen den Damm der Mutter aufreißen oder die Austreibungsphase verlängern könnte. Routinemäßige prophylaktische Dammschnitte sind bei uns in den meisten Kliniken wohl nicht üblich. Es gibt aber in den USA Geburtshelfer, die bei 80 bis 90 Prozent aller Erstgeburten und bei 50 Prozent aller folgenden einen Dammschnitt ansetzen.

Beim Lesen mögen Sie diese Ausführungen vielleicht irritieren. Es klingt aber viel „gefährlicher", als es tatsächlich ist. Bedenken Sie, daß viele werdende Mütter während der Geburt „reißen" und das Dammgewebe übermäßig gedehnt wird. Der Dammschnitt beugt dem vor.

Erfahrungen und medizinische Erkenntnisse sprechen für die Durchführung von Dammschnitten bei entsprechender Erfordernis:

◆ saubere Schnittränder sind leichter zu „reparieren" als unregelmäßige Risse;
◆ rechtzeitig ausgeführt, kann ein Dammschnitt die Verletzung der Muskeln im rektalen oder vaginalen Bereich verhindern;
◆ durch einen Dammschnitt wird dem fetalen Köpfchen das Anstoßen an den Damm erspart, und gleichzeitig wird so die Wehenzeit um 15 bis 30 Minuten verkürzt, was besonders bei verlängerter Wehentätigkeit, fetalen Notfällen und/oder Erschöpfung der Mutter von Vorteil ist.
◆ Späteren Senkungszuständen des Beckenbodens wird damit vorgebeugt.

Gegner behaupten, daß Dammschnitte unnatürlich, meistens unnötige technische Eingriffe in einem Geburtsverlauf wären. Weiterhin seien die Einschnitte oft tiefer als ein Riß, führen zu starken Blutungen und postnatalen Beschwerden, verursachten manchmal Infektionen und häufig schmerzvollen Geschlechtsverkehr noch Monate nach der Geburt.

Vertreter beider Seiten erkennen nicht, daß die Antwort auf die Frage nach dem „Ja" oder dem „Nein" zu einem Dammschnitt weder in einem Expertenzimmer noch in der ärztlichen Praxis gegeben werden kann, sondern im Kreißsaal, wenn das Köpfchen tatsächlich ein Reißen verursacht. Erst dann kann realistisch beurteilt werden, ob der Damm sich genügend ausdehnt, um dem Köpfchen Platz machen zu können, oder ob ein Dammschnitt drohenden Erschöpfungszuständen von Mutter oder Kind Erleichterung verschaffen könnte. Kluge Ärzte oder Hebammen werden sich im Zweifel immer für einen Dammschnitt entscheiden, anstatt einen unkontrollierten, fetzenartigen Riß zu riskieren.

Wenn Sie nun, nachdem Sie diesen Absatz gelesen haben und Vor- und Nachteile gründlich gegeneinander abgewogen haben, immer noch absolut gegen einen Dammschnitt sind, machen Sie Ihre Einstellung ganz deutlich (eventuell im Geburtsplan, siehe Seite 283 f.). Denken Sie aber immer daran, daß die endgültige Entscheidung erst im Kreißsaal getroffen werden sollte – und zwar mit dem Gedanken an Ihre Gesundheit und die Ihres Kindes.

Überdehnung der Vagina

„Was mich am meisten beunruhigt, ist die Dehnung oder das mögliche Reißen meiner Vagina. Werde ich je wieder so sein wie vorher?"

Die Vagina ist ein erstaunlich elastisches Organ, dessen ziehharmonikaähnliche Falten sich während der Geburt ausdehnen. Obwohl der Scheideneingang manchmal so eng ist, daß es schwierig ist, einen Tampon einzuführen, kann dieser sich trotzdem so erweitern, daß ein drei bis vier Kilo schweres Baby sich durchzwängen kann. Einige Wochen nach der Geburt zieht sich die Vagina wieder fast auf die „alte" Größe zusammen. Für viele Frauen ist die geringfügige Zunahme der Scheidendehnung kaum merkbar und stört den Geschlechtsverkehr nicht. Für diejenigen Frauen, deren Scheide ungewöhnlich eng war, ist die Dehnung sogar von Vorteil, weil der Geschlechtsverkehr dann leichter ist und so angenehmer empfunden werden kann.

Der Damm (das Perineum), der Bereich zwischen Vagina und After, ist zwar auch elastisch, aber nicht so dehnbar wie die Scheide. Bei manchen Frauen dehnt sich der Dammbereich, ohne zu reißen, bei anderen wird es dagegen zu einem Einreißen kommen, falls nicht vorher ein Schnitt gemacht wurde. Eine Ausdehnung im perianalen Bereich führt bei einigen Frauen, bei denen nicht rechtzeitig ein Dammschnitt durchgeführt wurde, dazu, daß die Muskeln später etwas schlaffer sind. Übungen zur Geburtsvorbereitung verbessern die Elastizität und beschleunigen den Rückbildungsprozeß. Kegelübungen (siehe Seite 242), die die Muskeln im unteren Bereich stärken, sollten regelmäßig **vor** der Geburt und meistens sechs Monate **danach** gemacht werden. Wenn Ihnen nach dieser Zeit Ihre Vagina immer noch überdehnt oder schlaff erscheint, sollten Sie Ihren Arzt um Rat fragen.

Zangengeburt

„Ich habe bisher die verschiedensten Horrorgeschichten über Geburtszangen gehört. Was ist, wenn mein Arzt auch so ein Instrument benutzen möchte?"

Generell ein Hinweis: Lassen Sie sich nicht von Horrorgeschichten irritieren. Alle Hilfsmittel dienen doch dazu, Ihnen und Ihrem Kind zu helfen.

Bevor der Kaiserschnitt zu einem normalen und sicheren Geburtseingriff wurde, war die Zangengeburt die einzige Möglichkeit, ein im Geburtskanal eingeklemmtes Baby zu holen. Die gelegentlich verursachten Schäden durch die Zangenbenutzung wurden als der kleinere Preis betrachtet, der für das gerettete Leben bezahlt werden mußte; die Vorteile überwogen die Risiken. Heute sind solche Hochzangengeburten, bei denen der Arzt mit der Zange ganz hoch ins Becken greift, um das Baby herausziehen zu können, und über die die meisten Horrorgeschichten erzählt werden, fast vollständig von Kaiserschnitten verdrängt worden. Anders ist es bei den sogenannten Beckenmitte- oder Beckenausgangs-Zangengeburten, die etwa ein genauso geringes Risiko wie ein Kaiserschnitt aufweisen, sofern sie von geübter Hand korrekt ausgeführt werden. Sie sind vorwiegend in USA üblich. Wenn das Baby ins Becken eingetreten ist und die Wehen ausgesetzt haben, kann mit der Geburtszange die Entbindung beendet werden. Zangen werden aber nur dann eingesetzt, wenn triftige Gründe wie fetale oder mütterliche Notsituationen oder wenn ein Geburtsstillstand vorliegt. Außerdem sollten gleichzeitig alle Vorbereitungen für einen Kaiserschnitt getroffen werden, falls der Zangenversuch mißlingt. Wenn Zangen bei der Geburt benutzt werden, wird die Mutter zunächst lokal betäubt (siehe Seite 288), anschließend werden nacheinander die gebogenen Eisen um das Köpfchen, die Schläfen, gelegt, um dann das Baby langsam herauszuholen und zu entbinden. Die Saugglocke, eine Alternative zu den Zangen, die das Baby aus dem Geburtskanal herausleitet, wird vorwiegend bei uns in Deutschland benutzt. Damit werden gleichsam von außen die Austreibungskräfte der Wehen unterstützt. Der Kopf des Neugeborenen kann nach der Anwendung der Saugglocke durch einen Bluterguß verändert sein. Keine Sorge, das gibt sich rasch und ohne Folgen.

Wenn Sie sich irgendwelche Sorgen bezüglich der Anwendung von Geburtszangen oder Saugglocken machen, dann sprechen Sie mit Ihrem Arzt vor der Geburt über diese Themen.

Zustand des Kindes

„Mein Arzt sagte, daß der Zustand meines Kindes in Ordnung sei, aber laut Apgar-Index liegt er nur bei 7 Punkten. Ist das wirklich noch o. k.?"

Ihr Arzt hat recht. Jede Apgar-Zahl ab 7 aufwärts zeigt einen guten Zustand des Kindes an, gleichwohl sich fast alle Babys, die zunächst niedrigere Zahlen aufwiesen, zu gesunden und normalen Kindern entwickelt haben. Der Apgar-Index wurde entwickelt, um es den Geburtshelfern oder Krankenschwestern zu erleichtern, den Zustand des Neugeborenen zu checken und schnell zu bewerten. Etwa 60 Sekunden nach der Geburt kontrolliert erstmals eine Krankenschwester 1. das Aussehen (Farbe), 2. den Puls (Herzschlag), 3. die Reflexe (Grimassen), 4. die Aktivität (Muskeltonus) und 5. die Atmung (Respiration). Je nach Befund werden die entsprechenden Zahlen (siehe Tab.) addiert. Neugeborene, die mit 4 bis 6 Punkten bewertet werden, benötigen meist Wiederbelebungsmaßnahmen.

Apgar-Index

Zeichen	Punkte		
	0	1	2
Aussehen (Farbe)	blaß oder blau	Körper rosa Extremitäten blau	rosa
Puls (Herzschlag)	nicht spürbar	unter 100	über 100
Reflex-reaktionen	keine Reaktionen	Grimasse	kräftiges Geschrei
Aktivität (Muskeltätig-keit)	keine oder ganz schwache Aktivität	einige Bewegungen	viele Bewegungen
Atmung	keine	langsam, unregelmäßig	gut (weinen)

Zunächst werden die Atemwege gesäubert und anschließend Sauerstoff verabreicht. Neugeborene mit Ergebnissen, die unter 4 Punkten liegen, erfordern oft dramatische Einsätze und Methoden zur Reanimation.

Der Apgar-Index wird nach fünf und zehn Minuten wiederholt. Liegt der Wert dann bei 7 oder höher, sind die Aussichten für das Neugeborene sehr gut. Ist der Wert niedriger, braucht das Kind genaue Überwachung, obwohl die Chancen trotzdem relativ gut sind, daß sich bald ein normaler Zustand einstellt.

Was Sie wissen sollten:
Die einzelnen Stadien der Geburt

Es ist sinnvoll und hilfreich, wenn Sie sich auf den Geburtsverlauf vorbereiten. Man kann schematisch verschiedene Etappen der Geburt abgrenzen, wobei es nie scharfe Trennlinien gibt.

Die Geburt verläuft in *drei Stadien:*

Das *erste Stadium* (Eröffnungsperiode) sind die Wehen mit einer Latenz-, Aktiv- und Übergangsphase, welche mit der Öffnung des Muttermundes endet;

das *zweite Stadium* ist die Austreibungsperiode, die Entbindung mit der Geburt des Babys als Höhepunkt;

das *dritte* und *letzte Stadium* ist die Plazentageburt oder Nachgeburt.

Der ganze Geburtsvorgang dauert etwa 14 Stunden bei Erstgebärenden und etwa sechs Stunden bei Frauen, die bereits ein oder mehrere Kinder geboren haben. Mit Ausnahme der Tatsache, daß die Wehen unterbrochen werden müssen, weil ein Kaiserschnitt für notwendig befunden wird, erleben alle Frauen die Phasen des ersten Stadiums. Manche Frauen erkennen vielleicht den Übergang von der ersten in die zweite Phase nicht, weil ihre Anfangskontraktionen mild oder schmerzlos waren. Die dritte Wehenphase (siehe Seite 377) endet, wenn sich der Muttermund ca. zehn Zentimeter weit geöffnet hat.

Dauer und Intensität der Wehen helfen zu erkennen, in welcher Wehenphase sich eine Frau befindet. Interne Untersuchungen, die in Abständen den Fortgang der Eröffnung kontrollieren, werden die Feststellung bestätigen.

Körperhaltungen bei Wehen

*Stehen unterstützt die Wehentätigkeit
(Schwerkraft)*

*Versuchen Sie fast aufrecht zu sitzen,
und lehnen Sie sich dabei ein wenig
zurück – in die Arme Ihres Partners.*

*Sprechen Sie vorher mit Ihrem Arzt über die Möglichkeit, sich wenigstens halb-
wegs aufgerichtet zu halten, während die Wehen kommen, d.h. stehen, gehen
oder sitzen.*
*Studien haben bewiesen, daß aufrechte Körperhaltungen die Wehenzeit verkür-
zen. Die günstigste Position variiert von Frau zu Frau. Flache Rückenlage kann
nicht nur die Wehentätigkeit verlangsamen, sondern auch die Hauptblutgefäße
abdrücken, insbesondere wenn Sie auf einem harten Boden liegen. Möglicherweise
kann die Blutzufuhr zum Fetus stark gedrosselt werden. Wenn das Liegen für Sie
bequemer ist, dann legen Sie sich abwechselnd auf die linke und rechte Seite.*

Wenn die Wehen offensichtlich nicht normal verlaufen, werden viele Ärzte der Mutter zunächst Oxytocin verabreichen, um den Fortgang zu beschleunigen, oder – falls das nicht hilft – einen Kaiserschnitt vorschlagen. Andere Ärzte werden dagegen warten, bevor sie etwas unternehmen, solange der Zustand von Mutter und Kind gut ist.

Das erste Stadium der Geburt: Wehen und Eröffnungsperiode

Die erste Phase: Frühe oder latente Wehen (Latenzphase)

Diese Phase ist normalerweise die längste und glücklicherweise die am wenigsten belastende! Die allmähliche Erweiterung (Öffnung) des Muttermundes bis zu ca. drei Zentimeter, welche für diese Phase charakteristisch ist, kann sich über Tage und Wochen ohne spürbare Kontraktionen hinziehen. Diese Phase kann aber auch viel kürzer sein, etwa zwei bis sechs Stunden. Die Kontraktionen dieser ersten Phase dauern normalerweise zwischen 30 bis 40 Sekunden an, sind mittelstark, können regelmäßig oder unregelmäßig auftreten (alle 5 bis 20 Minuten). Allmählich treten sie häufiger auf. Manche Frauen spüren diese Kontraktionen überhaupt nicht.
Es ist Ihnen wahrscheinlich schon gesagt worden, daß Sie sich am Ende dieser oder am Anfang der folgenden Phase ins Krankenhaus begeben sollen.

Was Sie vielleicht empfinden
Die gewöhnlichsten Zeichen und Symptome dieser Phase lauten: Rückenschmerzen (entweder permanent oder nur jeweils während einer Kontraktion), menstruationsähnliche Krämpfe, Verdauungsstörungen, Durchfall, Wärmegefühl in der Bauchgegend und das sogenannte erste Zeichen, d. h. ein blutig verfärbter Schleimausfluß. Vielleicht erleben Sie alle oder auch nur ein bis zwei dieser Anzeichen. Ihre Fruchtblase könnte schon vor der Uterusarbeit zerreißen. Es ist aber wahrscheinlicher, daß diese während der Wehenphase ruptiert. (Falls die Fruchtblase nicht spontan zerspringt, wird

Ihr Arzt vielleicht die Entscheidung treffen, diese in der aktiven Phase dann künstlich zu sprengen). Gefühlsmäßig können sich eine Menge verschiedener Emotionen einstellen: Aufregung, Erleichterung, Unsicherheit, Nervosität, Angst oder Entspannung, Gesprächigkeit, aber auch Spannung oder Besorgnis.

Was Sie tun können

◆ Entspannen Sie sich. Auf jeden Fall sollten Sie sich bei Ihrem Arzt melden, wenn die Fruchtblase geplatzt ist und das ausgelaufene Wasser dunkel-grünlich verfärbt ist, wenn Sie hellrote Blutungen haben oder wenn Sie keine Kindsbewegungen mehr spüren (obwohl es während der Kontraktionen schwierig ist, diese tatsächlich zu spüren, machen Sie den Test von Seite 255). Versuchen Sie selbst am Telefon mit Ihrem Arzt zu sprechen, weil Informationen über eine dritte Person verlorengehen.

◆ Falls die Wehen mitten in der Nacht auftreten, versuchen Sie zu schlafen, aber nicht auf dem Rücken (siehe Seite 225 „Schlafpositionen"). Es ist nämlich sehr wichtig, daß Sie sich jetzt noch ausruhen, weil Sie dazu in den späteren Stunden vermutlich nicht mehr kommen werden. Sie brauchen auch keine Angst zu haben, daß Sie die zweite Phase vielleicht verschlafen, denn die Kontraktionen werden Sie auf Grund der Intensität dann schon wecken!

◆ Falls Sie aber nicht schlafen können, stehen Sie auf, und lenken Sie sich ab: Räumen Sie einen Schrank auf, richten Sie das Babybett her, packen Sie Ihr Krankenhausköfferchen (siehe Seite 333), bereiten Sie für Ihren Partner ein kleines Imbißpaket zum Mitnehmen vor, spielen Sie Karten, oder legen Sie ein Puzzle.

◆ Falls Ihre Wehen tagsüber beginnen, setzen Sie Ihre normalen Tätigkeiten fort, solange Sie sich dabei nicht sehr weit von Ihrem Zuhause entfernen müssen. Wenn Sie eigentlich nichts zu tun haben, suchen Sie sich irgendeine Beschäftigung, oder gehen Sie spazieren, sehen Sie fern, kochen Sie eine leichte Mahlzeit vor, die Sie einfrieren können. Sagen Sie Ihrem Mann Bescheid, ohne daß er sofort nach Hause kommen muß.

◆ Machen Sie es sich bequem. Nehmen Sie ruhig ein warmes Bad, sofern Ihre Fruchtblase noch nicht geplatzt ist, oder duschen Sie; legen Sie sich ein Heizkissen in den Rücken, aber nehmen Sie niemals Aspirin. Legen Sie sich nicht auf den Rücken!

- Essen Sie eine Kleinigkeit, wenn Sie Hunger verspüren. Vermeiden Sie aber schwerverdauliche Lebensmittel wie Fleisch, Milchprodukte und Fett, da ein voller Bauch im Fall einer notwendigen Anästhesie Komplikationen verursacht.
- Messen Sie ca. eine halbe Stunde lang die Kontraktionszeiten, wenn die Abstände der Wehen unter 10 Minuten liegen.
- Gehen Sie oft auf die Toilette, um eine volle Blase (Blasenauftrieb) zu vermeiden, welche den Wehenverlauf hemmen könnte.
- Versuchen Sie, sich zu entspannen. Machen Sie aber keine Atemübungen, sonst sind Sie erschöpft, lange bevor Sie diese Atemübungen wirklich brauchen.

Was Ihr Partner tun kann
Üben Sie, die Abstände der Kontraktionen zu messen. Die Zeit zwischen den Kontraktionen mißt man von dem Beginn einer Kontraktion bis zum Beginn der nächsten Kontraktion. Bestimmen Sie die Kontraktionen innerhalb einer Zeitfolge. Schreiben Sie die Zeit auf.

- Verbreiten Sie einen beruhigenden Einfluß. Während dieser frühen Wehenphase ist es Ihre wichtigste Aufgabe, die Mutter zu entspannen. Der beste Weg dabei ist, daß Sie sich selbst auch ruhig (innerlich und äußerlich) geben. Machen Sie daher gemeinsam die Entspannungsübungen, oder massieren Sie Ihre Frau sanft und langsam (es könnte für Sie beide hilfreich sein). Es ist in jedem Fall aber noch zu früh, mit Atemübungen anzufangen.
- Behalten Sie Ihren Sinn für Humor, und versuchen Sie, daß auch die Mutter Ihren Humor nicht verliert, denn die Zeit vergeht schneller, wenn Sie Späßchen machen oder lachen können. Das Lachen wird schwerer fallen, sobald die Kontraktionen heftiger werden.
- Lenken Sie Ihre Frau ab. Schlagen Sie Aktivitäten vor, die Sie beide ablenken, wie z. B. Vorlesen, Kartenspielen, Fernsehen oder kleine Spaziergänge.
- Bieten Sie der werdenden Mutter deutlich Beistand, Beruhigung und Unterstützung an, ab jetzt wird sie alles dankbar annehmen.
- Achten Sie aber auch auf Ihre Kräfte, damit Sie in der entscheidenden Phase noch tatkräftige Unterstützung leisten können. Essen Sie etwas Vernünftiges, auch wenn Ihre Frau keine großen Mahlzeiten mehr zu sich nehmen kann. Packen Sie für sich belegte Brote ein, aber keine mit intensivem Geruch.

Im Krankenhaus

In das Krankenhaus fahren. Am Ende der ersten Phase oder zu Beginn der zweiten Phase (wenn die Kontraktionen weniger als fünf Minuten auseinanderliegen, Sie relativ weit vom Krankenhaus entfernt wohnen oder es sich um Ihre erste Geburt handelt) werden Sie sich mit Ihrem Koffer ins Krankenhaus begeben. Das wird natürlich schneller gehen, wenn Sie sich den Weg vorher schon einmal angeschaut haben, wenn Sie wissen, wo Sie auf dem Krankenhausgelände am besten parken können und welchen Eingang Sie benutzen sollten. (Falls es Parkprobleme gibt, ist es besser, mit einem Taxi zu fahren!) Während der Fahrt sollten Sie sich auf dem Rücksitz ausstrecken, ein Kissen unter Ihren Kopf legen, den Sitzgurt (ganz lose unter Ihrem Bauch entlangführen) anschnallen und sich mit einer Decke zudecken.

Krankenhausaufnahme. Wenngleich sich die Formalitäten und Abläufe nicht immer gleichen, werden Sie folgendes erwarten können:

◆ Wenn Sie sich bereits vorher angemeldet haben (was übrigens immer sinnvoll ist), wird der Aufnahmevorgang relativ schnell erledigt sein; falls Sie starke Wehen haben, kann dies auch Ihr Partner für Sie tun.

◆ Anschließend werden Sie in ein Vorwehenzimmer oder einen Aufenthaltsraum gebracht. Abhängig von den jeweiligen Vorschriften im Krankenhaus kann es sein, daß Ihr Partner zunächst gebeten wird, draußen zu warten, während Sie „vorbereitet" werden.
(Hinweise für Ihren Partner: Jetzt hätten Sie Zeit, wichtige Anrufe zu erledigen, sich einen Imbiß zu besorgen, einen Platz für den Koffer Ihrer Frau zu organisieren usw. Wenn Sie nach 20 Minuten noch immer nicht an das Bett Ihrer Frau gerufen werden, dann machen Sie sich bemerkbar. Es könnte übrigens sein, daß Sie gebeten werden, einen sterilen Kittel über Ihre Kleidung zu ziehen.)

- Die Krankenschwester oder Hebamme wird kurz Ihren Zustand protokollieren (Beginn, Verlauf der Wehen, zeitliche Folge usw.; Fruchtblase bereits geplatzt oder nicht; ob oder wann etwas gegessen wurde).
- Dann werden Sie gebeten, einige Einverständniserklärungen zu unterzeichnen.
- Ihre Krankenschwester wird Ihnen noch einen Kittel geben und eine Urinprobe verlangen.
- Die Herztöne des Kindes werden regelmäßig mit einem Stethoskop oder einem Herzton-Wehen-Schreiber überprüft. Puls, Blutdruck, Atmung und Temperatur werden kontrolliert. Eventuell wird auch eine fetale Blutprobe entnommen.
- Je nach Gepflogenheiten des Krankenhauses bzw. abhängig von den Weisungen Ihres Arztes und möglicherweise auch unter Berücksichtigung Ihrer eigenen Wünsche wird man eine Teilrasur, einen Einlauf und/oder eine Tropfinfusion veranlassen.
- Krankenschwester, Hebamme, Arzt oder Assistenzarzt werden Sie untersuchen, um festzustellen, wie sich der Muttermund erweitert hat. Wenn Ihre Fruchtblase bei einer drei bis vier Zentimeter weiten Öffnung noch nicht geplatzt ist, wird vermutlich ein künstliches Platzen geplant. Manche Ärzte warten damit jedoch noch, bis der Muttermund sich fünf Zentimeter erweitert hat, oder Sie entscheiden gemeinsam mit Ihrem Arzt, mit dem Eingriff noch eine spätere Wehenphase abzuwarten. Die Prozedur ist völlig harmlos, und alles, was Sie spüren, ist ein plötzlicher Schwall warmer Flüssigkeit. Sollten Sie irgendwelche Sorgen haben, ist es jetzt an der Zeit, zu fragen!

Die zweite Phase: Aktive Wehen (Aktivphase)

Die zweite oder aktive Phase der Wehen ist normalerweise kürzer als die erste Phase und dauert in der Regel zwei bis dreieinhalb Stunden, wenngleich durchaus viele Abweichungen von dieser Normzeit vorkommen.

Die „uterinen Bemühungen" zielen jetzt vor allem darauf hin, in „weniger Zeit mehr zu bringen", d. h. durch starke, lange und häufige Kontraktionen (in der Regel mit drei- bis vierminütiger Folge und 40 bis 60 Sekunden Dauer) erweitert sich die Zervix bis ca. sieben Zentimeter. Jede Kontraktion hat einen deutlichen Höhepunkt. Die Ruhezeiten zwischen den Wehen werden zunehmend kürzer. Vermutlich werden Sie sich bereits seit Beginn dieser Phase im Krankenhaus aufhalten.

Was Sie vielleicht empfinden

Normale Zeichen und Symptome dieser Phase sind ein zunehmendes Unwohlsein bei den Kontraktionen (vielleicht wird es Ihnen nicht mehr möglich sein, bei einer Wehe zu sprechen), starke Rückenschmerzen, Schmerzen in den Beinen, Ermüdung, extremer blutiger Schleimausfluß. Eventuell erleben Sie alle oder auch nur einige dieser Beschwerden. Falls es nicht schon vorher geschehen ist, kann jetzt die Fruchtblase platzen. (Wenn die Fruchtblasenruptur nicht spontan erfolgt, wird der Arzt während dieser Phase die Fruchtblase künstlich sprengen.)

Sie fühlen sich entweder ruhelos, und es fällt Ihnen schwer, sich jetzt noch zu entspannen oder Ihre Konzentration zu intensivieren, oder Sie sind in Ihre aktive Mitarbeit bei dem Geburtsvorgang völlig vertieft.

Vielleicht beginnen Sie aber auch mutlos zu werden. Sie glauben plötzlich, daß die Wehen nie enden werden. Oder Sie fühlen sich aufgeregt und voller Mut, weil sich ein Ende der Dinge abzeichnet.

Was Sie tun können

• Beginnen Sie mit den Atemübungen, wenn z. B. die Wehen so stark werden, daß Sie nicht mehr sprechen können. Wenn Sie noch nie etwas von Atemübungen gehört, geschweige denn solche

Wenn Sie keine Fortschritte machen

Das Voranschreiten der Geburt wird anhand der Muttermunderweiterung oder dem Eintritt des Fetus ins Becken gemessen. Gute Fortschritte setzen dreierlei voraus:
Starke uterine Kontraktionen, welche die Zervix effektiv erweitern;
ein Baby, welches sich in einer guten Ausgangslage befindet, um das Becken leicht passieren zu können
und ein Becken, welches geräumig genug ist, damit der Kopf des Babys durchpaßt.
Wenn diese Voraussetzungen fehlen oder gestört sind, können abnormale oder dysfunktionelle Wehen auftreten, die den Fortgang verlangsamen oder schließlich einen Geburtsstillstand verursachen.

Es gibt verschiedene Arten der abnormalen Wehen

Von einer verlängerten oder latenten Phase spricht man, wenn nach 20 Stunden seit Wehenbeginn sich der Muttermund kaum oder gar nicht bei einer Erstgebärenden (und nach 14 Stunden bei einer Mehrgebärenden) erweitert hat. Manchmal glaubt man an einen verzögerten Fortgang, weil die richtigen Wehen noch gar nicht begonnen hatten und die Kontraktionen, die von der Frau verspürt wurden, Vorwehen waren. In einigen Fällen ist der Grund für den langsamen Fortgang in der verfrühten Einnahme von Medikamenten zu suchen. Auch psychologische Faktoren können eine lähmende Rolle spielen, wenn die Frau bei Wehenbeginn in Panik gerät, was eine Ausschüttung von bestimmten Hormonen im Nervensystem auslöst, die wiederum zu einer Wehenunterbrechung führt.
Ganz generell wird Ihr Arzt bei einer langsamen ersten Phase vorschlagen, diese durch Aktivitäten (wie Spazierengehen) oder mit Hilfe des genauen Gegenteils – also durch Schlaf oder Ruhe – anzuregen. Auf diese Weise können auch „falsche" Wehen ausgeschlossen werden, da die Kontraktionen der sogenannten „falschen" Wehen normalerweise entweder bei Aktivität oder Ruhe nachlassen.
Sollten in der Latenzphase keine starken Wehen einsetzen, kann der Arzt entscheiden, daß Oxytocin verabreicht wird, um die Wehentätigkeit anzuregen. Zuvor sollten Sie aber alle anderen Möglichkeiten nutzen. Es ist ganz wichtig, daß Sie ständig darauf achten, die Blase zu entleeren, da eine volle Blase den Beckeneintritt des Fetus erschwert. Wenn auch die obengenannten Versuche, die Wehen anzuregen, nicht recht gelingen, liegt vielleicht ein Mißverhältnis vor.
Registriert man nach längstens 24 Stunden einen ungenügenden Fortschritt innerhalb der ersten Phase, wird ein Kaiserschnitt vorbereitet; einige Ärzte werden sich auch schon früher für eine operative Geburt aussprechen, während manche noch länger warten, solange Mutter und Kind nicht in Gefahr sind.

Von einer **primären Funktionsschwäche (Dysfunktion) in der aktiven Phase** spricht man, wenn innerhalb der zweiten Aktivphase die Wehen nur sehr langsam vorangehen (der Muttermund öffnet sich weniger als 1 cm pro Stunde bei Erstgebärenden, weniger als 1,5 cm bei Frauen, die bereits schon ein- oder mehrmals entbunden haben). Wenn überhaupt Fortschritte zu verzeichnen sind (obgleich langsam), überlassen viele Ärzte es dem Uterus, sein eigenes, individuelles Tempo zu bestimmen. Sie hoffen, daß die Frau am Ende doch ohne ärztliche Eingriffe ihr Kind auf natürliche Weise gebären wird (was für zwei Drittel der Frauen mit anfänglich primärer Dysfunktion auch zutrifft). Die Tätigkeit des Uterus könnte auch hier durch Umherlaufen einer aufrechten Haltung und häufiges Wasserlassen beschleunigt werden. Während einer sehr langen Wehendauer wird der Frau intravenös Flüssigkeit verabreicht.

Von einer **sekundären Funktionsschwäche (Dilatationsstillstand)** spricht man, wenn es plötzlich während der Wehen zu zweistündiger Pause kommt, d. h. kein Fortschritt mehr erkennbar ist. In 50 Prozent dieser Fälle liegt ein Mißverhältnis von Kopf- und Beckengröße vor, was einen Kaiserschnitt erfordert. In den anderen Fällen hilft Oxytocin (manchmal in Verbindung mit künstlicher Blasensprengung), damit die Wehen wieder einsetzen, besonders, wenn die Ursache für die Wehenverlangsamung einfach Erschöpfungszustände waren. Und wieder einmal kann die Frau selbst die trägen Kontraktionen durch eine aufrechte Haltung, Umherlaufen und häufiges Wasserlassen aktivieren.

Von einem **gestörten Eintreten des Fetus in das kleine Becken** spricht man, wenn das Baby von Erstgebärenden weniger als 1 cm (oder weniger als 2 cm bei Mehrgebärenden) pro Stunde durch den Geburtskanal tiefer eintritt. In den meisten Fällen findet dennoch eine langsame, aber komplikationslose Geburt statt. Die Benutzung einer Saugglocke oder Zange, um ein Baby, welches sich noch nicht in der Nähe des Scheidenausganges befindet, herauszuholen, gilt heute als gefährlich.

Von einem **verzögerten zweiten Stadium** spricht man, wenn diese Phase länger als zwei Stunden bei Erstgebärenden oder über eineinhalb Stunden bei Mehrgebärenden dauert. Viele Ärzte benutzen dann eine Saugglocke oder Zange als „Ausgangshilfe" oder veranlassen einen Kaiserschnitt, sobald der Zeitraum von zwei Stunden überschritten ist. Manche Ärzte werden der Mutter aber auch erlauben, die vaginale Geburt fortzusetzen, sofern ein langsamer, aber stetiger Fortgang beobachtet wird und Mutter und Kind nicht in Gefahr sind. Auch hier ist die Schwerkraft eventuell wieder hilfreich; eine aufrecht sitzende oder hockende Stellung beschleunigt die Geburt zuweilen wirksam!

praktiziert haben, lassen Sie sich einfache Atemübungen von der Krankenschwester zeigen! Haben Sie aber das Gefühl, daß die Übungen Ihre Anspannung verstärken, müssen Sie diese nicht anwenden. Jahrhundertelang haben Frauen auch ohne diese Atemübungen Kinder zur Welt gebracht.

◆ Wenn Ihr Arzt es erlaubt, trinken Sie klare Getränke, um erstens Flüssigkeiten zu ersetzen und zweitens Ihren Mund feucht zu halten. Das Lutschen von Eisstücken schafft Ihnen auch Erfrischung. Manche Ärzte verbieten aber jegliches Trinken von Flüssigkeiten und verwenden eine Tropfinfusion, die der Mutter die notwendige Flüssigkeitsmenge zuführt.

◆ Bemühen Sie sich, zwischen den einzelnen Wehen zu entspannen. Die Entspannung wird immer schwerer fallen, sobald die Wehen an Stärke, Häufigkeit und Dauer zunehmen. Es ist aber um so wichtiger, da auch Ihre Kräfte zunehmend intensiver in Anspruch genommen werden.

◆ Laufen Sie – wenn möglich – ein wenig herum, oder ändern Sie hin und wieder wenigstens Ihre Position. Versuchen Sie die bequemste Stellung herauszufinden (siehe Seite 365 unter „Empfohlene Körperhaltungen bei Wehen").

◆ Erinnern Sie sich immer wieder daran, häufig Wasser zu lassen. Aufgrund des kolossalen Beckendrucks merken Sie vielleicht den Harndrang nicht!

◆ Wenn Sie gern ein Schmerzmittel hätten, sprechen Sie mit Ihrem Geburtshelfer darüber. Vermutlich wird er Ihnen vorschlagen, noch 20 bis 30 Minuten zu warten. In dieser Zeit ist die Geburt eventuell bedeutend vorangeschritten, so daß Sie das vorher gewünschte Schmerzmittel nicht mehr benötigen; oder Sie haben aufgrund des plötzlichen Voranschreitens der Geburt Kraft und Zuversicht gewonnen und wollen selbst keine Medikamente mehr.

Was Ihr Partner tun kann

◆ Lassen Sie die Tür zum Zimmer möglichst geschlossen, dunkeln Sie das Licht etwas ab, und verbreiten Sie eine beruhigende Atmosphäre. Falls erlaubt, kann sanfte Musik bei der Entspannung sehr hilfreich sein. Machen Sie weiterhin bei den Entspannungsübungen zwischen den einzelnen Wehen mit, und bleiben Sie selbst so ruhig wie möglich.

♦ Verfolgen Sie die Wehen genau. Wenn Ihre Frau an einem Monitor angeschlossen ist, bitten Sie den Arzt oder die Schwester, Ihnen zu zeigen, wie Sie die Anzeigen des Überwachungsgerätes lesen können. Später, wenn die einzelnen Wehen sehr schnell aufeinanderfolgen, können Sie der Kreißenden die nächste Wehe vorher ankündigen. Der Monitor kann die uterine Anspannung anzeigen, bevor Ihre Frau dies bemerkt. Sie können auch ermutigen, indem Sie ihr jedesmal sagen, wann ein Höhepunkt vorüber ist. Wenn Ihnen keine Überwachung per Monitor zur Verfügung steht, lernen Sie, Anfang und Ende einer Wehe kennen. Legen Sie Ihre Hand auf den Bauch Ihrer Frau und registrieren die Uterusarbeit.

♦ Atmen Sie bei heftigen Kontraktionen einfach mit. Zwingen Sie Ihre Frau aber nicht, bestimmte Atemübungen auszuführen, wenn diese ihr unangenehm sind oder sie dadurch nur noch mehr in Spannung gerät.

♦ Sollte sie über irgendwelche Anzeichen wie Schwindel, Sehstörungen oder starkes Kribbeln im Körper bzw. taubes Gefühl in Finger oder Zehen klagen, die auf Überatmung und eine dadurch bedingte Verschiebung in der Blutzusammensetzung hindeuten, dann helfen Sie ihr, daß sie in eine Papiertüte oder ihre Hände atmet. Diese ausgeatmete sauerstoffarme Luft sollte sie dann wieder einatmen. Nach einer Weile reguliert sich das Säure-Basen-Gleichgewicht des Blutes, und sie wird sich besser fühlen. Wenn das Kribbeln oder die anderen Symptome nicht nachlassen, sollten Sie den Arzt informieren.

♦ Beruhigen Sie Ihre Frau ständig, außer sie wird dadurch noch nervöser. Loben Sie sie soviel wie möglich, aber bewerten Sie nicht ihre Bemühungen, insbesondere dann nicht, wenn die Wehen nur sehr langsame Fortschritte machen. Erinnern Sie sie daran, daß sie die Uterusarbeit besser übersteht, wenn sie sich immer gerade auf die eine Wehe konzentriert und daß jeder durchstandene Schmerz sie näher an die Geburt des Kindes heranbringt.

♦ Massieren Sie ihr die Bauch- oder Rückenpartien; benutzen Sie das einfache Mittel des Gegendrucks, um ihr die Situation zu erleichtern. Gehen Sie auf ihre Wünsche oder Hinweise ein, und lassen Sie sich von Ihrer Frau sagen, was ihr am besten hilft.

◆ Tun Sie nicht so, als ob Schmerzen überhaupt nicht existieren, selbst wenn Sie kein Klagen vernehmen, denn Ihre Frau braucht jetzt Ihr Verständnis. Und behaupten Sie bitte niemals, daß Sie sich gut vorstellen können, wie sie sich fühlt. Sie wissen es nämlich nicht!

◆ Machen Sie sie immer wieder darauf aufmerksam, daß sie sich zwischen den Wehen entspannen soll.

◆ Erinnern Sie Ihre Frau daran, daß sie wenigstens einmal pro Stunde auf die Toilette gehen sollte. Begleiten Sie Ihre Frau zur Toilette.

◆ Nehmen Sie es bitte nicht persönlich, wenn Ihre Frau nicht auf Ihre gutgemeinten Ratschläge eingeht oder sich sogar abwesend bzw. irritierend verhält. Die Launen einer Frau während der Wehen sind sehr wechselhaft. Geben Sie ihr Unterstützung, wann immer sie es möchte! Vergessen Sie nie, daß Ihre Rolle sehr wichtig ist, auch wenn Sie sich vielleicht manchmal eher überflüssig vorkommen.

◆ Sofern Ihre Frau trinken darf, geben Sie ihr Flüssigkeit zum Schlürfen (keinesfalls Alkohol) oder Eisstückchen zum Lutschen. Fragen Sie ab und zu nach, was sie gern möchte!

◆ Kühlen Sie mit einem Waschlappen Körper und Gesicht Ihrer angestrengten Frau.

◆ Wenn sie über kalte Füße klagt, ziehen Sie ihr ein paar dicke Socken über.

◆ Versuchen Sie, Ihre Frau abzulenken, und finden Sie immer wieder aufmunternde und unterstützende Worte.

◆ Schlagen Sie ab und zu einen Stellungswechsel vor, und laufen Sie mit ihr (falls möglich) etwas umher.

◆ Unterstützen Sie sie, indem Sie als Mittler zwischen ihr und dem Personal fungieren. Beantworten Sie ihre Fragen, und erkundigen Sie sich genau nach Geräten und Medikamenten, damit Sie es Ihrer Frau erklären können.

◆ Seien Sie immer ihr Fürsprecher, aber versuchen Sie Auseinandersetzungen mit dem Personal ruhig auszutragen – vielleicht sogar in einem Nebenraum, damit Ihre Frau sich nicht aufregt.

◆ Wenn Ihre Frau nach Schmerzmitteln fragt, sagen Sie dem Arzt oder der Hebamme Bescheid. Zunächst wird der Arzt nachfragen, ob Medikamente tatsächlich nötig sind, und anschließend wird die Kreißende untersucht. Es ist durchaus auch möglich, daß eine positive Aussage über eventuell eingetretene Fortschritte Ihre Frau so ermutigt, daß sie versucht, doch ohne Medikamente auszukommen. Seien Sie aber nicht enttäuscht oder verstimmt, wenn sich Ihre Frau gemeinsam mit dem Arzt **für** eine Schmerzmitteleinnahme entscheidet. Vergessen Sie nicht, daß die Wehen kein Test sind, wie schmerzbelastbar jemand ist.

Was das Krankenhauspersonal tun wird
- Eine entspannte, bequeme und angenehme Umgebung schaffen.
- Ihre Fragen beantworten und versuchen, Sie zu beruhigen.
- Der Zustand des Babys wird mit Stethoskop (Herztöne), Monitor und notfalls durch Fruchtwasseruntersuchungen kontrolliert, die Kindslage durch äußeres Befühlen festgestellt.
- Blutdruck wird gemessen.
- Zeit und Stärke der Wehen sowie Menge und Qualität des blutigen Ausflusses werden bewertet.
- Es wird vaginal oder rektal untersucht, um den Wehenfortgang zu überprüfen.
- Möglicherweise werden verlangsamte Wehen mit Oxytocin, Prostaglandinen oder künstlicher Fruchtblasensprengung angeregt.
- Falls notwendig oder auf Wunsch werden Beruhigungs- und/oder Schmerzmittel verabreicht.

Die dritte Phase: Zunehmende oder Übergangswehen

Die Übergangsphase ist die anstrengendste und anspruchsvollste Phase der Wehen. Ganz plötzlich verstärken sich die Wehen, d. h., sie werden sehr heftig und treten alle zwei bis drei Minuten auf. Sie dauern 60 bis 90 Sekunden an und besitzen sehr intensive Höhepunkte. Manche Frauen, vor allem diejenigen, die bereits Kinder zur Welt gebracht haben, erleben mehrere Höhepunkte und haben das Gefühl, daß die Wehen eigentlich gar nicht mehr aufhören und sie sich dazwischen nicht mehr richtig entspannen können. Fünfzehn Minuten bis zu einer Stunde dauert die letzte Zeit der Eröffnungsphase. Dann ist der Muttermund ca. zehn Zentimeter weit geöffnet.

Was Sie vielleicht empfinden oder bemerken werden
Sie werden wahrscheinlich starke, drückende Kreuz- oder Unterleibsschmerzen verspüren. Der rektale Druck (mit oder ohne Stuhlgangszwang) könnte zu ungewolltem Stöhnen führen. Sie fühlen sich entweder erhitzt und verschwitzt oder kalt und zittrig – eventuell erleben Sie die genannten Zustände auch im Wechsel. Ihr blutiger Ausfluß wird zunehmen, sobald mehr Kapillaren im Muttermund platzen; Sie werden vielleicht Krämpfe in den Beinen erleben, die obendrein kalt sind und unkontrolliert zittern. Vielleicht ist Ihnen übel, oder Sie müssen sich erbrechen, und Müdigkeit könnte Sie zwischen den Kontraktionen stark überwältigen, weil relativ wenig Sauerstoff in das Gehirn transportiert wird. Es ist nicht überraschend, daß Sie sich zu diesem Zeitpunkt wie ausgelaugt fühlen. Emotional fühlen Sie sich vermutlich überwältigt. Abgesehen von dem frustierenden Gefühl, noch nicht richtig pressen zu dürfen, sind Sie eventuell auch reizbar, entmutigt, verwirrt, unruhig. Sie haben große Schwierigkeiten, sich zu konzentrieren und zu entspannen (beides erscheint Ihnen unmöglich!).

Was Sie tun können
- Geben Sie jetzt nicht auf! Sie können ohnehin nicht mehr zurück. Am Ende dieser Phase wird Ihr Muttermund vollständig erweitert sein, und dann ist die Zeit gekommen, um das Baby herauszupressen.
- Anstatt an die Anstrengung zu denken, die noch vor Ihnen liegt, sollten Sie auf die bereits getane Arbeit zurückblicken.
- Wenn Sie jetzt den starken Drang zu pressen verspüren, pusten oder keuchen Sie statt dessen, es sei denn, man hat Ihnen etwas anderes gesagt.
- Wenn es Ihnen hilft, wenden Sie Atemübungen an, die Sie gelernt haben, oder bitten Sie die Hebamme um Anleitung.
- Versuchen Sie sich zwischen den Kontraktionen zu entspannen, indem Sie langsam und gleichmäßig atmen.

Schmerzwahrnehmung

Schmerzwahrnehmung wird erhöht durch	Schmerzwahrnehmung wird reduziert durch
Alleinsein	Gesellschaft und Unterstützung von Menschen, die Sie lieben, oder auch von nettem, erfahrenem Krankenhauspersonal
Ermüdung	vorheriges gutes Ausruhen (arbeiten Sie im 9. Monat nicht mehr so viel)
Hunger und Durst	Einnahme leichter Snacks während der frühen Wehenphase und das Lutschen von Eisstückchen und durch Trinken – falls erlaubt
Ständiges Nachdenken über den Schmerz und Grübeln über bevorstehendes Leiden	Ablenkung! Denken Sie nicht darüber nach, wie schmerzhaft die Kontraktionen sind, sondern wie weit Sie schon vorangekommen sind. Erinnern Sie sich immer daran, daß die Schmerzen ein Ende haben.
Beklemmung und Streß der Kontraktionen und Anspannung in den Ruhepausen	Anwendung von Entspannungsübungen zwischen den Kontraktionen und hohe Konzentration während der Wehen
Angst vor dem Unbekannten	Kenntnisse über den Geburtsverlauf. Lernen Sie soviel wie möglich über die Wehen
Selbstmitleid	die Tatsache, daß Sie bald eine wundervolle Belohnung für die viele Mühe in den Armen halten
Hilflosigkeit und das Gefühl, die Kontrolle zu verlieren	gute, umfassende Vorbereitung

Was Ihr Partner tun kann

♦ Seien Sie genau und direkt in Ihren Anweisungen, ohne viel Worte zu machen. Plaudern könnte Ihrer Frau vielleicht lästig sein. Wenn die Kreißende zu irgendeinem Zeitpunkt Ihre Hilfe nicht mehr möchte, nehmen Sie es bitte nicht persönlich. Geben Sie ihr den gewünschten Freiraum, aber bleiben Sie vorsichtshalber in der Nähe.

♦ Spenden Sie Trost, Ermutigung und Lob, es sei denn, es wäre ihr lieber, wenn Sie still sind.

♦ Berühren Sie sie nur, wenn sie das möchte.

♦ Atmen Sie während jeder Kontraktion mit, sofern ihr das hilft.

♦ Erinnern Sie sie daran, daß sie eine Wehe nach der anderen nehmen soll. Sagen Sie Ihrer Frau, wann eine Wehe beginnt, und wenn die Wehe abflaut.

♦ Wenn die Wehen immer dichter aufeinanderfolgen und sie dabei den heftigen Drang verspürt, jetzt pressen zu müssen, rufen Sie die Krankenschwester, da es sein könnte, daß der Muttermund jetzt völlig geöffnet ist.

♦ Bieten Sie ihr Eisstücke an, und tupfen Sie ihr das Gesicht mit einem feuchten Lappen ab.

Was das Krankenhauspersonal tun wird

♦ Sie weiter unterstützen;

♦ Ihren Zustand und den des Kindes kontrollieren;

♦ Dauer, Intensität und Fortgang der Kontraktionen überwachen;

♦ das zweite Stadium der Geburt vorbereiten.

Das zweite Stadium der Geburt: Pressen und Entbinden (Austreibungsphase)

Bis zu diesem Zeitpunkt war Ihre aktive Teilnahme an der Geburt Ihres Kindes noch relativ gering. Obwohl Sie unbestritten die Hauptleidende der Geburtsschmerzen sind, haben Zervix und Uterus bisher die Hauptarbeit geleistet. Sobald nun die Eröffnung vollständig ist, wird Ihre Mitarbeit benötigt, um das Baby durch den

Geburtskanal herauszupressen. Diese Prozedur dauert in der Regel eine halbe Stunde bis eine Stunde, obwohl es manchmal auch nur zehn Minuten dauern kann. Zwei, drei, vier oder mehr Stunden sollte die Austreibungsphase nicht dauern. In den wenigsten Fällen würde das Kind solange mitmachen. Die Kontraktionen im zweiten Stadium sind normalerweise regelmäßiger als in der Übergangsphase und dauern immer noch ca. 60 bis 90 Sekunden, aber die Abstände werden größer.

Was Sie vielleicht empfinden oder bemerken
Im zweiten Stadium verspüren viele Frauen einen starken Drang zu pressen. Entweder fühlen Sie sich energiegeladen, oder Sie sind sehr müde. Sie werden starken rektalen Druck und deutliche Kontraktionen bemerken; der Ausfluß wird stärker und blutiger; kribbelndes, brennendes, stechendes Gefühl, sobald der fetale Kopf die Vagina berührt bzw. dort einschneidet, und endlich ein klitschig-nasses Gefühl, wenn das Baby herausgleitet. Emotional werden Sie erleichtert sein, endlich pressen zu können, und sich vielleicht sehr aufgeregt fühlen. Andererseits könnten Sie auch frustriert oder ermüdet sein, wenn sich die Zeit des Pressens zu lange hinzieht (mehr als eine Stunde). Dauert das zweite Stadium länger, hat die Frau mehr den Wunsch, alles hinter sich zu haben, als endlich das eigene Kind zu sehen.

Was Sie tun können
- Nehmen Sie eine günstige Preßposition ein. Die Hebamme wird sie Ihnen vorgeben. Aufrecht sitzend oder halbhockend ist wahrscheinlich die beste Stellung, um zu pressen, weil Ihnen die Schwerkraft zu Hilfe kommt.
- Geben Sie nun alles, was Sie noch an Reservekräften haben. Je stärker und wirksamer Sie pressen und je mehr Energie Sie jetzt aufwenden, desto eher wird Ihr Baby den Geburtskanal passieren. Trotzdem sollten Sie Ihre Bemühungen unter Kontrolle haben; achten Sie auf die Anweisungen Ihres Arztes oder der Hebamme, denn unkontrolliertes und verzweifeltes Pressen verbraucht Energie und bringt die Geburt nicht wesentlich voran.
- Lassen Sie sich beim Pressen weder durch Hemmungen noch durch Peinlichkeiten aus dem Rhythmus bringen. Da Sie durch das Pressen Druck auf den gesamten Perianalbereich ausüben,

kann auch alles aus Ihrem Mastdarm herausgedrückt werden. Wenn Sie versuchen, diese Art des Stuhlganges zu vermeiden, behindern Sie aber auch den effektiven Preßvorgang. Ein wenig Stuhlgang oder ein paar Urintröpfchen kommen bei fast jeder gebärenden Frau vor. Niemand der Anwesenden wird daran Anstoß nehmen, und Sie sollten auch keinen Gedanken daran verschwenden. Mit sterilen Tüchern werden die Exkremente sofort beseitigt.

◆ Pressen Sie, sobald Sie den Drang verspüren, es sei denn, Ihr Arzt hat Ihnen andere Instruktionen erteilt. Während sich die Wehe langsam aufbaut, atmen Sie mehrmals tief ein, nehmen Sie noch einen tiefen Atemzug, und halten Sie dann die Luft an, sobald die Kontraktion ihren Höhepunkt erreicht hat. Jetzt sollten Sie so lange mit aller Kraft pressen, bis Sie nicht mehr die Luft anhalten und pressen können. Atmen Sie am Ende der Kontraktionen mehrmals tief ein und aus, um Ihr respiratorisches Gleichgewicht wiederzuerhalten.

Wenn dieser Vorgang nicht instinktiv (wie von allein) erfolgt, werden der Arzt oder die Hebamme Sie anleiten und helfen, daß Sie sich genau konzentrieren.

◆ Entspannen Sie Ihren ganzen Körper – inklusive Becken und Oberschenkel – während des Pressens. Eine gespannte Haltung wirkt Ihren Preßbemühungen entgegen.

◆ Hören Sie auf zu pressen, wenn Ihr Arzt es sagt – und er wird es Ihnen vermutlich sagen, um zu verhindern, daß der Kopf zu schnell geboren wird. Keuchen oder pusten Sie statt dessen.

◆ Ruhen Sie sich zwischen den Kontraktionen aus. Wenn Sie wirklich sehr erschöpft sind (insbesondere bei einem verlängerten Stadium), wird der Arzt vorschlagen, daß Sie während der nächsten beiden Kontraktionen nicht pressen sollen, damit Sie für einen kurzen Moment Kraft schöpfen und mit neuer Energie anschließend weiterpressen können.

◆ Seien Sie nicht enttäuscht, wenn Sie das Köpfchen schon einmal sehen konnten und es nun wieder nach innen verschwunden ist. Die Geburt ist ein „Zwei Schritte vorwärts – einen Schritt zurück" Verfahren.

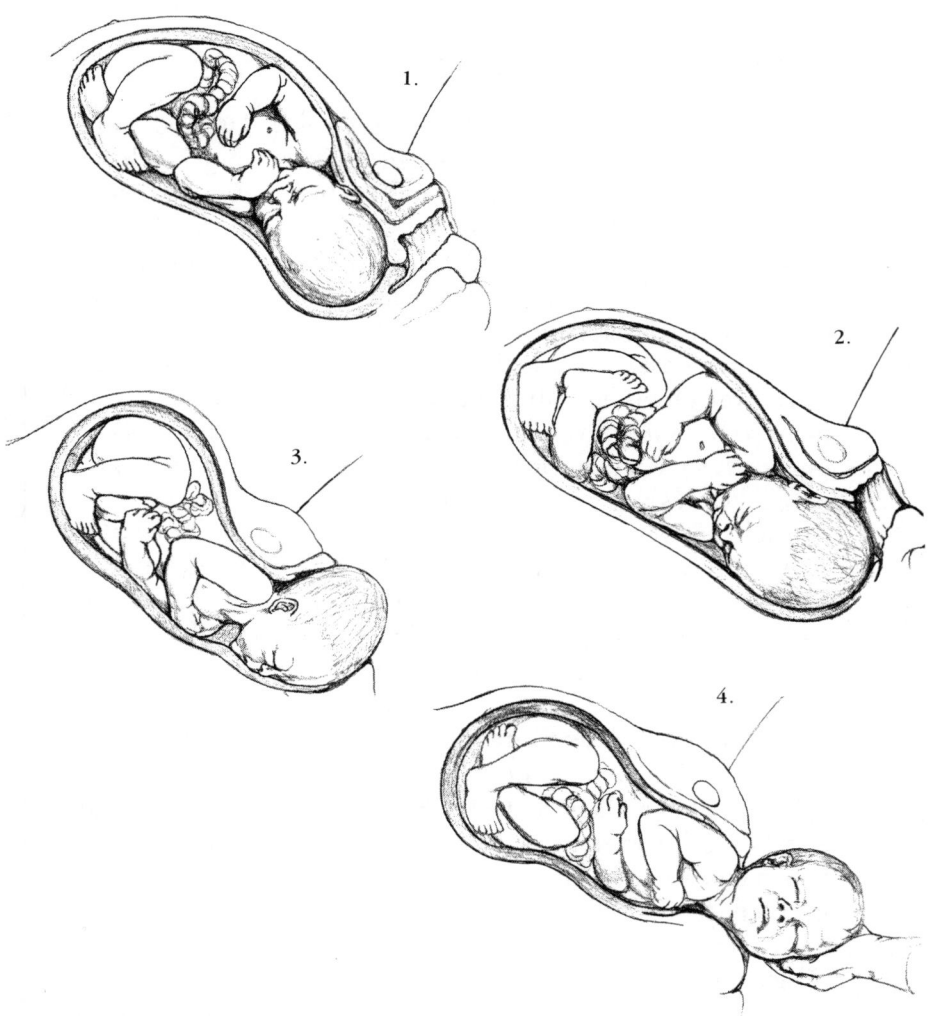

Ein Baby wird geboren
1. Der Rand des Muttermundes ist ein bißchen dünner geworden, aber die Eröffnung hat noch nicht begonnen.
2. Die Zervix ist vollständig geöffnet, und das Köpfchen beginnt, sich durch den Geburtskanal zu pressen.
3. Während einer Preßwehe dreht sich das Baby so, daß es am besten durch das Becken paßt. Auf diesem Bild hat sich der weiche Kopf des Kindes etwas verformt, damit er durch das Becken paßt; die Fontanelle ist sichtbar.
4. Der größte Teil – das Köpfchen – ist geboren. Nun wird die Geburt des restlichen Körpers relativ leicht und schnell erfolgen.

Erster Blick auf das Neugeborene

Diejenigen, die erwarten, daß ihr Baby rosa, glatt und sauber auf die Welt kommt, werden einen kleinen Schock erleben. Neunmonatiges „Einweichen" im Fruchtwasser, stundenlanges Gepreßtwerden durch Kontraktionen und das Herauszwängen aus einem engen Geburtskanal tragen nicht gerade viel zu einer wundervollen Erscheinung eines Neugeborenen bei! Durch Kaiserschnitt entbundene Babys sehen zunächst wesentlich besser aus als die vaginal Geborenen. Glücklicherweise verschwinden die charakteristischen Merkmale der nicht so bezaubernd aussehenden Neugeborenen mit der Zeit, und auch Sie werden nach kurzer Zeit feststellen, daß ein ganz entzückendes Baby in Ihrer Wiege liegt.

Ein seltsam verformter Kopf. Bei der Geburt ist der Kopf im Verhältnis das größte Körperteil. Das weiche Köpfchen wird häufig etwas verformt, damit das Baby durch das Becken paßt, so daß die Kopfform bei vielen leicht spitz zulaufend ist. Der Kopf wird aber innerhalb der nächsten zwei Wochen rundlicher.

Das Haar von Neugeborenen. Das Haar, mit dem Ihr Neugeborenes zur Welt kommt, hat wahrscheinlich wenig Ähnlichkeit mit den Haaren, die Ihr Kind später haben wird. Manche Neugeborenen sind fast kahlköpfig, andere wiederum haben eine dichte Mähne. Die meisten aber werden mit einem leichten feinen Haaransatz geboren. Alle Babys verlieren diese Geburtshaare, die durch andere ersetzt werden.

„Käseschmiere". Man glaubt, daß die teigige Substanz, die den Fetus innerhalb des Uterus bedeckt, die Haut des Babys während des langen Aufenthalts im Fruchtwasser schützt. Frühgeborene Kinder sind noch ziemlich stark von der Käseschmiere überzogen, während bei übertragenen Babys diese nur noch in Hautfalten oder unter den Fingernägeln vorhanden ist.

Schwellung der Geschlechtsorgane. Dies ist sowohl bei männlichen als auch bei weiblichen Neugeborenen nicht ungewöhnlich – besonders häufig bei Jungen, die durch Kaiserschnitt zur Welt kommen. Bei vielen Neugeborenen sind auch die Brüste auf Grund einer durch ein mütterliches Hormon ausgelösten Stimulation geschwollen. Diese Hormone können sogar Weißmilch oder sogar blutigen Vaginalausfluß bei weiblichen Babys bewirken. Das sind normale Effekte, sie verschwinden innerhalb von sieben bis zehn Tagen nach der Geburt.

Wollhaar. Feiner Haarflaum, der Schultern, Rücken, Stirn oder Schläfen des Neugeborenen bedeckt (Lanugo); er fällt normalerweise spätestens nach einer Woche aus. Dieser Flaum kann bei Frühgeborenen wesentlich reichlicher vorhanden sein und länger halten – verschwindet aber auch.

Geschwollene Augen. Schwellungen der Augengegend eines Neugeborenen werden meistens durch die Augentropfen verursacht, die dem Baby kurz nach der Geburt verabreicht wurden, um Infektionen zu vermeiden. Die Schwellungen verschwinden innerhalb von wenigen Tagen.

Muttermale und Hautläsionen. Ein rötlicher Fleck am Schädel, auf dem Augenlid oder auf der Stirn („Storchenbiß", Nävus Unna) ist nicht ungewöhnlich. Diese Flecken verschwinden normalerweise ganz allmählich, bis das Kind ca. vier Jahre alt ist. Die Größe von Blutschwämmchen oder erdbeerfarbenen Muttermalen variiert zwischen sehr klein und der Größe einer 1-DM-Münze. Auch diese werden meist mit der Zeit verblassen oder verschwinden. Milchkaffeebraune Flecken, die überall am Körper erscheinen können, sind eher unauffällig und verschwinden meist nicht. Auch eine Saugglocke, die zur Entbindungshilfe angewendet wurde, trägt nicht gerade zur kosmetischen Verschönerung des Köpfchens bei. Eine Vielfalt von Ausschlägen oder Pickelchen können das Gesicht des Neugeborenen übersäen und den Anblick stören. Zum Glück sind auch diese Hautprobleme nur vorübergehend.

Was Ihr Partner tun kann

* Beruhigen und unterstützen Sie Ihre Frau weiterhin, aber fühlen Sie sich nicht verletzt, wenn Ihre Frau Ihre Anwesenheit scheinbar nicht bemerkt. Sie konzentriert sich auf etwas anderes.
* Leiten Sie sie beim Pressen und Atmen so an, wie Sie es in den Kursen zur Geburtsvorbereitung gelernt haben. Geben Sie die Instruktionen des Arztes an sie weiter.
* Lassen Sie sich durch das Wissen des Krankenhauspersonals nicht einschüchtern. Ihre Anwesenheit ist sehr wichtig. In der Tat ist ein leise geflüstertes „Ich liebe dich" wahrscheinlich in diesem Stadium für Ihre Partnerin weitaus wichtiger als alles, was jede Krankenschwester ihr anzubieten hätte.
* Helfen Sie Ihrer Frau, sich zwischen den Kontraktionen zu entspannen.
* Falls gestattet, geben Sie ihr weiterhin Eisstückchen, damit ihr Mund nicht zu trocken wird.
* Stützen Sie ihr den Rücken, halten Sie ihre Hand, tupfen Sie ihr den Schweiß von der Stirn; tun Sie alles, was auch immer ihr irgendwie hilft.
* Geben Sie ihr Hinweise bezüglich der Geburtsfortschritte, um sie zu ermutigen.
* Wenn Ihnen angeboten wird, das Baby aufzufangen, sobald es ganz herausrutscht, oder Sie die Nabelschnur durchschneiden dürfen, dann übernehmen Sie diese Aufgabe. Beides ist einfach, und Sie erhalten schrittweise Instruktionen.
* Aber: Stören Sie nicht durch eigene Ängste und Nervosität das angestrengt arbeitende Team.

Was das Krankenhauspersonal tun wird

* Sie werden in den Kreißsaal gebracht, falls Sie nicht bereits dort sind.
* Sie erhalten Unterstützung und Anleitung während der Geburt.
* Der Zustand Ihres Babys wird weiterhin kontrolliert – meistens per Monitor.
* Ein Dammschnitt könnte kurz vor der Geburt des fetalen Köpfchens (falls nötig) gemacht werden.
* Eventuell wird eine Geburtsausgangszange bzw. eine Geburtsaus-

gangssaugglocke angewendet, wenn sich das Baby in einem
Streßzustand befindet, wenn Ihr gesundheitlicher Zustand wei-
teres Pressen nicht mehr erlaubt und die Geburt in dieser Phase
stockt, weil ein relatives Schädel-Becken-Mißverhältnis vorliegt.
Meist wird ein Betäubungsmittel verabreicht, da Zangen- bzw.
Saugglockengeburten schmerzvoll sein können.

◆ Sobald der Kopf herausgekommen ist, wird die Hebamme Mund
und Nase von uterinem Schleim säubern, anschließend werden
Schultern und der ganze Körper geboren.

◆ Dann wird die Nabelschnur abgeklemmt und abgeschnitten.

◆ Anschließend erfolgt die erste Versorgung des Kindes: Der Zustand
des Kindes wird per Apgar-Index bewertet (eine Minute und
fünf Minuten nach der Geburt, siehe Seite 363), das Baby wird
gesäubert und ein Namensbändchen wird am Handgelenk befestigt. Bekannt ist, daß manches Neugeborene mit dem berühm-
ten Klaps auf den Po begrüßt wird, um reflektorisch die Spontan-
atmung anzuregen – denn erst jetzt beginnt Ihr Kind zu atmen.

◆ Dem Baby werden Augentropfen zur Infektionsvermeidung verabreicht, es wird gewogen und eingewickelt. In manchen Kliniken wird Ihnen Ihr Kind auch sofort für den ersten Hautkontakt
auf den Bauch gelegt.

◆ Ihnen wird Ihr sauberes Kind gezeigt. Wenn es keine Probleme
gibt, werden Sie und/oder Ihr Partner die Möglichkeit bekommen,
das Baby für längere Zeit im Arm zu halten. Sie können es auch
wunschgemäß an Ihre Brust legen, aber seien Sie nicht traurig,
wenn das Stillen nicht sofort funktioniert (siehe Seite 448 „Start
beim Stillen").

◆ Nachdem Sie sich mit Ihre Kind vertraut gemacht haben und das
Kind gesund ist, wird zwei Stunden nach der Geburt die Krankenschwester das Baby auf die Neugeborenenstation bringen
oder Sie beide zum Roomimg in auf Ihr Zimmer begleiten.

Das dritte Stadium der Geburt: Plazenta- oder Nachgeburt

Das Schlimmste ist nun vorbei, und das Beste ist schon da! Alles, was jetzt noch zu tun bleibt, ist sozusagen die Entfernung der Überbleibsel. Während des letzten Geburtsstadiums (welches etwa fünf Minuten bis zu einer halben Stunde dauern kann) wird die Plazenta, die das lebenswichtige Austauschsystem innerhalb der Gebärmutter war, geboren. Nach der Geburt Ihres Kindes werden Sie weiterhin milde Kontraktionen haben (von ca. einminütiger Dauer), die Sie als solche vielleicht gar nicht wahrnehmen werden. Durch das Zusammenpressen des Uterus wird die Plazenta von der Gebärmutterwand getrennt und nach unten in die Vagina geschoben, damit diese von dort nach draußen gedrückt werden kann. Sobald die Plazenta geboren ist, wird sie auf Vollständigkeit untersucht. Danach können eventuell notwendige „Reparaturarbeiten" an einem Dammschnitt oder an einigen Rissen vorgenommen werden.

Was Sie vielleicht empfinden oder bemerken

Jetzt, wo Sie die Anstrengungen der Wehen und der Geburt überstanden haben, sind Sie entweder sehr erschöpft oder aber überdreht und munter. Vermutlich verspüren Sie großen Durst und – falls die Wehen sehr lange gedauert haben – auch starken Hunger. Manche Frauen bekommen Schüttelfrost, alle haben blutigen Vaginalausfluß (Lochien) – ähnlich einer starken Menstruation. Die meisten Frauen empfinden große Erleichterung, eventuell auch Erheiterung oder Gesprächigkeit, vielleicht wird die gehobene Stimmung auch etwas durch das neue Verantwortungsbewußtsein gemildert. Sie sind ungeduldig, weil Sie entweder die Plazenta noch herausdrücken müssen oder Sie müssen noch genäht werden. Einige Frauen spüren eine ganz starke Nähe zu ihrem Partner und eine sofortige Bindung zu ihrem Baby; andere dagegen fühlen sich völlig unbeeindruckt vom Geschehnis („wer ist denn dieser kleine Fremde, der da an meiner Brust nuckelt") bzw. sogar wütend – insbesondere nach einer langwierigen Geburt (Siehe Seite 336 und Seite 444 über die Bindung zum Kind und die neue Mutterliebe).

Was Sie tun können

* Helfen Sie aktiv mit, die Plazenta herauszupressen, wenn es Ihnen gesagt wird.
* Seien Sie geduldig, während der Dammschnitt oder Risse genäht werden!
* Stillen oder halten Sie Ihr Baby, sobald die Nabelschnur durchtrennt worden ist.
* Sie können stolz auf Ihre vollbrachte Leistung sein. Entspannen Sie sich und genießen Sie. Vergessen Sie nicht, sich bei Ihrem Partner für seine Unterstützung zu bedanken.

Was Ihr Partner tun kann

* Schenken Sie Ihrer Frau das wohlverdiente Lob und gratulieren Sie sich selbst.
* Halten und streicheln Sie das Baby.
* Fotografieren Sie Ihr Kind, wenn Sie eine Kamera mitgebracht haben.

Was das Krankenhauspersonal tun wird
* Ihnen helfen, die Plazenta herauszudrücken.
* Die Plazenta auf Vollständigkeit prüfen. Falls Teile fehlen, untersucht der Arzt die Gebärmutter mit der Hand und entfernt eventuell noch übriggebliebene Teile.
* Die Nabelschnur durchtrennen, falls das nicht schon vorher geschehen ist.
* Den Dammriß oder -schnitt nähen und Ihnen vorher eine Betäubungsspritze verabreichen bzw. eventuell nicht mehr wirksame Betäubung auffrischen.
* Ihren Körper waschen, Ihnen ein sauberes Nachthemd anziehen und Ihnen eine Binde geben.
* Sie auf Ihr Zimmer bringen.
* Das Baby für ein gründliches Bad und vorbeugende Schutzmaßnahmen auf die Säuglingsstation oder in sein Bettchen bringen.

Steißgeburt

Bis zum zweiten Stadium entwickelt sich der Wehenprozeß bei einer Steißlage ähnlich der einer Schädellage. Trotzdem gelten diese Wehen nur als Versuch, dem so lange kein Einhalt geboten wird, wie alles normal verläuft. Da eine operative Geburt wahrscheinlich ist, werden Sie vermutlich schon am Ende des ersten Stadiums im Kreißsaal liegen. Ihr Arzt wird sich für den wirksamsten und sichersten Geburtsweg entscheiden, abhängig von der Steißlagenposition.
Die verbreiteteste Methode ist, zunächst eine normale Vaginalgeburt zu versuchen, bis der untere Teil des Körpers geboren ist. Anschließend wird ein Betäubungsmittel verabreicht, damit Schultern und Kopf des Kindes geboren bzw. geholt werden können. Die Vaginalgeburt ist wahrscheinlich nicht günstig, wenn das Baby seine ausgestreckten Beine hochgeschlagen hat, wenn es sich in einer Fußsteißlage befindet mit einem oder beiden herunterhängenden Beinchen, wenn das Köpfchen gestreckt mit dem Gesicht nach oben ist, wenn der Fetus relativ groß und schwer ist, wenn es sich um eine Frühgeburt handelt oder Zeichen fetaler Gefährdung erkannt werden. Meistens ist bei einer Steißgeburt ein langer Dammschnitt notwendig.

Kaiserschnitt – operative Geburt

So aktiv, wie Sie an der Vaginalgeburt teilnehmen, können Sie es bei einem Kaiserschnitt nicht. Ihr wichtigster Beitrag liegt in der Vorbereitung. Wenn Sie sich seelisch und körperlich auf einen eventuellen Kaiserschnitt eingestellt haben, wird bei Eintreten der operativen Geburt die Enttäuschung nicht so groß sein. Das rechtzeitige Vertrautmachen mit dieser Situation wird Ihnen helfen, auch aus der operativen Geburt ein positives Erlebnis zu gestalten. Dank Lokalanästhesie und großzügigeren Krankenhausvorschriften kann in einigen Krankenhäusern eventuell auch der Partner an einer Kaiserschnittgeburt teilnehmen. Oft sprechen aber hygienische Vorschriften und Raumprobleme dagegen. Grollen Sie daher Ihrem Arzt nicht, falls er das ablehnt. Da sich Ihre Gedanken nicht so sehr mit den Schmerzen der Preßwehen beschäftigen, sind Sie entspannter und können die Geburt besser genießen. Folgendes werden Sie bei einem Kaiserschnitt zu erwarten haben:

- Ihre Schamhaare werden rasiert, und ein Katheter wird in Ihre Blase eingeführt.
- Im Kreißsaal werden sterile OP-Abdecktücher um Ihren Bauch herumgelegt, welcher vorher desinfiziert worden ist. Wenn Sie während des Kaiserschnitts bei Bewußtsein sind, wird eine Schirmwand aufgestellt, damit Sie den Einschnitt nicht sehen können.
- Eine Tropfinfusion wird vorsichtshalber verabreicht, damit zusätzliche Medikamente (falls erforderlich) schnell wirken können.
- Entweder entscheidet sich der Arzt für eine Epidural- oder Spinalanästhesie (bei beiden wird der Unterleib betäubt, ohne daß Sie völlig eingeschläfert werden) oder für eine Vollnarkose, bei der Sie bewußtlos werden.
- Wenn Ihr Partner dabei sein darf oder will, muß er sterile Kleidung anziehen. Er wird an Ihrem Kopfende sitzen, Ihnen emotionale Unterstützung geben und Ihre Hand halten. Natürlich steht es Ihrem Partner auch frei, sich die eigentliche Operation anzuschauen. Wenn die Frau allerdings eine Vollnarkose bekommt, darf der Mann normalerweise nicht bei der Operation anwesend sein.
- Bei einem Notfallkaiserschnitt geht alles sehr schnell. Lassen Sie sich von der eiligen Betriebsamkeit und den schnellen Vorbereitungen nicht beunruhigen. Schließen Sie die Möglichkeit mit ein, daß Ihr Partner bei dieser eiligen Operativgeburt nicht dabeisein kann, welche meistens nur fünf bis zehn Minuten dauert.
- Sobald der Anästhesist sicher ist, daß die Betäubung wirkt, wird der Einschnitt im unteren Teil Ihres Bauches durchgeführt. Falls Sie dabei wach sind, werden Sie ein Gefühl verspüren, als ob Ihr Arzt den Bauch wie einen Reißverschluß öffnet, aber es tut nicht weh.
- Anschließend erfolgt im Uterus ein zweiter Einschnitt, und die Fruchtblase wird gesprengt, sofern diese nicht schon vorher rupturiert ist. An welcher Stelle und wie (längs oder quer) der Einschnitt gelegt wird, entscheidet der Operateur nach dem konkreten Befund. Dann wird das Fruchtwasser abgesaugt. Sie werden ein gurgelndes Geräusch vernehmen.

- Anschließend wird das Baby vorsichtig herausgeleitet auf der Hand des Operateurs, während ein Assistenzarzt auf den oberen Teil der Gebärmutter drückt. Bei einer Epiduralanästhesie werden Sie wahrscheinlich ein leichtes Ziehen oder auch etwas Druck verspüren! Möchten Sie die Ankunft Ihres Babys sehen, bitten Sie den Arzt, daß er die Abschirmwand beiseite nimmt.
- Nase und Mund Ihres Kindes werden gesäubert, und Sie werden den ersten Schrei hören.
- Danach wird die Nabelschnur abgeklemmt und durchtrennt. Während Ihr Baby routinemäßig untersucht wird, wird Ihnen die Plazenta entfernt.
- Es erfolgt die ärztliche Untersuchung Ihrer inneren Geschlechtsorgane, dann wird der Einschnitt vernäht.
- Sie werden eine Oxytocininjektion erhalten, weil der Uterus sich dadurch besser kontrahiert und Blutungen unter Kontrolle bleiben. Vermutlich erhalten Sie per Tropfinfusion auch Antibiotika, damit Infektionen vermieden werden.
- Es ist vielleicht (abhängig von Ihrem Zustand oder dem Zustand Ihres Kindes und den Vorschriften des Krankenhauses) nicht sofort möglich, daß Sie Ihr Kind halten dürfen. Aber Ihr Partner darf es bestimmt! Falls Ihr Baby sofort auf die Intensivstation für Neugeborene gebracht werden muß, seien Sie nicht besorgt. Dies ist in vielen Krankenhäusern bei Kaiserschnittgeburten normal und muß nicht unbedingt eine Komplikation bedeuten. Was Ihre Mutter-Kind-Bindung anbetrifft, funktioniert die genausogut etwas später!

Spezielle Probleme

Wenn Sie krank werden

Jede Frau kann mit einigen der unangenehmen Symptome der Schwangerschaft während ihrer neunmonatigen „Projektarbeit" rechnen, z. B. mit morgendlicher Übelkeit, Beinkrämpfen, Verdauungsstörungen und/oder Ermüdung. Manche werden aber auch überrascht feststellen, daß sie empfänglicher für andere Symptome sind, die gar nichts mit der Schwangerschaft zu tun haben, und zwar diejenigen, die unter Erkältungskrankheiten, Grippe, Darmerkrankungen oder sogar Masern und/oder Mumps leiden. Die meisten dieser Krankheiten beeinflussen die Schwangerschaft nicht. Vorbeugung ist natürlich das beste Mittel. Werden Sie trotzdem krank, ist eine schnelle Behandlung unter ärztlicher Aufsicht wichtig und der sicherste Weg, sich selbst und das Baby vor Komplikationen zu schützen.

Worüber Sie sich vielleicht Gedanken machen ...

Erkältung oder Grippe

„Ich habe eine furchtbare Erkältung und mache mir Sorgen, daß diese irgendeinen Einfluß auf mein Baby nimmt."

Die meisten Frauen sind während der Schwangerschaft mindestens einmal stark erkältet. Obwohl es für Sie sicherlich sehr unangenehm ist, wird diese relativ harmlose Krankheit an sich die Schwangerschaft nicht beeinflussen – nur die Medikamente, die Sie üblicherweise zur Linderung der Erkältungskrankheit einnehmen, könnten die Schwangerschaft beeinträchtigen. Nehmen Sie keine Medikamente – auch keine Aspirintabletten oder übergroße Mengen an Vitamin C – ohne die Erlaubnis Ihres Arztes. Ihr Arzt wird Ihnen Medikamente verschreiben, die in Ihrem Fall wirksam sind, aber nicht schädigen. Ihre Erkältung wird sicher nicht sofort heilen, aber die Symptome können vermutlich gelindert werden.

Haben Sie schon ein Medikament eingenommen, dann geraten Sie nicht in Panik, denn es ist relativ unwahrscheinlich, daß Sie damit bereits tatsächlich Schaden angerichtet haben. Trotzdem sollten Sie mit Ihrem Arzt darüber sprechen. Glücklicherweise sind viele der gängigen und guten Erkältungs- und Grippemittel auch die ungefährlichsten. Folgendes sollten Sie beachten:

* Ersticken Sie die Erkältung möglichst im Keim, um eine Sekundärinfektion wie z. B. eine starke Bronchitis zu vermeiden. Versuchen Sie schon beim ersten Niesen ins Bett zu gehen oder sich wenigstens mehr Ruhe zu gönnen.
* Wenn Sie liegen oder schlafen, dann halten Sie Ihren Kopf immer etwas erhöht, um das Atmen zu erleichtern.
* Lassen Sie wegen der Erkältung (Fieber) Ihr Baby nicht hungern. Essen Sie in jedem Fall genug, egal ob Sie Appetit haben oder nicht.
* Trinken Sie viel! Fieber, Niesen und eine laufende Nase führen dazu, daß Sie viel Flüssigkeit verlieren, die Sie und Ihr Baby aber dringend brauchen.
* Wenn Sie Halsschmerzen oder Husten haben, gurgeln Sie mit heißem Salzwasser.
* Versuchen Sie, das Fieber auf natürliche Weise zu senken, indem Sie kalte Umschläge oder Bäder benutzen; trinken Sie kühle Getränke, oder ziehen Sie sich luftige Kleidung an. Bei hohem Fieber sollten Sie allerdings Ihren Arzt unbedingt anrufen.
* Leider dauert eine Erkältungskrankheit während der Schwangerschaft länger, vermutlich weil Ihr Abwehrsystem etwas verlangsamt reagiert.

Wenn Ihre Erkältung (Grippe) so schlimm ist, daß Ihre normalen Eß- und Schlafgewohnheiten gestört werden, Sie gelb-grünen Schleim abhusten oder Ihre Beschwerden länger als eine Woche anhalten, dann müssen Sie Ihren Arzt unbedingt verständigen. Rufen Sie ebenfalls Ihren Arzt bei einer Grippeerkrankung im letzten Trimester an, weil die Gefahr von schweren Komplikationen und einer Frühgeburt besteht. Um Sie und Ihr Baby zu schützen, müssen eventuell Medikamente verordnet werden.

Zu vorbeugenden Maßnahmen siehe Seite 406f.

Magen-Darm-Infektionen (Gastroenteritis)

„Ich habe eine ‚Darmgrippe' und muß mich ständig übergeben.
Gefährdet diese Infektion mein Baby?"

Glücklicherweise ist die zeitliche Dauer der Magen-Darm-Infektion normalerweise relativ begrenzt (meist nur 24 bis zu 72 Stunden). Solange Sie auf Flüssigkeitsausgleich achten, d. h. Ihrem Körper angemessenen Ersatz für alles Ausgeschiedene geben, schadet der Mangel an fester Nahrung Ihrem Baby für ca. zwei Tage nicht. Versuchen Sie folgendes, um schneller gesund zu werden:

- Informieren Sie Ihren Arzt über Ihre Symptome, vor allem Fieber, für den Fall, daß doch etwas Ernsteres vorliegt. Rufen Sie erneut an, falls die Beschwerden länger als 48 Stunden andauern.
- Verkriechen Sie sich ins Bett!
- Ersetzen Sie die verlorengegangene Flüssigkeit. Durchfall und Erbrechen trocknen Sie extrem aus; daher sollten Sie sehr viel klare Flüssigkeiten (Mineralwasser, Fruchtsäfte) trinken. Wenn auch diese wieder schnell ausgeschieden werden, dann versuchen Sie Eisstücke zu lutschen.
- Schränken Sie Ihre Nahrung vorübergehend ein. Eine alte Weisheit besagt, daß es sinnvoll ist, bei Magen-Darm-Infektionen für die nächsten zwölf Stunden nichts oder nur Brei bzw. Zwieback zu essen. Neuere Studien jedoch ergaben, daß es besser ist, etwas feste Nahrung zu essen, als nur zu trinken und zu hungern!
Fragen Sie am besten Ihren Arzt nach seinem Rat. Unabhängig von Ihrer Entscheidung, sofort oder erst nach zwölf Stunden wieder etwas zu essen, sollten Sie es aber zunächst mit ganz leichten Nahrungsmitteln versuchen: Klare Brühe, Toast ohne Butter, Reis und Bananen sind geeignet. Wenn dies alles „drin" bleibt, können Sie allmählich andere Sachen, wie Huhn, gekochtes Gemüse, Obst oder Joghurt, probieren, bevor Sie sich wieder normal ernähren.
- Nehmen Sie Ihre Vitaminzusätze.
- Sprechen Sie über alles mit Ihrem Arzt.
Haben Sie mit anderen Leuten gemeinsam gespeist, die dann „zufällig" auch alle krank werden, wird es sich eher um eine bakterielle Lebensmittelvergiftung als um eine Viruserkrankung handeln. Falls Sie im südlichen Ausland waren, könnten auch Parasiten für Ihr Unbehagen verantwortlich sein. Sprechen Sie mit Ihrem Arzt, wenn Sie

einen dahingehenden Verdacht hegen. Natürlich ist es auch bei dieser Krankheit wieder wesentlich besser, diese zu vermeiden, als sie zu heilen. Achten Sie immer auf die Tips für das Gesundbleiben (siehe Seite 406f.)!

Röteln

„Auf einer Auslandsreise war ich Röteln ausgesetzt. Muß ich nun mein Kind abtreiben?"

Dies ist eine Frage, die sich nur eine von sieben Frauen stellen muß. Die anderen sechs Frauen sind glücklicherweise immun gegen Röteln, weil sie entweder schon einmal selbst Röteln hatten oder dagegen geimpft worden sind. Sie werden vielleicht nicht mehr wissen, ob Sie gegen Röteln geimpft wurden bzw. immun sind, aber Sie können es mit Hilfe eines einfachen Tests herausfinden. Dieser stellt die Menge Ihrer Antikörper im Blut gegen das Virus fest und wird bei Ihrer ersten Vorsorgeuntersuchung durchgeführt. Wurde dieser Routinetest unterlassen, dann muß er jetzt unbedingt nachgeholt werden. Sollte das Ergebnis zeigen, daß Sie nicht gegen Röteln immun sind, müssen Sie trotzdem nicht sofort dramatische Eingriffe in Erwägung ziehen. Die Tatsache allein, daß Sie Röteln ausgesetzt waren, kann Ihr Baby noch nicht gefährden; Sie müßten sich schon wirklich angesteckt haben. Die Symptome einer Ansteckung zeigen sich nach zwei bis drei Wochen und äußern sich in Form eines leichten Unwohlseins, etwas Fieber und geschwollenen Drüsen, gefolgt von einem rötlichen Ausschlag. All diese Anzeichen können von kurzer Dauer sein, diskret verlaufen und daher manchmal unbemerkt bleiben. Ein Bluttest innerhalb der vermuteten Infektionszeit gibt Auskunft, ob Sie eine aktive Infektion haben oder nicht. Bei einem 22 Wochen alten Fetus kann man durch fetales Blut testen, ob dieser sich über die Mutter ebenfalls infiziert hat oder nicht. Diese fetale Untersuchung ist sehr selten erforderlich.

Sollten Sie sich irgendwo angesteckt haben, müssen Sie mit Ihrem Arzt über die möglichen Gefahren für Ihr Kind sprechen, bevor Sie sich entscheiden, Ihr Baby bis zu Ende auszutragen. Sie müssen wissen, daß sich die Risiken für den Fetus in dem Maße verringern, wie die Schwangerschaft fortschreitet. Haben Sie sich in den ersten drei Monaten Ihrer Schwangerschaft angesteckt, sind die Risiken für fetale

Mißbildungen (Auge, Innenohr) sehr hoch (35 Prozent). Ab dem dritten Monat fällt das Risiko auf 10 bis 15 Prozent, danach ist es nur noch sehr gering.

Toxoplasmose

„Obwohl mein Mann jetzt die Katzen versorgt, mache ich mir trotzdem über die Toxoplasmose Sorgen, weil ich mit Katzen zusammenlebe. Woran erkenne ich, daß ich mich infiziert habe?"

Wahrscheinlich würden Sie es gar nicht merken. Bei den meisten infizierten Menschen zeigen sich keinerlei Symptome, obwohl einige sich zwei oder drei Wochen nach der Exposition leicht unwohl fühlen, erhöhte Temperatur und geschwollene Lymphknoten haben. Ein bis zwei Tage danach zeigt sich ein Ausschlag.

Die einzige Möglichkeit zur Bestimmung der Toxoplasmose-Infektion ist eine Blutuntersuchung. Sie beantwortet die Frage, ob sich der Parasit *Toxoplasma gondii* plötzlich entwickelt hat. Das ist aber nur möglich, wenn die Frau vorher keine Antikörper besaß. Fragen Sie Ihren Arzt, ob der Test vor der Schwangerschaft durchgeführt wurde. Wenn Sie damals bereits Antikörper hatten – und das ist sehr wahrscheinlich, wenn Sie mit Katzen zusammenleben –, dann sind Sie immun und müssen sich jetzt keine Sorgen über eine Infektion machen. Wenn damals keine Antikörper nachgewiesen wurden, dann sind Sie nicht immun. In diesem Fall wird empfohlen, bis zur Entbindung jeden oder jeden zweiten Monat den IgG-Antikörpertest zu wiederholen. Fällt der Test zu irgendeinem Zeitpunkt positiv aus, hat wahrscheinlich eine Infektion stattgefunden.[1]

In diesem sehr seltenen Fall (man nimmt an, daß in den USA sich nur eine von tausend Frauen während der Schwangerschaft infiziert; in Deutschland sind es noch weniger) sollte der nächste Schritt darin bestehen, mit dem Arzt, einem Spezialisten für pränatale Infektionen, oder in einer genetischen Beratung ausführlich die möglichen Behandlungen zu besprechen. Dabei ist der Infektionszeitpunkt während der Schwangerschaft zu berücksichtigen. Das Risiko, daß ein Fetus im ersten Trimester infiziert wird, ist relativ klein, wahr-

---

[1] Versuchen Sie nicht, sich selbst zu testen. Die Toxoplasmose-Tests für zu Hause sind sehr unzuverlässig.

scheinlich unter 15 Prozent; doch die Gefahr einer ernsthaften Schädigung ist gegeben. Im zweiten Trimester erhöht sich das Risiko einer Infektion ein wenig, dafür ist die Gefahr einer Schädigung des Fetus geringer. Im letzten Trimester besteht die größte Infektionswahrscheinlichkeit für den Fetus und die geringste Gefahr einer ernsthaften Schädigung. Von 10 000 Babys kommt nur eines mit einer schweren angeborenen Toxoplasmose zur Welt. Eine frühzeitige Behandlung kann die Prognose verbessern.

Ein weiterer zu berücksichtigender Faktor ist, ob der Fetus selbst infiziert wurde. Seit kurzem ist es möglich, den Fetus mit Hilfe einer Amniozentese und auch durch die Untersuchung des fetalen Blutes und/oder des Fruchtwassers auf eine Infektion hin zu überprüfen, obwohl dies für gewöhnlich nicht vor der 20. oder 22. Schwangerschaftswoche erfolgt. Wird keine fetale Infektion nachgewiesen, ist der Fetus wahrscheinlich nicht betroffen. Schließlich wird noch empfohlen, die infizierte Schwangere, die ungeachtet aller Testergebnisse ihre Schwangerschaft nicht unterbrechen lassen möchte, mit besonderen Antibiotika zu behandeln, möglicherweise über mehrere Monate. Diese Behandlung dürfte das Risiko einer ernsten Schädigung des Babys beträchtlich verringern.

Wenn Sie noch keinen Test gemacht haben und nicht mit Katzen umgehen, ist es nicht notwendig, das Blut zu untersuchen, es sei denn, es treten Symptome dieser Erkrankung auf. Die Tests sind nicht präzise genug, um aufzuzeigen, ob die Frau, bei der vorher noch keine Antikörperbestimmung vorgenommen wurde, sich jetzt neu infiziert hat oder ob lediglich die Antikörper aus einer alten Infektion vorhanden sind. Die beste „Behandlung" ist Vorbeugung (siehe Seite 105).

Zytomegalie[1]

„Ich bin Erzieherin in einem Kindergarten. Mir wurde gesagt, ich solle während der Schwangerschaft nicht mehr arbeiten, weil ich mich sonst mit dem Zytomegalie-Virus anstecken und auch mein Baby gefährden könnte!?"

---

[1] Zytomegalie = Speicheldrüsenvirus-Krankheit; wird durch ein Virus hervorgerufen; Übertragung auf das Baby über die Plazenta, während der Passage durch den Geburtskanal und durch virushaltige Muttermilch.

Obwohl zwischen 25 bis 60 Prozent aller Vorschüler Träger des Zytomegalie-Virus sind und diesen über Monate oder auch Jahre hinweg über Speichel, Urin oder Stuhl auch absondern, ist die Möglichkeit, daß Sie sich infizieren und diese Infektion auf Ihr Baby übertragen, sehr gering!

Erstens ist diese Erkrankung nicht sehr ansteckend, zweitens haben sich viele der Erwachsenen schon als Kinder infiziert – falls auch Sie dazu zählen, können Sie sich nun bei Ihren Vorschülern nicht mehr anstecken. Drittens zeigen nur sehr wenige der infizierten Babys (ungefähr eins von 100 Kindern wird mit dem Virus geboren) irgendwelche Symptome, die mit der Zytomegalie-Infektion im Uterus in Verbindung gebracht werden, wie z. B. Gelbsucht, Schwerhörigkeit oder Augenprobleme.

Trotzdem schlagen manche Ärzte vor, daß eine Frau, die nicht weiß, ob sie infiziert wurde (meistens weiß man es nicht), und täglich mit Kindern zu tun hat, erst wieder nach der 24. Woche arbeiten soll. Später ist das Risiko für den Fetus sehr gering. Andere Ärzte raten schwangeren Erzieherinnen, beim Windelnwechseln Gummihandschuhe zu tragen, sich danach immer gründlich die Hände zu waschen, die Kinder nicht zu küssen und auch sonst vorsichtig zu sein. Schwangere Frauen, die Kleinkinder (eigene oder von Bekannten bzw. Freunden) zu Hause haben, sollten ebenfalls auf gründliche Hygiene achten.

Sollten bei Ihnen Symptome wie Fieber, Müdigkeit, geschwollene Lymphknoten oder Halsschmerzen auftreten, sprechen Sie unbedingt mit Ihrem Arzt!

Streptokokken-B-Infektion

„Ich habe in einer Zeitschrift gelesen, daß eine Streptokokken-B-Infektion bei einer Schwangeren für ihr Baby tödlich sein kann."

Furchterregende Schlagzeilen verbessern zwar die Verkaufszahlen von Zeitschriften, leisten aber selten gute Dienste für den Leser! Es ist zwar wahr, daß ein Baby, welches durch seine Mutter mit Streptokokken-B infiziert wird, Mißbildungen aufweisen, sehr krank werden oder sogar sterben kann. Doch dies geschieht dank moderner medizinischer Therapie selten.

Da es keine äußerlich sichtbaren Symptome gibt, die darauf hinweisen, daß eine Frau Trägerin dieser Bakterien ist, untersuchen die meisten Ärzte ihre schwangeren Patientinnen (26. bis 28. Woche) diesbezüglich (vaginaler Abstrich wird für eine Kultur angelegt). Wenn die Ergebnisse positiv sind, wird die Frau mit Antibiotika behandelt, sobald die Fruchtblase geplatzt ist oder die Wehen begonnen haben.

Studien haben nachgewiesen, daß diese Methode das Baby wirksam vor jeglichen Gefahren schützt. Eine frühere Behandlung ist ungünstig, weil die Bakterien dann länger Zeit haben, sich vor der Geburt wieder zu vermehren.

Sie sollten darauf bestehen, daß Ihr Arzt Sie testet und – falls der Test positiv ausfällt – bei einsetzender Wehentätigkeit behandelt.

Harnwegentzündung

„Ich habe Angst, daß ich eine Harnwegsentzündung habe."

Harnwegentzündungen sind während der Schwangerschaft nicht ungewöhnlich – zehn Prozent aller Schwangeren können damit mindestens einmal während der neun Monate rechnen; ein Drittel der Frauen, die eine solche Entzündung hatten, kann mit einer Wiederholung dieser Erkrankung rechnen. Am häufigsten handelt es sich um eine Zystitis, eine einfache Blasenentzündung. Manche Frauen haben eine Zystitis ohne Symptome. Die Blasenentzündung wird dann meist erst durch den routinemäßigen Urintest festgestellt. Bei anderen Frauen treten entweder relativ milde oder auch recht schmerzhafte Beschwerden auf (von einem verstärkten Harndrang über ein brennendes Gefühl beim Urinieren bis zu einem scharf-stechenden Unterleibsschmerz). Unabhängig von der Tatsache, ob Symptome deutlich spürbar sind oder nicht, ist eine sofortige Behandlung mit Antibiotika, die für schwangere Frauen geeignet ist, sinnvoll, sobald die Infektion als solche diagnostiziert wurde.

In 20 bis 40 Prozent aller unbehandelten Fälle entwickeln sich Blasenentzündungen zu Nierenentzündungen, die für die Mutter gefährlicher als für das Baby sein können. Dies passiert im dritten

Trimester am häufigsten und führt oft zu Frühgeburten. Die Symptome ähneln denen der Zystitis, sind aber meist mit Fieber, Schüttelfrost, Blut im Urin und Rückenschrnerzen verbunden. Sollten Sie irgendwelche dieser Symptome erleben, rufen Sie bei Ihrem Arzt an. Es gibt einige Hausmittel und vorbeugende Maßnahmen, die eventuell helfen, Harnwegsentzündungen zu vermeiden.

Auch wenn die Infektion bereits eingetreten ist, sollten Sie diese Maßnahmen zur Unterstützung der ärztlichen Behandlung anwenden.

- Hüten Sie sich vor Unterkühlung.
- Trinken Sie viel – insbesondere Mineralwasser, aber vermeiden Sie Tee oder Kaffee (sogar entkoffeinierte Getränke) und Alkohol.
- Reinigen Sie gründlich Ihren Vaginalbereich vor dem Geschlechtsverkehr; entleeren Sie Ihre Blase immer vor und nach dem Geschlechtsverkehr.
- Jedesmal, wenn Sie urinieren, sollten Sie sich (noch etwas) Zeit nehmen, um sicher zu sein, daß Ihre Blase auch wirklich leer ist. Gehen Sie sofort auf die Toilette, sobald Sie den Drang zum Wasserlassen verspüren. Frauen, die den Urin ständig zurückhalten, erhöhen ihr Infektionsrisiko.
- Tragen Sie warme baumwollene Slips und keine engen Hosen. Tragen Sie keine Strumpfhosen unter Ihren langen Hosen, und schlafen Sie nachts ohne Pyjamahosen, um Stauungen zu vermeiden.
- Halten Sie Ihren Intimbereich peinlich sauber. Duschen Sie täglich; vermeiden Sie Schaumbäder, parfümierte Puder, Seifen, Sprays oder andere parfümierte Reinigungsmittel; vermeiden Sie heiße Wannenbäder und unzureichend gechlorte Schwimmbäder. Nach dem Toilettengang sollten Sie sich immer von vorn nach hinten abwischen.
- Essen Sie ungesüßten Joghurt, welcher aktive Kulturen enthält, denn wenn Sie Antibiotika einnehmen, helfen Sie auf diese Weise Ihrem Darm dabei, das Bakteriengleichgewicht wiederherzustellen.
- Essen Sie gesunde Nahrungsmittel ohne viel Zucker, gönnen Sie sich viel Ruhe und versuchen Sie, Streß zu vermeiden.

Mumps

„Einer meiner Mitarbeiter ist kürzlich an Mumps erkrankt. Da ich nicht weiß, ob ich diese Krankheit bereits als Kind schon einmal hatte, mache ich mir Sorgen, daß ich mich anstecke und dadurch mein Baby gefährden könnte?"

Mumps während der Schwangerschaft kommt heutzutage sehr selten vor, weil die meisten Menschen entweder als junge Leute diese Krankheit hatten oder dagegen geimpft wurden. Fragen Sie deshalb Ihre Eltern oder Ihren Arzt. Wenn Sie nicht geimpft wurden oder nicht erkrankt waren, bedeutet das noch lange nicht, daß Sie jetzt an Mumps erkranken. Mumps ist nicht sehr ansteckend. Allerdings sollten Sie bei ersten Krankheitsanzeichen wie Schmerzen, Fieber oder Appetitlosigkeit aufmerksam sein (möglichst bevor die Speicheldrüsen anschwellen) bzw. unbedingt bei weiteren Anzeichen wie Ohrenschmerzen, Schmerzen beim Kauen oder Schmerzen im Rachen sowie beim „Genuß" säuerlicher Nahrung Ihren Arzt benachrichtigen. Mumps kann uterine Kontraktionen auslösen, was im frühen Schwangerschaftsstadium zu Fehlgeburten und in späteren Stadien zu Frühgeburten führt. Sofortige ärztliche Behandlung bei Früherkennung hilft, größere Probleme und Schmerzen zu verhindern.

Windpocken (Varizellen)

„Im Kindergarten meiner Tochter grassieren z. Z. die Windpocken. Falls sie sich ansteckt, könnte sie dann das Baby, welches ich jetzt austrage, gefährden?!"

Wahrscheinlich nicht, da ein Fetus mit Windpocken nur durch seine Mutter infiziert werden kann. Bestimmt hatten Sie schon als Kind Windpocken und sind deshalb dagegen immun. Fragen Sie Ihre Mutter oder Ihren Arzt. Falls Sie keine befriedigenden Auskünfte erhalten, lassen Sie von Ihrem Arzt einen Test machen, ob Sie gegen Windpocken immun sind.
Die Ansteckungsgefahr ist mit 1:10 000 in der Schwangerschaft sehr gering. Trotzdem wird man Ihnen vielleicht innerhalb der nächsten

96 Stunden nach der Exposition eine Immunglobulinspritze empfehlen. Es ist nicht klar erwiesen, daß diese Injektion von Abwehrstoffen auch das Baby schützt. Sollten Sie sich aber angesteckt haben, werden dadurch in jedem Fall die Komplikationen verringert, die durchaus ernst zu nehmen sind, da diese recht harmlose Kinderkrankheit bei Erwachsenen komplizierter verläuft.

Eine sichere Bekämpfung der Viren ist nicht möglich, allerdings gibt es Medikamente, die bei hochriskanten Fällen verabreicht werden können. Auch der Zeitpunkt der Infektion spielt eine Rolle.

Es droht die Gefahr einer fetalen Schädigung (in sehr geringem Maße), wenn der Fetus innerhalb der empfindlichsten Zeit, nämlich während der ersten Schwangerschaftshälfte, der Infektion durch die Mutter ausgesetzt wird. Ist der Fetus während der zweiten Schwangerschaftshälfte der Infektion ausgesetzt, kommt es fast nie zu einer Schädigung.

Windpocken werden erst wieder um den Geburtstermin herum gefährlich, da eine mütterliche Infektion dazu führen kann, daß das Baby mit neonatalen Windpocken (Varizellen) geboren wird. Wenn eine Schwangere vier bis sechs Tage vor der Geburt an Windpocken erkrankt, kann das Neugeborene infiziert zur Welt kommen und zeigt den charakteristischen Ausschlag etwa nach einer Woche. Da neonatale Varizellen ernsthafte Folgen haben können, wird dem Baby in der Regel eine Dosis Immunglobulin verabreicht.

Wenn sich die Mutter eine bis drei Wochen vor der Geburt angesteckt hat, ist das Infektionsrisiko für den Fetus eher gering, und komplizierte Folgeerscheinungen der Krankheit treten höchst selten auf.

Die Gürtelrose wird übrigens durch die gleichen Viren ausgelöst. Sie bewirkt aber nicht diese akute Gefährdung des Fetus, trotzdem sollten Sie Ihren Arzt informieren, wenn Sie diese gürtelförmigen, halbseitigen Rötungen und Schmerzen bei sich entdecken.

Naturheilkunde

„Ich würde nicht im Traum daran denken, während der Schwangerschaft irgendwelche Medikamente einzunehmen. Kann ich statt dessen medizinische Kräuter benutzen?"

Mit einem Irrtum gilt es Schluß zu machen, auch wenn man immer von der sanften Medizin in diesem Zusammenhang spricht: Medizinische Kräuterpräparate sind Arzneimittel – häufig sogar sehr starke! Manche davon sind so wirkstoffreich, daß sie auch heute noch zur Herstellung von rezeptpflichtigen Medikamenten benutzt werden. Andere dienen in manchen Völkern seit Generationen der Abtreibungshilfe; einige stehen mit Fehlgeburten in Zusammenhang. Sogar in einer Tasse mit angeblich beruhigend wirkendem Kräutertee sind einige Stoffe enthalten, die Durchfall, Erbrechen oder Herzrasen verursachen können. Die Einnahme von vielen Kräutermedikamenten trägt ein zusätzliches Risiko, welches bei apothekenpflichtigen Heilmitteln nicht vorhanden ist; es fehlt nämlich die Qualitätskontrolle bei der Herstellung, was den Kräutermedikamenten entweder eine zu starke oder eine fast unwirksame Wirkung geben kann. In Deutschland müssen allerdings anerkannte pflanzliche Heilmittel (Phytotherapeutika) auch eine Zulassung erhalten. Das gilt aber nicht für die meisten ungeprüften Teemischungen. Eventuell sind auch gefährliche Schadstoffe inklusive Allergene (Pollen, Schimmel oder Insektenteilchen) und sogar Toxine wie Blei oder Arsen darin enthalten. Also, Sie sollten Kräutermedikamente genauso wie alle anderen Arzneimittel während der Schwangerschaft nach dem Grundsatz anwenden: Nehmen Sie nichts ohne die ausdrückliche Zustimmung Ihres Arztes ein.

Haben Sie irgendwelche Beschwerden, so daß Sie glauben, behandelt werden zu müssen, konsultieren Sie in jedem Fall den Arzt, anstatt sich selbst zu behandeln. Trinken Sie möglichst auch keinen unbekannten Kräutertee. Haben Sie bisher oft Kräutertee genossen, machen Sie sich keine Sorgen, denn offensichtlich hat dieses Getränk Ihnen bis jetzt nicht geschadet. Unsere persönliche Auffassung ist. Ab heute vermeiden Sie besser Kräutertee, es sei denn, Ihr Arzt hat Ihnen denselben verschrieben. Wenn Sie unbedingt Kräutertee trinken möchten, bereiten Sie sich Ihre eigene Mischung zu, indem Sie einige der folgenden Zutaten in kochendes Wasser geben: Orange-Apfel-Ananas- oder andere Obstsäfte; Himbeer-Erdbeer-Orangen- oder etwas von einer anderen Marmeladensorte; Stückchen von Zitronen, Limonen, Orangen, Äpfeln, Birnen oder von anderen Früchten; Zimt, Muskatnuß oder andere Gewürze. Mischen Sie nie irgendwelche Pflanzen aus Ihrem Garten darunter, deren

Namen Sie nicht kennen bzw. von denen Sie nicht wissen, ob sie während der Schwangerschaft ungefährlich sind. Noch einmal sei betont: Vielleicht hören Sie auch andere, gegensätzliche Ratschläge. Unsere Ansicht haben wir Ihnen dargelegt und begründet.

Was Sie wissen sollten:
Maßnahmen, um gesund zu bleiben

Folgende Ratschläge werden Ihnen helfen, während der Schwangerschaft (und natürlich auch später) gesund zu bleiben:

- Am besten, Sie haben bereits vor der Empfängnis alle für Sie notwendigen (Schutz-) Impfungen erledigt (siehe Seite 494). Wenn diese Impfungen bei Ihnen noch nicht durchgeführt wurden, lassen Sie in jedem Fall einen Röteln-Immuntest machen. Falls das Ergebnis keine Immunität zeigt, beraten Sie sich mit Ihrem Arzt. Kontakt mit Röteln-Patienten sollten Sie unbedingt vermeiden. Stärken Sie Ihre Widerstandskräfte, indem Sie sich gesund ernähren, genug Ruhe gönnen, ausreichend sportlich betätigen und nicht zuviel zumuten, d. h. auch nicht zuviel unternehmen.
- Meiden Sie kranke Menschen. Halten Sie sich fern von erkälteten Personen und von denjenigen, die an Grippe oder einem ansteckenden Virusinfekt leiden. Angesichts Ihrer Schwangerschaft wird man das auch nicht falsch verstehen. Waschen Sie sich öfter die Hände, insbesondere bevor Ihre Hände mit Mund, Nase oder Augen in Berührung kommen.
- Auch zu Hause sollten Sie (so gut wie möglich) Kontakte mit Ihren kranken Kindern oder Ihrem vielleicht kranken Ehemann vermeiden. Waschen Sie sich gründlich die Hände, wenn Sie mit einem kranken Familienmitglied, dessen Taschentüchern oder Bettwäsche in Berührung gekommen sind.
- Wenn Sie bei Ihrem eigenen Kind oder einem anderen, mit dem Sie viel zusammen sind, einen Ausschlag entdecken, reduzieren Sie sofort den engen Kontakt und rufen Sie Ihren Arzt an (außer Sie wissen ganz genau, daß Sie gegen Röteln, Windpocken und Zytomegalie-Viren immun sind).

- Um eine Lebensmittelvergiftung zu vermeiden, sollten Sie bei der Verarbeitung und Aufbewahrung von Lebensmitteln sehr hygienebewußt sein: Heiße Sachen sollten heiß gegessen und kalte Sachen kalt gehalten werden! Legen Sie Essenreste schnell in den Kühlschrank zurück, werfen Sie verdächtig riechende oder überlagerte Lebensmittel lieber weg. Waschen Sie sich gründlich die Hände vor und nach dem Essen. Braten oder kochen Sie Fleisch, Fisch oder Huhn „ganz durch"; Eier immer ganz hart oder Eierspeisen ganz fest kochen! Vermeiden Sie Restaurants, deren Küchen als nicht ganz einwandfrei gelten. Essen Sie keine unpasteurisierten oder ungekühlten Milchprodukte, weil diese Listerien (eine Bakterienart) enthalten können; besonders gefährlich ist Rohmilchkäse. Die Bakterien können auf den Fetus übergehen und zur gefürchteten Neugeborenenlisteriose – mit oftmals tödlichem Ausgang – führen.
- Kümmern Sie sich auch um die Gesundheit und Impfungen Ihrer Haustiere! Bei einer Katze sollten Sie an die Vorsichtsmaßnahmen wegen der eventuellen Toxoplasmosegefahr denken (siehe Seite 105).
- Teilen Sie Ihre Zahnbürste oder andere intime Dinge nicht mit anderen Personen.

Wenn etwas schiefgeht

Die meisten Frauen erleben eine komplikationslose Schwangerschaft und eine relativ problemlose Geburt. Das folgende Kapitel,
welches einige Komplikationen, deren Symptome und Behand-
lungsmethoden beschreibt, ist nicht für diejenigen gedacht!

Dieses Kapitel sollten nur die Frauen lesen, die den Verdacht auf
eine der hier beschriebenen oder eine tatsächlich diagnostizierte
Komplikation haben – und selbst dann sollte das Lesen nur auf das
eine betreffende Thema oder einen bestimmten Abschnitt beschränkt
bleiben. Beiläufiges Überfliegen aller genannten Probleme könnte
zu völlig unnötigen Sorgen führen.

Was Sie während der Schwangerschaft beunruhigen könnte

Dauerndes Erbrechen (Hyperemesis gravidarum)

Was ist das überhaupt? Diese extreme Form der morgendlichen
Übelkeit tritt bei einer von 200 Schwangerschaften auf. Dauerhaf-
tes Erbrechen kommt häufiger bei Erstgebärenden, bei Mehrlingsschwangerschaften oder bei Frauen vor, die eine Hyperemesis gravidarum schon in früherer Schwangerschaft erlebt haben. Sicherlich
können psychische Faktoren die Ursache sein, aber auch die hormonellen Umstellungen, die Erregung des vegetativen Nervensystems
und anderes kommen in Betracht!

Zeichen und Symptome. Übelkeit und Erbrechen treten häufiger in
heftigerem Ausmaß auf und ziehen sich über einen viel längeren Zeitraum hin – ganz selten über alle neun Monate –, anstatt nach dem

ersten Trimester zu verschwinden. Bleibt dieses übermäßige Erbrechen unbehandelt, kann es Mangelernährung und Entwässerung verschulden und zur Gefahr für Mutter und/oder Kind werden.

Behandlung. Mildere Fälle können durch Ernährungsumstellung, Ruhe, Beruhigungsmittel und Medikamente, die gegen das ständige Erbrechen wirken (welche Sie nur mit Wissen Ihres Arztes einnehmen dürfen), behandelt und unter Kontrolle gebracht werden. Wenn das Erbrechen aber permanent anhält und Sie nicht mehr angemessen zunehmen, werden Sie vermutlich in ein Krankenhaus eingewiesen. Dort erfolgen weitere Untersuchungen, um andere Ursachen auszuschließen (z. B. verschleppte Gastritis, einen Darmverschluß oder ein unentdecktes Geschwür). Falls nötig, werden Sie intravenös ernährt und erhalten gleichzeitig noch brechreizzügelnde Medikamente. Wenn das Flüssigkeits- und Elektrolytgleichgewicht per Tropf wiederhergestellt ist (meistens nach 24 bis 48 Stunden), beginnt ein spezielles Ernährungsprogramm. Wenn der Körper dies toleriert, kann die Patientin ihre Ernährung vorsichtig mit sechs kleinen Mahlzeiten pro Tag beginnen. Erbricht die Betroffene allerdings wieder, wird die intravenöse Ernährung fortgesetzt. Gelegentlich werden der intravenös verabreichten Flüssigkeit spezielle Nährstoffe zugesetzt, um den Magen-Darm-Trakt völlig ruhigzustellen, wenn bei einer Patientin das Problem zu lange anhält. In den seltensten Fällen – und nur dann, wenn das Leben der Frau in großer Gefahr scheint – wird ein Abbruch erwogen.

Wenn Sie schon einmal eine Fehlgeburt hatten

Eine Fehlgeburt ist, wenn auch zum Zeitpunkt des Ereignisses schwer von den Eltern als solche zu akzeptieren, in den allermeisten Fällen ein Segen. Ganz generell sind frühe Fehlgeburten ein natürliches Auswahlverfahren, bei welchem die defekten Embryos oder Feten, die wahrscheinlich entweder lebensunfähig oder nur sehr behindert lebensfähig wären, ausgeschieden werden. Trotz allem ist der Verlust eines entstehenden Kindes – selbst in einer sehr frühen Schwangerschaft – schwer zu verkraften. Vergrößern Sie aber durch eventuelle Schuldgefühle nicht Ihren Kummer. Eine Fehlgeburt ist nicht Ihre Schuld. Sie sollten sich in jedem Fall Zeit

Blutungen im ersten Trimester

Blutungen während der ersten drei Schwangerschaftsmonate kündigen nicht unbedingt ernsthafte Probleme an, trotzdem sollten Sie zur Vorsicht immer Ihren Arzt benachrichtigen. Beschreiben Sie sehr genau die Symptome:
Wann haben die Blutungen begonnen, sind die Blutungen anhaltend oder mit Unterbrechungen? Welche Farbe? Ist die Blutung so stark, daß innerhalb einer Stunde eine Binde durchnäßt ist? Ist die Blutung fleckig, oder bemerken Sie einen absonderlichen Geruch? Entdecken Sie im Blut Gewebeteilchen, versuchen Sie diese in einer Plastiktüte oder einem Glas aufzubewahren. Erläutern Sie auch sorgfältig andere zusätzlich auftretende Symptome wie Übelkeit, Erbrechen, Krämpfe oder Schmerzen jeder Art, Fieber, Schwächeanfälle usw. Blutflecken, die ohne die genannten Symptome auftreten, werden nicht als Notfall betrachtet. Die häufigsten und ungefährlichen Ursachen für Blutungen sind:

1. **Normale Implantation der befruchteten Eizelle,** d. h., die Blutungen treten auf, wenn sich das befruchtete Ei in der Uteruswand einnistet. Die Blutungen sind von kurzer Dauer und harmlos.
2. **Hormonelle Veränderungen,** d. h., Blutungen treten zu dem Zeitpunkt auf, an welchem eine Frau ihre Regel erwartet. Diese Blutungen sind relativ schwach, manchmal auch stärker und menstruationsähnlich.

Ungewöhnlicher und beunruhigender sind folgende Ursachen:
Fehlgeburt. Normalerweise starke Blutungen, verbunden mit heftigen Unterleibsschmerzen und möglicherweise mit dem Abgang von embryonalem Gewebe (siehe Seite 148 ff.).
Ektopische Schwangerschaft. Braune Flecken oder leichtere Blutungen (anhaltend oder aussetzend), verbunden mit meist starken Bauch- und/oder Schulterschmerzen (siehe Seite 147).
Blasenmole und Chorionepitheliom. Es handelt sich um Plazentaanomalien (Trophoblast). Hauptsymptome sind ständiger oder auch unterbrochener bräunlicher Ausfluß sowie Schmierblutungen.

Blutungen im zweiten oder dritten Trimester

Leichte und fleckige Blutungen im zweiten oder dritten Trimester sind in der Regel kein Grund zur Sorge. Die Zervix wird immer empfindlicher und kann bei internen Untersuchungen oder beim Geschlechtsverkehr leicht verletzt werden, was zu diesen Blutungen führt. Gelegentlich handelt es sich aber um Anzeichen, die sofortige ärztliche Hilfe benötigen. Da nur Ihr Arzt feststellen kann, wie die Ursache für diese Blutungen lautet, sollte er bei jeder Art von stärkeren Blutungen sofort benachrichtigt werden – auch dann, wenn die Blutungen nur fleckig und/oder nicht mit anderen Symptomen verbunden sind.

Häufigere Ursachen ernsthafter Blutungen sind:

Placenta praevia oder tiefliegende Plazenta. Die Blutung ist meist schmerzlos und von hellroter Farbe. Sie beginnt oft spontan, wobei man diese Blutung auch durch Husten, Anstrengungen oder Geschlechtsverkehr auslösen kann. Die Blutung kann leicht oder stärker sein, hört normalerweise auf und setzt zu einem späteren Zeitpunkt wieder ein. Mehr Informationen siehe Seite 420!

Vorzeitige Lösung der Plazenta. Abhängig von dem Grad der Lösung, ist die Blutung leichter oder schwerer, der Ausfluß kann, muß aber keine Gewebestücke enthalten. Die Intensität der begleitenden Schmerzen und Krämpfe (Unterleibsempfindlichkeit) wird ebenfalls vom Lösungsgrad abhängen. Mit zunehmender Abtrennung werden schockähnliche Zeichen auf Grund des Blutverlustes auftreten.

Späte Fehlgeburt. Wenn tatsächlich eine Fehlgeburt droht, wird der Ausfluß zunächst rosa oder bräunlich verfärbt sein; wenn anschließend starke Blutungen beginnen, die mit heftigen Schmerzen im Unterleib verbunden sind, dann steht vermutlich eine Fehlgeburt bevor, siehe Seite 148 ff.!

Vorzeitige Wehen. Wehen werden als vorzeitig bezeichnet, wenn diese bereits nach der 20. oder vor der 37. Woche beginnen. Schleimiger Ausfluß, verbunden mit Kontraktionen, kann eine Frühgeburt signalisieren!

zum Trauern geben. Es wird Ihnen wahrscheinlich helfen, wenn Sie Ihre Gefühle mit Ihrem Partner, einer Freundin, Familienangehörigen und/oder Ihrem Arzt teilen. Häufig gibt es auch Gruppen, die Paare unterstützen, welche ein Kind verloren haben. Hinweise, wie man einen solchen Verlust bewältigen kann, siehe Seite 425 ff.! Möglicherweise ist die beste Therapie ein neuer Versuch, schnell wieder schwanger zu werden. Vorher sollten Sie aber die möglichen Gründe für die vorherige Fehlgeburt mit Ihrem Arzt besprechen. Meistens wird eine Fehlgeburt durch eine einmalige und durch eine chromosomale Abnormität zufällig verursacht; eventuell ist sie auch auf Grund von Infektionen, chemischer oder anderer teratogener Exposition entstanden (oder einfach Schicksal) und wird sich aller Wahrscheinlichkeit nach nicht wiederholen. Wiederholte Fehlgeburten stehen häufig in Zusammenhang mit hormoneller Insuffizienz der Mutter, oder das mütterliche Immunsystem lehnt den Fremdkörper „Baby" ab. In beiden Fällen kann medizinische Behandlung nach der nächsten Empfängnis oder schon davor eine Wiederholung der Fehlgeburt oftmals verhindern. Selten sind wiederholt auftretende Fehlgeburten durch genetische Faktoren begründet, die durch Tests bei beiden Elternteilen diagnostiziert werden können. Fragen Sie Ihren Arzt, ob er solche Tests in Ihrem Fall für aufschlußreich hält. Was auch immer die Ursache für eine Fehlgeburt war, es empfiehlt sich in der Regel eine sechsmonatige Pause vor dem neuen Schwangerschaftsversuch, wenngleich ein neuer Versuch schon nach sechs Wochen erlaubt ist! Nutzen Sie diese Wartezeit, um Ihren Gesundheitszustand zu stabilisieren.

Wenn eine ernsthafte fetale Fehlbildung entdeckt wird

Bevor Sie einen Abbruch tatsächlich in Erwägung ziehen, lassen Sie sich die Diagnose bestätigen. Holen Sie einen zweiten Befund ein – von einem Humangenetiker oder einem Spezialisten für Geburtsmedizin (Neonatologen). Wenn Sie die Schwangerschaft letztendlich doch beenden wollen, wird Ihnen vielleicht professionelle Unterstützung durch Ihren Arzt, einen Therapeuten oder einen Sozialarbeiter helfen, diese schwierige Situation zu verarbeiten. Bevor Sie das Stadium des Annehmens (Akzeptanz der Situation) erreichen, werden Sie verschiedene Gefühle des Trauerprozesses (Wut, Verleugnung, Depression) durchleben. Wenn Paare die schlechte Nachricht bezüglich eines fetalen Defekts erhalten, erschweren sie sich die Situation oft noch durch Schuldgefühle. Sie sollten wissen, daß kongenitale Schädigungen meist schicksalhaft, ohne erkennbare Ursache sind. Sie würden doch nicht absichtlich Ihrem Baby schaden – und wenn Sie es unbewußt doch getan hätten, sind Sie gleichfalls unschuldig!

Wenn Sie sich zwar entschieden haben, die Schwangerschaft zu beenden, aber sehr unglücklich darüber sind, hilft Ihnen vielleicht folgende Überlegung: Wenn diese Diagnose nicht jetzt erstellt worden wäre, hätten Sie sich über die ganzen neun Monate hinweg an Ihr Baby gewöhnt. Sie hätten es schon geliebt und dann kurz nach der Geburt verloren. Oder Sie hätten ein Baby geboren, mit dem Sie Tage, Monate oder gar Jahre Ihres Lebens verbracht hätten, das keinerlei Ähnlichkeit mit dem Leben gehabt hätte, welches Sie sich vorgestellt haben. Statt dessen haben Sie nun die Möglichkeit, bald wieder schwanger zu werden – und zwar hoffentlich mit einem gesunden Kind!

Natürlich soll dieser Gedanke Ihnen nicht das Recht nehmen, über den Verlust zu trauern.

Fruchtwasserinfektion

Die Infektion des Fruchtwassers und der Zottenhaut (Chorion) wird schätzungsweise nur in einer von hundert Schwangerschaften diagnostiziert. Es besteht der Verdacht, daß diese Infektion eigentlich viel häufiger auftritt! Man ist der Meinung, daß sie die Hauptursache für einen vorzeitigen Blasensprung sowie für eine frühzeitige Wehentätigkeit ist.

Zeichen und Symptome. In vielen Fällen zeigen sich keine Symptome – insbesondere am Anfang. Die Diagnose ist recht schwierig, weil es keinen einfachen Test zur Bestätigung dieser Infektion gibt. Oft ist das erste deutliche Anzeichen ein beschleunigter Puls der Mutter. Danach bekommt die Frau Fieber mit Temperaturen über 38,0 °C. In manchen Fällen treten wehenartige Schmerzen und Krämpfe auf. Wenn die Fruchtblase springt, könnte auch ein unangenehmer Geruch auffallen. Falls die Fruchtblase noch intakt ist, könnte statt dessen ein übelriechender Vaginalausfluß bemerkt werden. Bei einer Blutuntersuchung wird sich zeigen, daß die Zahl der weißen Blutkörperchen im Blut erhöht ist neben anderen ebenfalls entzündungsspezifischen Faktoren.

Behandlung. Die Fruchtwasserinfektion kann durch eine Vielzahl von Mikroorganismen ausgelöst werden. Die Behandlung hängt von dem jeweiligen Erreger – vom Zustand der Mutter und dem des Kindes ab. Normalerweise werden zuerst andere Gründe für das Auftreten der Symptome ausgeschlossen, anschließend werden Labortests zur Feststellung des Erregers durchgeführt. Der Fetus wird per Monitor überwacht, bevor die Behandlung beginnt. Wenn sich die Schwangerschaft dem Ende zuneigt und die Fruchtblase schon geplatzt ist und/oder der Fetus bzw. die Mutter in Gefahr sind, ist eine sofortige Entbindung normalerweise der bevorzugte und sicherste Weg. Wenn der Fetus noch nicht reif, d. h. wahrscheinlich noch nicht außerhalb der Gebärmutter lebensfähig ist, wird man versuchen, die Geburt hinauszuzögern. Die Infektion wird mit Antibiotika, welche die Plazenta passieren, bekämpft. Die Geburt wird so lange verschoben, bis der Fetus reifer und lebensfähiger ist. Verschlechtert sich der Zustand von Mutter und/oder Kind kann eine sofortige Entbindung selbst bei nicht gegebener Lebensfähigkeit des Kindes notwendig werden.
Neuere medizinische Möglichkeiten, welche schnellere Diagnose und Behandlungen erbracht haben, reduzieren das Risiko erheblich. Weitere Möglichkeiten zur besseren Vorbeugung dieser Infektion werden das Risiko noch mehr verringern.

Präeklampsie (Schwangerschaftshochdruck, Gestose)

Was ist das? Präeklampsie, auch Schwangerschaftstoxikose oder Gestose genannt, ist eine mit der Schwangerschaft verbundene Form des krankhaften Bluthochdruckes und von Flüssigkeitseinlagerungen (Ödeme). Niemand weiß genau, was diesen Zustand verursacht oder warum er sich meistens bei Erstgebärenden entwickelt. Manche Studien sehen einen Zusammenhang mit schlechter Ernährung (Eiweißmangel), aber die Beweise dafür sind nicht schlüssig. Andere

Theorien vermuten eine vorbestehende Nierenerkrankung. Neuere Untersuchungen haben toxische Substanzen (daher auch „Toxämie") im Blut der werdenden Mutter entdeckt, die unter Präeklampsie leidet. Diese Substanzen sollen demnach die menschlichen Endothelialzellen schädigen, welche die Blutgefäße auskleiden und als Immun- oder Verteidigungsreaktion gegen einen Fremdkörper (das Baby) von der Mutter produziert werden, wenn ein anderer Mechanismus, der solche Abwehrreaktionen normalerweise während der Schwangerschaft verhindern soll, fehlt bzw. nicht gut funktioniert. Nähere Untersuchungen zur Bestätigung dieser Theorie könnten neue Wege eröffnen, um die Schwangerschaftstoxikose besser behandeln zu können.

Zeichen und Symptome. Anfänglich: Schwellungen der Hände, der Beine und des Gesichts, verbunden mit plötzlicher Gewichtszunahme durch Wassereinlagerung im Körper, Bluthochdruck (140/90 mmHg oder mehr bei einer Frau, die noch nie Bluthochdruck hatte) sowie Eiweiß im Urin sind die drei Hauptsymptome. Sie können sich rasch weiterentwickeln und in ein bedrohliches Stadium führen durch weitere Erhöhung des Blutdrucks (160/110 mmHg oder mehr), zunehmende Mengen an Eiweiß im Urin, Sehstörungen (Verschwommenheit), Kopfschmerzen, Reizbarkeit, wenig Urinproduktion, Verwirrungszustände, gastritische Schmerzen und/oder Störungen der Leber- und Nierenfunktionen sowie Blutungsneigungen. Unbehandelt kann sich daraus sehr schnell eine schwerwiegende Eklampsie entwickeln, welche durch Krämpfe und sogar Bewußtlosigkeit charakterisiert ist. Das sogenannte Hellp-Syndrom[1] ist eine ebenso schwerwiegende Sonderform der Präeklampsie.

Behandlung. Die Behandlung wird gemäß der Schwere der Krankheit, dem Zustand von Mutter und Kind, dem Zeitpunkt innerhalb der Schwangerschaft und der Meinung des Arztes variieren. Wenn der errechnete Geburtstermin schon nah ist und das Kind lebensfähig erscheint, wird sofort die Geburt eingeleitet. Ansonsten wird die Mutter in ein Krankenhaus zur strikten Überwachung einge-

---

[1] Hellp-Syndrom: H = haemolysis, el = elevated liver enzymes, lp = low platelets.

wiesen. Der Zustand des Babys wird ständig kontrolliert. Ganz generell darf eine Schwangere mit Präeklampsie ihr Baby nicht übertragen, da sich die Bedingungen im Uterus nach 40 Wochen schneller als üblich verschlechtern. Abhängig vom konkreten Befund, wird entweder die vaginale Geburt eingeleitet oder ein Kaiserschnitt vorgenommen.

Bei 90 Prozent der Frauen mit Fälle einer Schwangerschaftstoxikose, die nicht unter chronischem Bluthochdruck leiden, normalisiert sich der Blutdruck 24 Stunden nach der Entbindung, bei den anderen innerhalb der ersten Woche nach der Geburt. Wenn sich der Blutdruck auch im weiteren Verlauf nicht normalisiert, wird der Arzt nach anderen Krankheiten (Ursachen) forschen.

Eklampsie

Was ist das? Wie bereits erwähnt, ist die Eklampsie, die vor, während oder nach der Geburt auftreten kann, das schwerste und letzte Stadium einer Gestose bzw. Präeklampsie. Es wäre aber sehr ungewöhnlich, daß eine Frau bei guter ärztlicher Betreuung dieses bedrohliche Stadium erreicht.

Zeichen und Symptome. Krämpfe (Konvulsionen) und/oder Koma. Diesen extremen Auswirkungen gehen häufig erst die bereits geschilderten Anzeichen, wie sehr hoher Blutdruck, erhöhte Eiweißmengen im Urin, übertriebene Reflexreaktionen, Kopfschmerzen, Übelkeit oder Erbrechen, Reizbarkeit, Ruhelosigkeit, Zuckungen, Bauchschmerzen, Sehstörungen, Müdigkeit, Fieber und beschleunigter Puls, voraus.

Behandlung. Man versucht zu verhindern, daß sich die Patientin bei Auftreten der Krämpfe selbst verletzt. Der Frau werden Sauerstoff und Medikamente verabreicht, um die Anfälle zu stoppen.

Die Umgebung der Patientin wird von möglichen Auslösern (wie Licht oder Geräusche) so frei wie möglich gehalten. Sobald die Krampfanfälle unter Kontrolle sind, erfolgt umgehend meist eine operative Entbindung. Bei optimaler Fürsorge liegen die Überlebenschancen bei 98 Prozent, und die meisten Patientinnen werden nach der Geburt sehr schnell wieder gesund. Sorgfältige Nachunter-

suchungen sind erforderlich. Diese sollen bestätigen, daß der Blutdruck sich tatsächlich wieder dauerhaft normalisiert hat und kein
bisher unbekanntes Nierenleiden vorliegt.

Die Risiken für das Risikobaby verringern

Sind Sie aus irgendwelchen Gründen der Ansicht, daß Ihr
Baby eventuell nicht vollkommen gesund zur Welt kommen
könnte, ist es sehr wichtig, daß die Geburt unter optimalen
Bedingungen erfolgt. In den meisten Fällen ist damit ein großes Krankenhaus gemeint, welches so ausgestattet ist, daß es
die verschiedensten Neugeborenennotfälle auf einer eigenen
Neugeborenenstation behandeln kann.
Falls Ihre Schwangerschaft in eine sehr gefährdete Risikokategorie gehört und auch eine Gefahr für Ihr Baby besteht, fragen
Sie Ihren Arzt, welches Krankenhaus er empfehlen würde,
und treffen Sie dann alle Vorbereitungen, um dort für die Entbindung aufgenommen zu werden.

Intrauterine Wachstumshemmung

Was ist das? Wenn die Bedingungen im Uterus für die Entwicklung
des Babys nicht optimal sind (Krankheit der Mutter, ungesunde Lebensweise, Rauchen, Plazentainsuffizienz oder andere Faktoren),
wächst ein Kind nicht so heran, wie es seiner Norm entspricht.
Ohne medizinische Behandlung wird ein solches Baby entweder zu
zeitig oder zu klein im Verhältnis zu seinem Tragzeitalter geboren.
Wird allerdings die Wachstumshemmung frühzeitig diagnostiziert,
was bei regelmäßigen Vorsorgeuntersuchungen der Fall sein müßte,

können Schritte unternommen werden, um dieser entgegenzuwirken. Intrauterine Wachstumshemmungen kommen häufiger entweder bei ersten oder späteren (fünften oder sechsten) Schwangerschaften vor. Etwas größer ist dieses Problem außerdem bei Frauen,
die unter 17 oder über 34 Jahre alt sind.

Zeichen und Symptome. In den meisten Fällen fehlen irgendwelche Symptome, die die Mutter darauf hinweisen können, daß intrauterine Probleme vorliegen. Der Arzt wird allerdings Verdacht
schöpfen, wenn er den Bauchumfang der Mutter mißt und feststellt,
daß der Fetus im Verhältnis zum Schwangerschaftsmonat zu klein
ist. Diese Diagnose kann dann durch eine Ultraschalluntersuchung
bestätigt oder ausgeschlossen werden.

Behandlung. In manchen Fällen lassen sich die Faktoren, welche
eine Wachstumshemmung des Babys in der Gebärmutter verursachen, leicht identifizieren und anschließend auch leicht beheben. Zu
diesen Faktoren zählen unangemessene Vorsorge, schlechte Ernährung, geringe oder keine Gewichtszunahme der Schwangeren, Rauchen, Alkohol oder Drogenmißbrauch.
Für bestimmte mütterliche Faktoren, die schlechtes fetales Wachstum verschulden, kann man oft keine Ursachen finden, wenngleich
doch zumindest kontrolliert werden muß, um eventuelle Gefahren
für das Baby zu verringern. Zu diesen Faktoren werden chronische
Krankheiten, mit der Schwangerschaft verbundene Krankheiten
und akute schwangerschaftsunabhängige Krankheiten gerechnet.
Wenn eine Behandlung greifen soll, müssen andere Risikofaktoren
vor der Schwangerschaft ausgeschlossen sein, z. B. sehr niedriges Gewicht der Mutter, Rötelninfektionsgefahr, zu schnelle Schwanger-
schaftsfolgen, ungünstig geformter Uterus, Harnwegsprobleme,
Berufsgefahren (Einfluß toxischer Substanzen). Neben sozialen
Aspekten können auch andere Faktoren negative Auswirkungen
haben: Mehrlingsschwangerschaft, starke Blutungen im ersten und
zweiten Trimester, zu geringe Fruchtwassermenge, Fehlbildungen
des Uterus u. a. Diese Faktoren sind – wenn überhaupt – kaum zu beeinflussen.
Wenn Sie selbst als Baby bei der Geburt klein waren, werden Sie vielleicht ebenfalls ein kleines Baby austragen. Eine optimale Ernährung

und die weitgehende Eliminierung existierender Risikofaktoren können das fetale Wachstum verbessern.

Nach neueren Untersuchungen gibt es weitere Faktoren, die für ein untergewichtiges Baby verantwortlich sein sollen, z. B. physischer und psychischer Streß, starke Zunahme der mütterlichen Blutplasmamenge und Progesteronmangel. Wenn vorbeugende Maßnahmen versagt haben und eine intrauterine Wachstumshemmung diagnostiziert wurde, können verschiedene Maßnahmen – abhängig von der Hauptursache – versucht werden. Zu nennen sind Bettruhe, optimale Ernährung, Ausheilung bestehender Krankheiten, Beseitigung eines Blutmangels u. a. m.

Wenn sowohl Vorbeugung als auch Behandlung erfolglos waren und das frühzeitig geborene Kind sehr klein ist, sind die Überlebenschancen und die Aussicht auf einen späteren stabilen Gesundheitszustand trotzdem gut – dank der Fortschritte unserer modernen Medizin. Untergewichtige Babys holen in vielen Fällen allmählich ihre normal- oder sogar übergewichtigen Altersgenossen bezüglich Wachstum und Entwicklung ein.

Wieder ein untergewichtiges Baby

Eine Mutter, die schon einmal ein untergewichtiges Baby zur Welt brachte, hat nur ein leicht erhöhtes Risiko, die Wiederholung eines solchen Falles zu erleben. Statistiken zeigen, daß die folgenden Babys in der Regel mit einem größeren Gewicht als ihre Geschwister auf die Welt kommen. Ob nun Ihr nächstes Baby untergewichtig oder zu klein sein wird, hängt in erster Linie von der Ursache für das Untergewicht bei dem vorher geborenen Kind ab. Unabhängig davon, ob sie die Gründe für das Untergewicht ihres ersten Babys kennt oder nicht, sollte eine Frau, die entweder eine neue Schwangerschaft plant oder bereits wieder schwanger ist, dieses Mal sehr aufmerksam alle Risikofaktoren beachten, siehe Seite 89 ff.

Placenta praevia

Was ist das? Eine Placenta praevia liegt im unteren Teil des Uterus in der Nähe des Muttermundes. Diese Lage verursacht nur dann ein ernsthaftes Problem, wenn die Plazenta die Muttermundöffnung berührt. In den wenigen Fällen, bei denen tatsächlich der Muttermund berührt wird, kann es im späten Schwangerschaftsstadium oder bei der Geburt zu Problemen kommen. Je näher die Plazenta an der Muttermundöffnung liegt, desto größer ist die Blutungsgefahr. Wenn die Plazenta die Zervix vollständig oder nur teilweise blockiert, ist eine vaginale Geburt normalerweise nicht möglich.

Bei Frauen mit Vernarbungen durch frühere Geburten, Kaiserschnitt, Unterleibsoperationen, Dilatation und Kürettage nach einer Abtreibung, tritt eine Placenta praevia häufiger auf.

Zeichen und Symptome. Mit der Größenzunahme des Kindes und der Fruchtwasservermehrung dehnt sich auch der Wandbereich des unteren Uterinsegmentes aus. Wenn die Nachgeburt an dieser Wand haftet, besteht die Gefahr der Ablösung, wobei Blutungen auftreten. Diese können für Mutter und Kind erhebliche Gefahren bedingen. Die Blutungen treten gelegentlich vor der 28., meist aber zwischen der 34. und 38. Woche auf. Sie sind das häufigste Zeichen einer Placenta praevia. Die Blutung ist normalerweise hellrot, nicht mit nennenswerten Unterleibsschmerzen oder extremer Empfindlichkeit verbunden. Sie beginnt spontan und kann auch durch Husten, Anstrengung oder Geschlechtsverkehr ausgelöst werden. Sie ist teils schwach, teils stark, anhaltend oder mit Unterbrechungen. Da eine Plazenta praevia dem Tiefertreten des Fetus im Wege steht, können die Babys kurz vor der Geburt nicht ins kleine Becken eintreten! Bei Frauen, die keinerlei Symptome verspüren, wird die tiefliegende Plazenta entweder nur bei einer routinemäßigen Ultraschalluntersuchung entdeckt oder erst bei der Geburt festgestellt. Wenn es aber zu Blutungen kommt und man den Verdacht auf eine Placenta praevia hat, wird normalerweise zur Bestätigung der Diagnose eine Ultraschalluntersuchung durchgeführt.

Behandlung. In vielen Fällen korrigiert sich eine anfänglich tiefliegende Plazenta von selbst lange vor der Geburt (siehe Seite 238).

Selten tritt ein größeres Problem auf, so daß eine rechtzeitig diagnostizierte Placenta praevia nicht vor der 20. Woche behandelt werden muß. Wenn nach dieser Zeit keine Symptome auftreten, wird eine Frau mit Placenta praevia ihre Aktivitäten einschränken und Bettruhe einhalten müssen. Treten Blutungen auf, wird normalerweise eine Einweisung ins Krankenhaus nötig sein, damit Mutter und Kind ständig beobachtet und eventuell stabilisiert werden können. Das Ziel ist, die Schwangerschaft möglichst bis zur 36. Woche halten zu können. Ab diesem Zeitpunkt, wenn die Lungen des Kindes entwickelt sind, kann dann das Baby entbunden werden, um dem Risiko schwerer Blutungen zuvorzukommen. Natürlich wird die Geburt nicht herausgezögert, wenn Mutter oder Kind auf Grund schwerer Blutungen schon vor der 36. Woche in Gefahr sind, selbst wenn das Baby zu früh geboren wird. Etwa drei von vier Frauen werden ihr Kind durch Kaiserschnitt zur Welt bringen, bevor die Wehen eingesetzt haben. Wenn sich erst zu Wehenbeginn herausstellt, daß eine Placenta praevia vorliegt, die Blutungen aber sehr mild sind, und die Plazenta nicht den Muttermund verschließt, kann zunächst eine Vaginalgeburt versucht werden. Fast 99 Prozent der Mütter überstehen mit einer Placenta praevia in der heutigen Zeit die Schwangerschaft und die Geburt gut – ebenso ihre Kinder.

Um es aber klar zu sagen: Treten gegen Ende der Schwangerschaft starke, hellrote Blutungen auf, besteht akute Gefahr! Sofortiger Notruf! Sofort ins Krankenhaus! Keine Belastungen!

Vorzeitiger Blasensprung

Was ist das? Vorzeitiger Blasensprung ist die Ruptur der Fruchtblase, bevor Kontraktionen oder Wehen beginnen. Dies kann nur einige Stunden, aber auch Wochen oder sogar Monate vor der Ankunft des Babys passieren.

Zeichen und Symptome. Tröpfchenweises Austreten oder schwallartiges Auslaufen der Flüssigkeit aus der Vagina. Der Ausfluß wird stärker, sobald sich die Frau hinlegt.

Behandlung. Die meisten Ärzte stimmen darin überein, daß anfangs (entweder nur einige Stunden oder auch einen ganzen Tag lang) die

Mutter sehr genau beobachtet und auch der Zustand des Babys ständig überprüft werden muß. Die Mutter wird per Monitor überwacht, um Kontraktionen oder eine Infektion frühest möglich zu erkennen. Dazu wird die Mutter in ein Krankenhaus eingewiesen. Wenn die Kontraktionen nach einem vorzeitigen Blasensprung einsetzen, obwohl der Fetus noch zu unreif ist, könnten Medikamente verabreicht werden, um diese aufzuhalten. Die Behandlung wird so lange fortgesetzt (sofern sich Mutter und Kind in gutem Zustand befinden), bis das Baby für das Leben außerhalb der Gebärmutter reif genug ist. Sind aber Mutter oder Kind gefährdet, wird die Geburt sofort eingeleitet. Zuweilen heilt der Fruchtblasenriß wieder von selbst! In diesen seltenen Fällen darf die Mutter wieder nach Hause, und es wird ihr auch erlaubt, ihre normalen Beschäftigungen wiederaufzunehmen. Das weitere Vorgehen ist unterschiedlich.

Die meisten Ärzte werden versuchen, die Geburt wenigstens bis zur 33. oder 34. Woche hinauszuzögern. Danach werden einige Ärzte in jedem Fall die Geburt einleiten, während andere noch bis zur 37. Woche versuchen abzuwarten.

Wenn sich der vorzeitige Blasensprung ab der 37. Woche ereignet (oder auch später), werden viele Ärzte für eine sofortige Geburtseinleitung plädieren, da zu diesem Zeitpunkt das Geburtsrisiko geringer als das Infektionsrisiko ist, welches sich bereits 24 bis 36 Stunden später einstellt.

Bei guter Fürsorge werden Mutter und Kind wohlauf sein, wobei natürlich ein frühgeborenes Baby vielleicht längere Zeit auf der Intensivstation für Neugeborene verbringen muß. Vertrauen Sie der richtigen Entscheidung Ihres Arztes bzw. der Klinikärzte.

Nabelschnurvorfall

Was ist das? Gelegentlich kann es passieren, daß nach einem Blasensprung die Nabelschnur durch den Muttermund bis in die Vagina hineinrutscht – sozusagen hineingeschwemmt wird durch den Schwall des auslaufenden Fruchtwassers. In diesem Fall kann sie durch die Körperteile des Babys abgeklemmt werden, die während der Entbindung zuerst durch das Becken und den Geburtskanal gedrückt würden. Wird die Nabelschnur zusammengedrückt, kann es zu einer Reduzierung oder sogar zum Stopp der Sauerstoffversorgung beim Kind kommen. Der Prolaps kommt am häufigsten bei Frühgeburten vor, da der Kopf des Fetus zu klein ist, um das Becken auszufüllen, oder wenn anstatt des Kopfes ein anderer Körperteil, z. B. ein Fuß, als erstes erscheint. Da ein Fuß weniger Platz einnimmt als ein Kopf, ermöglicht er ein „Mitrutschen" der Nabelschnur. Ein weiterer häufiger Grund für einen Prolaps der Nabelschnur ist das Platzen der Fruchtblase vor Einsetzen der Wehen. Sind nach einem vorzeitigen Blasensprung Wehen vorhanden, ist das Risiko eines Nabelschnurvorfalls geringer, da dann der vorangehende Teil des Kindes den Geburtskanal besser versperrt.

Zeichen und Symptome. Eine Nabelschnur kann so weit abgleiten, daß diese aus der Scheide heraushängt, oder aber die Frau spürt deutlich, daß irgend etwas in ihrer Vagina „steckt".

Behandlung. Wenn Sie die Nabelschnur spüren oder sogar sehen bzw. Sie das sichere Gefühl haben, daß sich ein Vorfall ereignet hat, begeben Sie sich rasch in den Kniestand und stützen sich mit den Händen ab, um eventuellen Druck auf die Nabelschnur zu reduzieren. Wenn die Nabelschnur ein Stück aus Ihrer Vagina heraushängt, schützen Sie sie (niemals pressen oder quetschen) vorsichtig mit einem nassen, warmen Handtuch, einem Mullverband oder einer sauberen Binde. Bitten Sie jemanden, Sie unverzüglich ins Krankenhaus zu bringen, oder rufen Sie einen Krankenwagen (Notfall).
Im Krankenhaus wird eventuell Salzlösung in Ihre Blase gespritzt, um die Nabelschnur zu polstern. Eine heraushängende Nabelschnur wird der Arzt per Hand versuchen, wieder zurückzubringen und mit einem sterilen Tampon obenzuhalten. Außerdem werden Sie vielleicht Medikamente bekommen, die die Kontraktionen eindämmen, während Sie notfallmäßig auf eine operative Geburt vorbereitet werden.

Venenthrombose

Was ist das? Ein Blutgerinnsel (Thrombus), welches sich in einer Vene entwickelt und das Blutgefäß ganz oder teilweise verstopft. Während der Schwangerschaft, der Geburt und vor allem innerhalb des Wochenbetts sind Frauen anfällig für Blutgerinnsel. Blutgerinnsel in Oberflächenvenen entstehen bei ein bis zwei von 100 Schwangerschaften. Tiefliegende Venenthromben, welche die Gefahr bieten, von der Venenwand losgerissen und in die Lungen transportiert zu werden (Lungenembolie), was das Leben der Patientin gefährden kann, sind glücklicherweise sehr selten. Frauen, die ein erhöhtes Thromboserisiko tragen, hatten entweder schon früher einmal Blutgerinnsel, sind über 30 Jahre alt, haben drei oder mehr Geburten bereits hinter sich, sind übergewichtig, waren längere Zeit ans Bett gefesselt, leiden an Krampfadern oder haben eine Saugglocken-Zangengeburt bzw. einen Kaiserschnitt erlebt.

Zeichen und Symptome. Bei Thrombose der oberflächlichen Venen kann man eine empfindliche rote Stelle sehen, die entlang einer Vene, nah an der Hautoberfläche, z. B. des Oberschenkels oder der Wade, verläuft. Bei tiefliegender Venenthrombose schmerzt das Bein oder fühlt sich schwer an; Oberschenkel oder Waden reagieren empfindlich; es kann zu Schwellungen oder Dehnungen der Beinvenen kommen und Wadenschmerzen können auftreten, wenn man den Fuß beugt. Jede Art der erwähnten Symptome sowie irgendwelche anderen ungewöhnlichen Anzeichen im Beinbereich, unerklärliches Fieber oder rasender Puls sollten schnellstens dem Arzt mitgeteilt werden. Ist ein Blutgerinnsel tatsächlich in die Lungen gelangt, könnte es zu starken Schmerzen im Brustbereich, Atemnot, zu blutig-verschleimtem Abhusten, Herzrasen, blauen Lippen und Fingerspitzen sowie Fieber und Schweißausbruch kommen. Diese Symptome erfordern sofortige ärztliche Behandlung.

Behandlung. Die beste Behandlung ist immer die Vorbeugung: Tragen Sie Stützstrümpfe und sitzen Sie nicht zu lange auf einem Fleck, ohne sich zwischendurch die Beine zu vertreten. Wenn Ihnen Bettruhe verordnet wurde, machen Sie Beingymnastik, und schlafen Sie nicht flach auf dem Rücken.
Bei der oberflächlichen Venenthrombose helfen Ruhe, Beine hochlegen, Salbe, feuchte Wärme, elastische Strümpfe. Bei postnatalen Beschwerden wird auch mit Aspirin behandelt. Bei tiefliegender Venenthrombose werden gerinnungshemmende Medikamente erst intravenös (eine Woche bis zehn Tage lang) verabreicht, danach intramuskulär bis zum Wehenbeginn. Dann wird die Medikamentenverabreichung zunächst unterbrochen, um einige Stunden nach der Entbindung wieder aufgenommen zu werden.

Frühgeburt

Was ist das? Wehen, die nach der 24. Woche und vor der 37. Woche einsetzen, zeigen den Beginn einer Frühgeburt an. Es gibt viele Gründe (siehe Seite 273 ff.), die in Zusammenhang mit frühzeitigen Wehen stehen, aber in manchen Fällen ist es trotzdem nicht klar, warum die Wehen so früh beginnen.

Zeichen und Symptome. Man bemerkt periodenähnliche Krämpfe mit oder ohne Durchfall und Übelkeit oder Verdauungsstörungen; Kreuzschmerzen oder Druckgefühl; Schmerzen oder Druck im Becken, in den Oberschenkeln oder in der Leistengegend; wäßrigen oder rosa-bräunlich gefärbten Ausfluß, der durch das Austreten des Schleimfropfens und/oder auslaufendes Fruchtwasser eingeleitet wird.
Durch eine sonographische Bestimmung der Zervixlänge (Ultraschall) kann die Wahrscheinlichkeit einer Frühgeburt abgeschätzt werden.

Behandlung. Sofortige ärztliche Maßnahme ist bei den angegebenen Symptomen wichtig, da schnelle Behandlung manchmal die Wehen stoppen kann. Jeder Tag, den das Baby länger in der Gebärmutter verweilen kann, verbessert seine Überlebenschancen. Nur wenn Mutter oder Kind in Gefahr sind, wird die Geburt nicht hinausgezögert.

Wie Sie den Verlust eines Kindes bewältigen können

Absterben im Uterus. Wenn Sie einige Stunden keine Kindsbewegungen mehr spüren, ist es nur normal, daß Sie das Allerschlimmste befürchten. Und das wäre der Tod ihres ungeborenen Kindes. Glücklicherweise ist dies ganz selten der Fall. Passiert es aber doch, werden Sie sehr unglücklich sein.
Sie werden völlig fassungslos sein, nachdem man Ihnen vorsichtig erklärt hat, daß der Herzschlag Ihres Kindes nicht mehr festzustellen war und Ihr Baby im Uterus gestorben ist. Es ist für Sie vermut-

lich schwierig oder fast unmöglich, wieder ein normales Leben zu führen, solange Sie noch einen Fetus in sich tragen, der nicht mehr lebt. Studien haben gezeigt, daß Frauen nach der Entbindung ihres toten Kindes wesentlich stärker in Depressionen verfallen, wenn sich die Geburt nach Erhalt der traurigen Nachricht länger als drei Tage verzögert. Falls Sie kurz vor Wehenbeginn stehen oder die Wehen bereits begonnen haben, wird die Entscheidung, wann die Geburt eingeleitet werden soll, von folgendem abhängen: Wie weit sind Sie noch von dem errechneten Geburtstermin entfernt; wie ist Ihr seelischer Zustand; wie ist Ihre körperliche Verfassung?

Der Verlauf Ihrer Trauer über das im Uterus gestorbene Kind ähnelt sehr wahrscheinlich dem Prozeß, den Eltern durchlaufen, wenn ihr Kind während oder kurz nach der Geburt stirbt (Totgeburt).

Tod während oder nach der Geburt. Manchmal ereignet sich ein Herzstillstand des Fetus während der Wehen oder während der Geburt – und manchmal tritt der Tod kurz nach der Geburt ein. In jedem Fall wird für Sie eine Welt zusammenbrechen. Sie haben neun Monate auf dieses Kind gewartet, Sie haben von ihm geträumt, seine Bewegungen, seinen Schluckauf, seinen Herzschlag gespürt. Sie haben sein Kinderzimmer fertig eingerichtet, Freunde und Familie auf den Neuankömmling vorbereitet – und nun kommen Sie mit leeren Händen heim. Es gibt kaum einen größeren Schmerz als den, wenn man ein Baby verliert. Obwohl jetzt nichts Ihren Schmerz mildern wird, können Sie einige Schritte versuchen, die Ihnen die Zukunft etwas erträglicher gestalten und die Depressionen, die fast unweigerlich auf eine solche Tragödie folgen, etwas mindern.

Wir wissen, daß manche dieser Hinweise Sie irritieren werden, den Schmerz noch vertiefen. Aber es sind psychotherapeutisch bewährte Ratschläge.

◆ Sehen Sie sich Ihr totgeborenes Baby an, halten Sie es einen Moment und geben Sie ihm oder ihr einen Namen. Trauer ist ein wichtiger Punkt innerhalb des Annahmeprozesses und führt hin zur Erholung von dem Schock über Ihren Verlust. Sie können aber nicht um ein namenloses Kind trauern, welches Sie nie richtig zu Gesicht bekommen haben. Experten behaupten, daß es auch besser ist, wenn man ein gestorbenes und mißgebildetes Kind anschaut, weil die Vorstellungen darüber meist viel schlimmer sind als die Realität. Die Namensgebung und die kurze Berührung mit Ihrem Kind machen den Tod greifbarer, und somit können Sie auch alles besser verarbeiten. Sie sollten auch eine Trauerfeier und ein Begräbnis arrangieren, was Ihnen noch eine Möglichkeit gibt, sich zu verabschieden. Und das Grab ist ein dauerhafter Platz, an welchem Sie Ihr Baby auch in Zukunft besuchen können.

- Besprechen Sie die Autopsiebefunde und andere Einzelheiten ausführlich mit Ihrem Arzt, damit Sie die Realität erfassen. Es wird Ihnen helfen, Ihren Schmerz zu verarbeiten.
- Wenn möglich, bitten Sie darum, daß man Ihnen nach Erhalt der schlechten Nachricht keine Beruhigungsmittel verabreicht. Obwohl Medikamente Ihren Schmerz vorübergehend lindern werden, können diese Sie gleichzeitig verwirren und die Erinnerung an das, was passiert ist, durcheinanderbringen. Es ist wichtig, daß Sie und Ihr Partner sich gegenseitig unterstützen.
- Bewahren Sie ein Foto (viele Krankenhäuser machen eine Aufnahme) oder ein anderes Andenken auf, so daß Sie eine greifbare Erinnerung besitzen, wenn Sie über Ihr verstorbenes Kind nachdenken. So unwahrscheinlich das jetzt auch klingen mag, Experten versprechen Ihnen davon Hilfe.
- Bitten Sie Eltern, Freunde und Verwandte, nicht die Babysachen wegzuräumen. Sagen Sie Ihnen, daß Sie das selbst tun möchten. So lieb es diese Menschen auch meinen; Sie sollten nicht in eine Wohnung heimkehren, die so aussieht, als ob nie ein Kind erwartet worden wäre. Dies unterstützt nur die Tendenz, die Realität zu verdrängen oder zu verneinen.
- Weinen Sie – so lange, so oft und so heftig, wie Ihnen zumute ist. Weinen gehört zum Trauerverlauf!
- Stellen Sie sich auf eine schwierige Zeit ein, Sie werden sich für eine Weile deprimiert und leer fühlen, intensive Trauer erleben, Schlafstörungen haben, sich mit Ihrem Partner streiten, Ihre eigenen Kinder vernachlässigen und Visionen haben, daß Ihr Baby nachts weint. Sie selbst werden auch wie ein Kind sein, das geliebt, gestreichelt, verwöhnt und versorgt werden will. All das ist ganz normal.
- Erkennen Sie aber an, daß auch Väter trauern! Vielleicht nicht so lange oder so intensiv – oder es kommt Ihnen nur nicht so vor,

teils weil Männer im Gegensatz zu den Frauen das Kind nicht für so viele Monate in sich getragen haben, teils weil Männer vielleicht andere Wege beschreiten, mit der Trauer umzugehen. Sie verdrängen beispielsweise die Trauer, damit sie ihre Ehefrauen besser stützen können, aber oft tritt der Schmerz dann anders zutage: Übellaunigkeit, kein Verantwortungsbewußtsein, keine Lebensfreude, Hang zum Alkohol in dem Versuch, sich dann besser zu fühlen. Leider ist ein trauernder Vater oft keine gute Stütze für die Frau – und umgekehrt. Beide werden vielleicht durch Dritte Unterstützung finden müssen.

♦ Stehen Sie der Welt nicht allein gegenüber! Wenn Sie beim Ausgehen die vielen freundlichen Gesichter fürchten, die sich nach Ihrem Wohlergehen erkundigen, dann nehmen Sie eine gute Freundin mit, die für Sie antworten kann – wenigstens für die ersten Male im Supermarkt, in der Bank, im Lieblingsrestaurant usw.

♦ Stellen Sie sich innerlich darauf ein, daß Freundinnen oder Verwandte nicht recht wissen, wie sie sich Ihnen gegenüber verhalten sollen, und daher etwas zurückhaltend sind. Andere wiederum meinen es besonders gut mit so taktlosen Bemerkungen wie „du wirst ein neues Kind erwarten" oder „wenigstens ist es gestorben, bevor du dich richtig daran gewöhnt hast". Wenn Sie sich öfter solche Kommentare anhören müssen, sagen Sie einer Freundin Bescheid, die dann für Sie Ihren Bekannten Ihre Gefühle erklärt mit der Bitte, daß es Ihnen lieber wäre, wenn die anderen diese Ratschläge unterließen und einfach sagen, daß ihnen der Verlust sehr, sehr leid tut!

♦ Ihr Schmerz wird mit der Zeit nachlassen. Zuerst haben Sie nur traurige, schlechte Tage. Allmählich wird es hin und wieder dazwischen auch bessere, gute Tage geben. Dann werden es immer mehr schmerzfreie Tage sein. Befassen Sie sich aber mit der Möglichkeit, daß der Schmerz nie ganz verschwinden wird.

♦ Suchen Sie die Unterstützung von anderen.

♦ Schränken Sie die Einnahme von Beruhigungsmitteln ein.

♦ Wenden Sie sich der Religion zu, wenn Ihnen das hilft!

♦ Glauben Sie ja nicht, daß ein neues Baby den übriggebliebenen Schmerz völlig auslöschen kann. Werden Sie erst wieder schwanger, wenn Ihr Partner und Sie das wirklich wollen. Versuchen Sie nie eine neue Empfängnis, um sich besser zu fühlen oder Schuldgefühle bzw. Wut zu überwinden. So etwas klappt nicht und wird nur zu einer unfairen Belastung für den neuen Ankömmling. Jede Entscheidung über den Versuch, ein neues Kind zu zeugen, sollte bis zu dem Zeitpunkt verschoben werden, an dem Ihre tiefe Trauer vorbei ist.

◆ Fühlen Sie sich niemals schuldig!

Probleme bei einer Mehrlingsschwangerschaft

Zwillinge, Drillinge oder Vierlinge sind – das ist kaum überraschend – prädestinierter für schlechteres fetales Wachstum als „Einzelkinder", insbesondere während des dritten Trimesters. Aus diesem Grund werden Mehrlingsschwangerschaften auch sehr genau per Ultraschalluntersuchungen beobachtet (ca. ab der 20. Woche). Wenn ein Fetus oder auch mehrere sich unzureichend entwickeln, wird intensive Überwachung im Krankenhaus notwendig werden. Die Babys werden geboren, sobald der größte Fetus über reife Lungen verfügt oder sobald es für den kleinsten Fetus zu riskant wird, ihn in der Gebärmutter zu lassen. Glücklicherweise ereignen sich solche Umstände relativ selten. Normalerweise merkt es eine Mutter nicht von allein, daß es einem ihrer Babys oder allen nicht gut geht; aber mit Hilfe ärztlicher Kontrolluntersuchungen, Ultraschall und anderer Diagnosemethoden können die gesundheitlichen Zustände der Babys festgestellt werden. Wenn erkannt wird, daß mehrere Kinder im Mutterleib nicht wohlauf sind, der Zeitpunkt für eine gefahrlose Geburt aber noch zu früh ist, ist eine medizinische Lösung vermutlich empfehlenswert, d. h. ein Fetus (oder auch mehrere) wird operativ aus dem Uterus entfernt (normalerweise das schwächste Kind). Dadurch erhalten die anderen Babys bessere Lebensaussichten. Dieses Verfahren könnte auch dann vorgeschlagen werden, wenn einer der Feten ernsthaft mißgebildet (z. B. das Gehirn fehlt) ist. Manche Ärzte behalten sich eine solche Schwangerschaftsreduzierung für Mehrlingsschwangerschaften ab vier Babys vor, andere Ärzte greifen auch schon bei Drillingen auf diese Eingriffsmöglichkeit zurück, wenn es nötig erscheint.

Manche Ärzte meinen, daß man mit diesem Eingriff bis zum Anfang des zweiten Trimesters warten sollte, weil „Mutter Natur" innerhalb des ersten Trimesters die Zahl der heranwachsenden Kinder oft spontan reduziert. Bei manchen Mehrlingsschwangerschaften sterben ein bis zwei schon sehr früh.

Wenn von ärztlicher Seite aus Schwangerschaftsreduktion empfohlen wird, müssen Eltern die Erlaubnis dazu geben. Bevor Sie eine solche Entscheidung fällen, holen Sie in jedem Fall einen weiteren ärztlichen Rat ein, um sicher zu sein, daß es keinen anderen Weg gibt. Danach sollten Sie mit Ihrem Arzt über die Risiken für die verbleibenden Feten sprechen und darüber, ob Sie vielleicht alle Babys verlieren könnten. Die Gefahr ist sicherlich nicht so groß, wenn ein erfahrener Arzt den Eingriff bei Ihnen vornehmen wird.

Sobald ein Paar eine Entscheidung gefunden hat, sollten die beiden diese Wahl als das Beste akzeptieren, was möglich war. Ereignet sich etwas, was nicht so geplant war, sollten Sie sich nicht mit Vorwürfen quälen!

Verlust eines Zwillings

Eltern, die einen Zwilling (oder auch zwei Kinder von Drillingen oder Vierlingen) verlieren, stehen widerstreitenden Gefühlen gegenüber, nämlich der Freude über die Geburt eines und der Trauer über den Tod des anderen Babys. Befinden Sie sich in dieser Lage, werden Sie sich vielleicht zu deprimiert fühlen, um richtig über Ihr totes Kind zu trauern und sich richtig über Ihr lebendes Baby zu freuen – beides aber wären wichtige Prozesse.

Das Wissen darüber, warum Sie sich so fühlen, wird Ihnen helfen, sich besser zu fühlen:

◆ Der Stolz und die Aufregung über die Tatsache, eine Zwillingsmutter zu sein, ist für Sie verlorengegangen, eine Vorstellung, mit der Sie sich in Ihrer Phantasie schon monatelang (seit der Diagnose bezüglich der Mehrlingsschwangerschaft) beschäftigt hatten. Nun fühlen Sie sich irgendwie betrogen. Entwickeln Sie keine Schuldgefühle, wenn Sie so denken. Ihre Enttäuschung ist ganz natürlich. Klagen Sie genauso darüber wie über den Verlust Ihres Kindes.

◆ Sie glauben, daß es schwierig und unangenehm wird, anderen Leuten zu erklären, daß Sie „nur" mit einem Baby nach Hause gekommen sind, obwohl doch alle mit Zwillingen gerechnet hatten. Um sich von dieser Last zu befreien, bitten Sie eine Freundin oder eine Verwandte, diese Nachricht zu verbreiten. Wenn Sie sich das erste Mal wieder unter „Leute" trauen bzw. das Haus verlassen, nehmen Sie eine vertraute Person mit, die notfalls für Sie auf irgendwelche Fragen antworten kann.

◆ Vielleicht fühlen Sie sich jetzt als Frau oder Mutter unfähig, weil Sie eins Ihrer Kinder verloren haben? Was auch passiert, das hat alles selbstverständlich nichts mit Ihrem Selbstwertgefühl oder Ansehen als Frau oder Mutter zu tun!

◆ Sie haben das Gefühl, daß Sie aus irgendeinem Grund bestraft wurden, weil Sie nicht ausreichend für zwei Kinder Sorge tragen konnten, weil Sie sich mehr einen Jungen als ein Mädchen (oder umgekehrt) gewünscht hatten oder weil Sie eigentlich überhaupt keine Zwillinge haben wollten. Wenngleich solche Schuldgefühle häufig bei Eltern auftreten, die ein Baby verloren haben, sind solche Gedanken völlig unberechtigt.

◆ Sie glauben, daß Sie bei dem ersten Schritt oder den ersten Lauten Ihres heranwachsenden Kindes auch immer an das andere Kind und an das, was geschah, denken müssen – und damit haben Sie recht, es wird so sein. Aber es hilft, wenn Sie diese Gedanken mit Ihrem Partner austauschen, anstatt sie zu verdrängen.

- Sie machen sich Sorgen, daß Ihr Kind mit wachsendem Alter zunehmend von dem Verlust betroffen sein wird. Obwohl mancher überlebende Zwilling anscheinend spürt, daß jemand fehlt, oder einsamer als andere Kinder aufwächst, muß Ihr Kind unter dem Verlust nicht zu leiden haben, es sei denn, Sie machen selbst ein Problem daraus.
- In der Absicht, Ihnen zu helfen, werden Ihre Freunde die Willkommensfreude über den einen Zwilling übertreiben und sich in höfliches Schweigen hüllen, sobald jemand über das tote Kind sprechen will. Lassen Sie Ihre Mitmenschen wissen, daß Sie sowohl um Ihr totes Kind trauern als auch sich über Ihr gesundes Baby freuen möchten.
- Es ist Ihnen nicht erlaubt worden, oder Sie haben es sich selbst bisher nicht erlaubt zu trauen. Aber die Tatsache ist ein absolutes Muß, sonst werden Sie den Tod des einen Zwilling nie verwinden können. Mehr dazu auf Seite 425.
- Sie haben irgendwie das Gefühl, es sei Ihrem toten Kind nicht recht, wenn Sie sich über das lebendige Kind freuen. Verscheuchen Sie diesen Gedanken, denn Sie tun Ihrem gesunden Schatz unrecht!
- Sie erleben postpartale Depressionen. Das ist normal – unabhängig von der Tatsache, daß Sie ein Baby verloren haben!
- Sie befürchten, daß der Verlust des Kindes und Ihre Depressionen die Beziehung zu Ihrem Mann schädigen werden. Diese Angst ist relativ unbegründet, wenn Sie mit Ihrem Partner die Gefühle – positive wie negative – teilen! Bei vielen Paaren soll sich laut Statistik bei Verlust eines Kindes durch die gemeinsame Trauerarbeit die Bindung stabilisiert haben.
- Sie fühlen sich schuldig, weil Ihre widerstreitenden Gefühle Sie behindern, sich gut um Ihr Baby zu kümmern. Erinnern Sie sich immer wieder daran, daß Sie sich nicht für irgendwelche Gedanken und Gefühle schämen oder schuldig fühlen müssen, die völlig normal sind.

Geben Sie sich Zeit. Allmählich werden Sie sich besser fühlen. Und wenn Sie es zulassen, werden Sie anfangen, Ihr neugeborenes Kind zu genießen.

Zum Schluß, aber nicht weniger wichtig:

Nach der Geburt – Väter – Das nächste Baby

Nach der Geburt: die erste Woche

Was Sie vielleicht empfinden

In der ersten Woche nach der Entbindung werden bei Ihnen, abhängig von der Geburt (leicht, schwierig, vaginal, operativ) und verschiedenen anderen individuellen Faktoren, alle oder nur einige der folgenden Symptome auftreten:

Körperliche Symptome:

* Blutiger Vaginalausfluß (Lochien)[1];
* Nachwehen (der Uterus kontrahiert noch in Abständen);
* Erschöpfung;
* perianale Beschwerden, Schmerz, Gefühllosigkeit bei einer Vaginalgeburt – insbesondere, wenn Sie genäht wurden (der Schmerz ist beim Husten oder Niesen noch stärker);
* Operations- und Narbenschmerzen sowie spätere Gefühllosigkeit im Unterleib, wenn Sie einen Kaiserschnitt hatten;
* Unwohlsein beim Sitzen oder Gehen, wenn Sie einen Dammschnitt, Riß oder einen Kaiserschnitt hatten;
* in den ersten Tagen werden Sie sowohl beim Wasserlassen als auch beim Stuhlgang (Verstopfung) Schwierigkeiten haben;
* generell Schmerzen, insbesondere nach großen Geburtsschwierigkeiten;
* rote Augen, blauschwarze Ränder um die Augen und Wangen herum (oder anderswo) wegen des starken Pressens;
* Müdigkeit, wenn Ihr Baby Ihnen den Nachtschlaf raubt;
* Schwitzen – eventuell sehr stark;
* Beschwerden und Stauungen in der Brust nach den ersten drei bis vier Tagen;
* schmerzende oder spröde Brustwarzen, wenn Sie stillen.

---

[1] Lochien = Wochenfluß, bis ca. sechs Wochen nach der Geburt

Gefühlsmäßige Symptome

* Gehobene Stimmung, Depression oder Gefühlsschwankungen;
* Gefühle wie Bestürzung oder Hilflosigkeit bezüglich der Mutterschaft, besonders, wenn Sie stillen;
* Frustration über einen Krankenhausaufenthalt, wenn Sie eigentlich lieber nach Hause gehen möchten;
* kaum Interesse an der Sexualität oder, im Gegenteil (allerdings selten), starkes sexuelles Verlangen! Geschlechtsverkehr wird frühestens nach vier Wochen wieder erlaubt sein.

Worüber Sie sich vielleicht Gedanken machen...

Blutungen

„Man hatte mir zwar gesagt, daß ich nach der Geburt noch blutigen Ausfluß habe, aber als ich dann zum ersten Mal aus dem Bett aufstand und sah, wie mir das Blut die Beine hinunterlief, bekam ich doch einen richtigen Schreck!"

Sie müssen nicht beunruhigt sein. Dieser Ausfluß – er besteht aus Blut, Schleim und Gewebe des Uterus (Lochien genannt) – ist normalerweise ähnlich (oder stärker) wie Ihre sonstige Menstruationsblutung. Obwohl Sie den Eindruck haben, daß Sie reichlich Blut verlieren, ist es in Wirklichkeit vielleicht ein Viertelliter, bevor diese Blutung langsam schwächer wird.

Ein plötzlicher Blutschwall ist nicht ungewöhnlich, wenn eine Frau nach einigen Tagen das erste Mal aufsteht. Da diese Lochien hauptsächlich aus Blut und Blutklümpchen bestehen, ist der Ausfluß zu Beginn noch sehr rot. Nach zwei bis drei Tagen ändert sich die Farbe, er wird wässrig rosa, danach allmählich braun und schließlich (die nächsten Wochen lang) gelblich. Sie sollten keine Tampons, sondern Binden benutzen, um den Ausfluß der in den ersten sechs Wochen nach der Entbindung immer wieder mit Unterbrechungen auftreten kann, aufzufangen. Stillen kann die Dauer des Ausflusses verkürzen, weil dadurch die uterinen Kontraktionen angeregt werden und so eine schnellere Rückbildung des Uterus gefördert wird. Die uterinen Kontraktionen nach der Geburt sind wichtig, weil dadurch freie Blutgefäße abgeklemmt werden, was wiederum Blutungen verhindert. Wenn der Uterus zu schlaff ist, um sich zu kontrahieren, treten starke Blutungen auf. Sollte Ihnen das noch während Ihres Krankenhausaufenthaltes passieren, informieren Sie sofort eine Krankenschwester. Treten irgendwelche Symptome zu Hause auf, rufen Sie Ihren Arzt an. Falls Sie ihn nicht erreichen, begeben Sie sich zur Notaufnahme in ein Krankenhaus, wenn möglich dahin, wo Sie entbunden haben.

Ihr Zustand nach der Geburt (postpartal)

„Ich sehe so aus und fühle mich auch so, als ob ich in einem Boxring anstatt im Kreißsaal gewesen bin. Warum?"

Sie haben wahrscheinlich schwerer gearbeitet, um Ihr Kind zu gebären, als die meisten Boxer im Ring. Es ist daher auch nicht überraschend, daß Sie sich auf Grund starker Wehen und anstrengenden Pressens in einem Zustand befinden, als ob Sie mehrere „Runden" gekämpft hätten. Das ist bei vielen Frauen so, insbesondere nach langen oder schwierigen Wehen. Postpartale Symptome können sein:

- rote oder blutunterlaufene Augen;
- Blutergüsse oder blauschwarze Flecken im Gesicht oder Dekolletébereich;
- Schmerzen an den Körperstellen, wo Sie eingeschnitten und genäht wurden;
- Beckenschmerzen (Folge von Ausdehnung);
- Schwierigkeiten, tief einzuatmen (Überanstrengung der Brustmuskeln während des Pressens);
- Schmerzen und Empfindlichkeit im Bereich des Steißbeins entweder wegen einiger Verletzungen der Beckenbodenmuskulatur oder weil das Steißbein gebrochen ist;
- generell ein Schmerzgefühl am ganzen Körper.

Obwohl es normal ist, daß Sie nach der Entbindung so aussehen, als ob Sie Prügel bezogen hätten, sollten Sie beim Auftreten irgendwelcher ungewöhnlichen Symptome der Krankenschwester oder dem Arzt Bescheid geben.

Nachwehen

„Ich habe krampfartige Schmerzen im Bauch, besonders wenn ich stille!"

Dabei handelt es sich vermutlich um „Nachwehen", welche eigentlich Kontraktionen des Uterus sind. Sie treten auf, wenn sich der Uterus nach der Geburt in das kleine Becken zurückzieht. Die Nachwehen können während des Stillvorganges stärker werden, weil das kontraktionsanregende Oxytocin ausgeschüttet wird. Milde schmerzlindernde Medikamente könnten auf Wunsch verabreicht werden, aber eigentlich sollten diese Schmerzen auf natürliche Weise innerhalb der ersten vier bis sieben Tage abklingen. Wenn aber nun ein Analgetikum die Schmerzen nicht lindert oder die Schmerzen länger als eine Woche dauern, konsultieren Sie einen Arzt, um andere postpartale Probleme auszuschließen (z. B. eine Infektion).

Schmerzen im Dammbereich

„Ich hatte weder einen Dammschnitt noch Risse, warum also bin ich dort so wund?"

Sie können kaum erwarten, daß ein sieben Pfund schweres Baby völlig spurlos am Damm vorbeigeht. Selbst ohne Dammschnitt oder Dammriß wird der perianale Bereich ausgedehnt, gedrückt und generell überbeansprucht; ein unbehagliches Gefühl (stärker oder milder) ist die natürliche Folge.

„An der Stelle, an welcher mein Dammschnitt gemacht wurde, habe ich jetzt starke Schmerzen. Habe ich mich irgendwie infiziert?"

Der perianale Wundschmerz wird von fast allen Frauen, die vaginal entbunden haben, verspürt. Er ist heftiger, wenn Dammschnitte oder Risse vorliegen. Wie bei jeder anderen Wunde auch, wird es etwa 7 bis 10 Tage dauern, bis die Naht verheilt ist. Schmerzen allein sind innerhalb des genannten Zeitraumes kein Zeichen für eine Infektion. Eine Infektion ist möglich, aber sehr unwahrscheinlich, wenn Ihnen gute medizinische Fürsorge zuteil wird.

Während Sie im Krankenhaus sind, kontrolliert eine Krankenschwester täglich Ihren Dammbereich, um eine Entzündung oder Infektion auszuschließen. Sie werden angeleitet, wie Sie den perianalen Bereich selbst sauberhalten können, um Infektionen zu vermeiden und den Heilungsprozeß zu fördern. Einige Tips für die nächsten zehn Tage lauten:

- Wechseln Sie alle vier bis sechs Stunden die Binde.
- Entfernen Sie die Binde immer von vorn nach hinten. Sie vermeiden, daß Keime des rektalen (After) Bereiches in die Vagina gelangen.
- Lassen Sie nach jedem Stuhlgang oder jeder Blasenentleerung warmes Wasser über den perianalen Bereich laufen.
- Fassen Sie mit Ihren Händen den perianalen Bereich nicht an, bis dort alles geheilt ist.

Einige Empfehlungen, wie Sie den Schmerz etwas lindern können:

- Warme Sitzbäder, heiße Kompressen oder Rotlicht anwenden.
- Lokalbetäubung (Sprays, Creme oder Mittel mit einem Tupfer auftragen).
- Seitlich liegen; langes Stehen oder Sitzen vermeiden. Setzen Sie sich entweder auf ein Kissen, oder ziehen Sie das Gesäß zusammen, bevor Sie sich hinsetzen.
- Öfters Kegelübungen durchführen (siehe Seite 473).

Schwierigkeiten beim Wasserlassen

„Es sind jetzt seit der Entbindung einige Stunden vergangen – und ich kann nicht urinieren!"

Das ist nicht ungewöhnlich. Es gibt viele Gründe, warum das Wasserlassen nach der Geburt oft noch nicht richtig funktioniert:

- Die Füllkapazität der Blase ist plötzlich wieder erhöht, weil mehr Ausdehnungsraum vorhanden ist – deshalb ist der Drang, Wasser lassen zu müssen, geringer.

- Die Blase wurde vielleicht während der Geburt gereizt, d. h., der Fetus hat Druck verursacht, so daß die Blasenfunktion vorübergehend gelähmt ist und keine Signale sendet, sobald sie voll ist.
- Medikamente könnten die Blasenempfindlichkeit oder die Aufmerksamkeit der Mutter bezüglich der „Ich muß mal"-Zeichen herabsetzen.
- Schmerzen im perianalen Bereich können Krämpfe der Harnröhre verursachen, was wiederum das Wasserlassen sehr erschwert.
- Auch psychologische Faktoren könnten hemmend wirken, z. B. Angst vor Schmerz, nicht genügend Privatsphäre, Peinlichkeit oder Abneigung, eine Bettpfanne zu benutzen bzw. Hilfe beim Toilettengang in Anspruch nehmen zu müssen.
- Die Dammnaht oder die Risse können beim Urinieren brennen oder schmerzen.

So schwierig das Wasserlassen nach der Geburt auch sein mag, es ist trotzdem wichtig, daß die Blase 6 bis 8 Stunden nach der Geburt geleert wird, damit eine Harnwegentzündung vermieden werden kann.
Wenn Sie innerhalb von acht Stunden nicht urinieren konnten, wird Ihr Arzt einen Katheter einführen, um Ihre Blase auf diese Weise zu entleeren. Unter Beachtung folgender Tips könnten Sie dies vielleicht vermeiden:

- Gehen Sie spazieren.
- Bitten Sie die Krankenschwester, vor der Toilette zu warten, wenn es Ihnen unangenehm ist, daß Ihnen jemand beim Wasserlassen Gesellschaft leistet.
- Nehmen Sie ein warmes Sitzbad, oder legen Sie sich einen kalten Eisbeutel auf die Blase, um den Harndrang anzuregen.
- Drehen Sie den Wasserhahn auf, während Sie auf der Toilette sitzen und einen Versuch starten. Das Geräusch fließenden Wassers wird Ihren eigenen „Wasserfluß" vielleicht anregen.

Stuhlgang

„Obwohl ich schon vor fast einer Woche entbunden habe, hatte ich noch keinen Stuhlgang. Ich möchte zwar einerseits auf die Toilette

gehen können, habe aber andererseits Angst, daß dabei meine
Dammnaht wieder aufreißt!"

Der erste Stuhlgang nach der Geburt ist schon ein wichtiges Ereignis, das emotionales und körperliches Unbehagen beseitigen hilft. Obwohl Ihre Stoffwechselregulierung sicherlich nicht ganz mühelos ist, sollten Sie nicht hilflos leiden. Folgendes können Sie selbst tun:

Quälen Sie sich nicht. Nichts verhindert Ihren Stuhlgang mehr als die ständigen Gedanken daran. Machen Sie sich keine Sorgen, daß die Dammnaht aufreißt – das passiert bestimmt nicht. Und sorgen Sie sich nicht, wenn Sie ein paar Tage keinen Stuhlgang haben – es ist in Ordnung!

Bitten Sie um „gröbere", ballaststoffreichere Nahrung. Wählen Sie Vollkornbrot, frisches Obst und Gemüse.

Trinken Sie viel, um Ihren Stuhlgang weicher zu machen, wenn Sie unter Verstopfung leiden.

Sitzen Sie nicht „faul" herum. Sie werden nach der Geburt sicherlich kein Marathonläufer sein, aber Sie sollten kurze Spaziergänge im Krankenhaus unternehmen. Ein untätiger Körper fördert einen untätigen Darm.

Strengen Sie sich nicht an. Anstrengungen führen zwar nicht zu einem Nahtriß, aber eventuell zu Hämorrhoiden!
Der erste Stuhlgang wird für Sie vielleicht unangenehm sein. Sobald der Stuhl aber weicher wird und Sie regelmäßiger auf die Toilette müssen, wird das Unbehagen allmählich schwächer.

Auf ärztliches Anraten können Sie Präparate einnehmen, die Ihren Stuhl gleitfähiger machen.

Starkes Schwitzen

„Ich wache nachts völlig durchgeschwitzt auf. Ist das normal?"

Durch das Schwitzen befreit sich der Körper nach der Geburt von der vielen Flüssigkeit, die während der Schwangerschaft angesammelt wurde. Machen Sie sich deswegen keine Sorgen, aber beachten Sie, daß viel Flüssigkeit ersetzt werden muß. Trinken Sie ausreichend, insbesondere, wenn Sie stillen. Legen Sie ein Handtuch über Ihr Kissen; es wird den Schweiß aufsaugen, wenn Sie besonders in der Nacht transpirieren. Das Schwitzen ist aber auch Ausdruck einer erneuten Anpassungsreaktion des Körpers an die Zeit ohne „zweites Innenleben".

Ausreichende Milchmenge

„Ich habe vor zwei Tagen mein Baby bekommen. Wenn ich meine Brüste drücke, läßt sich kein Tropfen Milch, nicht einmal etwas Vormilch, blicken. Ich habe Angst, daß mein Baby verhungern wird!"

Ihr Baby wird nicht verhungern, es ist noch gar nicht hungrig! Babys werden weder mit Appetit noch mit sofortigen Ernährungsbedürfnissen geboren. Wenn dann Ihr Kind tatsächlich hungrig wird (etwa am 3. oder 4. Tag nach der Geburt), werden Sie Ihr Baby auch zweifelsohne bedienen können.
Kolostrum (Vormilch) ist bestimmt in einer solchen Menge vorhanden, wie Ihr Kind sie braucht (1 Teelöffel pro Mahlzeit). Aber zu dem Zeitpunkt, an welchem die Milch „einschießt" und Ihre Brüste anschwellen und schwerer werden, wird es schwierig sein, etwas Milch herauszupressen.

Geschwollene Brüste

Endlich ist meine Milch gekommen, aber meine Brüste sind jetzt dreimal so groß wie vorher, hart, geschwollen und sehr schmerzend, so daß ich keinen Büstenhalter tragen kann. Wird dieser Zustand so bleiben, bis ich abstille?"

Milchstau, bedingt durch das Einschießen der Milch, kann das Stillen für die Mutter recht qualvoll machen, und für das Kind frustrierend, wenn die Brustwarzen auf Grund der Schwellung ganz flach liegen.

Glücklicherweise verschwindet die Stauung mit all ihren unangenehmen Nebenerscheinungen allmählich wieder, sobald das Milchangebot-und-Nachfrage-System sich gut eingespielt hat. Die Brustwarzen werden unempfindlich, da sie durch häufiges Stillen widerstandsfähiger werden. Manche Frauen bluten oder bekommen Risse an den Brustwarzen. Bei richtiger Pflege ist dies auch nur eine vorübergehende Erscheinung.

Bis der Stillvorgang zu dem wird, wie Sie ihn sich erträumt haben, beachten Sie einige Dinge, die Ihr Unbehagen reduzieren und ein gutes Milchangebot fördern; siehe Seite 448 „Start beim Stillen".

Wann Sie einen Arzt rufen sollten

Innerhalb der ersten sechs Wochen nach der Geburt können immer noch Komplikationen auftreten. Eine Gefahr könnte durch folgende Anzeichen signalisiert werden; sind alle Anzeichen vorhanden, rufen Sie sofort den Arzt an.

- Starke Blutungen (pro Stunde wird mehr als eine Binde durchnäßt). Bitten Sie jemanden, Sie ins Krankenhaus zu bringen, oder rufen Sie die Notrufnummer 112 an, wenn Sie Ihren Arzt nicht sofort erreichen können. Während Sie auf Hilfe warten, legen Sie sich einen Eisbeutel auf den Unterleib (direkt auf den Uterus oder dorthin, wo Sie Schmerzen spüren).
- Hellrote Blutungen – nach dem vierten Tag postpartal. Machen Sie sich aber keine Sorgen über eine gelegentliche blutige Färbung Ihres Ausflusses, über kurzzeitige schmerzlose Blutungen innerhalb von drei Wochen nach der Entbindung oder über einen zunehmenden Ausfluß, der aber wieder schwächer wird, sobald Sie etwas ruhiger werden!

- Lochien (Wochenfluß), wenn ein fauler Geruch entsteht (die Blutung riecht wie eine normale Periode).
- Zitronengroße Blutgerinnsel, die in den Lochien deutlich erkennbar sind. Kleine Klümpchen, die in den ersten postpartalen Tagen mit den Lochien ausgeschwemmt werden, sind allerdings eine normale Erscheinung.
- Fieber (über 37,5 °C) nach den ersten 24 Stunden postpartal, welches länger als einen ganzen Tag anhält.
- Stechender, atemabhängiger Schmerz im Brustkorb. Dieser könnte ein Blutgerinnsel in den Lungen signalisieren. Rufen Sie sofort Ihren Arzt oder den Notfalldienst an.
- Lokalisierbarer Schmerz und Wärme an Wade oder Oberschenkel, mit oder ohne Rötung, Schwellung oder Schmerz beim Fußbeugen kann ein Blutgerinnsel in der Beinvene andeuten (siehe auch Seite 423 f.). Während Sie versuchen, Ihren Arzt anzurufen, legen Sie Ihre Beine hoch. Auf keinen Fall Massagen oder Wärmeanwendung!
- Spürbare Verhärtungen oder ein Knoten in der Brust können eine Verstopfung der Milchdrüsen signalisieren. Beginnen Sie mit einer Behandlung schon zu Hause (siehe Seite 455 f.), während Sie Ihren Arzt informieren.
- Lokalisierbarer Schmerz, Schwellung, Rötung, Wärme und Empfindlichkeit in einer Brust können Zeichen für eine Mastitis oder eine Brustinfektion sein. Beginnen Sie mit der Behandlung schon zu Hause (siehe Seite 456), während Sie versuchen, Ihrem Arzt Bescheid zu geben.
- Schwellung, Rötung und Hitzegefühl in dem Bereich, in welchem der Kaiserschnitt erfolgte.
- Schwierigkeiten beim Wasserlassen; Schmerzen oder Brennen beim Urinieren; häufiger Drang zum Wasserlassen, obwohl die Blase leer ist; wenig und/oder dunkler Urin. Während Sie versuchen, Ihren Arzt zu erreichen, sollten Sie viel Wasser trinken.
- Depressionen, die nach einigen Tagen nicht besser werden; Haß oder Zorn gegen Ihr Baby, insbesondere, wenn solche Gefühle mit einem gewalttätigen Drang verbunden sind.

Milchstau, wenn Sie nicht stillen

„Ich stille nicht. Kann auch das Austrocknen der Milch schmerzhaft sein?"

Ob Sie nun stillen oder nicht –, in jedem Fall werden Ihre Brüste am dritten oder vierten Tag nach der Geburt Milch produzieren und anschwellen. Das kann unangenehm oder sogar schmerzvoll sein. Glücklicherweise geht es schnell vorüber.
Ihre Brüste sind so beschaffen, daß Milch nur dann produziert wird, wenn ein Bedarf vorliegt. Wenn die Milch nicht gebraucht wird, hört die Produktion wieder auf. Zwar wird in den nächsten Tagen und Wochen ab und zu noch etwas Milch auslaufen, aber die starke Brustschwellung, verbunden mit dem Milchstau, sollte nicht länger als 12 bis 24 Stunden anhalten. Während dieser Zeit können Eisbeutel, leichte Schmerzmittel und ein enganliegender, stützender Büstenhalter Linderung verschaffen. Außerdem können Sie einige Tropfen Milch aus der Brust pressen. Vermeiden Sie heiße Duschen, weil dadurch die Milchproduktion angeregt wird.

Bindung zum Kind

„Mein Sohn ist zu früh geboren, und nun werde ich ihn für die nächsten zwei Wochen nicht halten dürfen. Ist es dann für eine gute Mutter-Kind-Bindung schon zu spät?"

Die Bindung zwischen Mutter und neugeborenem Kind hat in den letzten Jahren viel Beachtung gefunden. Studien erbrachten Hinweise, daß die Trennung eines Babys von seiner Mutter direkt nach der Geburt lebenslang die Beziehung stört und die Gefahr in sich birgt, daß das Kind auch zu anderen Menschen ein gestörtes Verhältnis haben wird. Diese Studien bewirkten, daß es heutzutage jeder Mutter im Krankenhaus erlaubt wird, ihr Kind direkt nach der Geburt zu halten und auch zu stillen.
Wie es aber häufig mit bestimmten Ideen geschieht, wurde der Begriff von Bindung auch mißverstanden.
Mütter, die eine operative Geburt erlebten, oder Frauen, deren frühgeborene Kinder noch eine Weile auf der Intensivstation verbringen

mußten, machten sich unnötig große Sorgen, daß ihre Mutter-Kind-Beziehung für alle Zeiten ruiniert sei. Manche bestanden so strikt auf ihrem Wunsch nach Bindung, daß sie dafür selbst mögliche Gefahren in Kauf nahmen!

Natürlich ist die erste Berührung im Kreißsaal schon sehr schön. Eine frühe Begegnung zwischen Mutter und Kind bedeutet Kontaktaufnahme: Auge in Auge – Haut an Haut. Es ist der erste Schritt in jener lang andauernden Entwicklung der Eltern-Kind-Beziehung. Aber eben nur der *erste* Schritt – und dieser muß nicht direkt nach der Geburt geschehen. Die erste Begegnung kann auch später auf Ihrem Zimmer oder beim Öffnen des Brutkastens bzw. auch später zu Hause stattfinden. Sie sollten aber stets jede Kontaktaufnahme nutzen.

Für die Pflege der Bindung ist es nie zu spät!

Anstatt Ihre Zeit mit Klagen über die „verlorenen Stunden" zu verschwenden, machen Sie das Beste aus der Zeit, die Ihnen noch verbleibt, sich auf Ihre Mutterschaft vorzubereiten!

„Mir wurde gesagt, daß der Kontakt zwischen Mutter und Kind beide einander näherbringen soll, aber jedes Mal, wenn ich mein Baby halte, ist es mir nach wie vor fremd!"

Körperliche Nähe zwischen Mutter und Kind direkt nach der Geburt ist keine Garantie für sofortige emotionale Verbundenheit. Tatsächlich sind die ersten Gefühle, die eine Frau direkt nach der Geburt verspürt, eher Erleichterung über den gesunden Zustand des Kindes und Freude, daß die Wehen endlich vorüber sind, als Liebe und Zuneigung! Es ist nicht ungewöhnlich, daß Frauen ihre Kinder zunächst als Unbekannte betrachten und ihnen neutral gegenüberstehen. Eine Untersuchung fand heraus, daß es in der Regel fast zwei (manchmal sogar bis zu neun) Wochen dauert, bis Mütter beginnen, für ihre Kinder positive Gefühle zu hegen. Wie nun eine Frau auf ihr Neugeborenes reagiert, könnte davon abhängen, in welcher Weise die Geburt verlaufen ist:

Dauer und Intensität der Wehen; natürliche, sanfte Geburt oder operative Entbindung; Beziehung zum Partner; der eigene Gesundheitszustand usw. ... Ihre Reaktion ist also ganz normal!

Manche Bindungen beginnen langsam. Geben Sie sich und Ihrem Kind Zeit, einander kennen und lieben zu lernen. Lassen Sie Ihre gegenseitige Zuneigung auf eine natürliche Weise wachsen.

„Rooming-in"

„Bei dem Besuch meines Geburtsvorbereitungskurses klang die Idee von ‚Rooming-in' ganz himmlisch! Seitdem ich nun entbunden habe, ist es eher die Hölle! Ich kann mein Kind nicht zur Ruhe bringen, aber was wäre ich für eine Mutter, wenn ich nun eine Krankenschwester bitten müßte, mein Baby zu beaufsichtigen?"

Sie wären eine sehr „menschliche" Mutter!
Gerade haben Sie den größten Teil der schweren Arbeit des „Kinderkriegens" geleistet und sind nun dabei, eine noch größere Aufgabe zu übernehmen, nämlich ein Kind großzuziehen. Daß Sie ein paar Tage Ruhe dringend nötig haben, ist normal. Sie brauchen sich in keinster Weise irgendwie schuldig zu fühlen. Sie sind weder ein Versager noch eine schlechte Mutter, wenn Sie das „Rooming-in" nicht genießen können oder dafür einfach zu müde sind! Lassen Sie sich durch nichts dazu zwingen, wenn Sie es nicht möchten. Und wenn Sie zunächst „Rooming-in" befürwortet hatten, dann können Sie trotzdem jetzt Ihre Meinung geändert haben. Vielleicht wäre ein Kompromiß (tagsüber „Rooming-in" – nachts allein) für Sie die bessere Lösung?!
Seien Sie flexibel. Genießen Sie lieber kurze und intensivere Kontakte mit Ihrem Kind, solange Sie noch im Krankenhaus sind. Das „rundum die Uhr – Rooming-in" beginnt schon noch früh genug, sobald Sie nämlich zu Hause sind!

Nach Hause gehen

„Die Geburt meines Kindes war sehr leicht, und ich fühle mich tadellos. Warum sollte ich noch länger im Krankenhaus bleiben?"

Es kann gut sein, daß Sie nicht länger im Krankenhaus bleiben müssen. Heutzutage hat man eingesehen, daß eine Frau, die eine unkomplizierte Geburt erlebt hat, wirklich nicht lange im Krankenhaus verweilen muß; während das Baby hingegen vielleicht einige Tage länger braucht. In der Regel sind drei Tage Beobachtungszeit normal. Hauptsächlich gilt es, eine eventuelle Gelbsucht festzustellen, die sich bei der Hälfte der Neugeborenen innerhalb der ersten 24 bis 36 Stunden nach der Geburt entwickelt. Obwohl Gelbsucht selten zu ernsthafteren Komplikationen führt, bevorzugen viele Kinderärzte es, die kranken Neugeborenen ein bis zwei Tage länger in der Klinik zu behalten, oder bis die Gelbsucht wieder veschwunden ist. Natürlich kann niemand Sie zwingen, daß Sie und Ihr Kind noch im Krankenhaus bleiben. Sie können jeder Zeit gehen. Wenn der jeweils zuständige Arzt für Sie oder für Ihr Kind einen etwas längeren Aufenthalt vorschlägt, dann fragen Sie ruhig erst nach den Gründen. Dann sollten Sie jedoch den professionellen Weisungen folgen. Machen Sie in jedem Fall das Beste aus der verlängerten Krankenhauszeit, indem Sie sich viel ausruhen, solange Sie dazu noch die Möglichkeit haben!

Erholung von einem Kaiserschnitt

Wie erhole ich mich nach einem Kaiserschnitt? Welche Unterschiede gibt es bezüglich einer Vaginalgeburt?

Die Erholung von einem Kaiserschnitt ist ähnlich der Erholung von anderen Unterleibsoperationen – mit einem wunderbaren Unterschied: Anstelle eines verlorenen Blinddarms oder einer entfernten Gebärmutter haben Sie ein Baby gewonnen. Natürlich gibt es noch andere Unterschiede, die weniger erfreulich sind. Zusätzlich zu den üblichen Operationsbeschwerden müssen Sie sich auch noch von der Geburt erholen. Im perianalen Bereich werden Sie keine Beschwerden haben, weil dieser unversehrt geblieben ist. Ansonsten erleben Sie dieselben postpartalen Leiden wie bei einer Vaginalgeburt: Nachwehen, Lochien, Bruststauung, Müdigkeit, hormonelle Veränderungen, Haarausfall, starkes Schwitzen und Depressionen (siehe Seite 434 ff.).
Wenn Sie nach der Operation aufwachen, erwartet Sie folgendes:
♦ Nachwirkungen der Narkose (Übelkeit, evtl. Erbrechen, Hustenreiz, Halsschmerzen u. ä.);
♦ Schmerzen im Bereich des Einschnittes;

* eventuell Übelkeit mit oder ohne Erbrechen.

Und als Hilfsmaßnahmen seitens des medizinischen Personals:

* Atem- und Hustenübungen;
* regelmäßige Überprüfung Ihres Zustandes.

Sobald Sie in Ihrem Zimmer sind, können Sie mit folgendem rechnen:

* Weitere Überwachung Ihres Zustandes;
* Entfernung des Katheters nach 24 Stunden;
* Nachwehen;
* Entfernung der Tropfinfusion;
* Schulterschmerz;
* Verstopfung (möglicherweise);
* Aufforderung zur Wochenbettgymnastik;
* Aufstehen (8–24 Stunden nach der Operation);
* Tragen von Stützstrümpfen;
* Unbehagen im Unterleib;
* Ganzkörperwäsche;
* Entfernung der Nahtfäden
* Zeit, die Sie mit Ihrem Kind verbringen können.

Meistens können Sie innerhalb von fünf bis zehn Tagen nach der Operation das Krankenhaus verlassen.

Was Sie wissen sollten:
Start beim Stillen

Obwohl das Stillen ein natürlicher Vorgang ist, fällt es manchen Frauen schwerer als anderen. Manchmal vereiteln bestimmte körperliche Faktoren erste Versuche, manchmal ist einfach nur die Unerfahrenheit auf beiden Seiten schuld!

Was aber auch immer die erfolgreiche Zusammenarbeit zwischen Baby und Brust verhindert – es wird nicht lange dauern, bis alles synchron verläuft, sofern Sie nicht vorher aufgeben.

Das genaue Wissen darüber, was man beim Stillen erwarten kann und wie man am besten mit Rückschlägen zurechtkommt, kann Ihre Einstellung verbessern:

◆ Beginnen Sie nach der Geburt sobald wie möglich – vielleicht sogar noch im Kreißsaal (siehe Seite 450 „Grundlagen des Stillens").

◆ Seien Sie geduldig, wenn sich Ihr Kind noch von den Geburtsstrapazen erholen möchte. Wenn Sie narkotisiert waren oder die Geburt langwierig und schwierig verlief, dann können Sie davon ausgehen, daß Ihr Baby in den nächsten Tagen auch etwas müde und träge an Ihrer Brust liegen wird. Das Ganze bezieht sich weder auf Sie, Ihre Stillfähigkeit noch auf Ihr Baby. Es besteht auch keine Gefahr, daß das Baby in der Zwischenzeit verhungert, da Neugeborene kaum ein echtes Nahrungsbedürfnis während der ersten Tage auf der Welt verspüren.

◆ Prüfen Sie, ob weder der natürliche Appetit noch der Saugreflex Ihres Kindes „sabotiert" wurde! In vielen Krankenhäusern gehört es zur Routine, weinenden Babys zwischen den eigentlichen Mahlzeiten zur Beruhigung Tee zu geben. Das könnte einen doppelt schädlichen Effekt nach sich ziehen: Erstens ist der „zarte" Babyappetit durch Tee für Stunden gestillt, so daß Ihr sattes Baby nicht mehr gestillt werden möchte; zweitens wird Ihr Baby faul (der Saugreflex läßt nach), weil ein Nuckeln viel weniger Bemühungen erfordert. Angesichts der weit größeren Anstrengungen, die nun einmal das Saugen an der Brust darstellt, könnte Ihr Baby einfach aufgeben. Lassen Sie sich von niemandem überreden, die Teeverabreichung zu befürworten. Erteilen Sie die strenge Anweisung, Ihr Baby nicht zusätzlich zu füttern; es sei denn, es besteht irgendeine medizinische Notwendigkeit.

◆ Versuchen Sie niemals, ein schreiendes Baby zu füttern. Sie sollten Ihr Kind immer erst beruhigen, bevor Sie mit dem Stillen beginnen.

◆ Wenn Sie mit dem Stillvorgang irgendwelche Schwierigkeiten haben, bitten Sie um Hilfe!

◆ Egal wie frustrierend das Stillen für Sie ist, lassen Sie es sich nicht anmerken (bleiben Sie ruhig). Streß reduziert nicht nur Ihre Fähigkeit, Milch zu geben, sondern verursacht auch Unruhe bei Ihrem Kind. Ein Baby reagiert sehr sensibel auf die Gefühle seiner Mutter.

Grundlagen des Stillens

1. Machen Sie es sich bequem.
2. Benutzen Sie Daumen und Zeigefinger, um die Brustwarzen hochzuziehen.
3. Kippen Sie die Brustwarzen etwas nach oben in Richtung Mund.
4. Stupsen Sie mit der Brustwarze etwas gegen die Wange des Babys, so daß eine Mundecke berührt wird. Auf diese Weise wird das Kind reflektorisch angeregt, seinen Mund in Richtung der Berührung zu drehen.
5. Wiederholen Sie die „Anweisungen" von 3. und 4. mehrmals, bis Ihr Kind allmählich die Brustwarze in den Mund nimmt; überlassen Sie dem Kind aber seine Eigeninitiative, und stopfen Sie Ihre Brustwarze nicht einfach in den Mund Ihres Kindes!
6. Überprüfen Sie, ob nicht nur die Brustwarze allein, sondern auch der ganze Hof im Mund des Kindes ist, denn das Saugen nur allein an der Brustwarze wird die Milchdrüsen nicht aktivieren, sondern nur Schmerz und vielleicht sogar Risse verursachen. Seien Sie sich auch ganz sicher, daß Ihr Baby an der Brustwarze saugt. Manche Kinder sind so gierig, daß Sie an einer x-beliebigen Stelle der Brust saugen (selbst wenn dort natürlich keine Milch kommt), und dieses Lutschen an sensiblem Gewebe könnte eine schmerzvolle Gewebsreizung verursachen.
7. Halten Sie mit Ihren Fingern die Brust von der Nase Ihres Kindes entfernt, damit die Atmung des Babys nicht behindert wird.
8. Wenn Sie an den Wangen Ihres Kindes eine deutliche, rhythmische Bewegung sehen, dann saugt Ihr Baby richtig.
9. Ist Ihr Kind mit dem Trinken fertig, aber seinen Mund noch fest um die Brustwarze geschlossen hält, dann ziehen Sie nicht ruckartig die Brust weg (weil dadurch die Brustwarze verletzt werden könnte), sondern unterbrechen Sie den Ansaugeffekt, indem Sie Ihre Brust entweder etwas herunterdrücken oder einen Finger vorsichtig in den Mund schieben, damit etwas Luft in den Mund gelangt.

Die Position, die Ihnen und dem Baby bequem ist, ist die beste Stillposition. Passen Sie immer auf, daß die winzige Babynase frei bleibt.

Wenn die Milch einschießt

Gerade wenn Ihr Baby und Sie sich aneinander gewöhnt haben, schießt die Milch ein. Bis jetzt hat Ihr Kind kleine Mengen von der sogenannten Vormilch (Kolostrum) getrunken, und Ihre Brüste fühlten sich nicht unangenehm an.

Plötzlich, innerhalb weniger Stunden, schwellen Ihre Brüste ganz stark an, werden hart und schmerzvoll. Das Stillen ist für Ihr Kind nun schwierig und für Sie fast qualvoll. Glücklicherweise ist diese Zeit der Stauung nur von kurzer Dauer. Es gibt aber für Sie einige Möglichkeiten, das Unbehagen etwas zu lindern:

♦ Stillen Sie häufiger in kürzeren Abständen. Beginnen Sie mit fünf Minuten pro Brustseite, und steigern Sie dann die Zeit auf 15 Minuten für jede Seite bis zum dritten oder vierten Tag.

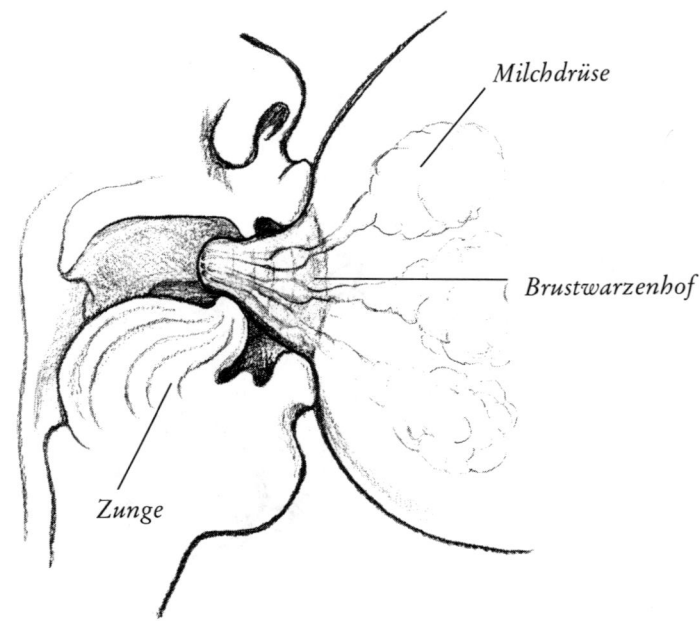

Milchdrüse

Brustwarzenhof

Zunge

Baby und Brust – ein perfektes Ernährungsteam
Vergewissern Sie sich, daß Ihr Baby den gesamten Brustwarzenhof – nicht nur
die Brustwarze – in seinem Mund hält. Auf diese Weise kann die Milch wirksam
und schmerzfrei herausgesaugt werden.

- Obwohl es verlockend ist, eine Fütterung wegen der Schmerzen
  auszulassen, sollten Sie es besser nicht tun. Je weniger Ihr Baby
  saugt, desto überfüllter sind Ihre Brüste.
  Bevorzugen Sie auch nie nur eine bestimmte Seite, weil eine Brust
  weniger schmerzt oder nicht rissig ist! Der einzige Weg, um beide
  Brustwarzen abzuhärten, ist die Benutzung. Geben Sie bei jeder
  Fütterung Ihrem Baby beide Brüste, auch nur für wenige Minuten. Beginnen Sie mit der weniger schmerzenden Brust, da das
  Baby zu Beginn energischer saugen wird, sofern es hungrig ist.
- Wenden Sie vor dem Stillen eine Brustpumpe an, um die Stauung
  zu reduzieren. Auf diese Weise kann Ihr Baby die Brustwarze bes-
  ser in den Mund nehmen, außerdem wird so der Milchfluß schon
  angeregt.
- Benutzen Sie Eisbeutel, um die Brustschwellung zu mildern; heiße
  Duschen oder heiße Kompressen könnten auch helfen.

◆ Es ist wichtig, die Brüste mit Stillbüstenhaltern zu unterstützen, aber Druck gegen die Brüste kann recht schmerzhaft sein. Wenn Sie einige Milchtröpfchen – insbesondere nach dem Stillen – nicht stören, dann lassen Sie die Laschen Ihres Stillbüstenhalters für eine Weile offen.

Die optimale Ernährung für die stillende Mutter

Der Gehalt an Proteinen, Fetten und Kohlenhydraten in der Muttermilch wird normalerweise nicht durch den Anteil dieser Nährstoffe in ihrer Ernährung beeinflußt. Bei einigen Vitaminen (A und B_{12} beispielsweise) ist das jedoch der Fall. Obwohl die Qualität der Muttermilch nicht immer in direkter Beziehung zur Qualität Ihrer Ernährung steht, gilt dies aber meistens für die Quantität. Frauen, die in der Nahrung zum Beispiel wenig Proteine und/oder Kalorien zu sich nehmen, werden qualitativ immer noch gute Muttermilch haben, allerdings weniger. Um gute und auch reichlich Muttermilch zu produzieren, sollten Sie weiterhin Ihre Vitamin- und Mineralstoffe zusätzlich nehmen und sich unter Berücksichtigung der folgenden Änderungen streng an die optimale Ernährung von Seite 126 halten:

◆ Nehmen Sie ungefähr 500 Kalorien pro Tag mehr zu sich als während der Schwangerschaft. Das ist nur ein Näherungswert, und wie bereits während der Schwangerschaft, können Sie sich von Ihrer Waage leiten lassen. Haben Sie von Ihrer Schwangerschaft (oder der Zeit davor) noch einige Fettpölsterchen, essen Sie weniger kalorienreich, da das Fett in die Milchproduktion einbezogen wird (und Sie an Gewicht verlieren). Wenn Sie untergewichtig sind, werden Sie wahrscheinlich mehr als nur die 500 zusätzlichen Kalorien täglich brauchen (der empfohlene Wert geht von einer gewissen Nutzung der Fettreserven aus, über die Sie nicht verfügen). Abgesehen von Ihrem Gewicht, werden Sie mit dem Wachsen des Babys und seinem Verlangen nach mehr Milch eventuell feststellen, daß Sie doch noch mehr Kalorien brauchen. Wieviel, das können Sie wieder mit Hilfe Ihrer Waage bestimmen. Fällt Ihr Körpergewicht unter den Wert für das Idealgewicht, müßten Sie wieder etwas mehr essen.

◆ Steigern Sie Ihre Kalziumversorgung auf fünf Mahlzeiten pro Tag.

◆ Verteilen Sie Ihre Proteinaufnahme auf drei Mahlzeiten pro Tag.

◆ Trinken Sie viel Flüssigkeit, mindestens acht Gläser (Milch, Wasser, Brei, Suppe oder Säfte). Bei heißem Wetter, und wenn Sie viel geschwitzt haben, entsprechend mehr. (Obwohl nichts gegen Tee oder Kaffee in Maßen und auch nichts gegen ein gelegentliches alkoholisches Getränk einzuwenden ist, sollten Sie diese bei der Berechnung Ihrer Flüssigkeitsmengen vernachlässigen, da sie entwässernd wirken.) Übertreiben Sie es aber nicht. Wenn Sie sehr viel trinken (mehr als 12 Gläser am Tag), kann dies paradoxerweise die Milchbildung beeinflussen, sie verlangsamt sich. Am Durst und an der Urinausscheidung können Sie sich bei der Bemessung Ihres Bedarfs orientieren.

◆ Gönnen Sie sich gelegentlich wieder etwas. Sie haben neun Monate Abstinenz hinter sich. Sie haben ein Recht auf das wohlverdiente Dessert, zumindest dann und wann. Das Zauberwort ist Mäßigung! Kleinere Mengen Zucker werden der Milchbildung nicht schaden. Aber wenn Sie ständig Süßigkeiten „naschen", werden Sie keinen Appetit auf die notwendigen Nährstoffe haben. Das gleiche gilt für andere ernährungsmäßig überflüssige Lebensmittel wie Kartoffelchips, Pommes frites, Weißbrot. Essen Sie diese erst, nachdem Sie den notwendigen Bedarf an Nährstoffen gedeckt haben.

Schmerzende Brustwarzen

Überempfindliche Brustwarzen können das Stillen am Anfang zusätzlich erschweren. Um dieses Unbehagen zu lindern, empfehlen wir folgendes:

- Lassen Sie möglichst viel frische Luft an Ihre Brustwarzen.
- Bevorzugen Sie zur Pflege Ihrer Brustwarzen besser „Mutter Natur" als kosmetische Mittel, denn die Brustwarzen sind auf natürliche Weise durch Schweißdrüsen und hauteigene Fette geschützt und gleitfähig. Ein Präparat sollte nur dann angewandt werden, wenn Risse in den Brustwarzen sehr tief und schmerzhaft sind, und auch da sollten Sie auf Natürlichkeit achten, d. h., das Präparat sollte ohne Zusatz- und Parfümstoffe sein. Vermeiden Sie Vaseline. Waschen Sie Ihre Brustwarzen nur mit Wasser, nie mit Seife und Alkohol. Benutzen Sie auch keine Feuchtigkeitstücher, unabhängig davon, ob Ihre Brustwarzen schmerzen oder nicht.
- Ändern Sie bei jedem Stillen Ihre Position, damit immer andere Teile der Brust (Brustwarze) gedrückt werden.
- Sie sollten sich ca. 15 Minuten vor dem Stillen ausruhen. Entspannung fördert den Milchfluß, während Streß ihn stoppt.

Schwierigkeiten beim Stillen

Sobald sich der Stillvorgang richtig eingespielt hat, verläuft dieser bis zum Abstillen in der Regel auch problemlos. Aber hin und wieder können doch noch Komplikationen auftreten:

Verstopfte Milchgänge

Milchgänge verstopfen eigentlich selten; die Milch geht dann zurück. Dieser Umstand, der durch kleine rote empfindliche Knötchen auf der Brust charakterisiert ist, kann eine Infektion hervorrufen. Deshalb ist es wichtig, eine schnelle Heilung herbeizuführen. Am besten ist, bei jeder Fütterung dem Baby zuerst die betroffene Brust zu geben und sie leer trinken zu lassen. Wenn Ihr Baby das nicht schafft, sollten Sie die übrige Milch abpumpen. Versuchen Sie, sonstigen Druck von Ihrer Brust fernzuhalten, indem Sie keinen zu engen BH tragen und jedesmal die Stillposition ändern. Dadurch werden immer andere Milchgänge beansprucht. Versuchen Sie in keinem Fall, zum jetzigen Zeitpunkt abzustillen, das würde Ihr Problem nur noch verschlimmern!

Brustinfektion (Mastitis)

Sie ist eine ernsthaftere Komplikation, welche eine oder beide Brüste betreffen kann. Folgende Faktoren verursachen eine Mastitis:

- Die vollkommene Brustentleerung gelingt nicht bei jeder Fütterung.
- Keime gelangen durch einen Riß in der Brustwarze (meist vom Mund des Babys) in die Milchgänge.
- Die Mutter ist nicht sehr widerstandsfähig (Streß, Müdigkeit und/oder schlechte Ernährung).

Die häufigsten Symptome für eine Mastitis sind: starkes Wundsein, Härte, Rötung, Hitzegefühl und Schwellungen einer oder beider Brüste, Schüttelfrost und Fieber (38,5 bis 39,5 °C). Wenn Sie solche Anzeichen bemerken, rufen Sie Ihren Arzt an. Eine sofortige Behandlung wird nötig sein, welche Bettruhe, die Einnahme von Antibiotika und Schmerzmitteln, erhöhte Flüssigkeitszufuhr und das Auflegen kalter Eisbeutel oder heißer Kompressen einschließt. Während dieser Behandlungszeit sollten Sie weiter stillen. Da die Infektion vermutlich durch Keime von Ihrem Kind ausgelöst wurden, kann die Infektion Ihr Baby nicht gefährden. Die Entleerung der Brüste wird verhindern, daß die Milchgänge verstopfen. Geben Sie Ihrem Baby immer zuerst die betroffene Brust. Falls Ihr Baby es nicht schafft, „alles leer zu trinken", pumpen Sie die restliche Milch ab.

Durch eventuelle Probleme, die sich beim Stillen mit Ihrem ersten Kind ergaben, sollten Sie sich nicht beim zweiten Kind vom Stillen abhalten lassen. Bei Ihren nächsten Kindern werden kaum noch Probleme auftauchen, weil die Brustwarzen dann schon widerstandsfähiger sein werden.

Arzneimittel und Stillen

Sagen Sie jedem Arzt, den Sie konsultieren, daß Sie stillen. Viele Medikamente sind zwar ungefährlich, einige aber auch nicht. Nehmen Sie Medikamente am besten immer direkt nach dem Stillen ein, damit diese beim nächsten Stillen bereits abgebaut sind.

Stillen nach einem Kaiserschnitt

Wie schnell Sie nach einer operativen Geburt stillen können, hängt von Ihrem Zustand und dem Ihres Kindes ab. Wenn Sie sich beide gut fühlen, dann werden Sie wahrscheinlich noch im Aufwachzimmer mit dem Stillen beginnen können. Wenn Sie aber noch ganz benommen von der Vollnarkose sind und Ihr Baby behandelt werden muß, werden Sie sich mit dem Stillvorgang noch etwas gedulden müssen.

Wenn Sie nach zwölf Stunden Ihr Kind immer noch nicht an die Brust legen durften, sollten Sie besser die Milch abpumpen, um die Vormilch zu gewinnen.

Sie werden feststellen, daß das Stillen zunächst erst einmal eher unangenehm ist. Es wird für Sie weniger schmerzhaft sein, wenn Sie nicht auf Ihre Narbe drücken. Legen Sie sich ein dickes Kissen in den Schoß, auf welches Sie Ihr Kind betten. Sie können das Stillen auch seitlich-liegend versuchen. Die Nachwehen und die Schmerzen am Einschnitt sind ganz normal. Das alles vergeht nach einigen Tagen.

Stillen von Zwillingen

Um Zwillinge erfolgreich zu stillen, sollten Sie:

♦ 400 bis 500 Kalorien zusätzlich pro Baby täglich zu sich nehmen:
♦ zwei bis drei Liter täglich an Flüssigkeiten trinken, aber auch nicht mehr, weil sonst die Milchproduktion unterdrückt werden könnte;

- sich möglichst viel Hilfe für die Hausarbeit, die Essenzubereitung und die Babypflege organisieren, damit Sie sich etwas schonen können;
- folgendes ausprobieren:
  - Sie stillen abwechselnd ein Baby und geben dem anderen die Flasche.
  - Sie stillen entweder ein Kind allein oder beide zusammen.
  - Der Partner gibt einem Kind das Fläschchen, während Sie das andere Kind stillen.
  - Füttern Sie mit der Flasche entweder abgepumpte Brustmilch oder Milchfertignahrung.

Erwarten Sie nicht, daß beide Kinder in ihren Persönlichkeiten, Bedürfnissen und Stillgewohnheiten gleich sind!

Nach der Geburt: die ersten sechs Wochen

Was Sie vielleicht empfinden

Während der ersten sechs Wochen nach der Geburt werden Sie – abhängig von der Art Ihrer Entbindung, dem Umfang an Hilfe und der Unterstützung zu Hause und anderen individuellen Faktoren – einige oder alle der folgenden Symptome erleben:

Körperliche Symptome

* Weiterhin Vaginalausfluß (Lochien), zunächst bräunlich – später dann mehr und mehr gelblich;
* Ermüdung;
* Schmerz, Unbehagen und Gefühllosigkeit im Dammbereich nach einer Vaginalgeburt, insbesondere, wenn Sie genäht wurden;
* nachlassender Operationsschmerz nach einem Kaiserschnitt, insbesondere, wenn es Ihre erste operative Geburt war;
* weiterhin Verstopfung, obwohl dieses Problem langsam nachläßt;
* allmählich wird Ihr Bauch wieder flacher werden, sofern sich der Uterus ins kleine Becken zurückzieht; allerdings wird Ihnen nur Gymnastik helfen, Ihre „alte" Form wiederzubekommen;
* langsame Gewichtsabnahme;
* Brustempfindlichkeit und wunde Brustwarzen, bis Sie sich an das Stillen gewöhnt haben;
* Schmerzen in den Armen und im Nacken (verursacht vom Tragen des Babys);
* Haarausfall.

Gefühlsmäßige Symptome

* Freude oder Depressionen (eventuell schwanken Sie zwischen diesen beiden extremen Empfindungen);

- ein Gefühl der Überwältigung bzw. Überforderung oder wachsendes Selbstvertrauen (eventuell schwanken Sie zwischen beiden Gefühlen);
- mehr oder weniger Interesse an Sex.

Ihre erste Nachuntersuchung

Von den Krankenkassen werden Nachuntersuchungen von Mutter und Kind zu bestimmten Zeiten vorgegeben. Unabhängig von diesen Routineterminen wird Ihr Arzt den Termin für die erste Nachuntersuchung ca. vier bis sechs Wochen nach der Entbindung festlegen. Bei dieser Nachuntersuchung können Sie damit rechnen, daß folgendes kontrolliert wird:

- Blutdruck;
- Gewicht;
- Ihre Gebärmutter und Muttermund, damit der Arzt sehen kann, ob sich diese richtig zurückgebildet haben;
- Ihre Vagina, welche wahrscheinlich schon wieder wesentlich straffer geworden ist;
- Dammschnitt- oder Kaiserschnittnaht;
- Ihre Brüste;
- Hämorrhoiden und/oder Krampfadern.

Alle Fragen oder Probleme, die Sie vielleicht beschäftigen, können Sie jetzt besprechen. Wahrscheinlich wird Ihr Arzt mit Ihnen das Thema der Empfängnisverhütung, um welches Sie sich wenigstens für eine kurze Zeit bemühen sollten, erörtern.

Worüber Sie sich vielleicht Gedanken machen...

Fieber

„Ich bin gerade aus dem Krankenhaus entlassen und habe zu Hause Fieber über 38,5 °C bekommen. Kann das mit der Geburt zusammenhängen?"

Fieber am dritten oder vierten Tag nach der Geburt kann entweder eine Infektion ankündigen, durch ein Virus verursacht sein bzw. auch mit weniger bedeutsamen Problemen zusammenhängen. Erhöhte Temperatur (37,5 °C) kann z. B. auch auftreten, wenn die richtige Milch „einschießt". Berichten Sie Ihrem Arzt über jedes Fieber, welches länger als vier Stunden anhält (während der ersten drei Wochen nach der Entbindung), und zwar auch dann, wenn das Fieber ganz offensichtlich mit anderen Krankheitssymptomen, z. B. einer Erkältung, einer Grippe oder einem Magen-Darm-Infekt, in Verbindung steht, damit die tatsächliche Ursache trotzdem diagnostiziert und anschließend richtig behandelt werden kann.

Depressionen

„Ich habe nun alles, was man sich wünschen kann: einen wunderbaren Mann und ein gesundes Baby. Warum fühle ich mich so traurig?"

Warum ist die Hälfte aller frischgebackenen Mütter so unglücklich, wenn doch die glückliche Zeit ihres Lebens gerade beginnt? Das ist einfach das Paradoxe der sogenannten postpartalen Depression, für die alle Experten noch keine einleuchtende Erklärung gefunden haben. Die Hormone, die sonst so oft für Gefühlsschwankungen bei Frauen verantwortlich sind, könnten etwas zur Klärung beitragen. Es gibt aber noch viele andere Faktoren, die wahrscheinlich zu „Nachgeburtsdepressionen" führen. Am häufigsten tritt sie am dritten Tag nach der Geburt auf. Man nennt ihn auch den „Heultag". Diese Gefühle können aber auch zu jeder Zeit innerhalb des ersten Jahres plötzlich auftauchen. Mütter sind nach der Geburt des zweiten Kindes häufiger als Erstgebärende betroffen. Mögliche Ursachen sind:

- ◆ **Die Veränderung des Mittelpunktes**
  Erst auf der Bühne – jetzt hinter den Kulissen. Nun sind nicht mehr Sie, sondern Ihr Kind der Star.
- ◆ **Krankenhausaufenthalt**
  Vielleicht sind Sie frustriert, weil Sie lieber nach Hause wollen, um dort mit Ihrer neuen Rolle als Mutter endlich beginnen zu

können. Wahrscheinlich haben Sie das Gefühl, im Krankenhaus keinen Einfluß auf Ihr Leben und Ihr Kind ausüben zu können.

◆ **Nach Hause gekommen**
Es ist nicht ungewöhnlich, daß Sie sich bei Ihrer neuen Verantwortung überfordert und überarbeitet fühlen, insbesondere, wenn Sie noch mehrere Kinder und keine Hilfe haben.

◆ **Erschöpfung**
Ihre Müdigkeit (auf Grund einer anstrengenden Geburt und fehlenden Schlafes) wird durch die Anstrengung der täglichen Babypflege noch schlimmer. Sie trägt dazu bei, daß Sie meinen, den neuen Anforderungen als Mutter nicht gewachsen zu sein!

◆ **Enttäuschung über das Baby**
Er oder sie ist klein, rot angeschwollen und für alles unempfänglich – so ganz anders als das lächelnde Baby in der Werbung. Die wachsende Enttäuschung kann Depressionen verstärken.

◆ **Enttäuschung über die Geburt und/oder über sich selbst**
Wenn sich unrealistische Erwartungen über ein idealisiertes Geburtserlebnis (natürlicherweise) nicht erfüllt haben, könnten Sie sich dann so fühlen, als ob Sie versagt hätten.

◆ **Tiefpunkt**
Die Geburt, das große Erlebnis, auf das Sie sich Wochen und Monate gefreut und vorbereitet haben, ist nun vorbei.

◆ **Gefühl von Überforderung**
Eine neue Mutter stellt sich oft die Frage: „Warum habe ich ein Kind in die Welt gesetzt, wenn ich nicht dafür sorgen kann?"

◆ **Bedauern über Ihren neuen Zustand**
Ihr sorgloses früheres und möglicherweise sehr berufsorientiertes Leben ist nun vorbei – wenigstens vorübergehend.

◆ **Unglücklichsein über das Aussehen**
Vor der Entbindung waren Sie dick, aber schwanger; jetzt sind Sie nur noch dick! Sie wollen zwar keine Umstandskleider mehr tragen, aber noch paßt Ihnen nichts anderes.

Das einzige Gute, was man über postpartale Depressionen sagen kann, ist deren Kürze. Bei den meisten Frauen vergehen die traurigen Gefühle nach ca. 48 Stunden.
Zur Überwindung und Linderung Ihrer postpartalen Depressionen sollten Sie folgendes versuchen:

- Ernähren Sie sich gesund.
- Wenn der Krankenhausaufenthalt Sie unglücklich macht, bitten Sie um frühere Entlassung (siehe Seite 446 „Nach Hause gehen").
- Kämpfen Sie gegen die starke Ermüdung, indem Sie Hilfe von anderen annehmen und schlafen, wenn auch Ihr Baby schläft.
- Entspannen Sie sich, z. B. bei guter Musik, die Sie gemeinsam mit Ihrem Mann hören, nachdem Sie das Kind gestillt haben.
- Gehen Sie zum Abendessen aus. Wenn das nicht zu organisieren ist, bestellen Sie sich ein gutes Essen nach Hause, und schaffen Sie mit Kerzenlicht und Musik eine tolle Atmosphäre! Behalten Sie aber auf jeden Fall Ihren Sinn für Humor, falls sich Ihr Kind entscheidet, den romantischen Abend durch Gebrüll zu stören.
- Machen Sie sich äußerlich hübsch, damit Sie sich innerlich gut fühlen. Den ganzen Tag mit ungebürsteten Haaren in einem Bademantel umherzulaufen, würde jeden deprimieren.
- Gehen Sie aus dem Haus. Gehen Sie mit Ihrem Kind spazieren, oder rufen Sie einen Babysitter an, damit Sie ohne Kind vor die Tür kommen.
- Sprechen Sie mit anderen „frischgebackenen" Müttern über Ihre Gefühle, wenn Sie sich davon Hilfe versprechen.
- Wenn Sie lieber allein sein möchten, dann tun Sie das ruhig, aber verschließen Sie sich nicht vor Ihrem Mann. Es ist sehr wichtig für Sie beide, daß Sie während der postpartalen Zeit eine enge Bindung haben.

Väter sind nach der Geburt auch anfällig für die sogenannte postpartale Depression.

Anhaltende Depressionen, die ärztliche oder psychotherapeutische Hilfe benötigen, kommen nach der Geburt ganz selten vor. Wenn Ihre Depression aber länger als zwei Wochen anhält und mit Schlaflosigkeit, Appetitlosigkeit, Selbstzweifel, Hilflosigkeit und selbstmörderischen oder gewalttätigen Gedanken verbunden sind, suchen Sie Hilfe!

Zurück zu Ihrer Figur

„Mir war klar, daß ich nach der Geburt nicht sofort wieder in einen Bikini passen würde, aber nun – eine Woche nach der Entbindung – bin ich noch so dick, als ob ich im sechsten Monat schwanger wäre!"

Wie schnell Sie wieder Ihr ursprüngliches Gewicht erreichen, hängt davon ab, wieviel Sie während der Schwangerschaft zugenommen haben. Frauen, die etwa elf Kilo zugenommen haben, werden diese normalerweise innerhalb der nächsten zwei Monate ohne eine Diät wieder los. Manche Frauen werden allerdings feststellen, daß dickere Oberschenkel und runde Hüften nicht wie von Zauberhand allein verschwinden. Wenn Sie schon während der Stillzeit auf gute Ernährung achten, dann sind Sie auf dem richtigen Weg, langsam, aber stetig abzunehmen. Nach sechs Wochen dürfen Mütter, die nicht stillen, mit einem Diätprogramm beginnen. Stillende Mütter, die unter starkem Übergewicht leiden, können auch, während sie noch stillen, die tägliche Kalorienzufuhr reduzieren, ohne die Milchproduktion zu hemmen.

Die ursprüngliche Figur wieder zu erreichen ist selbst für die Frauen ein Problem, die während der Schwangerschaft recht schlank geblieben sind. Niemand verläßt den Kreißsaal nach der Geburt wesentlich schlanker als vor der Entbindung.

Ein Grund für den dicken Bauch ist der momentan noch stark vergrößerte Uterus, welcher sich innerhalb der nächsten sechs Wochen auf seine normale Form reduzieren wird. Dann wird auch Ihr Bauchumfang geringer. Ein anderer Grund für den „geschwollenen Bauch" ist die eingelagerte Flüssigkeitsmenge – zweieinhalb Kilo oder mehr, die in einigen Tagen nach der Geburt ausgespült werden. „Der Rest Ihres Problems" heißt überdehnte Muskeln und Haut! Wenn Sie sich nicht konsequent um ein gutes Gymnastikprogramm bemühen, könnten Ihre jetzigen „Problemzonen" auch Ihr weiteres Leben begleiten (siehe Seite 473 „Zurück zur Figur!").

Zusammensetzung der Muttermilch

„Gelangt alles von dem, was ich esse, trinke oder zu mir nehme, in die Brustmilch – und kann es auf diese Weise meinem Kind schaden?"

Während der Schwangerschaft wurde alles von dem, was Sie gegessen haben, direkt auch Ihrem Kind zugeführt. Beim Stillen geschieht dies in sehr gemäßigter Form. Trotzdem sollten Sie auch jetzt noch Zurückhaltung üben, damit Ihr Baby viel gesunde Muttermilch trinkt!

Damit die Muttermilch gesund bleibt, beachten Sie folgendes:

- Richtige Ernährung!
- Verzicht auf Nahrungsmittel, gegen die Ihr Kind empfindlich reagieren könnte, z. B. sind Knoblauch, Zwiebeln, Kohl, Milchprodukte oder Schokolade die häufigsten Verursacher von Blähungen und unangenehmen Darmschmerzen bei Stillbabys. (Natürlich passiert das nicht bei allen gestillten Kindern).
- Vitaminzusätze einnehmen, die extra für schwangere/stillende Mütter gedacht sind. Nehmen Sie aber keine anderen Vitaminzusätze ein, ohne vorher Ihren Arzt gefragt zu haben.
- Keine Medikamente oder Aufputschmittel schlucken, ohne vorher mit Ihrem Arzt gesprochen zu haben. Informieren Sie jeden Arzt, der Sie in irgendeiner Weise behandelt, daß Sie stillen.
- Alkohol vermeiden!
- Koffeingenuß einschränken!
- Keine Abführmittel einnehmen, um Ihren (vermutlich verstopften) Stuhlgang anzuregen; dieser Effekt könnte sich nämlich auch auf die Darmtätigkeit Ihres Kindes übertragen!
- Aspirin nur mit der Erlaubnis Ihres Arztes einnehmen (möglichst selten und nur die empfohlene Dosierung!).
- Natürliche und frische Nahrungsmittel konsumieren.
- Obst und Gemüse gründlich abwaschen oder schälen, fettarme Milch trinken, mageres Fleisch und wenig Innereien essen. Die von den Tieren aufgenommenen Chemikalien lagern sich hauptsächlich im Fett, in der Haut und in den Innereien ab.

Nach der Kaiserschnittgeburt

„Vier Tage nach meinem Kaiserschnitt gehe ich jetzt nach Hause. Was kommt auf mich zu, was kann ich erwarten?"

Nehmen Sie Hilfe in Anspruch

Für die erste Woche wäre eine bezahlte Kraft oder häusliche Krankenpflegedienste für Sie wohl das beste; ansonsten sollten Sie Ihre Mutter, Ihren Mann oder andere vertraute Personen bitten, Ihnen behilflich zu sein; denn Sie sollten in den nächsten Tagen nichts heben (auch nicht das Kind) und keine schwere Hausarbeit verrichten.

Wenig oder kaum Schmerzen
Haben Sie doch stärkere Schmerzen, verschafft Ihnen ein mildes
Schmerzmittel vielleicht etwas Linderung. Nehmen Sie aber nur mit
dem Einverständnis Ihres Arztes Medikamente ein.

Fortschritte und Verbesserungen
Ihre Narbe wird noch einige Wochen etwas wund und sehr empfindlich sein, aber von Tag zu Tag verbessert sich dieser Zustand. Ein
leichter Verband schützt die Narbe vor Reizungen. Tragen Sie lockere
Kleidung, Sie werden sich viel wohler fühlen. Gelegentliches Ziehen
oder Zucken, verbunden mit kurzem Schmerzgefühl der Narben-
gegend, sind normale Zeichen für einen Heilungs- und Erholungs-
prozeß.
All diese Unannehmlichkeiten werden allmählich völlig verschwinden; die Gefühllosigkeit im Narbenbereich kann dagegen möglicherweise noch Monate anhalten. Die Knötchen im vernarbten Gewebe verschwinden nur langsam, und wahrscheinlich wird die
Narbe erst rosa-lila, bevor die gesamte Naht verblaßt.
Wenn der Schmerz allerdings anhält, die Narbe und der umliegende
Bereich sich rot verfärben und/oder eine braune, graue, grüne oder
gelbliche Flüssigkeit aus der Wunde kommt, müssen Sie umgehend
Ihren Arzt anrufen. Ihre Narbe könnte nämlich infiziert sein.

Enthaltsamkeit
Sie müssen mindestens vier Wochen warten, bevor Ihnen der Geschlechtsverkehr erlaubt wird. Siehe auch Seite 467 ff.

Sport
Beginnen Sie mit Sport, sobald Sie keine Schmerzen mehr haben.
Siehe Seite 473 ff.

Sexualität nach der Geburt

*„Mein Arzt hat mir empfohlen, mit dem Geschlechtsverkehr noch
ca. sechs Wochen zu warten. Einige meiner Freundinnen haben mir
nun erklärt, daß Enthaltsamkeit so lange nicht notwendig ist.“*

Man sollte annehmen, daß Ihr Arzt wohl besser Ihren gesundheitlichen Zustand kennt als Ihre Freundinnen. Und seine Empfehlungen begründen sich darauf, was das beste für Sie ist.

Sicherlich gibt es auch viele Ärzte, die diese „Sechs-Wochen-Faustregel" grundsätzlich allen Patientinnen mit auf den Weg geben, unabhängig von den verschiedenen individuellen Verfassungen. Wenn Sie glauben, daß dies auch für Ihren Arzt gilt, fragen Sie ihn, ob er bei Ihnen eine Ausnahme macht. Sie werden aber nur dann früher mit der Aufnahme Ihres Sexlebens beginnen können, wenn sowohl Ihr Muttermund geheilt ist, als auch die Lochien „versiegt" sind. Und was Ihre eigenen Gefühle anbetrifft, werden Sie selbst wohl lieber auch mit dem Geschlechtsverkehr warten wollen, bis Sie keine Schmerzen mehr im Unterleib verspüren. Sollte Ihr Arzt Ihre Wünsche ablehnen, sind Sie gut beraten, sich an seine Empfehlungen zu halten. Diese sechswöchige Wartezeit kann Ihnen körperlich nicht schaden – halten Sie sich nicht daran, könnten Sie allerdings Schaden davontragen!

Kein Interesse am Sex

„Seit der Geburt meines Kindes habe ich einfach kein Interesse am Sex!"

Sexualität benötigt Zeit, Konzentration und Energie, also Dinge, über die junge Eltern nur sehr knapp verfügen. Ihr Geschlechtstrieb – und auch der Ihres Mannes – muß regelmäßig mit schlaflosen Nächten, anstrengenden Tagen, schmutzigen Windeln und einem anspruchsvollen Kind konkurrieren.

Ihr Körper erholt sich momentan noch von den Geburtsstrapazen, und Ihre Hormone beginnen, sich wieder zu normalisieren. Sie selbst haben unbewußt vielleicht auch Angst davor, erstens verletzt und zweitens wieder schwanger zu werden.

Es ist somit nicht überraschend, sondern eher normal, daß Sie kein gesteigertes Lustgefühl empfinden. Wenn Ihr Hauptproblem momentan einfach nur mangelndes Interesse heißt, so gibt es einige Wege, um Ihr Sexualleben wieder „anzukurbeln". Welche Möglichkeiten für Sie in Frage kommen, hängt von Ihnen, Ihrem Mann und Ihren speziellen Problemen ab.

- **Machen Sie die Zeit zu Ihrem Verbündeten**
  Es dauert mindestens sechs Wochen, bis Ihr Körper geheilt ist (manchmal auch länger) – besonders nach einer schwierigen Geburt oder einem Kaiserschnitt. Selbst wenn Ihr Arzt sein „O. K." zum Sex gegeben hat, sollten Sie sich nicht zwingen, solange Sie sich emotional oder körperlich nicht danach fühlen. Beginnen Sie Ihr Liebesleben ganz vorsichtig mit Schmusen, Streicheln, Petting, Küssen und zunächst noch ohne Geschlechtsverkehr.
- **Lassen Sie sich durch Schmerzen nicht entmutigen**
  Manche Frauen sind überrascht, daß Geschlechtsverkehr nach der Geburt sehr schmerzhaft sein kann. Hatten Sie einen Dammschnitt oder Riß, werden Sie eventuell noch wochenlang, nachdem die Naht schon verheilt ist, leichte oder auch stärkere Schmerzen verspüren. Vielleicht spüren Sie im Dammbereich sogar Schmerzen, obwohl Sie dort gar nicht genäht werden mußten, da Sie einen Kaiserschnitt hatten. Bis diese Schmerzen nachlassen, sollten Sie sanfte Methoden versuchen, die z. B. unter „Behutsam zurück zum Sex", Seite 469, beschrieben werden.
- **Wählen Sie alternative Wege zur Befriedigung**
  Wenn Ihnen der richtige Geschlechtsverkehr noch kein echtes Vergnügen bereitet, suchen Sie Ihre gegenseitige sexuelle Befriedigung z. B. in der Masturbation oder mit oralem Sex.
- **Bleiben Sie in Ihren Erwartungen realistisch**
  Erwarten Sie nicht beim ersten Mal, daß Sie beide gleich einen Orgasmus erleben werden. Manche Frauen werden in den nächsten Wochen überhaupt keinen Höhepunkt erleben. Mit viel Liebe und Geduld wird Ihr Sexualleben wieder so schön wie früher werden – oder noch schöner!
- **Ändern Sie Ihr Sexualleben entsprechend dem Tagesrhythmus Ihres Babys**
  Wenn Sie statt nur zu zweit plötzlich zu dritt sind, können Sie sich nicht mehr lieben, wann und wo immer Sie es möchten!
  Von nun an müssen Sie die Gelegenheiten entweder dann beim Schopfe packen, wenn es gerade möglich ist, oder Sie müssen Ihre Zweisamkeit gut vorbereiten. Und halten Sie nicht an der Vorstellung fest, daß geplanter Sex keinen Spaß macht. Planen Sie Ihr romantisches Alleinsein ruhig etwas länger vor und betrachten Sie es als Möglichkeit, sich darauf zu freuen. Kalkulieren Sie mögliche

Unterbrechungen mit ein – es wird einige davon geben –, tragen Sie es mit Humor, und machen Sie einfach kurze Zeit später da weiter, wo Sie unterbrochen wurden.

Sollten Sie weniger miteinander schlafen als früher, setzen Sie für die Zukunft mehr auf Qualität als auf Quantität!

* **Versuchen Sie nicht, perfekt zu sein**
Die meisten Ihrer postpartalen Ermüdungserscheinungen sind ganz natürlich. Einiges davon ist aber auch überflüssig, weil Sie versuchen, zuviel zu früh zu schaffen!

* **Pflegen Sie eine enge Verbindung**
Eine wirklich gute sexuelle Beziehung basiert auf Vertrauen, Verständnis und Kommunikation.

* **Machen Sie sich keine Sorgen**
Trotz Ihres jetzigen Zustandes werden Sie wieder lernen zu lieben – mit der gleichen Leidenschaft und dem gleichen Vergnügen wie vor der Geburt.

Behutsam zurück zum Sex

Benutzung eines Gleitmittels. Durch den niedrigen Hormonspiegel während der ersten Wochen nach der Entbindung bleibt Ihre Vagina unangenehm trocken. Benutzen Sie so lange ein Gleitmittel, bis sich Ihre natürlichen Sekretionen wieder normalisiert haben.

Lassen Sie (falls nötig) medizinische Behandlung zu. Um Schmerzen oder Empfindlichkeiten zu lindern, kann der Arzt Ihnen eine Östrogensalbe verschreiben.

Trinken Sie gemeinsam etwas. Sie sollen sich natürlich nicht betrinken, aber ein Glas Wein „vorher" hilft Ihnen vielleicht, sich zu entspannen. Außerdem wird Ihr Schmerzempfinden etwas gesenkt, und Ihre Angst vor dem Verletztwerden reduziert sich im gleichen Maße wie die Angst Ihres Mannes, eine Verletzung zu verursachen.

Probieren Sie neue Positionen aus. Geschlechtsverkehr in anderen Stellungen, z. B. „Seite an Seite" oder „die Frau oben", ist vielleicht angenehmer, weil die Frau die Tiefe des Eindringens besser kontrollieren kann und ihr Unterleib weniger belastet wird.

Wieder schwanger werden

„Eigentlich dachte ich, das Stillen sei eine Art Geburtskontrolle. Jetzt hörte ich aber, daß man doch schon während der Stillzeit wieder schwanger werden kann – selbst wenn man noch nicht einmal seine erste Periode nach der Geburt gehabt hat!"

Bei der Empfängnisverhütung sollte man sich tatsächlich nicht auf das Stillen allein verlassen. Es ist wahr, daß stillende Frauen im Durchschnitt ihre erste „postpartale Periode" später als nichtstillende Mütter bekommen, trotzdem kann man sich dabei auch täuschen. Das Problem ist einfach, daß man nicht vorhersehen kann, wann die nächste Menstruation beginnen wird. Einige Faktoren können den Zeitpunkt beeinflussen, z. B. unterdrückt häufiges Stillen (mehr als dreimal täglich) anscheinend den Eisprung. Es spielt z. B. auch eine Rolle, wie lange Sie stillen (je länger Sie stillen, desto später setzt in der Regel die Periode wieder ein) und ob Sie das Stillen mit Flaschennahrung ergänzen.

Warum muß man sich nun eigentlich über Empfängnisverhütung Gedanken machen, bevor man überhaupt die erste Periode wieder hatte?

Der Zeitpunkt, an welchem Sie nach der Entbindung zum ersten Mal wieder einen Eisprung haben werden, ist ebensowenig vorherzusagen wie der Zeitpunkt, an dem Ihre erste Menstruation auftreten wird.

Manche Frauen erleben eine sterile erste Periode, d. h., es findet kein Eisprung während des ersten Zyklus statt. Bei anderen Frauen gibt es wiederum einen Eisprung vor dem Einsetzen der ersten Periode. Diese Frauen können dann sozusagen von einer Schwangerschaft in die nächste kommen! Da Sie also nicht genau wissen, ob zuerst der Eisprung und dann die Periode oder zuerst eine „Warnperiode" kommt, ist Vorsicht in Form von Verhütungsmitteln geboten.

Wenn Sie das Gefühl haben, schon wieder schwanger zu sein, ist es am besten, sofort Ihren Arzt aufzusuchen. Da es fast ausgeschlossen ist, daß Ihr Körper gleichzeitig den neuen Fetus gut ernähren und ausreichend Milch für Ihr Neugeborenes produzieren kann, wäre es ratsam, bei einer erneuten Schwangerschaft abzustillen.

Haarausfall

„Es scheint, als ob mir plötzlich verstärkt die Haare ausfallen."

Bestellen Sie sich aber noch keine Perücke. Dieser Haarausfall ist normal und hört wieder auf. Man verliert durchschnittlich etwa 100 Haare pro Tag, die wieder nachwachsen.

Während der Schwangerschaft (ebenfalls während der Zeit einer Antibabypillen-Einnahme) verhindern hormonelle Veränderungen, daß Haare ausfallen. Der Aufschub ist aber nur vorübergehend, denn diese Haare waren zum Ausfallen programmiert. Wenn sich jetzt die Hormone wieder normalisieren, also innerhalb der nächsten drei bis sechs Monate nach der Entbindung (das gilt ebenfalls für eine Zeit, nachdem Sie die Pille abgesetzt haben), werden verstärkt und massiv Haare ausfallen. Pflegen Sie Ihre Haare sorgfältig. Achten Sie auf gesunde Ernährung, nehmen Sie Vitaminzusätze und behandeln Sie Ihre Haare behutsam. Waschen Sie Ihre Haare nur dann, wenn es unbedingt notwendig ist. Verwenden Sie Haarspülungen, um das Auskämmen zu erleichtern, keine Hitze (Lockenstab, heißen Fön) anwenden.

Um weitere Schäden zu vermeiden, sollten Sie Haarfärbungen und Dauerwellen so lange aufschieben, bis sich Ihre Haare erholt haben!

Baden

„Kann ich sofort nach der Entbindung ein heißes Bad nehmen?"

Seitdem bekannt ist, daß keine Infekte durch „stehendes" Wasser – also Badewasser – in die Vagina gelangen können, wird das Baden auch nicht mehr als Gefahr angesehen. Manche Ärzte empfehlen ihren Patientinnen sogar schon im Krankenhaus zu baden. Warmes Wasser reizt nicht Ihre Dammnaht, sondern lindert Wundschmerz, Schwellungen und Hämorrhoiden.

Trotzdem raten viele Ärzte, mit dem Baden zu warten, bis Sie zu Hause sind – oder sogar noch länger. Wenn Sie sich stark nach einem warmen Wannenbad sehnen, sprechen Sie mit Ihrem Arzt! Außerdem: Auch Duschen ist angenehm.

Erschöpfung

„Vor fast zwei Monaten bekam ich mein Baby, und noch immer fühle ich mich erschöpft – ja, jetzt fast müder als zuvor. Bin ich vielleicht krank?"

Viele frischgebackene Mütter haben sich lange vor Ihnen zur ersten Nachuntersuchung in die Arztpraxis geschleppt und über starke, chronische Müdigkeit geklagt, fest davon überzeugt, unter einer furchtbaren Krankheit zu leiden. Fast immer lautete die Diagnose gleich: Ein klassischer Fall von Mutterschafts- und Ermüdungssyndrom!

Selten trifft man auf eine Mutter, die dem mütterlichen Ermüdungssyndrom, welches durch anhaltende Erschöpfung und völlig verbrauchter Körperenergie charakterisiert ist, entgeht. Es gibt keinen anderen Job, der auf körperlicher und emotionaler Ebene so anstrengend ist wie der einer „jungen" Mutter. Streß und Druck beschränken sich nicht auf acht Stunden täglich fünfmal die Woche! Zusätzlich ist es für eine „erstmalige" Mutter belastend – ähnlich einem neuen Job, daß man Fehler macht, Probleme lösen und ständig etwas Neues lernen muß. Denken Sie auch an die Energie, die das Stillen verbraucht, und an die Kräfte, die nötig sind, um ein stetig wachsendes Kind zu tragen – nicht zu vergessen sind die vielen unterbrochenen Nächte!

Besuchen Sie Ihren Arzt, um wirklich sicherzugehen, daß Ihre Erschöpfung keine andere körperliche Ursache hat. Wenn Sie gesund sind, wird Ihre Erschöpfung im Laufe der Zeit mit zunehmender Erfahrung und dem ersehnten Eintreten durchschlafener Nächte nachlassen. In der Zwischenzeit wenden Sie doch einfach einige Tips an, die Sie auf der Seite 461 ff. unter „Verminderung von postpartalen Depressionen" finden, da „Nachgeburtsdepressionen" eng mit dieser Art von Erschöpfung zusammenhängen.

Was Sie wissen sollten:
Zurück zur Figur

Wie lange Sie nach der Entbindung noch wie eine Schwangere aussehen, hängt von Ihnen ab. Mit Sport können Sie Ihre alte (oder neue
gute) Figur bald erreichen. Schon 24 Stunden nach der Entbindung
können Sie mit bestimmten Übungen beginnen, wobei Sie noch sehr
vorsichtig sein müssen und nicht übertreiben sollten. Folgendes gilt
für gesunde Frauen mit einer unkomplizierten Vaginalgeburt (falls
Sie eine operative oder traumatische Geburt hatten, fragen Sie Ihren
Arzt nach gymnastischen Möglichkeiten, bevor Sie damit beginnen).

Grundregeln

* Beginnen Sie immer mit der leichtesten Übung.
* Üben Sie mehrmals am Tag mit kurzen Übungsprogrammen.
* Wenn Sie schon immer gerne Sport gemacht haben und Ihnen
  etwas Zeit zur Verfügung steht, melden Sie sich in einer Sport-
  gruppe für junge Mütter an.
* Üben Sie langsam und gründlich, vermeiden Sie Wiederholungen,
  ohne eine Erholungspause eingelegt zu haben.
* Ruhen Sie sich zwischen den verschiedenen Übungen aus.
* Tun Sie nicht mehr, als man Ihnen empfohlen hat.
* Hören Sie auf, bevor Sie müde oder erschöpft sind.
* Während der ersten sechs Wochen nach der Entbindung sollten
  Sie anstrengende Bauchmuskelübungen meiden (z. B. „Sit-ups"
  und beiderseitiges Heben der Beine).

Kegelübungen können in jeder bequemen Position durchgeführt
werden, während alle anderen Übungen in der Grundposition gemacht werden sollten: Sie liegen flach auf dem Rücken mit ange-
zogenen Beinen (d. h. gebeugten Knien), die Füße sind aufgestellt,
schulterbreit auseinander auf dem Boden, während Ihre Arme seitlich neben dem Körper ruhen. Ihr Kopf (sowie Ihre Schultern)
liegen etwas abgestützt auf einem Kissen (siehe Seite 242). In der
ersten Zeit können Sie diese Übungen noch im Bett durchführen,
später sollten Sie dann die Übungen auf dem Fußboden ausführen.
(Eine Gymnastikmatte wäre übrigens auch keine Fehlinvestition,
zumal Ihr Kind darauf später krabbeln oder spielen kann!).

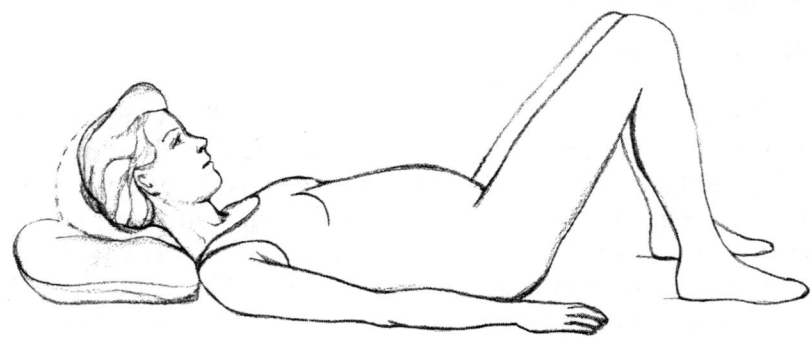

Kopfheben
Begeben Sie sich in die Grundposition und atmen Sie tief ein. Während des Aus-
atmens heben Sie langsam den Kopf an. Beim Einatmen senken Sie den Kopf vor-
sichtig wieder ab usw. Versuchen Sie, jeden Tag den Kopf etwas weiter anzuhe-
ben, bis Sie irgendwann die Schultern vom Boden lösen können. Machen Sie aber
keine „Sit-ups", jedenfalls nicht in den ersten vier Wochen.

24 Stunden nach der Entbindung

Kegelübungen: Damit können Sie sofort nach der Entbindung anfangen (siehe Seite 242), und zwar überall! Wahrscheinlich werden
Sie zunächst gar nicht spüren, daß Sie diese Übung machen! Machen Sie vier- bis sechsmal täglich 25 Wiederholungen, trainieren Sie
auf diese Weise Ihre Beckenbodenmuskulatur für den Rest Ihres
Lebens.

Tiefes Ein- und Ausatmen: Begeben Sie sich in die Grundposition.
Legen Sie die Hände auf Ihren Bauch, um Atembewegungen über
die Bauchdecke zu erfühlen. Atmen Sie langsam durch die Nase ein,
und spüren Sie dabei die Wölbung Ihres Bauches; ziehen Sie die
Bauchmuskulatur zusammen, während Sie langsam durch den
Mund wieder ausatmen. Beginnen Sie zunächst mit drei Übungen,
damit keine Hyperventilation (Veränderung der Blutzusammensetzung) eintritt. Schwindel, Schwäche, Kribbeln oder Sehstörungen sind Zeichen dafür, daß Sie die Übung übertrieben haben.

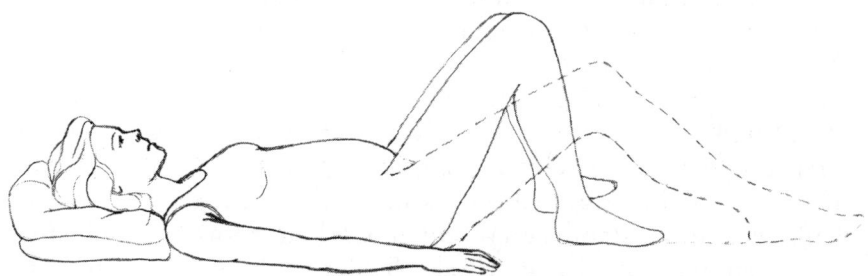

„Bein-Gleiten"
Nehmen Sie die Grundposition ein. Strecken Sie dann langsam beide Beine aus,
bis diese flach am Boden liegen; ziehen Sie anschließend Ihren rechten Fuß (am
Boden entlanggleitend) wieder zurück in Richtung Gesäß; drücken Sie Ihr Kreuz
fest an den Boden. Danach strecken Sie Ihr Bein langsam wieder aus. Wieder-
holen Sie das mit dem linken Bein. Beginnen Sie mit 3 bis 4 Wiederholungen pro
Seite und steigern Sie das Pensum, bis Sie mühelos 12 Wiederholungen pro Seite
schaffen. Nach drei Wochen können Sie anfangen, die gestreckten Beine abwech-
selnd etwas vom Boden abzuheben.

Drei Tage nach der Entbindung

Drei Tage nach der Entbindung können Sie anfangen, gründlich zu
üben, und zwar gymnastische Übungen wie „Kopfheben", „Bein-
gleiten" und „Beckenheben".
Beckenheben: (Abbildung siehe Seite 244 „Übungen während der
Schwangerschaft") Nehmen Sie die Grundposition ein. Atmen Sie
tief ein, während Sie Ihr Kreuz gegen den Fußboden drücken. Danach atmen Sie aus und entspannen Ihren Körper wieder. Zu Beginn
wiederholen Sie diese Übung drei- bis viermal, steigern diese dann
allmählich auf 12 und später sogar auf 24 Wiederholungen.

Nach der ersten Nachuntersuchung

Mit der Erlaubnis Ihres Arztes können Sie ab jetzt ein aktives Sport-
programm beginnen, d. h., Sie dürfen wieder joggen, schwimmen
Aerobics usw. Sie sollten aber nicht gleich übertreiben.
Diese Übungen sind nicht nur für einen straffen Bauch geeignet.
Übungen für Becken und Unterleib werden helfen, Streßinkonti-

nenz, Gebärmuttervorfall und sexuelle Schwierigkeiten zu vermeiden. Übungen für die Bauchmuskeln beugen Rückenschmerzen, Krampfadern, Schwellungen sowie der Bildung von Blutgerinnseln vor und regen Ihren Kreislauf an. Regelmäßiger Sport strafft außerdem Ihre Becken-, Uterus- und Bauchmuskulatur, Sie erhalten Ihre ursprüngliche Figur schneller zurück. Spezielle Übungen werden Ihnen helfen, Ihre durch die Schwangerschaft sehr gelockerten Gelenke wieder zu stabilisieren und zu stärken. Sport hat auch einen positiven psychologischen Effekt. Sie lernen besser mit Streß umzugehen und sich zu entspannen. Postpartalen Depressionen können Sie entgegenwirken.

Auch Väter erwarten ein Baby

Werdende Mütter und Väter teilen heutzutage nicht nur die Freuden von Schwangerschaft, Geburt und Kindererziehung, sondern auch die damit verbundenen Sorgen. Doch Väter haben auch Anspruch auf ihre eigenen, speziellen Sorgen und auf ihre besondere Rolle, die Frau zu beruhigen, nicht nur während der Schwangerschaft und der Geburt, sondern auch später nach der Entbindung. Und deshalb ist dieses Kapitel dem gleichberechtigten, doch häufig vernachlässigten Partner gewidmet. Das heißt jedoch nicht, daß die folgenden Seiten nur für die Männer bestimmt sind, ebenso wie alle vorherigen Kapitel nicht nur von schwangeren Frauen gelesen werden sollten.
Eine werdende Mutter wird erfahren, was ihr Mann vielleicht fühlt, befürchtet oder erhofft, wenn sie das folgende Kapitel aufmerksam liest. Ein werdender Vater gewinnt ein besseres Verständnis für die körperlichen und seelischen Veränderungen, die eine Frau während Schwangerschaft, Geburt und danach erleben wird, während er sich zur selben Zeit auf seine Rolle innerhalb des „Dramas" vorbereiten kann.

Worüber Sie sich vielleicht Gedanken machen...

Sich ausgeschlossen fühlen

„Seit meine Frau schwanger ist, steht sie im Mittelpunkt. Ich werde überhaupt nicht beachtet, so als ob ich damit überhaupt nichts zu tun hätte."

Bei Generationen vor Ihnen endete der männliche Beitrag zur Fortpflanzung, sobald die Frau befruchtet worden war. Werdende Väter betrachteten die Schwangerschaft nur aus der Ferne – die Geburt überhaupt nicht. In den beiden letzten Jahrzehnten sind diesbezüglich unbestritten viele Fortschritte in Richtung: „Rechte des Vaters" unternommen worden. Soziale Umerziehung ändert allerdings nichts an der Tatsache, daß sich eine Schwangerschaft nur im Körper einer Frau entwickelt oder daß sich Männer am Ende doch vernachlässigt oder ausgeschlossen fühlen – und sogar neidisch auf ihre Frauen sind. Manchmal liegt die Schuld (unbewußt) bei der Frau, manchmal sind die Männer dafür auch selbst verantwortlich. Unabhängig von der Ursache, ist es in jedem Fall sehr wichtig, daß die Gefühle des Mannes entschlüsselt werden, bevor sich ein tiefer Groll entwickelt, der das Erlebnis, welches für Mann und Frau das schönste in ihrem Leben sein sollte, negativ beeinträchtigt. Der beste Weg, um mit Ihrer Rolle als werdender Vater glücklich zu sein, ist Ihr Versuch, möglichst viel an der Schwangerschaft Ihrer Frau teilzunehmen:

Besuchen Sie die Hebamme oder den Arzt gemeinsam

Die meisten Ärzte befürworten die Anwesenheit des Mannes bei den monatlichen Vorsorgeuntersuchungen. Wenn Sie durch Ihren Beruf verhindert sind und nicht jedesmal dabeisein können, dann kreuzen Sie sich wenigstens Daten im Kalender rot an (z. B. den Tag, an dem der Herzschlag Ihres Kindes vermutlich zum ersten Mal zu hören sein wird/oder den Termin, an dem Sie per Ultraschall zum ersten Mal Ihr Baby sehen können), damit Sie sich freinehmen und Ihre Frau begleiten können.

Benehmen Sie sich „ein bißchen schwanger"

Sie müssen zwar nicht in Umstandskleidern im Büro erscheinen oder jeden Tag literweise Milch trinken, aber Sie könnten beispielsweise das spezielle Sportprogramm für Schwangere mit Ihrer Frau gemeinsam trainieren, sich ebenfalls gesund ernähren, mit dem Rauchen aufhören (falls Sie Raucher sind) usw. Wenn Ihnen jemand einen Drink anbietet, sagen Sie einfach: „Nein danke, wir sind schwanger!"

Machen Sie sich sachkundig

Sogar Universitätsprofessoren müssen viel lernen, wenn es um Schwangerschaft und Geburt geht. Informieren Sie sich weitreichend zu diesen Themen, lesen Sie viel darüber. Begleiten Sie Ihre Frau zu den Vorbereitungskursen und sprechen Sie mit bekannten oder befreundeten Männern, die kürzlich Vater geworden sind.

Nehmen Sie mit Ihrem Baby Kontakt auf

Lesen oder singen Sie dem Baby etwas vor (d. h., sprechen Sie zu dem gewölbten Bauch); er oder sie kann Ihre Stimme hören und wird den Klang auch nach der Geburt wiedererkennen. Freuen Sie sich gemeinsam mit Ihrer Frau über die Bewegungen des Kindes, indem Sie die Hand oder die Wange auf die nackte Bauchdecke Ihrer Frau legen und die Bewegungen spüren. Es ist eine wunderbare Intimität, die Sie mit Ihrer Frau teilen.

Kaufen Sie die Babyausstattung mit ein

Ganz generell sollten Sie sich aktiv an den Vorbereitungen für die Ankunft des Babys beteiligen.

Sprechen Sie über alles

Vielleicht hat Ihre Frau gar keine Ahnung, daß Sie sich ausgeschlossen fühlen und mehr mit einbezogen werden möchten.

Angst vor Sex

„Obwohl der Arzt uns versichert hat, daß Geschlechtsverkehr dem Baby nichts anhaben könnte, habe ich Angst, daß ich meiner Frau oder dem Kind weh tun könnte!"

Sie können beruhigt sein; so verwundbar, wie Mutter und Kind zwar in Ihren Augen (und in Gedanken an den Geschlechtsverkehr) auch scheinen mögen: sie sind es beide unter der Voraussetzung einer sich normal entwickelnden Schwangerschaft nicht! Allerdings gibt es für die letzten zwei Monate gewisse Einschränkungen zu beachten (siehe Seite 213 „Geschlechtsverkehr während der Schwangerschaft").

Sex wird Ihrer Frau nicht weh tun, sondern – im Gegenteil – Gutes bewirken, da die Schwangerschaft eine Zeit ist, in der die Frau körperliche und emotionale Nähe braucht. Und Ihr Kind bemerkt von den sexuellen Aktivitäten überhaupt nichts.

Gefühlsschwankungen

„Seit wir von dem positiven Testergebnis erfahren haben, erleben meine Frau und ich täglich entgegengesetzte Gefühle. Ist sie guter Laune, bin ich deprimiert – und umgekehrt ...!"

Mehr und mehr Untersuchungen konzentrieren sich auf die Belange des werdenden Vaters, weil es den Anschein hat, als ob viele „erwartende Männer" auch Schwangerschaftssymptome erleben. Depressionen – während der Schwangerschaft und nach der Geburt – sind eines solcher Symptome. In einem von zehn Fällen leiden beide Partner zur selben Zeit unter einer bedrückten Stimmung, meistens ist aber gerade immer nur ein Elternteil traurig oder depressiv. Das kommt wahrscheinlich daher, daß Depressionen beim geliebten Partner in einem selbst innere Kräfte auslösen, über sich und seine eigenen Gefühle hinauszuwachsen, um den anderen zu unterstützen. Sie müssen sich über diese sogenannte Schwangerschaftsdepressionen keine Sorgen machen, denn sie kommen häufig – wenn auch in begrenztem zeitlichem Umfang – vor. Trotzdem sollten Sie Schritte unternehmen, um die Depressionen zu mildern. Bleiben Sie aktiv, und geben Sie sich Ihren traurigen Stimmungen nicht hin; sprechen Sie mit Ihrer Frau über diese Gefühle oder mit einem Freund, der selbst kürzlich erst Vater geworden ist. Vermeiden Sie Alkohol oder andere Drogen, die Ihre Stimmungsschwankungen nur noch verschlimmern, und bereiten Sie sich gemeinsam sowohl psychisch als auch körperlich auf Ihren Neuankömmling vor: Gehen Sie Babysachen kaufen, streichen oder tapezieren Sie gemeinsam das Kinderzimmer, bringen Sie Ihre Finanzen in Ordnung usw. Vielleicht helfen Ihnen auch einige andere Tips, die unter dem Kapitel „Tips für Mütter, die während der Schwangerschaft unter Depressionen leiden" aufgelistet sind, siehe Seite 141 f. Wenn nichts hilft, im Gegenteil sich Ihre Depressionen zusehends vertiefen und diese Stimmungen in Ihr normales und berufliches Leben störend eingreifen, dann sollten Sie sich an einen Arzt oder Therapeuten wenden.

Ungeduld mit den Stimmungsschwankungen Ihrer Frau

„Ich weiß, es sind die hormonellen Veränderungen, die daran Schuld haben, daß meine Frau so weinerlich und launisch ist. Aber ich weiß nicht, wie lange ich noch geduldig bleiben kann!"

Wenn Geduld tatsächlich eine Tugend ist, müssen Sie sich auch für den Rest der Schwangerschaftszeit gegenüber Ihrer Frau sehr tugendhaft verhalten.

Ab viertem Monat stabilisiert sich der Hormonspiegel, und die Gefühlsschwankungen werden nicht mehr so häufig auftreten. Aber der Streß einer Schwangerschaft geht natürlich weiter. Viele Frauen neigen weiterhin bis zur Geburt zu plötzlichen Gefühlsausbrüchen. Es wird für Sie nicht einfach sein, aber Ihre Geduld wird sich lohnen! Empfindlichkeit und Launenhaftigkeit, für die man Verständnis zeigt, verschwinden viel schneller, als wenn man diese mit Zorn und Frust erwidert! Halten Sie sich immer wieder vor Augen, daß die Schwangerschaft nicht ewig dauert und daß die gefühlsmäßigen Schwankungen ebenso leicht veränderlich sind wie die Figur Ihrer Frau! Machen Sie sich bewußt, daß postpartale Depressionen auch von Männern erlebt werden und daß dieselben Tips später auch Ihnen helfen könnten, sich von einem emotionalen Tiefpunkt zu erholen.

Leiden aus Sympathie

„Wenn meine Frau diejenige ist, die schwanger ist, warum leide ich dann unter morgendlicher Übelkeit?"

Es kann möglich sein, daß Sie zu den geschätzten 65 Prozent (die Zahlen schwanken je nach Studie) der Männer zählen, die unter dem „couvade-Syndrom" (Beschützer-Syndrom) während der Schwangerschaft Ihrer Frau leiden. Die Symptome des „couvade-Syndroms" (der Name stammt aus dem Französischen von dem Begriff „behüten" ab) treten am häufigsten bis zum dritten Monat und dann erst wieder bei der Geburt in Erscheinung. Sie ähneln praktisch allen normalen Schwangerschaftssymptomen wie Übelkeit, Erbrechen, Unterleibsschmerzen, Appetitveränderungen, Gewichtszunahme, Gier nach bestimmten Nahrungsmitteln, Verdauungsstörungen, Beinkrämpfen, Schwindel, Ermüdung und launischen Schwankungen. Es gibt verschiedene theoretische Überlegungen, um dieses „couvade-Syndrom" zu erklären:

- Sympathie für und Identifizierung mit der schwangeren Frau;
- Eifersucht oder das Gefühl, ausgeschlossen zu sein, und ein sich daraus ergebender Wunsch nach Aufmerksamkeit;
- Streß, welcher aus dem neuen Lebensrhythmus mit einer Schwangeren, die reizbar, launisch und sexuell unantastbar ist, resultiert;
- Besorgnis über den Familienzuwachs.

Natürlich könnten Ihre Symptome auch eine Krankheit andeuten, so daß es in jedem Fall nützlich ist, wenn Sie einen Arzt aufsuchen. Sollte die Untersuchung nichts ergeben, dann wird die Diagnose höchstwahrscheinlich dieses Beschützer-Syndrom betreffen.

Die tiefliegenden Ursachen für Ihr Problem könnten – vorausgesetzt, Sie können es identifizieren – Hinweise auf Besserung und Heilung geben. Liegt der Grund für Ihre Beschwerden in einer Eifersucht, wird Ihre morgendliche Übelkeit sicherlich gelindert, sobald Sie mehr an der Schwangerschaft Ihrer Frau teilhaben. Sind Sie z. B. sehr beunruhigt, ob Sie wohl mit dem Neugeborenen richtig umgehen können, wird der Besuch eines Kurses über Babypflege oder das Zusammensein mit einem Baby von Freunden Ihre Ängste vertreiben und vermutlich auch Ihr Übelkeitsproblem lösen. Selbst wenn Sie die Ursache für Ihre schwangerschaftsähnlichen Beschwerden nicht herausfinden, kann ein Gespräch mit Ihrer Frau über alle Gefühle Sie erleichtern.

Vielleicht hilft es Ihnen auch, mit anderen werdenden Eltern aus Ihrem Vorbereitungskurs über diese Problematik zu sprechen. Sollte nichts von alledem helfen, können Sie trotzdem beruhigt sein, denn Ihre Reaktionen sind ganz normal und verschwinden spätestens nach der Geburt Ihres Kindes.

Es ist aber auch völlig normal, wenn ein werdender Vater während der Schwangerschaft seiner Frau ganz gesund bleibt. Leidet ein Mann nicht unter morgendlicher Übelkeit oder Appetitlosigkeit, bedeutet das natürlich nicht, daß er keine Sympathie für seine Frau empfindet oder daß er sich mit ihr bzw. ihren Problemen nicht identifizieren kann!

Sorgen um die Gesundheit Ihrer Frau

„Obwohl ich zwar weiß, daß eine Schwangerschaft und die Geburt heutzutage sehr sicher sind, mache ich mir trotzdem ständig Sorgen, daß meiner Frau etwas passieren könnte!"

Unbestritten, eine schwangere Frau wirkt immer etwas verwundbar. Es ist ganz natürlich, daß Sie als liebender Ehemann Ihre Frau vor jedem Schmerz schützen wollen. Sie können sich aber wirklich entspannen, denn Ihre Frau ist praktisch nicht in Gefahr. Sehr, sehr selten sterben heutzutage noch Frauen an Schwangerschafts- und Geburtskomplikationen. Obwohl also die Schwangerschaft keine ernsthafte körperliche Gefahr für Ihre Frau darstellt, können Sie Ihren Teil dazu beitragen, die Schwangerschaft zu einem sicheren und angenehmen Erlebnis zu gestalten, indem Sie

- sichern, daß Ihre Frau die bestmögliche Vorsorge erhält;
- aufpassen, daß sich Ihre Frau gesund ernährt;
- ihr bei der Hausarbeit helfen, damit sie sich ausruhen kann;
- ihr alle emotionale Unterstützung geben, die sie nur von Ihnen erhalten möchte …

Sorgen um die Gesundheit des Kindes

„Ich habe solche Angst, daß unser Baby sich nicht richtig entwickelt, daß ich nachts kaum noch schlafen kann!"

Jede schwangere Frau macht sich Sorgen über die Gesundheit ihres ungeborenen Kindes – und das macht auch fast jeder werdende Vater. Glücklicherweise sind die meisten dieser Gedanken unnötig. Die Chancen, daß Ihr Baby lebendig und gesund zur Welt kommen wird, sind überwältigend hoch – und wesentlich besser als bei Generationen vor Ihnen.
Sie können selbst viele wichtige Schritte unternehmen, um eine gesunde Entwicklung Ihres Babys zu unterstützen:

- Sichern Sie, daß Ihre Frau regelmäßig die Vorsorgeuntersuchungen in Anspruch nimmt und sich an die Empfehlungen des Arztes hält.

- Helfen Sie ihr, sich richtig zu ernähren.
- Unterstützen Sie Ihre Frau, auf Alkohol, Tabak und andere Drogen zu verzichten. Am besten, Sie tun es ebenso. Wenn Sie diese Abstinenz als zu großes Opfer empfinden, überlegen Sie, welche Opfer Ihre Frau für das Baby bringt.
- Reduzieren Sie alle körperlichen und emotionalen Streßfaktoren in Ihrem gemeinsamen Leben (Tips Seite 152).
- Machen Sie sich mit den Anzeichen möglicher Gefahren während der Schwangerschaft vertraut (siehe Seite 156); auch mit den Krankheitssymptomen während der postpartalen Zeit (siehe Seite 442). Wenn Sie bemerken, daß Ihre Frau unter irgendwelchen der genannten Zeichen und Symptome leidet, fühlen Sie sich dafür verantwortlich, daß geeignete Maßnahmen unternommen werden.
- Teilen Sie Sorgen und Ängste mit Ihrer Frau.

Natürlich werden weder beruhigende Statistiken noch die besten vorbeugenden Maßnahmen all Ihre Sorgen vertreiben können; das wird nur die Geburt Ihres gesunden Kindes tun. Aber das Wissen, daß Sie alles in Ihrer Macht Stehende in Hinblick auf „ein gutes Ergebnis" unternommen haben, wird Ihnen die Warte- und Schlafenszeiten etwas erleichtern!

Veränderte Lebensumstände

„Seit ich meinen Sohn auf einem Sonogramm gesehen habe, freue ich mich auf seine Geburt. Dennoch mache ich mir Sorgen, ob ich wohl gern in die Vaterrolle schlüpfen werde?!"

Jeder erstmalig werdende Vater denkt ähnlich wie Sie! Werdende Väter machen sich ebensoviel wie oder sogar mehr als Sorgen wie die werdende Mutter über das bevorstehende Elterndasein und über die damit verbundenen Veränderungen des bisherigen Lebens. Am häufigsten sind folgende Fragen:

Kann ich mir eine größere Familie überhaupt leisten?
Besonders in unserer heutigen Zeit, in der viele Unsicherheiten belasten und die Unterhaltskosten für ein Kind sehr hoch sind, wälzen viele Väter diese berechtigten Fragen in schlaflosen Nächten hin und

her. Sobald das Baby aber geboren ist, stellen sie fest, daß auf Grund einer Prioritätenverschiebung ausreichend Geld für das Neugeborene zur Verfügung steht.

Werde ich ein guter Vater sein?

Die wenigsten Menschen kommen als gute Väter oder auch als gute Mütter zur Welt. Sie werden mit der Zeit lernen, mit dieser Herausforderung gut zurechtzukommen, durch Erfahrungen, Beharrlichkeit und Liebe. Wenn Sie sich aber auch praktisch gut vorbereiten wollen, dann besuchen Sie einen Kurs zur Vorbereitung werdender Eltern. Dort lernen Sie, wie Sie Ihrem Kind die Windeln wechseln, wie man es badet, füttert, anzieht, hält und richtig mit ihm oder ihr spielt!

Wie werden wir die Babypflege aufteilen?

Heutzutage wissen die meisten Väter, daß die Elternschaft ein Zwei-Personen-Job ist (solange sich zwei Elternteile für das Kind verantwortlich fühlen), wenngleich sich keiner der Männer so ganz im klaren darüber ist, wie die Arbeitsteilung aussehen soll. Warten Sie mit der Antwort auf diese Frage nicht, bis die erste Windel um Mitternacht gewechselt oder das Baby dringend gebadet werden muß. Beginnen Sie jetzt, über den Verteilungsplan zu verhandeln. Einzelheiten können immer noch geändert werden, sobald Sie angefangen haben, als Eltern-Team tätig zu sein. Die theoretische Vorbereitung Ihrer geplanten Zusammenarbeit wird Ihnen helfen, in die praktische Babypflege besser „einzusteigen".

Werden wir unser bisheriges Leben völlig aufgeben müssen?

Sie werden Ihre gesellschaftlichen Vergnügungen und Verpflichtungen nicht völlig aufgeben, nachdem Ihr Baby angekommen ist, aber mit Sicherheit einschränken, vorausgesetzt, Sie wollen Ihre Elternrolle aktiv erfüllen. Ihr Neuankömmling sollte im Mittelpunkt stehen und wird – wenigstens vorübergehend – einige Ihrer alten Lebensgewohnheiten in den Hintergrund drängen. Es ist außerdem gut möglich, daß sich Ihr Bekanntenkreis verändern wird. Plötzlich haben Sie sich mit kinderlosen Paaren nicht mehr soviel zu sagen, und Sie tendieren mehr dahin, die Gesellschaft anderer „kinderwagenschiebender" Menschen zu suchen.

Wird sich unsere Mann-Frau-Beziehung verändern?

Jedes Elternpaar findet, daß sich seine Partnerschaft seit der Geburt
verändert hat. Sich auf diese Veränderungen schon während der
Schwangerschaft einzustellen ist ein wichtiger erster Schritt, um
später damit besser fertigzuwerden. Eine ungestörte Zweisamkeit
wird nicht mehr so leicht herzustellen sein wie früher, als man lediglich die Rollos herunterziehen und den Telefonhörer neben die
Gabel legen mußte. Von dem Augenblick an, wenn Ihr Kind aus
dem Krankenhaus nach Hause kommt, werden spontane Intimitä-
ten und umfassende Privatsphäre ein kostbares, oft unerreichbares
Gut sein. Solange Sie sich beide aber immer wieder die Mühe machen,
Zeit füreinander einzuräumen, wird Ihre Beziehung diese Veränderungen überstehen. Viele Paare stellen schließlich fest, daß das Trio-
Dasein ihre Bindung vertieft, verstärkt und verbessert hat.

Das Aussehen Ihrer Frau

*„So unerheblich diese Sorge auch scheinen mag, habe ich doch
Angst, daß meine Frau durch die Schwangerschaft eine dicke und unansehnliche Figur bekommt, die sie dann nach der Geburt behalten
wird!"*

Wenn es im Interesse Ihrer Frau und der Geburtserleichterung läge,
während der Schwangerschaft 25 Kilo zuzunehmen, hätten Sie (und
die vielen anderen werdenden Väter, mit denen Sie diese „geringfügige" Sorge teilen) keine andere Wahl und müßten Übergewicht
und schlaffe Haut als den Preis für die Gesundheit Ihres Babys akzeptieren. Aber in den meisten Fällen ist eine größere Gewichtszunahme medizinisch nicht vertretbar. Sie kann tatsächlich zu überflüssigen Komplikationen während der Schwangerschaft und bei der
Geburt führen. Es ist wichtig, daß eine gemäßigte, stetige und regelmäßig kontrollierte Gewichtszunahme von 12 bis 15 Kilo erfolgt.
Das gibt dem Baby die besten Voraussetzungen, sich gesund zu entwickeln und die Geburt sicher zu überstehen. Gleichzeitig verschafft sich Ihre Frau die besten Garantien, um möglichst schnell
nach der Geburt ihre gute Figur wiederzubekommen. Sich 14 Tage
strikt an eine Diät zu halten fällt nicht leicht. Sich neun Monate lang
immer genau an einem Ernährungsplan zu orientieren ist manch-

mal fast unmöglich. Sie braucht Unterstützung von einer Person, die ihr am nächsten steht. Mit Hilfe der folgenden Tips können Sie Ihrer Frau helfen, sich vernünftig zu ernähren und angemessen zuzunehmen, was ja in Ihrem (etwas selbstsüchtigen) Interesse – nämlich eine schlanke Frau zu behalten – liegt:

Führen Sie Ihre Frau nicht in Versuchung
Wenn Sie selbst Lust auf „Ernährungsverstöße" verspüren, kommen Sie diesen Gelüsten außer Haus und nicht in der Nähe Ihrer Frau nach. Sie können wohl kaum erwarten, daß Ihre Frau glücklich und zufrieden bei gedünstetem Gemüse, Obst und gegrilltem Fisch verweilt, während Sie ein saftiges Steak, Pommes frites und Eiscreme verschlingen.

Setzen Sie das in die Praxis um, was Sie ihr ständig erzählen
Was für die Gans und das Gänschen gut ist, gilt auch für den Gänserich. Wenn Sie sich selbst an gute Eß- und Ernährungsgewohnheiten halten, unterstützen Sie nicht nur Ihre Frau, sondern aller Wahrscheinlichkeit nach auch Ihre eigene Gesundheit.

Betonen Sie das Positive
Nichts wird Ihre Willenskraft mehr schwächen als Selbstzweifel. Achten Sie also darauf, Ihre Frau aufzubauen, ihre neue, schwangere Figur zu bewundern und ihr oft zu sagen, wie gut ihr die Schwangerschaft steht!

Machen Sie mit ihr gemeinsam Sport
Es bereitet viel mehr Spaß, gemeinsam zu trainieren. Die Schwangerschaftsgymnastik dient nicht nur dem Erhalt einer guten Figur, sondern bereitet Ihre Frau auch auf die Anstrengungen der Geburt vor.

Bei der Geburt anwesend sein

„Ich habe solche Angst, während der Geburt einen Ohnmachts- oder Übelkeitsanfall zu bekommen!"

Die wenigsten Väter betreten den Kreißsaal ohne Angst. Selbst Geburtshelfer, die schon bei Tausenden von Geburten mitgeholfen haben, verlieren plötzlich ihr Selbstvertrauen angesichts der Geburt ihres eigenen Kindes!

Trotzdem kommt es in den seltensten Fällen während des gemeinsamen Geburtserlebnisses zu Ereignissen, daß Väter in Ohnmacht fallen, zusammenbrechen oder sich elend fühlen usw. ...! In geburtsvorbereitenden Kursen können sich die Männer gut präparieren; aber auch völlig unvorbereitete Väter überstehen meist die Entbindung wesentlich besser, als sie es geglaubt hätten. Ähnlich allem Neuen oder Unbekannten, verliert auch die Geburt an furchterregendem oder einschüchterndem Charakter, sobald man ungefähr weiß, was man erwarten kann. Werden Sie also zu einem Experten über das Thema. Lesen Sie das gesamte Kapitel über „Wehen und Entbindung", welches auf Seite 342 beginnt. Besuchen Sie geburtsvorbereitende Kurse und schauen Sie sich einen Film über die Geburt an. Besuchen Sie vorher das Krankenhaus, damit Sie sich mit den technischen Geräten, welche im Kreißsaal benutzt werden, vertraut machen können. Sprechen Sie mit Freunden, die selbst gerade Eltern geworden sind. Ihre Freunde werden Ihnen wahrscheinlich bestätigen, daß sie dieselben Sorgen hatten und letztendlich alles wunderbar überstanden haben.

Denken Sie außerdem immer daran, daß die Geburt keine Prüfung ist. Sie müssen nicht glauben, daß Sie sich während der Geburt tadellos benehmen müssen, so wie sich viele Frauen zu einem einwandfreien Verhalten verpflichtet fühlen. Krankenschwestern und Ärzte werden kaum jede Ihrer Bewegungen prüfen und abwägen oder Sie mit anderen Ehemännern vergleichen. Ihre Frau, und das ist natürlich viel wichtiger, wird es auch nicht tun. Ihrer Frau wird es nichts ausmachen, wenn Sie in der Aufregung alles Gelernte vergessen. Allein Ihre Anwesenheit und die Tatsache, daß Sie ihre Hand halten, wird sie beruhigen.

„Eigentlich würde ich lieber nicht bei der Geburt anwesend sein, aber ich fühle mich irgendwie dazu verpflichtet."

Nur weil es heutzutage fast zur Mode geworden ist, daß Männer bei der Entbindung anwesend sind, heißt das noch lange nicht, daß das nun absolute Pflicht ist. Es ist nur wichtig, daß Sie das tun, was für Sie und Ihre Frau richtig ist. Wenn Sie lieber nicht bei der Geburt dabeisein wollen, werden Sie im Kreißsaal mehr Schaden als Nutzen anrichten. Lassen Sie sich auch nicht überreden! Bedenken Sie, daß, rückblickend auf die bisherige Menschheitsgeschichte, wesentlich mehr Väter **nicht** bei der Geburt anwesend waren, ohne daß dies negative Auswirkungen gehabt hätte. Das bedeutet auf der anderen Seite natürlich nicht, daß die Anwesenheit bei der Geburt kein lohnendes Erlebnis wäre. Überlegen Sie sich alles reiflich.

Sie sollten zwar niemand anderem erlauben, Ihnen diese Entscheidung abzunehmen, andererseits sollten Sie sich selbst die Möglichkeiten bis zur letzten Minute offenhalten. Treffen Sie in jedem Fall alle Vorbereitungen: Begleiten Sie Ihre Frau bis zum Schluß zu den Vorsorgeuntersuchungen und zu den geburtsvorbereitenden Kursen. Außerdem sollten Sie nach wie vor sehr viel über das Thema „Geburt" lesen. Manche von den zunächst zögernden Vätern erhielten, nachdem sie mehr über die Wehen und die Geburt erfahren hatten, eine neue Sicht. Sie wollten bei der Entbindung dann doch dabei sein und aktiv teilnehmen. Andere jedoch entschließen sich, nicht bei der Geburt anwesend zu sein. Einige versuchen es, verlassen aber während der Geburt den Kreißsaal. Jeder Mann sollte so frei sein, seiner inneren Stimme oder seinem Instinkt folgen zu können – in dem sicheren Gefühl, daß keine der beschriebenen Handlungen die Vaterschaft negativ beeinflussen kann!

Bindung zum Kind

„Während der Geburt entschieden sich die Ärzte in letzter Minute für einen Kaiserschnitt, bei welchem ich nicht zuschauen durfte. Mir wurde erst nach 24 Stunden erlaubt, mein Baby zu sehen, und nun befürchte ich, daß ich noch keine echte Bindung aufgebaut habe."

Noch in den 70er Jahren waren nur wenige Väter bei der Geburt ihrer Kinder anwesend. Das Wort „bonding" ist ja auch erst später entstanden. Vorher wußte niemand, daß auch Männer schon ganz früh eine Beziehung („bonding") zu ihrem Baby aufbauen können. Aber dieser Mangel an Wissen hat die Entwicklung einer liebevollen Vater-Sohn- bzw. Vater-Tochter-Beziehung seit Generationen nicht behindert. Und umgekehrt gibt es keine Garantie, daß ein Vater, der schon im Kreißsaal sein Baby in den Armen hält, eine lebenslange, enge Bindung zu diesem Kind behalten wird. Bei der Geburt dabei – und bei Ihrer Frau zu sein, wäre ideal; wenn Ihnen diese Möglichkeit aber versagt wird, haben Sie Grund zur Enttäuschung – insbesondere, wenn Sie gemeinsam ein monatelanges Vorbereitungstraining absolviert haben. Aber es gibt keinen Grund, deshalb eine weniger gute Beziehung zu Ihrem Kind zu erwarten. Was eine wirklich enge, gegenseitige Bindung ausmacht, ist der tägliche und liebevolle Kontakt – Windeln wechseln, baden, füttern, umarmen, singen etc.

Bei der Geburt wird Ihr Kind Sie nicht vermißt haben. Von jetzt an aber wird es spüren, wenn Sie nicht da sind, und Sie vermissen!

Beim Stillen ausgeschlossen?

„Meine Frau stillt unseren Sohn. Diese Gemeinsamkeit können die beiden scheinbar nicht mit mir teilen – ich fühle mich sehr ausgeschlossen."

Es gibt einige unveränderbare biologische Aspekte der Elternschaft, die den Vater nicht betreffen: Er kann weder schwanger sein noch Wehen verspüren, weder gebären noch stillen! Trotz dieser naturgegebenen Gesetze fühlen sich jährlich Millionen von jungen Vätern nicht in eine abseitige Zuschauerrolle gedrängt. Sie können fast alle Freuden, Erwartungen und Leiden der Schwangerschaft sowie der Wehen und der Geburt – von Anfang bis zum Ende – als ein aktiver und unterstützender Teilnehmer miterleben. Obwohl Sie zwar nie das Baby stillen können, haben Sie doch die Möglichkeit, am Fütterungsprozeß beteiligt zu sein:

Seien Sie der „Ergänzungsfütterer" für Ihr Kind

Es gibt schließlich mehrere Wege, ein Kind zu füttern. Sie können zwar nicht stillen, aber dem Baby ergänzende Nahrung aus dem Fläschchen geben.

Schlafen Sie die Nächte nicht durch

Wenn Sie an den Freuden des Fütterns teilhaben wollen, sollten Sie sich auch an den schlaflosen Nächten beteiligen, selbst wenn Sie dem Baby dann keine Flasche geben. Sie können das Kind aus dem Bettchen heben, es wickeln, es an die Brust Ihrer Frau legen und später wieder zum Einschlafen bringen.

Schauen Sie beim Stillen bewundernd zu

Anstatt sich ausgeschlossen zu fühlen, sollten Sie glücklich sein, das Wunder des Stillvorganges und die Liebe, die sich von Ihrer Frau auf das Kind überträgt, miterleben und bezeugen zu dürfen.

Nehmen Sie auch an allen anderen täglichen Ritualen teil

Stillen ist nämlich die einzige Arbeit am Tag, die wirklich nur auf die Mutter beschränkt bleibt. Wenn Sie mehrere andere Aufgaben verantwortungsvoll übernehmen, werden Sie gar keine Zeit mehr haben, auf das Stillen eifersüchtig zu sein.

Keine Lust auf Sex

„Es war wunderbar die Geburt mitzuerleben. Aber der Anblick des Kindes, welches aus der Vagina meiner Frau herausgekommen ist, hat mir offensichtlich jede sexuelle Lust geraubt!"

Es ist möglich, daß Ihre derzeitigen Unlustgefühle überhaupt nichts mit dem Geburtsanblick zu tun haben. Die meisten frischgebackenen Väter werden Ihnen bestätigen, daß Geist und Fleisch nach der Entbindung nicht als „willig" zu bezeichnen sind – und dies aus folgenden einsichtigen Gründen:

- Ermüdung, insbesondere auf Grund anhaltender schlafloser Nächte;
- Unruhe über die Anwesenheit einer neuen, dritten Person in der sonst so vertrauten Umgebung;
- Hemmungen, die Frau zu verletzen oder ihr durch Sex weh zu tun;
- Angst davor, daß das Baby plötzlich aufwacht und schreit;
- Sie sind körperlich und geistig derart mit dem Neugeborenen beschäftigt, daß sich Ihre ganze Energie auf das konzentriert, was momentan am wichtigsten ist.

Mit anderen Worten: Es ist wahrscheinlich überhaupt nicht schlimm, wenn Sie keine Lust verspüren, vor allem dann nicht, wenn es Ihrer

Frau (wie so vielen Müttern innerhalb der ersten Zeit nach der Entbindung) ähnlich geht! Wie lange es dauern wird, bis für Sie beide
der Spaß am Sex wieder beginnen wird, kann man nicht voraussagen. Wie bei allen Dingen im sexuellen Bereich ist eine breite Spanne
immer noch normal. Wenn Sie aber gar kein sexuelles Verlangen
mehr verspüren, sollten Sie sich nach geraumer Zeit dann doch professioneller Beratung zuwenden.

*„Vor Ankunft des Kindes waren die Brüste meiner Frau für uns
beide der Mittelpunkt sexuellen Vergnügens. Seit sie nun stillt, erscheint mir ihr Busen plötzlich zu funktional, um noch sexy wirken
zu können."*

Ähnlich der Vagina sind auch die Brüste für zwei Zwecke geschaffen: einen praktischen und einen sexuellen. Letzterer ist, vom streng
zeugungsfähigen Standpunkt aus betrachtet, ebenfalls praktischer
Natur. Obwohl beide Zwecke meist gut nebeneinander existieren,
kann es während der Stillzeit dazu kommen, daß einer den anderen
vorübergehend ausschließt. Manche Paare regt das Stillen sexuell
sogar an, während andere es als lusthemmend empfinden, entweder
aus ästhetischem Unbehagen (z. B. stört die auslaufende Milch)
oder wegen des Gedankens, die Nahrungsquelle des Kindes für sexuelles Vergnügen zu „mißbrauchen".
Sprechen Sie mit Ihrer Frau am besten immer ehrlich über Ihre Gefühle, in welche Richtung diese auch immer tendieren mögen! Ihr
plötzliches Hände-weg-Verhalten (von den Brüsten) könnte dazu
führen, daß sie sich unattraktiv fühlt. Hegen Sie auch keinen Groll
gegen das Baby, welches „Ihre Brüste" beansprucht. Sehen Sie das
Stillen als eine vorübergehende Leihgabe an Ihr Kind!

Vorbereitung auf das nächste Kind

Auf Ihr nächstes Kind sollten Sie sich gut vorbereiten, um ihm die besten Möglichkeiten für eine gesunde Entwicklung zu geben.
Und eine gute Schwangerschaftsvorsorge wirkt nicht nur positiv auf Ihre eigenen Kinder, sondern in der Tat auch auf die Kinder Ihrer Kinder. Wenn es nie zu spät ist, auf sich und seinen Körper zu achten, so ist es auch nie zu früh. Tun Sie jetzt etwas:

Kümmern Sie sich um gründliche ärztliche Untersuchungen

Ihr Mann und Sie sollten beide Ihren Hausarzt aufsuchen. Eine Untersuchung wird auf eventuelle Probleme hindeuten, die vor der Empfängnis korrigiert werden sollten, oder darauf, daß einiges während der Schwangerschaft häufiger kontrolliert werden muß. Erledigen Sie z. B. Impfungen und alle medizinischen Korrekturen - groß oder klein -, die Sie bisher immer aufgeschoben haben.

Besuchen Sie Ihren Zahnarzt

Legen Sie einen Termin fest. Lassen Sie sich jetzt behandeln (Röntgenaufnahmen, Zahnfüllungen).

Besuchen Sie einen Arzt, und lassen Sie sich gründlich untersuchen

Auch wenn Sie auf eine Hebamme den größeren Wert legen, sollten Sie diese Voruntersuchungen von einem Frauenarzt durchführen lassen, damit Ihre nächste Schwangerschaft jetzt schon hinsichtlich möglicher Risikofaktoren überdacht wird. Wenn sich auf Grund der Untersuchungsergebnisse oder wegen Ihrer speziellen Krankheitsvorgeschichte Risikomöglichkeiten ergeben, werden Sie neben Ihrer Hebamme einen Spezialisten für Ihre Vorsorge, während der Schwangerschaft benötigen (siehe Seite 34 ff. »Die Wahl Ihres Arztes und die Zusammenarbeit mit ihm«).

Behandeln Sie gynäkologische oder andere Gesundheitsprobleme

Jetzt ist genau der richtige Zeitpunkt, um z. B. Polypen, Zysten, gutartige Geschwülste und/oder wiederholte Harnwegsentzündungen zu behandeln. Hatten Sie bei vorangegangenen Schwangerschaften Komplikationen wie Fehl- oder Frühgeburten, sprechen Sie mit Ihrem Arzt ausführlich über alle Vorsichtsmaßnahmen, um eine Wiederholung zu vermeiden. Selbst wenn Sie sich ganz sicher sind, an keiner Geschlechtskrankheit zu leiden, bitten Sie Ihren Arzt um Untersuchungen, die Syphilis, Gonorrhoe, Chlamydien oder Herpes ausschließen. Und fragen Sie ebenfalls nach einem Aidstest.

Überprüfen Sie Ihre Impfungen

Wenn Sie während der letzten zehn Jahre keine Tetanusspritze erhalten haben, bekommen Sie nun eine! Sichern Sie sich ab, daß Sie gegen Röteln immun sind (entweder hatten Sie diese Krankheit bereits schon einmal, oder Sie sind dagegen schon geimpft worden). Das gleiche gilt auch für Masern und Hepatitis B.

Bedenken Sie gründlich Ihre gewählte Methode zur Geburtenkontrolle

Wenn Sie jetzt ein bestimmtes Verhütungsmittel benutzen, welches vielleicht Ihre nächste Schwangerschaft beeinträchtigen kann, setzen Sie es wieder ab (oder lassen Sie es entfernen), bevor Sie versuchen schwanger zu werden. Die Antibabypille sollten Sie möglichst schon einige Monate vor einer Empfängnis absetzen, damit Ihr Körper mindestens zwei bis drei Zyklen nicht hormonell beeinflußt wurde. Die Spirale oder das IUP sollte entfernt werden. Da auch die Risiken sogenannter spermatötender Mittel noch nicht vollständig erkannt wurden, sollten Sie vorsichtshalber auch darauf ca. sechs Wochen vor Ihrem ersten Versuch, schwanger zu werden, verzichten. Die zwischenzeitlich angewandte Methode lautet »Benutzung eines Kondoms ohne Spermizide«.

Versuchen Sie andere medizinische Probleme unter Kontrolle zu bekommen

Leiden Sie unter Diabetes, Asthma, Herzbeschwerden oder einer anderen chronischen Krankheit, lassen Sie sich die Bestätigung von

Ihrem Arzt geben, daß Ihre Probleme vor der Empfängnis soweit unter Kontrolle sind, daß Sie selbst auf sich achten können.

Verbessern Sie Ihre Ernährung

Achten Sie vor allem darauf, ausreichend Folsäure zu sich zu nehmen. Untersuchungen haben gezeigt, daß eine folsäurearme Ernährung der Mutter zu Neuralrohrdefekten (offene Wirbelsäule) beim Fetus führen kann. Folsäure findet sich in Vollkornprodukten und grünem Blattgemüse.

Verbannen Sie ungesunde und zuckerhaltige Lebensmittel aus Ihrem Ernährungsplan; essen Sie statt dessen Vollkornbrot und ballaststoffreiche Nahrung. Leiden Sie unter ungewöhnlichem Eßverhalten bzw. Eßstörungen wie Anorexia nervosa (Magersucht) oder Bulimie (Eß-Brech-Sucht), oder ernähren Sie sich z. Z. nach einer bestimmten Diät, dann informieren Sie Ihren Arzt.

Versuchen Sie möglichst Ihr Idealgewicht zu erreichen

Jegliche Gewichtsveränderungen sollten allmählich und im Rahmen einer vernünftigen, ausgewogenen Ernährung erfolgen, auch wenn Sie dadurch Ihre Pläne für ein weiteres Kind um einige Monate verschieben müssen. Eine strenge Diät führt zu einem Nährstoffdefizit, das sich ungünstig auf eine Schwangerschaft auswirkt.

Verbessern Sie auch die Ernährungsgewohnheiten Ihres Mannes

Je besser sich Ihr Partner ernährt, desto gesünder sind auch seine Spermien.

Treiben Sie Sport, ohne sich völlig zu überanstrengen

Ein gutes Sportprogramm wird Ihre Muskeln aufbauen, sie stärken und straffen. Außerdem verlieren Sie übermäßiges Gewicht durch Sport leichter. Denken Sie immer daran, daß Sport Ihnen zwar guttut, aber – wie es auch für andere Dinge gilt – zuviel von einer Sache kann auch schaden: Übertriebene sportliche Betätigung kann den Eisprung verhindern – und ohne Eisprung keine Schwangerschaft!

Setzen Sie sich nicht unnötig Röntgenstrahlen aus

Wenn Sie aus medizinischer Notwendigkeit geröntgt werden müssen, achten Sie darauf, daß Ihre Geschlechtsorgane geschützt sind und die niedrigste Strahlendosierung angewendet wird. Informieren Sie den Röntgenarzt darüber, daß Sie eine Schwangerschaft planen, und bitten Sie ihn, alle Vorsichtsmaßnahmen zu treffen (siehe Seite 107ff.).

Vermeiden Sie gefährliche Chemikalien

Manche Chemikalien – allerdings nur in hoher Dosierung – können eventuell die Spermien des Mannes und die Eizellen der Frau vor der Empfängnis oder den sich im Mutterleib entwickelnden Fetus gefährden. Trotz des geringen Risikos sollten Sie beide lieber auf „Nummer Sicher" gehen und z. B. an Ihrem Arbeitsplatz gefährliche Expositionen vermeiden.

Schränken Sie Ihren Koffeinkonsum ein

Wenn Sie jetzt schon anfangen, weniger Kaffee, Coca-Cola oder Tee zu trinken, wird es Ihnen leichterfallen, bei einem positiven Schwangerschaftstestergebnis darauf zu verzichten.

Nehmen Sie keine Medikamente ohne ärztliche Konsultation ein

Vor der Einnahme der meisten Medikamente wird während der Schwangerschaft gewarnt. Sie sollten also mit Ihrem Arzt sprechen und nichts benutzen, während Sie versuchen, schwanger zu werden!

Kontrollieren Sie auch die rezeptpflichtigen Arzneimittel, bevor Sie etwas einnehmen

Manche Medikamente, die zur Behandlung chronischer Krankheiten angewendet werden, können zu kongenitalen Schädigungen führen. Falls Sie momentan Medikamente einnehmen, befragen Sie Ihren Arzt oder Apotheker. Gefährliche Arzneimittel sollten mindestens einen Monat (manchmal auch drei bis sechs Monate) vor Ihrem ersten Versuch, schwanger zu werden, abgesetzt werden.

Vermeiden Sie illegalen Drogenkonsum

Alle sogenannten Aufputschdrogen (Kokain, Crack, Marihuana und Heroin) könnten Ihre Schwangerschaft sehr gefährden. Erstens wird eine Empfängnis erschwert, zweitens – falls Sie doch schwanger sind – erhöht sich das Risiko für eine Fehl-, Früh- oder Totgeburt um ein Vielfaches. Falls Sie regelmäßig oder auch nur manchmal Drogen nehmen, hören Sie sofort damit auf. Wenn Sie von selbst nicht aufhören können, wenden Sie sich professioneller Hilfe zu.

Bitten Sie auch Ihren Mann, auf Drogen und Alkohol zu verzichten

Zwar sind die Vermutungen noch nicht endgültig bewiesen, aber Studienergebnisse bestätigen den Verdacht, daß die Einnahme von Drogen und übermäßiger Alkoholkonsum sich auf eine Befruchtung negativ auswirken.

Trinken Sie nicht zuviel Alkohol

Obwohl ein Cocktail oder ein Glas Wein täglich während Ihrer „Übungsphase" keinen Schaden anrichtet, sollten Sie starkes Trinken, welches Ihre Fruchtbarkeit bzw. Ihren Menstruationszyklus stört, vermeiden (siehe Seite 89 ff.).

Hören Sie mit dem Rauchen auf

Und zwar Sie beide! Das Rauchen ist nicht nur während der Schwangerschaft für den Fetus schädlich, sondern reduziert vor der Empfängnis die Fruchtbarkeit von Frau und Mann! Außerdem führt das Rauchen zu einem erhöhten SIDS-Risiko (SIDS = „Sudden Infant Death Syndrome" – plötzlicher Säuglingstod oder Krippentod). Eine rauchfreie Umgebung ist das beste Geburtsgeschenk für Ihr Baby.

Entspannen Sie sich

Vielleicht ist die Entspannung überhaupt das Wichtigste. Wenn Sie angespannt und nervös sind, werden Sie eine Empfängnis von vornherein erschweren.

Und schließlich: Freuen Sie sich auf Ihr Kind. Machen Sie sich nicht aus Sorge um „Wenn" und „Aber" die Vorfreude kaputt – das ist das eigentliche Anliegen unseres Buches.

Anlage

Der sichere Begleiter – Ihr Mutterpaß

Wenn Ihnen Ihr Arzt bestätigt, daß Sie schwanger sind, erhalten Sie
den blauen Mutterpaß. Bis zur Geburt Ihres Kindes führt der Arzt
genau Buch über Ihre Gesundheit und die Entwicklung des Babys.
Zehn Vorsorgeuntersuchungen sind innerhalb der Schwangerschaft
vorgesehen, die Sie auch unbedingt wahrnehmen sollten, um Ihre
und die Gesundheit Ihres Babys zu schützen.
Vielleicht haben Sie schon interessiert im Mutterpaß herumgeblät-
tert, aber vor den vielen Fachbegriffen und Kürzeln kapituliert.
Natürlich soll der Mutterpaß in erster Linie Ihrem Arzt und dem
Entbindungsteam Informationen vermitteln. Aber auch Sie als werdende Mutter haben ein Recht darauf, den Inhalt, die Daten und
damit vorhandene Zusammenhänge zu verstehen. Die folgenden
Erläuterungen sollen Ihnen dabei helfen. Fragen Sie aber immer
auch Ihren Arzt, wenn Sie eine Eintragung nicht verstehen oder
diese Sie irritiert.

Seiten 2 und 3:
Serologische Untersuchungen
Blutgruppenzugehörigkeit: Mit einem Bluttest werden Ihre Blut-
gruppe und der Rhesusfaktor bestimmt.
Zeitpunkt: Beginn der Schwangerschaft
Antikörper-Suchtest: Zur Erinnerung: Es gibt Menschen, die keinen Rhesus-Faktor haben – also rhesus-negativ sind. Wenn Sie zu
dieser kleinen Gruppe gehören, der Vater aber rhesus-positiv ist,
kann das Kind die rhesus-positive Blutgruppe des Vaters erben. Im
Blut der Mutter werden unter gewissen Umständen Antikörper gebildet, die dann dem Kind schaden können (siehe auch Seite 62 f.).
Aber heute wird rechtzeitig vorgebeugt. Zur Erstuntersuchung gehört immer ein Antikörper-Suchtest, dem eine Kontrollunter-

suchung folgt.
Zeitpunkt: Beginn der Schwangerschaft.
Kontrolluntersuchung: 24. bis 27. Schwangerschaftswoche.

Röteln – HAH-Test: In den ersten drei Monaten bedeuten Röteln eine ernste Gefahr für Ihr Baby. Fehlgeburten und körperliche und geistige Schäden können die Folgen sein. Ein Bluttest gibt Auskunft, ob Sie genügend Antikörper gegen Rötelnerreger besitzen. Sollten Sie nicht immun sein, wird der Arzt Ihnen entsprechende Maßnahmen empfehlen.
Zeitpunkt: Beginn der Schwangerschaft.

Weitere serologische Untersuchungen. Diese dienen der Abklärung anderer Infektionserkrankungen, z. B. Toxoplasmose.

Seite 4:
Angaben zu vorangegangenen Schwangerschaften: Haben Sie schon ein oder mehrere Kinder geboren, wird der Arzt Sie nach dem Verlauf Ihrer vorangegangenen Schwangerschaften fragen. Diese Daten sind wichtig für den Arzt, weil Rückschlüsse auf die bestehende Schwangerschaft gezogen werden können.

Seiten 5 und 6:
Anamnese/Allgemeine Befunde: Anamnese bedeutet, der Arzt erfragt Ihre gesundheitliche Vorgeschichte. Jeder Hinweis ist für die Überwachung der Schwangerschaft wichtig. Beantworten Sie daher sehr sorgfältig alle Fragen.
1. Familiäre Belastungen: Es geht hier um Krankheiten, die in der Familie vorliegen. Ihrem Kind können bestimmte Veranlagungen vererbt werden. Ihr Arzt wird Sie beraten und überwachen.
2. Frühere Erkrankungen: Berichten Sie über alle durchgemachten Krankheiten und gesundheitlichen Probleme.
3. Blutungs-/Thromboseneigung: Während der Schwangerschaft ist die Neigung zu Blutgerinnseln erhöht. Besondere Anfälligkeiten sollte der Arzt kennen. Bei Blutungsneigungen müssen bei der Entbindung entsprechende Hilfen bereitstehen.
4. Allergien: Geben Sie alle Ihnen bekannten Überempfindlichkeitsreaktionen an, besonders auch die gegen Medikamente.

Ebenfalls sind Angaben über Allergien, die in der Familie vorkommen, wichtige Hinweise.

5. Vorgenommene Bluttransfusionen: Diese Angaben sind wichtig, weil die Gefahr besteht, daß Gelbsucht- oder HIV-Viren (Aids) übertragen wurden.

6./7. Sonstige Belastungen: Sprechen Sie mit Ihrem Arzt über alle Sorgen und Probleme, die Sie beunruhigen.

8. Rhesus-Inkompatibilität: Siehe Antikörper-Suchtest.

9. Diabetes mellitus: Wenn Sie zuckerkrank sind, bedeutet das heutzutage kein Risiko für Ihre Schwangerschaft, sofern Sie rechtzeitig von Spezialisten betreut werden.

10. Adipositas: Übergewichtige werden mit ihrem Arzt die Ernährung in der Schwangerschaft besprechen.

11./12. Kleinwuchs/Skelettanomalien: Für Betroffene könnte ein Kaiserschnitt in Frage kommen.

13 Schwangerschaft unter 18 Jahren: Der Arzt wird sich besonders intensiv mit der jungen werdenden Mutter befassen und auch psychische Sorgen, Probleme mit ihr besprechen. Nehmen Sie unbedingt alle 10 Vorsorguntersuchungen in Anspruch.

14. Schwangere über 35 Jahre: Um ein Down-Syndrom oder andere Chromosomenanomalien auszuschließen, sollte zur Sicherheit eine Fruchtwasseruntersuchung durchgeführt werden. Es können auch Mißbildungen des Nervensystems erkannt werden. Zeitpunkt: 16. Schwangerschaftswoche.
Bei einem hohen Risiko für Mißbildungen kann die Chorionzotten-Biopsie (siehe Seite 83 ff.) frühzeitig Aufklärung geben. Zeitpunkt: 8. bis 10. Schwangerschaftswoche.

15. Vielgebärende: Damit sind Frauen, die vier und mehr Kinder zur Welt gebracht haben, gemeint. Diese Information ist für den Arzt wichtig.

16. Nach Sterilitätsbehandlung: Gemeint sind Frauen, die nach einer Hormonbehandlung schwanger wurden.

17 Nach Frühgeburt: jetzt ist es für den Arzt wichtig, alles zu unternehmen, um möglichst eine erneute Frühgeburt zu verhindern. (Als Frühgeburt gilt ein vor der 37. Schwangerschaftswoche geborenes Kind bzw. ein Kind mit einem Geburtsgewicht unter 2500 Gramm.)

18. Nach Mangelgeburt: Mangelgeborene Kinder sind unterge-

wichtig. Erfaßt werden Hinweise auf Gesundheitsgefährdungen für das Baby, z. B. Rauchen, Alkohol, Drogen, aber auch Erkrankungen der Mutter.

19. Nach Aborten/Abbrüchen: Ein Abort ist eine Fehlgeburt. Der Arzt wird besonders auf Sie aufpassen. Hatten Sie bereits einen oder mehrere Schwangerschaftsabbrüche, könnte das Ihren Muttermund geschwächt haben. Beantworten Sie daher die Fragen Ihres Arztes ehrlich.

20. Totes/geschädigtes Kind: Der Arzt wird Sie in dem Fall besonders intensiv betreuen.

21./22. Komplikationen: Gab es bei Ihnen bei vorhergehenden Schwangerschaften und Geburten Probleme, erfolgt jetzt eine besonders intensive Betreuung.

23. Nach Sectio: Bedeutet nach Kaiserschnitt.

24. Nach Uterusoperationen: Hatten Sie eine Operation, z. B. Entfernung eines Myoms, bedeutet das für Ihren Arzt, über Ihre Schwangerschaft besonders zu wachen.

25. Rasche Schwangerschaftsfolge: Der Arzt wertet diese Information bezüglich Gesundheitsvorsorge gut aus.

26. Besonderheiten: Besprechen Sie alles, was Ihnen unnormal oder wichtig erscheint, mit Ihrem Arzt.

Geburtstermin Terminbestimmung: Der fällige Geburtstermin wird vom ersten Tag der letzten Monatsblutung an ausgerechnet. (Ärzte gehen davon aus, daß eine normale Schwangerschaft zwischen 39 und 41 Wochen dauert.) Ultraschalluntersuchungen bestätigen oder korrigieren den Termin.

Beratung der Schwangeren: Hier geht es um berufliche Probleme, Ernährung, sportliche Aktivitäten, Geburtsvorbereitung usw.

Risikoberatung: Es geht um besondere Beratung, wenn z. B. Erkrankungen der Mutter vorliegen (Diabetes mellitus).

Genetische Beratung: Sie kann empfohlen werden, wenn familiäre Belastungen (Erbkrankheiten), Altersrisiko bzw. gesundheitsschädigende Einflüsse (Alkohol, Drogen, Infektionen) vorliegen.

Besondere Befunde im Schwangerschaftsverlauf

27. Erkrankungen, die Behandlung erfordern: Diese sind aus der Anamnese und der Vorsorgeuntersuchung erkennbar.
28. Dauermedikation: Der Arzt wird entscheiden, welche Medikamente Sie während der Schwangerschaft unbedingt für Ihre Gesundheit benötigen und auf welche Sie verzichten sollten.
29. Abusus: Bedeutet jede Art von Sucht (Alkohol, Zigaretten, Drogen, Medikamente), die zu Schäden bei Ihrem Kind führen kann.
30/31. Besondere Belastungen: siehe auch Punkte 6./7 bei Anamnese.
32. Blutungen vor der 28. Schwangerschaftswoche: Blutungen müssen abgeklärt werden; sie können auf eine drohende Fehlgeburt und/oder Frühgeburt hinweisen, aber auch harmlos sein.
33. Blutungen nach der 28. Schwangerschaftswoche: Sie müssen unbedingt ärztlich abgeklärt werden. Es könnte sich um eine Ablösung oder Verlagerung der Plazenta handeln (Placenta praevia).
34. Placenta praevia: Der Mutterkuchen befindet sich im Bereich des Muttermundes. Dadurch kommt es häufiger zu Blutungen (siehe auch Seite 420 f. und 238).
35. Mehrlingsschwangerschaft.- Das bedeutet mindestens Zwillinge. Der Arzt wird Sie besonders überwachen und beraten (siehe auch Seite 429 ff.).
36. Hydromnion: Fruchtwassermenge ist vermehrt. Ursachen müssen abgeklärt werden.
37. Oligohydromnie: Bedeutet verminderte Fruchtwassermenge. Der Arzt wird die Ursachen abklären.
38. Terminunklarheit: Liegt vor, wenn z. B. die Schwangerschaft sehr spät festgestellt wurde.
39. Plazenta-Insuffizienz: Der Mutterkuchen funktioniert nicht richtig, d. h., die Versorgung des Kindes mit Nährstoffen aus dem mütterlichen Kreislauf ist gestört. Eine intensive Überwachung ist erforderlich. Vielleicht ist eine vorzeitige Entbindung ratsam.
40. Isthmozervikale Insuffizienz: Der Gebärmutterhals ist geschwächt. Das kann zu einer frühzeitigen Eröffnung des Mut-

termundes führen. Der Arzt wird entsprechende Maßnahmen ergreifen (Anlegen einer Cerclage).

41. Vorzeitige Wehen: Sie sind ein Warnzeichen einer möglichen Frühgeburt.

42. Anämie: Manche Frauen leiden während der Schwangerschaft unter Anämie, d. h., es liegt zuwenig roter Blutfarbstoff (Hämoglobin) vor – es ist für den Sauerstofftransport im Blut verantwortlich. Wenn notwendig, erhalten Sie ein Eisenpräparat.

43. Harnwegsinfektionen: Die Urintests geben Auskunft darüber, ob eine Entzündung der Blase oder Nieren vorliegt.

44. Indirekter Coombs-Test: Bluttest zur Sicherheit des Kindes bei Rhesus-Unverträglichkeit (siehe auch Antikörper-Such-test).

45. Serologische Befunde: Weitere Bluttests dienen der Sicherheit der Gesundheit von Mutter und Kind.

46. Hypertonie: Liegen die Werte über 140/90, müssen Mutter und Kind besonders überwacht werden, vor allem, wenn auch Eiweiß mit dem Urin ausgeschieden wird.

47 Eiweißausscheidung: Der Urintest zeigt an, ob Eiweiß ausgeschieden wird. Wenn ja, kann das der Hinweis auf eine Schwangerschaftserkrankung sein.

48. Ödeme: Wasseransammlungen im Gewebe. Knöchel und Hände sind geschwollen. In Verbindung mit Bluthochdruck und Eiweißausscheidungen kann eine Schwangerschaftskrankheit (Eklampsie) vorliegen. Mutter und Kind bedürfen besonderer Kontrolle und Überwachung (siehe Seite 414 ff.).

49. Hypotonie: Niedriger Blutdruck bedeutet Schwindelgefühl und Müdigkeit. Ihr Arzt wird Sie beraten.

50. Gestationsdiabetes: Eine Zuckerkrankheit, die während der Schwangerschaft auftritt, bedeutet keine Gefahr für Ihr Baby, wenn eine gute ärztliche Betreuung erfolgt. Die Teilnahme an den Vorsorgeuntersuchungen ist wichtig, damit die Zuckerkrankheit erkannt und behandelt wird.

51. Lageanomalien: Der Kopf des Babys liegt nicht in Richtung Beckenausgang. Der Arzt wird mit Ihnen die Art der Entbindung besprechen.

52. Andere Besonderheiten: Bitten Sie Ihren Arzt um Erklärung, wenn er hier etwas einträgt.

Seiten 7 und 8:
Gravidogramm: Hier werden alle Befunde eingetragen, und der Arzt hat einen Überblick über alle Ergebnisse der Vorsorgeuntersuchungen.

Seite 9:
Cardiotokographische Befunde: Der Cardiotokograph (CTG) ist der Herztonwehenschreiber. Er überwacht Ihre Wehentätigkeit und die Herztätigkeit Ihres Babys. Bei besonderen Umständen kann der Arzt die CTG-Untersuchung auch vor Geburtsbeginn empfehlen.

Seiten 10 bis 13:
Ultraschalldiagnostik: Drei Ultraschalluntersuchungen gehören zum Vorsorgeprogramm. Bei besonderen Problemen wird die Untersuchung häufiger vorgenommen.

Jede Ultraschalluntersuchung gibt dem Arzt Auskunft über den Entwicklungsstand Ihres Babys. Zu Beginn der Schwangerschaft mißt er die Größe des Fruchtsackes und die Länge des Embryos. Später werden Kopfdurchmesser und Brustkorb gemessen. Herztöne, Bewegungen und Lage des Kindes werden beurteilt sowie der Sitz der Plazenta festgestellt. Sichtbare Mißbildungen können erkannt werden. Nach der 20. Woche ist auch das Geschlecht des Kindes kein Geheimnis mehr.
Mit der Vaginal-Sonographie ist eine Ultraschalluntersuchung durch die Scheide möglich.
Mit dem Doppler-Ultraschallverfahren kann der Blutfluß in der Nabelschnur und in den Blutgefäßen Ihres Babys gemessen werden. Dadurch erhält der Arzt Auskunft über die Versorgung des Kindes durch die Plazenta.
Ultraschallwellen schaden Ihnen und dem Baby nicht.

Seiten 14 und 15:
Normenkurve für den Wachstumsverlauf: Die Größenbefunde des Babys, die der Arzt per Ultraschall festgestellt hat, werden eingetragen.

Abschlußuntersuchung/Epikrise: Hier werden alle Daten von Schwangerschaft, Geburt und Wochenbett zusammengefaßt. Dazu

gehören auch die erste Untersuchung des Babys nach der Geburt
und die Wochenbettuntersuchung der Mutter.

Seite 16:
Zweite Untersuchung nach der Entbindung:
Sie wird in der 6. bis 8. Woche von Ihrem Frauenarzt durchgeführt.

Der Mutterpaß ist ein wichtiges Dokument auch für Ihre nächste
Schwangerschaft. Alle Daten sind parat, die für Ihren betreuenden
Arzt von großem Nutzen sein können.

Wichtige Abkürzungen, die Sie im Mutterpaß finden, lauten:

O.B.	ohne Befund (z. B.: Der Urin ist in Ordnung)
Prot.	Eiweiß im Urin
BD	Blutdruck
HA	Herztöne des Fetus
EKB	Erste Kindsbewegung
SL	Schädellage
KL	Kopflage
BEL	Beckenendlage (Steißlage)
QU	Querlage
LR	Letzte Regel
ET	Errechneter Entbindungstermin
Hb (Ery)	Hämoglobinspiegel
AFP	Alpha-Feto-Protein
S	Kaiserschnitt (Sectio)
VE	Saugglockenentbindung (Vakuumextraktion)
Para 0	Die Frau hat noch keine Kinder geboren
Para 1	Die Frau hat ein Kind geboren

Schmerzbekämpfung ohne Medikamente

Symptome	Behandlung	Verfahren
Muskelverspannungen	vorbeugende Maß-nahmen	Sport, angemessene körperliche Bewegung, richtige Haltung. Siehe Seite 241 ff.!
Rückenschmerzen	Wärme, Physiotherapie (Gymnastik)	Nehmen Sie ein warmes Bad (morgens und abends). Wenn Sie ein Heizkissen benutzen, wickeln Sie es in ein Tuch ein (drei- bis viermal täglich je 20 Minuten anwenden).
Blaue Flecken (Bluterguß) infolge von Verletzungen, schmerzhafte Schwellungen	Eispackungen oder kalte Kompressen	Legen Sie eine Eispackung für ca. 30 Minuten auf die geschwollene oder schmerzende Stelle – falls nötig wiederholen Sie diesen Vorgang. Sie können auch einen Behälter mit Eisstücken und Wasser füllen und darin ein Tuch einweichen. Wringen Sie das durchgekühlte Tuch aus, und legen Sie es auf die betroffene Stelle. Kühlen Sie das Tuch erneut in Eiswasser, sobald es warm wird.
Blaue Flecken an den Händen, Handgelenken und Füßen	siehe oben	siehe oben
Verbrennungen an Händen, Füßen usw.	Kühlung durch Eiswasser oder kaltes Leitungswasser	siehe oben unter „blaue Flecken"

Symptome	Behandlung	Verfahren
Erkältungen, akute Atemwegsinfektionen	Salzlösung als Nasentropfen oder ätherische Öle bzw. Salben zum Einreiben, Inhalieren	Benutzen Sie entweder ein Präparat aus der Apotheke, oder stellen Sie sich selbst „Salznasentropfen" her, indem Sie ¼ Teelöffel Salz in ½ Liter Wasser lösen. Träufeln Sie sich vorsichtig einige Tropfen in jedes Nasenloch, warten Sie dann 5 Minuten, und putzen Sie sich dann die Nase! Fragen Sie in der Apotheke nach Einreibungen.
Erkältungen	zusätzlich viel Flüssigkeiten einnehmen	Trinken Sie jede Stunde ¼ Liter Flüssigkeit in Form von Mineralwasser, Saft oder Suppe; wobei heiße Flüssigkeiten wie Hühnerbrühe am besten sind. Schränken Sie Ihren Milchkonsum ein.
	Inhalation	Machen Sie Dampfbäder bzw. Dampfinhalationen. Achten Sie auf eine recht hohe Luftfeuchtigkeit in den Räumen (Luftbefeuchtung).
Husten (im Anschluß an eine Erkältung oder während einer Grippe)	Inhalation, zusätzliche Flüssigkeitsaufnahme – Vorsicht mit Hustensäften	siehe Erkältungen
Hämorrhoiden	Sitzbad	Setzen Sie sich in heißes Wasser, so daß der betroffene Bereich mit Wasser bedeckt ist. Machen Sie dieses Sitzbad zwei- bis dreimal täglich für etwa 20 bis 30 Minuten.

Symptome	Behandlung	Verfahren
Juckende Hautpartien, besonders am Bauch	Einreibung mit Öl oder Cremes bzw. juckreizlindernden Gels	Reiben Sie die juckenden Hautstellen ein.
	vorbeugende Maßnahmen	Vermeiden Sie langes und heißes Duschen und Baden. Benutzen Sie keine Seife, die austrocknend wirkt. Cremen Sie sich mit einer Feuchtigkeitsmilch ein – und zwar am besten sofort nach dem Waschen, wenn Ihre Haut noch ein bißchen feucht ist.
Tränende und juckende Augen	warme Kompressen	Halten Sie alle drei Stunden ein mit warmem Wasser getränktes Tuch für fünf bis zehn Minuten an Ihre Augen.
Muskelkater, Verletzung	Eispackung, kalte Kompresse; Kühlungen in den ersten 24 bis 48 Stunden	siehe „blaue Flecken"
Verstopfte Nase auf Grund einer Erkältung	Salzlösung-Nasentropfen; zusätzliche Flüssigkeitsaufnahme	siehe „Erkältung"
Nasennebenhöhlenentzündung	abwechselnd heiße und kalte Kompressen, Rotlicht	Tränken Sie ein Tuch mit heißem Wasser, wringen Sie es aus, und legen Sie es auf die schmerzende Stelle im Gesicht, bis das Tuch ausgekühlt ist (ca. 30 Sekunden lang); danach legen Sie auf dieselbe Stelle eine kalte Kompresse, bis diese nicht mehr kühlt. Wiederholen Sie diesen Vorgang zehn Minuten lang – etwa viermal am Tag.

Symptome	Behandlung	Verfahren
Schmerzen oder kitzelndes Gefühl in Hals und Rachen	Gurgeln	Lösen Sie einen Teelöffel Salz in ¼ Liter heißem Wasser auf, und gurgeln Sie mit dieser Lösung ca. fünf Minuten; wiederholen Sie diesen Vorgang – falls notwendig – alle zwei Stunden.

Optimaler Kalorien- und Fettbedarf

Der Kalorien- und Fettbedarf ist abhängig von dem Gewicht und der Aktivitätsstufe eines Menschen; auch Faktoren wie der Stoffwechsel spielen eine Rolle. Die folgende Tabelle beinhaltet zwar nur grobe Richtlinien, diese werden Ihnen jedoch helfen, die tägliche Fetteinnahme während der Schwangerschaft zu kontrollieren. Diese Richtlinien berücksichtigen die Tatsache, daß Sie ohnehin täglich die eine oder andere Menge Fett durch die sogenannten „fettarmen" Lebensmittel einnehmen werden.

Ihr Ideal-gewicht (Kilogramm)	Ihre Aktivität-stufe*	Täglicher Kalorienbedarf (Kalorien)	Maximaler Fettverbrauch (Gramm)
45,3	1	1 500	50
45,3	2	1 800	60
45,3	3	2 500	83
56,6	1	1 800	60
56,6	2	2 175	72
56,6	3	3 050	101
68,0	1	2 100	70
68,0	2	2 550	85
68,0	3	3 600	120

* So ermitteln Sie Ihre Aktivitätsstufe: 1 = seßhaft; 2 = mäßig aktiv; 3 = sehr aktiv! Nur wenige schwangere Frauen fallen unter die dritte Kategorie.

Sie helfen weiter

Informationen zu schwierigen Fragen und Hilfe bei Entscheidungs-
findungen bezüglich Vorsorge, Versorgung, familiärer Probleme,
arbeitsrechtlicher Bestimmungen erhalten Sie über

- Ihr Sozialamt
- Familienberatungsstellen
- Kirchen
- Krankenkassen
- Verband alleinerziehender Mütter und Väter.

Sachwortverzeichnis

Nachwort

Jetzt, da Sie alles über eine werdende Mutter gelesen haben, wissen Sie, daß jede Schwangerschaft anders verläuft, daß es aber einige zuverlässige Regeln gibt, was Sie erwarten können (und sollten). Sie haben erfahren, daß wir heute vieles von dem, was während der Schwangerschaft und der Entbindung abläuft, steuern können – angefangen bei der ärztlichen Betreuung über die Eßgewohnheiten bis hin zur Lebensweise – und damit die besten Voraussetzungen schaffen, ein gesundes Kind zur Welt zu bringen.

Wir hoffen, daß dieses Buch alle Ihre Fragen beantwortet, Ihnen Ihre Besorgnis nimmt und Ihnen hilft, nachts ruhig zu schlafen. Wir wünschen uns, daß Sie durch das gewonnene Wissen die Wirklichkeit besser bewältigen, sich mehr freuen können und eine größere Erfüllung finden werden.

Bei der Vorbereitung auf dieses Buch und den entsprechenden Nachforschungen waren wir bemüht, keine Fragen unbeantwortet zu lassen. Wir haben uns nicht nur auf unsere eigenen Erfahrungen gestützt, sondern auch auf die der vielen schwangeren Frauen, die wir befragten. Da jedoch die Sorgen zukünftiger Eltern sehr unterschiedlich sind, ist es wahrscheinlich, daß wir einige Fragen übersehen haben. Sollten es Fragen sein, die Sie persönlich interessieren, teilen Sie uns das bitte mit. Auf diese Weise können wir Ihre Sorgen (und die helfende Antwort) in unsere nächste Ausgabe aufnehmen – rechtzeitig, bevor Ihre nächste „Ausgabe" geboren wird.

Wir wünschen Ihnen eine besonders glückliche Schwangerschaft und ein gesundes Baby.

Arlene Eisenberg   Heidi Murkoff   Sandee Hathaway

Die erfolgreiche Fortsetzung von
Ein Baby kommt

Anschaulich wird die Entwicklung des Kindes von Monat zu Monat im ersten Lebensjahr beschrieben. Jedes Kapitel beginnt mit einer sachlichen Einführung zu Entwicklung, Pflege, Ernährung und Erziehung. Durch die einfühlsame und kompetente Beantwortung der Fragen junger Eltern entsteht ein lebendiger Dialog.

»Ich habe die Bücher *Ein Baby kommt* und *Unser Kind ist da* gleich beide gekauft. Toll finde ich die Aufteilung von Monat zu Monat. Da findet man rasch für jeden Monat die wichtigen Informationen und Ratschläge.«

»Ihr Buch hat uns frischgebackenen Eltern sehr geholfen. Wir hatten immer Sorgen, ob wir alles richtig machen und haben uns sehr beruhigt gefühlt, wenn unsere Fragen im Buch beantwortet wurden. Das Buch ist unsere Baby-Bibel geworden.«

»Sogar mein Mann hat immer in Ihrem Buch gelesen und wußte dann über vieles besser Bescheid als ich - sogar wie man richtig stillt...«

(Aus Briefen an die Autorinnen)

Arlene Eisenberg, Heidi Murkoff, Sandee Hathaway
Unser Kind ist da
Das erste Jahr
544 Seiten
22 s/w-Abbildungen
gebunden mit Schutzumschlag
ISBN 3-333-00744-4

 Verlag Gesundheit

»Aber er hat zuerst zurückgeschlagen!«

Perfekte Eltern gibt es nicht. Perfekte Kinder ebensowenig. Oft genügt eine gute Idee und schon ist das Chaos vermieden, das Lachen wieder da, die Streiterei geschlichtet.

Michele Elliot, erfahrene Mutter, Psychologin und Elternberaterin, gibt Antworten und Anregungen, Tips und Ratschläge für den Umgang mit unseren 4- bis 12-jährigen. Keine Situation, kein Problem, keine Schwierigkeit wird ausgespart.

- Wie schaffe ich es, daß mein Kind freiwillig ins Bett geht?
- Wie handle ich bei Streit unter Geschwistern und Freunden?
- Wie wird mein Kind selbstbewußt, verantwortungsvoll und mitfühlend?
- Was tun, wenn mein Kind Opfer von Gewalt und Mißbrauch wird?
- Wie verhalte ich mich in peinlichen Situationen mit Witz und Humor?

Michele Elliot
Cool bleiben
501 Tips für gestreßte Eltern
320 Seiten
laminierter Pappband
ISBN 3-333-01034-8

Situationen, Probleme, kleine und große Schwierigkeiten des Alltags - humorvoll und selbstkritisch beobachtet und aufgezeichnet, niemals mit dem erhobenen Zeigefinger, stets unterhaltend und einfühlsam.

Verlag Gesundheit

Monat für Monat - das Wichtigste auf einen Blick

Der originelle Baby-Ratgeber in Kalenderform. Von-Monat-zu-Monat, übersichtlich und verständlich viele Ratschläge fürs Baby: zur Pflege, Ernährung und Entwicklung, zum Schlafen, Spielen und Schmusen. Liebevoll mit entwicklungstypischen Babyfotos ausgestattet. Informationsquelle und bezaubernder Wandschmuck.

- Säuglingsernährung: vom Stillen bis zum Brei
- Körperpflege: besondere Pflege für Babys zarte Haut
- Körperliche Entwicklung: was Baby alles kann
- Spielen und Lernen: das richtige Spielzeug zur richtigen Zeit
- Wohnen: von der Wiege bis zum Bett
- Gesundheit: Vorsorgeuntersuchungen, Impfschutz, Kinderkrankheiten
- Geistige Entwicklung: Lernen vom ersten Tag
- Der Extra-Spar-Tip

Ursula Hertel
Wolf-Rainer Cario
Mein erstes Jahr
Säuglingskalender
14 Seiten
13 Kalenderblätter
ISBN 3-333-01048-8

Verlag Gesundheit